朱子學의 길

이상익(李相益)

成均館大學校 儒學大學 韓國哲學科 졸업

同 大學院 東洋哲學科 졸업(哲學博士)

육군사관학교 철학과 교수 역임

現 영산대학교 학부대학 교수

저서 : 『歷史哲學과 易學思想』(성균관대 출판부, 1996)
『서구의 충격과 근대 한국사상』(도서출판 한울, 1997)
『畿湖性理學 硏究』(도서출판 한울, 1998)
『儒家 社會哲學 硏究』(심산, 2001)
『儒敎傳統과 自由民主主義』(심산, 2004)
『畿湖性理學論考』(심산, 2005)

역서 : 『隱峰野史別錄』(安邦俊 原著, 崔英成 공역, 아세아문화사, 1996)
『譯註 四七新編』(李瀷 原著, 도서출판 다운샘, 1999)
『譯註 庸學辨疑』(趙彦儒 原著, 심산, 2006)

朱子學의 길

초판 1쇄 발행 2007년 3월 5일

지은이 | 이상익
펴낸이 | 최원필
펴낸곳 | 심산출판사
주 소 | 서울시 은평구 불광동 219-7 예은 101호
전 화 | 02-357-0633
팩시밀리 | 02-357-0631
E-mail | simsan@korea.com
등 록 | 제1-2114호(1996년 11월 28일)

ISBN 978-89-89721-63-5 93150

* 책값은 뒤표지에 표시되어 있습니다.

朱子學의 길

李相益

심산

序

필자는 이제까지 儒學 특히 朱子學을 공부해 왔다. 어렸을 때부터 유교경전을 배웠고, 성균관대학교 유학대학에서 수학했으며, 이후에도 계속 유학을 공부하여 박사학위까지 받았다. 그러나 그때까지의 유학 공부는 무엇보다도 이론적 관심에 의한 것이요, 그것이 옳다는 신념에 의한 것은 아니었다. 그런데 필자는 1999년에 〈朱子學의 主客合一論과 그 解體〉라는 논문을 탈고하면서 주자학이 正學(올바른 학문)이라는 신념을 갖게 되었고, 이제는 朱子學者임을 自處하게 되었다. 이후에도 주자학에 대하여 더 관심을 갖고 공부하다보니, 오늘날 학계의 주자학에 대한 이해는 매우 미흡하거나 잘못되었음을 발견하게 되었다.

필자가 주자학을 이해하는 핵심적 열쇠는 '理氣相互主宰論' 이다. 예나 이제나 많은 사람들은 주자학을 '理의 주재' 의 체계로만 이해하였으니, 이른바 '主理論' 이 그것이다. 그러나 이것은 주자학의 一面만을 본 것이다. 주자는 '理의 주재' 못지않게 '氣의 주재' 를 역설했던 것이다. 각각의 경우 '主宰' 의 의미가 다름은 물론이다. 주자학에서 '理의 주재' 란 '理가 氣의 운동의 標準이 됨' 을 뜻하고, '氣의 주재' 란 '氣가 理를 맡아서 運用하는 주체가 됨' 을 뜻한다. 이러한 '理氣相互主宰論' 이라는 관점에서 朱子學을 살펴보니, 주자학의 전반적 체계가 一目瞭然하게 이해되는 것이었다.

필자가 주자학을 이해하는 또 하나의 관점은 이른바 '역사적 맥락' 이다. 주자학은 어느 날 갑자기 평지에서 솟아난 것이 아니다. 주자학은 특정한 역사적 상황 속에서 문제의식이 설정되고, 여러 先學들에 의해 그 解法이 모색되었던 것을 주자가 集大成한 것이다. 오늘날 철학계에서는 대부분 理氣心性論을 중심으로 주자학을 논의하고 있다. 그런데 주자의 理氣心性論은 그 자체로 고립된 형이상학의 체계가 아니라, 지극히 현실적인 문제의식에 대한 응답의 체계였던 것이다. '北宋五子'로 대표되는 주자의 先學들은 당시의 역사적 상황을 이해함에 있어서 老·佛과 法家 등 異端的 思想이 야기한 문제점들을 깊이 의식하고, 그를 극복하는 이론체계를 구축하고자 하였다. 그 가운데 程子는 그때까지만 해도 『禮記』의 한 篇에 불과하였던 〈大學〉과 〈中庸〉에서 여러 이단적 사상들을 극복할 수 있는 원리를 발견하고, 마침내는 『大學』과 『中庸』을 독립시켜 『論語』·『孟子』와 함께 '四書'로 表章하였다. 주자는 四書를 새롭게 해석하고, 그를 통해서 자신의 학문 체계를 정립했던 것이다. 요컨대, 주자학은 理氣相互主宰論을 주축으로 삼아 이단적 사상들의 문제점을 극복하고, 현실에 대한 새로운 접근법을 제시한 것이었다. 이 책은 그에 대한 탐구의 보고서이다. 이제 이 책의 특징을 간략하게 제시함으로써, 讀者들의 理解를 돕고자 한다.

1. 이 책에서는 '주자학의 結論'을 문제 삼고자 한다. 이 책은 주자학의 성립과정을 논하려는 것이 아니라, 주자가 先學들의 전통을 集大成하면서 결론적으로 말하고자 했던 내용을 논하려는 것이다. 주자의 학문적 성장과정이나 程朱學의 성립과정에 대한 概論書들은 이미 여러 책이 출간되어 있으니, 그것들을 참고할 수 있을 것이다. 이 책에서는 다만 주자의 문제의식과 그에 대한 해법, 그리고 그 해법이 함축하는 실천적인 의미를 논하고자 한다.
2. 이 책에서는 주자의 '異端 批判'으로부터 주자학의 문제의식을 직접 도출하고, 그것이 어떻게 해결되고 있는지를 해명할 것이다. 흔히 주자학은 老·佛의 형이상학과 방법론을 차용했다고 말하며, 或者는 주자학을 '儒教의 옷을 입은 佛教'라고까지 말한다. 그러나 필자가 이해하기에, 이들은 朱子學과 老·佛 사이에 몇몇 개념들이 유사한 것만 주목

할 뿐, 주자학의 문제의식에 대해서는 전혀 이해하지 못한 것이다. 주자학의 중심적 문제의식은 바로 '似而非인 老·佛'을 극복하여 '올바른 학술을 정립한다'는 것이었다. 주자학은 '四書 중심의 학문'이라고도 하듯이, 주자학의 골격은 四書로부터 도출된 것이다. 벽돌과 家屋에 비유하자면, 주자학과 老·佛은 '몇몇 벽돌장이 類似하나, 가옥의 기본구조와 용도는 判異한 경우'에 해당될 것이다.

3. 이 책에서는 주자의 '形而上學과 實踐論'을 '體·用'이라는 관점에서 해명할 것이다. 우리 학계에서는 주자의 형이상학과 실천론이 별개로 논의되는 것이 현실이다. 철학계에서는 대부분 理氣心性論이나 工夫論(修養論)에 매달리고 정치학적 측면을 외면하고 있으며, 정치학계에서는 대부분 주자의 理氣心性論에 어둡기 때문에 주자의 정치학을 피상적으로 논의하는 데 그치고 있다. 그러나 주자는 형이상학과 실천론을 體·用의 관계로 규정하여 양자의 긴밀한 관계를 강조하였다. 이 책에서도 주자의 '형이상학과 실천론'을 '體用一源'의 관점에서 해명할 것이다. 이 책에서는 특히 주자 형이상학의 핵심을 '理氣相互主宰論'으로 파악하고, 그것이 주자학의 실천론에 어떻게 관통되고 있는가를 해명할 것이다.

4. 이 책에서는 주자학에 대한 주요 비판들을 살펴보고, 그에 대해 주자학에서는 어떻게 대응하였는지를 고찰할 것이다. 이를 통해 각 학파의 문제의식과 특징이 더욱 선명하게 드러날 것이다. 이 책의 마지막 章에서는 '주자가 제시했던 길'이 오늘날 우리 사회에서 '아직도 有效한 길인가'를 논할 것이다. 사실 주자학은 文·史·哲뿐만 아니라 自然科學까지도 포괄하는 다양한 측면을 지니고 있는데, 그 가운데 특히 儀禮에 관한 부분은 오늘날 대부분 時效를 상실했다고 할 것이다. 그러나 주자학의 '體'라 할 수 있는 '주자의 哲學精神'은 아직도 우리에게 유효한 지침을 제공하고 있다는 것이 필자의 견해이다.

5. 이 책에서는 가급적이면 '주자의 原文'을 많이 소개하고, '필자의 解

釋' 은 가급적 간단하게 제시하고자 한다. 이는 한편으로는 이 책을 '朱子學 資料集' 으로도 활용할 수 있게 하기 위함이요, 한편으로는 해석의 과잉을 피하여 이 책의 객관성을 높이기 위함이다.

이제 주위의 여러 선생님들께 감사의 말씀을 올려야겠다. 오래 전에 은퇴하셨지만 아직도 자상한 가르침을 주시는 두 분의 은사 道原 柳承國 선생님과 杏邨 李東俊 선생님께 먼저 큰 감사의 말씀을 올린다. 성균관대학교 孫東鉉 선생님과 한국교원대학교 金周晟 선생님은 필자의 거듭되는 질문에 항상 정밀하게 답변해 주셨다. 그리고 전북대학교 朴東泉 선생님과 국민대학교 金永壽 선생님은 이 책의 草稿를 읽고 많은 조언을 해 주셨다. 네 분 선생님들께 특별한 감사의 말씀을 올린다. 필자는 韓國政治思想學會에 출입하면서 실로 많은 가르침을 받았다. 한국정치사상학회의 姜正仁 회장님과 여러 회원들께도 깊은 감사의 말씀을 올린다.

필자는 이제 父母님을 모시고 故鄕을 지켜야 하는 나이가 되었으나, 여러 사정으로 그렇게 하지 못하고 있다. 고향의 父母님과 여러 어른들께는 감사의 말씀과 함께 용서를 빌고자 한다. 사랑하는 아내 菊窓과 건실하게 자라나는 碩熙 · 蕙貞 · 佰熙와는 결실의 기쁨을 함께 하고자 한다.

2007년 立春節

이상익 삼가 씀

차례

〈補論〉

〈일러두기〉

1. 이 책의 주된 原典은 『朱子大全』과 『朱子語類』이다. 『朱子大全』은 여러 판본이 있는바, 이 책에서는 全羅道觀察使 尹東昇이 英祖의 命으로 1771년에 간행한 '完營藏板本'을 기준으로 삼았다. 또한 중국의 四川教育出版社에서 1996년에 간행한 『朱熹集』(全10冊)을 함께 참고하였다. '四川本' 『朱熹集』은 標點과 함께 人名·地名 등 固有名詞를 표시해 주어 읽기에 편하다. '완영본'과 '사천본'은 글자에 약간의 차이가 있는데, 이 책에서 原文을 인용할 때에는 '완영본'을 기준으로 삼았다. 原文의 출처를 밝힐 때에는 '완영본'의 '卷·頁'로 표시했으며, '頁' 다음에 '사천본의 쪽수'를 併記하였다(사천본은 10冊으로 되어 있으나, 매 책마다 쪽수를 별도로 분리하지 않고 모두 연속시켜 표기했다. 그러므로 쪽수만 알면, 책수는 굳이 표기하지 않아도 된다. 이 책에서도 사천본은 쪽수만 표시하였다).
2. 『朱子語類』의 경우에는 中華書局에서 1983년에 간행한 판본을 활용하였다. 中華書局本은 全8冊으로 편집되어 있는바, 역시 매 책마다 쪽수를 별도로 분리하지 않고 모두 연속하여 표기했으며, 또한 옛 漢籍의 卷數를 併記하고 있다. 이 책에서 『朱子語類』에서 인용하는 原文의 출처를 밝힐 때에는 옛 漢籍의 卷數 다음에 中華書局本의 쪽수를 괄호 안에 併記하였다. 『龍川文集』·『陸象山全集』·『王陽明全集』 등의 경우에도 이러한 방식으로 표기했다.
3. 이 책에 등장하는 옛 학자들의 人名은 가급적 '(姓)號'로 표기했다. 예컨대 周敦頤는 '(周)濂溪'로, 陸九淵은 '(陸)象山'으로, 李珥는 '(李)栗谷'으로, 丁若鏞은 '(丁)茶山'으로 표기했다. 특히 朱熹는 과거의 관례대로 '朱子'로 표기했다. 다만 우리에게 號가 생소한 인물의 경우는 姓名을 直書하였다. 예컨대 陳亮은 號가 '龍川'이나, 陳亮으로 더 많이 알려져 있기 때문에 '陳亮'으로 표기하였다. 또한 西洋人이나 오늘날의 학자들은 姓名을 直書하였다. 옛 학자들을 가급적이면 號로 표기하는 것은 '先賢에 대한 尊敬'의 표현이다.
4. 原文을 번역할 때, 上疏文은 敬語體로 번역하고, 書簡文이나 雜著 등은 모두 平語體로 번역하였다.
5. 그 밖의 사항에 대해서는 학계의 일반적인 관행에 따랐다.

제1장
朱子의 時代認識과 問題意識

1. 朱子의 時代 인식

흔히 哲學은 '時代의 산물' 이라고 말한다.[1] 그렇다면 이것은 朱子(이름은 熹, 1130~1200)의 경우도 마찬가지일 것이다. 그리하여 '주자의 時代 인식' 으로부터 본고의 논의를 시작하고자 한다.

유교에서는 三代(夏・殷・周)를 '歷史의 理想' 이 실현되었던 시대로 규정한다. 孔子는 특히 周代를 흠모하였고, '周禮(周代의 문화)를 자신의 시대에 맞게 損益하여 계승하는 것' 을 가장 바람직한 길로 제시하기도 하였다.[2] 유교에 있어서 三代 특히 周代는 '文明의 표준' 으로 간주되고 있었던 것이다. 이 점은 주자의 경우도 마찬가지였다. 그런데 주자에 의하면 三代 이후의 역사는 '일탈된 역사' 였으며, 이러한 경향은 자신의 시대 宋代에 이

1) 더 정확히 말하자면, 時代 또한 '哲學의 산물' 이라고 해야 할 것이다. 일반적으로 말해서, 인간은 환경의 영향을 받기도 하고, 능동적으로 환경을 개조하기도 한다. 요컨대 인간과 환경은 서로 영향을 주고받는 관계이다. 철학과 시대의 관계도 마찬가지이다. 철학자들의 問題意識은 대개 時代狀況으로부터 도출되니, 이 점에서 '철학은 시대의 산물' 인 것이다. 하지만 철학자들은 궁극적으로 그 문제를 해결하여 '새 시대' 를 열려고 하는 것이니, 이 점에서 '시대는 철학의 산물' 인 것이다.

2) 『論語』 爲政 23 : 子張問十世可知也 子曰 殷因於夏禮 所損益可知也 周因於殷禮 所損益可知也 其或繼周者 雖百世 可知也

르기까지 지속되었던 것이다. 주자는 〈大學章句序〉에서 三代로부터 宋代에 이르기까지의 역사를 다음과 같이 개관하였다.

三代의 융성했던 시대에는 그 法度가 점차 갖추어졌으니, 그리하여 王宮과 國都로부터 閭巷에 이르기까지 學校가 없는 곳이 없었다. (…) 그리하여 당시의 사람들은 배우지 않은 사람이 없었고, 그 배운 사람들은 모두 본래 자신이 지니고 있는 仁義禮智의 本性과 자신이 마땅히 실천해야할 職分을 알아서 각각 노력하되 그 힘을 다했다. 이것이 옛날 성대했던 시대에 위로는 정치가 융성하고 아래로는 풍속이 아름다웠던 까닭으로서, 後世에 능히 미칠 수 있는 것이 아니었다. 그런데 周가 쇠퇴하면서, 賢聖한 君主가 일어나지 않고 學校의 政事가 닦여지지 않아, 敎化가 무너지고 風俗이 頹敗하였으니, 때로 말하자면 孔子와 같은 聖人이 계셨지만 君師의 지위를 얻어 政敎를 베풀 수는 없었다. 이에 孔子께서는 홀로 先王의 法을 취하여, 그것을 외워 傳함으로써 後世를 깨우쳐 주셨다. (…) 孟子가 돌아가시자 그 傳함이 끊이었으니, 그 책은 비록 남아있었으나 그 내용을 아는 사람은 드물었다. 그 뒤로, 俗儒들이 記誦詞章을 익힘은 그 노력이 '小學' 보다 배나 되지만 쓸모가 없고, 異端의 虛無寂滅한 가르침은 그 고상함이 '大學' 보다 지나치지만 實質이 없었다. 그밖에 權謀術數를 통해서 功名을 이루려는 一切의 학설과 百家衆技의 후예들로서 세상을 미혹시키고 백성을 속이며 仁義를 가로막는 자들이 또 그 사이에 어지럽게 출현하여, 君子로 하여금 불행하게도 大道의 요점을 듣지 못하게 하고, 小人들로 하여금 불행하게도 至治의 혜택을 입지 못하게 하였다. 어둠과 막힘이 반복되고 痼疾이 되어, 五季[3]의 마지막에 이르러서는 壞亂이 극에 달하였다. 그러나 天運은 순환하여 가고서 돌아오지 않는 것은 없기에, 宋의 德이 융성하여 정치와 교육이 아름답고 밝게 되었다. 이에 두 程子(程明道 · 程伊川)께서 나오시어, 孟子의 傳함을 계승하

3) '五季'란 後梁 · 後唐 · 後晋 · 後漢 · 後周가 亂立하던 시대로, 대략 907년~960년의 기간을 말한다.

게 되었다.[4)]

주자는 '三代의 융성함'을 政治와 教育의 산물로 이해했다. 주자에 의하면, 사람은 누구나 인의예지의 본성을 타고 났으나, 교육을 통하지 않고는 그 본성을 제대로 발휘하는 경우가 드물다. 옛 聖王은 백성들에게 타고난 본성과 마땅한 직분을 깨우쳐줌으로써 아름다운 풍속을 이루었던 것이다. 그런데 聖王도 끊이고, 孔孟의 학술도 끊이면서, 정치와 교육이 함께 무너졌다. 주자는 周나라 말기 이후로 宋나라의 등장에 이르기까지, 孟子 이후로 程子에 이르기까지의 시대를 '어둠과 막힘이 거듭되어 고질이 된' 세월로 규정했다.[5)] 주자는 그 원인은 무엇보다도 '그릇된 學術'에 있었다고 진

4) 〈大學章句序〉: 三代之隆 其法寖備 然後王宮國都 以及閭巷 莫不有學 (…) 是以 當世之人無不學 其學焉者 無不有以知其性分之所固有 職分之所當爲 而各俛焉 以盡其力 此古昔盛時 所以治隆於上 俗美於下 而非後世之所能及也 及周之衰 賢聖之君不作 學校之政不脩 教化陵夷 風俗頹敗 時則有若孔子之聖 而不得君師之位 以行其政教 於是獨取先王之法 誦而傳之 以詔後世 (…) 及孟子沒 而其傳泯焉 則其書雖存 而知者鮮矣 自是以來俗儒記誦詞章之習 其功倍於小學而無用 異端虛無寂滅之教 其高過於大學而無實 其他權謀術數 一切以就功名之說 與夫百家衆技之流 所以惑世誣民充塞仁義者 又紛然雜出乎其間 使其君子 不幸而不得聞大道之要 其小人 不幸而不得蒙至治之澤 晦盲否塞 反覆沈痼 以及五季之衰而壞亂極矣 天運循環 無往不復 宋德隆盛 治教休明 於是 河南程氏兩夫子出 而有以接乎孟氏之傳

5) 朱子學에서는 '三代 이후의 역사'를 폄하한다. 孟子 이후 宋代에 이르기까지 주요 王朝로는 漢·唐이 있었는데, 주자는 바로 漢·唐의 역사를 폄하하는 것이다. 주자가 이렇게 漢·唐의 역사를 폄하하는 근본 까닭은 무엇일까? 거기에는 여러 이유가 있겠지만, 論者는 그 가운데 중요한 하나는 漢·唐이 封建制를 폐지하고 郡縣制를 실시했기 때문이라고 본다(보다 정확히 말하자면, 秦은 전면적으로 郡縣制를 실시했고, 漢 이후로는 郡縣制의 폐단을 보완하고자 封建制를 가미한 郡縣制를 실시했다). 주자는 봉건제와 군현제에 대해 그 장단점을 객관적으로 인식하고 있었으면서도, 봉건제에 대해서 더 우호적이었다(주자의 封建制·郡縣制에 대한 인식은 『朱子大全』卷72 頁66-68(3803-3805쪽), 〈古事餘論〉 참조). 주자에 의하면, 封建制는 근본적으로 천하를 '公物'로 여기는 것인 반면, 郡縣制는 천하를 '군주의 私有物'처럼 여기는 것이다. '주자와 陳亮의 논쟁'에서 핵심적 쟁점의 하나는 漢高祖와 唐太宗에 대한 평가 문제였다. 朱子는 漢·唐의 대표적 君主였던 漢高祖와 唐太宗의 치적에 대해 '천하를 호령하려는 私心에서

단했다. 위의 인용문에서 주자가 그릇된 학술로 지목한 것은 네 부류이다.

첫째는 '俗儒의 記誦詞章之習' 이었다. '俗儒' 란 말로는 유학을 표방하지만 실제로는 유학의 근본정신을 외면하는 사람들을 가리킨다. 이들은 儒教經典에 대해 그 본래의 뜻을 탐구하지 않은 채 그저 기록하고 외우기만 하거나, 문장을 화려하게 꾸미는 것만을 능사로 여겼다는 것이다. 이는 기존의 訓詁學이나 詞章學을 비판하는 것으로서, 주자는 이들의 노력이 '小學' 보다 배나 되지만 쓸모가 없었다고 비판했다. 둘째는 '異端의 虛無寂滅之教' 였다. 여기서 '虛無' 는 道家(老 · 莊)를 가리키고 '寂滅' 은 佛教를 가리킨다. 주자는 老 · 佛에 대해 '大學' 보다 훨씬 고상하지만 實質이 없었다고 비판했다. 셋째는 '功利主義者들' 이다. 이는 法家를 지칭하는 말로서, 이들은 목적의 달성을 위해서는 權謀術數를 마다하지 않는 부류였다. 넷째는 '百家衆技의 후예들' 이라 하였는바, 이는 위의 세 부류를 제외한 나머지 부류를 통칭하는 것이다. 주자는 이들 역시 '세상을 미혹시키고 백성을 속이며 仁義를 가로막았다' 고 비판하였다. 그동안 이처럼 그릇된 학술들이 횡행함으로써, 君子들은 大道의 요점을 듣지 못하고, 小人들은 至治의 혜택을 입지 못했다는 것이다.

주자는 자신의 시대를 '아름다운 정치와 밝은 교육' 이 회복된 시대로 규정했다. 이 말은 자신의 시대에 대한 '通常的 美化' 이기도 하겠지만, 실제로 宋은 漢 · 唐과는 다른 점이 있었다. 무엇보다도 宋은 '文治主義' 를 표방했다. 이러한 문치적 분위기 속에서 그동안 외면되고 있었던 유교이념이 다시 조명되었던 것이다. 주자는 한때 번성하였던 漢 · 唐의 시대에 대하여, 老 · 佛과 法家的 功利主義가 표리를 이루면서 人欲과 霸道가 횡행하던 시

벗어나지 못한 것' 이라고 보았다(이에 대한 자세한 논의는 이 책의 제11장 2절 참조). 주지하듯이 공자는 '周禮' 를 계승하기를 소원했는데, 周禮는 바로 封建制를 추구한 것이다. 봉건제는 그 세습적 측면을 제외한다면, 오늘날의 地方自治制와 그 취지를 같이 하는 것이다(이에 대한 자세한 논의는 拙著, 『儒家社會哲學研究』, 심산, 2001, 142-144쪽 참조).

대라고 폄하하였다. 그러나 宋代는 漢·唐과는 본질적으로 다르다는 것이다.[6] 그 까닭은, 宋代에는 맹자 이후 단절되었던 道統을 계승하여 '올바른 학술'을 다시 闡明했기 때문이다.[7] 위의 인용문에서는 그 功을 程明道(이름은 顥, 1032~1085)·程伊川(이름은 頤, 1033~1107)에게 돌렸다. 주자가 二程 못지않게 칭송한 인물은 周濂溪(이름은 敦頤, 1017~1073)였다.

사실 漢·唐의 시대는 사상적으로는 老·佛이 주도하고, 정치현실은 法家의 功利主義가 주도하던 시대였다. 唐代 후기에 이르러 韓愈(768~824)·李翶(772~841) 등은 老·佛을 배척하고 儒學의 의의를 다시 천명함으로써, 이후 사상사의 주류가 교체되는 계기를 제공하였다. 그러나 老·佛은 宋朝(北宋)가 성립된 이후에도 여전히 번성하였다. 이러한 정황 속에서 范仲淹(989~1052)·孫復(992~1057)·胡瑗(993~1059) 등은 '正學運動'을 통해 異端을 비판함과 동시에, 儒教의 학술에 있어서도 기왕의 訓詁學·詞章學을 비판하고 새로운 기풍을 조성하였다.[8] 이후, 이른바 '北宋五子'[9]는 老·佛

---

6) 본고의 이러한 견해에 대해, 金永壽 교수는 다음과 같은 점을 지적했다. 宋代는 사실 군사적으로는 '중국문명의 위기의 시대'였다는 것이다. 宋은 부단히 북방민족 遼·金에 시련을 당하고 마침내는 元한테 멸망했는바 이는 '중국의 소멸가능성'을 뜻했다는 것이요, 따라서 현대에는 오히려 '漢·唐'을 '중국의 가장 찬란한 시대'로 평가하고 있다는 것이다. 김영수 교수의 이러한 지적은 그 자체로는 至當하다고 하겠다. 그러나 주자학의 관점에서는 '漢·唐'과 마찬가지로 '현대 중국'도 覇道에서 벗어나지 못한다고 비판할 수 있다. 실제로 '현대 중국'이 추진하는 '東北工程'은 '패도적 팽창주의'의 전형적 사례일 것이다. 주자학적인 王道論을 度外視한다면, 동북공정에 대해 우리 한국은 무슨 논리로 대응할 것인가?

7) 宋代는 '지배계급'에 있어서도 漢·唐과 크게 달랐다. 漢·唐이 '貴族의 시대'였다면, 宋代는 '士大夫의 시대'였던 것이다. 일반적으로 '貴族'이란 세습적 特權과 방대한 富를 바탕으로 지배력을 행사하는 계급인데, 唐末 이후 오랜 戰亂으로 인해 귀족계급이 몰락하고, 새로운 지배계층으로서 '士大夫'가 등장했던 것이다. '士大夫'는 보통 中小地主層 출신이었다고 하나, 土地가 士大夫의 필수조건은 아니었다. '士大夫'는 '讀書人'이라고도 불렸던 만큼, 그 필수조건은 '유교적 지식(교양)'이었던 것이다. 士大夫가 지배계급으로 등장할 수 있었던 또 다른 토양은 隋唐代부터 활성화되었던 科擧制度에 있었다. 유교적 교양인의 눈으로 볼 때 '貴族들이 전횡을 일삼던 漢·唐'은 '타락한 시대'였을 것이다.

을 비판적으로 극복하는 '유가적 形而上學' 의 토대를 마련하였고, 주자는 先秦儒學과 北宋五子의 철학을 集大成하여 '體 · 用이 완비된 새로운 유학' 의 면모를 제시했던 것이다. 이처럼 思想界에서는 새로운 기운이 감돌았으나, 정치현실은 이들의 소망대로 운영되지 않았다. 당시 사람들은 北宋五子의 학문을 '道學' 이라고 불렀다. 그런데 이 '道學' 이라는 호칭은 北宋五子의 학문을 비난하는 맥락이었던 것이다.[10] 北宋五子의 政見은 당시 '王安石의 新法' 과 대립하는 형국이었고, 주자와 그 동학들이 추종한 '道學' 도 당시 부패한 정치현실에서 핍박의 대상으로 지목되고 있었던 것이다. 주자는 이러한 정황을 다음과 같이 묘사한 바 있다.

> (지금처럼 紀綱이 무너지고 廉恥가 없는 상황에서) 하나라도 굳세고 정직하여 道를 지키고 理를 따르는 선비가 나온다면, 수많은 사람들이 비웃고 배척하여 '道學을 하는 사람' 이라고 지목하고 矯激하다는 죄목을 씌워서, 위로는 聖聰을 미혹시키고 아래로는 流俗을 고무시킵니다. 대개 朝廷으로부터 閭巷에 이르기까지 십여 년 동안 '道學' 이라는 두 글자로 天下의 賢人君子를 禁錮시켰습니다. 그리하여 다시 崇 · 宣 年間[11]에 이른바 '元祐의 학술' [12]을 배격하고 비

8) 이들은 또한 학교제도의 정비, 인재의 발굴과 등용 등을 통해 儒學을 널리 보급하고자 진력하였다. 이들의 '正學運動' 에 대해서는 金美榮, 「朱熹의 佛教批判과 工夫論 研究」, 고려대박사학위논문, 1998, 15-20쪽 참조.

9) '北宋五子' 란 周濂溪 · 程明道 · 程伊川과 더불어 邵康節(이름은 雍, 1011~1077) · 張橫渠(이름은 載, 1020~1077)를 함께 높여 부르는 말이다.

10) 『朱子大全』 卷11 頁46(485쪽), 〈戊申封事〉 : 臣聞 仁宗時有程顥者 與其弟頤 同受學於周敦頤 實得孔孟以來不傳之緒 同時又有邵雍張載 相與博約 遂使聖道 闇而復明 其功甚大 俗儒淺學 既不足以窺其蘊奧 姦人鄙夫 又以其言 居必誠敬 動由禮義 有害於己之所爲 以故相與怨疾 指謂道學 而加詆訕焉

11) '崇宣年間' 은 崇寧 年間(1102~1106)과 宣和 年間(1119~1125)을 말함. 崇寧과 宣和는 모두 宋 徽宗 때의 年號임.

12) '元祐' 는 宋 哲宗 때의 年號. 새로 즉위한 哲宗은 舊法黨의 영수 司馬光을 중용하고, 10여 년 동안 시행되었던 王安石의 개혁조치들을 대부분 폐지하였다. 司馬光과 그를 추종하는 舊法黨은 元祐年間(1086~1093)에 득세하였다고 하여 '元祐黨' 이라고도 한

방하여 반드시 그 몸이 용납될 수 없게 한 것처럼 하고야 맙니다. 嗚呼라. 이것이 어찌 治世의 일로서 차마 다시 언급할 수 있는 것이겠습니까?[13]

주자에 의하면, 俗儒淺學은 도학의 진수를 이해할 수 없었으며, 姦人鄙夫는 자신들이 사익을 추구하는 데 도학이 방해가 됨을 원망하고 있었다. 그리하여 그들은 도학에 '矯激'이라는 죄목을 씌웠던 것인데, 이는 '과격한 理想主義(현실을 바로잡자는 것이나, 지나치게 과격하다)'라는 비난이었다. 주자는 이러한 죄목이 위로는 君主를 미혹시키고 아래로는 俗儒들을 고무시키는 것이라고 보았다. 위의 인용문에서 드러난 정황처럼, 당시 北宋五子와 그들을 계승하는 주자의 학술은 환영받기보다는 배척되는 편이었다.[14]

'五季의 혼란'을 근원적으로 종식시키고자 표방되었던 宋의 文治主義와 文官優位는 내부적인 반란을 막는 데는 성공했지만 外敵의 침략에는 취약한 체세였다.[15] 그리하여 仁宗 慶歷年間(1041~1048)에는 范仲淹의 개혁이

다. 당시 程子는 司馬光과 政見을 같이 했던바, '元祐의 학술'이란 이들의 학술을 말한다. 그러나 哲宗은 정책을 바꾸어 1094년에는 다시 新法을 시행하였고, 徽宗 때에는 舊法黨(元祐의 학술)을 더욱 탄압하였다.

13) 『朱子大全』 卷11 頁37(475쪽), 〈戊申封事〉: 一有剛毅正直守道循理之士 出乎其間 則群譏衆排 指爲道學之人 而加以矯激之罪 上惑聖聰 下鼓流俗 蓋自朝廷之上 以及閭里之間 十數年來 以此二字 禁錮天下之賢人君子 復如崇宣之間 所謂元祐學術者 排擯詆辱 必使無所容措其身而後已 嗚呼 此豈治世之事 而尙復忍言之哉

14) 주자의 학문도 1196년(주자 67歲) 權臣 韓侂胄에 의하여 '僞學'이라고 지목되어 탄압을 받았다. 주자의 經典 註釋書들은 禁書가 되었고, 관리로 임용되려면 사람들은 "나는 僞學之人이 아니다"라고 큰 소리로 선언해야만 했다. 주자는 죽을 때까지 이러한 불명예를 벗지 못했다(王懋竑, 『朱熹年譜』, 中華書局, 1998, 256-258쪽 참조). 그러나 한 世紀가 지난 뒤, 元代의 仁宗 皇慶2년(1313)에는 주자의 『四書集註』를 科擧의 정식 교재로 지정하고, 주자학을 國是(國敎, 官學)로 추앙하였다. 이후 明·淸代에도 계속 주자학을 官學으로 삼았다. 元初에 주자의 復權에 심혈을 기울인 대표적 인물은 趙復과 許衡(1209~1281)이었다(候外廬 外, 『宋明理學史』, 北京 人民出版社, 1984, 上卷, 689-691쪽 참조).

시도되었고, 神宗 熙寧年間(1068~1077)에는 王安石의 개혁이 시도되었다. 왕안석은 이른바 '新法' 을 표방했는데, 그것은 功利主義的 입장에서 '제도 개혁' 에 치중했던 것이다. 이에 대해 司馬光은 '제도' 이전에 '통치계급의 인격적 성숙' 이 더욱 중요한 관건이라고 규정하고, 新法에 반대하였다.[16] 程明道 · 程伊川 · 張橫渠 등도 司馬光과 입장을 같이 하여 '舊法黨' 에 속하였다. 신법당과 구법당의 대립은 '黨爭' 의 양상을 띠면서 지속되었다.

宋의 朝廷이 신법당과 구법당의 대립으로 분열되고 있을 때, 北方에서는 거란(契丹)이 더욱 성장하여 國號를 '遼' 로 바꾸고(1066) 宋을 압박하고 있었다. 北方에서는 이후 女眞族이 세력을 확장하여 '金' 을 세우고 遼와 겨루었다. 宋은 金과 연합하여 遼를 공격하기도 했으나, 결국엔 遼와 마찬가지로 金의 제물이 되고 말았다. 宋의 수도(開封)가 金에게 함락되고(1126년 9월), 황제(徽宗과 欽宗)가 金에 볼모로 끌려가게 된 것이다(1127년 4월). 1127년 5월, 南京에서 高宗이 즉위하니, 이른바 '南宋' 시대가 시작되었다. 이는 주자가 태어나기 3년 전의 일이다. 南宋은 主和派 秦檜의 주도로 金과

---

15) 본래 武將이었던 宋太祖 趙匡胤은, 主君이었던 後周의 世宗이 거란(契丹, 遼) 遠征 도중 죽고 政局이 혼미해지자, 갑자기 휘하의 군사들에 의하여 황제로 옹립된 것이다(960년). 자신이 군사들에 의하여 추대된 宋太祖는 '皇帝마저 黜陟할 수 있는 군사들' 을 누구보다도 경계하였다. 이러한 맥락에서, 宋의 文治主義는 한편으로는 '군사들의 힘을 약화시키기 위한 것' 이었다. 宋太祖가 강력한 '중앙집권체제' 를 구축한 것도 唐代에 '藩鎭' 들이 반란의 거점이 되었던 것을 거울로 삼은 것이었다(蕭公權, 최명 · 손문호 역, 『中國政治思想史』, 서울대출판부, 1998, 762쪽 및 796쪽 참조).

16) 손영식, 『이성과 현실』, 울산대학교 출판부(UUP), 1999, 81-82쪽 참조. 舊法黨이 '王安石의 개혁(新法)' 에 반대한 또 하나의 이유는 '개혁의 방향이 잘못되었다' 고 진단했기 때문이었다. 다음 세대의 개혁주의자(공리주의자) 陳亮조차도 '왕안석의 개혁은 방향이 잘못된 것' 이라고 평가한 바 있다(『龍川文集』 卷1[中華書局本 5쪽], 〈上孝宗皇帝第一書〉: 王安石 以正法度之說 首合聖意 而其實則欲籍天下之兵 盡歸於朝廷 別行教閱以爲强也 括郡縣之利 盡入於朝廷 別行封椿以爲富也 青苗之政 惟恐富民之不困也 均輸之法 惟恐商賈之不折也 罪無大小 動輒興獄 而士大夫緘口畏事矣 西北兩邊 至使內臣經畫 而豪傑恥於爲役矣 徒使神宗皇帝 見兵財之數既多 銳然南征北伐 卒乖聖意 而天下之勢 實未嘗振也).

和親하고, 막대한 貢物을 바치는 조건으로 命運을 연장하게 되었다.

주자 당시 南宋의 시대적 과제는 金의 침략에 대한 '復讎雪恥' 였다. 그것은 빼앗긴 북방의 영토를 되찾는 것이기도 했다. 그렇지만 당시의 형세는 '나머지 半의 영토' 를 지키기에도 힘겨운 상황이었다. 주자는 1188년, 당시의 상황을 타개하기 위한 종합적 時務策으로서 마침내 〈戊申封事〉[17]를 올렸다. 이 封事에서, 주자는 먼저 '君主의 마음' 을 '天下의 大本' 으로 설정하고, 군주가 우선 公正한 心法을 확립해야만 하는 이유를 밝히고 난 다음, '今日의 急務' 를 논의하였다. 주자에 의하면, 천하만사는 하나라도 '君主의 마음' 에 근본하지 않는 것이 없다. 君主는 一國의 주재자이고, 마음은 一身의 주재자이기 때문이다. 따라서 군주의 마음이 바르면 천하의 모든 일이 바르게 되고, 군주의 마음이 바르지 못하면 천하의 모든 일이 바르지 못하게 된다는 것이다.

'今日의 急務' 의 첫째 조목은 '太子를 輔翼할 것' 이다. 太子는 次期의 君主로서, 훗날의 治世는 태자에게 달린 것이다. 주자는 태자를 보익하기 위해서는 東宮에 이미 설치된 관직을 제외하고도 師・傅・賓客 등 輔導의 직책을 별도로 설치해야 한다고 하였다. 주자는 특히 "폐하께서는 또한 때때로 太子와 皇孫을 불러들여 폐하를 모시고 燕遊하도록 하시고, 조용히 옳은 길을 열어 인도해 주십시오. 무릇 옛 聖王의 正心・修身・平治天下의 要訣 가운데 폐하께서 몸소 실천하시어 효과를 보신 것과, 힘써 사모했으나 미치지 못한 것, 그리고 부끄럽게도 면할 수 없었던 것들을 빠짐없이 모두 말씀해 주신다면, 聖子神孫이 모두 장차 폐하의 心傳之妙를 터득하여 宗社와 統業이 영원토록 무궁할 것입니다."라고 건의하였다.

둘째 조목은 '大臣을 選任할 것' 이다. 주자는 많은 군주들이 자신의 私益을 채우기 위해 剛明公正한 사람을 배제하고 庸陋한 인물만 선임함으로써

---

17) 〈戊申封事〉는 南宋 孝宗 淳熙 15년(1188, 朱子 59세)에 올린 것으로, 주자가 經世를 논한 대표적 상소문이다.

국정을 혼란에 빠뜨린다고 지적하였다. 주자는 大臣을 선임하는 원칙으로 "폐하가 즐거워할 사람을 구할 것이 아니라 두려워할 사람을 구할 것이며, 폐하의 사사로운 뜻에 맞는 사람을 구할 것이 아니라 폐하의 德을 보필할 사람을 구할 것이요, 임용된 사람이 자신의 책임을 무겁게 여기지 못할까를 걱정하지 말고 폐하께서 그를 신임하는 것이 무겁지 못함을 걱정하실 것이며, 사사로운 近臣들의 일시적인 계책을 위할 것이 아니라 宗社와 百姓의 만세토록 무궁한 계책을 위하십시오."라고 건의하였다.

셋째 조목은 '紀綱을 확립할 것' 이다. 주자에 의하면, 군주의 憂勤願治가 지극함에도 불구하고 나라가 다스려지지 않는 것은 군주의 마음속에서 私邪가 완전히 제거되지 않았기 때문이다. 그리하여 충성스러운 사람과 사악한 사람이 함께 조정에 진출하고, 刑과 賞이 공정하게 시행되지 못하며, 士大夫의 志趣가 卑陋하게 되고 廉恥가 무너지게 되니, 이는 오히려 事理의 당연한 결과라는 것이다. 주자는 기강을 확립하기 위한 관건은 군주의 사심을 제거하는 데 있다고 역설하였다.

넷째 조목은 '퇴폐한 風俗을 변화시킬 것' 이다. 주자는 위에서 조정의 기강이 무너졌기 때문에 아래에서 풍속이 퇴폐해진다고 말한다. 기강이 무너졌기 때문에 剛直한 사람은 핍박받고, 廉恥가 사라졌기 때문에 퇴폐한 時流에 영합하지 않는 道學君子는 조롱받고 배격된다. 또 퇴폐한 시류에 물든 사람들은 '지금은 태평성대이니 강직한 도학군자는 불필요하다' 고 말하기도 한다. 이에 대해 주자는 "태평성대에는 진실로 伏節死義之士가 쓸모없는 것 같기도 합니다. 그러나 옛날의 人君은 그러한 선비를 구하기에 급급하였습니다. 그 까닭은, 그러한 선비가 患難을 당하여 死生을 초탈할 수 있다면 그는 평상시에는 爵祿을 가볍게 여길 수 있을 것이며, 患難을 당하여 忠節을 다할 수 있다면 평상시에는 자기의 소신을 굽혀 아첨하지는 않을 것이니, 평상시에 그러한 사람을 얻어 쓴다면 위로는 君主의 마음이 바르게 되고 아래로는 風俗이 아름답게 되어, 姦萌을 미리 잘라내고 禍本을 밑에서부터 없애기에 충분하니, 저절로 伏節死義할 일이 일어나지도 않을 것이기 때문이요, 훗날에 반드시 變故가 생길 것을 알고 미리 그러한 사람을 양성하여 대비한 것은 아닙니다."라고 반론하였다. 강직한 도학군자를 숭상하여 풍속을 바로잡는 것은 환난을 예방하는 의의가 있다는 것이다.

다섯째 조목은 '民力을 기를 것'이다. 주자는 우선 당시 徵稅政策의 改惡으로 인해 백성들의 고초가 더욱 심해졌음을 지적하였다. 즉 견실한 稅源은 皇室의 私金庫인 內帑으로 돌리고, 유명무실한 稅源은 국가의 公金庫인 版曹(戶曹)에 돌림으로써, 황실에서는 남아도는 세입으로 방탕을 일삼는 반면 版曹에서는 재원이 부족하여 세금을 가혹하게 징수하고, 그리하여 전통적 良法인 '破分法'[18]을 폐지하게 되었다는 것이다. 또 오로지 징세실적을 기준으로 관리들의 考課를 평정하기 때문에 관리들은 더욱 苛斂誅求를 일삼게 되었다는 것이다. 주자는 君主가 먼저 바른 마음을 지닌다면 私帑의 재원을 版曹로 되돌릴 수 있을 것이요, 版曹는 재원이 넉넉해져 破分法을 회복할 수 있을 것이며, 또 징세실적으로 考課를 평정하는 것도 폐지하여 너그러운 정치를 펼 수 있을 것이라고 진언하였다.

마지막으로, 여섯째 조목은 '軍政을 닦을 것'이다. 주자는 우선 장수들이 軍資를 횡령하거나 士卒을 착취하여 私財를 모으고 이를 宦官들에게 뇌물로 바쳐 진급을 꾀하는 등의 軍政의 문란을 지적하였다. 주자는 또 당시 屯田制가 제대로 시행되지 않음으로써 야기되는 漕運의 번잡함이나 無名非理의 착취 등을 지적하고, 둔전제를 軍卒에 의한 軍屯田과 游民에 의한 民屯田으로 이원화하는 개혁방안을 제시하였다. 주자는 이러한 모든 폐단의 개혁이 근원적으로 君主의 一心에 달린 것으로 보아, "陛下의 마음이 진실로 바르게 된다면 반드시 宦官과 將帥들이 交通하는 것을 엄하게 禁하고 장

---

18) '破分'이란 부과된 세금 가운데 90%를 징수하면 版曹에서 더 이상 납세를 독촉하지 않는 것을 말한다. 90% 이상이 징수되었다면 하급관청에서는 그 나머지를 기관의 운영자금으로 쓸 수도 있고, 가난한 백성들은 납부하지 못한 세금을 면제받을 수도 있었다. 朱子는 破分法을 없앨 수 없는 良法이라고 보았다(『朱子大全』 卷11 頁39(477-478쪽) 참조).

수의 선발권을 宰相에게 위임할 수 있을 것이요, 진실로 適任의 宰相을 얻는다면 반드시 폐하를 위하여 將帥를 선발하여 士氣를 진작시킬 것이며, 屯田을 넓혀 漕運을 줄일 것입니다. (…) 屯田이 성공하면 漕運을 줄일 수 있을 것이요, 지난날에 부득이하여 없앨 수 없었던 여러 가지 無名非理의 세금이나 교묘하게 착취하는 정치를 모두 다 禁할 수 있을 것이니, 백성들의 힘이 더욱 넉넉하게 될 것입니다."라고 진언하였다.

이상의 내용이 당시의 현실에 대한 주자의 주요 대응책이었다. 〈무신봉사〉의 結論部에서는 자신의 주장과 다른 학술들을 '似而非'로 규정, 비판하고 있다. 사실 '주자학'은 '異端'이나 '似而非' 등 '그릇된 학술'을 극복하고 '올바른 학술'을 정립함으로써, '올바른 政敎'를 실현하자는 것에 그 궁극적 취지가 있었던 것이다. 그러면 주자가 異端이나 似而非로 지목하는 학술들은 무엇인지, 그것들은 왜 異端이나 似而非로 비판되는지를 살펴보기로 하자.

2. 朱子의 異端 비판

〈무신봉사〉의 결론부에서 주자는 다음과 같이 말하고 있다.

이 '今日의 急務' 여섯 가지는 모두 늦출 수 없는 것입니다만 그 근본은 陛下의 一心에 달려 있습니다. 폐하의 한 마음이 바르게 되면 여섯 가지의 일이 모두 바르게 될 것입니다. 그러나 조금이라도 人心의 私欲이 개입한다면, 비록 수고스럽게 精力을 쏟아 바로잡고자 하더라도 여섯 가지 일은 모두 장차 헛된 文具가 될 것이요, 천하의 일은 더욱 구제할 수 없게 될 것입니다. (…) 그윽이 듣자오니, 오늘날 士大夫의 논의 가운데 臣과 견해가 같지 않은 것이 非一非再합니다. 그러나 그 실상을 궁구해보면, 모두 '옳은 것 같지만 사실은 그른 것(似是而非者)'입니다.[19]

주자에 의하면, 公心에 입각하지 않고 私欲에 입각한 改革들은 끝내 모두 '假飾'에 불과하게 되어 實效를 거둘 수 없다. 따라서 여러 개혁조치들이 모두 시급한 것이지만, 그것들은 먼저 '君主의 一心'을 바로잡는 것에 근본해야 한다는 것이다. 주자는 이러한 원칙에 어긋나는 당시의 네 가지 주장들을 '似而非'로 규정했다.

첫째는 '因循의 無事함을 즐기는 자들'이다. 이는 無事安逸主義라 할 수 있다. 그들은 "陛下의 나이가 이미 많으며 天下도 또한 다행스럽게 無事하다. 나이가 많으면 血氣가 쇠약해지지 않을 수 없으며, 천하가 무사하면 다시 용렬한 사람들에 의하여 시끄럽게 할 필요가 없다."고 주장한다. 君主의 나이가 많아 개혁을 추진하기에 부적당한데, 다행히도 천하가 무사하니 시끄럽게 개혁을 추진할 필요가 없다는 것이다.

이에 대해 주자는 두 측면에서 비판한다. 첫째, 聖人의 血氣는 세월이 지나면 쇠하지만 聖人의 意志는 세월이 흘러도 쇠하는 것이 아니다. 개혁은 意志로 하는 것이지 血氣로 하는 것이 아니다. 따라서 君主의 나이가 많다는 것이 결코 개혁의 걸림돌일 수는 없다. 또 천하에 變故가 있을 때에는 진실로 安逸할 수 없지만, 천하가 無事하다고 하여 조금이라도 怠慢하는 것은 더욱 不可하다. 둘째, 지금의 천하는 결코 무사하지 못하다. 目前의 急務는 없는 것처럼 보이지만, 그러나 백성은 가난해지고 국고는 탕진되었으며, 병사들은 게을러지고 장수들은 교만해졌으며, 밖으로는 강하고 사나운 오랑캐가 있고 안으로는 근심하고 원망하는 軍民이 있다. 따라서 결코 無事하다고 치부하여 安逸에 빠질 수 없는 것이다. 주자는 무사한 때일수록 더욱 경계하여 다가올 患難을 대비해야 하는 것이므로, 무사안일주의는 어떠한 식으로든 정당화될 수 없다고 주장하였다.

---

19) 『朱子大全』 卷11 頁42-43(481쪽) : 凡此六事 皆不可緩 而其本在於陛下之一心 一心正則六事無不正 一有人心私欲 以介乎其間 則雖欲憊精勞力以求正 夫六事者 亦將徒爲文具而天下之事 愈至於不可爲矣 (…) 然又竊聞之 今日士夫之論 其與臣不同者 非一 及究其實 則皆所謂似是而非者也

둘째는 '奮發하여 힘쓰고자 하는 자들' 이다. 이는 急進主義라 할 수 있다. 그들은 "祖宗의 쌓인 울분을 펴지 않을 수 없으며, 中原의 잃어버린 영토를 회복하지 않을 수 없으니, 이를 책무로 삼는다면 폐하의 마음은 勉强을 기다리지 않고서도 저절로 강해질 것이요, 이를 제쳐두고 도모하지 않는다면 비록 무슨 일을 권장하려고 하더라도 표준으로 삼을 바가 없게 되어 끝내는 쇠약해질 뿐이다."라고 주장한다. 주자는 이에 대해 "故疆을 회복해야 하며 퇴폐한 국가는 오래 갈 수 없다는 것을 알 뿐이요, 큰 功은 쉽게 세울 수 있어도 至微한 本心은 보존하기가 어려우며, 中原의 오랑캐는 쉽게 물리칠 수 있지만 君主의 私意는 제거하기 어려움을 모른다."고 비판한다. 주자에 의하면, 밖의 오랑캐를 물리치는 것보다 안의 私心을 제거하기가 더욱 어렵다. 전자는 말단(末)이요 후자는 근본(本)인바, 근본을 먼저 확립하면 말단은 쉽게 해결된다. 급진주의자들처럼 근본을 뒤로 하고 말단을 우선 문제 삼는다면, 결코 성공할 수 없다는 것이다.

셋째는 '老佛之學' 이다. 老佛은 高遠하게 心·性을 논하며 儒學을 常談死法이라고 천시한다. 또 老佛은 형이상학(體)만 있고 통치술(用)은 없기 때문에, 老佛을 숭상하는 사람들은 통치술에 있어서는 곧잘 '管商功利之說' 을 따르게 된다.[20] 주자는 老佛의 형이상학도 잘못된 것으로 비판하고, 老佛의 형이상학과 管商의 통치술이 결합되는 것도 비판한다. 주자는 '유학의 性命은 眞實한 것이지만, 老佛의 性命은 空虛한 것임' 이 근본적인 차이라고 지적하고, 다음과 같이 말한다.

> 儒學은 性命을 眞實한 것으로 여깁니다. 따라서 寂然不動한 때에는 萬理가 그 가운데 粲然하여 民彝物則을 모두 갖추고 있으며, 感應하여 마침내 천하의 까닭에 통할 때에는 반드시 그 일과 법도에 따라서 하나라도 어긋남이 없습니

20) 『朱子大全』 卷11 頁45(483쪽) : 或以爲陛下深於老佛之學 而得其識心見性之妙 於古先聖王之道 蓋有不約而自合者 是以 不悅於世儒之常談死法 而於當世之務 則寧以管商一切功利之說爲可取

다. 그러나 老佛은 性命을 空虛한 것으로 여깁니다. 따라서 寂滅이 즐겁다는 것만 알고 그것이 實理의 근원이 된다는 것은 알지 못하며, 사물에 응하여 형체를 본다는 것만 알고 거기에는 眞妄의 구별이 있다는 것은 알지 못합니다. 그러므로 儒學에 입각하여 닦으면 體와 用이 한 근원이요(體用一原) 현상과 본체가 간격이 없어서(顯微無間), 治心 修身 齊家 治國 平天下가 하나라도 그릇됨이 없습니다. 그러나 老佛에 입각하면 本과 末이 쪼개지고 안과 밖이 斷絶되어, 비록 廓澈靈通 虛靜明妙라고 하는 것이 있어도 滅理亂倫의 罪와 顚倒運用의 失을 면할 수 없습니다.[21]

주자에 의하면, 유학의 體는 寂然不動한 가운데 萬理를 구비하고 있는 '實' 體요, 유학의 用은 本과 末을 모두 갖추고 있는 것이다. 따라서 유학을 따르면 하나라도 그릇됨이 없는 것이다. 그러나 老佛의 體는 寂滅로 그치는 體이기 때문에 '虛' 體요, 用이 없어서 管商功利之說로 대신하기 때문에 體·用이 단절되고, 一切가 平等하다는 생각 때문에 眞·妄의 구별을 무시한다. 이와 같은 까닭으로 老佛은 滅理亂倫과 顚倒運用을 면할 수 없다는 것이다.

넷째는 '管商功利之說' 이다. 이는 춘추시대의 管仲과 전국시대의 商鞅 등 이른바 '法家의 功利主義' 를 말한다. 주자에 의하면, 老佛에 빠진 사람들이 현실적인 政務를 감당할 수 없게 되자 法家의 공리주의에 매료되어 그에 입각해 부국강병을 달성하고자 한다는 것이다. 老佛은 體만 있고 用은 없으며, 法家는 用만 있고 體는 없다.[22] 따라서 양자는 일견 서로 보완할 수

---

21) 『朱子大全』 卷11 頁45(484쪽) : 此以性命爲眞實 而彼以性命爲空虛也 此以爲實 故所謂寂然不動者 萬理粲然於其中 而民彝物則 無一之不具 所謂感而遂通天下之故 則必順其事 必循其法 而無一事之或差 彼以爲空 則徒知寂滅爲樂 而不知其爲實理之原 徒知應物見形 而不知其有眞妄之別也 是以 自吾之說而修之 則體用一原 顯微無間 而治心修身齊家治國 無一事之非理 由彼之說 則其本末橫分 中外斷絶 雖有所謂廓澈靈通虛靜明妙者 而無所救於滅理亂倫之罪 顚倒運用之失也

22) 주자는 申不害·韓非子에 대해서는 '有用而無體' 라고 하였고, 黃老學에 대해서는

있을 것으로 생각되며, 이러한 맥락에서 老佛과 法家는 친근성이 있다. 그러나 體 · 用의 단절을 피할 수 없기 때문에, 일시적인 효과는 볼 수 있을지 몰라도 장구한 계책은 될 수 없다는 것이다. 주자에 의하면, 儒學의 聖賢이 제시한 부국강병의 계책은 '體用一原 本末俱備' 한 것이기 때문에 實效를 거둘 수 있는 방법인데도, 사람들은 오히려 常談死法이라고 배척하고 강구하지 않는다.[23] 사람들은 老佛의 高尙함과 管商의 便利함에 매료되어, 儒學의 聖賢이 밝힌 진리를 常談死法이라고 천시한다는 것이다. 그러나 이것은 "常談 가운데 妙理가 있고 死法 가운데 活法이 있다" 는 것을 모르는 소치이다.[24]

이상의 似而非 비판은 다음과 같이 요약된다. 無事安逸主義는 安民의 의지 자체가 없는 것이다. 急進主義는 安民의 의지는 있지만 방법론상 근본을 뒤로 하고 말단을 우선하여 本 · 末이 顚倒된 것이다.[25] 老佛은 體만 있고 用은 없으며, 그 體도 '虛' 體에 불과한 것이다. 管商功利主義는 用만 있고 體가 없으며, 그 用도 義理는 외면하고 便利만 추구하는 것이다. 或者는 老佛과 管商을 결합시키면 서로 보완이 될 것으로 생각하지만, 그러나 이미 體와 用이 단절되어 實效를 볼 수 없다.

주자의 異端 비판을 종합적으로 살펴볼 수 있는 또 하나의 자료는 〈韶州

'有體而無用' 이라 하였다(『朱子語類』 卷137(3255쪽) : 或流於申韓 或歸於黃老 或有體而無用 或有用而無體 不可一律觀). 法家는 통치술만 있고 형이상학은 없으며, 老莊思想은 형이상학만 있고 통치술은 없다는 뜻이다.

23) 『朱子大全』 卷11 頁46-47(485쪽) : 以旣斥儒者之道爲常談死法 而天下之務 日至於前 彼浮屠之學 又不足以應之 是以 有味乎彼之言 而冀其富國强兵 或有近效耳 然自行其說至今幾年 而國日益貧 兵日益弱 所謂近效者 亦未之見 而聖賢所傳生財之道 理財之義 文武之怒 道德之威 則固所以爲富强之大 而反未有講之者也

24) 『朱子大全』 卷11 頁47(485쪽) : 今議者 徒見老佛之高 管商之便 而聖賢所傳明善誠身齊家治國平天下者 初無新奇可喜之說 遂以爲常談死法而不足學 夫豈知常談之中 自有妙理 死法之中 自有活法 固非老佛管商之陋 所能彷彿其萬分也哉

25) 無事安逸主義(因循의 無事함을 즐기는 자들)는 '俗儒(流俗)' 를 지칭하는 것이며, 急進主義(奮發하여 힘쓰고자 하는 자들)는 '管商功利主義' 를 지칭하는 것이다.

州學濂溪先生祠記〉이다. 이 글은 周濂溪를 추모하는 글로서, '이단적 학술의 문제점'과 그에 대해 '주렴계의 철학이 지니는 의의'를 논한 것이다. 주자는 다음과 같이 말한다.

> 秦·漢 이래로 天下에 道가 밝혀지지 않아 선비들은 學問의 방법을 알지 못하였다. 天을 말하는 자는 인간을 빠뜨려 쓸모가 없었고, 인간을 말하는 자는 天을 언급하지 않아 근본이 없었다. 下學을 전공하는 자는 上達을 알지 못하여 形器에 머물렀고, 上達을 기필하는 자는 下學에 힘쓰지 않아 空虛에 빠졌다. 자신을 다스리는 데 넉넉했던 자들은 간혹 治人에 미치기에 부족했고, 세속을 따라 功名을 추구했던 자들은 또한 반드시 근본으로부터 미루어 나가지는 못하였다. 무릇 이와 같았기 때문에, 天理가 밝혀지지 못하고 人欲이 치열하게 되었으며, 道學이 전해지지 못하고 異端이 일어나게 되었다. 그리하여 私智(사사로운 지혜)를 끼고서 一世를 휘젓는 사람들은 늙어 죽지 않고서는 그만두지 않으면서, 끝내 그 잘못을 깨닫지 못하였다. (…) 濂溪 先生께서 일어나신 다음에야 天理가 밝아지고 道學의 전통이 다시 이어지게 되었다. 濂溪 先生께서 太極과 陰陽五行의 깊은 이치를 천명하심에 천하의 中正仁義를 추구하는 자들은 그 所從來를 알 수 있었고, 聖學에는 要領이 있음을 말씀하심에 下學에 힘쓰는 자들은 克己復禮(자기의 사욕을 이기고 禮를 회복함)가 바로 上達로 이르는 길임을 알게 되었으며, 天下에는 근본이 있음을 밝히심에 정치를 논하는 자들은 誠心端身(마음을 참되게 하고 몸을 단정하게 함)이 바로 천하를 다스리는 것으로 연결됨을 알게 되었다.[26)]

---

26) 『朱子大全』 卷79 頁12-13(4105쪽), 〈韶州州學濂溪先生祠記〉 : 秦漢以來 道不明於天下 而士不知所以爲學 言天者 遺人而無用 語人者 不及天而無本 專下學者 不知上達而滯於形器 必上達者 不務下學而溺於空虛 優於治己者 或不足以及人 而隨世以就功名者 又未必自其本而推之也 夫如是 是以 天理不明而人欲熾 道學不傳而異端起 人挾其私智以馳騖於一世者 不至於老死則不止 而終亦莫悟其非也 (…) 有濂溪先生者作 然後 天理明而道學之傳復續 蓋有以闡夫太極陰陽五行之奧 而天下之爲中正仁義者 得以知其所自來 言聖學之有要 而下學者 知勝私復禮之可以馴致於上達 明天下之有本 而言治者

주자에 의하면, 天(理)은 인간의 삶의 표준이므로, 人道에 대한 논의는 天道에 대한 탐구를 전제로 해야 한다. 또한 '上達(궁극적 진리에 대한 탐구)'도 '下學(日常에 대한 경험적 탐구)'으로부터 출발해야만 성공할 수 있고, 실제적인 의미를 지닐 수 있다. 또한 修己와 治人은 本·末의 관계이므로, 根本인 修己를 전제하지 않고는 末端인 治人에 성공할 수 없다. 그런데 여러 異端的 學術들은 '天과 人間'·'下學과 上達'·'修己와 治人' 등을 괴리시키고 어느 한 쪽에 치우침으로써 實效를 보지 못하고, 또한 私智를 끼고 天理를 외면함으로써 결국은 人欲에 빠진다는 것이다. 이는 주자가 이단을 바라보는 기본 관점이다. 이러한 관점에서 주자의 이단비판을 개관하자면 다음과 같다.

주자는 法家에 대해서는 '功利主義에 빠짐'·'形而上學이 없음'·'修己를 무시함' 등의 문제를 제기하였다. 功利主義는 仁義를 해친다. 仁義를 무시한 채 功利만 앞세운다면, 인간은 금수와 다를 바 없다. 形而上學이란 인간과 세계에 대한 체계적 이해를 도모하는 것인바, 형이상학이 결여된 채 제대로 된 통치술이 성립할 수 없다. 修己를 무시한 채 治人을 꾀하면 성공할 수 없다. 老莊에 대해서는 '相對主義에 빠짐'·'爲我(이기주의)에 빠짐'·'統治術이 없음' 등의 문제를 제기하였다. 道家의 齊物論은 결국 相對主義와 利己主義를 옹호하는 것이었다. 相對主義는 규범적 혼란을 조장하고, 利己主義는 사회적 협동을 불가능하게 하며, 통치술이 없는 형이상학은 虛學에 불과하다. 보다 근원적으로, 氣를 본체로 삼는 道家의 형이상학 자체도 그릇된 것이다. 佛教(특히 禪佛教)에 대해서는 '마음을 진리의 표준으로 삼음'과 '統治術이 없음' 등의 문제를 제기하였다. 객관적 天理를 외면하고 자기의 마음을 진리의 표준으로 삼으면 결국 猖狂自恣(미치광이처럼 스스로 방자하게 행동함)를 면할 수 없다. 통치술이 없는 형이상학은 虛學에 불과하며, 보다 근원적으로 心을 본체로 삼는 佛教의 형이상학 자체도

知誠心端身之可以擧而措之天下

그릇된 것이다.[27)]

주자가 비판한 여러 부류의 異端 중에서, 주자가 가장 힘주어 배척한 것은 佛敎였다. 주자는 佛敎의 '그럴듯하지만 잘못된(似而非)' 形而上學이 끼치는 폐단이야말로 가장 심각하다고 보았던 것이다. 이에 주자의 불교비판을 일별하기로 하자. 주자는 당시까지의 '중국불교의 전개과정'을 크게 '齋戒 · 義學 · 禪'이라는 3단계로 설정하고,[28)] 각각의 특성을 구분하여 비판을 가한다.

첫째 단계인 '齋戒'는 초기의 祈福佛敎를 말한다. 주자는 기복불교에 대해 '이론적으로 虛荒되고, 現世와 人倫을 외면한다'는 맥락에서 비판하였다. 이러한 논점은 주자 이전에도 불교를 비판하는 지식인들이 일반적으로 제기했던 것이다. 둘째 단계인 '義學'은 '空' 사상을 중심으로 전개된 복잡한 이론체계의 敎學佛敎(敎宗)를 말한다.[29)] 주자는 '空' 사상이 '만물의 自性'을 '空(虛)'으로 규정한 것에 대해서는 '만물의 本性은 實하다'는 맥락에서 비판하였다. 만물은 仁義禮智의 本性을 지녔는바, 그것은 空이 아니라

27) 주자의 이단비판에서 빼놓을 수 없는 내용은 '楊朱 · 墨翟'에 대한 비판과 '荀子 · 揚雄'에 대한 비판이다. 양주 · 묵적에 대한 비판은 '사랑의 실천방식 문제'에 관한 것으로, 이에 대해서는 이 책의 제8장에서 함께 논의할 것이다. 순자 · 양웅에 대한 비판은 '인간 본성의 善惡 문제'에 관한 것으로, 이에 대해서는 이 책의 제3장에서 함께 논의할 것이다. 한편, 주자는 陳亮(字는 同甫) · 陸九淵(號는 象山) 등과 치열하게 논쟁하기도 하였다. 그런데 陳亮에 대한 비판은 管商功利主義에 대한 비판과 맥락을 같이 하고, 陸象山에 대한 비판은 禪佛敎에 대한 비판과 맥락을 같이 하는바, 이에 대해서는 이 책의 제11장에서 논의할 것이다.

28) 『朱子語類』 卷126(3009쪽) : 佛氏乘虛入中國 廣大自勝之說 幻妄寂滅之論 自齋戒變爲義學 如遠法師支道林皆義學 然又只是盜襲莊子之說 (…) 及達磨入來 又翻了許多窠臼說出禪來 又高妙於義學 以爲可以直超徑悟

29) 주자는 둘째 단계의 義學은 '老莊을 剽竊한 것'이라고 규정했다. 보통 '格義佛敎'라고 말하는 것을 주자는 '老莊을 훔친 佛敎'로 본 것이다. 주자는 불교가 전래한 이후 老莊과 佛敎가 서로 학설을 표절했다고 보았다. 흥미있는 것은 "佛敎는 老莊의 '좋은 점'을 표절했는데, 後代의 道家는 佛敎의 '나쁜 점'을 표절했을 뿐"이라는 말이다(『朱子語類』 卷126[3009쪽] : 佛家偸得老子好處 後來道家却只偸得佛家不好處).

實이라는 주장이다.[30] 그러나 주자는 '空' 사상이 '眞俗不二 · 有無不二'의 논리로 '현실에 입각해 진리를 추구할 것'을 역설한 것에 대해서는 십분 긍정하였다. 셋째 단계인 '禪學'은 '直指人心 · 見性成佛'의 頓悟法을 말한다. 돈오법은 '내 마음이 곧 佛心(卽心卽佛)'이라고 전제하고 參禪을 통한 일순간의 깨달음을 추구하는 것이다. 주자는 이러한 주장이야말로 '허다한 義理를 남김없이 掃滅시키는 가장 해로운 학설'이라고 극력 배척했다.[31] '내 마음을 곧 佛心으로 전제하는 것'은 '내 마음을 곧 진리의 표준으로 삼는 것'으로서, 그것은 결국 '猖狂自恣'에 빠진다는 것이다. 주자는 '진리의 표준은 내 마음이 아니라 이 세계의 객관적 理法'이라는 입장에서 만물의 객관적인 理法을 탐구하는 格物致知가 필요하다고 주장했고, 내 마음을 佛心으로 성숙시키기 위해서는 誠意正心이 아울러 필요하다고 주장했다.[32]

주자는 天과 人間, 下學과 上達, 修己와 治人을 일관시키는 학문이야말로 올바른 학문이라고 보았다. 여기에서 말하는 '天' 또는 '天理'란 '자연의 理法' 또는 '자연의 生生原理'로서, 그것은 '理 · 太極 · 道' 등으로 표현되

30) 불교의 空思想에서 말하는 만물의 '自性'이란 만물의 '독립적 實在性' 또는 '自己正體性(self-identity)'을 말한다. 불교에서는 만물이 因緣에 의해서 生滅하므로, 개별적 사물에는 '독립적 實在性'이 없다고 보는 것이다. 다시 말해, 만물은 서로 의존하고 서로 관계되어 있으므로(相依相關), 개별적 사물에 '독자적인 正體性'이 없다는 것이다. 반면에 유교(朱子學)에서 말하는 '만물의 本性(本然之性)'이란 만물이 본래부터 자연적으로 지니거나 추구하는 性質을 말한다. 만물은 모두 일정한 指向性을 지니고 활동하는데, 그 지향성의 내용이 무엇이냐 하는 것이다. 유교에서는 만물의 지향성을 '仁義禮智'라고 규정하였다. 따라서 '불교의 自性論'과 '유교의 本性論'은 애초에 논의의 초점이 다른 것이요, '自性의 空함'과 '本性의 實함'은 결코 모순관계가 아닌 것이다. 주자학에서 불교를 비판할 때 흔히 등장하는 또 하나의 명제는 "釋氏虛 吾儒實, 釋氏二 吾儒一"(『朱子語類』 卷126[3015쪽])이라는 말이다. '釋氏虛 吾儒實'은 '불교는 만물의 自性을 空으로 보고, 유교는 만물의 本性을 實로 본다'는 뜻이다. '釋氏二 吾儒一'은 '(心卽理라고 보는) 불교는 결과적으로 心과 理를 괴리시키지만, (心과 理는 본래 별개라고 보는) 유교는 결과적으로 心과 理를 합치시킨다'는 뜻이다.

31) 『朱子語類』 卷126(3014쪽) : 禪學最害道 老莊於義理絶滅猶未盡 佛則人倫已壞 至禪則又從頭將許多義理埽滅無餘 以此言之 禪最爲害之深者

32) 이와 관련된 자세한 논의는 金美榮, 「朱熹의 佛教批判과 工夫論 硏究」, 146-166쪽 참조.

기도 한다. 주자는 '繼天立極'[33]을 표방하여, 天(理)을 '인간의 삶의 標準'으로 규정했다. '天을 표준으로 삼는 삶' 즉 '天을 근본으로 삼는 삶'만이 올바른 삶이 될 수 있다는 것이다. 또한 下學에서 출발해야만 上達이 실질적 의미를 확보할 수 있으며, 修己를 바탕으로 해야만 治人이 실질적 결과를 얻을 수 있다는 것이다. 주자는 이러한 맥락에서 '周濂溪의 道學'에 지대한 의미를 부여했다. 그러나 이것은 주렴계의 創案이기 이전에 본래 先秦儒學의 노선이었던 것이다. 또한 선진유학의 이러한 노선을 체계적으로 담고 있는 경전은 『大學』과 『中庸』이었다. 이러한 맥락에서, '朱子學의 성립'은 '『大學』·『中庸』의 표장'과 함께 이루어졌던 것이다.

33) '繼天立極'이란 '天道(자연의 理法)를 계승하여 人極(인간의 標準, 人道)을 확립한다'는 말로, 주자의 〈大學章句序〉와 〈中庸章句序〉에 보인다.

제2장

朱子의 방향 설정 : 『大學』과 『中庸』의 表章

다시 말하거니와, 주자는 學術과 政治를 불가분의 관계로 인식하고 있었다. 주자에 의하면, 三代 이후의 政治가 타락한 것은 각종 異端邪說이 횡행했기 때문이었다. 政治는 民生을 좌우하는바, 올바른 학술을 정립하여 모두가 '지극한 정치의 혜택' 을 입게 하자는 것이 주자의 포부였다. 이런 맥락에서 주자학의 성립은 그의 異端批判과 표리를 이루는 것이었다.

주자는 이단을 비판하고 올바른 노선을 정립함에 있어서 그 기본 논리를 『대학』과 『중용』으로부터 도출하였다. 주지하듯이 『대학』과 『중용』은 본래 『禮記』의 한 篇이었었다. 그런데 宋代에 이르러 『예기』로부터 분리되어 독립된 經典의 지위를 누리고, 마침내는 『논어』·『맹자』와 함께 四書로 표장된 것이다. 주자학은 四書를 중심으로 하는 학문이요, 四書 가운데서도 특히 『대학』과 『중용』을 중시하는 학문이다.[1] 이와 같이 宋代에 이르러 『대학』과 『중용』의 위상이 크게 격상된 까닭은 무엇일까? 그것은 무엇보다도, 이단이 갖가지 폐해를 연출하는 상황에서, 그것들을 극복할 수 있는 논리가 『대학』과 『중용』에 담겨 있음을 발견했기 때문일 것이다.

주자학에서 佛教를 비판하는 논점은, 佛教가 人倫(君臣·父子·夫婦)을

---

1) 『大學』과 『中庸』의 表章을 주도한 것은 程子였고, 그 바탕에서 『四書』의 位相을 확립한 것은 朱子였다.

毁棄한다는 것, 現世를 외면한다는 것, '猖狂自恣(미치광이처럼 스스로 방자하게 행동함)'에 빠진다는 것 등이다. 불교가 人倫을 훼기한다는 것, 現世를 외면한다는 것 등에 대한 비판은 현실적으로 명백히 드러난 사안에 대한 비판으로서, 철학적으로 큰 어려움이 있었던 것은 아니다. 주자학에서 불교를 비판할 때 가장 심혈을 기울였던 부분은 '마음(心)'을 중심으로 삼는 불교의 주관주의가 결국 猖狂自恣에 빠진다는 점이었는데, 이 부분이 불교와 유교가 형이상학적 또는 인식론적으로 가장 첨예하게 충돌하는 곳이었다. 한편 주자학이 老莊과 가장 첨예하게 충돌하는 부분은 노장의 氣中心的 本體論과 상대주의 · 객관주의였다. 주자학에서는 노장이 一身의 행복을 위해 現世的 使命을 외면한다고 비판하는데, 그것은 노장의 상대주의 · 객관주의에서 기인하는 것이다. 또 주자학에서 法家를 비판하는 논점은 형이상학은 없고 통치술만 있다는 것, 근본은 외면하고 말단만 논한다는 것 등이었다. 이러한 문제점들을 비판하고 극복함에 있어서, 程 · 朱는 그 핵심적인 관념을 바로 『대학』과 『중용』에서 찾아냈던 것이다. 이제 주자가 이단을 비판하면서 『대학』과 『중용』에서 찾아낸 '올바른 학술의 기본방향'을 살펴보기로 하자.

1. 진리의 일상성과 實學

주자학에서는 老佛을 비판할 때 흔히 '方外'라는 표현을 쓴다. '方外'란 인간의 현실을 등지고 떠나 淸淨無爲한 세계로 들어갔다는 뜻이다. 老佛이 도달한 경지가 참으로 淸淨無爲한 세계라 하더라도, 그것은 인간의 현실을 등진 것이니, 實學이 아닌 虛學이라는 것이 주자학의 인식이다. 주자학에서 보기에 노불은 인간의 현실을 떠나서 진리를 찾는 것이다. 유교의 宗旨는 '下學而上達'[2) 즉 '인간의 卑近한 現實에 대해 배움으로써 마침내 高尙한 天理에 통달한다'는 것이다. 진리는 인간의 현실에 입각해서 추구해야 하는바, 인간의 현실을 떠나서는 진리를 찾을 수 없을 뿐더러, 설령 무엇을 찾았다 하더라도 그것은 '헛된 것' 또는 '잘못된 것' 에 불과하다는 것이다. 이러한 맥락에서 程明道는 불교에 대해 다음과 같이 비판한다.

> 釋氏는 (…) 오직 上達에만 힘쓰고 下學은 없다. 그러하니 그 上達處도 어찌 옳음이 있겠는가? 원래 (下學과 上達이) 서로 연결되지 못하고 단절되어 있으니, 道가 아니다.[3)]

정명도는 下學과 上達의 연속성 · 일관성이라는 관점에서 下學을 외면하고 上達에 치중한 불교의 방법론이 그릇되있다고 비판한 것이다. 한편 주자는 下學을 외면하는 것은 결국 인간의 道理를 외면하는 것이라고 비판한다.

> 老子는 사람의 道理를 외면했다. 聲色을 좋아하지 않았으며 官職을 맡지도 않았다. 그러나 倫理를 해친 것이다.[4)]

주자학에서는 노불은 방법론상으로 잘못되었을 뿐만 아니라, 결국 인간의 윤리를 해치게 된다는 점에서 공통성이 있다고 본다. 또 노불은 실질이 없는 虛學이라는 점에서도 마찬가지라고 본다.[5)]

程 · 朱가 노불의 비현실적 폐단을 주목하고 있을 때, 진리의 日常性을 크게 부각시켜 준 것은 바로 『대학』과 『중용』이었다. 『중용』의 "道는 사람에게서 멀지 않다. 사람이 道를 추구하면서 사람에게서 멀게 한다면 道라 할 수 없다."[6)]라는 구절은 진리의 일상성을 깨우쳐 주기에 충분했다. 『중용』에서

---

2) 『論語』 憲問 37.

3) 『近思錄』 卷13 頁3 : 明道曰 釋氏 (…) 惟務上達而無下學 然則其上達處 豈有是也 元不相連屬 但有間斷 非道也

4) 『朱子語類』 卷125(2988쪽) : 老子是出人理之外 不好聲 不好色 又不做官 然害倫理

5) 〈大學章句序〉 : 異端虛無寂滅之敎 其高過於大學而無實

6) 『中庸章句』 13 : 子曰 道不遠人 人之爲道而遠人 不可以爲道

는 "君子의 道는 비유컨대 먼 곳을 가는데 반드시 가까운 곳으로부터 말미암고, 높은 곳을 오르는데 반드시 낮은 곳으로부터 시작하는 것과 같다."[7] 고도 했으며, "高明함을 극진히 하되 日常에서 말미암는다."[8]고도 하였다. 이것은 『논어』의 '下學而上達'과 전적으로 취지를 같이 하는 말이다. 이밖에도 『중용』에서 진리의 일상성을 강조하는 말은 헤아릴 수 없을 정도로 많다. "君子의 道는 夫婦에게서 단서가 시작된다."[9]는 말이나 "君子는 쉬운데 거하면서 天命을 기다린다."[10]는 말도 진리의 일상성을 깨우친 말이다. 보다 근원적으로, '庸'은 '平常'을 뜻하는바, '中庸'이라는 말 자체가 '진리의 일상성'을 강조한 것이다.

주자학에서 말하는 '진리의 일상성'은 '일상적인 것 가운데 진리가 깃들어 있다'는 말이다. 일상적인 것 자체가 모두 진리인 것은 아니다. 따라서 일상에 충실한다고 그 자체 진리의 생활은 아닌 것이다. 정자는 '下學而上達'에 대해 다음과 같이 주석한 바 있다.

> 대개 무릇 아래로 인간의 일을 배우면 문득 위로 天理에 통달하게 된다. 그러나 반복하기만 하고 省察하지 않는다면 또한 위로 통달할 수 없다.[11]

정자에 의하면, 上達은 경험의 단순한 축적에 의하여 이루어지는 것이 아니다. 上達은 '반성에 의한 경험의 질적 승화'에 의하여 가능한 것이다. 『중용』에서 "사람들이 음식을 먹고 마시지 않는 이가 없지만 그 참맛을 아는 사람은 드물다."[12]고 한 것은 사람들이 흔히 맹목적으로 일상에 임할 뿐, 일상에 대해 성찰하는 사람은 드문 것을 탄식한 것이다.[13]

---

7) 『中庸章句』 15 : 君子之道 辟如行遠必自邇 辟如登高必自卑
8) 『中庸章句』 27 : 極高明而道中庸
9) 『中庸章句』 11 : 君子之道 造端乎夫婦
10) 『中庸章句』 14 : 君子 居易以俟命
11) 『論語』 憲問 37, 程子註 : 蓋凡下學人事 便是上達天理 然習而不察 則亦不能以上達矣
12) 『中庸章句』 4 : 人莫不飮食也 鮮能知味也

『중용』에는 진리의 일상성 그 자체를 강조한 내용이 많다. 반면에 『대학』은 전적으로 일상의 세계를 規律하고 造形하는 원리들을 밝힌 것이니, 三綱領과 八條目이 그것이다. 노불이 廣漠한 空虛의 세계로 치달아 현실의 세계를 방치했다면, 주자학은 『대학』과 『중용』을 통해 진리의 일상성을 재확인하고, 현실의 세계를 조형하는 원리를 탐구한 것이다. 주자학이 늘 '實學'을 자처한 것은 이러한 맥락이었다.

2. 本末兼備와 體用一源

주자학에서 異端을 비판하는 또 하나의 중요한 관점은 本末論과 體用論이었다. 모든 일에는 '本 · 末'과 '體 · 用'이 있는바, 본말을 겸비하고 체용을 일관시켜야만 성공할 수 있다는 것이 주자학의 입장이었다. 주자학의 이러한 입장 역시 『대학』과 『중용』으로부터 도출된 것이다.

우선 本末論의 관점을 살펴보자. 주자에 의하면, 이단들이 끝내 성공할 수 없는 근본 까닭은 本 · 末을 두루 겸비하지 못하고 어느 일변에 치우치기 때문이다. 예컨대 주자는 다음과 같이 말한다.

> 孟子께서 돌아가신 뒤로는 道學이 전해질 수 없게 되자, 세상의 君子들은 각각 자기의 뜻에 편한 대로 학문을 하게 되었다. 이에, 明德을 밝히는 데 힘쓰지 않고 한갓 政敎와 法度만으로 新民에 충분하다고 여기는 자도 있었고, 또 자기 몸을 아끼고 홀로 善을 행하는 것을 '明德을 밝히기에 충분한 것'으로 여기고

13) 老佛이 下學을 배제하고 上達을 추구한 것이라면, 法家(공리주의)는 下學에 매몰되어 上達을 외면한 것이다. 따라서 老佛이 '虛學'이라면, 法家는 '俗學'인 것이다. '下學을 통해서 上達하자'는 유교의 입장은 '俗을 聖으로 승화시키자'는 것이다(이에 대한 자세한 논의는 拙稿, 「儒敎에 있어서의 聖과 俗」, 『宗敎硏究』 제10집, 한국종교학회, 1994 참조).

'新民'은 탐탁하지 않게 여기는 자도 있었으며, 또 마땅히 明明德과 新民에 힘써야 함은 대략 알았으나 조그만 성공과 가까운 이익에 안주하여 '止於至善'을 추구하지 않는 자도 있었다. 이것들은 모두 『대학』을 고찰하지 않은 過誤이니, 그 능히 '成己·成物'하여 어긋나지 않을 자는 드물 것이다.[14)]

'明德을 밝히는 데 힘쓰지 않고 한갓 政教와 法度만으로 新民에 충분하다고 여기는 자들'이란 法家(管仲의 무리)를 지칭하고, '스스로 明德을 밝힌다고 하면서 新民은 탐탁하지 않게 여기는 자들'이란 老佛을 지칭하며, '明明德과 新民을 대략 알았으나 止於至善을 추구하지 않는 자'란 王通[15)]을 지칭한다.[16)] 주자는 위의 세 부류가 모두 '『대학』을 고찰하지 않은 과오'를 범함으로써 결국 '成己·成物'에 이를 수 없었던 것이라고 규정했다. 여기서 말하는 '『대학』을 고찰하지 않은 과오'란 '『대학』의 本末論을 외면한 과오'라는 말이다.

『대학』에서는 三綱領과 八條目을 논하고, 그것들을 다시 '本·末의 체계'로 규정하고 있다. 먼저 『대학』 經1章의 前半部를 살펴보자.

---

14) 『大學或問』 經1章條 : 自孟子沒而道學不得其傳 世之君子 各以其意之所便者爲學 於是乃有不務明其明德 而徒以政教法度 爲足以新民者 又有愛身獨善 自謂足以明其明德 而不屑乎新民者 又有略知二者之當務 顧乃安於小成 狃於近利 而不求止於至善之所在者 是皆不考乎此篇之過 其能成己成物而不謬者 鮮矣

15) 王通(584~617, 字는 仲淹, 諡號는 文中子)은 隋代의 학자로서, 隋文帝에게 〈太平十二策〉을 올린 바 있는 인물이다. 그 문하에서 唐初의 여러 名臣들이 배출되었다. 주요 저작으로는 『論語』를 본뜬 『中說』과 六經을 본뜬 『續六經』이 있다. 이러한 정황이 말해주듯이 그는 기본적으로 儒學을 천명한 인물이었으나, 그의 사상에는 老莊과 法家 등이 혼재한다(蕭公權, 『中國政治思想史』, 691-697쪽 참조). 주자의 논적 陳亮은 王通을 숭상했으나, 주자는 〈王氏續經說〉(『朱子大全』 卷67)을 지어 그를 비판했다.

16) 『大學或問』 經1章條, 朱子註 : 朱子曰 不務明其明德 而以政教法度 爲足以新民者 如管仲之徒便是 自謂能明其明德 而不屑於新民 如佛老便是 略知明德新民 而不求止於至善 如王通便是

大學의 道는 '明德을 밝힘(明明德)' 에 있고, '백성을 새롭게 함(親民)' 에 있고, '지극한 善에 머묾(止於至善)' 에 있다. 머물 곳을 안 다음에 뜻을 정할 수 있으니, 뜻을 정한 다음에 고요할 수 있으며, 고요한 다음에 편안할 수 있으며, 편안한 다음에 생각할 수 있으며, 생각한 다음에 얻을 수 있다. 物에는 本 · 末이 있고, 事에는 終 · 始가 있으니, 먼저 할 것과 뒤에 할 것을 알면 道에 가까울 것이다.[17)]

위의 인용문은 먼저 三綱領을 제시하고, 그것을 실천하는 방법을 제시한 다음, 그것들을 다시 本 · 末과 終 · 始의 관계로 해명한 것이다. 주자는 이에 대해 " '명덕을 밝힘' 이 本이 되고 '백성을 새롭게 함' 이 末이 되며, '머물 곳을 앎' 이 始가 되고 '얻을 수 있음' 이 終이 된다. 本과 始는 먼저 할 바이고, 末과 終은 뒤에 할 바이다."[18)]라고 주석하였다. 本末論에 한정해서 말하자면, 明明德과 新民은 本 · 末의 관계로서, 新民에 앞서서 明明德을 실천해야 한다는 것이다. 『대학』 經1章의 後半部에서는 이른바 八條目을 제시하고, 그것들을 다시 本末論으로 해명하였다.

옛날에 天下에 明德을 밝히고자 했던 사람은 먼저 그 나라를 다스렸고, 그 나라를 다스리고자 했던 사람은 먼저 그 집안을 가지런히 했으며, 그 집안을 가지런히 하고자 했던 사람은 먼저 그 몸을 닦았고, 그 몸을 닦고자 했던 사람은 먼저 그 마음을 바르게 했으며, 그 마음을 바르게 하고자 했던 사람은 먼저 그 뜻을 참되게 했고, 그 뜻을 참되게 하고자 했던 사람은 먼저 그 앎을 이루었으니, 앎을 이루는 것은 사물에 나아가 탐구함에 달려있다. 사물에 나아가 탐구한 다음에야 앎이 이르고, 앎이 이른 다음에 뜻이 참되게 되며, 뜻이 참된 다음에 마음이 바르게 되고, 마음이 바른 다음에 몸이 닦이고, 몸이 닦인 다음에 집안이

17) 『大學章句』 經1章 : 大學之道 在明明德 在親民 在止於至善 知止而后有定 定而后能靜 靜而后能安 安而后能慮 慮而后能得 物有本末 事有終始 知所先後 則近道矣

18) 『大學章句』 經1章, 朱子註 : 明德爲本 新民爲末 知止爲始 能得爲終 本始所先 末終所後

가지런해지며, 집안이 가지런한 다음에 나라가 다스려지고, 나라가 다스려진 다음에 천하가 평안하게 된다. 天子로부터 庶人에 이르기까지 한결같이 모두 修身으로 근본을 삼는다. 그 근본(本)이 어지러운데 말단(末)이 다스려지는 경우는 없으며, 그 두텁게 해야 할 곳에 얇게 하고 얇게 해야 할 곳에 두텁게 하는 자도 있지 않았다.[19)]

『대학』에서는 八條目을 제시함에 있어서, 각 조목을 단순히 병렬시키지 않고, 先後本末의 체계로 규정하였다. 팔조목을 本・末로 兩分하자면, '格物・致知・誠意・正心・修身' 까지를 本이라 하고, '齊家・治國・平天下'를 末이라 한다. 다시 말해, 修己는 本에 해당되고 治人은 末에 해당되는 것이다. 그런데 또 "근본이 어지러운데 말단이 다스려지는 경우는 없다"는 것이 『대학』의 定論이니, 이는 治人을 달성하려면 먼저 修己에 힘써야 한다는 것이었다. 이러한 맥락에서 보자면, 法家는 修己를 외면한 채 治人을 추구하기에 성공할 수 없는 논리라고 비판되는 것이다.[20)]

주자학의 本末論은 '本과 末을 겸비해야 한다' 는 것과 '末보다 本을 먼저 힘써야 한다' 는 것이었다. 體用論에서는 '體와 用을 겸비해야 한다' 는 것과 '體와 用이 일관되어야 한다' 는 것이 요구된다.[21)] 주자는 法家에 대해서

19) 『大學章句』 經1章 : 古之欲明明德於天下者 先治其國 欲治其國者 先齊其家 欲齊其家者 先脩其身 欲脩其身者 先正其心 欲正其心者 先誠其意 欲誠其意者 先致其知 致知在格物 物格而后知至 知至而后意誠 意誠而后心正 心正而后身脩 身脩而后家齊 家齊而后國治 國治而后天下平 自天子 以至於庶人 壹是皆以脩身爲本 其本亂而末治者 否矣 其所厚者薄 而其所薄者厚 未之有也

20) 반면에 老佛은 修己에 매몰된 채 治人을 외면하는 것이니, 이는 '지성인의 사회적 책임' 을 외면하는 것이다. 王通의 경우는 修己와 治人을 대략 갖추었으나, 止於至善을 외면하였으므로 鄙陋한 것이다.

21) 말 그대로 體用論은 '本體와 作用' 의 관계를 논하는 것이요 本末論은 '根本과 末端' 의 관계를 논하는 것인데, 주자는 '本・末' 로써 '體・用' 을 설명한 경우도 있다(『朱子大全』 遺集 卷1 頁14, 〈體用〉 : 體用如何是一源 用猶枝葉體猶根 當於發處原其本 體立於斯用乃存). 따라서 體用論은 本末論과는 본래 다른 맥락에서 성립하는 것이나, 양자

는 '用만 있고 體는 없다' 고 규정했으며, 老莊에 대해서는 '體만 있고 用은 없다' 고 규정했다. '用만 있고 體는 없다' 는 것은 통치술만 있고 형이상학은 없다는 뜻이며, '體만 있고 用은 없다' 는 것은 형이상학만 있고 통치술은 없다는 뜻이다. 주자는 불교도 노장과 마찬가지로 '體만 있고 用은 없다' 고 보았다. 주자는 또한 유학의 體가 '實' 한 體인 것과는 달리, 노불의 體는 '虛' 한 體라고 규정했다. 이것은 유학은 實學이고 노불은 虛學이라고 비판하는 것과 같은 맥락이다.

앞에서도 언급했듯이, 漢代 이래로 宋代에 이르기까지, 중국인의 정신세계를 지배한 것은 老佛의 형이상학이었고, 정치현실을 지배한 것은 法家의 공리주의였다. 이것은 '서로 이질적인 體와 用이 결합한 것' 으로서, 體와 用이 괴리된 것이다. 주자학적 관점에서 본다면, 바로 이러한 상황 때문에 유학의 진리가 밝혀지지 않았음은 물론, 제대로 된 정치도 실현되지 못했던 것이다. 그런데 『대학』과 『중용』은 바로 일관된 형이상학과 통치술을 제시하고 있는 것이었다. 특히 『대학』의 三綱領과 八條目은 형이상학과 통치술을 일관시킨 전형적인 例이다. 주자는 『대학』에 대해서 다음과 같이 말한다.

> 『대학』의 傳文은 聖賢의 經傳을 섞어 인용하여 統紀가 없는 듯하다. 그러나 文理가 接續되고, 血脈이 貫通하며, 깊고 얕음과 처음과 끝이 지극히 정밀하다. 익숙하게 읽고 자세히 음미하기를 오래 하면 마땅히 그것을 깨달을 것이다.[22]

『대학』의 '傳文' 은 '經文' 에서 제시한 三綱領과 八條目을 순서대로 해설

가 엄격히 구별되지는 않는다. 주자는 '體와 用' 을 여러 맥락에서 논의하고 있다(韓元震, 『朱子言論同異攷』 卷1 頁6 참조). 여기에서 언급하는 '體 · 用' 은 그 의미를 '形而上學과 統治術' 이라는 것으로 한정한다.

22) 『大學章句』 經1章, 章下註 : 凡傳文 雜引經傳 若無統紀 然文理接續 血脈貫通 深淺始終 至爲精密 熟讀詳味 久當見之

한 것이다. 그런데 그 傳文에는 『시경』이나 『서경』 등의 구절들이 많이 인용되어 있어서, 일견 체계 없이 혼란한 듯하나, 사실은 首尾一貫한 체계를 이루고 있다는 것이다. 주자는 『중용』에 대해서는 다음과 같은 정자의 논평을 인용하고 있다.

> 程子가 말씀하시길 "(…) 『중용』은 처음엔 하나의 理를 말하고, 중간엔 흩어져 만 가지 일을 논하며, 끝엔 다시 하나의 理로 종합한다. 펼쳐 놓으면 天地四方에 가득차고, 말아 넣으면 은밀한 곳으로 숨어든다. 그 의미가 무궁하니, 모두 實學인 것이다."[23]

『중용』이 '처음엔 하나의 理를 말한다'는 것은 제1장에서 天命之謂性을 논한 것을 말한다. '중간엔 흩어져 만 가지 일을 논한다'는 것은 知·仁·勇 三達德, 학문을 하는 道理, 천하국가를 다스리는 九經의 요령, 제사와 귀신 등 諸般事로 전개됨을 말한다. '끝엔 다시 하나의 理로 종합한다'는 것은 『중용』의 모든 내용이 결국 제33장의 無聲無臭한 上天之載로 수렴됨을 말한다. 같은 맥락에서 胡炳文[24]은 다음과 같이 말한다.

> 『중용』은 '온전한 본체(全體)'와 '커다란 쓰임(大用)'을 완비한 책이다. 첫머리에서는 하나의 이치를 말하고 중간에서는 만 가지 일로 흩어진 것은 하나의 본체를 말미암아 여러 가지 다른 쓰임으로 미루어 나간 것이다. 끝에서 다시 하나의 이치로 합친 것은 쓰임의 다름을 말미암아 하나의 본체로 돌아온 것이다.[25]

---

23) 『中庸章句』 冒頭의 朱子註 : 子程子曰 (…) 其書始言一理 中散爲萬事 末復合爲一理 放之則彌六合 卷之則退藏於密 其味無窮 皆實學也

24) 胡炳文(1250~1333)은 元代의 주자학자로서, 號는 雲峰이었음.

25) 『中庸章句大全』 제1장, 雲峰胡氏 小註 : 中庸 全體大用之書 首言一理 中散爲萬事 是由體之一而達於用之殊 末復合爲一理 是由用之殊而歸於體之一

정자나 호병문의 평은 『중용』이 체용완비 · 체용일원의 경전임을 밝힌 것이다. 과연 『중용』은 體와 用을 완비하고 있고, 體와 用을 일관시키고 있다. 『중용』의 첫머리에서는 天命之謂性을 말하고, 중간에서는 천하국가를 다스리는 통치의 원리로 九經을 논하며, 마지막에서는 誠으로 天命之性과 九經을 일관시켰다. 몇 가지의 예를 들어 보자.

> 하늘이 命한 것을 性이라 하고, 性을 따르는 것을 道라 하며, 道를 닦는 것을 敎라 한다.[26]

> 喜怒哀樂이 아직 發하지 않은 것을 中이라 하며, 發하여 모두 中節한 것을 和라 한다. 中은 천하의 大本이며, 和는 천하의 達道이다. 中和를 이루면 天地가 제 자리를 잡고 萬物이 자라난다.[27]

위의 『중용』 제1장은 天命과 人性의 本體를 말하고, 致中和의 功效를 말한 것이다. 『중용』 제20장에서는 九經을 제시하고, 九經을 실천하는 방법을 다음과 같이 설명하고 있다.

> 재계하고 깨끗이 하며 의복을 盛大하게 갖추고, 禮가 아니면 움직이지 않는 것은 몸을 닦는 방법이다. 讒訴를 물리치고 女色을 멀리 하며, 재물을 천히 여기고 德을 귀하게 여기는 것은 어진 사람을 권장하는 방법이다. 그 지위를 높여주고 그 祿을 무겁게 하며, 그 好惡를 함께 하는 것은 親親을 권장하는 방법이다. 관직을 여럿 베풀어 맡겨서 부리기에 충분케 하는 것은 大臣을 권장하는 방법이다. 忠과 信으로 대하고 祿을 무겁게 주는 것은 선비를 권장하는 방법이다. 때에 맞게 부리고 세금을 가볍게 걷는 것은 백성을 권장하는 방법이다. 날마다

26) 『中庸章句』 1 : 天命之謂性 率性之謂道 修道之謂敎

27) 『中庸章句』 1 : 喜怒哀樂之未發 謂之中 發而皆中節 謂之和 中也者 天下之大本 和也者 天下之達道 致中和 天地位焉 萬物育焉

살피고 달마다 시험하여 祿米를 성과에 맞게 주는 것은 百工을 권장하는 방법이다. 가는 사람을 송별하고 오는 사람을 환영하며, 잘하는 사람을 아름답게 여기고 능력이 없는 사람을 가엾게 여기는 것은 먼 나라 사람을 부드럽게 대하는 방법이다. 끊어진 세대를 이어주고 망한 나라를 일으켜 주며, 난리를 다스려 주고 위태로운 것을 지탱해 주며, 朝聘을 때에 맞게 하도록 하며, 선물을 보내는 것은 두텁게 하고 朝貢을 가져오는 것은 가볍도록 하는 것은 諸侯를 품는 방법이다.[28]

天命과 人性에 관한 논의가 體에 해당되는 것이라면, 九經은 분명 用에 해당되는 것이다. 『중용』에서는 九經을 일관하는 것은 誠이라 규정하고, 誠은 사물의 처음과 끝이라고 규정하였다.[29] 이러한 맥락에서 『중용』은 體用一源 · 體用完備로 평가된다. 『대학』도 처음에는 體로서의 明德과 天命을 논하고, 다음에는 用으로서 治國 · 平天下의 방법을 논했다. 『대학』의 三綱領과 八條目은 '本 · 末'의 관점에서도 논의될 수 있지만, '體 · 用'의 관점에서도 논의될 수 있는 것이다.[30]

體用論이라는 차원에서 주자학이 노불을 비판하는 맥락은, 첫째는 노불은 體만 있고 用은 없다는 것이었고, 둘째는 노불이 말하는 體는 活潑潑하게 用으로 발현될 수 없는 헛된 體에 불과하다는 것이었으며, 셋째는 노불이 결국 법가의 공리주의와 결탁하였는바 그것은 體 · 用이 괴리되어 성공

28) 『中庸章句』 20 : 齊明盛服 非禮不動 所以修身也 去讒遠色 賤貨而貴德 所以勸賢也 尊其位 重其祿 同其好惡 所以勸親親也 官盛任使 所以勸大臣也 忠信重祿 所以勸士也 時使薄斂 所以勸百姓也 日省月試 旣稟稱事 所以勸百工也 送往迎來 嘉善而矜不能 所以柔遠人也 繼絶世 擧廢國 治亂持危 朝聘以時 厚往而薄來 所以懷諸侯也

29) 『中庸章句』 25 : 誠者 物之終始 不誠 無物

30) 삼강령과 팔조목을 '明明德과 新民' 또는 '修己와 治人'으로 분석한다면 이는 '本 · 末'에 해당된다. 그런데 '明德' 자체에 대한 논의는 '마음 · 본성 · 욕망' 등이 연관된 형이상학적 문제가 된다. 이 형이상학적 문제에 대한 답변 방식에 따라 그에 상응하는 통치술이 제시되는 것이니, 이러한 맥락에서는 삼강령이나 팔조목을 '體 · 用'의 관계로 규정할 수 있는 것이다.

할 수 없는 노선이라는 것이었다. 노불의 이러한 한계를 인식했던 程・朱는 바로 『대학』과 『중용』에서 體・用이 완비되고 일관하는 모범을 찾은 것이다.[31)]

3. '繼天立極'과 '心과 理의 合一'

주자는 윤리적 차원에서 노불을 비판할 때는 흔히 '猖狂自恣'라는 표현을 쓴다. 때로는 노불을 하나로 묶어서 猖狂自恣라고 비판하기도 하고, 때로는 노장은 爲我에 빠지고 불교는 猖狂自恣에 빠진다고 구별하기도 한다. 그런데 노불이 이러한 폐단을 연출하는 것은, 노불이 內・外를 괴리시켜 각각 客觀主義와 主觀主義에 빠지기 때문이라는 것이다.[32)] 주자학에서 노불

---

31) 北宋五子는 舊法黨이었으니, 舊法黨이 『大學』과 『中庸』을 표장한 것이다. 반면에 新法黨의 영수 王安石은 『대학』과 『중용』을 무시하고, 『詩經』・『書經』・『周禮』를 중시하여 '三經義'를 남겼다. 이에 대해 손영식은 "『대학』과 『중용』이 가지는 관념론적 접근을 그(왕안석)는 거부한 것"이라고 평한 바 있다(손영식, 『이성과 현실』, 88쪽 참조). 손영식의 평이 옳다면, 『대학』과 『중용』에서 추구한 '本末兼備・體用一源'을 왕안석은 '관념적인 것(우활한 것)'으로 생각했던 것이다.

32) '主觀主義'와 '客觀主義'라는 용어는 인식론적 차원과 규범론적 차원으로 나누어 논의할 수 있다. 물론 인식론과 규범론은 밀접하게 연관된다. 인식론적 차원에서 논하자면, 主觀主義란 인식주체인 특정 개인(또는 인간일반)의 관점에서 자신(또는 인간일반)을 중심으로 사태를 인식하는 것이며, 客觀主義란 대상세계(포괄적 자연이나 또는 초월적 지점인 하늘)의 관점에서 대상세계를 중심으로 사태를 인식하는 것이다. 규범론적 차원에서 논하자면, 主觀主義란 인식주관인 인간의 마음이 모든 理法의 근원이라고 인식하고 그것을 규범적 척도로 삼으려는 것이며, 客觀主義란 대상세계에 인식주관인 인간의 마음과 독립적인 理法이 존재한다고 전제하고 그것을 인간의 규범적 척도로 삼으려는 것이다. '佛敎의 주관주의'는 인식론적 차원과 규범론적 차원을 겸한다. '老莊의 객관주의'도 원칙적으로는 인식론적 차원과 규범론적 차원을 모두 포함한다. 그런데 노장에 있어서 인간의 규범문제는 反人文的 自然主義로 해소되고 만다. 즉 노장은 사회적 생활보다는 은둔적 생활을 추구하고, 규범의 존재 자체를 불필요한 질곡으로 여기고 있었다.

을 비판할 때 가장 심혈을 기울인 부분은 바로 이 문제였다. 이제 마지막으로 이 문제를 고찰하기로 하자.

老子는 "大道가 폐함에 仁義가 있게 되었다"[33]고 하여 仁義 즉 유가의 道德을 폄하하였다. 莊子는 相對主義와 客觀主義라는 입장에서 유가의 '인간중심적 가치관'을 더욱 철저하게 비판하였다. 장자는 우선 '관점의 相對化'를 통해서 인간중심적 가치를 相對化시킨다. 다음은 '관점의 客觀化'(以道觀之, 照之于天)를 통해서 인간중심적 가치관이 정당성의 근거가 없음을 밝히고, 결국 萬物이 一齊임을 주장한다. 장자는 是非・善惡・美醜를 모두 齊一한 것(天鈞)으로 인식하고, 결국은 그것들이 '兩行'되어야 한다고 주장한다. 이러한 주장은 『莊子』〈齊物論〉을 통해서 단적으로 확인할 수 있다.

장자에 의하면, 인간과 그 밖의 만물에게 모두 타당한 절대적으로 옳은 거처와 절대적으로 올바른 맛 그리고 절대적으로 옳은 아름다움 등은 없다. 그런데 인간은 자신의 거처와 맛과 아름다움이 올바른 것이라고 규정하고, 다른 것들을 천시한다는 것이다. 요컨대 '道의 관점에서 보면(以道觀之)' 만물에는 귀천이 없음에도 불구하고, 萬物은 각각 자신을 貴하게 여기고 남을 賤하게 여긴다.[34] '照之于天'의 객관적 관점에서 본다면, 모든 인간적인 是非善惡은 정당성의 근거가 없는 것이다. 그리하여 장자는 '是非를 조화시킬 것' 또는 '是非를 초탈할 것'을 주장한다. 장자의 이른바 '道樞'・'天鈞'・'兩行' 등은 모두 이러한 관점에서 이해될 수 있다.

〈齊物論〉의 관점에서 본다면 정치적 制裁와 사회적 禮敎도 정당성의 근거가 없는 굴레일 따름이다. 그러므로 장자는 '있는 그대로 놓아 둘 것(在宥)'을 말한다. 장자는 他人에 대해서는 '在宥' 즉 자유방임을 주장하고, 自身에 대해서는 '逍遙'를 주장한다. 장자의 逍遙는 '세속적 가치기준(세속

---

33)『老子』18 : 大道廢 有仁義 智慧出 有大僞 六親不和 有孝慈 國家昏亂 有忠臣

34)『莊子』〈秋水〉: 以道觀之 物無貴賤 以物觀之 自貴而相賤

적 有用性)' 을 거부하고 '자신의 독자적인 가치기준(無用之用)' 을 따르는 것이다. 장자가 거부하는 세속적 가치기준에는 '有用性' 뿐만 아니라 '道德性' 도 포함된다. 장자는 道德性에 얽매이는 것도 거부하고, 오직 '자신의 생명을 잘 보존하는 것(養生主)' 으로 최상의 가치를 삼았다. 楊朱는 "터럭 하나를 희생하여 천하를 이롭게 할 수 있다 하더라도 하지 않겠다"는 爲我主義로 유명하다. 이러한 爲我主義는 楊朱뿐만 아니라 老子와 莊子 등 도가의 일반적 경향이었다.

주자는 "老莊의 학문은 義理의 마땅함과 마땅하지 못함을 논하지 않고, 다만 그 사이에 기대어 아첨함으로써, 몸을 보전하고 患難을 피하고자 하는 계책을 삼고자 하는 것"[35]이라고 비판하였다. 주자는 이 세계를 존재론적 차원에서 보자면, 보편성(理一)과 함께 특수성(分殊)도 있다고 보며, 윤리적 차원에서 보자면 是 · 非와 善 · 惡의 차별이 있다고 본다. 그러나 '照之于天' 에 입각한 장자의 '齊物' 의 논리는 존재론적 특수성뿐만 아니라 윤리적 차별까지도 부정하는 것이요, 그 결과는 利己主義로 귀착되고 만다는 것이다. 주자는 또 다음과 같이 말하기도 한다.

> 儒敎에서는 개벽 이래로 二帝 三王이 天理를 繼述하고 人心을 따라 세상을 다스리고 백성을 가르쳤다. 두텁고 떳떳한 典禮의 道는 후세의 聖賢이 마침내 글을 지어 立言하여 후세에 보여주었다. 세상이 衰亂해지자, 方外의 선비들은 一世의 어지러움을 싫어하고 一身의 禍害를 두려워하여, 空寂을 탐닉하여 난세에 몸을 보전하는 것을 구할 따름이다. 老子가 그 단서를 열었고, 列禦寇 · 莊周 · 楊朱의 무리가 화답하였다. 孟子는 일찍이 이들을 '無父無君' 이라고 배척하고, 禽獸에 견주었다.[36]

35) 『朱子大全』 卷67 頁30(3548쪽), 〈養生主說〉: 老莊之學 不論義理之當否 而但欲依阿於其間 以爲全身避患之計

36) 『朱子語類』 卷125(2993쪽): 儒敎自開闢以來 二帝三王 述天理 順人心 治世敎民 厚典庸禮之道 後世聖賢遂著書立言 以示後世 及世之衰亂 方外之士 厭一世之紛拏 畏一身之

주자는 노장을 난세에 一身을 보전하기 위해 인륜의 세계를 벗어난 '方外之士' 라고 규정했다. 요컨대 주자가 노장을 비판하는 가장 큰 이유는 그 反人倫性에 있다.[37] 장자적인 맥락에서 是非善惡이란 절대적 근거가 없는 것이라고 단정하였을 때, 이제 개인은 기존의 규범에 얽매임 없이 자신의 취향대로 자신의 행복을 추구하며 살면 그만인 것이다. 이러한 맥락에서 '爲我' 는 도가의 귀착점이 되었던 것이다.

중국에 전래된 大乘佛敎의 두 축을 이루는 것은 中觀學과 唯識學이었다. 그리고 훗날에는 禪宗이 발달하였다. 中觀學의 근본 취지는 分別心(分別妄執)을 세척하여 올바른 진리관을 정립하자는 것이다. 분별심이란 대상을 분별하여 집착하는 마음으로서, 偏見과 邪見을 말한다. 모든 존재는 緣起한 것으로서 '自性이 空하다' 는 점에서 평등하다. 그럼에도 불구하고 대상을 貴賤 등으로 분별하여 好惡의 감정을 일으키고 집착한다면, 그것은 偏見이요 邪見이라는 것이다. 中觀學이 '緣起의 空' 을 거듭 강조한 것이었다면, 唯識學은 '一切唯心造' 를 다시 논한 것이었다. '唯識' 이란 말은 정신과 물질 등 모든 것은 오직 心識에 의하여 창조되며, 心識을 떠나서 존재할 수 없다는 뜻이다. 본래 원시불교의 十二緣起說에서는 無明으로부터 生老病死의 연기가 빚어진다고 보았는바, 中觀學은 연기라는 사실 자체에 초점을 맞춘 것이라면, 唯識學은 연기가 빚어지는 근원적 주체로서의 心識을 문제 삼은 것이다.[38] 禪宗 역시 '불교의 핵심은 마음에 있다' (佛語心爲宗)는 주장에서 출발한다. 禪宗은 '以心傳心 · 不立文字' 라는 입장에서 大乘敎學을 일체 타파하고, '卽心卽佛(吾心이 곧 佛心)' 이라는 하나의 명제만을 받들었다. 내 마음이 곧 불심이므로, '곧바로 내 마음을 깨쳐 成佛하자' (直指人

禍害 耽空寂以求全身於亂世而已 及老子倡其端 而列禦寇莊周楊朱之徒和之 孟子嘗闢之以爲無父無君 比之禽獸

37) 孔子의 제자 子路는 당시의 道家的인 隱者들을 "자기 몸을 깨끗하게 하고자 하여 인간의 大倫을 어지럽히는 것(欲潔其身而亂大倫)" 이라고 비판한 바 있다(『論語』 微子 7 참조).

38) 『佛敎學槪論』, 동국대출판부, 1984, 156-158쪽 참조.

心·見性成佛)는 것이 禪宗의 頓悟法이었다.

불교의 위와 같은 기본입장은 비판적인 견지에서 보자면 다음과 같은 문제점을 지니고 있다. 첫째, 중관학파의 空觀에 입각하면 衆生과 부처의 차이, 修行의 필요성 등이 모호해지지 않을 수 없다. 중관학은 인연관계에 있는 두 法의 차별적인 自性을 한결같이 부정(空)하고 있기 때문이다.[39] 중관학은 일체의 分別妄執을 타파함으로써 無礙行을 실천하자는 것이었다. 중관학의 관점에서 보자면 윤리적인 善·惡의 분별마저도 妄執으로 규정될 수밖에 없다. 이러한 맥락에서 無礙行은 자칫 '猖狂自恣'로 흐를 우려가 있다. 둘째, 唯識學의 唯心論은 내면적 心識의 순화만 강조할 뿐 외면적 환경의 개선이나 행위의 규율을 소홀히 할 우려가 있다. 이러한 태도도 자칫 '猖狂自恣'로 흐를 우려가 있는 것이다. 셋째, 禪宗의 卽心卽佛論은 한편으로는 내 마음을 진리의 표준으로 삼고 또 한편으로는 衆生과 부처의 차이를 부정하는 것인데, 이 역시 '猖狂自恣'를 조장할 수 있다. 내 마음이 진리의 표준이고 내 마음이 곧 부처의 마음이라면, 내 마음대로 한 행동은 무엇이든지 眞理와 聖人의 이름으로 정당화될 수 있기 때문이다.

이러한 문제점들은 중국의 佛敎史에서 현실로 드러났고, 朱子學은 불교의 이러한 점들을 비판하고 나선 것이었다. 程明道는 불교의 내면주의를 다음과 같이 비판하였다.

> 釋氏의 학문은 敬以直內는 있으나, 義以方外는 없다. 그러므로 막히어 고루한 자는 枯槁에 빠지고, 트이어 뚫린 자는 恣肆로 돌아간다. 이것이 불교가 狹隘한 까닭이다.[40]

'心識의 轉變에 의한 緣起'로 세상만사를 설명하는 한, '敬以直內'의 방

---

39) 고익진, 『한국의 불교사상』, 동국대출판부, 1988, 142-143쪽 참조.

40) 『近思錄』 卷13 頁2-3 : 彼釋氏之學 於敬以直內則有之矣 義以方外則未之有也 故滯固者入於枯槁 疏通者 歸於恣肆 此佛之敎所以爲隘也

향에 傾倒된 내면주의는 자연스러운 결과라 하겠다. 그런데 현실의 세계는 욕망의 세계이기도 하다. 이 욕망에 대한 불교적 대응은 '전면적인 부정' 이거나 '전면적인 긍정' 이라는 것이다. 敬以直內에 사로잡혀 고루한 자는 욕망을 전면적으로 부정하고(枯槁), 敬以直內를 超脫한 자는 욕망을 전면적으로 긍정한다(放恣). 程明道는 그것을 '義以方外' 가 결여되었기 때문이라고 본 것이다.

불교의 내면주의는 마음을 '진리의 표준' 또는 '규범적 척도' 로 삼는다는 뜻을 겸하고 있다. 주자는 유교의 입장과 불교의 입장을 다음과 같이 대비하여 설명한다.

> 儒者의 학문은 그 大要가 窮理를 우선으로 삼는 것이다. 대개 하나의 사물이 있으면 하나의 理가 있으니, 모름지기 먼저 이것을 밝힌 다음에야 마음이 발하는 데에 輕重長短이 각각 準則이 있게 된다. (…) 釋氏의 '擎拳豎拂 運水般柴'[41]의 학설이 어찌 이 마음을 보지 않았겠으며, 어찌 이 마음을 알지 못했겠는가? 그러나 끝내 함께 堯舜의 道에 들어갈 수 없는 것은 바로 天理를 보지 못하고 오로지 이 마음만을 알아 主宰로 삼기 때문이다. 그러므로 釋氏는 '스스로의 사사로움(自私)' 을 면치 못하는 것이다. 선배들이 "聖人은 天에 근본하고(聖人本天), 釋氏는 마음에 근본한다(釋氏本心)" 고 한 말은 대개 이것을 말한 것이다.[42]

---

41) '擎拳豎拂(주먹을 들고 털이개를 세움)' 이란 禪家에서 言語와 文字를 사용하지 않고 혹은 그 주먹을 들어보이거나 혹은 그 拂子(총채, 먼지떨이)를 세워 보이기도 해서 상대방으로 하여금 道를 깨치게 하는 것을 말함. '運水般柴(물을 긷고 땔나무를 나름)' 란 禪家에서 물을 긷고 땔나무를 나르는 것을 바로 神通妙用으로 삼고, 다시 그 道理가 어떠한지는 묻지 않음을 말함. 『退溪集』 卷11 頁22-23, 〈答李仲久問目(朱子大全疑義)〉 참조.

42) 『朱子大全』 卷30 頁23(1288쪽), 〈答張欽夫〉 : 儒者之學 大要以窮理爲先 蓋凡一物有一理 須先明此 然後心之所發 輕重長短 各有準則 (…) 且如釋氏擎拳豎拂 運水般柴之說 豈不見此心 豈不識此心 而卒不可與入堯舜之道者 正爲不見天理 而專認此心以爲主宰 故不免於自私耳 前輩有言聖人本天釋氏本心 蓋謂此也

위의 인용문은 본질적으로 인간의 행위규범이 '天에 근본해야 하는가' 또는 '心에 근본해야 하는가'의 문제를 담고 있다. 물론 여기서 말하는 '天'은 객관세계의 理法으로서의 '天道' 또는 '天理'를 말한다. 주자는 주관적인 '마음의 함양'과 객관적인 '物理의 탐구'를 內·外의 관계로 보면서, 유가의 근본 입장은 窮理를 우선시키는 것이라고 보았다. 物理에 대한 인식(致知)이 선행되어야만 마음을 규제할 수 있는 準則이 정립되기 때문이라는 것이다. 요컨대, 객관적인 理를 무시하고 주관적인 心에 근본하는 불교는 '自私'의 폐단을 면할 수 없다는 것이다. 또한『大學或問』에서는 주자학의 입장을 다음과 같이 제시하고 있다.

> 心은 비록 一身을 주재하지만 그 본체의 虛靈함은 天下의 理를 管攝하기에 충분하며, 理는 비록 萬物에 흩어져 있으나 그 작용의 微妙함은 사실 사람의 一心에서 벗어나지 않으니, 애초에 (心과 理를) 內·外와 精·粗로 논할 수 없는 것이나. 그러나 간혹 이 心의 虛靈함을 알지 못하여 보존하지 않는다면 昏昧雜擾하여 衆理의 妙를 궁구할 수 없으며, 衆理의 妙를 알지 못하여 궁구하지 않는다면 偏狹固滯하여 이 心의 온전함을 다할 수 없으니, 이것은 그 이치와 형세가 서로를 기다리는 것이 대개 또한 반드시 그러한 점이 있는 것이다. 그러므로 聖人께서 가르침을 베풀 때에, 사람으로 하여금 이 心의 虛靈함을 묵묵히 깨달아 端莊靜一한 가운데 그것을 보존하여 窮理의 근본으로 삼게 하였고, 사람으로 하여금 衆理의 妙가 있음을 알고 學問思辨의 즈음에 궁구하여 盡心의 功效를 이루도록 한 것이다.[43]

43)『大學或問』傳5章條：心雖主乎一身 而其體之虛靈 足以管乎天下之理 理雖散在萬物 而其用之微妙 實不外乎人之一心 初不可以內外精粗而論也 然或不知此心之靈 而無以存之 則昏昧雜擾 而無以窮衆理之妙 不知衆理之妙 而無以窮之 則偏狹固滯 而無以盡此心之全 此其理勢之相須 蓋亦有必然者 是以 聖人設敎 使人默識此心之靈 而存之於端莊靜一之中 以爲窮理之本 使人知有衆理之妙 而窮之於學問思辨之際 以致盡心之功

위의 인용문은 주관적 心과 객관적 理의 합일을 지향하는 주자학적 논리의 典型을 보여준다. 우선, 주자학에서는 心은 理를 갖추고 있고, 理의 쓰임은 心을 벗어나지 않는다고 보아, 주관과 객관을 확연히 괴리시키는 것을 반대한다. 위에서 "애초에 內·外와 精·粗로 논할 수 없다"고 한 것이 그것이다. 다음으로, 心을 보존하지 않으면 昏昧雜擾하게 되어 理를 궁구할 수 없으며, 理를 궁구하지 않으면 偏狹固滯하게 되어 心을 보존할 수 없다는 점을 상기시켰다. 그러므로 心을 보존하는 것으로 理를 궁구하는 근본을 삼아야 하고, 理를 궁구함으로써 盡心을 이루어야 한다는 것이다. 이는 불교의 卽心卽佛論이 '마음을 다스리는 공부'(氣稟의 구애와 物欲의 사사로움을 제거하는 공부)와 '객관적 理法을 탐구하는 공부'를 모두 외면함을 비판하는 것이기도 하다.

주자는 노장에 대해서도 心과 理의 문제를 제기하였다. 즉 '述天理·順人心'은 治世敎民의 대원칙인데, 노장은 이것을 어겼기 때문에 인륜을 배반하게 되었다는 것이다. 사실 장자는 '照之于天'을 요구하고 '順人心'을 거부하는 맥락에서 人倫을 부정한 것인데, 이것은 불교와 정 반대로 객관주의로 치달은 것이었다. 그러나 주관과 객관 또는 心과 理를 괴리시킴으로써 反人倫主義로 나간 것은 마찬가지인 것이다.

이상에서 살핀 바와 같이, 불교의 猖狂自恣는 근본적으로 주관주의의 폐단이었으며, 노장의 爲我主義는 근본적으로 객관주의의 폐단이었다. 주자는 주관주의와 객관주의를 지양시키고자 했는데, 바로 『대학』과 『중용』에서 그 길을 찾았던 것이다. 주자는 〈大學章句序〉와 〈中庸章句序〉에서 道統을 논함에 모두 '繼天立極'을 말하였다. 주자는 道統을 授受한 先聖의 업적을 '繼天立極'이라는 관점에서 이해한 것이다. '繼天立極'이란 바로 '天道를 계승하여 人極(인간의 標準)을 세운다'는 말이다. 여기서 天道란 이 세계의 理法을 말하고, 人極이란 인간의 당위법칙을 말한다. 인간의 당위규범은 객관세계의 理法에 근거해야 한다는 것이 본래 유가의 기본입장이었다. 이러한 맥락에서, 주자의 繼天立極은 구체적으로는 객관적 物理와 주관적

吾心을 합일시키자는 것이다.[44] 그러나 주자가 말하는 '心과 理의 合一' 은 결코 '心이 곧 理' 라는 것이 아니다. 주자는 心卽理를 명확히 반대하고, 性卽理를 옹호하였다. 주자에 의하면, 인간의 心 속에는 性이 담겨져 있는데, 그 性이 곧 객관적 天理라는 것이다.[45] 우리는 마음속에 갖추어진 性을 자각할 때 곧 우주적 진리(天理)와 합일할 수 있는 길이 열리는 것이다.

'繼天立極' 은 주자학의 기본방향을 천명한 것이요, '性卽理' 는 그 존재론적 가능근거를 확인한 것이며, '居敬窮理' 는 그 방법론을 제시한 것이다. 居敬은 '주관적 心' 을 대상으로 하는 공부이며, 窮理는 '객관적 理' 를 대상으로 하는 공부이다. 古來로 유학은 항상 本과 末, 內와 外, 主觀과 客觀, 反省的 思惟와 經驗的 學習, 知와 行 등을 '交相養 互相發' 하는 관계로 규정해 왔다. 그러므로 학문방법에 있어서 이 두 측면들은 독자적으로 추구되어야 할 것이 아니라 항상 동시적으로 균형있게 추구되어야 한다. 程伊川의 '居敬 · 窮理' 는 기본적으로 유교의 이러한 전통을 재확인한 것이다. 이러한 전통을 계승하여, 주자도 다음과 같이 말한다.

> 학자의 공부는 오직 居敬과 窮理의 두 일에 있다. 이 두 일은 서로 발하는 것이다. 능히 理를 궁구하면 居敬의 공부가 날로 더욱 진보하고, 능히 敬에 거하면 窮理의 공부가 날로 더욱 정밀해진다.[46]

주자학에 있어서 居敬과 窮理는 '交相養 互相發' 하는 것이기 때문에, 항

---

44) 이에 대한 자세한 논의는 이 책의 제6장 2절 참조.

45) 주자학에 있어서의 心은 性을 담고 있는 그릇이다. 性은 形而上者(理)이나, 心은 形而下者(氣)이다. 그러므로 性은 不變者요 普遍者이나, 心은 可變者요 特殊者이다. 따라서 心은 영원한 標準으로서의 人極(즉 理)일 수 없는 것이다. 또한 도덕적인 견지에서 본다면, 性은 곧 五常으로서 純善하지만, 心에는 有善惡한 人心도 있고 純善한 道心도 있다. 이러한 맥락에서도 心은 그 자체 순선한 性(즉 理)일 수 없는 것이다.

46) 『朱子語類』 卷9(150쪽) : 學者工夫 唯在居敬窮理二事 此二事互相發 能窮理 則居敬工夫日益進 能居敬 則窮理工夫日益密

상 동시적으로 추구되어야 한다. 居敬은 『대학』의 '誠意正心' 이나 『중용』의 '尊德性' 과 상응하고, 窮理는 『대학』의 '格物致知' 나 『중용』의 '道問學' 과 상응한다. 『중용』에서는 尊德性과 道問學을 병행하라고 주장했는데,[47] 이에 대해 주자는 다음과 같이 설명하였다.

> 尊德性은 마음을 보존하는 까닭으로서, 道體의 위대함을 극진히 하는 것이다. 道問學은 知를 이루는 까닭으로서, 道體의 자세함을 극진히 하는 것이다. 이 두 가지는 德을 닦고 道를 응축하는 커다란 端緖이다. 조금이라도 私意로 스스로를 가리지 않고, 조금이라도 私欲으로 스스로를 결박하지 않으며, 그 이미 아는 것에서 함양하며, 그 이미 능한 것에서 두텁게 하니, 이러한 것들은 모두 存心에 속한다. 理를 분석할 때에는 조그만 오차도 없게 하며, 일에 처할 때에는 過不及의 오류가 없게 하며, 義를 따질 때에는 날로 그 알지 못하던 것을 알아가고, 마디짓고 꾸밀 때에는 날로 그 삼가지 못하던 것을 삼가니, 이러한 것들은 모두 致知에 속한다. 대개 마음을 보존하지 않으면 知를 이룰 수 없으며, 마음을 보존하려는 사람은 또한 知를 이루지 않으면 안 된다.[48]

주자는 尊德性과 道問學을 存心과 致知라는 관점에서 주석하고, 주관적 存心과 객관적 致知가 相資·相應의 관계라고 설명한 것이다. 따라서 尊德性과 道問學 또는 存心과 致知는 반드시 병행되어야 하는 것이요, 이것이 주관주의와 객관주의를 지양시키는 길인 것이다.

---

47) 『中庸章句』 27 : 君子 尊德性而道問學 致廣大而盡精微 極高明而道中庸 溫故而知新 敦厚以崇禮

48) 『中庸章句』 27, 朱子註 : 尊德性 所以存心 而極乎道體之大也 道問學 所以致知 而盡乎道體之細也 二者修德凝道之大端也 不以一毫私意自蔽 不以一毫私欲自累 涵泳乎其所已知 敦篤乎其所已能 此皆存心之屬也 析理則不使有毫釐之差 處事則不使有過不及之謬 理義則日知其所未知 節文則日謹其所未謹 此皆致知之屬也 蓋非存心 無以致知 而存心者 又不可以不致知

장자의 〈齊物論〉에서 말하는 것처럼, 객관적으로 보면 만물에는 같은 점이 있다. 주자학에서는 그것을 '理'라 하였고, 理는 천지만물이 같은 것이라 하였다. 그런데 주자학에서는 理를 體現하는 정도가 사물마다 다르다고 보는바, 그것은 사물마다 다른 氣의 차이 때문이라고 본다. 특히 인간의 경우 理(性)를 담고 있는 그릇인 心의 성숙 정도에 따라 理의 체현 정도는 다른 것이다. 따라서 단순히 理의 同一性만을 근거로 하여 萬物(是非善惡)을 '兩行' 시킬 수는 없다는 것이다.

불교의 唯心論이 주장하는 것처럼, 세상만사는 많은 부분이 '마음이 빚어낸 것'으로 설명될 수 있다. 그러므로 주자학에서도 그 마음을 닦는 誠意正心이나 居敬·存心을 강조하는 것이다. 그런데 주자학에서는 세상사에는 결코 '마음이 빚어낸 것'으로 환원되지 않는 객관적 理法이 존재한다고 본다. 예를 들어 우주의 질서라든가 사계절의 순환이라든가 기타 물리법칙 등은 인간의 주관적 心識의 활동과는 별개로 존재하는 것이며, 인간의 삶은 그 법칙에 의해 제약되지 않을 수 없는 것이다. 따라서 주자학에서는 '一切唯心造'를 단순히 긍정하지 않고, 格物致知를 요구하는 것이었다.

따라서 주자학의 주객합일론이란 단순히 노장의 객관주의와 불교의 주관주의를 기계적으로 결합시킨 것이 아니라, 그것들을 지양시킨 것이다. 즉 주자학은 노장의 '객관적 天道'를 승인하지만, 노장의 齊物·在宥·逍遙遊의 논리와 달리, 실제로 天道를 체현할 수 있는 인간의 존엄성과 우월성을 중시한다. 또한 주자학은 불교의 '마음'을 승인하지만, 그것은 마음이 모든 규범을 낳는다는 것을 인정하는 것이 아니라, 객관적 규범의 현실적 존폐 문제는 인간의 마음에 달려있다는 것을 인정하는 것이다. 이러한 맥락에서 주자학이 노장에 대해 요구한 것은 盡心이나 存心 또는 誠意正心 등과 같은 主觀的 誠實性의 함양이었던 것이요, 불교에 대해 요구한 것은 格物致知를 통한 客觀的 明哲性의 확보였던 것이다.

주자학이 格物致知와 誠意正心을 통해 주관과 객관을 합일시킨다는 것은 바로 객관세계의 理法인 天道에 입각해 인간의 행위규범을 정립하는 것,

즉 繼天立極을 의미하는 것이었다. 주자는 노불과 대결하는 과정에서 선진유학의 기본정신이 바로 繼天立極에 있었다는 것을 발견하고, 그러한 관점에서 선진유학의 經典을 다시 주석했으며, 특히 『대학』과 『중용』을 표장한 것이었다.

제3장
朱子의 형이상학적 설계

1. '本'인 理와 '具'인 氣

우주에는 萬物이 존재하고, 만물은 끊임없이 生滅變化(生生不息)한다. 주자는 이 모든 것을 理와 氣라는 개념을 통해 설명했다. '理'와 '氣'라는 글자는 물론 古代부터 존재했지만, 그것이 유교 형이상학의 근본개념으로 등장한 것은 宋代의 일이다. 周濂溪는 〈太極圖說〉에서 '無極之眞과 二五之精의 妙合'으로 만물의 생성을 설명했는데, 주자는 '無極(太極)의 眞'을 理로 규정하고 '二五(陰陽五行)의 精'을 氣로 규정하여, 理와 氣의 결합으로 우주만사를 설명한 것이다.

주자는 張橫渠의 氣論과 程伊川의 理論을 종합하여 자신의 理氣論을 정립하고, 그에 입각하여 선진유학의 경전을 체계적으로 다시 해석했다. 본래 『周易』에서는 太極과 陰陽을 말하고, "一陰一陽을 道라 한다"고 했으며, "形而上者를 道라 하고, 形而下者를 器라 한다"고 하였다. 주자는 '太極·形而上者·道'를 理로 규정하고, '陰陽·形而下者·器'를 氣로 규정했다. 그리고 주자는 다시 理를 '本'이요 氣를 '具'라고 규정하여, 다음과 같이 말한다.

天地의 사이에는 理와 氣가 있다. 理는 形而上의 道로서 만물을 낳는 '本'이요, 氣는 形而下의 器로서 만물을 낳는 '具' 이다. 그러므로 사람과 사물이 태어남에, 반드시 이 理를 얻은 다음에 性이 있고, 반드시 이 氣를 얻은 다음에 形體가 있다.[1)]

위의 인용문에 보이듯이, 주자는 기존의 '道와 器' 라는 개념을 '本과 具' 라는 개념으로 설명하고 있다. 뒤에서 다시 논하겠지만, '本과 具' 는 말 그대로 '形相과 質料' 를 뜻한다.[2)] 주자에 의하면, 理는 事物의 本이고, 氣는 事物의 具이다. 모든 사물에는 本이 性으로 주어져 있다.[3)] 하늘이 本을 性으로 命해 주었다는 것이다(天命之謂性). 이 本 또는 性은 각자가 따라가야 할 '길(道)' 이기도 하다(率性之謂道). 氣는 이 本을 물리적으로 구체화하는 작용을 하기에 具라 하며, 또한 이 本을 담고 있기에 '그릇(器)' 이라고도 한다. 本은 形而上者이기 때문에 현상적으로는 드러나지 않는다. 다만 形而下者인 具만이 사물의 形體로 드러나는 것이다. 本은 具가 아니면 의착할 바가 없고, 具는 本이 아니면 이룰 바가 없다.[4)] 따라서 현실적으로 本과 具는

---

1) 『朱子大全』 卷58 頁5(2947쪽), 〈答黃道夫〉 : 天地之間 有理有氣 理也者 形而上之道也 生物之本也 氣也者 形而下之器也 生物之具也 是以 人物之生 必稟此理 然後有性 必稟此氣 然後有形

2) 주의해야 할 것은, 주자에게 있어서 '本' 은 '本具論' 의 맥락에서도 논의되고 '本末論' 의 맥락에서도 논의된다는 점이다. 本은, 本具論의 맥락에서는 '根本' 이라는 뜻과 함께 '形相' 또는 '標準' 이라는 뜻을 지니나, 本末論의 맥락에서는 '根本' 이라는 뜻만을 지닌다. 주자는 本具論의 맥락에서는 '理' 를 本이라 했고, 本末論의 맥락에서는 '修己' 를 本이라 했다. 이에 대해서는 이 책의 제5장에서 자세히 논할 것이다. 한편, 플라톤의 '形相(idea)' 도 기본적으로 '본(paradeigma)' 의 성격을 지니고 있다(플라톤, 박종현 譯註, 『국가 · 政體』 505a, 517c, 540a 등 참조). 플라톤은 事物과 形相의 관계를 '사물이 형상에 관여함' , '형상이 사물에 나타나 있게 됨' 또는 '사물과 형상의 결합' 등으로 설명했다(『파이돈(phaidon)』 100c-102b 참조). 플라톤에 의하면, 만물이 '각각의 사물' 이 될 수 있는 것은 '각각의 형상을 본받았기 때문' 이다.

3) 本이 性으로 주어져 있으니, 이것이 '本性' 이다. 本性은 '本然之性(본래 그러한 성질)' 으로서, '그 사물의 形相이 본래 그러하다' 는 뜻이다.

4) 『朱子語類』 卷4(67쪽) : 性非氣質 則無所寄 氣非天性 則無所成

반드시 결합되어 존재하는 것이다. 이러한 맥락에서, 모든 사물은 반드시 이 양자의 결합으로 이루어진다.[5] 이상의 내용은 靜態的 또는 構造的 관점의 설명이다. 그런데 주자는 다음과 같이 말하기도 한다.

> 天地의 사이에는 다만 動·靜의 兩端이 끊임없이 순환할 뿐, 그 밖의 다른 일은 없으니, 이것을 '易'이라 한다. 그런데 그 動·靜에는 반드시 動·靜하는 까닭으로서의 '理'가 있으니, 이것이 이른바 '太極'이다.[6]

위의 인용문에서는 氣를 動靜으로 설명하고, 그러한 動靜의 '까닭(所以)'이 理라고 규정했다. 주자학에서는 氣를 陰陽으로 분류하고, 陰陽을 動靜으로 설명한다(陰靜陽動). 즉 천지만물은 끊임없이 운동변화하는데, 그 운동변화에는 '까닭'으로서의 理가 있다는 것이다. 이것은 動態的 또는 流行的 관점의 설명이다. 이와 같이 주자는 항상 '理와 氣의 결합'으로 천지만물의 '존재'와 '운동변화'를 설명했다. 이제 위의 두 맥락을 종합하여 보다 구체적으로 살펴보자.

우선 주자의 '理'에 대한 논의를 살펴보자. 주자는 '理는 氣의 까닭(所以)'이라는 말을 자주 한다.

> 陰陽은 氣이고, 陰陽의 까닭(所以)은 道이다.[7] ○ 一陰一陽의 까닭은 바로 '道體가 하는 일(道體之所爲)'이다.[8]

氣 즉 陰陽은 끊임없이 動靜의 운동을 하는데, 그렇게 動靜의 운동을 하

---

5) 『朱子語類』 卷4(64쪽) : 才有天命 便有氣質 不能相離 若闕一 便生物不得

6) 『朱子大全』 卷45 頁14(2153쪽), 〈答楊子直〉 : 天地之間 只有動靜兩端 循環不已 更無餘事 此之謂易 而其動其靜 則必有所以動靜之理焉 是則所謂太極者也

7) 『性理大全』 卷1 頁16 : 陰陽 氣也 所以陰陽 道也

8) 『性理大全』 卷1 頁16 : 其所以一陰而一陽者 是乃道體之所爲也

는 까닭은 바로 '理가 그렇기 때문' 이라는 것이다. 주자는 다음과 같이 말하기도 한다.

> 理에 動靜이 있기 때문에 氣에 動靜이 있다. 만약 理에 動靜이 없다면, 氣는 무엇으로부터 말미암아 動靜이 있겠는가?[9] ○ 생각건대, 氣는 理에 의거하여 流行한다.[10]

주자에 의하면, 氣가 동정하는 까닭은 理에 동정이 있기 때문이다. 이런 맥락에서 주자는 "太極은 '造化의 樞紐' 이며, '品彙의 根柢' 이다."[11]라고 말한다. '造化' 란 '生生不息하는 현상계의 운동변화' 를 말하고, '品彙' 란 '만물' 을 말한다. 또한 '樞紐' 는 '문의 지도리' 로서 문을 열고 닫는 운동을 가능하게 해 주는 핵심적 장치이며, '根柢' 란 '뿌리' 를 말한다. 따라서 '造化의 樞紐' 란 '운동의 가능근거' 라는 뜻이요, '品彙의 根柢' 란 '만물의 존재근거' 라는 뜻이다.

그런데 여기서 '운동의 가능근거' 라는 말의 뜻이 다시 문제된다. 그 뜻은 다음과 같은 둘 가운데 하나로 짐작할 수 있다. 첫째는, 단순히 '氣에 운동능력을 부여함' 이라는 해석이다. 즉 '氣는 理가 있음으로써 운동할 수 있는 것' 이라는 해석이다. 둘째는, 한 번은 陰(靜)이 되고 한 번은 陽(動)이 되는 '순환적' 운동의 가능근거라는 해석이다. 첫째의 해석을 취하면, 理는 氣에 운동의 속성을 부여하는 것이 된다. 그러나 둘째의 해석은 '운동' 자체는 '氣의 고유한 속성' 이라고 전제하고, 다만 그 운동이 一陰一陽(一動一靜)의 '循環性' 또는 '法則性' 을 지니는 까닭을 理로 설명하는 것이다.[12] '造

---

9) 『朱子大全』 卷56 頁43(2871쪽), 〈答鄭子上〉: 理有動靜 故氣有動靜 若理無動靜 氣何自而有動靜乎

10) 『朱子語類』 卷1(3쪽): 疑此氣是依傍這理行

11) 『性理大全』 卷1 頁13: 上天之載 無聲無臭 而實造化之樞紐 品彙之根柢也

12) 조선시대 유학자 徐花潭이나 李栗谷은 '陰靜陽動' 을 '機自爾' 로 설명하였다(『花潭

化의 樞紐' 에 대해, 첫째의 해석을 부정할 수 있는 주자의 명확한 언급은 찾기 힘들다. 그러나 다음과 같은 언급들로 볼 때, 둘째의 해석이 주자의 本旨와 부합하는 것이다.

> 太極은 '本然의 妙' 이고, 動靜은 '태울 바의 기틀(所乘之機)' 이다.[13] ○ 五行의 변화는 무궁한데 어느 경우든 陰陽의 道가 아님이 없으며, 그 陰陽이 되는 까닭은 또한 어느 경우든 '太極의 本然' 이 아님이 없다.[14] ○『周易』繫辭傳에서는 이미 '形而上者를 道라 한다' 고 했고, 또 '一陰一陽을 일컬어 道라 한다' 고 했으니, 이것이 어찌 곧바로 陰陽을 形而上者로 삼은 것이겠는가? 바로 이것으로써 '一陰一陽' 은 비록 '形器' 에 속해도 그러나 그 '한번은 陰이 되고 한번은 陽이 되는 까닭' 은 바로 '道體의 所爲' 임을 볼 수 있다.[15]

위의 인용문에서 우선 주목할 것은 '本然' 이라는 말이다. 여기서의 '本然' 이란 (일차적으로) 氣의 운동이 '본래 그러함' 을 말한다. 다시 말해, 氣의 운동의 '순환성 또는 법칙성' 을 '本然' 이라 말한 것이다. 그런데 氣가 '본래 그러한' 운동을 하는 가능근거(樞紐) 또는 까닭(所以)은 궁극적으로 理가 '본래 그렇기' 때문이다. 따라서 '太極은 本然之妙' 라는 말은, '太極은 氣의 운동이 본래 그러할 수 있게 해주는(樞紐) 妙' 또는 '太極은 氣의 운동이 본래 그러한 까닭(所以)으로서의 妙' 라는 말이 된다. 다음, '動靜은 태울 바의 기틀' 이라는 말은 '動靜은 太極을 태우는 기틀' 이라는 말이다.

集』卷2 頁12 및『栗谷全書』卷10 頁26 참조). '機自爾' 란 '운동 자체는 氣의 자연적 속성에 의한 것' 이라는 말이다.

13)『性理大全』卷1 頁15 : 太極者 本然之妙也 動靜者 所乘之機也

14)『性理大全』卷1 頁26-27 : 蓋五行之變 至於不可窮 然無適而非陰陽之道 至其所以爲陰陽者 則又無適而非太極之本然也 夫豈有所虧欠間隔哉

15)『性理大全』卷1 頁16 : 大傳旣曰 形而上者謂之道矣 而又曰 一陰一陽之謂道 此豈直以陰陽爲形而上者哉 正所以見一陰一陽 雖屬形器 然其所以一陰而一陽者 是乃道體之所爲也

'動靜은 태울 바의 기틀' 이라는 말은 또한 '動靜' 자체에 대해서는 '太極과 무관한 氣의 고유한 속성' 으로 전제하고 있는 것이다. 위의 마지막 인용문에서는 특히 氣의 운동이 一陰一陽이라는 '순환적 법칙성' 을 지니는 까닭을 '道體의 所爲'[16]로 규정했다. 이상의 논의를 종합하면 다음과 같다. 氣는 자신의 속성에 따라 저절로 운동한다(機自爾). 그런데 그 氣의 운동은 본래(本然) 動만 있거나 靜만 있지 않고 반드시 一動一靜한다. 이와 같이 氣가 본래 순환적 법칙적 운동을 하는 까닭(또는 가능근거)은 理가 본래 그러하기 때문이다(太極之本然). 이제 주자의 다음과 같은 말을 보자.

> (太極의) '極' 이란 '至極' 의 뜻이며, '標準' 의 이름이다. (太極은) 항상 사물의 中央에 있어서 四方에서 바라보고 '바름(正)' 을 취하는 것이다.[17]

위의 인용문에 의하면, 太極은 '지극한 標準' 으로서, 만물은 태극을 본받고 본뜸으로써 바르게 되는 것이다. 앞에서 소개했듯이, 주자는 太極(理·道)을 '本' 이라고도 했다. '本' 을 '標準' 과 연관시켜 해석한다면, '本' 은 '標本' 즉 '이데아(idea, 形相)' 의 의미가 된다. 주자가 太極을 本然으로 설명한 것은 太極은 標準이라는 것과 같은 맥락이며, 理를 元亨利貞(天道)과 仁義禮智(人道, 人性)로 설명한 것도 같은 맥락이다. 요컨대 주자의 太極은 만물이 바름을 본받고 본뜨는 標準이요 本인 것이요, 氣의 운동이 순환성과 법칙성을 지니는 것도 '본래 그러한 理' 를 본받은 것이기 때문이다.

그런데 '本' 에는 '根柢' 의 의미도 있다. 이데아로서의 '標準' 은 명사적 의미만을 지니나, '根柢' 는 '標準' 이라는 명사적 의미보다는 '뿌리가 된다' 는 동사적 의미가 강하다. 주자가 理를 所以나 樞紐根柢로 설명한 것은 '理의 역할' 에 초점을 둔 것이고, 理를 本然이나 標準으로 설명한 것은 '理

---

16) '道體의 所爲' 란 뒤에서 논의할 '理의 主宰' 를 뜻한다.

17) 『朱子大全』 卷72 頁14(3743쪽), 〈皇極辨〉: 極者 至極之義 標準之名 常在物之中央 而四外望之 以取正焉者也

의 내용' 을 설명한 것이다. 이 두 측면을 종합하는 개념이 '本' 으로서, 理는 만물이 본받는(근거하는) 本(표준)인 것이다. 이것을 氣의 측면에서 말하자면, 氣는 理를 本으로 삼는 것이다. 다시 말해 氣의 운동이 본래 그러한 까닭은 理가 본래 그러하기 때문이다. 즉 氣의 그러함은 理의 그러함에 근거한 것이다. 요컨대 '理는 氣의 운동의 標準이 된다' 는 것인바, 주자학에서는 이것을 '理가 氣를 주재한다' 는 말로 표현한다.[18]

이제 주자의 '氣' 에 대한 논의를 살펴보자. 氣는 形而下者로서 形體를 지니고 作爲(운동, 변화)한다. 주자는 氣를 '具' 라고도 설명했고, '器' 라고도 설명했다. '具' 란 '도구나 재료' 로서, 형이상적인 理(즉 形相이나 標準)를 현실 세계에서 구체적으로 드러내는 작용을 한다. '器' 란 '그릇' 으로서, 理를 담고 있는 작용을 한다. 이 두 맥락을 종합하자면, 氣란 理를 담고 있으면서 구체화하는 작용을 하는 것이다.[19]

氣는 '陰陽' 으로 분류되고, 그것은 다시 '五行(金·木·水·火·土)' 으로 분류된다. 그런데 陰이나 陽, 또는 五行 가운데 어느 일부만으로는 사물을 이룰 수 없다. 즉 陰陽 또는 五行의 기운을 전부 갖추어야만 사물을 이룰 수 있다는 것이다. 五行의 배합비율이 사물의 성질을 결정한다. 예컨대 五行 가운데 木氣를 많이 지닌 사물은 仁의 성질이 많고, 金氣를 많이 지닌 사물은 義의 성질이 많은 것이다.[20] 氣는 또 '氣와 質' 로 분석된다. 氣와 質은 서로 환원될 수 있는 것으로, 氣가 엉긴 것이 質이고, 質이 흩어진 것이 氣이

18) 즉 주자학에서 '理가 氣를 主宰한다' 는 말은 '理가 氣의 (순환적·법칙적 운동의) 標準이 된다' 는 의미였다. '標準' 은 '本然' 과 같은 말이며, '됨' 은 '樞紐根柢' 나 '所以' 와 같은 말이다. '本' 은 理의 내용과 역할을 함께 설명하는 개념이다. 理는 氣의 순환적·법칙적 운동의 標準이고 可能根據이다. 많은 사람들은 '理가 氣를 主宰한다' 는 말을 '理가 氣를 命令한다' 는 뜻으로 해석하고 있으나, 이는 주자의 本旨를 오해한 것이다.

19) 주자가 氣를 '理의 安頓處·湊泊處·附着處·掛搭處' 등으로 설명한 것은 '氣가 理를 담고 있음' 을 표현한 것이다. 반면에, 氣를 '理가 탈 바의 기틀(所乘之機)' 이라고 설명한 것은 '氣가 理를 담고 있음' 과 '氣가 理를 구체화 함' 을 동시에 표현한 것이다.

20) 『朱子語類』 卷4(75쪽) : 性有偏者 如得木氣多者 仁較多 金氣多者 義較多

다. 氣의 품질은 '淸·濁'으로 설명하고, 質의 품질은 粹·駁으로 설명하는데, 이에 따라 사물의 인식능력과 행위능력이 결정된다.[21]

주자에 의하면, 理는 氣의 標準(本)으로서 完全無缺하고 純粹至善하지만, 理를 현실의 세계에서 구체화하는 氣(氣·質)에는 淸·濁·粹·駁이 있다. 淸粹한 氣는 理를 완전하게 구현하지만, 濁駁한 氣는 理를 불완전하게 구현한다. 따라서 현실의 사물에는 不完全性이나 惡이 노정되는 것이다. 이러한 맥락에서 惡이나 不完全性의 원인은 具(器, 氣)에 있는 것으로 규정된다.[22] 요컨대 '理의 완전한 구현 여부는 氣에 달려있다'는 것인바, 주자학에서는 이것을 '氣가 理를 주재한다'는 말로 표현한다.[23]

2. 理·氣의 不離와 不雜

理와 氣, 즉 本과 具는 항상 서로 결합되어 하나의 사물을 이루는 관계이다.[24] 理는 형이상자로서 형체도 없고 작위도 없지만(無形無爲), 氣는 형이하자로서 형체도 있고 작위도 있다(有形有爲). 氣의 有形有爲는 결국 無形

---

21) 사물의 인식능력은 '氣의 淸·濁'과 관계된다. 맑은 氣를 지닌 사물은 인식능력이 우수하고, 흐린 氣를 지닌 사물은 인식능력이 저열하다. 사물의 도덕적 행위능력은 '質의 粹·駁'과 관계된다. 순수한 質을 지닌 사물은 어질고, 잡박한 質을 지닌 사물은 고약하다.

22) 『朱子語類』 卷4(65쪽) : 此理却只是善 旣是此理 如何得惡 所謂惡者 却是氣也

23) 즉 주자학에서 '氣가 理를 主宰한다'는 말은 '氣가 理를 管攝(맡아서 관리함)한다'는 의미였다. 이것은 '氣가 理를 담고 있으면서 구체화한다'는 것을 뜻하는 동시에, '理의 올바른 실현 여부는 氣에 달려있다'는 것을 뜻한다. 주자의 '心統性情'은 이러한 생각을 표현한 것이다.

24) 사실 주자는 '理와 氣'를 '本(道)과 具(器)'라는 맥락뿐만 아니라 '所以然(원리)과 所然(현상)' 및 '天理와 人欲'이라는 맥락에서도 논의하였다(이에 대한 자세한 논의는 拙著, 『畿湖性理學研究』 제1장 「朱子 理氣論의 三重構造」 참조). 그러나 주자 理氣論의 주축은 本具論에 있는바, 그리하여 본고에서는 本具論을 중심으로 주자의 理氣論을 설명하는 것이다.

無爲한 理를 구체화하는 것이다. 또 本과 具는 事實的으로는 서로 결합되어 하나의 사물을 이루는 것이기에, 同時共在하는 분리될 수 없는 관계이다(理氣無先後, 理氣不相離). 그러나 論理的으로는 형이상자와 형이하자가 구분되는 것이며, 형이상자가 형이하자의 '樞紐根柢'로 규정되기 때문에 형이상자가 우선한다고 하지 않을 수 없다(理先氣後, 理氣不相雜). 이제 이러한 문제들을 살펴보기로 하자. 주자는 다음과 같이 말한다.

> 氣는 능히 凝結造作하지만 理는 情意도 없고 計度도 없고 造作도 없다. 다만 이 氣가 凝聚하는 곳에 理가 문득 그 가운데 있다. (…) 理는 다만 淨潔空闊한 세계로서 形迹이 없으며, 造作하지 못한다. 氣는 능히 醞釀凝聚하여 物을 낳는다. 다만 이 氣가 있으면 理가 문득 그 안에 있다.[25]

'凝結造作'이란 여러 종류의 氣(五行)가 서로 엉겨서 사물을 빚어냄을 뜻하는바, '醞釀凝聚'도 같은 뜻이다. '氣는 凝結造作한다'는 것은 '氣는 (理가 제시하는 標準에 따라) 온갖 사물을 빚어낸다'는 말이다. '情意'란 감정과 의지를 말하고, '計度'이란 따지고 헤아림을 말한다. '理는 情意도 없고 計度도 없고 造作도 없다'는 것은 '理는 모든 종류의 作爲가 없다'는 말이다. 요컨대, 위의 인용문은 理는 형체도 없고 작위도 없으며 氣는 형체도 있고 작위도 있음을 말한 것이다.

위의 인용문에서 주자는 理는 有形한 氣가 운동변화하는 가운데에 內在함을 거듭 강조한다. 理가 氣에 내재한다는 말은 '理와 氣가 사실적으로 분리될 수 없음'을 말한다. 理와 氣를 사실적으로 분리할 수 없는 까닭은 두 측면에서 논할 수 있다. 하나는 理는 氣의 작위에 있어서 樞紐根柢가 되기 때문이요,[26] 다른 하나는 氣는 理의 현실적 依着處가 되기 때문이다.[27] 그리

---

25)『朱子語類』卷1(3쪽): 蓋氣則能凝結造作 理却無情意 無計度 無造作 只此氣凝聚處 理便在其中 (…) 若理則只是箇淨潔空闊底世界 無形迹 他却不會造作 氣則能醞釀凝聚生物也 但有此氣 則理便在其中

하여 주자는 마침내 "천하에는 理 없는 氣도 없고 또한 氣 없는 理도 없다"[28] 고 선언한다. 이것을 '理氣不相離' 라고 한다.

理와 氣는 사실상 서로 분리될 수 없는 一體이다. 그러나 理는 형이상자이고 氣는 형이하자로서 그 본질이 다르기 때문에, 또한 서로 협잡할 수 없는 것이다. 이것을 주자는 '理氣不相雜' 이라 하였다. 주자의 다음과 같은 말을 보자.

> 이 氣가 있지 않을 때에도 이미 이 性은 존재하며, 氣가 없어져도 性은 도리어 항상 존재한다. 性은 비록 氣 가운데 존재해도, 그러나 氣는 스스로 氣이고(氣自氣) 性은 스스로 性이어서(性自性), 또한 서로 挾雜하지 않는다.[29]

氣는 생멸하는 존재이므로, 특정한 개체의 氣는 있을 때도 있고 없을 때도 있다. 그런데 그 개체의 性은 그 氣의 有·無와 상관없이 영원히 존재한다는 것이다.[30] 주자는 그 까닭을 '氣는 스스로 氣이고, 性은 스스로 性이어서' 서로 협잡하지 않기 때문이라고 설명하였다. 여기서 알 수 있듯이, 주자

---

26) 앞에서 언급하였듯이, 주자는 理를 '造化의 樞紐' 요 '品彙의 根柢' 라 하였다. 造化와 品彙는 氣의 作爲가 빚어내는 것인데, 理는 本(표준)으로서 그 作爲의 樞紐根柢가 되는 것이다. 따라서 氣는 理를 떠날 수 없는 것이다.

27) 주자는 또 "理는 또한 별도의 一物이 아니라, 氣 가운데 있는 것이다. 이 氣가 없으면 理는 또한 掛搭處가 없다(『朱子語類』 卷1(3쪽) : 理又非別爲一物 卽存乎是氣之中 無是氣 則是理亦無掛搭處)" 고 했는데, 氣는 理의 依着處이기 때문에, 현실적으로는 理는 氣 속에 존재하는 것이다.

28) 『朱子語類』 卷1(2쪽) : 天下未有無理之氣 亦未有無氣之理

29) 『朱子大全』 卷46 頁32(2243쪽), 〈答劉叔文〉 : 未有此氣 已有此性 氣有不存 性却常在 雖其方在氣中 然氣自氣 性自性 亦自不相夾雜

30) 주자학에서의 氣는 본래 生滅하는 존재이다. 그러므로 모든 個體들은 生長衰滅하는 것이다. 그런데 氣의 속성을 더 정확히 표현하는 말은 '生生不息' 이다. 모든 個體는 그 자체로는 '滅' 하는 것이지만, '滅' 하기 전에 다음 세대를 '生' 하는 것이다. 따라서 全體의 관점에서 보면, 氣는 連續되어 永遠한 것이다. 이에 대한 자세한 논의는 拙著, 『畿湖性理學硏究』, 한울, 1998, 178-181쪽 참조.

가 말하는 '理·氣의 不相雜'이란 '理는 스스로 理이고, 氣는 스스로 氣임'과 같은 맥락이다. 理는 스스로 理이고 氣는 스스로 氣인 까닭은, 理와 氣는 각각 形而上者와 形而下者로서 서로 본질이 다르기 때문이다. 서로 본질이 다른 존재는 서로 본질적인 영향을 줄 수 없다. 요컨대 '서로 본질적인 영향을 줄 수 없음'을 '不相雜'이라 하는 것이다. 理와 氣는 서로 본질적인 영향을 끼치지 않으므로, 氣가 생멸한다고 해서 理가 생멸하는 것은 아니다. 氣의 生滅과는 무관하게, 理는 永遠한 것이다. 마찬가지로, 氣가 맑아진다고 해서 理가 맑아지는 것도 아니며, 氣가 흐려진다고 해서 理가 흐려지는 것도 아니다. 氣의 淸濁과 무관하게, 理는 항상 純善한 것이다. 이러한 맥락에서, 주자학에서는 '智·愚·賢·不肖'를 막론하고 '모든 사람의 本性은 항상 純善하다'고 보는 것이다.

'모든 사람의 本性은 항상 純善하다'면 '智·愚·賢·不肖'의 차이는 왜 생기는 것인가? 또는 순선한 본성을 지닌 사람이 어찌하여 어리석고 고약하게 되는가? 이 문제를 설명해주는 논리는 다시 '理·氣의 不相離'이다. 性은 氣質에서 떠날 수 없는바, 현상적으로는 자신이 의착하고 있는 氣質의 영향을 받는다. 다시 말해, 性은 본래 純善하지만 濁駁한 氣質의 영향을 받으면 그 순선함이 온전히 구현될 수 없는 것이다. 요컨대, 性은 본질적으로는 氣質의 영향을 받지 않지만(不相雜), 현상적으로는 氣質의 영향을 받는 것이다(不相離).[31]

31) 이 말은 매우 注意해서 이해해야 한다. 조선시대 性理學 論爭의 태반이 이 말을 제대로 이해하지 못함으로써 야기된 것이다. 주자의 本旨는, 理는 자신이 의착하고 있는 氣의 參差不齊 또는 淸濁粹駁에 의해 현실적으로는 다양하고 선악이 뒤섞인 모습으로 드러나지만, 그것은 현상적으로 그럴 뿐 '理의 본체는 변함이 없다'는 것이다. 율곡은 이것을 '물과 그릇'에 비유하여 설명한 바 있다. 물은 본래 맑다. 그런데 노란 유리병에 담기면 물은 노랗게 보이고, 푸른 유리병에 담기면 물은 푸르게 보인다(『栗谷全書』 卷31 頁36 : 譬之於水 則天理 源頭之水也 人性 在器之水也 源頭之水 無有不淸 而盛之於白盌中 則同是一般色 盛之於靑盌中 又是一般色也). 그러나 노랗게 보이거나 푸르게 보이는 것은 현상적으로 그럴 뿐, 물 자체의 본래 맑음은 변함이 없는 것이다. 율곡은 동일하고 순선한 理의 본체는 변함이 없음을 '理通'이라 하였고, 氣는 본래 청탁수박이

不相離와 不相雜은 주자가 理·氣의 관계를 규정한 대표적 명제이다. 不相離는 사실적 관점(在物上看)에서 말하는 것이고, 不相雜은 논리적 관점(在理上看)에서 말하는 것이다. 주자는 사실적 관점에서 보면 理와 氣는 一物이지만, 논리적 관점에서 보면 理와 氣는 二物이라고 보았다. 주자는 다음과 같이 말한다.

> 이른바 理와 氣는 결단코 二物이다. 다만 '사실적 관점에서 보면(在物上看)' 理와 氣가 섞여있어, 각각 한 곳에 있는 것으로 分開할 수 없다. 그러나 理·氣가 각각 一物이 됨을 방해하지 않는다. 만약 '논리적 관점에서 본다면(在理上看)' 비록 사물이 아직 존재하지 않는다 하더라도 사물의 理는 이미 존재한다. 그러나 또한 그 사물의 理가 존재할 뿐이요, 일찍이 실제로 이 사물이 존재하는 것은 아니다. 무릇 이러한 것들을 살필 때에는 모름지기 시종일관 분명하게 인식해야 하니, 그래야만 착오가 없게 된다.[32]

사실적 관점에서 볼 때 理와 氣는 서로 섞여있기 때문에 一物이라고 할 수 있다. 그러나 논리적으로 보면 어디까지나 理는 理이고 氣는 氣라서 서로 혼동할 수 없는 것이다. 이러한 관점에서 주자는 理·氣는 결단코 二物이라고 한 것이다. 주자는 理·氣의 이러한 관계를 "모름지기 시종일관 분명하게 인식해야 한다"고 강조하였다.

위의 인용문에서도 보이듯이 理·氣의 不離·不雜 문제는 理·氣의 先·後 문제와 본질적으로 같은 맥락이다. 즉 사실적 관점에서 본다면 理·

혼재하여 참치부제함을 '氣局'이라 하였다. 이에 대한 자세한 논의는 拙著, 『畿湖性理學論考』, 심산, 2005, 176-182쪽 참조.

32) 『朱子大全』 卷46 頁31(2243쪽), 〈答劉叔文〉: 所謂理與氣 決是二物 但在物上看 則二物渾淪 不可分開各在一處 然不害二物之各爲一物也 若在理上看 則雖未有物 而已有物之理 然亦但有其理而已 未嘗實有是物也 大凡看此等處 須認得分明 又兼始終 方是不錯('不害二物之各爲一物也'는 어떤 版本에는 '不害一物之各爲二物也'로 되어 있는데, 의미상 별 차이는 없다.)

氣는 分開할 수 없는 '하나' 이므로(同時共在하는 것이므로), 先後가 없는 것이다. 그러나 논리적 관점에서 본다면 형이상자가 형이하자의 '樞紐根柢' 이므로, 理가 먼저 존재한다고 말하지 않을 수 없다. 주자의 이러한 입장은 다음의 두 인용문에서 더욱 분명히 드러난다.

> 묻기를, "理가 먼저 있는 것입니까? 아니면 氣가 먼저 있는 것입니까?" 답하기를, "理는 일찍이 氣와 分離된 적이 없다. 그러나 理는 形而上者이고 氣는 形而下者이니, 形而上·形而下의 관점에서 말하면 어찌 先後가 없겠는가?"[33)]

> 묻기를, "반드시 먼저 이 理가 있고 난 다음에 이 氣가 있는 것입니까?" 답하기를, "이것은 본래 先後를 말할 수 없는 것이다. 그러나 반드시 그 所從來를 推論하고자 한다면 모름지기 '먼저 이 理가 있다' 고 말해야 한다."[34)]

주자의 생각은, '理·氣는 본래 先後가 없다' 는 것이다. 다만 그 所從來를 추론하자면, 형이상자인 理가 형이하자인 氣보다 먼저 존재한다고 말하지 않을 수 없다는 것이다. 주자가 확언하였듯이, 이러한 문제들을 분명히 인식한다면, 주자 이기론에 있어서의 理·氣의 不離·不雜 문제나 先·後 문제는 시종 논리적 일관성을 유지하고 있는 것이다.[35)]

주자는 "理에 動靜이 있기 때문에 氣에 動靜이 있는 것이다. 만약 理에 動

---

33) 『朱子語類』 卷1(3쪽) : 問 先有理 抑先有氣 曰 理未嘗離乎氣 然理形而上者 氣形而下者 自形而上下言 豈無先後

34) 『朱子語類』 卷1(3쪽) : 或問 必有是理 然後有是氣 如何 曰 此本無先後之可言 然必欲推其所從來 則須說先有是理

35) 陳來는 '理·氣의 先後 문제' 에 관한 주자의 생각은 시기에 따라서 변했다고 고증하였다. 즉 주자는 初年에는 '理氣無先後' 를 주장했고, 中年에는 '理가 실제로 氣보다 先在한다' 고 보았으며, 晩年에는 '理·氣는 실제로는 先後가 없으나, 논리적으로는 理가 氣보다 先在한다' 고 보았다는 것이다. 陳來는 만년기의 주장을 주자의 '晩年定論' 으로 삼았다(陳來, 이종란 외 역, 『주희의 철학』, 예문서원, 2002, 63쪽 참조).

靜이 없다면 氣는 무엇으로부터 말미암아 動靜이 있겠는가?"[36]라고 하였는바, 주자 형이상학에서 또 하나 논란이 되는 것은 理·氣의 動·靜 문제이다. 주자는 다음과 같이 말한다.

> 天地의 사이에는 다만 動·靜의 兩端이 끊임없이 순환할 뿐, 그 밖의 다른 일은 없으니, 이것을 '易'이라 한다. 그런데 그 動·靜에는 반드시 動·靜하는 까닭으로서의 '理'가 있으니, 이것이 이른바 '太極'이다. (…) '太極이 動靜을 품고 있다(太極含動靜)' 고 말하는 것은 옳다(本體로 말한 것이다). '太極에 動靜이 있다(太極有動靜)' 고 말하는 것도 옳다(流行으로 말한 것이다). 그러나 만약 '太極이 문득 動靜한다(太極便是動靜)' 고 말한다면, 이것은 形而上者와 形而下者를 구분할 수 없게 되는 것이요, '易에는 太極이 있다' 는 말도 군더더기가 되는 것이다.[37]

氣는 끊임없이 動靜하는데, 그 동정의 까닭(樞紐)을 理라 하는 것이다. 다시 말해, 氣가 一動一靜하는 까닭은 理가 본래 그렇기 때문이므로, 그리하여 '理(太極)에는 動靜이 있다' 고 말한다는 것이다. 그런데 만약 '理에 動靜이 있다' 는 말을 '理 자체가 動靜한다' 는 뜻으로 이해하면 잘못이라는 것이다. 주자는 '理 자체가 動靜한다' 고 볼 수 없는 까닭을 둘로 설명했다. 첫째는, 형이상자도 作爲가 있는 것이 되니, 그러면 형이상자와 형이하자의 구분이 없어진다는 것이다. 둘째는, '易에는 太極이 있다' 는 말은 太極이 易(一動一靜)의 추뉴근저임을 밝힌 것인데, 太極 자체가 동정하는 것이라면 이 말도 군더더기가 된다는 것이다. 요컨대, 理·氣의 動靜 문제에 대한

36) 『朱子大全』 卷56 頁43(2871쪽), 〈答鄭子上〉: 理有動靜 故氣有動靜 若理無動靜 氣何自而有動靜乎

37) 『朱子大全』 卷45 頁14-15(2153-2154쪽), 〈答楊子直〉: 蓋天地之間 只有動靜兩端 循環不已 更無餘事 此之謂易 而其動其靜 則必有所以動靜之理焉 是則所謂太極者也 (…) 蓋謂太極含動靜則可(以本體而言也) 謂太極有動靜則可(以流行而言也) 若謂太極便是動靜 則是形而上下者不可分 而易有太極之言 亦贅矣

주자의 지론은 '動靜하는 것'은 氣이고, '動靜하는 까닭'은 理라는 것이다.[38] '動靜하는 까닭은 理'라는 말은 '理는 氣의 운동의 표준이 됨'을 뜻하고, '動靜하는 것은 氣'라는 말은 '理는 스스로 발현할 수 없고, 반드시 氣의 운동을 통해서만 발현될 수 있음'을 뜻한다.

不離와 不雜은 주자가 理·氣의 관계를 규정한 기본 관념으로서, 理一分殊論이나 理氣相互主宰論 등 주자의 형이상학 全般을 一貫하는 논리이다. '不相離'는 理·氣의 현상적(사실적) 관계를 설명한 것이고, '不相雜'은 理·氣의 본질적(논리적) 관계를 설명한 것이었다. 주자는 이 두 측면을 종합해 설명하면서, 理와 氣는 '하나이면서 둘이요, 둘이면서 하나'라고 규정했다. 理·氣는 사실적으로는 '서로 떠날 수 없다'는 측면에서는 '하나'이나, 본질적으로는 '理는 理요, 氣는 氣'이므로 '둘'이라는 것이었다. 理·氣의 不離·不雜은 그대로 '性과 氣質' 또는 '性과 心'의 관계에 적용된다.[39] 이제 주자의 心性論을 살펴보기로 하자.

3. 性卽理와 心是氣

주자가 "性은 太極과 같고, 心은 陰陽과 같다"고 하였듯이, 주자학에 있어서 기본적으로 性은 理이고 心은 氣(氣의 精爽)이다. 따라서 주자의 심성론은 이기론의 연장선 위에서 성립한다.

『중용』에서는 "하늘이 命한 것을 本性이라 한다(天命之謂性)"고 하였고,

---

38) 주자의 "理에 動靜이 있기 때문에 氣에 動靜이 있다"는 말은, 四端七情論爭에서의 理發·氣發 문제와 연관되어, 수많은 논란을 야기했다. 그러나 주자의 本旨는 '理가 氣처럼 직접 운동한다는 것'이 아니라, 다만 '氣의 동정의 樞紐가 된다는 것'일 뿐이다(이에 대한 자세한 논의는 陳來, 『주희의 철학』, 64-75쪽 참조).

39) 『朱子大全』 卷51 頁23(2500쪽), 〈答董叔重〉: 性與氣 雖不相離 元不相雜

맹자는 性善說을 주장하고 本性의 구체적 내용을 仁·義·禮·智로 설명했다. 정이천은 이 두 내용을 종합하여 '本性은 곧 天理(性卽理)' 라고 규정하였다. 유교에서 理는 純粹至善하고 普遍的인 것으로 규정되었고, 또 理는 形而上者로서 어떠한 경우에도 훼멸되지 않는 것으로 인식되었다. 따라서 '性卽理' 라는 규정은 '누구나 지니고 있는 선한 本性은 어떠한 경우에도 결코 훼멸되지 않는다' 는 것을 이론적으로 재확인함으로써, "사람은 누구나 聖人이 될 수 있다"는 유교의 지론을 뒷받침하는 것이었다. 주자는 정이천의 性卽理를 本性論의 대전제로 삼고, 仁義禮智로 本性의 구체적 내용을 설명함과 동시에, 本性에 대한 논의는 心 또는 氣質에 대한 논의와 함께 이루어져야 한다고 주장하였다.[40]

'性卽理' 란 인간 또는 만물은 모두 理를 자신의 本性으로 지니고 태어났다는 말이다. 이것을 『중용』에서는 '天命之謂性' 이라 했던 것인데, 주자는 그에 대해서 다음과 같이 설명하였다.

> 天이 陰陽五行으로 萬物을 化生함에, 氣로써 形體를 이루고 理 또한 부여하였으니, 命令한 것과 같다. 이에 인간과 만물이 태어남에 각각 부여받은 理에 따라 健順과 五常의 德을 삼으니, 이른바 '性' 이다.[41]

우선 분명히 해야 할 점은, 주자는 古經의 '天' 이나 '上帝' 를 '自然' 또는 '自然의 理法' 으로 해석하며, 『중용』의 '天命' 역시 '하느님의 명령' 이 아니라 '自然의 理法' 으로 해석하고 있다는 점이다.[42] 자연의 세계에서 만물은 陰陽五行으로 형체를 이룸과 함께 저절로 健順五常이라는 본성을 지니

40) 주자학을 '性理學' 이라고도 하는바, 이는 주자학이란 곧 '性卽理學' 임을 함축하는 것이다.

41) 『中庸章句』 제1장, 朱子註 : 天以陰陽五行 化生萬物 氣以成形 而理亦賦焉 猶命令也 於是 人物之生 因各得其所賦之理 以爲健順五常之德 所謂性也

42) 이에 대한 자세한 논의는 이 책의 제10장 2절 참조.

게 되는데, '본성을 지니게 됨'을 古人들은 '하늘이 명령한 것'으로 설명했다는 것이다. 위에서 말하는 健順五常과 陰陽五行은 각각 理와 氣를 분석적으로 말한 것이다. 앞에서 언급했듯이, 理는 '本'으로서 만물의 本性이 되며, 氣는 '具'로서 만물의 形體가 된다. 주자에 의하면, 인간과 만물은 理를 각자 자신의 本性으로 지니고 있다는 것이요, 健順이나 五常은 그 本性(理)을 분석적으로 설명한 것이다.[43] 요컨대, 性은 理요 五常은 그 구체적 내용이라는 것이 주자의 지론이다.

주자는 心을 氣로 규정했다. 그런데 心은 氣 가운데서 가장 깨끗하고 밝은 氣라는 것이다. 이러한 맥락에서 주자는 心을 '氣의 精爽'[44]이라고 설명했다. 주자는 "心은 性에 견주면 약간 자취가 있고, 氣에 견수면 또 저절로 虛靈하다."[45]고 말하기도 한다. 心은 '氣의 밝고 깨끗한 것'이기 때문에 일반적인 氣와 견주면 매우 허령하나, 아무리 허령하다고 하더라도 결국엔 형이하자이기 때문에 형이상자인 性과 견주면 약간 자취가 있다는 것이다. 또한 형이상자인 性이 아무런 作爲도 할 수 없는 것과는 달리, 형이하자인 心은 '知覺·感情·意志' 등의 作爲를 하는 것이다.[46] 따라서 性은 스스로 발현될 수 없고, 心의 作用을 통해서 발현될 수밖에 없다. 性이 心의 작용을 통해서 발현된 것을 '情'이라 한다. 心·性·情의 이러한 관계를 해명한 것

---

43) 氣를 兩分해서 말할 때에는 陰·陽이라 하는데, 健·順은 陰·陽의 理를 말한다. 氣를 더 자세히 논할 때에는 五行으로 분석하는데, 五常은 五行의 理를 말한다. 五常은 仁義禮智信을 말하는데, 맹자는 人性의 德目으로 仁·義·禮·智를 제시했을 뿐이었다. 漢代의 유학자 董仲舒가 五行과 짝을 맞추기 위해 五常이라는 개념을 고안하고, 仁·義·禮·智에 信을 추가하여 五常이라 한 것이다.

44) 『朱子語類』 卷5(85쪽) : 心者 氣之精爽

45) 『朱子語類』 卷5(87쪽) : 心比性 則微有迹 比氣 則自然又靈

46) 많은 철학자들은 대부분 '마음'의 기능을 '知覺·感情·意志' 등의 작용을 하는 것으로 설명한다. 그러나 엄밀하게 말하자면, 주자의 경우는 약간 다르다. 주자에게 있어서 마음의 핵심적 기능은 '知覺'이다. 마음이 性을 바탕으로 知覺作用을 일으킨 결과가 情(感情)이요, 意志는 感情의 일종이다(이에 대한 자세한 논의는 김우형, 『朱熹의 知覺論 硏究』, 연세대박사학위논문, 2003, 96-99쪽 참조).

이 이른바 '心統性情論' 이다.

주자는 心은 '理(性)가 모여 있는 곳' 이고, 性은 '心이 지니고 있는 理' 라 하였다.[47] 이런 맥락에서, 주자는 性을 '물' 에 비유하고 心을 '그릇' 에 비유하였다.

> 性을 물에 비유하자면, 본래 모두 맑은 것이다. 깨끗한 그릇에 담으면 맑고, 깨끗하지 않은 그릇에 담으면 악취가 나며, 더러운 그릇에 담으면 흐린 것이다. 그러나 본래의 맑음은 사라지지 않는다.[48]

'물이 본래 맑다' 는 것은 '性이 본래 善함' 을 비유한 것이다. 그런데 맑은 물은 자신이 담겨있는 그릇의 깨끗하고 더러움에 따라 역시 맑고 흐리게 된다. 이는 性은 본래 善하나 자신이 담겨 있는 心(氣)의 淸濁에 따라 善·惡을 띠게 됨을 비유한 것이다. 깨끗한 그릇이 물의 본래 맑음을 그대로 유지시키듯이, 깨끗한 마음은 性의 본래 선함을 그대로 유지시킨다. 더러운 그릇은 맑은 물을 흐리게 하듯이, 더러운 마음은 착한 본성을 악하게 오염시킨다. 그런데 주자는 "그러나 본래의 맑음은 사라지지 않는다" 고 설명하였다. 이 말은, 더러운 마음이 착한 본성을 오염시킨다고 하여 본성이 실제로 악하게 되는 것은 아니라는 말이다. 탁박한 기질의 영향으로 인해 현상적으로 오염되었을 뿐, 실제의 본성은 변함이 없다는 말이다. 性은 형이상자이고 心은 형이하자로서, 형이하자가 형이상자를 '變化' 시킬 수는 없는 것이다.[49]

性은 心에 담겨 있으므로, 性은 현실적으로는 心의 영향을 크게 받는다.

---

47) 『朱子語類』 卷5(88쪽) : 性便是心之所有之理 心便是理之所會之地

48) 『朱子語類』 卷4(72쪽) : 性譬之水 本皆淸 以淨器盛之則淸 以不淨之器盛之則臭 以汙泥之器盛之則濁 本然之淸 未嘗不在

49) 이것이 바로 '理氣不相雜' 의 의미였다. 또한 마음이 흐리다고 하여 본성이 실제로 흐려지는 것은 아니기 때문에, 주자는 흐린 마음이 착한 본성을 '掩蔽' 시킨다고 표현하는 것이다.

그런데 心과 性은 또한 서로 본질이 달라 궁극적으로는 서로 영향을 끼칠 수 없다. 그리하여 주자는 '性과 心'의 관계 역시 '一而二, 二而一'이라고 규정했다. 주자는 다음과 같이 말한다.

> 性은 太極과 같고, 心은 陰陽과 같다. 太極은 다만 陰陽 가운데 있으니, 陰陽을 떠날 수 없는 것이다. 그러나 궁극적으로 논하자면, 太極은 스스로 太極이요, 陰陽은 스스로 陰陽이다. 性과 心의 관계도 또한 그러하니, 이른바 '하나이면서 둘이요, 둘이면서 하나'인 것이다.[50]

위의 인용문은 '理·氣'의 '不相離·不相雜' 관계를 그대로 '心·性'에 적용시킨 것이다. 태극이 음양을 떠날 수 없는 것처럼 性도 心을 떠날 수 없다. 性은 心 가운데 있으면서, 현실적으로는 心의 영향을 받는 것이다. 이러한 맥락에서는 心과 性은 '하나'인 것이다. 그러나 태극은 어디까지나 태극인 것처럼, 性은 어디까지나 性으로서, 心과 性이 혼잡할 수는 없는 것이다. 이러한 맥락에서는 心과 性은 '둘'인 것이다. 이처럼 '心과 性'은 '一而二, 二而一'이므로, 心·性을 논할 때에는 서로 분리시켜 봄과 동시에 서로 연결시켜 보아야 하는 것이다.[51] 이제 이러한 문제들을 살펴보기로 하자.

주자는 性은 理로서 형이하자인 心과는 차원이 다른 것임을 강조하여, 다음과 같이 말한다.

> 天이 만물을 낳음에 각각 하나의 본성을 부여했다. 性은 事物이 아니요, 다만 내 안에 있는 하나의 道理일 따름이다. 그러므로 性의 본체는 다만 仁義禮智信

50) 『朱子語類』 卷5(87쪽) : 性猶太極也 心猶陰陽也 太極只在陰陽之中 非能離陰陽也 然至論 太極自是太極 陰陽自是陰陽 惟性與心亦然 所謂一而二 二而一也

51) 이러한 맥락에서, 주자학에서는 性을 독자적으로 논할 때에는 本然之性이라 하고, 氣와 함께 논할 때에는 氣質之性이라 한다. 心을 논할 때에도 그 知覺의 대상이 '理(道理)냐, 氣(形氣)냐'에 따라 人心과 道心으로 구분한다. 人心·道心에 대해서는 이 책의 제9장에서 논의할 것이다.

다섯 글자일 뿐이니, 天下의 道理는 여기에서 벗어나지 않는다. (…) 後世에 性을 말하는 자들은 대부분 老佛과 섞어서 말하니, 그리하여 性을 '知覺' 이나 '마음' 또는 '意志' 로 보는 것이다. 이러한 것들은 聖賢이 말씀하신 '性' 字의 본지가 아니다.[52)]

주자는 본성은 경험적인 事物이 아니라 다만 하나의 道理일 뿐이라고 규정했고, 또 性을 '知覺 · 마음 · 意志' 등과 혼동하는 것도 경계하였다. '性은 다만 하나의 道理일 뿐' 이라는 것은 性은 無形한 존재라는 뜻이요, '性은 知覺이나 意志가 없다' 는 것은 性은 無爲한 존재라는 뜻이다. 心은 형이하자로서 수시로 變化하나, 性은 無形한 존재이기 때문에 변함없이 純善하다. 또 心은 형이하자로서 '知覺 · 感情 · 意志' 등의 작용을 일으키나, 性은 無爲한 존재이기 때문에 어떠한 물리적인 작용도 할 수 없으며 스스로는 결코 발현할 수도 없다. 주자는 心과 性을 개념적으로 분명히 구분함으로써, 우선 이러한 점들을 분명히 한 것이다.

그런데 주자는 또한 性을 논할 때에는 항상 氣質(心)을 함께 고려해야 한다고 강조한다. 주자는 그 이유를 다음과 같이 설명한다.

性은 다만 理일 뿐이다. 그러나 저 天地의 氣質이 없다면 이 理는 安頓處가 없게 된다. 淸明한 氣質을 얻으면, (理를) 가리거나 가두지 않아, 이 理가 순조롭게 발현된다. 가리고 가둠이 적은 경우에는 발출할 때에 天理가 이기고, 가리고 가둠이 많으면 私欲이 이긴다. 이로써 本原의 性은 純善하다는 것을 알 수 있는데, 孟子가 말한 '性善' 이나, 周子가 말한 '純粹至善', 程子가 말한 '性의 本然' 그리고 '反本窮源의 性' 등이 그것이다. 다만 氣質의 昏濁으로 인해 (本然之性이) 가려지는 것이다. 그러므로 氣質之性은 君子가 性으로 여기지 않는

---

52) 『朱子大全』 卷74 頁23-24(3895-3896쪽), 〈玉山講義〉: 天之生物 各付一性 性非有物 只是一箇道理之在我者耳 故性之所以爲體 只是仁義禮智信五字 天下道理 不出於此 (…) 後世之言性者 多雜佛老而言 所以將性字作知覺心意看了 非聖賢所說性字本指也

> 것이다. 학문을 통해 본원으로 돌이킨다면 天地之性(本然之性)이 보존된다. 그러므로 性을 논할 때에는 반드시 氣質을 함께 논해야 바야흐로 갖추어지는 것이다.[53]

性을 논함에 있어서 氣質을 함께 논해야 하는 까닭은 둘로 집약된다. 첫째는 氣質은 性의 依着處이기 때문이다. 그릇이 없다면 물이 의착할 곳이 없는 것과 마찬가지로, 氣質이 아니라면 性은 의착할 곳이 없다는 것이다. 주자는 이렇게 氣質에 의착된 性을 '氣質之性' 이라 하였다. 둘째는 性은 현실적으로 氣質의 영향을 받기 때문이다. 만물의 本性은 본래 同一하고 善함에도 불구하고, 氣質에 의착함으로써 기질의 영향을 받아, 사물마다 다르게 되고 善·惡이 혼재하게 된다. 그런데 여기서 다르고 악한 것은 氣質 때문이요, 本性 때문이 아니라는 것이다. 그리하여 氣質의 영향을 (논리적으로) 배제하고 本性 자체만을 말할 때에는 '本然之性(天命之性, 天地之性)' 이라 부른다. 즉 本性은 현실적으로는 氣質의 영향으로 인해 다양하고 선악이 혼재하는 양상으로 드러나지만(氣質之性), 그렇다고 本性 자체가 변하는 것은 아니라는 말이다.

性을 논함에 氣質을 함께 고려해야 하는 까닭은 현실적으로 理·氣가 不相離이기 때문이요, 本性이 궁극적으로 氣質의 영향을 받지 않는 까닭은 원리적으로 理·氣가 不相雜이기 때문이다. 이러한 관점에서 주자는 程子의 "性을 논하면서 氣를 논하지 않으면 갖추어지지 못하고, 氣를 논하면서 性을 논하지 않으면 밝지 못하다. (性과 氣를) 둘로 여기면 옳지 않다"는 명제에 대해 "千古의 聖賢이 다하지 못한 뜻을 發明한 것으로서 매우 큰 功이 있

53) 『朱子語類』 卷4(66쪽) : 性只是理 然無那天氣地質 則此理沒安頓處 但得氣之淸明 則不蔽錮 此理順發出來 蔽錮少者 發出來天理勝 蔽錮多者 則私欲勝 便見得本原之性無有不善 孟子所謂性善 周子所謂純粹至善 程子所謂性之本 與夫反本窮源之性 是也 只被氣質有昏濁 則隔了 故氣質之性君子有弗性者焉 學而反之 則天地之性存矣 故說性 須兼氣質說方備

는 것"이라고 높이 평가하고,[54] 그에 대해 다음과 같이 해설하였다.

품수한 氣質에는 비록 不善이 있으나, 性이 본래 善함을 해치지 않는다. 性은 비록 본래 善하나 (氣質을) 省察하고 바로잡는 노력이 없을 수 없다.[55] ○ 性을 논하고 氣를 논하지 않으면 타고난 氣質의 차이를 알 수 없으며, 氣를 논하고 性을 논하지 않으면 義理의 같음을 알 수 없다.[56] ○ 本然之性은 다만 至善하나, 氣質을 함께 논하지 않는다면 거기에는 昏明開塞과 剛柔强弱이 있음을 알 수 없기 때문에 '不備' 한 것이다. 한갓 氣質之性만을 논하고 本原으로부터 살피지 않는다면, 비록 昏明開塞과 剛柔强弱의 차이가 있음은 알더라도 至善의 근원은 일찍이 차이가 없음을 알 수 없기 때문에 '不明' 한 것이다.[57]

本然之性은 만물이 같고 순선하나, 氣質之性은 만물이 서로 다르고 선악이 혼재한다. 그런데 氣質之性이 만물이 서로 다르고 선악이 혼재하는 까닭은, 本性 때문이 아니라, 氣質 때문이라는 것이다. 氣質은 本性의 의착처이기 때문에, 氣質을 배제하고 性을 논하는 것은 현실적으로 무의미하다. 그렇다고 氣質의 영향을 받은 상태를 本性이라고 말하는 것도 옳지 않다. 주자의 주장은 氣質과 本性을 분명히 구별하되, 현실적으로 本性은 氣質의 영향을 받음도 분명히 인식하라는 것이다.[58] 주자는 이념적으로는 本性이 氣

54) 『朱子語類』 卷4(66쪽) : 天命之性 若無氣質 却無安頓處 且如一勺水 非有物盛之 則水無歸着 程子云 論性不論氣不備 論氣不論性不明 二之則不是 所以發明千古聖賢未盡之意 甚爲有功

55) 『孟子集註』 告子上 6, 朱子註 : 蓋氣質所稟 雖有不善 而不害性之本善 性雖本善 而不可以無省察矯揉之功

56) 『孟子集註大全』 告子上 6, 朱子小註 : 論性不論氣 則無以見其生質之異 論氣不論性 則無以見義理之同

57) 『孟子集註大全』 告子上 6, 朱子小註 : 本然之性 只是至善 然不以氣質論之 則莫知其有昏明開塞剛柔强弱 故有所不備 徒論氣質之性 而不自本原言之 則雖知有昏明開塞剛柔强弱之不同 而不知至善之原 未嘗有異 故有所不明

58) 맹자의 性善說에 반대하여 荀子는 性惡說을 주장했고, 揚雄은 性善惡混說을 주장했

質의 운동방향을 제시하지만, 현실적으로는 本性이 氣質을 영향을 받기 때문에 "性과 氣質을 둘로 여김은 옳지 않다" 고 한 것인데, 이는 바로 '理와 氣의 상호주재성' 을 강조한 것이기도 하다.

4. 心統性情

맹자는 "모든 사람이 聖人이 될 수 있다" 고 주장하고, 그 가능근거로서 性善說을 제시하였다. 정이천의 '性卽理' 라는 명제가 지닌 함의 가운데 하나는 性이 形而上者로 규정된다는 점이다. 형이상자는 生滅이 없고, 또한 스스로 발현할 수 없다. 이러한 맥락에서 '性은 形而上者' 라는 규정은 다음의 두 의미를 동시에 지닌다. 첫째, 인간의 선한 본성은 어떠한 경우에도 '결코 훼멸될 수 없다' 는 것이다. 아무리 극악무도한 죄인이라도 그의 본성은 여전히 순선한 것이다. 따라서 누구에게나 '聖人이 될 수 있는 가능성'

다. 주자가 인간의 본성을 '本然之性과 氣質之性' 으로 구분하여 설명한 것은 사실 이들의 人性論을 지양시킨 것이다(주자는 張橫渠와 程子에 의해 '氣質之性' 論이 확립됨으로써 비로소 人性에 대한 완전한 논의가 가능해졌다고 보고, 이들을 극찬한 바 있다). 즉 주자의 체계 속에서, '맹자의 선한 본성' 은 本然之性에 해당되고, '순자나 양웅의 악한 본성' 은 氣質之性에 해당되는 것이다(『朱子語類』 卷4(70쪽) : 道夫問 氣質之說 始於何人 曰 此起於張程 某以爲極有功於聖門 有補於後學 讀之使人深有感於張程 前此未曾有人說到此 如韓退之原性中說三品 說得也是 但不曾分明說是氣質之性耳 性那裏有三品來 孟子說性善 但說得本原處 下面卻不曾說得氣質之性 所以亦費分疏 諸子說性惡與善惡混 使張程之說早出 則這許多說話自不用紛爭 故張程之說立 則諸子之說泯矣). 그러면서도 주자는 순자나 양웅이 인간의 본성을 제대로 이해하지 못했다고 보았다. 인간의 본성은 본래 선할 뿐이라는 것이 주자의 일관된 입장이다. 본성이 때때로 악하게 드러나는 것은 기질의 영향 때문이요, 그렇다고 하여 본성이 마침내 악하게 변한 것은 아니라는 것이다. 한편, 性惡說에 입각하면 '현실의 惡' 을 쉽게 설명할 수 있다. 그러나 성악설에 입각해서는 '현실의 惡에 대한 비판' 이나 '이상적인 사회에 대한 전망' 이 불가능하다. 이것이 성악설의 근원적인 한계일 것이다(이에 대한 자세한 논의는 홍승표, 「韓非子의 인간관과 사회질서의 문제」, 『우리사회연구』 제4집, 우리사회연구학회, 1997, 157쪽 ; 拙著, 『儒家社會哲學研究』, 36-37쪽 참조).

은 常存하는 것이다. 둘째, 인간의 선한 본성은 어떤 경우에도 '결코 스스로 발현할 수 없다'는 것이다. 본성은 선하나 스스로 발할 수 없으므로, 현실의 세계에서는 본성만으로는 무력한 것이다. 앞에서 언급하였듯이, 주자학에서 현실적 作爲의 주체는 氣(心)로 인식되었다. 장횡거의 '心統性情'이라는 명제는 선한 본성을 실제로 운용하는 것은 心임을 밝힘으로써, 心이 세상만사를 좌우하는 현실적 주체임을 밝힌 것이다. 주자는 "정이천의 '性卽理'와 장횡거의 '心統性情' 두 명제는 넘어뜨리고 두들겨도 깨지지 않을 것"[59]이라고 확언한 바 있다. 이 말이 시사하듯, '心統性情'은 '性卽理'와 함께 주자 형이상학의 핵심을 이룬다. 이제 주자의 心統性情論을 살펴보기로 하자.[60] 우선 주자의 다음과 같은 말을 보자.

> 心은 '神明한 집(神明之舍)'으로서 一身의 主宰가 된다. 性은 許多한 道理로서, 태어날 때부터 얻어 心에 갖추어진 것이다. 智識과 念慮에 발현된 것은 모두 情이다. 그러므로 '心統性情'이라 한다.[61]

주자는 心을 '神明한 집'이라고 설명하였다.[62] 心을 '집'이라 한 것은 '그릇'이라 한 것과 같은 맥락으로서, 무엇인가를 '담는' 기능을 한다는 것

---

59) 『朱子語類』 卷5(93쪽) : 伊川性卽理也 橫渠心統性情 二句 顚撲不破

60) 주자학에서 '心統性情'이 이렇듯 중요한 명제임에도 불구하고, 많은 사람들이 '心統性情'의 의미를 오해하고 있었다. 특히 조선시대 말기 華西學派·寒洲學派 등은 '心統性情'에서의 '統'의 의미를 오해함으로써 마침내 '心卽理'를 주장하게 되었던 것이다. 이에 대한 자세한 논의는 拙著, 『畿湖性理學論考』 제8장 참조.

61) 『朱子語類』 卷98(2514쪽) : 心是神明之舍 爲一身之主宰 性便是許多道理 得之於天而具於心者 發於智識念慮處 皆是情 故曰心統性情也

62) '神明之舍'는 文法的으로는 '神明한 집'으로도 해석될 수 있고 '神明의 집'으로도 해석될 수 있다. '神明의 집'이란 '神明이 거주하는 집'이라는 말로서, 이때 '神明'과 '집'은 별개가 된다. 이러한 해석은 주자의 형이상학적 구도와 일치하지 않는다. 그리하여 論者는 '神明한 집'이라고 해석하였다. 주자에게 있어서 '마음'은 '(性·情이 거주하고 있는) 神明한 집'인 것이다.

이다. 心에 담겨진 것은 바로 性과 情이다. 性은 태어날 때부터 心에 담겨있는 道理요, 이 道理가 知識과 念慮에 발현된 것이 情이다. 주자는 心을 특별히 '神明한 집' 이라 하였는데, 心은 性을 담고 있으면서 情으로 표출시키는 작용을 하므로 '神明하다' 고 한 것이다. 요컨대 주자의 '心統性情' 이란 '心은 性을 담고 있으면서 情으로 표출한다' 는 뜻이다. 이러한 맥락에서 주자는 '心統性情' 에서의 '統' 을 '包含' 과 '主宰' 의 두 뜻으로 설명하였다.

먼저 '包含' 의 맥락을 살펴보자. 주자는 心을 體 · 用으로 분석하여, 性은 心의 體요 情은 心의 用이라 하고, 心은 性 · 情을 통합해서 말하는 것이라 하였다.[63] 따라서 心은 性 · 情을 포함하는 것이요, 性 · 情을 떠나서 心이 별도로 존재하는 것은 아니라는 것이다. 그런데 心은 氣이고, 性은 理이며, 情은 性이 心의 작용을 통해 발한 것이므로, 心이 곧 性은 아니라는 것이다.[64] 그리하여 주자는 心과 性은 '一而二, 二而一' 의 관계라고 설명하였다.

> 性은 情과 대립하여 발한 것이고, 心은 性 · 情과 대립하여 발한 것이다. 본래 이와 같은 것이 性이요, 性이 발동한 것이 情이며, 그것들을 主宰하는 것이 心이다. 무릇 心과 性은 하나인 것 같으면서도 둘이고, 둘인 것 같으면서도 하나이다. 이곳은 가장 마땅히 體認해야 한다.[65]

주자의 지론은, 心과 性은 함께 존재한다는 측면에서는 '하나' 라 할 수

63) 주자는 心을 '虛靈知覺' 으로 설명하기도 했는데, 이에 대해 勿齋程氏는 '虛靈은 心의 體' 이고 '知覺은 心의 用' 이라고 분석하였다(『中庸章句大全』, 〈中庸章句序〉, 勿齋程氏 小註 참조).

64) 『朱子語類』 卷5(90쪽) : 心有體用 未發之前 是心之體 已發之際 乃心之用

『朱子語類』 卷5(93쪽) : 性是未動 情是已動 心包得已動未動 蓋心之未動則爲性 已動則爲情 所謂心統性情也

『朱子語類』 卷5(94쪽) : 心 主宰之謂也 動靜皆主宰 非是靜時無所用 及至動時方有主宰也 言主宰則混然體統自在其中 心統攝性情 非儱侗與性情爲一物而不分別也

65) 『朱子語類』 卷5(89쪽) : 性對情言 心對性情言 合如此是性 動處是情 主宰是心 大抵心與性 似一而二 似二而一 此處最當體認

있고, 心은 형이하자인 氣이고 性은 형이상자인 理라는 측면에서는 '둘' 이라 할 수 있다는 것이다. 心이 性·情을 '包含' 한다는 것은 性·情은 心이라는 그릇에 담겨 있다는 말이다.

이제 心이 性·情을 '主宰' 한다는 측면을 살펴보자. 心이 性·情을 '포함' 한다는 것과 心이 性·情을 '주재' 한다는 것은 사실 별개가 아니다. 性·情은 心에 담겨 있으므로 心의 주재를 받는 것이기 때문이다. 그러면 '心이 性·情을 주재한다' 고 할 때의 '주재' 는 무슨 뜻인가? 주자의 다음과 같은 말들을 살펴보자.

> 天命이 流行하는데, 이 理를 主宰하고 管攝하는 것은 心이며, 이 理가 있음은 性이다. 예컨대 봄·여름이 되기도 하고 가을·겨울이 되기도 하는 까닭으로서의 理가 그것이다. 萬物을 발육하는 데 이른 것은 情이다.[66]

> 性은 理이고, 心은 (性을) 포함하고 있으면서(包含該載) 베풀어 발용하는(敷施發用) 것이다.[67]

> 心의 知覺은 곧 '이 理를 갖추고 이 情을 행하는 것' (具此理而行此情)이다.[68]

위의 첫째 인용문에서는 '主宰' 를 '管攝' 과 같은 맥락으로 설명하였다. '管攝' 이란 '맡아서 다스림' 이니, '心이 性을 주재한다' 는 것은 '心이 性을 맡아서 다스린다' 는 뜻이다. 心이 性을 맡아서 다스린 결과가 情이다. 주자는 이것을 사계절에 비유하였다. 봄·여름·가을·겨울이 순환하는 까닭은 性(理)이고, 이 사계절을 제대로 운행시키는 것은 心의 역할이며, 그 결

---

66)『朱子語類』卷95(2423쪽) : 天命流行 所以主宰管攝是理者 卽其心也 而有是理者 卽其性也 如所以爲春夏 所以爲秋冬之理 是也 至發育萬物者 卽其情也

67)『朱子語類』卷5(88쪽) : 性是理 心是包含該載 敷施發用底

68)『朱子大全』卷55 頁1(2754쪽), 〈答潘謙之〉: 心之知覺 卽所以具此理而行此情者也

과 만물이 발육되는 것은 情이라는 것이다. 둘째 인용문에서는 心의 역할을 '包含該載'와 '敷施發用'으로 설명했는데, 여기서 '包含該載'가 '포함'의 맥락에 해당됨은 자명하니, 따라서 '敷施發用'이 곧 '주재'의 맥락에 해당될 것이다. 이렇게 볼 때, '心이 性을 맡아서 다스림'은 곧 '心이 性을 베풀어 發用함'과 같은 뜻이요, 그 '발용의 결과'가 '情'인 것이다. 셋째 인용문에서는 心의 知覺을 '具此理而行此情'으로 설명했는데, '具'는 '포함'에 해당될 것이요, '行'은 '주재'에 해당될 것이다.[69] 이상의 내용을 종합하자면, '心이 性·情을 주재한다'고 할 때의 '주재'란 '맡아서 다스림'·'베풀어 운용함'·'실행함' 등을 뜻하는 것이다. 이러한 논리를 인간의 心·性·情에 적용시키면 다음과 같다.

> 元·亨·利·貞은 性이요, 生·長·收·藏은 情이며, 元으로써 生하고 亨으로써 長하며 利로써 收하고 貞으로써 藏하는 것은 心이다. 仁·義·禮·智는 性이요, 惻隱·羞惡·辭讓·是非는 情이며, 仁으로써 사랑하고 義로써 미워하며 禮로써 사양하고 智로써 아는 것은 心이다. 性은 心의 理요, 情은 心의 用이요, 心은 性·情의 主이다.[70]

> 性은 다만 理이고, 情은 (理가) 流出하여 運用된 곳이며, 心의 知覺은 곧 '이 理를 갖추고 이 情을 행하는 것'이다. 智로써 말하자면, 是非를 아는 이치는 智이고 性이며, 是非를 알아서 옳다거나 그르다고 함은 情이며, 이 理를 갖추어 그것의 是非를 깨닫는 것은 心이다.[71]

---

69) '具此理而行此情'은 '包含該載·敷施發用'과 같은 말이다. 주자는 '具此理而行此情'을 '心의 知覺'으로 설명했는데, 이러한 맥락에서 '心統性情'이란 바로 '心의 지각작용'을 통해서 이루어지는 것이다(이에 대한 자세한 논의는 김우형, 「朱熹의 知覺論 研究」, 106-109쪽 참조).

70) 『朱子大全』 卷67 頁1(3512쪽), 〈元亨利貞說〉: 元亨利貞 性也 生長收藏 情也 以元生 以亨長 以利收 以貞藏者 心也 仁義禮智 性也 惻隱羞惡辭讓是非 情也 以仁愛 以義惡 以禮讓 以智知者 心也 性者 心之理也 情者 心之用也 心者 性情之主也

心은 性을 주재하는 것이다. 敬으로써 心을 보존하면 性이 함양되어 방해를 받지 않는다.[72)]

위의 인용문들을 통해서 心統性情의 종합적인 의미를 구체적으로 알 수 있다. 우선 위의 첫째 인용문에 보이듯이, 주자학에 있어서 心統性情論은 자연과 인간을 관통하는 체계이다.[73)] 心은 仁이라는 性을 惻隱이라는 情으로 발현시키는 주체요, 義라는 性을 羞惡라는 情으로 발현시키는 주체이다. 이것을 달리 표현하면, 心이 사랑할 수 있는 것은 仁의 본성이 있기 때문이며, 미워할 수 있는 것은 義의 본성이 있기 때문이다.[74)] 그런데 사람은 누구나 仁義禮智의 본성을 지니고 있으면서도, 어떤 사람은 그것을 제대로 발휘하고 어떤 사람은 그것을 제대로 발휘하지 못하는데, 이것은 心 즉 氣의 淸濁粹駁 때문이다. 惻隱·羞惡·辭讓·是非의 情이 中節하게 발현된 것은 心이 淸粹하여 性을 제대로 관섭한 결과이며, 情이 不中節하게 발현된 것은 心이 濁駁하여 性을 제대로 관섭하지 못한 결과이다. 위의 인용문으로 볼 때, 청수한 心은 性을 온전히 발현시키며, 탁박한 心은 性을 방해하여 온전히 발현시키지 못한다. 즉 性의 온전한 발현 여부는 心의 청탁수박에 달려 있는 것인데, 주자는 이것을 '心이 性·情을 주재한다' 고 말한 것이다. 주자는 '心이 性·情을 주재한다' 는 것을 다음과 같이 비유하기도 하였다.

---

71) 『朱子大全』 卷55 頁1(2754쪽), 〈答潘謙之〉 : 性只是理 情是流出運用處 心之知覺 卽所以具此理而行此情者也 以智言之 所以知是非之理則智也性也 所以知是非而是非之者情也 具此理而覺其爲是非者 心也

72) 『朱子大全』 卷32 頁10(1379쪽), 〈答張敬夫問目〉 : 夫心 主乎性者也 敬以存之 則性得其養而無所害矣

73) 율곡은 이러한 맥락에서 "天地之化와 吾心之發이 모두 氣發理乘일 뿐" 이라고 보았다 (『栗谷全書』 卷10 頁5, 〈答成浩原〉 참조).

74) '仁의 본성' 은 사랑함이라는 '心의 작용' 의 標準이 되고 가능근거(樞紐)가 된다. 仁의 본성이 없다면 心의 작용이 사랑함으로 표출될 수 없는 것이다. 이것이 주자가 '理가 氣를 주재한다' 고 말한 것의 본지였다.

心은 官人과 같고, 天命은 君의 命令과 같으며, 性은 (명령을 통해 받은) 職事와 같다.[75] ○ 天命은 君의 命令과 같고, 性은 君에게 받은 職分과 같다. 氣는 능히 그 직분을 지키는 것도 있고, 지키지 못하는 것도 있는 것과 같다.[76]

주자는 天命(理)을 '君의 명령'에, 心(氣)을 '官吏'에, 性을 '관리가 부여받은 명령(職分)'에 비유하였다. 君은 아래의 관리에게 명령을 내릴 뿐 그 명령을 직접 집행하지는 않는다. 君의 명령을 집행하는 것은 아래의 官吏들이다. 官吏는 君의 명령을 통해 職分을 부여받고 집행하는 존재이다. 그런데 어떤 관리는 그 직분을 잘 수행하고, 어떤 관리는 그 직분을 잘 수행하지 못하거나 放棄한다. 즉 직분의 성공적 수행 여부는 아래의 관리에게 달린 것이다. 이러한 비유를 통해 心이 性을 '주재한다'는 것은 心이 性을 '맡아서 운용함(실행함)'을 뜻함을 알 수 있겠다. 아울러, 위의 인용문을 통해 心統性情論에서의 心은 氣라는 것도 다시 확인할 수 있겠다.

心이 性을 맡아서 운용한 결과가 情이다. 그런데 情에는 '善·惡' 또는 '中節·不中節'이 있다. 情이 善하게 된 것은 心이 性을 잘 주재한 결과이고, 情이 惡하게 된 것은 心이 性을 잘못 주재한 결과이다. 心이 청수하면 性을 잘 주재하고, 心이 탁박하면 性을 잘못 주재한다. 그런데 주자는 '잘 주재한 것'만을 '주재함'이라 하고, '잘못 주재한 것'은 '주재하지 않음'이라고 말하기도 한다. 다음의 예문을 보자.

사물을 지각하는 것은 心이고, 움직이는 것은 情이다. 情은 性에 근원하면서 心의 주재를 받는다. '心이 주재하면(心爲之宰)' 그 움직임이 中節하게 되니 어찌 人欲이 생기겠는가? 오직 '心이 주재하지 않으면(心不宰)' 情이 스스로 움직여 人欲으로 흘러 늘 바르지 못하게 된다. 따라서 天理·人欲과 中節·不中

75)『朱子語類』卷5(88쪽) : 心大概似箇官人 天命便是君之命 性便如職事一般

76)『朱子語類』卷4(63쪽) : 天命 如君之命令 性 如受職於君 氣 如有能守職者 有不能守職者

節의 나뉨은 다만 心의 주재 여부에 달린 것이요, 情이 그르칠 수 있는 것이 아님이 또한 분명하다. 비록 中節하다 하더라도 이는 또한 情이요, 다만 그 中節의 까닭이 心인 것이다. 이제 어린 아이가 우물에 빠지는 것을 갑자기 봄은 '心의 지각' 이며, 반드시 두려워하며 측은한 마음이 생기는 것은 '情의 움직임' 이다. 그것을 계기로 아이의 부모와 교제를 맺으려 한다든가 명예를 얻으려 한다든가 비난하는 소리를 싫어하는 것 등은 心이 주재하지 않음으로써 情이 그 바름을 잃은 것이다.[77]

주자는 心이 주재하면 情이 中節하여 天理가 되고, 心이 주재하지 않으면 情이 不中節하여 人欲이 된다고 설명하였다. 그런데 주자는 '心은 動·靜을 막론하고 항상 주재하는 것' [78]이라 말하기도 하였다. 따라서 위의 인용문에서의 '心이 주재한다' 는 말은 '心이 잘 주재함' 으로, '心이 주재하지 않는다' 는 말은 '心이 잘못 주재함' 으로 이해해야 할 것이다.[79]

이상의 논의를 요약하면 다음과 같다. 性이 발현된 것이 情이다. 그런데 性은 스스로 발현할 수 없고, 心의 작용을 통해서만 발현된다. 心은 性을 담

77) 『朱子大全』 卷32 頁8(1375-1376쪽), 〈問張敬夫〉 : 感於物者 心也 其動者 情也 情根乎性而宰乎心 心爲之宰 則其動也 無不中節矣 何人欲之有 惟心不宰 而情自動 是以 流於人欲 而每不得其正也 然則天理人欲之判 中節不中節之分 特在乎心之宰與不宰 而非情能病之 亦已明矣 盖雖曰中節 然是亦情也 但其所以中節者 乃心爾 今夫乍見孺子入井 此心之感也 必有怵惕惻隱之心 此情之動也 內交要譽 惡其聲者 心不宰而情之失其正也

78) 『朱子語類』 卷5(94쪽) : 心 主宰之謂也 動靜皆主宰 非是靜時無所用 及至動時方有主宰也

79) 주자는 "心이 性·情을 주재함은 이치가 또한 분명하다. (…) 發하지 않았을 때 知覺이 어둡지 않음은 어찌 '心이 性을 주재한 것' 이 아니겠으며, 發하였을 때 品節이 어긋나지 않음은 어찌 '心이 情을 주재한 것' 이 아니겠는가?" (『朱子大全』 卷42 頁8-9(1954쪽), 〈答胡廣仲〉 : 心主性情 理亦曉然 (…) 未發而知覺不昧者 豈非心之主乎性者乎 已發而品節不差者 豈非心之主乎情者乎)라고도 하였다. 여기서도 '어둡지 않고 어긋나지 않게 잘 주재한 것' 을 '주재' 라 한 것이다. 心이 昏濁해지면 知覺이 어두워지고 品節이 어긋나는 경우도 있을 것인데, 이는 '心이 주재하지 않은 것' 이 아니라 '잘못 주재함' 에 해당될 것이다.

고 있으면서 발현시키는 주체요, 그렇게 하여 발현된 것이 情이다. 이러한 맥락에서, '心統性情'은 '心은 性·情을 포함한다'는 뜻과 '心은 性·情을 주재한다'는 뜻을 동시에 지니는 것으로 설명되었다. '心이 性을 주재한다'고 할 때의 '主宰'란 '맡아서 운용함(관리함)'을 뜻한다.[80] 心이 性을 맡아서 '잘 운용하면' 情이 善하게 되고, '잘못 운용하면' 情이 惡하게 된다. '잘 운용함'과 '잘못 운용함'은 心의 淸濁과 粹駁에 달려있다.[81] 性의 올바른 실현 여부 즉 情의 善·惡은 心의 청탁수박에 달린 것이므로, 탁박한 마음을 청수한 마음으로 바꾸어야 한다는 '變化氣質論'이 대두되는 것이다.

5. 理一分殊

주자의 형이상학, 더 나아가 주자학 전반을 관통하는 또 하나의 핵심 명제는 '理一分殊'이다. 理一分殊라는 명제를 최초로 제기한 사람은 程伊川이었다. 楊時가 張橫渠의 〈西銘〉에 대해 "兼愛에 빠진 것이 아닌가" 하는 의문을 제기하자, 정이천이 "〈西銘〉은 理一分殊를 밝힌 것"이라고 설명했던 것이다. 〈西銘〉의 취지는 楊朱의 爲我說이나 墨翟의 兼愛說을 비판하고 유교의 別愛論을 옹호하는 데 있다는 것이었다.[82] 여기서 알 수 있듯이, 理

---

80) 華西 李恒老나 寒洲 李震相 등이 '心卽理'를 주창한 까닭은 '心이 性·情을 主宰한다'고 할 때의 '主宰'를 '命令'으로 이해했기 때문이다. '心은 性(理)을 命令하는 존재이다. 그런데 心을 氣라고 한다면, 氣가 理를 명령하는 것이 되므로, 용납할 수 없다'는 것이 이들의 문제의식이었다. 『朱子語類』에는 '心統性情의 統'을 '統兵의 統'으로 해석한 例가 보이는데(『朱子語類』 卷98(2513쪽) : 性者 理也 性是體 情是用 性情皆出於心 故心能統之 統 如統兵之統 言有以主之也 (…) 問 心統性情 統如何 曰 統是主宰 如統百萬軍), 화서나 한주는 이에 근거하여 '心統性情의 統'을 '命令'으로 해석한 듯하다. 그러나 이제까지 고찰한 바에 의하면, 주자가 '心이 性·情을 주재한다'고 할 때의 '주재'란 '맡아서 운용함'·'관리함' 등의 뜻이었다.

81) 『朱子大全』 卷56 頁48(2876쪽), 〈答鄭子上〉 : 生而知者 氣極淸而理無蔽也 學知以下 則氣之淸濁有多寡 而理之全闕 繫焉耳

一分殊는 본래 실천론적 맥락에서 제기된 명제였다. 그런데 주자는 周濂溪의 〈太極圖說〉과 〈通書〉를 해설함에 있어서 理一分殊論을 적용시키고, 마침내 理一分殊論을 이 세계의 '근원적 통일성과 현상적 다양성' 또는 만물의 '보편성과 특수성'을 해명하는 형이상학 이론으로 발전시켰다. 뿐만 아니라 『주역』의 艮卦, 『논어』의 正名論(名分論), 『대학』의 止於至善 등을 설명하는 데서도 理一分殊論을 적용함으로써, 理一分殊論은 유교사상 전반을 관통하는 논리로 발전하였다.[83)]

'理一分殊'를 글자 그대로 해석하자면 '理는 (본래는) 하나이지만 (현상적으로는) 나뉘어 다르다'는 말이다. 이 세계의 理는 '근원적 통일성'을 지니며, 근원적으로 하나인 理가 만물의 개별적인 理로 다양하게 分化된다는 것이다. 이일분수론을 형이상학적으로 논의함에 있어서 초점이 되는 것은 다음의 두 문제이다. 첫째는 理에 있어서 근원적 통일성과 현상적 다양성의 구체적 내용이 무엇인지 하는 점이며, 둘째는 근원적으로 하나인 理가 왜 다양하게 분화되는가 하는 점이다. 우선 첫째 문제를 살펴보자. 주자는 〈玉山講義〉에서 다음과 같이 말한다.

> 대개 仁은 '溫和慈愛의 道理'이고, 義는 '斷制裁割의 道理'이며, 禮는 '恭敬撙節의 道理'이고, 智는 '分別是非의 道理'이다. 무릇 이 넷은 사람의 마음속에 갖추어져 있으니, 바로 性의 本體이다. 아직 발하지 않았을 때에는 漠然하여 볼 수 있는 形象이 없다. 그 발하여 작용할 때에는 仁은 惻隱이 되고, 義는 羞惡가 되며, 禮는 恭敬이 되고, 智는 是非가 되어, 일에 따라 발현하는데, 각각 苗脈이 있어서 서로 어지럽게 뒤섞이지 않으니, 이른바 情이다. 그러므로 孟子는 "惻隱之心은 仁의 端이요, 羞惡之心은 義의 端이며, 辭讓之心은 禮의 端이요, 是非之心은 智의 端이다."라고 했던 것이다. '端'이라 한 것은 '속에 물건이 들어 있

82) 『性理大全』 卷4 頁12-13 참조.

83) 이 節에서는 理一分殊論을 형이상학적 측면에서만 다루고, 그 실천적 측면에 대해서는 이 책의 제8장에서 논의하기로 한다.

으나 볼 수 없어서, 반드시 그 端緖가 밖으로 발현되는 것을 바탕으로 한 다음에 찾을 수 있게 됨' 과 같다. 대개 하나의 心 속에는 仁·義·禮·智가 각각 界限이 있으니, 그 性·情의 體·用도 또한 각각 分別이 있는 것이다. 모름지기 분명하게 깨달은 다음에야 이 넷 가운데 나아가 또 仁·義가 大界限임을 알 수 있다. 이것은 天地造化는 네 계절이 流行하나, 사실은 一陰一陽에 불과할 따름인 것과 마찬가지이다. 이에 대해 분명하게 깨달아야만 또 이에 나아가 仁이란 '生의 뜻(生底意思)으로서, 넷 가운데를 관통해서 두루 흐르고 있음' 을 알 수 있다. 仁은 진실로 仁의 本體요, 義는 仁의 斷制이며, 禮는 仁의 節文이요, 智는 仁의 分別이다. 이것은 바로 봄의 生氣가 四時를 貫徹하는 것과 같으니, 봄은 生의 生이요, 여름은 生의 長이며, 가을은 生의 收요, 겨울은 生의 藏이다. 그러므로 程子가 "四德의 元은 五常의 仁과 같다. 偏言하면 一事이나, 專言하면 넷을 포함한다." 고 말한 것은 바로 이를 말한 것이다. 孔子는 다만 仁을 말하였으니, '專言' 으로 말한 것이다. 그러므로 다만 仁을 말했어도 仁義禮智가 모두 그 안에 있는 것이다. 孟子는 義를 겸해서 말했으니, '偏言' 으로 말한 것이다. 그러나 孔子가 언급한 것 외에 하나의 '義' 字를 보탠 것이 아니요, 다만 하나의 理 가운데 分別해서 말한 것이다. 맹자가 또 禮·智를 겸해서 말한 것도 또한 이와 같은 맥락이다.[84)]

---

84) 『朱子大全』 卷74 頁24-25(3896-3897쪽), 〈玉山講義〉: 蓋仁則是箇溫和慈愛底道理 義則是箇斷制裁割底道理 禮則是箇恭敬撙節底道理 智則是箇分別是非底道理 凡此四者 具於人心 乃是性之本體 方其未發 漠然無形象之可見 及其發而爲用 則仁者爲惻隱 義者爲羞惡 禮者爲恭敬 智者爲是非 隨事發見 各有苗脈 不相殽亂 所謂情也 故孟子曰 惻隱之心 仁之端也 羞惡之心 義之端也 辭讓之心 禮之端也 是非之心 智之端也 謂之端者 猶有物在中而不可見 必因其端緖發見於外 然後可得而尋也 蓋一心之中 仁義禮智 各有界限 而其性情體用 又自各有分別 須是見得分明 然後就此四者之中 又自見得仁義兩者是箇大界限 如天地造化 四序流行 而其實不過於一陰一陽而已 於此見得分明 然後就此又自見得仁字是箇生底意思 通貫周流於四者之中 仁固仁之本體也 義則仁之斷制也 禮則仁之節文也 智則仁之分別也 正如春之生氣貫徹四時 春則生之生也 夏則生之長也 秋則生之收也 冬則生之藏也 故程子謂四德之元猶五常之仁 偏言則一事 專言則包四者 正謂此也 孔子只言仁 以其專言者言之也 故但言仁而仁義禮智皆在其中 孟子兼言義 以其偏

理一分殊論을 이해하고자 함에 있어서, 위의 인용문에서 그 단서가 되는 말은 "天地造化는 사계절이 流行하나, 사실은 一陰一陽에 불과할 따름"이라는 내용이다.[85] 자연계에 있어서, '사계절이 유행한다' 는 측면에서는 봄 · 여름 · 가을 · 겨울은 각각 '다른 존재들' 이지만, '사실은 一陰一陽에 불과할 따름' 이라는 점에서는 사계절은 '一連의 과정' 인 것이다. 이 '일련의 과정' 은 '生' 또는 '生生不息' 이라는 하나의 개념으로 압축된다.[86] 봄은 생명을 소생시키고(生), 여름은 생명을 자라게 하며(長), 가을은 생명의 결실을 거두게 하고(收), 겨울은 생명의 근원을 깊이 감추게 한다(藏). 사계절이 펼치는 生 · 長 · 收 · 藏은 각각 '다른 활동들' 이지만, 또한 생명의 한 週期를 완수하고 다시 다음 주기를 예비하는 '일련의 활동들' 이다. 그러므로 "봄의 生氣는 四時를 貫徹하니, 봄은 生의 生이요, 여름은 生의 長이며, 가을은 生의 收요, 겨울은 生의 藏이다"라고 말하는 것이다. 이러한 맥락에서 사계절의 德(性) 즉 元 · 亨 · 利 · 貞은 각각 '다른 德들' 이면서 또한 元이라

言者言之也 然亦不是於孔子所言之外 添入一箇義字 但於一理之中 分別出來耳 其又兼言禮智 亦是如此

85) 주자학에서는 理의 구체적 내용을 보통 元 · 亨 · 利 · 貞이나 仁 · 義 · 禮 · 智로 설명한다. 그런데 天道의 元 · 亨 · 利 · 貞은 본래 '사계절의 流行' 으로부터 유추된 것이다. 人道의 仁 · 義 · 禮 · 智는 근원적으로는 사계절의 流行과 무관한 것이었다. 그러나 훗날 人道를 天道에 상응시킨다는 맥락에서 역시 사계절의 流行과 상응하는 것으로 설명되었다(이러한 설명을 처음 시도한 사람은 역시 漢代의 유학자 董仲舒이다). 다만 仁 · 義 · 禮 · 智를 元 · 亨 · 利 · 貞에 상응시킴에 있어서 순서의 변화가 생겨, 봄의 元에 상응하는 것은 仁, 여름의 亨에 상응하는 것은 禮, 가을의 利에 상응하는 것은 義, 겨울의 貞에 상응하는 것은 智로 규정되었다. 주자는 또 '사계절의 流行' 은 '사실은 一陰一陽에 불과할 따름' 이라 하였다. 주자는 '一陰一陽' 을 '交易과 變易' 이라는 두 맥락에서 설명하였다(『周易傳義大全』 卷1 頁1 : 有交易變易之義 故謂之易). 交易은 '음양의 對待(感應)' 를 뜻하고, 變易은 '음양의 循環' 을 뜻한다(이에 대한 자세한 논의는 拙著, 『歷史哲學과 易學思想』, 성균관대출판부, 1996, 126-145쪽 참조). 따라서 元亨利貞이나 仁義禮智는 '對待와 循環의 원리' 라는 맥락에서도 이해할 수 있는 것이다. '對待와 循環' 은 유교의 '有機體的 世界觀' 을 대변하는 개념이다(이에 대한 자세한 논의는 拙著, 『儒家社會哲學硏究』, 43-51쪽 참조).

86) 『周易』 繫辭下傳 1 : 天地之大德曰生

는 '하나의 德' 으로 통합되는 것이다.[87]

유교에서는 人道를 天道에 상응시킨다. 天道의 元과 마찬가지로 人道의 仁도 '生의 뜻' 이다. 仁이란 결국 '生命의 愛護' 로서, 그것을 완수하기 위해 다시 仁(惻隱)·義(斷制)·禮(節文)·智(分別)의 분석적 논의가 필요한 것이다. 요컨대 元·亨·利·貞이 각각 '다른 德들' 이면서 또한 元이라는 '하나의 德' 으로 통합되는 것처럼, 仁·義·禮·智도 각각 '다른 德들' 이면서 또한 仁이라는 '하나의 德' 으로 통합되는 것이다. 이렇게 이해한다면, 仁 하나만 말했다고 하여 적은 것이 아니고, 仁·義·禮·智를 모두 말했다고 하여 많은 것이 아니다. 공자가 仁만 말한 것은 '仁·義·禮·智를 통합시킨 하나의 덕으로서의 仁' 을 말한 것으로 '專言' 에 해당되고, 맹자가 仁·義·禮·智를 말한 것은 '하나의 덕인 仁을 넷으로 분별해서 말한 것' 으로 '偏言' 에 해당된다.

'專言' 이란 仁을 '義·禮·智를 포괄하는 統體' 로서 말하는 것이며, '偏言' 이란 仁을 '義·禮·智와 대비되는 一物' 로서 말하는 것이다. 여기에서 '義·禮·智를 포괄하는 統體로서의 仁' 또는 '亨·利·貞을 포괄하는 統體로서의 元' 이 바로 '理一' 에 해당되고, '각각 一物로서의 仁·義·禮·智나 元·亨·利·貞' 은 '分殊' 에 해당되는 것이다. 이렇게 본다면 理一과 分殊는 본래 별개의 것이 아니다. 理는 본래 일련의 통체인 동시에 각각의 상황에 따라 다르게 발현되는 것이기 때문이다. 주자의 "종합해서 말하면 만물이 통체로서 하나의 태극이며(萬物統體一太極), 분석해서 말하면 하나의 사물이 각각 하나의 태극을 갖춘 것이다(一物各具一太極)"[88]라는 말은

87) 한편, 李退溪는 '元·亨·利·貞' 을 각각 '始·通·遂·成의 理' 로 해명한 바 있다. 즉 元은 만물을 시작하는 理로서 木의 氣가 이를 이어받아 만물을 낳고, 亨은 만물을 형통하게 하는 理로서 火의 氣가 이를 이어받아 만물을 성장시키며, 利는 만물을 이루는 理로서 金의 氣가 이를 이어받아 만물을 거두어들이고, 貞은 만물을 완성하게 하는 理로서 水의 氣가 이를 이어받아 만물을 갈무리한다는 것이다(『退溪續集』 卷8 頁13-14, 〈天命圖說〉: 元爲始物之理 則木之氣承之以生 亨爲通物之理 則火之氣承之以長 利爲遂物之理 則金之氣承之以收 貞爲成物之理 則水之氣承之以藏).

이러한 맥락을 표현한 것이다. 주자는 〈通書〉의 理性命章[89]을 理一分殊의 관점[90]에서 해석하면서, 다음과 같이 말한다.

> 그 말단으로부터 근본으로 소급하면, 五行의 다름은 二氣의 참됨에 근본하고, 二氣의 참됨은 또 一理의 지극함에 근본한다. 이것이 萬物을 종합해서 말하면 하나의 太極이 되는 것이다. 그 근본으로부터 말단으로 내려가면, 一理의 참됨을 萬物이 나누어 본체로 삼는다. 그러므로 萬物 가운데 각각 하나의 太極이 있는 것이요, 크고 작은 사물들이 각각 일정한 本分을 지니는 것이다.[91]

말단으로부터 근본으로 소급하면 현상계의 다양성은 모두 '하나의 理' 에 근본하는 것이니, 이것을 '萬物統體一太極' 이라 하는 것이요, 그 '하나의 理' 를 '理一' 이라 하는 것이다. 반대로, 근본으로부터 말단으로 내려가면, 현상계의 다양성은 모두 '하나의 理' 를 分有한 것이니, 이것을 '一物各具一太極' 이라 하는 것이요, 그 '分有한 理' 를 '分殊' 라 하는 것이다. 그런데 주자의 이러한 설명에 대해서 다음과 같은 질문이 제기되었다.

> 묻기를, "〈通書〉 理性命章의 注에서는 '그 근본으로부터 말단으로 내려가면, 一理의 참됨을 萬物이 나누어 본체로 삼는다. 그러므로 萬物은 각각 하나의 太極을 지닌다.' 고 하였습니다. 그렇다면 이것은 太極에 分裂이 있다는 말입니

---

88) 『性理大全』 卷1 頁33, 〈太極圖說解〉 : 蓋合而言之 萬物統體一太極也 分而言之 一物各具一太極也

89) 『通書』 理性命第22 : 二氣五行 化生萬物 五殊二實 二本則一 是萬爲一 一實萬分 萬一各正 小大有定

90) 理性命章의 결론은 "一實萬分 萬一各正(하나의 참됨이 萬으로 나뉘니, 萬과 一이 각각 바르다)" 이라는 것인데, 주자는 "이것은 바로 理一分殊를 말한 것" 이라고 설명하였다(『朱子語類』 卷94(2409쪽) : 一實萬分 萬一各正 便是理一分殊處).

91) 『性理大全』 卷3 頁2, 〈通書解〉 : 自其末以緣本 則五行之異 本二氣之實 二氣之實 又本一理之極 是合萬物而言之爲一太極而已也 自其本而之末 則一理之實 而萬物分之以爲體 故萬物之中 各有一太極 而小大之物 莫不各有一定之分也

까?' [92]

질문의 초점은 '理一을 만물이 分有한다고 하면, 理가 실제로 쪼개지는 것인가?' 라는 것이다. 주자는 이에 대해 다음과 같이 답하였다.

> 답하기를, "본래 다만 하나의 太極인데 만물이 각각 稟受한 것이요, 또 각자 하나의 태극을 온전히 갖추고 있는 것이다. 예컨대 하늘에 있는 달은 하나일 뿐이나, 江과 湖水에 散在하게 되면 곳에 따라 드러나는 것과 같다. '달이 이미 나뉘어졌다' 고 말할 수 없는 것이다." [93]

답변의 핵심은 '理一이 쪼개져 分殊가 되는 것이 아니다.' 라는 것이다. 分殊란 '理一을 만물이 각각 품수한 것' 이요, 다른 말로 '理一이 다양한 사물에 따라 다양한 모습으로 발현된 것' 이다. 分殊란 理一이 쪼개진 것이 아니기 때문에, 만물은 각각 하나의 태극을 온전히 갖추고 있는 것이다. '달의 비유' 는 그러한 정황을 곡진하게 설명해준다. 하늘의 달은 하나일 뿐이다. 그 달이 만 군데의 호수에 비친다고 하여, 각 호수의 달빛은 '만분의 1' 씩인 것이 아니요, 다만 '하나의 온전한 달' 이 '만 가지의 양상으로 비칠 뿐' 인 것이다.

이제, '근원적으로 하나인 理가 어찌하여 다양한 양상으로 전개되는가?' 라는 문제를 살펴보자. 위의 인용문에서는 '하나의 달이 곳에 따라 (다양하게) 드러나는 것' 이라 하였는바, 마찬가지로 본래 하나인 理는 다양한 氣를 만나서 分殊로 전개된다는 것이 주자의 생각이다. 이것을 다시 理氣論으로 해명해 보자. 주자에 의하면, 理는 본래 純善하고 統一的이다. 이것을 '理一

---

92) 『朱子語類』 卷94(2409쪽) : 問 理性命章注云 自其本而之末 則一理之實而萬物分之以爲體 故萬物各有一太極 如此則是太極有分裂乎

93) 『朱子語類』 卷94(2409쪽) : 曰 本只是一太極 而萬物各有稟受 又自各全具一太極爾 如月在天 只一而已 及散在江湖 則隨處而見 不可謂月已分也

(理一之理)' 이라 한다. 그러나 현실의 세계에서 氣 속에 존재하게 됨으로써 理는 善·惡이 뒤섞인 다양한 모습을 연출하게 된다. 이것을 '分殊(分殊之理)' 라 한다. 주자는 다음과 같이 말한다.

> 만약 本原을 논한다면, 理가 있은 다음에 氣가 있다. 그러므로 理는 偏·全으로 논할 수 없다. 그러나 만약 稟賦를 논한다면, 氣가 있은 다음에 理가 그에 따라 갖추어지게 된다. 그러므로 이 氣가 있으면 이 理가 있고, 이 氣가 없으면 이 理가 없으며, 이 氣가 많으면 이 理도 많고, 이 氣가 적으면 이 理도 적으니, 어찌 偏·全으로 논할 수 없겠는가?[94]

위에서 말하는 '本原' 이란 '理가 氣 속에 墮在하기 이전' 을 뜻하고, '稟賦' 란 '理가 氣 속에 墮在한 이후' 를 뜻한다. 주자는 본원의 차원 즉 氣의 영향을 받기 이전의 상태에서는 理에 偏·全이 없다고 규정하였다. 理의 偏·全은 氣에 타재한 이후 즉 품부의 차원에서나 논할 수 있다는 말이다. 품부의 차원에서 말하자면, 氣는 理의 의착처이므로, 理는 자신이 의착하고 있는 氣의 영향을 받아 偏·全과 多·少라는 分殊를 연출하게 된다. "이 氣가 많으면 이 理도 많고, 이 氣가 적으면 이 理도 적다" 는 말이 그것이다.

그러면 "이 氣가 많으면 이 理도 많고, 이 氣가 적으면 이 理도 적다" 는 말은 무슨 뜻인가? 주자는 理를 구체적으로는 五常으로 분석하고, 氣를 구체적으로는 五行으로 분석하였다. 주자는 다음과 같이 말한다.

> 五行이 생겨남에, 그 氣質에 따라 稟受한 바(理, 性)가 다르니, 이른바 '各一其性' 이다.[95]

---

94) 『朱子大全』 卷59 頁54(3078쪽), 〈答趙致道〉: 若論本原 則有理然後有氣 故理不可以偏全論 若論稟賦 則有是氣而後 理隨以具 故有是氣則有是理 無是氣則無是理 是氣多卽是理多 是氣少卽是理少 又豈不可以偏全論耶

95) 『性理大全』 卷1 頁31, 〈太極圖〉: 五行之生 隨其氣質 所稟不同 所謂各一其性也

만물은 모두 五行의 기운을 타고났는데, 다만 사물에 따라 그 五行의 배합비율이 다르다는 것, 그리고 타고난 각각의 五行에는 질적인 차이가 있다는 것이 주자학의 기본 전제이다.[96] 따라서 만물은 모두 五行의 기운을 타고났으면서도, 만물의 氣質은 偏全通塞과 淸濁粹駁의 차이가 있다는 것이다. 주자는 이러한 기질의 차이에 의하여 그에 부여된 理(性)도 차이를 나타내게 된다고 설명하고, 그것을 '各一其性' 이라 하였다. '各一其性' 이란 만물이 각각 다른 하나씩의 본성을 지녔다는 것으로, 그 까닭은 역시 氣의 偏全通塞과 淸濁粹駁에 있는 것이다. 편전통색으로 말하자면, 오행 가운데 木氣를 많이 지닌 사물은 仁의 본성이 강하고, 金氣를 많이 지닌 사물은 義의 본성이 강하며, 火氣를 많이 지닌 사물은 禮의 본성이 강하고, 水氣를 많이 지닌 사물은 智의 본성이 강하며, 土氣를 많이 지닌 사물은 信의 본성이 강한 것이다. 청탁수박으로 말하자면, 타고난 木氣가 청수하면 仁의 본성이 올바로 실현되고, 타고난 金氣가 탁박하면 義의 본성이 제약을 받는다는 식이다. 주자는 이러한 방식으로 만물의 分殊와 善惡을 설명하였다. 주자는 다음과 같이 말한다.

> 理는 진실로 不善이 없다. 다만 氣質에 부여되면 문득 淸濁 偏正 剛柔 緩急의 不同이 생기게 된다. 氣는 강하고 理는 약하다. 그러므로 理는 氣를 管攝할 수 없다.[97]

"理는 진실로 不善함이 없다."는 것은 本原의 차원에서 설명하는 말이다. 本原의 차원에서 본다면, 理 자체는 純善하고 同一한 것이다. 따라서 '本然之性은 만물이 모두 같고 純善하다' 고 보는 것이다. "氣質에 부여되면" 은

---

96) 주자학에서의 이른바 '偏全通塞' 은 '배합비율의 차이' 를 설명하는 것이고, '淸濁粹駁' 은 '질적인 차이' 를 설명하는 것이다.

97) 『朱子語類』 卷4(71쪽) : 理固無不善 纔賦於氣質 便有淸濁偏正剛柔緩急之不同 蓋氣强而理弱 理管攝他不得

稟賦의 차원을 논하는 것으로, 理는 자신이 의착하고 있는 氣質의 偏·正이나 淸·濁에 따라 分殊와 善·惡을 연출한다는 것이요,[98] 이러한 맥락에서 '氣質之性은 사물마다 다르며, 善·惡이 섞여있다' 고 하는 것이다. 위의 인용문에서 특히 주목할 것은 "氣는 강하고 理는 약하다. 그러므로 理는 氣를 管攝할 수 없다."는 말이다. 理는 순선하나 형이상자로서 현실적인 作爲力이 없기 때문에, 현실의 세계를 주도하는 것은 理가 아닌 氣라는 것이다.

요컨대, 형이상학 이론으로서의 理一分殊論은 이 세계의 '普遍性과 特殊性', '善과 惡' 의 문제를 해명하는 논리이다. 理는 본래 보편적이고 순선한 존재이다. 이것을 '理一' 이라 한다. 그러나 자신이 의착하고 있는 氣의 영향으로 理는 다양하고 善·惡이 섞인 모습으로 드러난다. 이것을 '分殊' 라 한다. 여기서 유의해야 할 것은 다음의 두 가지이다. 첫째, '分殊의 理' 는 다양하고 선·악이 섞여 있지만, 그렇다고 理가 실제로 그렇게 변한 것은 아니라는 점이다. 보편적이고 순선한 '理의 본 모습' 은 변함이 없는 것이다. 이것이 앞에서 살펴본 '理氣不相雜' 의 취지였다. 둘째, 현실의 세계를 주도하는 것은 氣라는 점이다. 현실의 세계에서 "氣는 강하고 理는 약하다. 그러므로 理는 氣를 管攝할 수 없다."는 것이다. 인간의 현실이 아무리 타락했다 하더라도 理(이 세계의 理法과 그것이 내재화한 인간의 本性)는 변함없이 순선하다는 것은 첫째의 맥락에서 설명되는 것이며, 理는 순선함에도 불구하고 인간의 현실에는 때때로 惡이 넘친다는 것은 둘째의 맥락에서 설명되는 것이다.

98) 주자에게 있어서 惡은 善과 구별되는 고유한 존재근거를 지닌 것이 아니다. 惡은 다만 탁박한 氣가 '善한 理를 잘못 발현시킨 것' 일 따름이다. 이에 대한 자세한 논의는 이 책의 補論 제2장 「丁茶山의 倫理思想에 대한 朱子學的 反論」 참조.

6. 理와 氣의 相互主宰

이제까지 살펴본 주자의 형이상학은 근본적으로 '理와 氣의 상호주재' 라는 관념에 기초하는 것이었다. '理와 氣의 상호주재' 란 '理는 氣를 주재하고, 氣는 理를 주재한다' 는 것을 말한다. 예나 이제나 흔히 주자학을 主理論으로 규정한다. 그러나 주자는 理 · 氣 가운데 어느 한편으로 기울지 않았고, 오히려 '理의 주재' 와 '氣의 주재' 를 동시에 인정하고 있었다. 『朱子語類』의 다음과 같은 문답을 보자.

> 묻기를, "'天地之心' 이나 '天地之理' 라는 말에서, 理는 道理이고, 心은 主宰의 뜻입니까?" 주자가 답하기를, "心은 진실로 主宰의 뜻이다. 그러나 이른바 '主宰者' 란 곧 理이다."[99)]

위의 인용문에서는 '心은 진실로 주재의 뜻' 이라고 하면서, 그러나 '주재자란 곧 理' 라고 하였다. 주자에게 있어서 心은 氣(氣의 精爽)였다. 따라서 위의 인용문으로 볼 때, 주자는 분명 '理의 주재' 와 '氣의 주재' 를 동시에 인정하고 있었다. 주자는 다만 각각의 경우 '주재의 의미' 를 달리 규정하고 있었던 것이다.[100)] 이제 마지막으로 이 문제를 살펴보자.

주자학에 있어서 '理의 주재' 라는 관념은 연원적으로는 古經의 "上帝(또는 天)가 이 세상을 주재한다." 는 관념으로부터 비롯된 것이다. '이 세계에는 하느님이 존재하고, 세상만사를 주재한다.' 는 관념은 古代社會의 일반적 통념이었다. 그런데 중국의 경우 春秋時代부터 上帝의 관념이 차츰 부정

99) 『朱子語類』 卷1(4쪽) : 問 天地之心 天地之理 理是道理 心是主宰底意否 曰 心固是主宰底意 然所謂主宰者 卽是理也

100) 韓末의 유학자 艮齋 田愚는 여기에서 '理의 주재' 란 '極本의 주재' 요, '心의 주재' 란 '運用의 주재' 를 뜻한다고 해석하였다. '極本의 주재' 란 '理가 氣의 운동의 標準이 됨' 을 뜻하고, '運用의 주재' 란 '心이 理를 運用하는 주체임' 을 뜻한다(『艮齋集』 前編 卷13 頁83-84 ; 『艮齋集』 後編 卷12 頁75 참조).

되기 시작했다.[101] 古經에서는 上帝가 이 세계의 福善禍淫(착한 사람에게는 福을 주고, 악한 사람에게는 재앙을 내림)을 주재한다고 했는데, 현실의 세계에서는 福善禍淫이 실현되지 않는 경우가 많았기 때문에, 上帝의 존재가 의심받게 되었던 것이다. 마침내 주자는 古經에 보이는 上帝를 '理'로 대체하여 해석했다. 주자는 다음과 같이 말한다.

> 하늘에는 인격적 주재자가 있어서 罪惡을 비판한다고 말한다면 진실로 옳지 않다. 그러나 전혀 주재하는 것이 없다고 말하는 것도 또한 옳지 않다.[102] ○ (古經의) 上帝란 理가 주재하는 것을 뜻한다.[103]

위의 두 인용문을 종합하자면, 이 세계에 인격적 주재자가 존재하는 것은 아니지만, 그렇다고 이 세계에 전혀 주재자가 없는 것도 아니라는 것이다. 즉 주자는 이 세계에 '인격적 주재자'가 존재한다는 관념을 부정하고, '非人格的인 理'를 이 세계의 주재자로 규정한 것이다. 따라서 주자에 의하면, 이 세계에는 上帝가 존재하는 것이 아니요, 다만 理가 존재하는 것이다. 세상사가 이러저러하게 전개되는 것은, 上帝가 이러저러하게 주재해서 그런 것이 아니라, 理가 그렇게 주재해서 그런 것이다. 주자의 理氣論은 이러한 전제에서 출발하는 것이었다.

다시 말하거니와, 주자가 理氣論을 정립함에 있어서 그 단초를 제공한 것은 周濂溪의 〈太極圖說〉이었다. 〈태극도설〉은 '無極而太極'이라는 말로 시작된다.[104] 주자는 '無極而太極'을 설명하면서 다음과 같이 말한다.

---

101) 王治心, 『中國宗教思想史大綱』, 臺灣 中華書局, 民國49년, 46쪽 참조. '福善禍淫'에 대한 자세한 논의는 이 책의 제10장 참조.

102) 『朱子語類』 卷1(5쪽) : 今說天有箇人在那裏批判罪惡 固不可 說道全無主之者 又不可

103) 『朱子語類』 卷1(5쪽) : 帝是理爲主

104) 周濂溪의 〈태극도설〉은 다양한 해석의 소지를 지니고 있어서 역사적으로 많은 논란을 야기하였다. '無極而太極'이라는 말 자체부터가 매우 논쟁적인 것으로서, 그 해석을 두고 주자는 陸象山과 심각하게 논변한 바 있다(이 논변에 대해서는 이 책의 제11

'上天의 일(上天之載)' 은 소리도 없고 냄새도 없으나, 실로 '造化의 樞紐' 이며 '品彙의 根柢' 인 것이다. 그러므로 '無極이면서 太極(無極而太極)' 이라 하니, 太極의 바깥에 다시 無極이 있는 것이 아니다.[105)]

먼저 주자학의 일반론에 입각해 위의 인용문의 대강을 설명하자면 다음과 같다. '無極' 이란 理가 소리도 없고 냄새도 없는 形而上者임을 나타낸 것이요, '太極' 이란 理가 '造化의 樞紐' 요 '品彙의 根柢' 임을 나타낸 것으로서, '無極이 바로 太極' 이다. 요컨대 理는 소리도 없고 냄새도 없지만 '造化의 樞紐' 요 '品彙의 根柢' 인 것이다.

그런데, 위의 인용문에서 주목해야 할 또 하나는 '上天의 일(上天之載)' 이라는 말이다. '上天의 일' 이란 '理' 를 은유적으로 표현한 말로서, 한편으로는 고대의 '上帝' 개념을 연상하게 한다. '造化의 樞紐' 요 '品彙의 根柢' 라는 말도 일견 上帝와 잘 어울리는 것 같다. 上帝는 造物主로서 만물을 지어내고 민사를 주재한다고 이해되어 왔기 때문이다. 그러니 이처럼 上帝를 연상하게 하면서도 사실은 上帝를 대신해 理를 부각시키는 것, 이것이 위의 인용문에 함축된 주자의 진정한 의도였던 것이다. 이러한 맥락에서, '上天之載는 造化의 樞紐요, 品彙의 根柢이다' 라는 설명은 바로 上帝 대신 理를 이 세계의 主宰者로 등장시키는 명제이기도 하였다.[106)]

上帝 대신 理가 이 세계의 주재자로 등장하면서, 그와 연관하여 '주재' 의 의미도 바뀌게 되었다. 고대의 上帝는 만물을 만들어내고, 만사를 명령하

장 1절에서 살펴보기로 한다). 주자에 의하면, '太極' 이라고만 말하면 理가 하나의 '경험적인 물건' 처럼 오인될 우려가 있고, '無極' 이라고만 말하면 理가 아무런 역할도 못하는 '죽은 물건' 으로 오인될 우려가 있으므로, 주렴계는 '無極而太極' 이라 하여 '理는 소리도 없고 냄새도 없지만 萬事의 樞紐根柢가 됨' 을 밝혔다는 것이다(『朱子大全』 卷36 頁11-12(1575-1576쪽), 〈答陸子靜〉 참조).

105) 『性理大全』 卷1 頁13, 〈太極圖說解〉 : 上天之載 無聲無臭 而實造化之樞紐 品彙之根柢也 故曰無極而太極 非太極之外 復有無極也

106) 이에 대한 자세한 논의는 拙著, 『畿湖性理學論考』, 134-136쪽 참조.

며, 福善禍淫을 주관하는 '인격적 주재자' 였다. 그러나 주자의 理는 形而上者로서, 만물이 그 바름을 본받고 본뜨는 '本(표준)' 에 불과한 것이었다. '樞紐根柢' 라는 말도 결국 理가 氣의 운동변화의 '표준이 됨' 을 뜻하는 것이었다. 주자는 氣의 운동이 순환성과 법칙성을 지니는 것은 다만 '본래 그러한 理' 를 본받은 것이기 때문이라고 설명했다. 이러한 맥락에서, 주자에게 있어서 '理의 주재' 란 '理가 氣의 운동변화의 標準이 됨' 을 뜻하는 것이었다. 주자가 말하는 '理의 주재' 란 결코 '理가 萬物(또는 氣)을 指揮하거나 命令한다' 는 뜻이 아니다.

주자에게 있어서 理는 氣의 주재자로서, 氣의 운동의 標準이 된다. 그런데 주자는 또한 心統性情을 주장하면서, '統' 을 '포함' 과 '주재' 의 뜻으로 설명했다. 따라서 주자학에서 '心統性' 이란 '氣(心)가 理(性)를 주재한다' 는 뜻이 되기도 하는 것이다. 만약 '氣는 理를 주재한다' 고 말할 때의 '주재' 를 '理는 氣를 주재한다' 고 말할 때처럼 '標準이 됨' 으로 해석한다면, 주자에게 있어서는 '理는 氣의 표준이 되고, 氣는 理의 표준이 되는 것' 이다. 그러나 이런 말은 도대체 이해할 수 없는 것이다. 따라서 우리는 '氣는 理를 주재한다' 고 할 때의 '주재' 의 의미를 별도로 살펴보아야 한다.

주자에 의하면, 원리적으로 理는 形而上者요 氣는 形而下者로서 그 성질이 다르지만(理氣不相雜), 사실적으로는 理는 氣와 분리될 수 없는 것이다(理氣不相離). 즉 현실의 세계에서는 理는 항상 氣 속에 존재하는 것으로서, 氣는 理의 依着處라는 것이다. 주자에게 있어서, 현실적으로 '理는 氣 속에 존재한다' 는 것은 다음과 같은 두 가지를 함축한다. 첫째, 理는 본래 純善하고 統一的이나, 氣의 영향을 받음으로써 다양한 모습의 分殊之理가 된다. 주자의 理一分殊論은 이것을 설명한 것이었다. 둘째, 理의 온전한 발현 여부는 氣의 淸濁粹駁에 의해 결정된다. 주자의 心統性情論은 이것을 설명한 것이었다. 주자에게 있어서 '氣가 理를 주재한다' 는 것은 이 두 맥락에서 '氣의 현실적 주도권' 을 설명한 것이었다. 주자는 다음과 같이 말한다.

> 理가 氣에 부착된 다음에는, 日用間의 運用은 모두 氣로부터 말미암으니, 理는 약하고 氣는 강하다.[107)]

理는 純善하나 형이상자로서 作爲力이 없다는 것, 따라서 현실을 주도하는 것은 청탁수박이 혼재하는 氣라는 것이 주자의 지론이었다. 주자는 '氣의 현실적 주도권' 을 인정하면서, 그 형세를 '理는 弱하고 氣는 强하다(理弱氣强)' 라는 말로 설명하였다.[108)] 이러한 인식에 따른다면, '순선한 理' 자체만으로는 空虛한 것이며, '능동적 氣' 자체만으로는 위험한 것이다. 이러한 맥락에서 '理의 순선' 과 '氣의 작위력' 을 매개시키려는 것이 주자 형이상학의 기본 구도였다. 이 문제를 理氣論을 통해서 다시 정리해 보자.

주자에 의하면, 이 세계는 理만으로 구성된 것이 아니라 理와 氣의 결합으로 구성된 것이며, 理와 氣는 각각 고유한 역할이 있는 것이다. 理는 사물의 本性이 되고, 氣는 사물의 形體가 된다. 본성은 그 사물에 표준을 제시하는 것이며, 형체는 그 표준의 의착처(安頓處, 掛搭處)가 되는 것이다. 또한 理는 순선하나 형이상자로서 작위력이 없다. 반면에 氣는 청탁수박이 혼재하나, 형이하자로서 작위력이 있다. 따라서 순선한 理는 청탁수박이 혼재하는 氣의 운동을 통해 발현될 수밖에 없다. 청수한 氣는 순선한 理를 제대로 발현시키고(현실의 善), 탁박한 氣는 순선한 理를 제대로 발현시키지 못한다(현실의 惡). 즉 理는 氣의 운동의 標準이 되나, 氣는 標準을 본받아 제대로 실현하기도 하고 제대로 실현하지 못하기도 한다. '理는 氣의 운동의 표준이 됨' 은 '理가 氣를 주재함' 이고, '표준의 올바른 실현 여부는 氣의 청탁수박에 달림' 은 '氣가 理를 주재함' 이다. 주자는 다음과 같이 말한다.

---

107) 『朱子語類』 卷4(71쪽) : 如這理寓於氣了 日用間運用都由這箇氣 只是理弱氣强

108) 조선 후기의 유학자 立齋 鄭宗魯는 '理의 주재' 를 '理가 氣를 부림(使之)' 으로 해석하고, 따라서 진실로 강한 것은 氣가 아니라 理라고 보았다. 그는 이러한 맥락에서 '理强氣弱說' 을 표방한 바 있다(『立齋集』 卷24 頁20, 〈理强氣弱說〉 참조). 그러나 '理의 주재' 를 '理가 氣를 부림(使之)' 으로 해석하는 것은 주자의 本旨와는 어긋나는 것이다.

性은 氣質이 아니면 의지할 곳이 없고, 氣는 天性이 아니면 이룰 바가 없다.[109] ○ 사람이 태어남은 理와 氣가 합쳐진 것일 뿐이다. 天理는 진실로 광대하여 끝이 없다. 그러나 氣가 아니면 비록 理가 있다 하더라도 머무를 곳이 없다. 그러므로 반드시 陰陽이 交感하여 엉기고 모아진 다음에야 理가 부착될 곳이 있는 것이다. 무릇 사람이 능히 言語·動作·思慮·營爲를 할 수 있는 것은 모두 氣인데, 또한 理가 있는 것이다. 그러므로 발하여 孝弟忠信과 仁義禮智가 되는 것은 모두 理이다.[110]

주자에게 있어서 太極은 '氣의 운동의 표준(本然之妙)' 이며, 氣는 '太極을 태우는 기틀(所乘之機)' 이었다. 위의 인용문은 '本然之妙' 와 '所乘之機' 의 관계를 보다 구체적으로 설명한 것이다. "氣는 天性이 아니면 이룰 바가 없다" 는 말은, '理' 는 氣의 운동을 통해 '실현되는 내용(所成)' 이고, '氣' 는 理라는 표준을 '실현하는 주체(能成)' 라는 것이다.[111] 理가 없다면 氣의 운동은 맹목적인 것이 되고, 氣가 없다면 理는 현실적으로 의착할 곳도 없고 실현될 수도 없다. 다시 말해, 言語動作과 思慮營爲라는 氣의 운동을 통하여 孝悌忠信과 仁義禮智라는 理가 실현된다는 것이다. 위의 인용문은 결국 理와 氣를 '所發과 能發' 의 관계로 설명한 것이다. '所發' 이란 '발현되는 내용' 이라는 뜻이며, '能發' 이란 '발하는 주체' 라는 뜻이다. 氣는 能發者로서 발하는 운동의 주체인데, 氣의 운동을 통하여 발현되는 내용은

---

109) 『朱子語類』 卷4(67쪽) : 性非氣質 則無所寄 氣非天性 則無所成

110) 『朱子語類』 卷4(65쪽) : 人之所以生 理與氣合而已 天理固浩浩不窮 然非是氣 則雖有是理而無所湊泊 故必二氣交感 凝結生聚 然後是理有所附著 凡人之能言語動作 思慮營爲 皆氣也 而理存焉 故發而爲孝弟忠信仁義禮智 皆理也

111) 즉 理는 氣의 운동이 본받아야 하는 '標準' 인 동시에 氣의 운동을 통해 '실현되는 대상' 인 것이다. 마찬가지로, '氣의 운동' 은 한편으로는 '理를 따르는 것' 인 동시에 한편으로는 '理를 실현하는 것' 이다. 주자의 理氣相互主宰論에 대한 보다 자세한 논의는 拙著, 『畿湖性理學論考』 제4장 「朱子에 있어서 理와 氣의 相互主宰와 그 의의」 참조.

표준인 理라는 것이다. 다만 氣의 청탁수박에 따라 표준인 理는 제대로 실현되기도 하고, 제대로 실현되지 못하기도 한다. 이것이 論者가 말하는 '理와 氣의 상호주재' 로서, 주자 형이상학의 결론인 것이다.[112] 이제 주자의 다음과 같은 말을 살펴보자.

> 情이 아직 발하지 않은 것은 性이니, 이것이 이른바 '中' 으로서 '天下의 大本' 이다. 性이 이미 발한 것은 情이니, 그것이 모두 節度에 맞은 것이 이른바 '和' 로서 '天下의 達道' 이다. 이것(中과 和)은 모두 '天理의 自然' 이다. 性·情의 德을 妙用하는 것은 心이니, 中和를 이루어 大本을 세우고 達道를 행하는 것이다. 이것은 '天理의 主宰' 이다.[113]

위의 인용문은 『중용』의 中和論을 '心統性情' 과 '理의 주재' 라는 관점에서 설명한 것이다. 『중용』에서는 "喜怒哀樂이 아직 발하지 않은 것을 '中' 이라 하고, 발하여 모두 節度에 맞은 것을 '和' 라 한다. 中은 '천하의 大本' 이요 和는 '천하의 達道' 이다. 中和를 이루면 天地가 자리를 잡고 萬物이 자라난다."[114]고 하였다. 이러한 맥락에서 주자는 '性과 情' 을 '未發과 已發' 의 관계로 설명하고, 性의 德은 '中' 으로서 이것이 '천하의 大本' 이며, 情의 德은 '和' 로서 이것이 '천하의 達道' 라고 풀이하였다. 위의 인용문에서 우선 주목할 것은 '性·情의 德을 妙用하는 것은 心' 이라는 말이다.

---

112) 주자학에서는 또 다른 맥락에서도 '主宰' 를 언급하는데, '道心이 人心을 주재한다' 고 하는 경우가 그것이다. 주자는 〈中庸章句序〉에서 "반드시 道心으로 하여금 항상 一身의 주재자가 되어, 人心이 매양 그 命令을 따르게 하라(必使道心 常爲一身之主而人心每聽命焉)" 고 하였다. 따라서 '道心의 人心에 대한 주재' 는 '道心이 人心을 命令함' 이라 해석할 수 있다.

113) 『朱子大全』 卷67 頁21(3536-3537쪽), 〈太極說〉: 情之未發者 性也 是乃所謂中也 天下之大本也 性之已發者 情也 其皆中節則所謂和也 天下之達道也 皆天理之自然也 妙性情之德者 心也 所以致中和立大本而行達道者也 天理之主宰也

114) 『中庸章句』 1 : 喜怒哀樂之未發 謂之中 發而皆中節 謂之和 中也者 天下之大本也 和也者 天下之達道也 致中和 天地位焉 萬物育焉

'性·情의 德을 妙用한다'는 것은 앞에서 살펴본 '心統性情'과 같은 말이다. 주자는 '心統性情'에서의 '統'은 '主宰'와 '管攝'의 뜻이라 하였는바, 위의 인용문에서는 그것을 또한 '妙(妙用)'으로 풀이한 것이다. 心은 '性·情의 德을 妙用함'으로써 '中和를 이루어 大本을 세우고 達道를 행한다'는 것이다. 주자학에서 心은 '氣의 精爽'이고, '心의 妙用'은 '心의 主宰·管攝'과 같은 뜻이니, '心이 性·情의 德을 妙用한다'는 말은 '氣의 주재(氣가 理를 맡아서 운용함)'를 뜻하는 것이다. 위의 인용문에서 또 주목할 것은 '天理의 主宰'라는 말이다. 주자는 '中과 和를 이루어 大本을 세우고 達道를 행하는 것'을 '心統性情'으로 풀이함과 동시에 '天理의 主宰'라 하였다. 앞에서 고찰한 바와 같이, 주자에게 있어서 '理의 主宰'란 '理가 氣의 운동의 標準이 됨'을 뜻하는 것이었다. 따라서 '中과 和를 이루어 大本을 세우고 達道를 행하는 것'이란 心이 '天理의 自然'인 '中과 和'를 표준으로 삼아 '性情을 妙用함'으로써 '中과 和를 실현한다'는 말이다. 즉 '致中和'는 그 '묘용의 주체는 心'이라는 점에서는 '氣의 주재'에 해당되고, '天理의 自然이 그 標準이 되었다'는 점에서는 '理의 주재'에 해당되는 것이다.[115] 이처럼 '理의 주재'와 '氣의 주재'를 모두 인정하고 양자를 合一시키려고 했던 것이 주자의 본지였던 것이다. 이제 주자의 理氣相互主宰論이 함축하는 의미를 간략히 정리해 보기로 하자.

첫째, 주자는 理나 氣의 어느 일변에 치우치지 않는 균형잡힌 사유를 보여주었다. 주자는 理는 순선하고 氣는 선악이 섞여 있으나, 氣를 매개로 하지 않고는 理가 실현될 수 없다고 보았다. 따라서 단순히 氣를 부정해야 할 것이 아니요, 그 양면적 특성을 잘 밝혀야 한다. 理를 올바로 실현하기 위해서는 탁박한 氣를 청수한 氣로 변화시켜야 한다. 공자의 '마음이 원하는 대로 따라도 법도를 넘지 않음(從心所欲不踰矩)'은 '청수한 氣가 理를 왜곡

115) 주자의 학문적 목표는 '心과 理의 合一'에 있었던바, '致中和'는 '心(氣)의 주재'와 '理의 주재'가 合一된 상태인 것이다. '心과 理의 合一'에 대해서는 이 책의 제4장 3절 참조.

없이 실현한 상태' 로서, 이것이 주자의 학문적 목표였다(心與理合一之學).

둘째, 주자는 '理想과 現實' 에 대한 가장 정합적인 이론체계를 구축하였다. 주자의 理氣相互主宰論은 性(理)이 標準이라는 '理想性' 과 현실의 善·惡은 心(氣)의 주체적 역량에 달려있다는 '現實性' 을 동시에 담보하고 있다. 따라서 영원한 理想이나 標準은 理에 있는 것이지만, 그것을 현실에서 구체화하는 역량과 책임은 우리들 스스로의 노력과 의지에 달려있는 것이다. 주자는 공자의 '사람이 道를 넓히는 것이요, 道가 사람을 넓히는 것이 아니다(人能弘道 非道弘人)' 라는 말을 이러한 맥락에서 이해하였다.

셋째, 주자는 현실을 주도하는 것은 마음(氣)임을 인정하면서도, 인간은 '자신의 마음' 에 입각해 살 것이 아니라, '天理' 에 입각해 살아야 한다는 것을 분명히 하였다. 주자가 '心卽理' 를 극력 비판한 중요한 이유 가운데 하나는, 心卽理는 '心의 自用' 을 조장하고, '心의 自用' 은 '猖狂自恣' 로 흐를 가능성이 크다는 데 있었다. 心卽理가 자칫하면 猖狂自恣로 흐르게 된다는 것은 陽明學 左派의 경우를 통해 역사적으로 확인된 바 있다.

넷째, 주자의 理氣相互主宰論은 우리의 '이상적 목표' 와 '현실적 조건' 을 동시에 통찰하라는 가르침이기도 하다. 이기상호주재론에 의하면, '이상적 목표' 만을 강조하는 것은 空虛에 빠지고, '현실적 조건만' 을 강조한다면 俗物主義에 빠진다. 이기상호주재론은 '이상적인 목표도 현실적인 조건의 제약을 받는다' 는 것이며, '현실적 조건은 이상적 목표를 지향하는 방향으로 개선되어야 한다' 는 것이다. 따라서 이상적 목표에 대한 탐구와 현실적 조건의 개선은 항상 병행되어야 할 과제인 것이다.

理氣相互主宰論이 함축하는 의미는 이상과 같이 정리될 수 있는바, 이는 바로 老·佛과 管商功利主義의 폐단에 대한 주자의 대응논리였던 것이다. 요컨대 이기상호주재론은 당시의 이단적 사상경향들과 대결하면서 모색된 '주자 形而上學의 기본 노선' 이었던 것이다.

제4장
朱子의 工夫論

1. 理氣相互主宰論과 工夫論의 기본방향

주자 形而上學의 결론은 '理氣相互主宰論' 이었던바, 이 세계의 이념적 주재성은 理에 있어도 현실적 주도권은 氣에 있다는 것이었다. 주자의 이러한 입장은 곧 工夫論의 기본방향을 제시하는 것이기도 하다. 즉 理는 氣를 주재하고 氣는 理를 주재한다면, 그리하여 理와 氣 가운데 어느 하나도 무시할 수 없다면, 우리의 공부는 당연히 '理에 대한 공부' 와 '氣에 대한 공부' 를 병행해야 할 것이다.

'工夫' 란 일반적으로 '이상적인 삶의 모습을 탐구하고, 그에 도달할 수 있도록 自身을 도야함' 을 뜻할 것이다. 이러한 관점에서 理氣相互主宰論의 함의를 다시 정리해 보면, 그것은 다음과 같이 요약된다. 첫째, 우리 인간의 삶(행위)은 객관적 理法(本・표준)을 벗어나서는 안 된다. 둘째, 그런데 객관적 理法은 心에 의해 인식되고 실현된다. 셋째, 그런데 心에는 또한 '기품의 구애' (氣稟之拘)와 그로 인한 '물욕의 가림' (物欲之蔽)이 있기 때문에, 理의 인식과 실천에 장애가 발생한다. 넷째, 따라서 우리는 '객관적 理法' 을 탐구하는 공부와 '氣稟의 구애 및 物欲의 가림' 을 극복하는 공부를 병행해야 한다.

위의 첫째 명제는 '理의 주재' 에 해당되는 내용이다. 형이상학에 있어서

'理는 氣의 운동의 표준(本)' 이라는 주장은 우리의 삶에 있어서는 '理는 인간이 따라야만 하는 當爲規範' 이라는 주장이 된다. 둘째 명제는 '氣의 주재' 에 해당되는 내용이다. 형이상학에 있어서 '氣는 理를 실현하는 주체' 라는 주장은 우리의 삶에 있어서는 '인간은 理를 실현하는 主體' 라는 주장이 된다. 그런데 인간의 실천적 주체성은 무엇보다도 '心의 知覺能力' 을 통해 발휘되는 것이다. 理(객관적 理法)를 지각(탐구)할 수 있는 능력을 지닌 것도 心이요, 그렇게 탐구된 理에 맞게 몸을 주재할 수 있는 것도 心이다. 셋째 명제는 우리의 삶에 있어서 氣의 주재가 '제대로 이루어지지 못하는 까닭' 을 설명한 것이다. 우리의 삶에 있어서 '氣의 주재' 란 결국 '心에 의한 理의 인식과 실천' 을 의미하는데, 그것을 방해하는 요소는 '氣稟의 구애' 와 '物欲의 가림' 이라는 것이다.[1] 넷째 명제는 우리가 병행해야 할 공부의 두 방향을 제시한 것이다. '객관적 理法을 탐구하는 공부' 를 주자는 '窮理' 라 하는바, 『대학』의 '格物致知' 나 『중용』의 '道問學' 이 여기에 해당된다. '氣稟의 구애와 物欲의 가림을 극복하는 공부' 를 주자는 '居敬(存心)' 이라 하는바, 『대학』의 '誠意正心' 이나 『중용』의 '尊德性' 이 여기에 해당된다.[2] 이러한 맥락에서 理氣相互主宰論은 工夫論에 있어서는 '居敬(存心)과 窮理의 병행' 으로 집약된다.

위와 같은 공부론의 기본 방향은 주자가 老·佛 등 '異端의 오류' 를 극복하기 위해 확립한 노선이었다. 그러나 이것은 또한 『대학』과 『중용』에서 이

---

1) 주자는 氣稟이 淸純하면 저절로 物欲의 가림이 없으나, 氣稟이 濁駁하면 物欲의 가림이 생긴다고 보았다. 요컨대 '氣稟의 구애' 와 '物欲의 가림' 은 '상호작용의 관계' 라는 것이다(『朱子大全』 卷15 頁3(574-575쪽), 〈經筵講義〉: 極淸且純者 氣與理一 而自無物欲之蔽 (…) 又以拘於氣之心 接乎事物無窮之變 則其目之欲色 耳之欲聲 口之欲味 鼻之欲臭 四肢之欲安佚 所以害乎其德者 又豈可勝言也哉 二者相因 反覆深固).

2) 주자는 "格物致知는 至善의 所在를 알기 위한 것이고, 誠意正心부터 平天下까지는 至善에 도달하여 머물고자 하는 것" 이라 하였다(『大學或問』 經1章條: 格物致知 所以求知至善之所在 自誠意以至於平天下 所以求得夫至善而止之也). 이렇게 볼 때, 格物致知의 일차적 의의는 '이상적인 삶의 표준을 알아냄' 에 있으며, 誠意正心의 일차적 의의는 '格物致知를 통해 알게 된 이상적인 삶의 표준을 그대로 실천함' 에 있는 것이다.

미 제시했던 노선이기도 하다. 요컨대, 주자는 異端의 오류를 목도하는 가운데 기존의 『대학』과 『중용』에서 공부론의 올바른 방향을 발견하고, 그것을 다시 천명한 것이다. 주자는 『大學或問』에서 다음과 같이 말한다.

> 사람이 學問을 하는 까닭은 心과 理일 뿐이다. 心은 비록 一身을 주재하나 그 體의 虛靈함은 天下의 理를 管攝하기에 충분하고, 理는 비록 萬物에 흩어져 있으나 그 用의 微妙함은 사실 한 사람의 心에서 벗어나지 않으니, 애초에 (心과 理를) '內·外'와 '精·粗'로 논할 수 없는 것이다. 그러나 간혹 이 心의 虛靈함을 알지 못하여 보존함이 없다면 昏昧雜擾하여 衆理의 妙를 궁구할 수 없으며, 衆理의 妙를 알지 못하여 궁구함이 없다면 偏狹固滯하여 이 心의 온전함을 다할 수 없으니, 이것은 '理와 勢가 相須하는 것(理勢之相須)'으로, 또한 必然的인 것이다. 그러므로 聖人께서 가르침을 베풀 때, 사람들로 하여금 묵묵히 이 心의 虛靈함을 알고 端莊靜一한 가운데 보존하여 窮理의 근본으로 삼게 하였으며, 사람들로 하여금 衆理의 妙가 있음을 알고 學問思辨의 스음에 궁구하여 盡心의 노력을 다하도록 하였으니, '큰 것과 작은 것이 서로 머금고(巨細相涵), 動과 靜이 서로 길러주어(動靜交養)'[3] 애초에 '內·外'와 '精·粗'를 가림이 없었던 것이다. 참된 노력이 오랫동안 쌓여 豁然貫通에 이르면 곧 또한 (心과 理가) 渾然하게 一致하여 과연 '內·外'와 '精·粗'를 말할 수 없음을 알게 될 것이다.[4]

---

3) 玉溪盧氏는 '巨'는 '心'을 지칭하고 '細'는 '衆理'를 지칭하며, '動'은 '格物 공부'를 지칭하고 '靜'은 '主敬 공부'를 지칭한다고 설명하였다(『大學或問』 傳5章條, 玉溪盧氏 註 참조).

4) 『大學或問』 傳5章條 : 人之所以爲學 心與理而已矣 心雖主乎一身 而其體之虛靈 足以管乎天下之理 理雖散在萬物 其用之微妙 實不外乎一人之心 初不可以內外精粗而論也 然或不知此心之靈 而無以存之 則昏昧雜擾 而無以窮衆理之妙 不知衆理之妙 而無以窮之 則偏狹固滯 而無以盡此心之全 此其理勢之相須 蓋亦有必然者 是以 聖人設教 使人默識此心之靈 而存之於端莊靜一之中 以爲窮理之本 使人知有衆理之妙 而窮之於學問思辨之際 以致盡心之功 巨細相涵 動靜交養 初未嘗有內外精粗之擇 及其眞積力久 而豁然貫通焉 則亦有以知其渾然一致 而果無內外精粗之可言矣

위의 인용문에서 우선 주목할 것은 "心은 비록 一身을 주재하나 그 體의 虛靈함은 天下의 理를 管攝하기에 충분하고, 理는 비록 萬物에 흩어져 있으나 그 用의 微妙함은 사실 한 사람의 心에서 벗어나지 않는다."는 말이다. 주자는 心을 '몸의 主宰者'요 '理의 管攝者'로 인식한 것이다.[5] 즉 心은 理를 '맡아서 운용하는 주체'이지만, 心 자체가 '진리의 표준'은 아니라는 것이다. 주자학에서 진리의 표준은 오직 理일 뿐이다. 그런데 그 理의 쓰임은 또 사람의 心에서 벗어나지 않는다는 것이다. 이것은 心은 理를 '맡아서 운용하는 주체'이므로, 理의 쓰임은 心에서 벗어날 수 없다는 뜻이다.[6] 이러한 맥락에서 주자는 공부의 두 축을 '心에 관한 공부'와 '理에 관한 공부'로 설정하였다. 心은 '보존'의 대상이요, 理는 '탐구'의 대상이다. 그리하여 心에 관한 공부는 '存心'이라 하고, 理에 관한 공부는 '窮理'라 한다. 주자는 心은 본래 '虛靈不昧'하다고 규정했다. '存心'이란 본래의 虛靈不昧함을 잘 보존하여 '昏昧雜擾'를 막는 것이다. '昏昧'는 '어두워짐'을 뜻하는바 이는 '탁박한 氣稟의 구애'를 지칭하는 것이며, '雜擾'는 '혼잡하고 어지러움'을 뜻하는바 이는 '갖가지 物欲의 유혹'을 지칭하는 것이다.[7] 心을 보존하기 위해서는 한편으로는 탁박한 氣質을 청수하게 변화시켜야 하며, 한편으로는 잡다한 物欲을 이겨내야 한다.

한편, '理'를 우리 삶의 표준으로 삼기 위해서는 당연히 그 理의 구체적인 내용이 무엇인지를 탐구해야 할 것이다. 그런데 주자는 또 다른 측면에

5) 주자에게 있어서 '主宰'나 '管攝'은 사실 같은 뜻이다. 주자는 '心統性情'의 '統'을 '主宰'로 해석하기도 하고 '管攝'으로 해석하기도 했다. '管攝'이란 '맡아서 운용함' 또는 '맡아서 다스림' 등의 뜻이다.

6) 『朱子語類』 卷18(416쪽) : 理徧在天地萬物之間 而心則管之 心旣管之 則其用實不外乎此心矣 然則理之體在物 而其用在心也

7) 맹자는 '事物에 대한 욕망으로 인해 밖으로 달아난 마음'을 '放心'이라 하고, "學問의 道는 다름이 아니라 '放心을 구제함(求放心)'에 있다"(『孟子』 告子上 11)고 하였다. '存心' 역시 맹자의 용어인바, 이러한 맥락에서 '存心'이란 한편으로는 '物欲에서 벗어남' 즉 '求放心'을 뜻할 것이다.

서 窮理의 필요성을 역설한다. '理의 탐구' 가 없다면 心은 偏狹固滯하게 되어 心을 제대로 보존할 수 없다는 것이다. 마찬가지로 '心의 보존' 이 없다면 心이 昏昧雜擾하게 되어 理를 제대로 탐구할 수 없게 된다. 주자는 "이것은 '理와 勢가 相須하는 것' 으로, 또한 必然的인 것" 이라고 확언하였다. 이처럼 存心과 窮理가 상호보완적인 것이어서, 어느 하나를 배제하고서는 다른 하나가 완전해질 수 없기 때문에, 聖人들께서는 우리들로 하여금 반드시 存心과 窮理를 병행하도록 가르치셨다는 것이다.

주자는 오랜 기간의 참된 노력을 통해 공부가 완성된 경지를 '豁然貫通(환하게 깨달아 통달함)' 이라 하였는바, 이 경지에 이르면 '心과 理가 渾然하게 一致된다' 고 설명하였다. 즉 주자의 공부론은 存心과 窮理를 병행함으로써 궁극적으로 '心과 理를 合一시킴' 을 목표로 하는 것이다. 공자의 '從心所欲不踰矩' 가 상징하듯이, 聖人이란 자신의 마음을 객관적 理法에 합치시킨 인격이었다. 이제 이러한 문제들을 보다 자세히 살펴보기로 하자.

2. 窮理(格物致知)와 存心(誠意正心)

주자는 晩年에 국왕에게 올린 〈行宮便殿奏箚二〉에서 자신의 공부론을 압축적으로 제시한 바 있다.[8] 우선 이것을 살펴보기로 하자. 주자는 "학문을 하는 방법은 '窮理' 보다 우선하는 것이 없습니다. 窮理의 요령은 반드시 '讀書' 에 있고, 讀書의 방법은 '차례에 따라 정밀하게 이해함' 이 가장 중요합니다. '차례에 따라 정밀하게 이해함' 은 또 반드시 '居敬을 통해 意志를 간직함' 에 근본합니다. 이것은 바뀔 수 없는 진리입니다."[9]라고 자신의 공

8) 〈行宮便殿奏箚二〉는 1194년(甲寅)에 올린 것으로, 당시 주자의 나이는 65세였다.

9) 『朱子大全』 卷14 頁14(546-547쪽), 〈行宮便殿奏箚二〉: 蓋爲學之道 莫先於窮理 窮理之要 必在於讀書 讀書之法 莫貴於循序而致精 而致精之本 則又在於居敬而持志 此不易之理也

부론을 요약한 다음, 각각에 대해서 다음과 같이 부연하였다.

첫째, '학문은 窮理로부터 시작된다' 는 것에 대하여, 주자는 다음과 같이 설명한다.

> 무릇 天下의 일에는 모두 理가 있으니, 君臣에게는 君臣의 理가 있고, 父子에게는 父子의 理가 있으며, 夫婦・兄弟・朋友로부터 出入起居와 應事接物에 이르기까지 또한 각각의 理가 있는 것입니다. 그것을 궁구하면, 크게는 君臣으로부터 작게는 事物에 이르기까지 그 所以然과 所當然을 알게 되어 조그만 의심도 없게 되니, 善이면 따르고 惡이면 제거하여 터럭만큼의 累도 없게 되는 것입니다. 이것이 학문은 窮理보다 우선하는 것이 없는 까닭입니다.[10]

'善을 따르고, 惡을 제거함' 은 모든 윤리학의 일반적 목표일 것이다. 문제는 善과 惡을 판단하는 척도가 무엇이냐 하는 것이다. 주자는 理가 바로 '所以然' 이요 '所當然' 으로서,[11] 善・惡을 판가름하는 척도가 된다고 보았다. 따라서 善을 따르고 惡을 제거하려면, 먼저 善・惡을 판가름하는 척도인 理를 탐구해야 한다. 다시 말해, 올바른 삶을 원한다면, 우리는 먼저 무엇이 올바른 삶인지를 알아야 한다. 이러한 맥락에서 '窮理' 는 학문에 있어서 가장 우선적인 과제가 된다는 것이다.

둘째, '窮理의 요령은 반드시 讀書에 있다' 는 것에 대하여, 주자는 다음과 같이 설명한다.

---

10) 『朱子大全』 卷14 頁14(547쪽), 〈行宮便殿奏箚二〉 : 夫天下之事 莫不有理 爲君臣者 有君臣之理 爲父子者 有父子之理 爲夫婦 爲兄弟 爲朋友 以至於出入起居 應事接物之際 亦莫不各有理焉 有以窮之 則自君臣之大 以至事物之微 莫不知其所以然與其所當然 而亡纖芥之疑 善則從之 惡則去之 而無毫髮之累 此爲學所以莫先於窮理也

11) '所以然' 이란 '所以然之故' 의 준말로서 '그러한 바의 까닭' 을 뜻하고, '所當然' 이란 '所當然之則' 의 준말로서 '마땅히 그렇게 해야 하는 바의 법칙' 을 뜻한다. 이에 대해서는 이 책의 제6장에서 다시 논의하기로 하자.

天下의 理는 要妙精微하여 각각 마땅한 바가 있는데, 古今에 걸쳐 바꿀 수 없는 것입니다. 오직 옛 聖人만이 그것을 모두 알 수 있었으니, 聖人께서 행하고 말씀하신 바는 모두 天下後世의 바뀌지 않는 大法이 될 수 있었던 것입니다. 그 밖에는, 그것을 따른 자는 君子가 되어 吉했고, 어긴 자는 小人이 되어 凶했습니다. 吉이 컸던 자는 四海를 보전할 수 있었으니 모범으로 삼을 수 있고, 凶이 심했던 자는 제 몸도 보전할 수 없었으니 경계로 삼을 수 있습니다. 이것이 그 粲然한 자취요, 必然의 功效로서, 이는 모두 經訓과 史册 가운데 갖추어져 있습니다. 天下의 理를 궁구하고자 하면서 經訓과 史册에서 탐구하지 않는다면, 이것은 곧 담을 마주하고 서있는 것처럼 답답한 것입니다. 이것이 窮理는 반드시 讀書에 있는 까닭입니다.[12]

'讀書' 란 經訓과 史册에 기록된 옛 聖人의 言行을 탐구하는 것이다. 위의 인용문에 보이듯이, '讀書' 가 '窮理의 요령' 으로 간주되기 위해서는 두 가지가 전제되어야 한다. 첫째는 '天下의 理는 동서고금 변함이 없다' 는 전제이다. 만약 천하의 理가 시대에 따라 바뀐다면, 오늘날 옛 책을 통해 과거의 理를 탐구하는 것은 무의미할 것이다.[13] 둘째는 '聖人은 완전한 知識의 소유자' 라는 전제이다. 만약 聖人의 지식도 평범하고 불완전한 것이라고 본다면, 굳이 독서를 통해 옛 聖人의 言行을 탐구할 까닭이 없을 것이다. 이러한 맥락에서, 주자는 理를 '영원히 不變하는 것' 으로, 聖人을 '천하의 모든 理를 아는 완전한 인격' 으로 규정하고, 따라서 聖人의 言行은 '天下後世의

---

12) 『朱子大全』 卷14 頁14-15(547쪽), 〈行宮便殿奏箚二〉: 至論天下之理 則要妙精微 各有攸當 亘古亘今 不可移易 唯古之聖人 爲能盡之 而其所行所言 無不可爲天下後世不易之大法 其餘則順之者爲君子而吉 背之者爲小人而凶 吉之大者則能保四海 而可以爲法 凶之甚者 則不能保其身 而可以爲戒 是其粲然之迹 必然之效 蓋莫不具於經訓史册之中 欲窮天下之理 而不卽是以求之 則是正牆面而立爾 此窮理所以必在乎讀書也

13) 理는 '形而上者' 이기 때문에 당연히 동서고금을 통해 변함이 없을 것이다. 다시 말해, 주자가 理를 形而上者로 규정한 까닭 가운데 하나는 理의 '永遠性' 을 옹호하기 위함이었다.

바뀌지 않는 大法' 이 된다고 규정하였다. 평범한 '보통사람' 들도 물론 格物致知를 통해 직접 理를 탐구할 수 있으나, 聖人이 이미 탐구하여 제시한 결과(理에 대한 지식)를 배우는 것이 더욱 효과적일 것이다. 그러므로 '窮理의 요령은 讀書에 있는 것' 이다.

셋째, '讀書의 방법은 차례에 따라 정밀하게 이해함이 가장 중요하다' 는 것에 대하여, 주자는 다음과 같이 설명한다.

> 讀書를 싫어하는 자는 독서를 게을리 하여 이루는 바가 없습니다만, 讀書를 좋아하는 자 또한 '많음을 탐내고 넓음을 힘씀' 을 면치 못합니다. 그리하여 往往 그 端緖를 열지도 못했는데 성급하게 그 終局을 탐구하고자 하며, 이것도 탐구하지 못했는데 뜻은 홀연히 이미 저것에 가 있는 것입니다. 그리하여 비록 종일토록 부지런히 힘쓰고 쉬지 못하더라도 마음이 바쁘고, 항상 달아나고 쫓기는 듯해서 조용히 涵泳하는 즐거움이 없는 것입니다. 이것이 어찌 깊이 믿어 自得하고 오래도록 싫어하지 않아서, 저 독서를 게을리 하여 이루는 바가 없는 자들과 다르게 될 수 있는 것이겠습니까? 孔子께서 "빠르게 이루고자하면 도달하지 못한다."라 하고, 孟子께서 "재빠르게 전진한 자는 빠르게 후퇴한다."라고 한 것은 바로 이것을 지적한 것입니다. 진실로 이것을 거울삼아 반성할 수 있다면, 마음이 한 곳에 침잠하여 오래도록 옮겨가지 않을 것이요, 읽는 책도 문장의 뜻이 연결되고 맥락이 관통하게 됩니다. 그러면 자연스럽게 점점 젖어들어, 心과 理가 融會되어, 善을 권장함은 깊어지고 惡을 경계함은 간절해질 것입니다. 이것이 '차례에 따라 정밀하게 이해함' 이 '讀書의 방법' 이 되는 까닭입니다.[14]

---

14) 『朱子大全』 卷14 頁15(547-548쪽), 〈行宮便殿奏箚二〉 : 若夫讀書 則其不好之者 固怠忽間斷 而無所成矣 其好之者 又不免乎貪多而務廣 往往未啓其端 而遽已欲探其終 未究乎此而忽已志在乎彼 是以 雖復終日勤勞 不得休息 而意緖悤悤 常若有所奔趨迫逐 而無從容涵泳之樂 是又安能深信自得 常久不厭 以異於彼之怠忽間斷而無所成者哉 孔子所謂欲速則不達 孟子所謂進銳者退速 正謂此也 誠能鑑此 而有以反之 則心潛於一 久而不移 而所讀之書 文意接連 血脈通貫 自然漸漬浹洽 心與理會 而善之爲勸者深 惡之爲戒者切矣 此循序致精 所以爲讀書之法也

주자는 讀書에 있어서 '많음을 탐내고 넓음을 힘씀' 을 경계하였다. 주자에 의하면, 중요한 것은 '많이 읽고 넓게 읽는 것' 이 아니라 '중요한 몇 권의 책을 단계에 따라 정밀하게 읽는 것' 이다. 널리 많은 책을 읽는 데 목표를 두면 마음만 바쁘고 혼란할 뿐 自得함이 없으나, 중요한 몇 권의 책을 순서에 따라 정밀하게 읽으면 그 내용을 완전하게 소화할 수 있어서 마침내 '心과 理가 融會된다' 는 것이다. '心과 理가 融會된다' 는 표현은 '心과 理가 渾然하게 一致된다' 는 표현과 상통하는 것으로, 주자는 공부의 궁극적 경지를 종종 이렇게 설명하였다.

넷째, '讀書(차례에 따라 정밀하게 이해함)는 반드시 居敬을 통해 意志를 간직함에 근본한다' 는 것에 대하여, 주자는 다음과 같이 설명한다.

> '차례에 따라 정밀하게 이해함' 의 근본은 '心' 에 있습니다. 心은 지극히 虛靈하며, 神妙하여 헤아릴 수 없습니다. 또한 항상 一身의 주재자가 되어 萬事의 강령을 이끄는 존재이니, 잠시라도 보존하지 않을 수 없는 것입니다. 하나라도 자각하지 못하여, 몸 밖으로 物欲을 따라 달려나가고 날아간다면, 一身에는 주재자가 없고 萬事에는 강령이 없게 됩니다. 비록 俯仰顧眄하는 사이라도 이미 그 自身의 所在를 자각할 수 없는데, 하물며 聖人의 말씀을 반복해서 음미하고 事物을 참고하여 義理의 至當한 결론을 탐구할 수 있겠습니까? 孔子께서 "君子가 중후하지 않으면 위엄이 없으니, 배워도 견고하지 못하다."라 하고, 孟子께서 "학문을 하는 길은 다름이 아니라 그 放心(달아난 마음)을 구제하는 것뿐이다."라고 한 것은 바로 이것을 지적한 것입니다. 진실로 능히 엄숙하고 공경하고 삼가고 두려워함으로써 항상 이 마음을 보존하여, 종일토록 엄숙하여 物欲에 침탈당하지 않게 되면, 이 마음으로써 글을 읽고 理를 살피면 장차 무엇이든 不通함이 없을 것이요, 이 마음으로써 事物에 응하면 장차 무엇이든 不當함이 없을 것입니다. 이것이 '居敬을 통해 意志를 간직함(居敬持志)' 이 '讀書의 근본' 이 되는 까닭입니다.[15)]

위에서 말하는 '意志를 간직함(持志)' 은 앞에서 언급한 '마음을 보존함(存心)' 과 같은 말이다. 마음은 性·情을 주재할 뿐만 아니라, 몸을 주재하는 것이기도 하다. 요컨대 우리의 모든 실천적 행위는 마음이 주재하는 것이다. 그런데 物欲으로 인해 마음이 달아나면(放心), 마음이 제대로 주재의 기능을 발휘할 수 없게 된다. 그러므로 '마음을 보존함' 이 모든 실천적 행위의 근본이 되는 것이요, 이는 독서에 있어서도 마찬가지인 것이다. '달아난 마음' 으로 독서를 하면 '義理의 至當한 결론' 을 알아낼 수 없는바, 따라서 '마음을 보존함' 이 '독서의 근본' 이 되는 것이다. 주자는 '存心의 방법' 으로 엄숙하고 공경하고 삼가고 두려워함 등의 '居敬' 을 제시하였다.

마지막으로, '이러한 工夫法은 바뀔 수 없는 진리입니다' 라는 것에 대해, 주자는 다음과 같이 부연하였다.

> 이상과 같은 내용들은 모두 제가 평생토록 공부를 하면서 艱難辛苦를 통해 이미 시험한 결과입니다. 그윽이 생각하건대, 聖賢이 다시 태어나서도 사람을 교육하는 방법은 여기에 불과할 것입니다. 이러한 工夫法은 평범한 선비들에게만 해당되는 것이 아닙니다. 비록 帝王의 學問이라 하더라도 거의 이 工夫法을 바꿀 수 없을 것입니다.[16]

주자는 이제까지 설명한 자신의 공부법은 '평생에 걸친 艱難辛苦' 끝에

---

15) 『朱子大全』 卷14 頁15-16(548쪽), 〈行宮便殿奏箚二〉 : 若夫致精之本 則在於心 而心之爲物 至虛至靈 神妙不測 常爲一身之主 以提萬事之綱 而不可有頃刻之不存者也 一不自覺 而馳騖飛揚 以徇物欲於軀殼之外 則一身無主 萬事無綱 雖其俯仰顧眄之間 蓋已不自覺其身之所在 而况能反覆聖言 參考事物 以求義理至當之歸乎 孔子所謂君子不重則不威 學則不固 孟子所謂學問之道無他 求其放心而已矣者 正謂此也 誠能嚴恭寅畏常存此心 使其終日儼然 不爲物欲之所侵亂 則以之讀書 以之觀理 將無所往而不通 以之應事 以之接物 將無所處而不當矣 此居敬持志 所以爲讀書之本也

16) 『朱子大全』 卷14 頁16(548쪽), 〈行宮便殿奏箚二〉 : 此數語者 皆愚臣平生爲學艱難辛苦已試之效 竊意聖賢復生 所以教人 不過如此 不獨布衣韋帶之士 所當從事 蓋雖帝王之學 殆亦無以易之

확립된 것이라고 고백하였다.[17] 이처럼 艱難辛苦를 거쳤기 때문에 주자는 자신의 공부론을 확신할 수 있었던 것이요, 감히 '성현이 다시 태어나도 여기에 불과할 것' 이라거나 '제왕의 학문이라 하더라도 이 공부법을 바꿀 수 없을 것' 이라고 말할 수 있었던 것이다. 이러한 자부심은 또한 '窮理와 存心' 이 '공부의 두 축' 이 되어야 한다고 재확인한 것이기도 하다.

이제까지 〈行宮便殿奏箚二〉에 보이는 주자의 공부론을 살펴보았는바, 주자 공부론의 핵심은 그 윤곽이 다 드러난 것이다. 이제 窮理와 存心에 대해 몇 가지만 더 보완적으로 살펴보기로 하자. 주자의 窮理論을 논함에 있어서 빼놓을 수 없는 자료는 '格物致知' 를 설명한 『大學章句』의 〈補亡章〉일 것이다.[18] 〈行宮便殿奏箚二〉에서는 窮理의 방법으로 '讀書' 를 강조하였으나, 〈보망장〉에서는 窮理의 방법으로 '卽物窮理' 를 들고 있다.[19] 주자는 다음과 같이 말한다.

---

17) '窮理와 存心' 을 두 축으로 삼는 주자의 공부론은 물론 유교의 古經에서 도출된 것이지만, 한편으로는 老·佛 특히 禪佛教와 대결한 산물이었다. 주자는 당시 胡五峯(胡宏) - 張南軒(張栻) 계열의 湖南學(湖湘學)이나 陸象山의 心學도 공부론에 있어서 禪佛教의 영향을 벗어나지 못했다고 보았고, 그리하여 이들과도 올바른 공부론을 두고 수없이 論辨하였다. 주자는 張南軒의 공부법에 대해서는 '未發時의 存心養性' 이 결여된 것을 지적하였고, 陸象山의 공부법에 대해서는 '객관적 理法의 탐구(窮理)' 가 결여된 것을 지적하였다. 또 주자는 張南軒과의 논변 과정에서 자신의 견해를 획기적으로 反轉시키기도 하였다(40세 때의 中和舊說에서 中和新說로의 전환). 이러한 맥락에서, 주자의 工夫論은 말 그대로 '평생에 걸친 艱難辛苦' 끝에 확립된 것이다.

18) 程子(程伊川)와 朱子는 당시에 전해진 『대학』에는 錯簡과 亡失이 있다고 보고, 그 순서를 고치기도 하고, 빠진 부분을 보충하기도 하였다. 『大學章句』〈補亡章〉은 '망실된 것' 으로 보이는 부분에 대해 朱子가 程子의 견해를 참고하여 보완한 것이다. 이 〈補亡章〉은 우리말로 해석함에 있어서도 논쟁적인 부분이 많다. 여기에서는 論者가 이해하는 방식대로 해석하였다.

19) 程·朱는 '讀書' 역시 '卽物窮理' 에 해당된다고 보았다(『大學或問』傳5章條 : 格物亦非一端 如或讀書講明道義 或論古今人物而別其是非 或應接事物而處其當否 皆窮理也). 그런데 卽物窮理에는 '讀書(다른 사람이 탐구한 결과를 학습함)' 뿐만 아니라 '자신이 직접 事物에 나아가 탐구함' 도 포함된다. 여기에서의 '卽物窮理' 에 대한 논의는 '자신이 직접 事物에 나아가 탐구함' 에 초점을 두기로 한다.

이른바 '앎을 이루는 것은 사물에 나아가 탐구함에 있다(致知在格物)' 는 말은 '나의 앎을 이루고자 한다면 사물에 나아가 그 理를 궁구함에 있음' 을 말한 것이다. 대개 사람의 마음은 虛靈하여 모두 知를 지니고 있고, 天下의 사물은 모두 理를 지니고 있다. 그런데 理에 대해서 궁구하지 않음이 있기 때문에, 우리의 知가 극진하지 못한 것이다. 그러므로 大學에서 처음 가르칠 때에, 반드시 배우는 자들로 하여금 모든 천하의 사물에 나아가 (궁구하되), 그 이미 알고 있는 理를 바탕으로 삼아 더욱 궁구하여, 그 극진한 곳에 이르도록 한 것이다. 노력하기를 오래하여 어느 날 아침 豁然히 貫通한다면, 모든 事物의 表・裏와 精・粗가 모두 극진하게 될 것이요,[20] 내 마음의 全體와 大用이 모두 밝아질 것이다. 이것을 '物格' 이라 하며, 이것을 '知의 至極함' 이라 한다.[21]

위에 보이듯이, 주자는 『大學』의 '格物' 을 '卽物窮理(사물에 나아가 그 理를 탐구함)' 로 해석하였고, '致知' 를 '豁然貫通(환하게 깨달아 통달함)' 으로 해석하였다. 주자에 의하면, 사람의 마음에는 '知' 가 있고, 천하의 사물에는 '理' 가 있는바, '格物' 이란 내 마음의 知로 사물의 理를 탐구하는 것이요, '致知' 란 그 결과 만물의 理를 깨달아 내 마음이 밝아지는 것이다. 이를 좀 더 자세히 살펴보기로 하자.

"사람의 마음에는 '知' 가 있다" 고 할 때의 '知' 란 '知覺能力' 과 그 능력에 의해 지각된 내용 즉 '知識' 을 동시에 의미한다.[22] 주자는 이미 알고 있

---

20) '衆物之表裏精粗無不到' 를 '모든 事物의 表・裏와 精・粗가 모두 극진하게 될 것' 이라고 해석한 것은 조선 후기의 유학자 心齋 趙彦儒(1767~1847)의 해석을 따른 것이다. 이에 대한 자세한 논의는 拙譯, 『譯註 庸學辨疑』(趙彦儒 原著, 심산, 2006), 30-31쪽, 276쪽 참조.

21) 『大學章句』 補亡章(傳5章) : 所謂致知在格物者 言欲致吾之知 在卽物而窮其理也 蓋人心之靈 莫不有知 而天下之物 莫不有理 惟於理 有未窮 故其知有不盡也 是以 大學始敎 必使學者 卽凡天下之物 莫不因其已知之理 而益窮之 以求至乎其極 至於用力之久 而一旦豁然貫通焉 則衆物之表裏精粗無不到 而吾心之全體大用無不明矣 此謂物格 此謂知之至也

22) 김우형, 「朱熹의 知覺論 연구」, 연세대 박사학위논문, 2003, 15쪽 참조.

는 지식을 바탕으로 사물에 대한 탐구를 계속한다면 어느 날 갑자기 모든 사물의 理를 다 알 수 있게 된다고 설명하였다. 이것이 이른바 '豁然貫通'이다. 豁然貫通은 '인식의 質的인 비약'을 전제하는바, 그것이 어떻게 가능한 것인가? 주자는 程子의 말을 그대로 인용하여 다음과 같이 설명하고 있다.

묻기를, "格物이란 반드시 사물마다 나아가 탐구하는 것입니까? 아니면 하나의 사물을 탐구하면 萬理가 모두 통하는 것입니까?" 程子가 답하시길, "하나의 사물을 탐구하여 萬理에 통하는 것은 비록 顏子라 하더라도 불가능할 것이다. 오직 오늘 하나의 사물을 탐구하고, 내일 또 하나의 사물을 탐구하여, 학습이 이미 많이 누적된 다음에야 환하게 貫通하는 곳이 있게 된다."[23)]

程子가 또 말씀하시길, "窮理란 반드시 천하의 理를 모두 탐구한다는 말이 아니요, 또한 다만 하나의 理만 탐구해도 문득 (豁然貫通에) 도달한다는 말도 아니다. 다만 탐구가 많이 累積된 다음에는 저절로 마땅히 환하게 깨닫는 곳이 있게 된다."[24)]

程子가 또 말씀하시길, "格物이란 천하의 사물을 모두 탐구하자는 것이 아니다. 다만 하나의 일에 나아가 완전히 탐구하면 그 밖의 것들은 類推할 수 있다. 孝에 대해서 말하자면 마땅히 孝란 무엇인지를 탐구해야 할 것이다. 만약 어떤 하나의 일에서 탐구할 수 없다면 별도로 또 하나의 일에서 탐구할 것이니, 혹은 쉬운 것을 먼저 하고 혹은 어려운 것을 먼저 한다. 각각 사람에 따라서 淺深을 달리 해도, 비유컨대 천 갈래 길 만 갈래 길이 모두 서울로 통하는 것과 같으니,

---

23)『大學或問』傳5章條 : 曰 格物者 必物物而格之耶 將止格一物而萬理皆通邪 曰 一物格而萬理通 雖顏子亦未至此 惟今日而格一物焉 明日又格一物焉 積習旣多 然後 脫然有貫通處耳

24)『大學或問』傳5章條 : 又曰 窮理者 非謂必盡窮天下之理 又非謂止窮得一理便到 但積累多後 自當脫然有悟處

다만 하나의 길을 얻어 들어가면 그것을 類推하여 그 나머지에 통달할 수 있는 것이다. 대개 萬物은 각각 하나의 理를 지니고 있고, 萬理는 모두 하나의 근원에서 나오니, 이것이 類推하여 통달할 수 있는 까닭이다."[25]

程·朱의 지론은, 豁然貫通을 위해서는 만물의 理를 모두 탐구해야 된다는 것도 아니요, 한 사물의 理만 탐구해도 충분하다는 것도 아니었다. 다만 사물에 대한 탐구가 하나씩 하나씩 '累積' 되다보면 어느 날 갑자기 豁然貫通할 수 있게 된다는 것이다. 程·朱는 '卽物窮理의 누적' 과 '豁然貫通' 을 매개하는 것으로 '類推' 를 들었고, 類推의 가능근거로는 '만물의 理는 모두 하나의 근원에서 나온 것' 이라는 점을 들었다.[26] 요컨대, 만물은 근원적 동질성을 지니고 있기 때문에 한 부분에 대한 탐구를 통해서 나머지 부분을 유추할 수 있고, 유추의 결과 全體에 대해서까지 豁然貫通할 수 있다는 것이다. 주자는 만물의 理에 통달하면 내 마음 또한 환하게 밝아진다고 보았다. 즉 주자의 豁然貫通은 단순히 '객관적 理法에 대한 앎' 으로 한정되는 것이 아니라 '내 마음의 성숙' 을 함께 의미하는 것이다.

이제 주자의 '마음에 대한 공부' 를 살펴보기로 하자. 〈行宮便殿奏箚二〉에서는 '마음에 관한 공부' 를 '居敬을 통한 存心' 으로 설명하고, '存心' 은

---

25)『大學或問』傳5章條 : 又曰 格物 非欲盡窮天下之物 但於一事上窮盡 其他可以類推 至於言孝 則當求其所以爲孝者如何 若一事上窮不得 且別窮一事 或先其易者 或先其難者 各隨人淺深 譬如千蹊萬徑 皆可以適國 但得一道而入 則可以推類而通其餘矣 蓋萬物各具一理 而萬理同出一原 此所以可推而無不通也

26) 여기서 알 수 있듯이, 程·朱의 認識論은 그들의 形而上學과 밀접하게 연관된 것이다. 즉 理는 氣 속에 존재하는 것이므로(理氣不相離) 理는 氣에 나아가 탐구해야 하며(卽物窮理), 理는 사물마다 다르지만(分殊) 본래는 하나인 것이므로(理一) 부분(分殊)에 대한 탐구가 누적되면 마침내는 전체(理一)에 대해 豁然貫通할 수 있는 것이다. 주자의 '卽物窮理' 는 분명 '경험적 탐구' 를 포함하는 것이다. 또한 주자가 '豁然貫通' 의 근거를 '理一' 에 둔 것은 서양 근대의 經驗論에서 '귀납적 飛躍' 의 근거를 '自然의 齊一性(the uniformity of nature)' 에 둔 것과 같은 맥락일 것이다. 그러나 주자의 卽物窮理論은 先驗知를 인정한다는 점에서 서양 근대의 經驗論과는 다르다.

주로 '物欲의 침탈을 막는 것' 으로 설명하였다. 그런데 주자학에 있어서 마음에 관한 공부는 통상 '氣稟의 구애' 와 '物欲의 가림' 을 동시에 문제 삼는다.[27] 양자는 물론 서로 밀접하게 연관된 것이지만, 논의의 초점은 다른 것이다. '氣稟의 구애' 란 탁박한 기품이 理의 인식과 실천에 장애가 됨을 말하고, '物欲의 가림' 이란 마음이 外物의 유혹에 빠짐을 말한다.

주자학에서는 '기품의 구애' 를 극복하는 방법으로는 '濁駁한 기질을 淸粹한 기질로 변화시킬 것' 을 말한다. 주자학에서 氣質變化論이 대두되는 맥락을 다시 상기해 보면 다음과 같다. 理(性)는 본래 만물이 같고 순선한 것이었다. 따라서 현상계에 다양성과 선악이 혼재하는 것은 氣(心)로 인한 것이었다. 즉 氣에는 偏正通塞과 淸濁粹駁이 있음으로 인해, 理를 실현시키는 능력의 차이가 난다는 것이다. 주자는 인간과 동물의 차이에 대해서는 氣의 偏正通塞으로 설명했다. 正通한 氣를 얻은 인간은 理를 제대로 실현할 수 있으나, 偏塞한 氣를 얻은 동물은 理를 제대로 실현할 수 없다는 것이다.[28] 인간의 正通한 氣 가운데는 또한 淸濁粹駁의 차이가 있다. 淸粹한 氣를 얻은 사람은 '聖人' 으로서, 배우지 않고도 理를 완전하게 인식하고 실천한다(生知安行). 그 다음 부류는 '學知' 로서, 학문을 통해서만 理를 인식할 수 있고 실천할 수 있다. 또 그 다음 부류는 '困知' 로서, 濁駁한 氣가 많기 때문에 각고의 노력을 통해서만 理를 인식하고 실천할 수 있다. 困知의 기질을 지닌 사람은 남보다 백 배의 공부가 더 필요함은 물론이나, 자신의 부단한 노력으로 결국엔 탁박한 기질을 청수하게 변화시킬 수 있는 것이다.[29]

---

27) 『大學章句』經1章, 朱子註：明德者 人之所得乎天 而虛靈不昧 以具衆理而應萬事者也 但爲氣稟所拘 人欲所蔽 則有時而昏

28) 『朱子語類』卷4(65-66쪽)：二氣五行 交感萬變 故人物之生 有精粗之不同 自一氣而言之 則人物皆受是氣而生 自精粗而言 則人得其氣之正且通者 物得其氣之偏且塞者 惟人得其正 故是理通而無所塞 物得其偏 故是理塞而無所知 且如人 頭圓象天 足方象地 平正端直 以其受天地之正氣 所以識道理 有知識 物受天地之偏氣 所以禽獸橫生 草木頭生向下 尾反在上 物之間有知者 不過只通得一路 如烏之知孝 獺之知祭 犬但能守禦 牛但能耕而已 人則無不知 無不能 人所以與物異者 所爭者此耳

이와 관련하여,『중용』에서는 博學·審問·愼思·明辨·篤行을 제시하고, 다음과 같이 말한다.

> 배우지 않을지언정 배운다면 능하지 못한 것을 남겨두지 않고, 묻지 않을지언정 묻는다면 모르는 것을 남겨두지 않으며, 생각하지 않을지언정 생각한다면 얻지 못함을 남겨두지 않고, 분변하지 않을지언정 분변한다면 밝지 못한 것을 남겨두지 않으며, 행하지 않을지언정 행한다면 독실하지 않음을 남겨두지 않는다. 다른 사람이 한 번에 능하게 된다면 나는 백 번을 노력하고, 다른 사람이 열 번에 능하게 된다면 나는 천 번을 노력한다. 과연 이러한 방법에 능하게 된다면, 비록 어리석더라도 반드시 밝게 되며, 비록 유약하더라도 반드시 강하게 된다.[30]

위의 내용에 대하여 呂大臨[31]은 다음과 같이 주해한 바 있다.

> 君子가 학문을 하는 이유는 능히 氣質을 變化시키려는 것뿐이다. (…) 무릇 아름답지 못한 氣質을 지니고서 변화시켜 아름답게 하려면 백 배의 노력을 기울이지 않고서는 이룰 수 없는 것이다. 이제 鹵莽滅裂한 학문으로, 혹은 노력하기도 하고 혹은 그만두기도 하면서, 그 아름답지 못한 기질을 변화시키려고 하다가, 변화시킬 수 없음에 이르러서는 "타고난 기질이 아름답지 못하니, 학문

29)『朱子語類』卷4(66쪽) : 就人之所稟而言 又有昏明清濁之異 故上知生知之資 是氣清明純粹 而無一毫昏濁 所以生知安行 不待學而能 如堯舜是也 其次則亞於生知 必學而後知 必行而後至 又其次者 資稟既偏 又有所蔽 須是痛加工夫 人一己百 人十己千 然後方能及亞於生知者 及進而不已 則成功一也

30)『中庸章句』제20장 : 有弗學 學之 弗能 不措也 有弗問 問之 弗知 弗措也 有弗思 思之弗得 弗措也 有弗辨 辨之 弗明 弗措也 有弗行 行之 弗篤 弗措也 人一能之 己百之 人十能之 己千之 果能此道矣 雖愚必明 雖柔必强

31) 呂大臨(1040~1092)은 北宋代의 학자로, 字는 與叔, 號는 藍田이며, '呂氏鄉約'을 만든 呂大鈞의 아우였다.

을 통해 변화시킬 수 있는 것이 아니다."라고 말한다. 이는 자포자기에 과감한 것으로서, 매우 어질지 못한 것이다.[32)]

주자는 『중용장구』의 주석에 呂大臨의 이 말을 채택하고, 다음과 같이 술회하였다.

나는 열대여섯 살 때에 呂與叔의 이 문단을 보고 매우 통쾌하였다. 이 문단을 읽음에 일찍이 두려워 경계하고 분발하지 않음이 없었다. 사람이 만약 학문에 대한 의지가 있다면 모름지기 이와 같이 공부해야만 될 것이다.[33)]

주자는 昏弱한 기질을 明强한 기질로, 濁駁한 기질을 淸粹한 기질로 변화시킬 수 있다고 보았다. 물론 그것은 쉬운 것이 아니어서, 백 배의 노력이 필요하다고 하였다. 이러한 '백 배의 노력'을 뒷받침하는 덕목이 바로 『대학』의 '誠意'이다. 『대학』에서는 다음과 같이 말한다.

이른바 '그 뜻을 참되게 함'이란 '스스로를 속이지 않는 것'이니, 惡臭를 싫어하듯 하고 好色을 좋아하듯 하는 것이다. 이것을 '自謙(스스로 흡족함)'이라 한다. 그러므로 君子는 홀로 있을 때에 삼가는 것이다.[34)]

『대학』에서는 '誠意'를 '毋自欺(스스로를 속이지 않음)'로 설명하고, '惡臭를 싫어하듯이 하고 好色을 좋아하듯이 함'을 그 예로 들었다. 나쁜

32) 『中庸章句』 제20장, 朱子註 : 呂氏曰 君子所以學者 爲能變化氣質而已 (…) 夫以不美之質 求變而美 非百倍其功 不足以致之 今以鹵莽滅裂之學 或作或輟 以變其不美之質 及不能變 則曰天質不美 非學所能變 是果於自棄 其爲不仁 甚矣

33) 『中庸章句大全』 제20장, 朱子小註 : 朱子曰 某年十五六時 見呂與叔解 得此段 痛快 讀之 未嘗不竦然 警厲奮發 人若有向學之志 須是如此做工夫 方得

34) 『大學章句』 傳6章 : 所謂誠其意者 毋自欺也 如惡惡臭 如好好色 此之謂自謙 故君子必愼其獨也

냄새를 싫어함에 있어서, 겉으로는 싫어하나 속으로는 좋아하는 경우는 결코 없을 것이다. 예쁜 여자를 좋아함에 있어서도, 겉으로는 좋아하나 속으로는 싫어하는 경우도 없을 것이다. 이처럼 '表裏가 一致함' 을 '毋自欺' 라 하는바, 이러한 태도로 공부를 해야만 한다는 것이다. 위의 인용문에 대해 주자는 다음과 같이 주석하였다.

> 스스로를 닦고자 하는 사람은 善을 실천하고 惡을 제거해야 함을 알았으면 마땅히 참으로 그 힘을 쓸 것이요, 스스로를 속이지 말라는 말이다. 가령 惡을 미워함은 惡臭를 미워하듯 하고, 善을 좋아함은 好色을 좋아하듯 하여, 모두 과감하게 제거하고 구하면 반드시 얻는 데 힘써서, 스스로 자기에게 흡족하게 할 것이요, 한갓 구차하게 외면을 꾸며 남의 耳目을 위해서는 안 되는 것이다. 그러나 그 참되고 참되지 못함은 남들은 알 수 없는 것이요 자기만 홀로 아는 것이다. 그러므로 반드시 홀로 있을 때에 삼가서 그 幾微를 살피는 것이다.[35]

'스스로를 닦음' 에 있어서 '毋自欺' 는 '참으로 그 힘을 씀' 으로 드러난다. 겉으로는 노력하는 척하면서 속으로는 정성을 다하지 않는 것은 무엇보다도 '자기를 속이는 것' 이다. 주자는 이러한 태도로는 아무것도 이룰 수 없다고 보아, 毋自欺를 '스스로를 닦음' 의 관건으로 규정한 것이다.

『대학』의 八條目에서 '誠意' 의 다음 조목은 '正心' 이다. 주자에 의하면, 마음이 바르지 못하면 物欲에 지배당하는바,[36] 이러한 맥락에서 正心이란 物欲을 극복하기 위한 것이다. 요컨대, '誠意' 가 '氣質의 변화' 를 뒷받침하는 것이라면, '正心' 은 '物欲의 극복' 을 뒷받침하는 것이다.[37] 物欲을 극복

---

35) 『大學章句』 傳6章, 朱子註 : 言欲自修者 知爲善以去其惡 則當實用其力 而禁止其自欺 使其惡惡則如惡惡臭 好善則如好好色 皆務決去而求必得之 以自快足於己 不可徒苟且以徇外而爲人也 然其實與不實 蓋有他人所不及知 而己獨知之者 故必謹之於此 以審其幾焉

36) 『大學章句大全』 傳7章, 朱子小註 : 心有偏正之異 心有不正 則爲物欲所動

하면 마음이 밖으로 달아나는 근심이 없게 되는데, 이것이 存心이다. 이렇게 誠意 · 正心을 통하여 마음을 보존해야만 理를 제대로 탐구할 수도 있고, 몸을 제대로 주재할 수도 있다는 것이다.

주자는 存心의 방법을 『대학』의 誠意 · 正心으로 설명하기도 했고, 『맹자』의 養氣論으로 설명하기도 했다. 주자는 다음과 같이 말한다.

> 사람이 天地의 가운데에 자리 잡아 萬物의 靈長이 될 수 있는 까닭은 '心' 일 뿐이다. 그러나 '心' 이라는 존재는 聞見으로 얻을 수도 없고, 思慮로 탐구할 수도 없다. '(心이라는) 물건이 있다' 고 하기엔 말이 되지 않고, '(心이라는) 물건이 없다' 고 하기엔 일상생활에서 어느 것인들 心 아닌 것이 없다. 그대는 이것에 대해서 장차 어떻게 공부할 것인가? 반드시 일삼음이 있되 기필하지 말고(必有事焉而勿正), 잊지도 말고(心勿忘), 助長하지도 말라(勿助長). 이것이 '心을 보존하는 방법' 이다. 이와 같이 보존하기를 오래도록 할 것이니, 오래되어 성숙하면 '心' 이라는 존재가 반드시 눈에 선하게 드러날 것이요, 한 순간이라노 없는 때가 없을 것이다.[38]

"일삼음이 있되 기필하지 말고, 잊지도 말고, 助長하지도 말라."는 말은 맹자가 '浩然之氣를 기르는 방법' 으로 제시한 것이다.[39] 사람들은 대개 일

---

37) 주자는 '마음에 관한 공부' 를 '未發時의 공부' 와 '已發時의 공부' 로 나누어 설명하기도 하였다. 미발시에는 存養(涵養)의 공부가 필요하며 이발시에는 省察의 공부가 필요하다는 것이다. 存養이란 '存心養性' 의 준말인데, 주자는 存心과 養性은 별개가 아니라고 하였다. "敬으로 마음을 보존하면 性이 길러져서 손상되지 않는다" 는 것이다. 省察이란 이미 발한 자신의 마음이 天理에 속하는지 人欲에 속하는지를 살펴서, 天理에 속하면 보존하고 人欲에 속하면 막는 것이다(存天理 遏人欲).

38) 『朱子大全』 卷77 頁8(4020-4021쪽), 〈存齋記〉: 人之所以位天地之中 而爲萬物之靈者 心而已矣 然心之爲體 不可以聞見得 不可以思慮求 謂之有物 則不得於言 謂之無物 則日用之間 無適而非是也 吾子於此 亦將何所用其力哉 必有事焉而勿正 心勿忘 勿助長 則存之之道也 如是而存 存而久 久而熟 心之爲體 必將瞭然有見乎參倚之間 而無一息之不存矣

삼는 바가 있으면 미리 그 결과를 기필하게 된다. 그러나 결과를 기필하면 마음에 부담이 되어 지나친 행동을 하기 쉽다. 그리하여 '기필하지 말라' 고 하면, 이제 사람들은 대개 자신이 종사하는 일 자체를 잊고 방치하게 된다. 그리하여 '잊지 말라' 고 하면, 대개 사람들은 또 억지로 助長하게 된다. 그리하여 맹자는 "일삼음이 있되 기필하지 말고, 잊지도 말고, 助長하지도 말라." 고 했거니와, 주자는 이 '浩然之氣를 기르는 방법' 이 곧 '마음을 보존하는 방법' 이라고 보았던 것이다.

3. 居敬窮理와 心與理合一之學

이상에서 '마음에 관한 공부' 와 '理에 관한 공부' 를 두 축으로 주자의 공부론을 살펴보았는바, 이러한 공부론은 다시 '居敬窮理' 라는 명제로 요약된다. 居敬[40]은 '마음에 관한 공부' 에 속하고, 窮理는 '理에 관한 공부' 에 속함은 물론이다. 그런데 居敬과 窮理를 '相互不可缺' 의 관계로 규정하는 것이 주자학의 특징이다. 理와 氣를 相互主宰의 관계로 규정한 주자는 '理

39) 『孟子』 公孫丑上 2 참조. '助長' 이란 '자라는 것을 억지로 돕는 것' 을 뜻한다. 어떤 사람이 묘목이 쑥쑥 자라지 않는 것을 안타깝게 여겨, 묘목을 한 뼘씩 뽑아 자라는 것을 도왔는데, 결국 묘목은 모두 말라죽었다고 한다.

40) 주자학에서 '敬' 은 主一無適 · 整齊嚴肅 · 常惺惺 · 畏敬 등으로 설명되어 왔다. '主一無適' 이란 '마음을 한 곳에 집중하여 다른 곳으로 달아남이 없게 함' 을 뜻한다. 예컨대 글씨를 쓸 때에는 글씨 쓰는 것에만 마음을 집중하여, 다른 것을 생각하지 않는 것이다. '整齊嚴肅' 이란 몸가짐을 단정하고 엄숙하게 함을 뜻한다. 몸가짐을 단정하고 엄숙하게 하면 마음이 統一되어 奸邪함이 끼어들지 못한다는 것이다. '常惺惺' 은 마음을 늘 깨인 상태로 유지하는 것이다. 마음을 늘 깨인 상태로 유지해야만 理를 밝게 살피고 따를 수 있다는 것이다(『大學或問』 經1章條 참조). '畏敬' 은 머리 위로는 鬼神과 부모님 · 선생님이 계신 듯이, 발 아래로는 깊은 연못과 엷은 얼음이 있는 듯이 늘 두려움과 긴장을 늦추지 않는 것이다. 『心經附註』에서는 주자학에서의 敬의 여러 의미들을 설명하고, '畏敬' 이 '敬의 원래 뜻' 에 가장 가깝다고 설명하였다(『心經附註』 卷1 頁17 참조).

에 관한 공부'와 '氣(마음)에 관한 공부'를 '상호불가결'로 규정하고, 양자를 병행하여 마침내 '마음과 理를 합치시킴'을 목표로 했던 것이다.

먼저 居敬과 窮理의 상호불가결성에 대한 주자의 입론을 살펴보자. 居敬과 窮理는 '수레의 두 바퀴, 새의 두 날개'와 같아서, 둘 중의 하나를 폐기할 수 없다는 것이 주자의 기본입장이었다.[41] 주자는 다음과 같이 말한다.

> 學者의 공부는 오직 居敬과 窮理에 있다. 이 둘은 서로 發하는 것이니, 窮理에 능하면 居敬 공부가 날로 진보하고, 居敬에 능하면 窮理 공부가 날로 정밀해진다. 사람의 두 발에 비유하자면 왼발이 나가면 오른발은 멈추고 오른발이 나가면 왼발은 멈추는 것과 같으며, 또 공중에 하나의 사물을 매달아 놓은 것에 비유하자면 오른쪽을 누르면 왼쪽이 올라가고 왼쪽을 누르면 오른쪽이 올라가는 것과 같다. 사실 이 둘은 하나일 뿐이다.[42]

위의 인용문에 보이듯이, 주자는 居敬과 窮理를 '하나이면서 둘, 둘이면서 하나'인 관계로 보았다. 居敬은 주관적인 마음을 대상으로 삼고 窮理는 객관적인 理法을 대상으로 삼는 것이니, 거경과 궁리가 '서로 성격이 다른 것'임은 부정할 수 없다. 그러나 거경이 뒷받침되면 궁리가 더욱 정밀해지고, 궁리가 뒷받침되면 거경이 더욱 심화된다는 점에서는 거경과 궁리는 '밀접한 하나'인 것이다. 그리하여 주자는 "居敬과 窮理는 비록 '두 가지 단서'이지만, 사실은 '하나의 근본'이다."[43]라고도 말하고, "居敬은 窮理의 근본이다. 그런데 窮理가 밝아지면 또 마음을 기르는 데 도움이 된다."[44]고도 말한다. 이처럼 거경과 궁리가 서로 밀접한 관계로서 '수레의 두 바퀴,

---

41) 『朱子語類』 卷9(150쪽) : 涵養窮理 二者不可廢一 如車兩輪 如鳥兩翼

42) 『朱子語類』 卷9(150쪽) : 學者工夫 唯在居敬窮理二事 此二事互相發 能窮理則居敬工夫日益進 能居敬則窮理工夫日益密 譬如人之兩足 左足行則右足止 右足行則左足止 又如一物懸空中 右抑則左昂 左抑則右昂 其實只是一事

43) 『朱子語類』 卷9(150쪽) : 主敬窮理 雖二端 其實一本

44) 『朱子語類』 卷9(150쪽) : 持敬是窮理之本 窮得理明 又是養心之助

새의 두 날개' 와 같다면, 분명 양자를 겸비해야 하는 것이다. 그런데 異端들은 혹은 居敬을 무시하고 혹은 窮理를 외면함으로써 갖가지 폐단을 낳았다는 것이 주자의 지론이었다.[45)]

居敬窮理로 요약되는 주자의 공부론은 궁극적으로 '心과 理의 합일' 을 추구하는 것이다. 여기서 우선 유의해야 할 것은 '心과 理의 합일' 을 추구하는 것은 '心이 곧 理' 라고 주장하는 것과는 判異하다는 점이다. '心이 곧 理' 라고 규정한다면, 그 다음엔 '心과 理를 합일시킨다' 는 주장을 할 수가 없는 것이다. 요컨대 '心과 理를 합일시킨다' 는 것은 '心과 理는 본래 별개' 라는 전제에서 출발하는 것이다. 주자는 心과 理를 본래는 별개라고 규정하고, 공부를 통해 양자를 합일시켜야 한다고 주장하는 것이다. 주자는 '心卽理' 라는 주장이야말로 결과적으로는 '心과 理를 괴리시키는 것' 이라고 보았다. 주자는 유교의 입장과 불교의 입장을 대비하여 다음과 같이 말한 바 있다.

> 우리(儒學)는 心과 理를 하나로 만들고 있는데(以心與理爲一), 저들(釋氏)은 心과 理를 둘로 만들고 있다(以心與理爲二). 이는 본래 이렇게 의도한 바가 아니요, 곧 所見處가 서로 다르기 때문이다. 저들은 '心은 空虛하여 理가 없다' 고 보나, 우리는 '心은 비록 空虛하나 萬物을 모두 갖추고 있다' 고 본다. 저들이 비록 '心과 理는 하나이다(心與理一)' 라고 주장하지만, '氣稟과 物欲의 사사로움' 을 살피지 않으니, 또한 견해가 참되지 못하여 이러한 病이 생기는 것이다. 이것이 『大學』에서 '格物' 을 귀하게 여기는 까닭이다.[46)]

---

45) '工夫論의 차이' 는 물론 '형이상학(存在論)의 차이' 에서 기인할 것이다. 宋明儒學史에서도 '性卽理 心卽氣' 와 '理氣相互主宰' 를 주장한 朱子學은 '尊德性(居敬)과 道問學(窮理)의 병행' 을 추구했음에 반하여, '心卽理' 를 주장한 陸王學은 '尊德性 위주' 의 공부론을 전개했다. 그런데 陸王學은 결국 '猖狂自恣' 를 연출하게 되었다. 猖狂自恣는 분명 尊德性과 상반된다. 즉 心卽理라는 입장에서 窮理를 외면함으로써 陸王의 尊德性은 역설적으로 猖狂自恣로 타락한 것이다. 이렇게 본다면, 居敬을 위해서도 窮理가 필요하고 窮理를 위해서도 居敬이 필요하다는 것이 분명할 것이다.

위의 인용문을 알기 쉽게 정리하자면 다음과 같다. 불교는 心이 곧 理라는 전제에서 출발하지만, 기품과 물욕의 사사로움을 살피지 않음으로써, 결과적으로 心과 理를 괴리시킨다. 그러나 유교는 心과 理는 본래 별개라는 전제에서 출발하여, 기품과 물욕의 사사로움을 다스림으로써, 心과 理를 합치시키려 하는 것이다.

'心이 곧 理' 라는 명제의 실천적인 의미는 '내 마음이 곧 진리의 표준' 이라는 것이다. 내 마음이 곧 진리의 표준이라면, 내 마음에는 전적인 自由가 허용되어야 할 것이요, 어떠한 檢束도 불필요할 것이다. 그리하여 모든 검속을 거부하는 가운데, 기품과 물욕의 사사로움이 개입하여, 내 마음은 猖狂自恣를 연출하게 되는 것이다.[47] 猖狂自恣는 분명 眞理와는 상반될 것이다. 따라서 주자는 心卽理學이 결과적으로는 '心과 理를 괴리시킨다(心과 理를 둘로 만든다)' 고 보는 것이다.

위의 인용문에서 짐작할 수 있듯이, 주자가 추구하는 '心과 理의 合一' 이란 氣稟과 物欲을 다스려 '心을 理에 맞추는 것' 이다. 이를 위해서는 理가 무엇인지를 탐구하는 格物致知(窮理)가 필요하고, 기품과 물욕의 사사로움을 다스리는 誠意正心(居敬)도 필요하다. 요컨대, '心과 理를 合一시키는 학문' 이란 窮理를 통해 理를 알아내고 居敬을 통해 마음을 純化(보존)시켜, 마음을 理에 합치되도록 길들이는 것이다.[48] 주자는 居敬窮理의 공부가 오

---

46)『朱子大全』卷56 頁48(2877쪽), 〈答鄭子上〉: 吾以心與理爲一 彼以心與理爲二 亦非固欲如此 乃是其所見處不同 彼見得心空而無理 此見得心雖空而萬物咸備也 雖說心與理一 而不察乎氣稟物欲之私 亦是見得不眞 故有此病 此大學所以貴格物也

47) 心卽理를 주장한 陸王學이 猖狂自恣에 빠진 것도 정확히 이러한 맥락이었다. 예컨대 陽明左派로 지칭되는 王畿는 聖·凡을 막론하고 '현재의 良知가 그 자체 완전하게 이루어진 것' 이라고 보았는데, 이것이 그의 '現成良知論' 이다. 現成良知論에 입각하면, 聖·凡의 구별도 무의미해지고, 工夫의 필요성도 부정되며, 오로지 '자신의 良知' 만을 믿으면 되는 것이다. 이러한 맥락에서 心卽理學이 猖狂自恣에 빠진 것은 논리의 자연스러운 귀결이었다(이에 대한 자세한 논의는 이 책의 補論 제1장 참조).

48) 주자학에서 理는 不變者로 전제된 이상, 理를 心에 맞게 변화시킬 수는 없는 것이다. 따라서 '心과 理를 합치시킨다' 는 것은 '心을 理에 맞게 순화시키는 것' 이다. '心을

래 누적되면 자연스럽게 心과 理가 합일되는 경지에 이른다고 보았다. 주자는 다음과 같이 말한다.

二先生께서 '敬' 을 논한 것은 모름지기 動·靜을 모두 관통하는 것으로 보아야만 된다. 무릇 일이 없을 경우에는 '마음을 보존하기를 게을리 하지 않음' 이 곧 '敬' 이요, 사물에 응할 경우에는 '대응하기를 어지럽지 않게 함' 이 또한 '敬' 이다. 그러므로 "敬하지 않음이 없게 하여, 무엇인가를 생각하듯 엄숙하라(毋不敬 儼若思)"(『禮記』 曲禮)고 한 것이며, 또 "일에는 敬을 생각하라(事思敬)"(『論語』 季氏), "일을 맡았으면 敬하라(執事敬)"(『論語』 子路)고 한 것이니, 어찌 반드시 '(釋氏처럼) 마음을 가다듬고 앉아서 參禪함' 을 '敬' 이라 일컫겠는가? 禮·樂은 진실로 반드시 서로 요청하는 것이다.[49] 그러나 이른바 '樂' 이란 또한 '胸中이 無事하여 저절로 和樂함' 을 일컫는 것에 불과하니, '일부러 하나의 길을 開放하여 和樂하게 하고자 함' 을 일컫는 것이 아니다. 그런데 흉중이 無事하기를 바라는 것은 敬이 아니면 불가능하다. 그러므로 程子는 "敬하면 저절로 和樂하다." 고 한 것이며, 周子 또한 '禮가 우선이요, 樂은 그 다음' 이라고 여긴 것이니, 이것을 알 수 있다. (程明道의) "이미 얻은 다음엔 모름지기 開放하라. 그렇지 않으면 다만 지키는 것뿐이다." 는 말씀은 '이미 自得한 다음엔 저절로 心과 理가 融會하여, 禮法에 얽매이지 않더라도 저절로 節度에 맞는다. 만약 이러하지 못하다면 이것은 아직 自得한 바가 없는 것이니, 禮法을 지켜야 하는 사람이다.' 라는 뜻이요, '이미 自得하였으면 모름지기 가르침을 버려야 한다.' 는 말이 아니다.[50]

理에 맞게 순화시킨다' 는 것은 心이 항상 理와 부합되는 방향으로 작용하도록 길들이는 것이다.

49) 유교에서의 禮는 '差等의 원리' 이고 樂은 '和合의 원리' 이다. 『禮記』 〈樂記〉에서는 '樂이 지나치면 무질서해지고(樂勝則流), 禮가 지나치면 소원해진다(禮勝則離)' 고 하였다. 그렇기 때문에 禮와 樂은 항상 서로 조화를 이루어야 하는 것이다(이에 대한 자세한 논의는 拙著, 『儒家社會哲學硏究』, 253-259쪽 참조).

위의 인용문의 논점은 두 가지이다. 첫째는 敬은 動·靜을 관통한다는 것이다. 위에서 말하는 動·靜은 已發과 未發을 뜻한다. '敬은 動·靜을 관통한다'는 것은 '未發時에 마음을 보존하는 것'(涵養)이나 '已發時에 마음을 살피는 것'(省察)이 모두 敬에 해당된다는 말이다. 주자는 불교의 參禪은 '無事時의 靜 공부'에 해당될 뿐이나, 유교의 敬은 '有事時의 動 공부'를 겸하는 것이라고 규정한 것이다. 둘째는 敬을 통해 自得하면 心과 理가 저절로 融會된다는 것이다. '心과 理가 融會된다'는 것은 '心과 理가 合一된다'는 것과 같은 뜻이다. 心과 理가 합일된 상태에서는 禮法에 구애되지 않더라도 행실이 저절로 中節하게 될 것임은 자명할 것이다. 위의 인용문에서는 居敬에 초점을 두고 心과 理의 합일을 설명한 것이다. 그런데 주자는 窮理에 초점을 두어, 다음과 같이 말하기도 한다.

대개 '讀書를 하는 방법'은 모름지기 처음부터 끝까지 '句節에 따라 玩味하는 것'이다. 윗 글자를 볼 때에는 아랫 글자가 있는 줄을 모르는 듯이 하며, 윗 구절을 볼 때에는 아랫 구절이 있는 줄을 모르는 듯이 할 것이요, 모두 투철하게 본 다음에는 또 처음부터 이 한 문단을 보아, 首尾가 관통하게 하라. 그런데 이 문단을 볼 때에는 또한 다음 문단이 있는 줄을 모르는 듯이 해야 한다. 이렇게 하여 점차 나아가면 거의 '心과 理가 融會하여' 저절로 浹洽하게 된다. 그러면 聖賢의 말씀이 맥락이 어긋나지 않음을 알게 될 뿐만 아니라, 또한 自身에게 있어서도 心身과 義理가 날로 純熟하게 됨을 볼 수 있다.[51)]

50) 『朱子大全』 卷45 頁21(2161쪽), 〈答廖子晦〉: 二先生所論敬字 須該貫動靜看方得 夫方其無事而存主不懈者 固敬也 及其應物而酬酢不亂者 亦敬也 故曰 毋不敬 儼若思 又曰 事思敬 執事敬 豈必以攝心坐禪而謂之敬哉 禮樂固必相須 然所謂樂者 亦不過謂胸中無事而自和樂耳 非是著意放開一路而欲其和樂也 然欲胸中無事 非敬不能 故程子曰 敬則自然和樂 而周子亦以爲禮先而樂後 此可見也 旣得後須放開 不然却只是守者 此言旣自得之後 則自然心與理會 不爲禮法所拘 而自中節也 若未能如此 則是未有所自得 纔方是守禮法之人爾 亦非謂旣自得之 又却須放敎開也

위의 인용문의 논점 역시 두 가지이다. 첫째는 독서의 방법을 설명한 것이다. 주자는 윗 글자를 읽을 때는 아랫 글자가 있는 줄을 모르는 듯이 하고, 다 읽었을 때에는 首尾가 관통하게 맥락을 짚으라고 하였다. 이는 각 부분을 탐구할 때에는 해당 부분에 집중하고,[52] 각 부분에 대한 탐구가 끝났을 때에는 그것들을 다시 전체적으로 조망해 보라는 말이다. 둘째는 위와 같이 탐구하면 心과 理가 저절로 融會된다는 것이다. 위의 인용문에서는 心과 理가 융회된 결과를 '心身과 義理가 날로 純熟해짐' 으로 설명하였다. 위와 같은 탐구의 결과 理를 정밀하게 이해하면 心身은 더욱 순화되고, 心身이 순화되면 다시 理를 더욱 정밀하게 이해하게 된다는 것이다.

주자는 '聖人' 을 '心과 理가 합일된 인격' 으로 설명한다.[53] '그 밖의 학자들' 은 心과 理의 합일을 추구하나 아직 未熟한 상태라면, '聖人' 이란 心과 理가 완전하게 합일된 상태라는 것이다.[54] 『중용』에서 '聖人' 은 노력하지 않아도 법도에 맞고, 생각하지 않아도 깨달아서, 조용히 道에 적중한다고 했듯이, 心과 理가 '완전하게' 합일된 상태에서는 의도적인 노력이 없이도 心은 항상 저절로 理에 부합하게 된다. 공자의 '從心所欲不踰矩' 나 맹자의 '大而化之之謂聖' 은 이러한 경지를 표현한 것이었다.

孔子는 15세에는 학문에 뜻을 두었고(志于學), 30세에는 자아를 확립했으며(立), 40세에는 유혹에 빠짐이 없었고(不惑), 50세에는 천명을 알았으며

---

51) 『朱子大全』 卷59 頁4(3010-3011쪽), 〈答林正卿〉 : 蓋讀書之法 須是從頭至尾 逐句玩味 看上字時 如不知有下字 看上句時 如不知有後句 看得都通透了 又却從頭看此一段 令其首尾通貫 然方其看此段時 亦不知有後段也 如此漸進 庶幾心與理會 自然浹洽 非惟會得聖賢言語 意脈不差 且是自己分上 身心義理 日見純熟

52) 윗 글자를 읽을 때는 아랫 글자가 있는 줄을 모르는 듯이 함은 바로 '主一無適의 敬' 에 해당된다. 요컨대 窮理를 할 때에도 바로 居敬에 입각해서 窮理하는 것이다.

53) 『朱子語類』 卷8(145쪽) : 聖人與理爲一 是恰好 其他以心處這理 却是未熟

54) 이는 『중용』에서 '聖人' 과 '그 밖의 사람' 을 구분한 것과 상응한다. '聖人' 은 노력하지 않아도 맞고, 생각하지 않아도 얻어서 조용히 道에 적중하나, '그 밖의 사람들' 에게는 擇善固執의 노력이 필요하다는 것이다(『中庸章句』 제20장 : 誠者 天之道也 誠之者 人之道也 誠者 不勉而中 不思而得 從容中道 聖人也 誠之者 擇善而固執之者也).

(知天命), 60세에는 귀에 어긋남이 없었고(耳順), 70세에는 마음이 원하는 대로 따라 하더라도 법도에 어긋남이 없었다(從心所欲不踰矩)고 자신의 성숙과정을 회고한 바 있다. 이러한 성숙과정은 居敬窮理를 통해 心과 理가 합일되어가는 과정이기도 할 것이다. 주자는 '耳順'을 '생각하지 않아도 깨달아 앎'으로, '從心所欲不踰矩'를 '노력하지 않아도 법도에 맞음'으로 구분하고, '從心所欲不踰矩'에 대해 다음과 같이 주석하였다.

> (마음에) 하나의 흠도 없고 모든 理에 밝아지면, 日用의 사이에 本心이 밝아지고 그에 따라 意欲하는 바도 모두 지극한 理가 된다. 대개 心은 體요, 欲은 用인데, 體는 道에 맞고 用은 義에 맞이, 몸소 하는 말과 행동이 곧 法度가 되는 것이다.[55]

주자는 理를 투철하게 알면 마음이 밝아지고, 마음이 밝아지면 따라서 그 의욕하는 바가 모두 理에 부합하게 된다고 설명하였다. 요컨대 理를 알면 마음이 밝아지고, 밝아진 마음은 다시 理를 따르는 것이다. 그 결과 '從心所欲不踰矩'에 이르게 되는데, 이는 '心과 理' 즉 '自身과 眞理'가 하나가 된 경지를 말하는 것이다.

맹자는 "위대하면서도 그 위대함마저 흔적이 없게 融化시킨 것(大而化之)을 聖이라 한다."고 하였다.[56] 孟子의 '大而化之'에 대해 程子와 朱子는 다음과 같이 주석하였다.

> '大而化之'란 眞理와 자기가 하나가 된 것이다. 아직 化하지 못했을 때는, 사람이 자(尺)로 물건을 재는 것과 같아서 오히려 誤差를 면할 수 없다. 化에 이르러서는 자기가 곧 자이고 자가 곧 자기인 것이다.[57]

---

55) 『論語集註』 爲政 4, 朱子註 : 胡氏曰 (…) 至於一疵不存 萬理明盡之後 則其日用之間 本心瑩然 隨所意欲 莫非至理 蓋心卽體 欲卽用 體卽道 用卽義 聲爲律而身爲度矣

56) 『孟子』 盡心下 25 : 大而化之之謂聖 聖而不可知之之謂神

위대하면서도 化하지 못하면 그 위대함은 아직 方體와 形迹을 떠날 수 없다. 반드시 그 德의 융성함이 날로 더욱 융성해지고 仁의 성숙함이 날로 더욱 성숙해야만, 지난날의 위대함이 바야흐로 봄에 얼음이 녹듯이 혼연히 자취가 사라지게 된다. 그리하여 天地와 德이 부합하게 되고, 日月과 밝음이 부합하게 되며, 四時와 질서가 부합하게 되고, 鬼神과 吉凶이 부합하게 되니, 이러한 경지가 이른바 聖人인 것이다.[58]

'大而化之'를 정자는 '眞理와 自己가 하나가 된 것'으로 풀이하였고, 주자는 '위대함의 자취마저 흔적이 남지 않도록 융화시킨 것'으로 풀이하였다. 요컨대 聖人이란 '진리와 자기가 구별될 수 없을 정도로 완전하게 융화된 것'이라는 말이다. 이처럼 聖人은 心과 理가 완전히 융합된 인격으로 규정되기 때문에, 聖人은 의도적으로 노력하지 않아도 저절로 道에 부합된다고 일컬어지는 것이다. 天地와 德이 부합되고, 日月과 밝음이 부합되고, 四時와 질서가 부합되고, 鬼神과 길흉이 부합된다는 것은 聖人의 삶이 道와 하나가 된 구체적 결과들일 것이다. 이러한 경지에 이른 사람을 『주역』에서는 '大人'이라 하고, "하늘은 大人을 어기지 않고, 大人은 하늘을 받든다."고 설명하였다.[59] 이러한 맥락에서, 유교가 추구하는 '天人合一'의 경지 역시 '心과 理의 합일'을 통해 도달되는 것이다.

---

57) 『孟子集註大全』 盡心下 25, 程子小註 : 大而化之 只是理與己一 其未化者 如人操尺度量物 用之尚不免有差 至於化 則己便是尺度 尺度便是己

58) 『孟子集註大全』 盡心下 25, 朱子小註 : 大而不化 則其大者未能離乎方體形迹之間 必其德之盛者日益盛 仁之熟者日益熟 則向之所謂大者 方且春融凍解 混然無迹 而與天地合德 日月合明 四時合序 鬼神合吉凶矣 是則所謂聖人者也

59) 『周易』 乾卦 〈文言〉 : 夫大人者 與天地合其德 與日月合其明 與四時合其序 與鬼神合其吉凶 先天而天弗違 後天而奉天時 天且弗違 而況於人乎 況於鬼神乎

제5장
理氣相互主宰論의 실천적 의미

1. '規範的 근본'과 '實踐的 근본'

주자의 글들을 조금만 주의 깊게 읽어보면, 우리는 주자의 '本'에 대한 논의가 두 맥락에서 전개되고 있음을 발견할 수 있다. 하나는 '本末論'의 맥락이다. 本末論은 본래 『대학』에서 제기된 것이다. 『대학』에서는 "物에는 本·末이 있고, 事에는 終·始가 있으니, 먼저 할 것과 뒤에 할 것을 알면 道에 가까울 것이다."[1]라고도 하였고, "本이 어지러운데 末이 다스려지는 경우는 없다."[2]고도 하였다. 앞에서 이미 살펴보았듯이, 『대학』의 三綱領과 八條目은 수미일관 先後本末의 체계로 구성된 것이었다.[3] 그런데 "옛날에 天下에 明德을 밝히고자 했던 사람은 먼저 그 나라를 다스렸고, 그 나라를 다스리고자 했던 사람은 먼저 그 집안을 가지런히 했으며, 그 집안을 가지런히 하고자 했던 사람은 먼저 그 몸을 닦았고, 그 몸을 닦고자 했던 사람은 먼저 그 마음을 바르게 했다."는 말이나, "사물에 나아가 탐구한 다음에야 앎이 이르고, 앎이 이른 다음에 뜻이 참되게 되며, 뜻이 참된 다음에 마음이

---

1) 『大學章句』 經1章 : 大學之道 在明明德 在親民 在止於至善 知止而后有定 定而后能靜 靜而后能安 安而后能慮 慮而后能得 物有本末 事有終始 知所先後 則近道矣

2) 『大學章句』 經1章 : 其本亂而末治者 否矣

3) 이 책의 제2장 2절 참조.

바르게 되고, 마음이 바른 다음에 몸이 닦인다."는 말에서 알 수 있듯이, 『대학』의 先後本末論은 바로 '實踐'의 차원에서 논의되는 것이었다. 주자 역시 實踐의 차원에서 『대학』의 先後本末論을 金科玉條로 삼았다.

다른 하나는 '本具論'의 맥락이다. 주자는 理는 만물을 낳는 '本'이요 氣는 만물을 낳는 '具'라고 규정하고, '本'은 만물의 性이 되고 '具'는 만물의 形體가 된다고 설명하였다.[4] 앞에서 이미 살펴보았듯이, '本과 具'는 말 그대로 '形相과 質料'를 뜻한다.[5] 理는 事物의 本이고, 氣는 事物의 具이다. 모든 사물에는 本이 性으로 주어져 있다. 하늘이 本을 性으로 命해준 것이다(天命之謂性). 이 本 또는 性은 각자가 따라가야 할 '길(道)'이기도 하다(率性之謂道). 氣는 이 本을 물리적으로 구체화하는 작용을 하기에 具라 하며, 또한 이 本을 담고 있기에 '그릇(器)'이라고도 한다. 本은 形而上者이기 때문에 현상적으로는 드러나지 않는다. 그러나 형이하자인 具의 운동은 형이상자인 本을 標準으로 삼는 것이다. 주자는 理(太極)를 '標準'으로도 설명하고 '本然'으로도 설명했다. 理는 만물이 바름을 본받고 본뜨는 標準이요 本이며, 氣의 운동이 순환성과 법칙성을 지니는 것도 '본래 그러한 理'를 본받았기 때문이다. 이러한 맥락에서 주자는 理를 '마땅히 따라야 할 법칙'(所當然之則)으로 규정하고, 인간의 삶은 理를 標準으로 삼아야 한다고 주장한 것이다. 이로써 알 수 있듯이, 本具論에서의 本은 '규범적 표준'을 의미하는 것이다.

이상에서 분명하게 드러나듯이, 주자는 이중적인 맥락에서 '本'이라는 개념을 사용하고 있다. '本·末'이란 '근본과 말단'을 뜻하니, 本末論에서의 '本'은 '근본'이라고 해석된다. 그런데 本具論에서의 '本'은 '形相(표준)'이라는 뜻과 '根柢(근본)'라는 뜻을 동시에 지니는 것이었다. 즉 本末

4) 『朱子大全』 卷58 頁5(2947쪽), 〈答黃道夫〉: 天地之間 有理有氣 理也者 形而上之道也 生物之本也 氣也者 形而下之器也 生物之具也 是以 人物之生 必稟此理 然後有性 必稟此氣 然後有形

5) 이 책의 제3장 1절 참조.

論에서의 本은 '근본' 으로 해석되는데, 本具論에서의 本도 '근본' 으로 해석될 수 있는 것이다. 이렇게 본다면, 주자학은 분명 '두 개의 근본' 을 인정하는 것이다. 다만 이 '두 근본' 은 서로 맥락이 다른 것이니, '本末論에서의 本' 은 '實踐的 근본' 을 의미하는 것이요, '本具論에서의 本' 은 '규범적 근본' 을 의미하는 것이다.[6)]

주자가 이처럼 이중적인 맥락에서 '本' 이라는 개념을 사용하는 것은 그의 '理氣相互主宰論' 과 밀접한 연관이 있다. 주자에 의하면, 理는 氣의 운동의 표준이 되고(理의 주재), 氣는 理를 실현하는 운동의 주체였다(氣의 주재). '本具論에서의 本' 은 '理의 주재' 를 설명하는 것이었다. 즉 '本具論에서의 本' 은 '理' 를 지칭하는바, '理는 氣의 운동의 표준' 이라는 말은 '理는 우리 삶의 규범적 근본(표준)' 이라는 주장이 된다. '本末論에서의 本' 은 '실천의 근본' 을 뜻하는 것이었으니, 이는 '氣의 주재' 와 관련된 것이다. 주자는 '氣는 理를 실현하는 주체' 라고 했으니, 실천의 측면에서 말하자면 실천의 주체인 氣(특히 心)를 올바로 확립하는 것이 '우선적' 이고 '근본적' 인 과제가 될 것이다.

이상의 내용을 정리하자면, 주자학에서 '규범적 근본' 은 '理' 이며 '실천적 근본' 은 '心을 다스리는 것' 이다. 주자의 이러한 생각은 '理와 氣는 서로 주재한다' 는 형이상학적 결론의 소산이기도 하지만, 한편으로는 유교의 전통적 입장을 충실하게 계승한 것이기도 하다. 예컨대 공자는 "自己를 이기고 禮로 돌아감이 仁을 실천하는 것(克己復禮爲仁)" 이라고 말함과 동시에 "仁을 실천함은 自己로부터 말미암는다(爲仁由己)" 고 말했다.[7)] '克己復禮' 에서는 '自己' 는 '克服의 대상' 으로 설정되고 '禮' 는 '回復의 대상' 으

---

6) 특별히 강조하거니와, 本末論에서의 本은 '근본' 이라는 의미만 있을 뿐 '표준' 이라는 의미는 없는 것이다.

7) 『論語』 顔淵 1 : 顔淵問仁 子曰 克己復禮爲仁 一日克己復禮 天下歸仁焉 爲仁由己 而由人乎哉 顔淵曰 請問其目 子曰 非禮勿視 非禮勿聽 非禮勿言 非禮勿動 顔淵曰 回雖不敏 請事斯語矣

로 설정되었는바, 이는 규범적 차원의 진술이다. 즉 규범적 차원에서 보자면, '自己'는 '克服의 대상'이며 '禮'는 自己가 따라야할 '규범적 근본(표준)'인 것이다. '爲仁由己'에서는 '自己'는 '仁(禮)을 실천하는 주체'로 설정되고 '仁(禮)'은 自己에 의해 실현되는 객체'로 설정되었는바, 이는 실천적 차원의 진술이다. 즉 실천적 차원에서 보자면 '自己'는 '능동적 주체'요 '仁(禮)'은 '피동적 객체'인 것이다.

自己는 禮에 복종해야 하는 동시에 禮를 실천해야 한다. '禮에 복종함'과 '禮를 실천함'은 사실은 '하나의 일'이다. 그런데 '禮에 복종함'이라는 말은 '禮가 규범적 표준임'(理의 주재)을 부각시키는 것이고, '禮를 실천함'이라는 말은 '自己가 실천의 주체'(氣의 주재)임을 부각시키는 것이다. 이러한 맥락에서, 공자의 '克己復禮'와 '爲仁由己'는 '규범적 근본'은 理(禮)에 있고 '실천적 주체'는 氣(自己)에 있다는 것을 일찌감치 밝혀놓은 것이다.[8]

그러면 주자에 있어서 '규범적 근본'과 '실천적 근본'은 어떻게 媒介되는 것인가? '本具論에서의 本'은 정확히 '理 자체'를 지칭하지만, '本末論에서의 本'은 '氣 자체'를 지칭하는 것은 아니다. '本末論에서의 本'은 '실천의 주체인 心(氣)을 잘 다스리는 것'을 뜻한다. 또 '本과 具'가 지칭하는 대상은 고정되어 있으나, '本과 末'이 지칭하는 대상은 유동적이다. 즉 本具論에서는 本은 항상 理를 지칭하고 具는 항상 氣를 지칭한다. 그러나 本末論에서는 맥락에 따라 유동적이니, 修己와 治人을 두고 말하면 修己가 근본이고 治人이 말단이며, 治國과 平天下를 두고 말하면 治國이 근본이고 平天下가 말단이다. 그러나 실천의 주체는 인간이고, 인간은 몸과 마음을 지니고 있으며, 몸을 주재하는 것은 마음이라는 관점에서, 주자의 本末論은 결국엔 '心을 다스리는 것'을 '萬事의 실천적 근본'으로 설정하게 된다.

---

8) '규범적 근본'論에서는 '繼天立極論'이 도출되고 '실천적 근본'論에서는 '先後本末論'이 도출된다. 이 책의 제6장에서는 繼天立極論을 고찰하고, 제7장에서는 先後本末論을 고찰할 것이다.

앞에서 살펴보았듯이, 주자 공부론의 목표는 '心과 理를 합일시키는 것' 이었다. 주자학에서 '萬事의 실천적 근본' 은 '心을 다스리는 것' 이라 할 때, '心을 다스림' 은 곧 '心과 理를 합일시킴' 을 뜻한다. 그런데 理는 不變的인 형이상자이고 心은 可變的인 형이하자이니, '心과 理를 합일시킴' 이란 결국 '心을 理에 맞게 변화(성숙)시킴' 을 뜻할 수밖에 없다. 주자에게 있어서 '실천적 근본' 이란 궁극적으로 '心을 理에 맞게 변화시킴' (理에 입각하여 心을 성숙시킴)을 뜻하는 것이다.[9] 그런데 理는 항상 '규범적 근본' 으로 설정된다. 이러한 맥락에서, 주자의 노선은 '규범적 근본에 입각하여 실천적 근본을 확립한다' 는 것으로 정리된다.

주자의 입장에서 볼 때, 여러 부류의 異端들은 바로 '규범적 근본' 과 '실천적 근본' 의 문제에 있어서 혼동하고 있는 것이었다. 주자에 의하면, 規範的으로는 '理' 가 근본이며, 實踐的으로는 '마음을 다스림' 이 근본이다. 그런데 불교는 心을 규범적 근본으로 삼는다.[10] 心을 규범적 근본으로 삼게 되면, 한편으로는 '이 세계의 객관적 理法' 을 외면하게 되고, 한편으로는 '마

---

9) 유학은 흔히 修己治人의 학문이라 한다. 『대학』에서는 修己와 治人을 本·末 관계로 보아, 修己는 本이요 治人은 末이라 했다. 이런 맥락에서 본다면 修己는 '실천적 근본' 이다. 그런데 『대학』에서는 修己를 또 格物致知와 誠意正心으로 설명했다. 즉 修己는 治人에 대해서는 本(실천적 근본)이 되지만, 修己 자체는 工夫에 해당되는 것이다. 즉 주자학에 있어서의 '工夫' 란 바로 '실천적 근본을 확립하려는 노력' 인 것이다.

10) 주자학에서 儒·佛을 비교할 때 흔히 '聖人本天, 釋氏本心' 이라는 말을 쓴다. 이는 '유교의 聖人은 天(天理)을 표준으로 삼는데, 불교에서는 心을 표준으로 삼는다' 는 뜻이다. 불교에서는 마음을 '표준' 으로 삼는 근거로서 "내 마음이 곧 부처(卽心卽佛)"라는 말이나 "마음이 생기면 갖가지 존재들이 생기고, 마음이 소멸하면 갖가지 존재들이 소멸한다(心生則種種法生, 心滅則種種法滅)"라는 주장을 내세운다. 그러나 주자학적으로 볼 때, 마음은 사람마다 다르고 내 마음조차 可變的이기 때문에 진리의 표준이 될 수 없으며, "마음이 생기면 갖가지 존재들이 생기고, 마음이 소멸하면 갖가지 존재들이 소멸한다"는 것도 마음이 '실천적 주체(근본)임' 을 밝혀주는 것일 뿐이다. 그리하여 주자는 모든 사람에게 보편적이고 불변적인 '本性' 을 '진리의 표준' 으로 설정하고 (주자학에서는 '인간의 本性이 곧 天理' 라 하였다), '마음' 은 '실천의 주체' 일 뿐이라고 보았다.

음을 다스림' 을 외면하게 된다. '규범적 표준은 내 마음에 있다' 는 맥락에서는 객관적 理法을 요청할 필요가 없게 되고, '내 마음이 진리의 표준' 이라는 맥락에서는 마음의 모든 활동은 그 자체로 정당화될 수 있는 것이다. 요컨대 불교의 猖狂自恣는 '心' 을 규범적 근본으로 삼고, 실천적 근본인 '마음을 다스림' 을 외면하는 데서 비롯되는 것이다. 주자는 이러한 비판을 陸象山의 心學에 대해서도 그대로 적용시켰다. 한편 法家(管商功利主義)는 가치관에 있어서 義理보다 功利를 앞세우고, 통치론에 있어서 '刑罰制度' 를 全能으로 여기고 '통치자의 人格的 성숙' 문제를 외면하였다. 이에 대해 주자학에서는 '규범적 근본' 도 거꾸로 설정하고, '실천적 근본' 도 거꾸로 설정한 것으로 비판하는 것이다.

2. 聖賢의 '心法'

주자는 萬事에는 本·末이 있는바, '千聖이 서로 전해준 心法의 요점' 을 체득하는 것이 모든 일을 성공시킬 수 있는 '근본' 이라고 보았다. 무슨 일이든 '聖賢의 心法' 에서 어긋나면 결코 성공할 수 없다는 것이다. 그런데 주자가 말하는 '聖賢의 心法' 이란 바로 '규범적 근본에 입각해 실천적 근본을 확립함' 이었던 것이다. 즉 주자는 理氣相互主宰論의 입장에서 '규범적 근본에 입각해 실천적 근본을 확립한다' 는 원칙을 정립하고, 이 원칙을 준수하느냐의 여부가 萬事의 成敗를 좌우한다고 보았던 것이다. 주자는 〈戊申延和奏箚五〉에서 이러한 문제들을 자세히 언급하고 있다. 다소 장황하겠지만, 그 중요한 부분들을 발췌해서 살펴보기로 하자. 〈戊申延和奏箚五〉는 다음과 같은 문제제기로 시작된다.

> 臣은 그윽이 생각건대, 陛下께서는 크게 일할 만한 資質로 크게 일하겠다는 意志를 떨치며 卽位한 초기부터 慷慨發憤하고 恭儉勤勞하여, 안으로는 政事를

닦고 밖으로는 夷狄을 물리쳐서 先王들의 恥辱을 씻고 빼앗긴 疆土를 회복하겠다고 自任하신 것이 어언 27년이나 되었습니다. 그런데 因循姑息 세월만 흘러서 尺寸만한 효과도 전혀 없으니, 위로는 성스런 뜻에 보답하고 아래로는 사람들의 輿望을 위로할 수 있겠습니까? 알지 못하겠습니다만, 陛下께서도 일찍이 한 밤중에 이것을 생각하면서 그 까닭을 찾아보셨습니까? 임용한 사람들이 적임자가 아니었기 때문이라고 한다면, 陛下의 神明으로 임용한 사람들을 어찌 모두 적임자가 아니라고 할 수 있겠습니까? 말미암은 方道가 합당한 道가 아니었기 때문이라고 한다면, 陛下의 仁聖으로 말미암은 方道를 어찌 모두 합당한 道가 아니라고 할 수 있겠습니까? 規模가 정해지지 않았기 때문이라고 한다면, 陛下의 規模는 일찍이 정해져 있었습니다. 志氣가 확립되지 않았기 때문이라고 한다면, 陛下의 志氣는 일찍이 확립되어 있었습니다. 그런데도 또한 이렇게 된 까닭은 무엇이겠습니까?[11]

주자는 奏箚의 冒頭에서 당시의 군주 孝宗에게 27년 동안의 통치가 별나른 효과를 보지 못한 근본적인 까닭이 무엇이겠느냐는 질문을 제기하였다. 주자는 孝宗에 대해 資質로 보나 意志로 보나 國政의 기본적 방향설정으로 보나 특별한 瑕疵가 없었다고 평가하고, 그럼에도 불구하고 뚜렷한 통치의 효과를 얻지 못하는 까닭이 무엇이겠느냐고 묻는 것이다. 주자는 위의 인용문에 이어서 다음과 같이 말한다.

臣은 진실로 어리석고 미천하나, 일찍이 陛下를 위하여 이것을 궁금하게 여겼습니다. 그리하여 일찍이 반복하여 생각해보니, 陛下께서 한가하게 물러나

11) 『朱子大全』 卷14 頁6-7(538-539쪽), 〈延和奏箚五〉 : 臣竊惟陛下 以大有爲之姿 奮大有爲之志 卽位之初 慷慨發憤 恭儉勤勞 務以內修政事 外攘夷狄 汛掃陵廟 恢復土疆 爲己任 如是者二十有七年于玆矣 而因循荏苒 日失歲亡 了無尺寸之效 可以仰酬聖志 下慰人望 不審 陛下亦嘗中夜以思 而求其所以然之說耶 以爲所任者非其人 則陛下之神明 豈可謂所任盡非其人 以爲所由者非其道 則陛下之仁聖 豈可謂所由盡非其道 以爲規模不定 則陛下之規模 嘗定矣 以爲志氣不立 則陛下之志氣 嘗立矣 然且若是 何耶

> 쉬면서 虛明하게 사물에 응할 때에, 天理에 순수하지 못하고 人欲을 완전히 제거하지 못했기 때문에 그렇게 된 것이 아닌가 합니다. 天理에 순수하지 못했기에 善을 실천할 때 항상 그 量을 채우지 못하고, 人欲을 완전히 제거하지 못했기에 惡을 제거할 때 항상 그 뿌리를 뽑지 못한 것입니다. 善을 실천할 때 그 量을 채우지 못하고, 惡을 제거할 때 그 뿌리를 뽑지 못했기 때문에, 비록 하나를 생각할 경우라도 公私邪正과 是非得失의 기미가 일찍이 朋分角立하여 그 안에서 交戰하지 않은 적이 없습니다.[12]

'한가하게 물러나 쉬면서 虛明하게 사물에 응할 때' 란 公的인 政務를 마치고 궁궐의 깊숙한 곳에서 누리는 私生活의 영역을 말한다. 私生活은 한편으로는 公務의 부담에서 벗어난 자유의 영역이지만, 다른 한편으로는 내일의 公務를 위한 휴식의 영역이다. 그런데 주자는 이 '사생활의 영역' 에서 문제가 발생한다고 보았다. 즉 孝宗의 통치가 뚜렷한 효과를 보지 못하는 근본 까닭은 이 사생활의 영역에서 '天理를 순수하게 보존하고(存天理), 人欲을 완전하게 제거하는(遏人欲)' 일이 제대로 되지 않았기 때문이라는 것이다.

君主는 公的인 政務의 영역에서는 주로 大臣과 諫官을 상대하는데, 君主는 이들의 直言을 따분하게 여기는 경우가 많았다. 君主의 도량이 커서 이들의 直言을 수용하는 경우라도, '사생활의 영역' 이 君主의 결심을 번복시키는 경우가 많았다. 즉 이 '사생활의 영역' 은 곧 宦官과 妃嬪 등 便嬖가 시중들며 阿諂하고 譖愬하는 공간이기도 했던바,[13] 이들의 개입으로 군주의

---

12) 『朱子大全』 卷14 頁7(539쪽), 〈延和奏箚五〉: 臣誠愚賤 嘗爲陛下惑之 故嘗反覆而思之 無乃燕閒蠖濩之中 虛明應物之地 所謂天理者有未純 所謂人欲者有未盡 而然歟 天理有未純 是以 爲善常不能充其量 人欲有未盡 是以 除惡常不能去其根 爲善而不能充其量 除惡而不能去其根 是以 雖以一念之頃 而公私邪正是非得失之幾 未嘗不朋分角立 而交戰於其中

13) 공자는 '浸潤之譖(서서히 젖어드는 讒訴)' 과 '膚受之愬(피부에 와 닿는 하소연)' 에 넘어가지 않아야만 '현명한 사람' 이라고 하였다(『論語』 顔淵 6 참조). 東西를 막론하고

정치적 결단은 종종 昏迷에 빠지게 된다는 것이다. 따라서 군주가 '存天理遏人欲'에 투철하지 않으면 便嬖의 아첨과 참소에 넘어가기 쉽고, 그 결과 무슨 일을 직면하든 항상 '公私邪正과 是非得失의 기미가 마음속에서 交戰하게 된다'는 것이다. 주자는 그 '交戰'의 양상과 결과를 다음과 같이 설명한다.

> 그러므로 大臣을 禮遇함이 두터웠지만 가까이서 아첨하는 사사로운 무리들이 心腹처럼 깊이 신뢰를 받을 수 있었고, 英雄豪傑을 구함이 간절했지만 유약하고 간사하며 용렬한 무리들이 조정의 권력을 오랫동안 훔칠 수 있었습니다. 천하의 公正한 議論을 좋아했지만 또한 때때로 용납하지 않으셨으며, 천하의 讒殄한 言行을 미워했지만 또한 잘못해서 들어주는 경우도 있었습니다. 先王들의 수치를 보복하려 했지만 간혹 두려워서 구차하게 편안을 택함을 면치 못했으며, 백성들의 財力을 길러주려 했지만 간혹 탄식하고 원망하는 소리를 면치 못했습니다. 무릇 이와 같은 일들이 하나 둘이 아닙니다. 그러므로 임용하는 사람이 적임자가 아닌 것은 아니었지만 또한 적임자를 모두 얻을 수도 없었으며, 말미암은 것이 비록 모두 道가 아닌 것은 아니었지만 또한 道에 모두 부합할 수도 없었습니다. 規模는 일찍이 조금 정해져 있었으나 마침내는 정해지지 않은 것이 되었고, 志氣는 일찍이 조금 섰으나 마침내는 서지 않은 것이 되었습니다. 헛되게 歲月을 보내 지금에 이르렀으니, 다스림을 이루기에 부족했던 것만이 아니요 간혹 도리어 환란을 초래하기에 충분했으며, 남을 위한 계책을 세울 수가 없었던 것만이 아니요 사실은 스스로를 지키기에도 부족했습니다. 천하의 사람들만이 陛下를 위해 안타깝게 여기는 것이 아닙니다. 臣은 陛下의 마음 또한 이것을 恨으로 여기지 않을 수 없음을 알고 있습니다.[14]

역사상 昏君들은 대부분 便嬖의 浸潤之譖과 膚受之愬에 넘어갔던 것이다.

14) 『朱子大全』 卷14 頁7(539쪽), 〈延和奏箚五〉: 故所以體貌大臣者非不厚 而便佞側媚之私 顧得以深被腹心之寄 所以寤寐豪英者非不切 而柔邪庸繆之輩 顧得以久竊廊廟之權 非不樂聞天下之公議正論 而亦有時而不容 非不欲聖天下之讒說殄行 而亦未免於誤聽

주자가 말하는 '交戰' 이란 요컨대 君主의 마음속에서 빚어지는 '양심과 욕심의 갈등' 을 뜻한다. 이러한 갈등으로 빚어지는 '交戰의 양상' 은 '君子 · 小人의 竝用' 과 '公 · 私의 混同' 으로 드러난다. 그 결과 정치 현실은 '因循姑息 세월만 흘러서 尺寸만한 효과도 전혀 없는 것' 이요, 이는 군주 자신이나 일반 백성이나 모두 애석하게 여기는 현실이라는 것이다. 그리하여 당시의 많은 識者들이 이러한 현실을 문제 삼고 대책을 進言하고 있었던 바, 주자는 그들이 제시하는 대책에 대해서도 다음과 같이 비판한다.

> 길가에서 듣자오니, 근래에 陛下께 進說하는 士大夫들이 많다고 하였습니다. 그 근본(本)은 탐구하지 않고 한갓 말단(末)만을 가리키며, 그 어려운 것은 먼저 하지 않고 당장 쉬운 것만 하며, 천하의 자질구레한 일은 세세히 거론하면서 陛下의 몸에 근본하지 않고, 악착같이 利害의 末流를 추구하고 있으니, 臣은 그것들은 '出治의 근본' 을 단정하게 하고 '應物의 근원' 을 맑게 하여 陛下의 바르고 원대한 계획을 도와 天下의 모든 일이 陛下의 뜻대로 이루어지도록 하기에는 부족하다고 여깁니다.[15]

위에서 말하는 '어려운 것' 이란 '근본을 강구하는 것' 이며, '쉬운 것' 이란 '말단을 다스리는 것' 이다. 주자는 당시의 識者들이 손쉽고 당장 효과가 드러나는 말단적인 것만 문제 삼고 있다고 비판하였다. 이들의 대책은 말단

非不欲報復陵廟之讎恥 而或不免於畏怯苟安之計 非不欲愛養生靈之財力 而或未免於歎息愁怨之聲 凡若此類 不一而足 是以 所用雖不至盡非其人 而亦不能盡得其人 所由雖不至盡非其道 而亦不能盡合其道 規模蓋嘗小定而卒至於不定 志氣蓋嘗小立而卒至於不立 虛度歲月 以至於今 非獨不足以致治 而或反足以召亂 非獨不可以謀人 而實不足以自守 非獨天下之人爲陛下惜之 臣知陛下之心亦不能不以此爲恨也

15) 『朱子大全』 卷14 頁8-9(540-541쪽), 〈延和奏箚五〉 : 聞之道路 比來士大夫之進說者 多矣 不探其本而徒指其末 不先其難而姑就其易 毛擧天下之細故 而不本於陛下之身 營營馳騁乎事爲利害之末流 臣恐其未足以端出治之本 清應物之源 以贊陛下正大宏遠之圖 而使天下之事 悉如聖志之所欲也

만 문제 삼는 것이기 때문에 일시적인 효과로 그칠 뿐, 원대한 계획을 달성시키기에는 부족하다는 것이다. 주자는 이러한 현실을 타파하려면 末端을 문제 삼기에 앞서 根本을 강구해야 한다고 보았다. 위에서 말하는 '出治의 근본'과 '應物의 근원'이란 '君主의 마음'을 뜻한다. 주자는 君主에게 '근본적 과제'로서 '聖賢의 心法'을 체득할 것을 제기하였다. 주자는 '성현의 心法'을 다음과 같이 소개하고 있다.

> 옛날 舜·禹와 孔子·顔子 사이에는 일찍이 이를 근심하여 강론한 것이 있습니다. 舜은 禹에게 "人心은 오직 위태롭고 道心은 오직 은미하니, 오직 精密하게 살피고 오직 專一하게 지켜서, 진실로 그 中庸을 잡으라(人心惟危 道心惟微 惟精惟一 允執厥中)"고 경계하셨고, 이어서 "옛날 일에 상고하지 않은 말은 듣지 말고, 대중들과 상의하지 않은 계책은 쓰지 말라. 제왕의 자리를 삼가서 착한 일을 공경하여 닦으라. 四海가 困窮해지면 하늘이 내린 祿이 영원히 끝나리라."라고 말씀하셨습니다. 孔子는 顔淵에게 이미 "克己復禮가 곧 仁을 실천하는 것이니, 하루를 克己復禮하면 天下가 仁에 돌아올 것이다. 仁을 실천함은 나로부터 말미암는 것이니, 남에게서 말미암겠는가?"라고 말씀하시고, 또 거듭 말씀하시기를 "禮가 아니면 보지 말고, 禮가 아니면 듣지 말며, 禮가 아니면 말하지 말고, 禮가 아니면 움직이지 말라."고 하셨습니다. 그리고 "四代의 禮樂을 損益하라."고 말씀하시고는 또 거듭 "鄭나라 음악을 물리치고, 아첨하는 사람을 멀리 하라. 鄭나라 음악은 음란하고, 아첨하는 사람은 위태롭다."고 말씀하셨습니다. 嗚呼라. 이것이 千聖이 서로 전해준 心法의 요점으로서, 天理의 保全에 극진하고 人欲의 除去에 엄밀하니, '本·末'과 '巨·細'를 겸하여 거론한 것이라 하겠습니다.[16]

---

16) 『朱子大全』 卷14 頁9(541쪽), 〈延和奏箚五〉: 昔者舜禹孔顔之間 蓋嘗病此而講之矣 舜之戒禹曰 人心惟危 道心惟微 惟精惟一 允執厥中 而必繼之曰 無稽之言勿聽 弗詢之謀勿庸 愼乃有位 敬修其可願 四海困窮 天祿永終 孔子之告顔淵 旣曰克己復禮爲仁 一日克己復禮 天下歸仁焉 爲仁由己 而由人乎哉 而又申之曰 非禮勿視 非禮勿聽 非禮勿言

舜이 禹에게 전한 心法은 '惟精惟一'로 대변되는데, 이는 '자신의 마음이 人心인지 道心인지를 精密하게 살피고(惟精), 그 가운데 道心을 專一하게 지키라(惟一)'는 것이다. 보다 근원적으로, 주자는 '人心'이란 '肉體의 사사로움으로부터 연원하는 마음'이요, '道心'이란 '性命의 공정함으로부터 연원하는 마음'이라고 설명하였다. 따라서 '道心을 專一하게 지키라'는 말은 곧 '性命(天理)의 公正함을 내 마음의 중심으로 삼으라'는 말이다. 그 다음, '옛날 일에 상고한 말'이나 '대중들과 상의한 계책' 역시 역사적 경험이나 수많은 사람들의 논의를 통해 '天理로 검증된 내용들'을 뜻한다. 공자가 안연에게 전한 心法은 '克己復禮'로 대변되는데, 이는 '자신의 사사로운 욕망'을 버리고 '禮'를 따르라는 것이었다. 주자는 여기서의 '禮'를 '天理의 節文'으로 풀이하였다.[17] 禮란 '이 세계의 자연적 理法에 따라 마디 짓고 꾸민 것'이라는 설명이다. 따라서 克己復禮의 心法 역시 '天理를 내 마음의 표준으로 삼고, 자신의 사사로운 욕망을 극복하라'는 것이다. 주자는 '千聖이 서로 전해준 心法'을 '天理의 保全에 극진하고 人欲의 除去에 엄밀하라'는 것으로 요약했다. 이러한 맥락에서, 주자가 말하는 '성현의 心法'이란 바로 '규범적 근본에 입각해 실천적 근본을 확립하는 것'이었다.[18] 주자에 의하면, 兩漢 이래의 군주들은 이러한 心法을 외면했기 때문에 '帝王의 盛大한 업적'을 이룰 수 없었던 것이다.

非禮勿動 旣告之以損益四代之禮樂 而又申之曰 放鄭聲 遠佞人 鄭聲淫 佞人殆 嗚呼 此千聖相傳心法之要 其所以極夫天理之全 而察乎人欲之盡者 可謂兼其本末巨細 而擧之矣

17)『論語集註』顏淵 1, 朱子註 : 禮者 天理之節文

18) '聖賢의 心法'을 확립하는 것을 韓末의 유학자 艮齋 田愚는 '性師心弟'로 설명하였다. '性師心弟'란 "心이 運用할 즈음에 性善의 발현을 模範으로 삼아 하나하나 본받는다.(『艮齋集』後編 卷12 頁42 : 性師心弟 大概言 爲心者 運用之際 以性善之發見者爲模範 而一一效法也)"는 뜻이다. 간재는 주자의 理氣論을 '理氣相互主宰論'으로 해명하고, 그 실천적인 의미를 '性師心弟'로 파악했던 것이다(이에 대한 자세한 논의는 拙著,『畿湖性理學論考』제8장 참조).

兩漢 이래로 나라를 잘 다스리고자 했던 君主가 없었던 것은 아닙니다만, 능히 여기에 뜻을 둔 君主는 없었습니다. 그리하여 비록 간혹 世俗에 따라 功名을 이루기는 했으나, 끝내 帝王의 盛大한 업적에는 참여할 수 없었습니다. 간혹 庸主가 되는 것을 부끄럽게 여겨 이 道에 힘쓰고자 했던 君主가 있었더라도, 또한 老・佛에 빠짐을 면치 못해, 고요할 때에는 한갓 '虛無寂滅' 을 즐거움으로 알고 이른바 '實理의 근원' 이 있음을 몰랐으며, 움직일 때에는 한갓 '應緣無礙' 를 통달로 알고 이른바 '善惡의 기틀' 이 있음을 몰랐습니다. 그리하여 日用의 사이에 內・外가 괴리되어 서로 쓰이지 못하고 도리어 政事에 害가 되었으며, 이른바 '千聖이 서로 전해준 心法' 의 요점도 다시는 講磨되지 않았습니다.[19)]

주자에 의하면, 兩漢 이래의 군주들은 기본적으로 '성현의 心法' 이라는 것 자체를 몰랐다. 간혹 '帝王의 道' 에 관심을 둔 군주가 있었다 하더라도 老・佛에 빠지고 말았다는 것이다. '虛無寂滅' 을 '즐거움' 으로 삼고 '應緣無礙' 를 '통달' 로 삼는 한, '現世에서의 正義로운 정치' 란 이미 관심의 대상이 되지 못하는 것이다. '虛無寂滅' 은 종종 세속적인 정치의 영역을 무의미하고 더러운 것으로 폄하하는 논리가 되었고, '應緣無礙' 는 대범하게 是非善惡을 초탈하라는 논리가 되었기 때문이다. 그러나 '제왕의 정치' 란 본래 世俗을 벗어날 수 없는 것이고, 또 正義를 추구하지 않을 수 없는 것이다. 따라서 주자는 老・佛이 '政事에는 도리어 害가 되었다' 고 비판하는 것이다. 주자는 孝宗에게 '성현의 心法' 에 조금이라도 유의할 것을 호소하면서, 다음과 같이 주문하였다.

---

19)『朱子大全』卷14 頁9(541쪽),〈延和奏箚五〉: 兩漢以來 非無願治之主 而莫克有志於此 是以 雖或隨世以就功名 而終不得以與乎帝王之盛 其或恥爲庸主 而思用力於此道 則又不免蔽於老子浮屠之說 靜則徒以虛無寂滅爲樂 而不知有所謂實理之原 動則徒以應緣無礙爲達 而不知有所謂善惡之機 是以 日用之間 內外乖離 不相爲用 而反以害於政事 蓋所謂千聖相傳心法之要者 於是不復講矣

臣은 어리석고 不肖하오나, 그윽이 원하옵건대 陛下께서는 '今日의 (不振한) 治效'에 대해 그 까닭을 거슬러 올라가 탐구해 보시고, 舜·禹와 孔·顔께서 주고받은 말씀에 조금이라도 留意하시기 바랍니다. 오늘부터는 一念이 싹틀 때 그것이 天理인지 人欲인지를 반드시 조심스럽게 살피십시오. 과연 天理이면 조심스럽게 확충하여 조금이라도 막힘이 없도록 하시고, 과연 人欲이면 조심스럽게 이겨내서 조금이라도 엉김이 없게 하십시오. 이것을 미루어, 言語·動作과 用人·處事에 이르기까지 모두 이렇게 마름질하십시오. 그것이 옳음을 알고 실행할 때에는 '그 노력하지 못함'만 근심하시고, '그 노력이 지나침'은 근심하지 마십시오. 그것이 잘못임을 알고 제거할 때에는 '그 과감하지 못함'만 근심하시고, '그 과감이 심함'은 근심하지 마십시오. 그 사람이 어진 것을 알고 등용할 때에는 '그에게 오로지 맡기지 못함'과 '그런 사람을 많이 모으지 못함'을 근심하시고, '그들이 黨을 이룸'은 근심하지 마십시오. 그 사람이 不肖한 것을 알고 물리칠 때에는 '빨리 물리치지 못함'과 '모두 제거하지 못함'만을 근심하시고, '그것이 치우친 것임'은 근심하지 마십시오. 이렇게 하신다면, 聖心이 밝아지고 안과 밖이 融徹하여 一毫의 私欲도 그 사이에 끼어들 수 없을 것이요, 天下의 일도 장차 모두 陛下께서 뜻하시는 대로 이루어질 것입니다.[20)]

주자는 군주에게 성현의 心法을 익힐 것을 권하고, 그 결과 군주 자신의 판단이 정당한 것이라는 확신을 얻게 되면 그것을 과감하게 실천에 옮기라

20) 『朱子大全』 卷14 頁9-10(541-542쪽), 〈延和奏箚五〉: 臣愚不肖 竊願陛下 卽今日之治效 泝而上之 以求其所以然之故 而於舜禹孔顔所授受者 少留意焉 自今以往 一念之萌 則必謹而察之 此爲天理耶爲人欲耶 果天理也則敬以擴之 而不使其少有壅閼 果人欲也則敬以克之 而不使其少有凝滯 推而至於言語動作之間 用人處事之際 無不以是裁之 知其爲是而行之 則行之惟恐其不力 而不當憂其力之過也 知其爲非而去之 則去之惟恐其不果 而不當憂其果之甚也 知其爲賢而用之 則任之惟恐其不專 聚之惟恐其不衆 而不當憂其爲黨也 知其爲不肖而退之 則退之惟恐其不速 去之惟恐其不盡 而不當憂其有偏也 如此則聖心洞然 中外融徹 無一毫之私欲 得以介乎其間 而天下之事 將惟陛下之所欲爲 無不如志矣

고 주문하였다. '聖心이 밝아지고 안과 밖이 融徹하여 一毫의 私欲도 그 사이에 끼어들 수 없을 것' 이란 말은 '성현의 心法' 을 익힌 결과요, '天下의 일도 장차 모두 陛下께서 뜻하시는 대로 이루어질 것' 이란 말은 성현의 心法에 따른 '과감한 실천' 의 결과일 것이다. 주자의 이러한 생각은 '근본이 옳다면 말단도 옳게 될 것' 이라는 낙관주의라 하겠다. 이러한 낙관주의가 타당한 것인지는 확언하기 어려울 것이다. 그러나 本末論을 전제하는 한, 근본이 誤導될 경우 말단도 항상 誤導될 것임은 분명할 것이다.

3. 理·勢와 時中之道

주자의 理氣相互主宰論은 실천론에 있어서는 항상 '理의 측면' 과 '氣의 측면' 을 동시에 고려하라는 주장으로 표출된다. 理의 측면에만 치우치면 현실성이 없게 되고, 氣의 측면에만 치우치면 규범성이 없게 된다. 아무리 이상적이라 하더라도 현실성이 없으면 실현될 수 없으며, 또한 아무리 현실적이라 하더라도 규범성이 없으면 용납될 수 없다. 따라서 우리의 실천은 理想性(규범성)과 現實性이 매개되는 지점에서 이루어져야 한다는 것이다. 요컨대 주자는 어떤 규범적 원칙을 획일적으로 고집한 것도 아니요, 그렇다고 權謀術數를 용인하는 것도 아니었다. 주자의 이러한 입장은 '理와 勢' 를 동시에 고려하라는 주장으로도 드러나고, '時中之道' 에 대한 해석에서도 드러난다.

주자는 종종 '理勢' 라는 말을 쓴다. 여기서 '理' 는 原則이나 理想을 뜻하고, '勢' 는 事情이나 形便 또는 그와 관련된 사람들의 본능적 意志나 감정(마음) 등 形勢를 뜻한다. 주자의 입장은 '理와 勢 어느 하나와도 어긋난다면, 그것은 성공할 수 없다' 는 것이다. 예컨대 주자는 다음과 같이 말한다.

천하의 사물에는 親近한 것도 있고 疎遠한 것도 있으며, 마음이 사물에 감응할 때에는 輕重도 있고 長短도 있습니다. 親近한 것은 무겁고 길게 대하지만 疏遠한 것은 가볍고 짧게 대합니다. 무겁고 길게 대할 것은 우선하고, 가볍고 짧게 대할 것은 나중에 하는 것이 또한 '理勢의 必然' 이니, 이것은 사람의 힘으로 할 수 있는 것이 아닙니다.[21)]

위의 인용문의 요점은, 親近한 사람에 대해서는 먼저 지속적으로 후하게 대하고 疎遠한 사람에 대해서는 나중에 일시적으로 박하게 대하는 것이 '理勢의 필연' 이라는 것이다. 이는 孟子의 '別愛' 를 옹호하는 것으로서,[22)] 이것이 '理' 에도 맞고 '勢' 에도 맞다는 것이다. 주자는 묵자의 '兼愛' 에 대해서는 '사람들의 감정에 가깝지 않아 실천하기 어렵다' 고 평가하였다.[23)] '사람들의 감정에 가깝지 않다' 는 것은 '形勢에 어긋난다' 는 말이다. 즉 묵자의 兼愛는 '理想的인 것' 이라 하더라도, 勢에 어긋나므로 성공할 수 없는 논리라는 것이다. 주자는 다음과 같이 말하기도 한다.

臣은 듣자오니, 君主는 宰相을 論定하는 것으로 직책을 삼고, 宰相은 君主를 바루는 것으로 직책을 삼습니다. 군주와 재상이 각각 그 직책을 다한 다음에야 體統이 바르고 朝廷이 존엄하게 됩니다. (…) 또 天下의 곧고 믿음직스러우며 용감하게 말하는 선비를 선발하여, 臺諫과 給舍를 삼아 정사를 의논하는 데 참여하게 했습니다. (…) 唐太宗처럼 聰明英特하여 몸소 將相을 겸할 수 있다고

21) 『朱子大全』 卷15 頁8-9(580쪽), 〈經筵講義〉 : 若夫天下之物 則有親有疎 有近有遠 而心之應物 則有重有輕 有長有短 親者重而疎者輕 近者長而遠者短 重而長者在所先 輕而短者在所後 亦理勢之必然 非人之所能爲也

22) 孟子는 사랑의 실천을 '물이 흐르는 것' 에 비유하였다. 흐르는 물은 웅덩이를 만나면 반드시 그 웅덩이를 다 채운 다음에야 앞으로 나아간다(盈科而後進). 마찬가지로 사랑의 실천도 자신에게 가까운 父母兄弟에게 먼저 충분한 사랑을 베풀고, 그 다음에 이웃으로 확장되어 나가야 한다는 것이다. 이에 대한 자세한 논의는 이 책의 제8장 1절 참조.

23) 『朱子大全』 卷61 頁30(3188쪽), 〈答嚴時亨〉 : 楊墨皆是邪說 無大輕重 但墨氏之說 尤出於矯僞 不近人情而難行

> 일컫던 군주도 오히려 天下의 모든 일을 반드시 宰相을 經由하도록 하였고, 便安한 것인지 숙고한 다음에야 시행했습니다. 이는 '理勢의 當然'으로서, 바꿀 수 없는 것입니다.[24)]

위의 인용문의 요점은, 君臣共治는 理로 보아도 당연하고 勢로 보아도 당연한 것으로서, 바꿀 수 없다는 것이다. 이러한 주장은 달리 말하자면 君主의 獨斷(專制)에 의한 통치는, 理로 보아도 不當하고 勢로 보아도 不當하므로, 실패할 수밖에 없다는 뜻이다.

주자는 理에도 맞고 勢에도 맞는 것을 '理勢의 必然'이라고도 표현하고 '理勢의 當然'이라고도 표현했다. '理로 보아도 必然的이고 勢로 보아도 必然的인 것' 또는 '理로 보아도 當然하고 勢로 보아도 當然한 것'은 인간의 힘으로 막을 수 있거나 바꿀 수 없다는 것, 이것이 주자의 지론이었다. 주자의 이러한 지론은 한편으로는 올바른 실천의 방향을 제시하는 것이고, 한편으로는 異端을 비판하는 것이다. '올바른 실천의 방향'이라는 맥락에서 보자면, 성공을 위해서는 理와 勢를 모두 고려해야 한다는 뜻이요, 또 理와 勢에 모두 부합되는 일은 거부할 수 없다는 뜻이다. 주자는 이런 맥락에서 '올바른 삶의 규범'은 '이 세계의 객관적 理法에 따르고(順天理) 사람들의 마음에도 부합되는(合人心) 것'이어야 한다고 보았다.[25)] '異端 비판'이라는 맥락에서 보자면, 理와 勢 어느 하나만 고려해서는 성공할 수 없다는 뜻이다. 주자학적으로 볼 때, 법가적 功利主義는 '勢'만을 고려하여 權謀術數를 일삼는 것이니 規範性이 부족한 것이요, 이상적 急進主義는 '理'만을 고려하여 本末의 先後와 주어진 形勢를 외면하는 것이니 現實性이 부족한 것이었다.

---

24) 『朱子大全』 卷12 頁9-10(496-497쪽), 〈己酉擬上封事〉: 臣聞人主以論相爲職 宰相以正君爲職 二者各得其職 然後體統正而朝廷尊 (…) 又公選天下直諒敢言之士 使爲臺諫給舍 以參其議論 (…) 且以唐太宗之聰明英特 號爲身兼將相 然猶必使天下之事 關由宰相審熟便安 然後施行 蓋謂理勢之當然 有不可得而易者

25) 이에 대한 자세한 논의는 이 책의 제6장 2절 참조.

'時中之道' 란 평상시에는 常道를 따르고 비상시에는 權道를 발휘하여 항상 주어진 상황에 대한 最適의 대응을 모색하는 것이다. 常道란 평상시에 준수되어야 하는 일상적인 규범을 말하고, 權道란 비상적인 상황에서 모색하는 臨機應變으로 常道와는 어긋나는 것을 말한다. 맹자는 "남녀간에 물건을 직접 주고받지 않는 것은 禮요, 형수가 물에 빠졌을 때에 손으로 구해주는 것은 權이다."[26]라고 하였다. '남녀간에 직접 물건을 주고받지 않는다' 는 것은 가급적이면 '남녀간의 신체적 접촉을 피하라' 는 뜻이다. 그런데 형수가 물에 빠졌을 때에는 신체적인 접촉을 피하라는 禮法에 얽매이지 말고 적극적으로 구해내야 한다는 것이다. 이에 대해 주자는 다음과 같이 주석한 바 있다.

> '權' 이란 저울질을 말한다. 물건의 輕重에 따라 저울추를 옮겨서 저울대가 中庸(수평)을 이루도록 하는 것이다. 저울질을 해서 中庸을 이루는 것이 바로 禮이다.[27] ○ 일에는 緩急이 있고, 理에는 大小가 있다. 이러한 곳은 모두 모름지기 저울질을 해야 한다.[28]

위의 첫째 인용문은 權道란 무엇인가를 설명한 것이다. 물건을 저울질할 때에는 물건의 輕重에 따라 저울추를 옮겨 저울대가 수평을 이루도록 하듯이, 權道란 주어진 상황을 올바로 파악해서 최적의 대응책을 모색하는 것이다. 둘째 인용문은 權道가 요구되는 까닭을 설명한 것이다. '일에는 緩急이 있다' 는 말은 '천천히 처리해도 되는 일' 과 '시급히 서둘러야 할 일' 이 있다는 것이요, '理에는 大小가 있다' 는 말은 '크고 중요한 규범' 과 '작고 가벼운 규범' 이 있다는 것이다. '이러한 곳은 모두 모름지기 저울질을 해야

---

26) 『孟子』 離婁上 17 : 男女授受不親 禮也 嫂溺則援之以手者 權也

27) 『孟子集註』 離婁上 17, 朱子註 : 權 稱錘也 稱物輕重而往來 以取中者也 權而得中 是乃禮也

28) 『孟子集註大全』 離婁上 17, 朱子小註 : 事有緩急 理有大小 此等處 皆須以權稱之

한다' 는 말은 '일의 緩急' 과 '理의 大小' 를 저울질해야 한다는 것이다. 이것은 일로 보면 급하고 理로 보면 작은 것일 경우, 작은 理를 어기고 급한 일을 해결할 수 있다는 말이다. 물에 빠진 사람의 생명을 구하는 일은 잠시라도 머뭇거릴 수 없는 시급한 일이요, 남녀간에 직접 물건을 주고받지 않는다는 것은 禮法치고는 사소한 것이니, 이럴 경우 사소한 예법을 어기고 형수의 생명을 구해야 한다는 것이다. 주자가 말하는 '일의 緩急' 이란 분명 '勢' (事情 또는 形便)에 해당되고, '理의 大小' 란 분명 '理' 에 해당될 것이다. 또 평상시의 상황에서 요구되는 常道는 '理' 가 보다 강조되는 것이고, 비상시의 상황에서 요구되는 權道는 '勢' 가 보다 강조되는 것이다. 이렇게 볼 때 時中之道, 특히 權道란 역시 '理와 勢' 를 동시에 고려해야 한다는 맥락에서 성립하는 것이다.

時中之道를 논함에 있어서 또한 자주 언급되는 것은 이른바 '子莫執中' 문제이다. 楊朱는 '爲我' 를 주장했고, 墨翟은 '兼愛' 를 주장했는데, 子莫은 '양주와 묵적의 中間을 잡겠다' 고 주장하였다. 이에 대해 맹자는 "中間을 잡겠다고 하면서 權道가 없다면 그것은 하나를 고집하는 것과 같다." 고 비판했다.[29] 이에 대해 주자는 다음과 같이 주석하고 있다.

> 이것은 道에서 귀중하게 여기는 것은 中庸이요, 中庸에서 귀중하게 여기는 것은 權道임을 말한 것이다. 楊氏가 말씀하시길 "禹 · 稷은 자기 집 앞을 세 번이나 지나면서 들어가지 않았는데, 진실로 그것이 부당한 것이었다면 墨翟과 다름이 없었을 것이다. 顔淵은 陋巷에 있으면서 그 즐거움을 고치지 않았는데, 진실로 그것이 부당한 것이었다면 楊朱와 다름이 없었을 것이다. 子莫은 爲我와 兼愛의 中間을 잡으면서 權道가 없었다. 동네 사람들이 싸우는데 대문을 닫을 줄 모르고, 집안 식구가 싸우는데 말릴 줄 모른다면, 이것은 하나를 고집하는 것이다. 그러므로 맹자는 '道를 해친다' 고 여긴 것이다. 禹 · 稷과 顔回가 처

29) 『孟子』 盡心上 26 : 楊子取爲我 拔一毛而利天下 不爲也 墨子兼愛 摩頂放踵 利天下 爲之 子莫執中 執中爲近之 執中無權 猶執一也

지를 바꾸었더라면, 禹·稷은 顏淵처럼 누항에 있었을 것이고 顏淵은 禹·稷처럼 자기집 앞을 지나더라도 들어가지 않았을 것이니, 이것은 權道가 있기 때문이다. 그렇지 않으면 이 또한 楊·墨일 뿐이다."[30)]

'中庸에서 귀중하게 여기는 것은 權道' 라는 말은 中庸이란 획일적으로 두 극단의 중간을 잡는 것이 아니라는 말이요, 상황에 따라 어느 한 쪽을 택하는 것이기도 하다는 것이다. '子莫의 執中' 이 비판받는 것은 權道가 없이 획일적으로 겸애와 위아의 중간을 잡는 것이었기 때문이다. 禹·稷이 자기집 앞을 세 번이나 지나면서 들어가지 않았던 것은 겸애주의자라서 그런 것이 아니라 자기가 맡은 治水가 워낙 시급하고 중대한 일이었기 때문이요, 顏淵이 누항에서 숨어 지낸 것은 이기주의자라서 그런 것이 아니라 평시의 상황에서 공적 직책이 없는 書生이었기 때문이었다. 따라서 '선비는 공직에 헌신해야 한다' 거나 '선비는 누항에서 안빈낙도해야 한다' 는 등의 명제가 획일적으로 적용될 수는 없다는 것이다. 다만 중요한 것은 '時中' 이니, 禹·稷과 같은 형세를 당했을 때에는 자기집 앞을 지나면서도 들어가지 않는 것이 時中이요, 顏淵과 같은 형세를 만났을 때에는 누항에서 안빈낙도하는 것이 時中인 것이다.[31)]

맹자는 孔子를 '聖之時者' 라고 평하고,[32)] 모든 聖人들 중 으뜸이라고 추앙하였다. 이처럼 時中之道는 유교의 핵심이다. 그런데 이상의 논의를 통해 알 수 있듯이, 時中之道란 '勢에 따른 탄력적 대응' 즉 '臨機應變' 을 추구

---

30) 『孟子集註』 盡心上 26, 朱子註 : 此章言 道之所貴者中 中之所貴者權 楊氏曰 禹稷三過其門而不入 苟不當其可則與墨子無異 顏子在陋巷 不改其樂 苟不當其可則與楊氏無異 子莫執爲我兼愛之中而無權 鄕鄰有鬪而不知閉戶 同室有鬪而不知救之 是亦執一耳 故孟子以爲賊道 禹稷顏回易地則皆然 以其有權也 不然則是亦楊墨而已矣

31) 『中庸章句大全』 2, 程子小註 : 問何謂時中 程子曰 猶之過門不入 在禹之世爲中也 時而居陋巷 則過門不入 非中矣 居於陋巷 在顏子之時爲中也 時而當過門不入 則居於陋巷非中矣

32) 『孟子』 萬章下 1 : 孔子 聖之時者也

하는 것으로서, 일종의 '狀況論理' 이다. 그런데 상황논리에 대해서는 '相對主義에 빠진다' 는 비판이 종종 제기되어 왔다. 주자의 權道論도 상황의 輕重이나 緩急에 따라 다른 대응을 요구하는 것이니, 일견 '相對主義에 빠진다' 는 비판을 면할 수 없을 것 같다. 이에 대해 주자는 "中庸에는 일정한 실체가 있는 것이 아니라, 상황에 따라 존재한다"[33]고 하여 '상황논리야말로 불가피한 것' 이라고 보았다. 다만 문제는 상황에 따른 상이한 대응이 과연 '中庸을 얻었느냐, 얻지 못했느냐' 에 있다는 것이다. 결과적으로 中庸을 얻었다면 그것은 '時中之道' 로 정당화되나, 中庸을 얻는데 실패했다면 그것은 '權謀術數' 로 비판되는 것이다.[34]

그러면 상황에 따른 상이한 대응이 결과적으로 中庸을 얻을 수 있는 조건은 무엇인가? 그것은 勢만을 고려하는 것이 아니고 理도 함께 고려하는 것이다. 다시 말해 時中之道란 理와 勢를 함께 고려하는 것이기 때문에, 상황에 따른 상이한 대응이면서도 權謀術數로 타락하지 않는 것이다. 상황(勢)에 따라 대응방식을 달리 하지만 그것은 결국 더 크고 중요한 목표(理)를 지향하는 것이라는 점에 의해 정당화될 수 있는 것이다. 상황에 따른 다른 대응방식이 약삭빠르게 일신의 이익만 꾀하는 것이라면, 그것은 이미 권모술수에 불과한 것이다. 따라서 時中之道를 기약하기 위해서는 理와 勢에 대한 '정확한 認識' 도 필요하고, 항상 中庸을 추구하겠다는 '진실한 意志' 도 필요한 것이다. 이러한 맥락에서 주자는 '格物致知와 誠意正心' 또는 '居敬과 窮理' 를 工夫論의 두 축으로 삼았던 것이다.

---

33)『中庸章句』2, 朱子註 : 中無定體 隨時而在 是乃平常之理也

34)『孟子集註大全』離婁上 17, 慶源輔氏小註 : 權而得中 是乃禮也 若權而不得中 則陷乎漢儒權變權術之域

제6장
繼天立極論의 실천적 의미

1. 所以然之故와 所當然之則

앞에서 고찰했듯이, 주자학의 기본 방향은 『대학』과 『중용』에서 도출된 것이다. 그런데 주자는 〈大學章句序〉와 〈中庸章句序〉에서 모두 '繼天立極'을 언급하고 있다. 위대한 聖賢들의 업적은 '繼天立極'이라는 한 구절로 대변되며, 道統의 연원도 '繼天立極'에 있다는 것이다. '繼天立極'이란 '天道를 계승하여 人極을 세운다'는 뜻이다. 天道는 '理(자연의 理法)'를 뜻하고, 人極은 '인간의 표준(당위법칙, 人道)'을 뜻하니, '繼天立極'이란 '자연의 理法을 계승하여 인간의 당위법칙을 정립한다'는 뜻이다.[1] 여기에서 天道와 人道의 문제가 제기되는바, 주자는 양자를 모두 理라고 하면서, 理를 所以然之故와 所當然之則으로 구분하여 논했다.[2] 예컨대 주자는 다음

1) 繼天立極論은 '理氣相互主宰論'에서 '理의 주재'에 해당되는 부분이며, '老莊의 自然主義'나 '佛敎의 唯心主義'에 대한 주자의 답변인 것이다. 즉 주자의 繼天立極論은 老莊의 自然主義에 대해서는 '인간의 마음(감정·의지)'이 배려된 것이며, 佛敎의 唯心主義에 대해서는 '자연의 理法'이 강조된 것이다.

2) 주자는 대부분 所以然之故와 所當然之則을 모두 理라고 설명했지만, 所以然之故는 '理'이나 所當然之則은 '事'라고 설명한 경우도 있다(『朱子語類』 卷18(414쪽) 참조). '所當然之則'은 '마땅히 그렇게 해야만 하는 바의 법칙' 즉 '당위적 실천법칙'을 뜻한다. 짐작컨대, 주자는 所當然之則에 대해 그 '당위적 법칙성'을 강조할 때에는 '理'라

과 같이 말한다.

> 천하의 事物에 이르러서는 반드시 각각 '그러한 바의 까닭(所以然之故)' 과 '마땅히 그러해야 하는 바의 법칙(所當然之則)' 이 있으니, 이른바 理이다.[3]

> 身心性情의 德과 人倫日用의 常道로부터 天地鬼神의 변화와 鳥獸草木의 마땅함에 이르기까지, 각각의 사물 가운데에는 '마땅히 그러해야 하는 바로서 그칠 수 없는 것(所當然而不容已)' 과 '그러한 바의 까닭으로서 바꿀 수 없는 것(所以然而不可易)' 이 있다.[4]

'所以然之故' 와 '所當然之則' 이라는 말 자체가 시사하듯이, 인간의 당위법칙이 되는 것은 所當然之則이고, 所當然之則의 성립근거가 되는 것은 所以然之故이다. 예컨대 '부모를 섬김에 있어서는 마땅히 孝道해야 하고, 형을 섬김에 있어서는 마땅히 恭敬해야 한다' 는 것은 所當然之則이다. 그런데 '부모를 섬김에 있어서 반드시 孝道해야 하는 까닭' 과 '형을 섬김에 있어서 반드시 恭敬해야 하는 까닭' 등은 所以然之故이다.[5] 주자에 의하면, 까닭이 그러하기 때문에(所以然之故) 우리는 마땅히 그렇게 실천해야 하는 것이다(所當然之則). 위의 인용문에서 주목해야 할 것은 '마땅히 그러해야 하는 바로서 그칠 수 없는 것' 과 '그러한 바의 까닭으로서 바꿀 수 없는 것' 이라는 표현이다. 주자는 所當然之則에 대해서는 '그칠 수 없는 것'

하고, 그 '실천성' 을 강조할 때에는 '事' 라 한 것 같다. 예컨대 '부모에게 효도함' 은 그것이 '인간의 당위법칙' 이라는 점에서는 '理' 인 것이고, '실천적 행위' 라는 점에서는 '事' 인 것이다.

3) 『大學或問』 經1章條 : 至於天下之物 則必各有所以然之故 與其所當然之則 所謂理也

4) 『大學或問』 傳5章條 : 身心性情之德 人倫日用之常 以至天地鬼神之變 鳥獸草木之宜 自其一物之中 莫不有以見其所當然而不容已 與其所以然而不可易者

5) 『朱子語類』 卷18(414쪽) : 如事親當孝 事兄當弟之類 便是當然之則 然事親如何却須要孝 從兄如何却須要弟 此卽所以然之故

이라는 설명을 부가했고, 所以然之故에 대해서는 '바꿀 수 없는 것' 이라는 설명을 부가한 것이다. '그칠 수 없다' 는 것은 所當然之則이 인위적으로 助長된 것이 아니라 '본성의 자연적 流露' 임을 뜻하고, '바꿀 수 없다' 는 것은 그 근거로서의 所以然之故가 必然的임을 뜻한다. 주자의 다음과 같은 설명을 보자.

> 모든 일에는 진실로 '所當然而不容已' 가 있다. 그런데 또 마땅히 '그 所以然은 무엇인가?' 를 탐구해야 한다. 그 所以然은 理이다. 理가 이러하니, 진실로 바꿀 수 없는 것이다. 또 예컨대 사람들은 어린아이가 우물에 빠지는 것을 보면 모두 '두려워하면서 惻隱히 여기는 마음' (怵惕惻隱之心)을 지니게 되는데, 이것은 그 일에 있어서 '所當然而不容已' 이다. 그런데 이러한 까닭(所以)은 무엇인가? 반드시 '道理의 바꿀 수 없음' (道理之不可易)이 있는 것이다.[6]

맹자는 사람들은 어린아이가 우물에 빠지는 것을 보면 모두 '두려워하면서 惻隱히 여기는 마음' 을 지니게 된다고 하였다. 주자는 이것을 '所當然而不容已' 라 하였는바, 이러한 상황에서 '두려워하면서 측은히 여기는 마음' 이 일어나는 것은 '당연하면서도 그만둘 수 없는 일' 이라는 것이다. 그것이 당연하면서도 그만둘 수 없는 까닭은, 그 所以然之故로서 사람은 누구나 仁의 本性을 지니고 있기 때문이다. 사람은 누구나 仁의 本性을 지니고 있다는 것은 '바꿀 수 없는' 사실이다. 다시 말해 生命을 애호하는 것이 天理인데, 그 天理가 내게 仁의 本性으로 주어져 있는 것이요, 이것은 '바꿀 수 없는' 사실이다. 이러한 바꿀 수 없는 사실로 인해, 사람은 누구나 그러한 상황에서는 마땅히 두려워하면서 측은히 여겨야 하는 것이요, 또 사람은 누구나 그러한 상황에서 두려워하면서 측은히 여기지 않을 수 없는

---

6) 『朱子語類』 卷18(414쪽) : 凡事固有所當然而不容已者 然又當求其所以然者何故 其所以然者 理也 理如此 固不可易 又如人見赤子入井 皆有怵惕惻隱之心 此其事所當然而不容已者也 然其所以如此者何故 必有箇道理之不可易者

것이다. 요컨대 '그칠 수 없음'과 '바꿀 수 없음'이 理의 規範性을 강화시켜주는 것이다.

주자가 인간에 대해서만 所當然之則을 논한 것은 아니다. 주자는 자연계의 사물에 대해서도 所當然之則을 논하고 있다. 그러나 天道와 人道의 문제에 있어서, 대략적으로 天道는 所以然之故에 해당되고 人道는 所當然之則에 해당된다. 所當然之則이 所以然之故에 근거하듯이, 人道는 天道에 근거한다. 즉 인간의 당위규범은 자연의 理法에 근거한다는 것이 繼天立極論이다. 주자의 이러한 입장에 대해 종종 '自然主義的 誤謬(naturalistic fallacy)'라는 비판이 제기되었는바,[7] 이 문제를 살펴보기로 하자.

'자연주의적 오류'란 사실명제로부터 당위명제를 도출하는 것을 오류로 규정하는 것이다.[8] 그러면 주자의 입장은 사실명제로부터 당위명제를 도출하는 것인가? 이에 대해서는 두 측면에서 답변할 수 있다. 첫째, 주자의 天道나 所以然之故는 단순한 사실명제가 아니라는 점이다. 주자의 人道나 所當然之則은 물론 당위명제이다. 그러나 주자의 天道나 所以然之故는 元亨利貞이나 仁愛溫和 등 이미 '도덕적 가치'를 함께 담고 있는 명제이다. 주자에 의하면 이 세계(自然)는 '生生의 지속'일 뿐이며, 天理란 근본적으로 '生命의 애호'일 뿐이다. 이 점은 주자의 『周易』에 대한 해설에서도 잘 드러나지만, 〈仁說〉에서도 잘 드러난다. 주자는 理를 형식적으로 설명할 때

---

7) 예컨대 馮友蘭이나 友枝龍太郞이 이를 문제삼았다(김우형, 「朱熹의 知覺論 연구」, 164쪽 참조).

8) 우리는 '자연주의적 오류'라는 주장 자체의 타당성 문제를 제기할 수 있다. 그러나 이 책에서는 그에 대해서는 문제 삼지 않기로 한다. 다만 사실판단과 당위판단은 별개의 문제라는 흄(David Hume, 1711~1776)의 주장이 득세한 이래, 그 여파로 인간의 도덕은 객관적(자연적) 사실과는 무관한 '주관적 감정의 표현' 정도로 격하되었다는 점을 상기시키고자 한다. 오늘날의 '도덕적 무정부상태'는 직접적으로 여기에서 기인하는 것이다. (論者의 이러한 주장에 대해, 박동천 교수는 "도덕은 자연적 근거와 무관하다는 말은 도덕을 폄하하는 것이 아니라, 도덕의 독립성을 주장하는 말"이라고 설명해 주었다. 論者는 박동천 교수의 설명을 수용하면서도, "그것이 결국엔 도덕적 무정부상태를 야기하는 데 일조한 것이 아닌가?" 하는 의구심을 지울 수 없다.)

에는 맥락에 따라 '形而上者·道·本·所以然之故·所當然之則' 등으로 설명하지만, 理를 내용적으로 설명할 때에는 '仁'이라는 한마디로 갈음하였다. 주자는 〈仁說〉에서 다음과 같이 말한다.

> 天地는 '만물을 낳는 것'으로 마음을 삼는다. 사람과 만물이 태어날 때도 또한 각각 이 天地之心을 얻어 자기의 마음으로 삼는 것이다. 그러므로 '心'의 德을 말하자면, 비록 心이 모든 것을 갖추고 주재하나, 한마디로 갈음한다면 '仁'일 뿐이라고 말하는 것이다. 청컨대 시험 삼아 자세히 말하겠다. 대개 天地之心은 그 德이 넷이 있다. 元·亨·利·貞이 그것인데, 元이 亨·利·貞을 통섭한다. 天地之心이 運行하면 春·夏·秋·冬의 계절이 되는데, 만물을 소생시키는 봄의 기운이 여름·가을·겨울까지 관통한다. 그러므로 사람의 마음에도 그 德이 넷이 있다. 仁·義·禮·智가 그것인데, 仁이 義·禮·智를 포함한다. 사람의 마음이 發用하면 愛·恭·宜·別의 감정이 되는데, 惻隱之心이 辭讓之心·羞惡之心·是非之心까지 관통한다. (…) 대개 仁의 道는 바로 天地의 生物之心으로서, 만물 가운데 갖추어져 있다. (…) 天地에 있어서는 '널리 만물을 낳는 마음(坱然生物之心)'이요, 사람에게 있어서는 '따듯하게 사람을 사랑하고 만물을 이롭게 하는 마음(溫然愛人利物之心)'으로서, 四德을 포함하고 四端을 관통하는 것이다.[9]

위의 인용문에 분명히 보이듯이, 주자는 天道와 人道를 막론하고 결국엔 '仁'이라는 한 글자로 갈음하였다. 그런데 그 仁이란 天地에 있어서는 '널리 만물을 낳는 마음'이요, 사람에게 있어서는 '따듯하게 사람을 사랑하고

---

9) 『朱子大全』 卷67 頁25-26(3542-3543쪽), 〈仁說〉: 天地以生物爲心者也 而人物之生 又各得夫天地之心以爲心者也 故語心之德 雖其總攝貫通 無所不備 然一言以蔽之 則曰仁而已矣 請試詳之 蓋天地之心 其德有四 曰元亨利貞 而元無不統 其運行焉 則爲春夏秋冬之序 而春生之氣 無所不通 故人之爲心 其德亦有四 曰仁義禮智 而仁無不包 其發用焉 則爲愛恭宜別之情 而惻隱之心 無所不貫 (…) 蓋仁之爲道 乃天地生物之心 卽物而在 (…) 在天地則坱然生物之心 在人則溫然愛人利物之心 包四德而貫四端者也

만물을 이롭게 하는 마음' 이라는 것이다. 요컨대 주자의 '天道論' 또는 '자연관(세계관)' 자체가 이미 도덕적 가치를 담고 있는 것이다. 따라서 '人道를 天道에 근거시킨다' 는 것이 결코 사실명제로부터 당위명제를 도출하는 '자연주의적 오류' 에 해당되는 것이 아니다.[10]

둘째, 설령 주자의 天道나 所以然之故가 단순한 '사실명제' 라 하더라도, 앞의 논의에서 이미 암시되었듯이, 주자의 입장은 '天道로부터 人道를 도출하는 것' 이 아니다. 주자의 입장은 정확히 표현하자면 '天道와 人心[11]의 합치점을 찾아내서 그것을 人道로 정립하는 것' 이다. 위의 인용문에서도 "仁의 道는 바로 天地의 生物之心으로서, 만물 가운데 갖추어져 있다." 고 하였다. 만물 역시 '天地의 生物之心' 을 공유하고 있는바, 그렇기 때문에 사람은 '愛人利物之心' 을 발휘하는 것이다. 즉 사람의 '愛人利物之心' 은 천지의 '生物之心' 과 합치되는바, 따라서 '愛人利物' 이 人道로 정립되는 것이다. 또한 주자의 다음과 같은 설명을 살펴보자.

> 所以然之故는 (所當然之則보다) 한 단계 위에 있는 것이다. 예컨대 君이 仁한 까닭(所以)은, 대개 君은 主腦로서, 백성과 토지가 모두 그의 管理에 속하니, 君은 저절로 仁愛를 쓰는 것이다. 만약 仁愛로써 살피지 않는다면 문득 君 노릇을 할 수 없을 것이다. 이것은 '君이 되었으면 不得已 仁愛를 써야 한다' 는 말이 아니니, 저절로 '理가 마땅히 이러한 것' 이다. 시험 삼아 一家로써 논하자면,

---

10) 김우형은 '人道는 天道에 근거한다' 는 주자학의 입장은 다음과 같은 이유에서 '자연주의적 오류' 에 빠지는 것이 아니라고 주장한다. 주자학에서 所以然之故는 仁義禮智인바, 仁義禮智는 '自然的' 인 것에 국한되는 것이 아니라 '超自然的' 인 성격을 지닌다. 仁義禮智는 天地에 앞서 존재하는 것이요 이미 당위적 도덕성을 띠는 것이므로, 이로부터 所當然之則을 유도하는 것은 논리적으로 아무런 오류가 없다는 것이다(김우형, 「朱熹의 知覺論 연구」, 163-165쪽 참조).

11) 주자학에 있어서 人心에 대한 논의는 두 맥락을 지닌다. 道心과 대비되는 맥락에서는 人心은 '인간의 육체적 욕망' 을 뜻한다. 그러나 道心과 대비되지 않는 일반적인 맥락에서는 人心은 글자 그대로 '사람의 마음' 을 뜻한다. 여기에서의 人心은 물론 後者에 해당된다.

家長이 된 사람은 문득 一家의 사람들을 사랑하고, 一家의 사물을 아끼니, 저절로 '理가 마땅히 이러한 것'으로서, 마치 하늘이 그렇게 시킨 것 같은 것이다. (…) 또 예컨대 부모가 자식을 사랑하는 까닭과 자식이 부모에게 효도하는 까닭은, 대개 父·子는 본래 同一한 氣로서 다만 한 사람의 몸이었는데 나뉘어 둘이 된 것이니, 그 恩愛가 서로 연결되어 저절로 '그렇게 하기로 기약하지 않았어도 그런 것'이 있는 것이다. 그 밖의 大倫이 모두 그러하니, 모두 天理가 그렇게 시킨 것이다. 어찌 '억지로 함'을 용납하겠는가? 또 '仁'으로써 말하자면, 天地가 저 물건을 낳을 때 문득 仁이 있으니, 天地는 다만 '生'을 알 뿐이다. 그 原頭處로부터 아래로 내려오면, 저절로 春夏秋冬과 金木水火土가 있으니, 그러므로 人·物에 부여되어 문득 仁義禮智의 性이 있게 된다. 仁은 봄에 속하고, 木에 속한다. 또 봄에 天地가 만물을 소생시킬 때의 온화한 和氣를 보아라. 예컨대 草木이 싹틀 때 처음에는 겨우 바늘 하나 정도였지만, 조금 지나면 점점 자라나서 가지와 잎사귀가 생기고 꽃과 열매를 맺어 수많은 모습으로 변화하니, 문득 天地의 生生之意를 볼 수 있다. 仁愛가 아니라면 어찌 이러하겠는가? 그 本原處에 이러한 仁愛溫和의 理가 있기 때문에, 用으로 발현됨에 저절로 慈祥하고 惻隱한 것이다. 孟子는 '惻隱之端'을 말씀하셨는데, 惻隱은 또 慈仁과는 다르니, 惻隱은 '간절하게 가슴 아파함'이다. 대개 '仁'은 본래 다만 '慈愛'를 지니고 있는데, 어린아이가 우물에 빠지는 것을 본 까닭에 '간절하게 가슴 아파하는 것'이다. 義는 金에 속하니, 이는 天地自然이 淸峻剛烈의 氣를 지닌 것이다. 사람이 이 氣를 타고나면 저절로 裁制함이 있게 되니, 문득 저절로 羞惡之心이 있게 되는 것이다. 禮·智도 모두 그러하니, 대개 本原으로부터 이미 그러한 것이요, 安排하여 이렇게 시킨 것이 아니다.[12]

---

12) 『朱子語類』 卷17(383쪽) : 所以然之故 卽是更上面一層 如君之所以仁 蓋君是箇主腦 人民土地皆屬它管 它自是用仁愛 試不仁愛看 便行不得 非是說爲君了 不得已用仁愛 自是理合如此 試以一家論之 爲家長者便用愛一家之人 惜一家之物 自是理合如此 若天使之然 (…) 又如父之所以慈 子之所以孝 蓋父子本同一氣 只是一人之身 分成兩箇 其恩愛相屬 自有不期然而然者 其它大倫皆然 皆天理使之如此 豈容强爲哉 且以仁言之 只天地生這物時便有箇仁 它只知生而已 從他原頭下來 自然有箇春夏秋冬 金木水火土 故

위의 인용문에서 우선 주목할 것은 "이것은 '君이 되었으면 不得已 仁愛를 써야 한다' 는 말이 아니니, 저절로 '理가 마땅히 이러한 것' 이다."라는 말이다. 즉 주자학에서 말하는 '當然' 이란 '不得已 …… 해야 한다' 는 유형이 아니라,[13] '저절로 理가 마땅히 이러하다' 는 유형이다. 저절로 '理가 마땅히 이러한 것' 이기 때문에, 저절로 '그렇게 하기로 기약하지 않았어도 그런 것' 이다. 그것은 '마치 하늘이 그렇게 시킨 것 같기에' '모두 天理가 그렇게 시킨 것' 이라고도 말한다. 이러한 맥락에서 주자는 理를 '自然(저절로 그러함)' 으로 풀이하는 것이다. 사람으로 말하자면, 어린아이가 우물에 빠지는 것을 보면 '간절하게 가슴 아파하는' 惻隱之心이 발휘되는데, 이것은 '그렇게 하기로 기약하지 않아도 그런' '자연스러운' 것이다. 주자는 "그 本原處에 이러한 仁愛溫和의 理가 있기 때문에, 用으로 발현됨에 저절로 慈祥하고 惻隱한 것"이라 했는바, '本原處의 仁愛溫和의 理' 는 所以然之故를 말하고, '慈祥하고 惻隱한 用' 은 所當然之則을 말한다. 그런데 이 所當然之則은 所以然之故로부터 '저절로' 流出되는 것이다. 그리하여 "대개 本原으로부터 이미 그러한 것이요, 安排하여 이렇게 시킨 것이 아니다."라고 하는 것이다. '측은지심을 발휘하는 것' 을 所當然之則이라 한다면, '仁이라는 本性' 은 所以然之故가 된다. 그런데 '측은지심을 발휘하는 것' 은 '仁이라는 本性' 으로부터 자연스럽게 流出되는 것이요, 오히려 그 측은지심의 발

賦於人物 便有仁義禮智之性 仁屬春 屬木 且看春間天地發生 藹然和氣 如草木萌芽 初間僅一針許 少間漸漸生長 以至枝葉花實 變化萬狀 便可見他生生之意 非仁愛 何以如此 緣他本原處有箇仁愛溫和之理如此 所以發之於用 自然慈祥惻隱 孟子說惻隱之端 惻隱又與慈仁不同 惻隱是傷痛之切 蓋仁 本只有慈愛 緣見孺子入井 所以傷痛之切 義屬金 是天地自然有箇淸峻剛烈之氣 所以人稟得 自然有裁制 便自然有羞惡之心 禮智皆然 蓋自本原而已然 非旋安排敎如此也

13) 여기에서의 '不得已' 와 '所當然而不容已' 에서의 '不容已' 는 서로 혼동하지 말아야 한다. '不得已' 는 '그칠 수 없다' 는 말인바, '그것이 자기의 意志와 어긋나지만, 이러저러한 情況으로 보아 그칠 수 없다' 는 뜻이다. '不容已' 는 '그침을 용납할 수 없다' 는 말인바, '그것이 자기 本性의 자연스러운 발현이기 때문에, 그침을 자기 스스로 용납할 수 없다' 는 뜻이다.

휘를 억지로 막을 수 없다는 것이다.[14] 측은지심의 발휘는 억지로 막을 수 없기에 '所當然而不容已' 라 하는 것이다. 이러한 설명을 종합하자면, '측은지심을 발휘하는 것' 은 當然하고도, 自然스럽고, 必然的인 것이다.[15]

주자는 天理의 내용을 한 글자로 갈음할 때는 '仁' 이라 하였다. 그 '仁' 이 天地에 있어서는 '生物之心' 이나 '生生之意' 가 되고, 사람에게 있어서는 '愛人利物之心' 이나 '惻隱之心' 이 된다는 것이다. 사람의 '愛人利物之心' 이나 '惻隱之心' 은 그 所以然인 仁이 발휘된 것으로서, 내용상 仁과 부합하는 것이다. 따라서 '愛人利物' 이나 '惻隱' 이 所當然之則으로서 人道로 정립되는 것이다. 그런데 사람의 마음에는 愛人利物之心이나 惻隱之心 등 '仁과 부합되는 것' 만 있는 것이 아니다. 맹자의 말로 표현하자면, 惻隱之心이 발휘되는 그 순간에도 '納交' 와 '要譽' 등 私欲이 생길 수 있는 것이다.[16] 그러므로 유교에서는 자신의 마음이 발휘될 때, 그것이 天理에 따른 것인지 人欲에서 생긴 것인지를 분간하고, '天理에서 나온 것이면 보존하고 人欲에서 나온 것이면 제거하라' (存天理 遏人欲)고 말하는 것이다. 이러한 맥락에서, 주자의 繼天立極이란 '天道를 本(표준)으로 삼아 人道를 정립하는 것' 이요, 더 구체적으로는 '天道(天理)와 人心의 합치점을 찾아내서 그것을 人道로 정립하는 것' 이다. 그리하여 주자는 바람직한 규범론의 방향을 '順天理 合人心' 으로 제시하였다.

---

14) 이것이 맹자가 惻隱之心을 '不忍人之心(사람에게 차마 하지 못하는 마음)' 과 연결시켜 설명하는 까닭일 것이다.

15) 이러한 맥락에서 陳安卿(陳淳)은 理에는 '能然 · 必然 · 當然 · 自然' 의 뜻이 있다고 설명하였다. '必然 · 當然 · 自然' 은 이상에서 설명한 것과 같은 맥락이며, '能然' 이란 '仁의 本性이 있기 때문에 능히 惻隱之心을 발휘할 수 있다' 는 맥락이다. 陳安卿의 이러한 설명에 대하여 주자는 '매우 잘 갖추어 논의한 것' 이라고 평하였다(『朱子大全』 卷57 頁43-45(2926-2928쪽), 〈答陳安卿〉 참조).

16) '納交' 란 자기가 구해준 어린아이의 부모와 交際를 맺는 것이며, '要譽' 란 어린아이를 구해줌으로써 주위 사람들로부터 稱頌을 듣고자 하는 것이다(『孟子』 公孫丑上 6 참조).

2. '順天理 合人心'의 규범이론

주자는 〈大學章句序〉와 〈中庸章句序〉에서는 先聖의 업적을 '繼天立極'으로 설명했다. 그런데 주자는 先聖의 업적을 '天理를 계술하고 人心에 따름(述天理 順人心)'으로 설명하기도 한다. 주자의 다음과 같은 말을 보자.

> 儒教는 개벽 이래로 二帝 三王이 天理를 繼述하고 人心을 따랐으니, 세상을 다스리고 백성을 가르친 두터운 法과 떳떳한 禮의 道는 후세의 聖賢이 마침내 글로 지어 立言하여 후세에 보여주었다. 세상이 衰亂해지자, 方外의 선비들은 一世의 어지러움을 싫어하고 一身의 禍害를 두려워하여, 空寂을 탐닉하여 난세에 몸을 보전하는 것을 구할 따름이다. 老子가 그 단서를 열었고, 列禦寇·莊周·楊朱의 무리가 화답하였다. 孟子는 일찍이 이들을 '無父無君'이라고 배척하고, 禽獸에 견주었다.[17]

〈중용장구서〉에서는 '繼天立極'을 道統의 준거로 삼았었다.[18] 그런데 위의 인용문에서는 先聖의 治世教民과 厚典庸禮를 모두 '述天理 順人心'의 산물로 규정하고, 이것을 儒學과 異端을 구분하는 척도로 삼았다. 이것으로 볼 때, 주자가 말하는 '繼天立極'은 '述天理 順人心'과 맥락을 같이 하는 것이다. 그렇다면, 주자의 繼天立極論은 단순히 '天道(天理)'를 규범적 척도(근거)로 설정하고 마는 것이 아니라, 동시에 '人心'[19]을 함께 문제 삼는 것이다. 주자의 이러한 입장은 〈經筵講義〉의 다음과 같은 내용에서 더욱

17) 『朱子語類』 卷125(2993쪽) : 儒教自開闢以來 二帝三王 述天理 順人心 治世教民 厚典庸禮之道 後世聖賢遂著書立言 以示後世 及世之衰亂 方外之士 厭一世之紛拏 畏一身之禍害 耽空寂以求全身於亂世而已 及老子倡其端 而列禦寇莊周楊朱之徒和之 孟子嘗闢之以爲無父無君 比之禽獸

18) 〈中庸章句序〉 : 蓋自上古 聖神 繼天立極 而道統之傳 有自來矣

19) 다시 말하지만, 여기에서의 '人心'은 意志와 感情 등을 포괄하는 '인간의 마음'을 뜻한다.

분명히 드러난다.

> 하늘이 뭇 백성을 내실 때, 사물이 있으면 법칙이 있었습니다. 따라서 萬物과 庶事에는 모두 각각 '마땅히 머물러야 할 곳(當止之所)'이 있는 것입니다. 다만 처한 지위가 다르면 '머물러야 할 善(所止之善)'도 다른 것입니다. 그러므로 남의 군주가 되면 그 마땅히 머물러야 할 곳이 仁에 있고, 남의 신하가 되면 그 마땅히 머물러야 할 곳이 敬에 있으며, 남의 자식이 되면 그 마땅히 머물러야 할 곳이 孝에 있고, 남의 부모가 되면 그 마땅히 머물러야 할 곳이 慈에 있으며, 國人들과 사귈 때에는 그 마땅히 머물러야 할 곳이 信에 있는 것입니다. 이것은 모두 '天理와 人倫의 極致요, 人心의 不容已한 것에서 나온 것'입니다. 文王이 天下에 모범이 되고 後世에 전해질 수 있었던 까닭 또한 여기에 있으니, 毫末도 덧보탤 것이 없습니다. 다만 衆人은 氣稟과 物欲으로 인해 어둡게 되어, 늘 居敬할 수 없기에 그 머무를 곳을 잃는 것입니다. (…) 그러나 君이 仁하는 까닭, 臣이 敬하는 까닭, 子가 孝하는 까닭, 父가 慈하는 까닭, 朋友가 信하는 까닭은 모두 '人心과 天命의 自然'이니, 사람이 억지로 할 수 있는 것이 아닙니다.[20]

위의 인용문은 『대학』의 '止於至善'을 강의한 부분이다. '마땅히 머물러야 할 곳'이나 '머물러야 할 善' 등은 우리가 추구해야 할 가치나 따라야 할 법칙 등을 의미한다. 『대학』에서는 文王이 군주로서는 仁에 머무르고, 신하로서는 敬에 머무르고, 자식으로서는 孝에 머무르고, 부모로서는 慈에 머무르고, 國人들과 사귈 때에는 信에 머물렀다고 했는데, 주자는 이러한 내용

20) 『朱子大全』 卷15 頁15-16(586-587쪽), 〈經筵講義〉: 蓋天生烝民 有物有則 是以 萬物庶事 莫不各有當止之所 但所居之位不同 則所止之善不一 故爲人君則其所當止者在於仁 爲人臣則其所當止者在於敬 爲人子則其所當止者在於孝 爲人父則其所當止者在於慈 與國人交則其所當止者在於信 是皆天理人倫之極致 發於人心之不容已者 而文王之所以爲法於天下 可傳於後世者 亦不能加毫末於是焉 但衆人類爲氣稟物欲之所昏 故不能常敬而失其所止 (…) 然君之所以仁 臣之所以敬 子之所以孝 父之所以慈 朋友之所以信 皆人心天命之自然 非人之所能爲也

들을 '天理와 人倫의 極致요, 人心의 不容已한 것' 으로 설명하였다. 이러한 내용들은 '天地의 生物之心' 과 완전히 부합하는 것이니 '天理의 극치' 라 할 수 있고, '인간 사회의 조화로운 질서' 를 창출하는 데 필요충분한 조건이 되니 '人倫의 극치' 라 할 수 있겠다. 그런데 이러한 내용들은 또한 '人心의 不容已한 것' 이기도 하다는 것이다. '人心의 不容已' 란 앞에서 논의한 '所當然而不容已' 와 같은 맥락이다. 사람은 누구나 마음속에 仁義禮智라는 天理를 本性으로 지니기에, 仁義禮智를 발휘하는 것이 자신의 마음에 자연스럽고 편안하다는 것이다. 인의예지의 본성을 발휘하는 마음을 유학에서는 '良心' 이라 한다. 자식으로서 孝道하지 않고 부모로서 慈愛하지 않음은 누구에게나 자신의 양심에 찔리는 일일 것이다. 그러므로 주자는 '자식으로서 孝道하고 부모로서 慈愛함' 을 '사람의 마음이 그만둘 수 없는 것' 이라고 설명한 것이다. 위의 인용문에서 "人心과 天命의 自然이니, 사람이 억지로 할 수 있는 것이 아니다." 라고 한 것도 같은 맥락이다. 그것들은 本性(天命, 天理)으로부터 流出되는 것으로서 良心上 그만둘 수 없는 것이니 '自然' 인 것이요, '自然' 이기에 사람이 억지로 할 수 있는 것이 아니다.

이상의 논의를 통해서 확인되었듯이, 주자의 규범론은 天理와 人心을 동시에 문제 삼는 것이다. 주자는 '天理와 人心의 합치점' 에서 규범을 정립하면, 천하의 모든 사람들이 옳게 여기고 자발적으로 복종하게 된다고 보았다. 주자는 다음과 같이 말한다.

> 이른바 '國是' 란 어찌 '天理에 따르고 人心에 부합하여 천하 사람들이 모두 함께 옳게 여기는 것' 이 아니겠는가? 진실로 천하 사람들이 모두 함께 옳게 여기는 것이라면, 비록 尺土와 一民의 권력도 없더라도, 천하 사람들이 그릇된 것이라고 여길 수 없는 것이다. 하물며 천하의 權勢를 차지한 사람이야 어떻겠는가? '천하 사람들이 모두 함께 옳게 여기는 것' 에 부합되지 않는데도 억지로 천하 사람들로 하여금 옳다고 여기게 만들려고 하니, 그러므로 반드시 賞을 내걸어 유혹하고 刑罰을 엄히 하여 감독한 다음에야 겨우 士大夫의 한결같지 않은

> 입을 겁주어 統制할 수 있는 것이다. 그러나 천하의 참된 是非는 끝내 속일 수 없는 것이다. (…) 자기의 偏見을 주장하고 자기의 私心을 채우려 하면서도 억지로 '國是'라 이름을 붙이고, 君主의 權威를 빌려 '천하의 萬口一辭의 公論'과 싸우려 하니, 아마도 古人의 이른바 '오직 德만이 (사람의 마음을) 통일시킨다'는 말과는 다른 것 같다.[21]

위의 인용문은 國是와 公論의 성격을 논한 것이지만, 이는 규범론 일반에도 그대로 적용될 수 있는 내용이다. 위의 인용문에서 우선 주목할 것은 '天理에 따르고(順天理), 人心에 부합하여(合人心), 천하 사람들이 모두 함께 옳게 여긴다(天下之所同是者)'는 내용이다. 天理에 따르고 人心에 부합하는 규범이라면, 그 규범을 모든 사람들이 옳게 여기게 된다는 것이다. 주자는 公論은 유혹이나 협박으로 조작될 수 없고, 천하의 참된 是非는 끝내 속일 수 없다고 보았는데, 이는 '규범은 萬人의 자연스러운 동의를 통해서 정립되어야 한다'는 말로 풀이할 수 있다. 다음으로 주목할 것은 "진실로 천하 사람들이 모두 함께 옳게 여기는 것이라면, 비록 尺土와 一民의 권력도 없더라도, 천하 사람들이 그릇된 것이라고 여길 수 없다."는 내용이다. 이는 '만인으로부터 규범의 정당성을 인정받으면 곧 만인의 자발적 복종을 확보할 수 있다'는 말로 풀이할 수 있다. '만인의 자발적 복종'은 규범의 생명력이다. 주자는 그 원천을 '順天理·合人心'에서 찾은 것이다. '順天理'는 규범의 정당성을 보장하는 요소이고, '合人心'은 규범에 대한 만인의 자발적 복종을 유도하는 요소이다. 어떠한 규범이 객관적으로도 정당하고 자신의 주관적 의지와도 합치된다고 여겨질 때, 사람들은 흔쾌히 그에 복종하게 되

21) 『朱子大全』 卷24 頁16-17(1023-1024쪽), 〈與陳侍郎書〉 : 所謂國是者 豈不謂夫順天理合人心 而天下之所同是者耶 誠天下之所同是也 則雖無尺土一民之柄 而天下莫得以爲非 況有天下之利勢者哉 惟其不合乎天下之所同是 而彊欲天下之是之也 故必懸賞以誘之 嚴刑以督之 然後僅足以怯制士夫不齊之口 而天下之眞是非 則有終不可誣者矣 (…) 欲主其偏見 濟其私心 彊爲之名 號曰國是 假人主之威 而戰天下萬口一辭之公論 吾恐古人所謂德惟一者 似不如是

는 것이다.

이처럼 주자의 규범론에서는 順天理와 合人心이 동시에 강조된다. 그러나 규범의 정당성을 담보하는 궁극적 요소는 順天理에 있는 것이다. 왜냐하면 '人心(사람의 마음이나 감정)' 은 天理와 부합될 때도 있지만, 어긋날 때도 있기 때문이다. 주자는 '人心' 에 대해서는 그 '동기의 순수성' 을 충분히 인정한다 하더라도 그것이 곧 '정당성' 을 확보하는 것은 아니라고 보았다. 다시 말해서, 우리의 '주관적 善意志' 만으로 '정당성' 이 확보되는 것이 아니라는 뜻이다. 주자는 다음과 같이 말한다.

> 만약 天理가 밝혀지지 않아 準則으로 삼을 바가 없는데 자질구레하게 오직 '본래의 의도를 탐구하는 것(原情)' 에 힘쓴다면, 이것은 '情에 따라 法을 폐기하고, 惡을 풀어줌으로써 奸邪를 열어주는 것' 이 아니겠는가? 楊朱는 義를 배운 사람인데 爲我에 치우쳤고, 墨翟은 仁을 배운 사람인데 兼愛로 흘렀으니, 본래 그들이 마음먹은 것에는 어찌 奸邪가 있었겠는가? 모두 善으로 여겨 그렇게 했던 것인데, 다만 本原에 있어서 털끝만한 誤差가 조금 있었던 것이다. 그리하여 孟子는 그 禍를 미루어 '無父·無君으로서 禽獸에 빠지는 것' 이라 말씀하시고, 조금도 용납하지 않고 비판하여 물리치신 것이다. 孟子 또한 어찌 그들의 본래 의도를 탐구하지 않고 이처럼 지나치게 각박한 논리를 편 것인가? 이는 진실로 幾微의 사이에 天理와 人心을 해치는 것으로서 사람들로 하여금 자신도 모르게 그에 빠지게 하니, 法家의 權謀術數는 그 禍가 얕고 간절하여 사람들이 쉽게 아는 것과는 다르기 때문이었다. 그러므로 부득불 이처럼 힘을 들여 拔本塞源하신 것이다.[22]

22) 『朱子大全』 卷30 頁13(1276-1277쪽), 〈答汪尙書〉 : 若天理不明 無所準則 而屑屑焉惟原情之爲務 則無乃循情廢法 而縱惡以啓姦乎 楊朱學爲義者也 而偏於爲我 墨翟學爲仁者也 而流於兼愛 本其設心 豈有邪哉 皆以善而爲之耳 特於本原之際 微有毫釐之差 是以孟子推言其禍 以爲無父無君而陷於禽獸 辭而闢之 不少假借 孟子亦豈不原其情 而過爲是刻核之論哉 誠以其賊天理害人心於幾微之間 使人陷溺而不自知 非若刑名狙詐之術其禍淺切而易見也 是以 拔本塞源 不得不如是之力

주자에 의하면, 양주는 義를 배운 사람이요 묵적은 仁을 배운 사람으로서, 그들이 爲我나 兼愛를 주창한 본래 의도에는 奸邪가 없었다. 그러나 '理一分殊' 라는 天理를 準則으로 삼지 않았기 때문에 그들의 善意志는 결국 '無父 · 無君' 으로 전락하게 되었다는 것이다. 그리하여 주자는 '주관적인 善意志' 만으로는 불가하다고 보고, 반드시 '객관적 天理' 를 준칙으로 삼아야 한다고 강조하는 것이다. 또한 주자는 '楊 · 墨의 爲我 · 兼愛' 가 끼치는 害는 '法家의 權謀術數' 가 끼치는 害보다 더 심각하다고 보았다. 사람들은 權謀術數에 대해서는 그 간사함을 쉽게 간파하고 경계하나, 爲我 · 兼愛에 대해서는 그 동기의 순수성에 쉽게 공감하기 때문에 결국 더 깊이 물든다는 것이다. 이러한 맥락에서도 객관적 天理가 결여된 주관적 善意志는 더욱 위험한 것이다. 이러한 두 맥락에서, 주자의 규범론에서 궁극적으로 중요한 것은 天理이다.

이상에서 알 수 있듯이, 주자는 '天理와 人心이 自然스럽게 합치되는 지점' 에서 규범이 성립하는 것이라고 보았다. 다시 말해 天理나 人心 어느 하나만으로는 바람직한 규범이 성립할 수 없다는 것이다. 이처럼 주자는 天理와 人心을 동시에 고려할 것을 강조하지만, 그러나 정당성을 담보하는 준거는 天理에 있는 것이요, 따라서 궁극적으로 중요한 것은 天理였다. 그렇다면 주자가 규범론에서 '合人心' 을 강조함은 무슨 의미가 있는 것인가? 그 의미는 다음과 같은 두 맥락에서 논의될 수 있겠다.

첫째는 방법론상의 맥락에서, 규범의 정립 과정에 우리의 '主體的 意志' 를 반영한다는 의미이다. 사실 유교의 규범론은 본래 天道와 함께 인간 자신의 주체성을 문제 삼고 있었다. 예컨대 공자는 堯의 위대함은 '위대한 天道를 본받음' 에 있다고 하면서도,[23] 또한 仁이란 '자신을 미루어 남을 대하는 것' 이라고 설명하였다. 주자학적으로 볼 때, 天道나 天理는 내용적으로는 '仁' 으로 귀결되는데, 仁은 또한 '자신을 미루어 나감' 으로 설명되는 것

23)『論語』太伯 19 : 子曰 大哉 堯之爲君也 巍巍乎唯天爲大 唯堯則之 蕩蕩乎民無能名焉

이다. 『論語』의 다음과 같은 내용들을 보자.

> 무릇 仁者는 자기가 立身하고자 함에 남도 立身하게 하고(己欲立而立人), 자기가 영달하고자 함에 남도 영달하게 한다(己欲達而達人). 가까운 데서 취하여 깨달을 수 있다면(能近取譬) 仁을 실천하는 방법이라 할 수 있다.[24] ○ 子貢이 묻기를, "한마디 말로서 종신토록 실천할 만한 것이 있습니까?" 공자가 답하기를, "그것은 恕이다. 자기가 원하지 않는 것을 남에게 베풀지 말라(己所不欲 勿施於人)."[25]

위의 두 인용문에서는 '仁'을 설명함에 있어서 '자신의 의지(欲)를 남에게 미루어 나가라'고 말할 뿐, 天道나 天理를 전혀 언급하지 않고 있다. 주자는 '자신의 의지(欲)를 남에게 미루어 나감'을 '推己及人'이라고 개념화했는데, 여기에서의 '己'는 '자신의 주체적 의지'를 의미할 것이다. 그런데, '克己復禮爲仁'라는 말이 상징하듯이, 유학에서의 '己' 즉 '자신의 주체적 의지'는 또한 동시에 '克服의 대상'으로 설정되기도 한다. 따라서 '己'에 대해서는 성찰이 필요한 것이요, '성찰된 자신의 意志'를 미루어 나가는 것이 '仁'인 것이다. 이렇게 본다면 주자학에서의 '仁'이란 근원적으로는 '生物之心으로서의 天理'로 설명되지만, 보다 가까이는(能近取譬) 우리 자신의 '성찰된 주체성의 발휘'이기도 하다.[26] 이것을 다시 일반적으로 설명하자면, 우리의 마음이 발현되는 내용에는 천리와 합치되는 부분도 있고 어긋나는 부분도 있는바, 천리와 마음이 합치되는 부분을 당위규범으로 삼자는 것이다. 이러한 맥락에서 '順天理 合人心'이란 '객관적 理法과 주

---

24) 『論語』 雍也 28 : 夫仁者 己欲立而立人 己欲達而達人 能近取譬 可謂仁之方也已

25) 『論語』 衛靈公 23 : 子貢問曰 有一言而可以終身行之者乎 子曰 其恕乎 己所不欲 勿施於人

26) 주자는 물론 우리가 스스로를 성찰하면서 주체성을 발휘한 결과가 仁일 수 있는 까닭은 우리 자신이 이미 仁義禮智의 本性을 지녔기 때문이라고 설명하는 것이다.

체적 意志의 조화' 로 해석될 수 있다.

둘째는 기대되는 효과의 맥락에서, 규범에 '주체적 意志' 를 반영함으로써 규범의 현실성을 높이는 것이다. 당사자의 주체성이나 자유의지가 배제된 규범은 실현가능성이 낮다. 그러나 자신의 주체성이나 자유의지가 반영된 규범에 대해서는 사람들이 대부분 자발적으로 복종하게 된다. 주자의 다음과 같은 말을 살펴보자.

> (夏令에서는) '十月에 橋梁(사람과 수레가 함께 건널 수 있는 다리)을 완성한다' 고 하였다. 대개 계절이 장차 추워지니 백성들로 하여금 徒步로 물을 건너게 할 수는 없는 것이요, 또 農事도 이미 끝났으니 백성들을 동원해서 다리를 놓을 수 있는 때이다. 先王의 政治는 크고 작은 일을 모두 갖추었는데, 모든 일을 '民心에 부합하고 天理에 따르게' (合民心 順天理) 하였다. 그러므로 그 公平正大한 政體와 紀綱法度의 設施는 비록 세세한 것에 있어서도 또한 이처럼 遺恨이 없게 했으니, 어찌 子産이 미칠 수 있는 바이겠는가? 諸葛武侯(諸葛亮)가 蜀을 다스릴 때에 官廳의 청사나 교량 · 도로 등을 모두 (백성을 동원해서) 수리했는데 백성들은 괴로움을 호소하지 않았다.[27]

子産이 鄭나라의 정치를 맡았을 때, 그는 자기의 수레에 백성들을 태워 물을 건너게 해 주었다. 추운 날씨에 백성들이 徒步로 물을 건너는 것이 안타까웠기 때문이다. 이에 대해 맹자는 "은혜롭지만, 정치를 할 줄 모르는구나. 해마다 11월에는 사람이 건너는 다리(徒杠)를 완성하고, 12월에는 수레가 건너는 다리(輿梁)를 완성하면, 백성들은 물을 건너는 것을 괴롭게 여기지 않는다." 고 비판한 바 있다.[28] 위의 인용문은 이에 대해서 논하고 있는 것

27)『朱子大全』卷40 頁20(1853쪽), 〈答何叔京〉: 十月成梁 蓋時將寒冱 不可使民徒涉 又農功旣畢 可以役民之時 先王之政 細大具擧 而無事不合民心順天理 故其公平正大之體 綱紀法度之施 雖纖悉之間 亦無遺恨如此 豈子產所及哉 諸葛武侯之治蜀也 官府次舍 橋梁道路 莫不繕理 而民不告勞

이다. 위의 인용문의 논점은 둘이다. 하나는 겨울이 다가올 때 교량을 놓는 것은 '民心에 부합하고 天理에 따르는 일' 이라는 것이다. 그 옛날에는 교량이 오늘날처럼 크고 튼튼하지 못했기에, 여름철의 홍수에 대부분 流失되곤 했을 것이다. 그런데 여름철에는 교량을 새로 놓아도 곧 떠내려갈 것이니 급히 복원할 까닭이 없고, 날씨가 춥지 않으니 도보로 물을 건너도 괴롭지 않을 것이며, 또 교량을 놓자면 바쁜 농사철에 지장이 있었을 것이다. 그러나 겨울이 다가오면 모든 상황이 뒤바뀌니, 이때에 교량을 놓는 것은 '民心에 부합하고 天理에 따르는 일' 이라는 것이다. 다른 하나는, '民心에 부합하고 天理에 따르는 일' 이라면 백성들은 그것이 자기에게 힘들더라도 수긍하고 복종한다는 것이다.[29] 백성들이 수긍하고 복종하는 일은 그만큼 성공의 가능성이 커지는 것이다. 주자의 〈答張敬夫〉에 보이는 다음과 같은 말을 살펴보자.

> 그대의 편지에서 논한 五王의 일, 즉 "다만 唐 皇室을 복원하되 中宗을 세우지 않았으면, 武曌(무조)[30]를 처형할 수 있었으니 後患 또한 없었을 것" 이라고 논한 것은 참으로 지극하다. 다만 中宗이 비록 不肖하였으나 당시에 幽廢된 것은 말 한마디의 실수 때문이었다. 中宗의 罪狀도 드러나지 않았고, 人望도 끊이지 않았다. 당시 忠賢들의 마음과 병사를 모아 북쪽에서 토벌했던 일, 그리고 훗날 여러 사람들이 大將軍 李多祚에게 했던 말 등을 살펴보면, 中宗을 성급하

28) 『孟子』 離婁下 2 : 子產聽鄭國之政 以其乘輿 濟人於溱洧 孟子曰 惠而不知爲政 歲十一月 徒杠成 十二月 輿梁成 民未病涉也 君子平其政 行辟人 可也 焉得人人而濟之 故爲政者 每人而悅之 日亦不足矣

29) 『周易』 兌卦 彖辭에서는 "天理를 따르고 人心에 부응하여, 기쁜 일로 백성들에 앞장서면 백성들은 수고로움을 잊고, 기쁜 일로 어려움을 무릅쓰면 백성들은 죽음을 잊는다. (天理를 따르고 人心에 부응하는) 기쁜 일의 위대함은 백성들을 勸奬한다는 것이다(順乎天而應乎人 說以先民 民忘其勞 說以犯難 民忘其死 說之大 民勸矣哉)" 라고 하였다.

30) 唐 高宗의 황후 則天武后를 말함(武는 姓이고, 曌는 이름임). 高宗의 死後에 자신의 소생 中宗과 睿宗을 폐하고 스스로 帝位에 올랐으며, 國號를 周라고 고치고 淫虐한 생활을 하였다. 후에 재상 張柬之 등에 의해 폐위되고, 中宗이 복위되었다.

게 獨夫(백성이 원망하는 외로운 사내, 一夫)로 여길 수는 없다. 그런데 아직 드러나지 않은 禍를 미리 탐색해서, 하루아침에 中宗을 버리고 다시 宗室을 세우려 한다면, 아마도 도리어 사사롭게 利害를 따진 것이 될 것이다. 이것은 '人心에 따르고 天理를 탄 것(順人心 乘天理)' 이 아니니, 일 또한 반드시 성공할 수는 없는 것이다.[31]

위의 인용문은 則天武后의 폐위 이후 唐 황실을 복원하는 과정에 대한 假定的 논의이다. 張敬夫(南軒 張栻)는 中宗을 복위시키지 않았더라면 그 어머니 則天武后를 처형할 수 있었을 것이니, 일이 깔끔하게 매듭지어져 後患이 없었을 것이라고 생각한 것이다. 南軒의 이러한 생각에 대해 주자는 동의하지 않았다. 中宗이 뚜렷한 失政이 없었는데, 미리 後患을 예상하여 中宗을 배제하고 唐 황실을 복원하고자 했다면, 그것은 天理에도 어긋나고 人心에도 어긋나는 것이요, 唐 황실의 복원 자체도 또한 성공할 수 없었을 것이라는 주장이다. 다시 말해, 唐 황실을 복원하면서 人望을 잃지 않은 中宗을 복위시킨 것은 天理와 人心에 부합하는 일이었으며, 그리하여 그 일이 성공할 수 있었다는 주장이다.

주자의 규범론에서 정당성을 보장하는 요소는 '順天理' 이고, 현실성을 보장하는 요소는 '合人心' 이다. 주자의 이러한 입장은 그의 理氣相互主宰論과 정확히 조응한다. 주자는 '理와 氣는 서로 주재한다' 는 맥락에서 '理와 勢를 동시에 고려하라' 고 강조했는데, '順天理' 는 '理를 고려함' 에 해당되고 '合人心' 은 '勢를 고려함' 에 해당된다. 理만을 고려하면 高遠해지고, 勢만을 고려하면 墮落하기 쉽다. 바꾸어 말해, 勢를 고려하지 않으면 성

---

31) 『朱子大全』 卷31 頁17-18(1328쪽), 〈答張敬夫〉: 誨諭五王之事 以爲但復唐祚而不立中宗 則武曌可誅 後患亦絶 此誠至論 但中宗雖不肖 而當時幽廢 特以一言之失 罪狀未著 人望未絶 觀一時忠賢之心 與其募兵北討之事 及後來諸公說李多祚之語 則是亦未遽爲獨夫也 乃欲逆探未形之禍 一旦舍之而更立宗室 恐反爲計校利害之私 非所以順人心乘天理 而事亦未必可成也

공하기 어렵고, 理를 고려하지 않으면 정당성을 확보하기 어렵다. 주자의 繼天立極論은 理氣相互主宰論을 전제한 것이기에, 단순히 '順天理' 論으로 그치지 않고 '合人心' 을 아우른 것이다. 요컨대, 주자의 입장은 '順天理 合人心' 을 통해 '정당하고도 현실적인' 규범을 정립하는 것이 '바람직하다' 는 것이었다.[32]

3. '天理에 따르는 삶' 과 '自然과 조화되는 文明'

'繼天立極' 에서의 '天' 은 '天理' 또는 '天道' 를 의미한다고 하였다. 天理 또는 天道에 따른다는 관점에서, 전통적으로 유학에서는 '克己復禮' 또는 '遏人欲 存天理' 의 삶을 추구하였고, 또 '自然과 조화를 이루는 文明' 을 추구해 왔다.[33] 이러한 맥락에서, 주자의 繼天立極論은 일상적 차원에서는 '克己復禮' 를 추구하는 것이며, 문명적 차원에서는 '自然과 人間의 調和' 를 추구하는 것이다. 그런데 '克己復禮' 와 '自然과 人間의 調和' 를 동일선상에서 일관되게 해명하는 것이 주자학의 특징이다.

우선 '克己復禮' 에 대해서 살펴보자. 顏淵이 孔子께 '仁' 에 대해 묻자, 孔子는 '克己復禮' 라고 답하고, 그 구체적 조목으로는 '禮가 아니면 보지도, 듣지도, 말하지도, 행동하지도 말라' 는 것을 들었다.[34] 이처럼 克己復禮는 우리의 일상에서 작동하는 생활규범이요, 또한 視聽言動을 일절 금하는 것이 아니라 禮에 어긋나는 것만 금하는 것이다. 따라서 克己復禮란 간단히 말해서 '자신의 意志와 天理가 부합되는 방향' 으로 일상의 삶을 영위하는

---

32) '정당하고 현실적인 규범' 이 곧 '바람직한 규범' 이라 할 수 있겠다.

33) '자연과 조화를 이루는 文明' 이란 단적으로 말해 '인간의 욕구충족 구조' 와 '자연의 순환적 재생산 구조' 가 일치되는 文明을 뜻한다. 이에 대한 자세한 논의는 拙著, 『儒家社會哲學研究』, 32-34쪽, 331-334쪽 참조.

34) 『論語』 顏淵 1 참조.

것이다. 이것이 古人들이 추구한 '天理에 따르는 삶' 이었다.[35]

『논어』를 소박하게 읽자면, '仁' 이란 '사람을 사랑하는 것' 인데, 그 방법으로는 '克己復禮' 도 있고 '推己及人' 도 있는 것이었다. 그런데 주자는 '仁' 에 대해서 '天地의 生物之心' 이라는 형이상학적 의미를 부여하였고, 이로써 克己復禮 역시 '天地自然과의 감응과 소통' 이라는 심원한 의미를 부여받게 되었다. 주자는 〈克齋記〉에서 다음과 같이 말한다.

> 性 · 情의 德은 갖추지 않은 것이 없는데, 한마디로 그 妙를 충분히 다할 수 있으니, '仁' 일 뿐이다. '仁을 추구함(求仁)' 에도 여러 방법이 있으나, 한마디로 그 요령을 충분히 들 수 있으니, '克己復禮' 일 뿐이다. 대개 '仁' 이란 '天地의 生物之心(만물을 낳는 마음)' 으로서, 사람과 만물이 그것을 얻어 마음으로 삼는 것이다. 오직 天地의 生物之心을 얻어 자기의 마음으로 삼았기 때문에, 未發의 때에는 仁 · 義 · 禮 · 智의 四德이 갖추어져 있는데 仁이 나머지를 통솔하며, 已發의 때에는 惻隱 · 羞惡 · 辭讓 · 是非의 四端이 드러나는데 惻隱之心이 나머지를 관통한다. 이것이 仁의 體 · 用으로서, 涵育이 渾全하고 周流貫徹하여, 一心의 妙를 포괄하고 衆善의 으뜸이 되는 까닭이다.

35) '克己復禮' 는 다른 말로는 '遏人欲 存天理' 로도 표현된다. '遏人欲' 이 개인의 욕망을 원천적으로 부정하는 것은 결코 아니다. 주자학에서 '人欲 · 私欲 · 物欲' 은 같은 의미인바, 이들은 모두 '天理에 어긋난 욕망' 을 지칭하는 것이다. 주자는 '人心(道心과 대비되는 맥락의 人心)' 과 '人欲' 을 분명히 구별하고 있음을 알면 이 문제를 정확히 이해할 수 있다. 주자는 '육체적 욕망을 추구하는 마음' 을 '人心' 이라 하고, '도덕적 公正性을 추구하는 마음' 을 '道心' 이라 했다. 그런데 '人心' 가운데는 '天理' 도 있고 '人欲' 도 있다는 것이다. 예컨대 배고플 때 먹고 추울 때 입는 것은 道理에 합당한 것으로, 天理이다. 그런데 好衣好食을 추구하는 것은 情欲에 따른 것으로, 人欲이다. 그리하여 주자는 '人心과 人欲을 등치시키는 것(人心=人欲)' 을 분명히 반대하였다(주자도 初年에는 程子의 논법을 따라 人心과 人欲을 등치시켰었다. 그러나 晩年에 그러한 논리가 폐단이 있음을 깨닫고, 수정한 것이다. 주자의 '人心 · 道心' 에 대한 자세한 논의는 이 책의 제9장 참조). 요컨대 人心 가운데 그 정당성을 인정할 수 없는 부분에 대해서는 '人欲' 이라고 규정하고, '人欲을 막으라' 고 권하는 것이다.

그러나 사람에게는 肉身이 있어서 耳目口鼻와 四肢의 욕망이 있으니, 간혹 仁을 해치지 않을 수 없다. 사람이 이미 어질지 못하면 그 天理를 훼멸하고 끝없이 人欲을 추구함이 장차 이르지 않을 곳이 없게 된다. 이것이 君子의 학문이 求仁에 급급한 까닭이다. 求仁의 요령은 또한 '仁을 해치는 것을 제거함' 뿐이다. 禮가 아닌데 보는 것은 人欲이 仁을 해치는 것이요, 禮가 아닌데 듣는 것은 人欲이 仁을 해치는 것이며, 禮가 아닌데 말하고 행동하는 것은 人欲이 仁을 해치는 것이다. 人欲이 仁을 해치는 것이 여기에 있음을 알았으면, 그 뿌리를 뽑고 근원을 막아서, 이겨내고 또 이겨내야 한다.

그리하여 어느 날 豁然하게 人欲이 消盡하고 天理가 純粹하게 된다면, 그 가슴 속에 보존하고 있는 것이 어찌 순수한 '天地의 生物之心'으로서 봄볕의 따듯함처럼 온화하지 않겠는가? 묵묵히 이루어낸다면 진실로 하나의 理라도 갖추지 않음이 없을 것이요 하나의 사물이라도 빼놓음이 없을 것이며, 감응하여 통한다면 理에 맞지 않는 일도 없을 것이요 그 사랑을 입지 못하는 사물도 없을 것이다. 嗚呼라. 이것이 仁의 德이 한마디로 性·情의 妙를 다할 수 있는 까닭이요, 또한 求仁의 요령은 孔子께서 顏淵에게 일러주신 한마디에 모두 들어있는 것이다.[36]

---

36)『朱子大全』卷77 頁19-20(4034-4035쪽), 〈克齋記〉: 性情之德 無所不備 而一言足以盡其妙 曰仁而已 所以求仁者 蓋亦多術 而一言足以擧其要 曰克己復禮而已 蓋仁也者 天地所以生物之心 而人物之所得以爲心者也 惟其得夫天地生物之心以爲心 是以 未發之前 四德具焉 曰仁義禮智 而仁無不統 已發之際 四端著焉 曰惻隱羞惡辭讓是非 而惻隱之心 無所不通 此仁之體用 所以涵育渾全 周流貫徹 專一心之妙 而爲衆善之長也 然人有是身 則有耳目鼻口四肢之欲 而或不能無害夫仁 人旣不仁 則其所以滅天理而窮人欲者 將益無所不至 此君子之學 所以汲汲於求仁 而求仁之要 亦曰 去其所以害仁者而已 蓋非禮而視 人欲之害仁也 非禮而聽 人欲之害仁也 非禮而言且動焉 人欲之害仁也 知人欲之所以害仁者在是 於是乎有以拔其本塞其源 克之克之 而又克之 以至於一旦豁然欲盡而理純 則其胸中之所存者 豈不粹然天地生物之心 而藹然其若春陽之溫哉 默而成之 固無一理之不具 而無一物之不該也 感而通焉 則無事之不得於理 而無物之不被其愛矣 嗚呼 此仁之爲德 所以一言而可以盡性情之妙 而其所以求之之要 則夫子之所以告顏淵者 亦可謂一言而擧也與

위의 첫째 문단은 仁을 '天地의 生物之心' 으로 규정하고 그에 입각해 心性論을 구축한 것으로, 이는 주자 형이상학의 골간이기도 하다. 둘째 문단은 '遏人欲 存天理' 로 克己復禮를 해명한 것으로, 이는 많은 유학자들의 통상적인 설명방식이기도 하다. 셋째 문단은 克己復禮의 효과에 대해서 '汎宇宙的인 의미' 를 부여한 것으로, 이는 앞의 첫째 문단과 조응하는 것이다. 이렇게 볼 때, 주자학의 특징은 첫째와 셋째 문단에서 드러나는 것이다. 즉 주자는 '仁' 과 '克己復禮' 에 대해서 전통적인 설명을 계승하면서도, 새롭게 형이상학적 차원의 심화된 의미를 부여한 것이다. 주자는 克己復禮의 효과를 '봄볕의 따뜻함처럼 온화하게 天地의 生物之心을 體現하는 것' 으로 설명하였다. 극기복례를 통해서 나의 삶이 天理와 부합하게 될 때 만물은 이미 자연스럽게 나의 사랑을 입게 된다는 것이다. 이제 극기복례는 단순히 인간의 일상에 한정되는 도덕규범에 불과한 것이 아니라, 인간과 천지자연을 포괄하는 범우주적 의미를 지니게 되었다. 주자는 바로 이러한 관점에서 '인간과 자연의 조화' 를 역설한다.

이제 '인간과 자연의 조화' 에 대해서 살펴보자. 周禮의 六官(天官・地官・春官・夏官・秋官・冬官) 체제가 상징하듯이, '자연과 조화를 이루는 文明' 은 유학의 본래 理想이었다. 주자 역시 '인간의 삶의 양식을 자연의 理法과 조화시킬 것' 을 강조한다. 그런데 주자가 이렇게 주장하는 바탕에는 '仁' 과 '克己復禮' 라는 관념이 깔려있다는 것이 특징이다. 주자는 다음과 같이 말한다.

> 눈 앞의 事事物物은 모두 지극한 理가 있으니, 한 포기의 풀이나 한 그루의 나무, 또는 한 마리의 새나 짐승 같은 것들도 모두 理가 있는 것이다. 초목은 봄에 나서 가을에 죽는 까닭에, 삶을 좋아하고 죽음을 싫어한다. 한여름에는 陽木을 베고 한겨울에는 陰木을 베는 것이 모두 음양의 도리를 따르는 것이다. 스스로 만물이 같은 氣를 나누어 가진 同體라는 것을 알았다면, 그것들이 살아 있던 모습을 보고는 차마 그 죽음을 보지 못하며, 그것들이 죽을 때의 슬픈 울음소리

를 듣고서는 차마 그 고기를 먹지 못하는 것이다. 그 알맞은 때가 아니면 한 그루의 나무도 베지 않고, 한 마리의 짐승도 죽이지 않는다. 잉태한 짐승은 죽이지 않고, 새들의 보금자리를 뒤집지 않는다. 이러한 것들이 바로 '合內外之道'인 것이다.[37]

위의 인용문을 관통하는 핵심 관념은 '萬物은 나와 같은 氣를 지닌 同體'라는 것이다. 즉 주자는 '萬物은 나와 같은 氣를 지닌 同體'라는 관념을 바탕으로 만물에 대한 애호를 주장하고, 만물을 애호하기 위해 인간의 삶의 양식을 자연의 理法과 조화시킬 것을 주장한 것이다. 그런데 '萬物은 나와 같은 氣를 지닌 同體'라는 관념은, 張橫渠의 〈西銘〉과 程明道의 〈識仁篇〉[38]이래, 宋代 儒學에 있어서 '仁' 사상의 또 다른 표현방식이었던 것이다. 이는 주자의 경우도 마찬가지이다. 앞에서는 '온화하게 天地의 生物之心을 체현하여, 나의 사랑을 입지 못하는 사물이 하나라도 없게 하라'고 했는데, 여기에서는 '만물은 나와 同體이므로, 나는 만물 가운데 하나라도 소홀히 대할 수 없다'는 논리를 제시한 것이다.

위의 인용문에서 또 하나 주목할 것은 '合內外之道'라는 말이다. 위의 인용문은 본래 『대학』의 格物致知를 논하는 내용으로서, 이곳에서 말하는 合

---

37) 『大學或問』 傳5章條 : 目前事事物物 皆有至理 如一草一木 一禽一獸 皆有理 草木春生秋殺 好生惡死 仲夏斬陽木 仲冬斬陰木 皆是順陰陽道理 自家知得萬物均氣同體 見生不忍見死 聞聲不忍食肉 非其時 不伐一木 不殺一獸 胎不殀 不覆巢 此便是合內外之道

38) 『二程全書』 卷2上(元豊呂與叔東見二先生語) : 醫書言手足痿痺爲不仁 此言最善名狀 仁者以天地萬物爲一體 莫非己也 認得爲己 何所不至 若不有諸己 自不與己相干 如手足不仁 氣已不貫 皆不屬己 故博施濟衆 乃聖人之功用 仁至難言 故曰己欲立而立人 己欲達而達人 能近取譬 可謂仁之方也已 欲令如是觀仁 可以得仁之體 (…) 學者須先識仁 仁者 渾然與物同體 義禮智信 皆仁也 識得此理 以誠敬存之而已 不須防檢 不須窮索 若心懈 則有防 心苟不懈 何防之有 理有未得 故須窮索 存久自明 安待窮索 此道與物無對 大不足以名之 天地之用 皆我之用 孟子言萬物皆備於我 須反身而誠 乃爲大樂 若反身未誠 則猶是二物有對 以己合彼 終未有之 又安得樂 訂頑意思 乃備言此體 以此意存之 更有何事 ('訂頑'은 〈西銘〉의 본래 이름임. '訂頑意思 乃備言此體'라는 말에서 알 수 있듯이, 장횡거의 〈西銘〉과 정명도의 〈識仁篇〉은 軌를 같이 하는 것임.)

內外之道란 格物致知와 誠意正心을 통하여 '객관적 理法' 과 '주관적 意志' 를 합치시킨다는 뜻이었다.[39] 그런데 주자는 이 合內外之道가 실천적으로는 '자연의 理法에 순응하여 인간의 삶의 樣式을 설정함' 을 뜻한다고 풀이하는 것이다. 그것은 기본적으로 만물의 생명을 애호하는 것이며, 인간의 필요에 따라 불가피하게 만물의 收取가 요구될 때에는 음양 순환의 이치에 따르며 희생을 최소화하는 것이다. 이것은 다시 말해 '인간의 욕구충족 구조' 를 '자연의 순환적 재생산 구조' 와 일치시키는 것이다.

繼天立極論이 제시하는 주자학의 실천적 理想은 '克己復禮' 와 '自然과 조화되는 文明' 이었다. 이러한 理想 자체는 이미 기존의 유학에서 제시된 것들이다. 주자의 공헌은 '仁' 이라는 개념을 심화시키고, 이를 바탕으로 양자를 一貫된 논리로 해명한 점에 있는 것이다.

39) 주자는 '客觀的 理法' 과 '主觀的 意志' 를 합치시키는 것을 '心과 理의 合一' 이라고도 표현했다('心與理合一之學' 에 대해서는 이 책의 제4장 3절 참조).

제7장

先後本末論의 실천적 의미

주자는 實踐을 논함에 있어서 先後와 本末을 중시하였다. 먼저 根本을 나스리면 末端은 별 어려움 없이 해결될 수 있으나, 먼저 末端에 매달리면 결국엔 기대하는 효과를 얻을 수 없다는 것이다. 주자는 다음과 같이 말한다.

> 天下의 일에는 本(근본)과 末(말단)이 있다. 그 根本을 바르게 하는 것은 비록 迂緩한 것 같으나 사실은 노력하기 쉽고, 그 末端을 구제하는 것은 비록 切至한 것 같으나 사실은 성공하기 어렵다. 그러므로 옛날에 일을 잘 논하던 사람들은 반드시 本·末의 所在를 깊이 밝혀서 먼저 그 근본을 바르게 하였으니, 근본이 바르면 말단이 다스려지지 않음은 근심할 바가 아니었다.[1]

위와 같은 先後本末論은 본래 『대학』의 持論이다. 『대학』의 첫머리에서는 '明明德(明德을 밝힘)'·'新民(백성을 새롭게 함)'·'止於至善(지극한 善에 머묾)'의 三綱領을 제시하고, '知止(머물 곳을 앎)'로부터 '能得(머물 곳을 얻음)'에 이르기까지의 先·後 관계를 논한 다음, "物에는 本·末이 있고 事에는 終·始가 있으니, 먼저 해야 할 것과 뒤에 해야 할 것을 알면 道

1) 『朱子大全』 卷24 頁14(1021-1022쪽), 〈與陳侍郎書〉: 天下之事 有本有末 正其本者 雖若迂緩 而實易爲力 捄其末者 雖若切至 而實難爲功 是以 昔之善論事者 必深明夫本末之所在 而先正其本 本正則末之不治 非所憂矣

에 가까울 것"[2]이라고 하였다. 이에 대해 주자는 "明德이 本이고 新民이 末이며, 知止가 始이고 能得이 終이다. 本과 始는 먼저 해야 할 바이고, 末과 終은 뒤에 해야 할 바이다."[3]라고 주석하였다. 『대학』에서는 "天子로부터 庶人에 이르기까지 한결같이 모두 修身을 本으로 삼는다."[4]고도 하였고, "그 本이 어지러우면서 末이 다스려지는 경우는 없다."고도 하였다. 『대학』은 유교의 經世論을 체계적으로 제시한 경전이거니와, 그 체계란 바로 三綱領·八條目을 구성요소로 하는 '先後本末論'의 체계인 것이다.

주자 역시 '修己와 治人'을 本·末 관계로 규정하고 말단인 治人보다 근본인 修己에 먼저 힘써야 한다고 강조했으며, 統治에 있어서 '制度와 人格' 문제와 '恒産과 恒心' 문제에 대해서도 先後本末의 논리로 접근하였다. '수기와 치인'·'제도와 인격'·'항산과 항심' 등은 모두 實踐的 영역의 先後本末을 논하는 것이다. 즉 先後本末論은 '理氣相互主宰論'에서 '氣의 주재'에 해당되는 부분으로서, '勢(실천상의 形勢)'를 해명하는 것이다. 先後本末을 어기는 것은 '勢'를 어기는 것인바, 勢를 어기고서는 일을 성공시킬 수 없다는 것이 주자의 持論이었다.[5]

1. 修己와 治人

무슨 일에 있어서든 成功은 많은 努力을 필요로 한다. 그런데 많은 노력을 기울였다고 모두 성공하는 것은 아니다. 이러한 맥락에서 주자는 노력을 기울임에도 '올바른 방법'이 있는바, 그것을 외면하면 노력은 '헛수고'에

2) 『大學章句』 經1章 : 物有本末 事有終始 知所先後 則近道矣
3) 『大學章句』 經1章, 朱子註 : 明德爲本 新民爲末 知止爲始 能得爲終 本始所先 末終所後
4) 『大學章句』 經1章 : 自天子以至於庶人 壹是皆以修身爲本
5) '治人에 앞서 修己를 강조함'과 '制度에 앞서 人格을 강조함'은 '法家'에 대한 주자의 비판이기도 하다. 즉 法家는 일반적으로 理를 외면하고 勢를 강조하지만, 주자는 法家의 勢論 또한 先後本末에 어긋나는 '似而非 勢論'이라고 규정하는 것이다.

그칠 수 있다고 보는 것이다. 주자는 "근본(本)에서 바로잡지 않고 말단(末)에서 바로잡으며, 理에서 탐구하지 않고 事에서 탐구하며, 君主의 德을 높이고 政體의 紀綱을 세움에 대해서는 침묵하고 오직 하급관리들의 過惡만을 공격하는 것, 이것이 노력은 많이 기울이되 효과는 별로 보지 못하는 까닭"[6]이라고 설파한 바 있다. 많은 노력에도 불구하고 별로 효과를 얻지 못하는 근본 까닭은 '실천상의 先後本末' 을 어긴 데 있다는 것이다. 그러면 많은 사람들이 실천상의 선후본말을 어기게 되는 까닭은 무엇인가? 주자의 다음과 같은 말을 살펴보자.

> 대개 前日의 文字는 진실로 간절한 것이었다. 다만 '事를 논함' 은 많고 '理를 논함' 은 적으며, '하급관리들의 간사한 속임수' 는 비록 자세하게 따졌으나 '君主의 端本淸源(근본을 단정하게 하고 근원을 맑게 함)과 修德立政(德을 닦아 政事를 확립함)' 에 대한 뜻은 갖추지 못했다. 그 까닭은, '讀者들이 迂闊하다 여길 것' 이라고 미리 잘못 짐작하고 감히 언급하지 못한 것이요, 또한 스스로 이 理를 정밀하게 강구하지 않았기 때문에 '스스로도 迂闊하여 언급하기에 부족하다고 여김' 을 면치 못한 것이다.[7]

위의 인용문에서 '理와 君主' 에 관한 것은 本에 해당되고, '事와 하급관리' 에 관한 것은 末에 해당된다. 위의 인용문에 의하면, '理와 君主의 德' 등 根本을 문제 삼는 것을 '迂闊' 로 여기는 것이 당시 많은 사람들의 태도였다. '迂闊' 이란 '현실의 사정과 동떨어져 실용에 적합하지 아니함' 을 말한다. 理를 논하고 君主의 德을 논하는 것을 迂闊로 여긴다면, 事를 논하고

---

6) 『朱子大全』 卷25 頁26(1079쪽), 〈與陳丞相書〉 : 不正之於本而正之於末 不求之於理而求之於事 不言所以增崇聖德紀綱政體之意 而惟群小之過惡是攻 此其所以用力多而見功少者與

7) 『朱子大全』 卷25 頁29(1083쪽), 〈答鄭自明書〉 : 蓋前日文字 固爲剴切 但論事多而論理少 數群小之姦欺雖詳 而於人主之所以端本淸源修德立政之意 有未備也 此其所以然者失於逆料聽者謂之迂闊而不敢言 亦自於此理講之未精 不免於自以爲迂闊而不足言也

하급관리들의 비리를 논하는 것이 捷徑일 것이다. 즉 당시의 많은 사람들은 먼저 근본에 힘쓰는 것을 현실과 동떨어진 것으로 여기고, 직접 문제의 말단만을 손질하여 빠른 효과를 기대한 것이었다. 그러나 근본을 외면하고 말단에 집착하는 것은 결국에는 성공할 수 없는 방법이라는 것이 주자의 지론이다. 먼저 근본부터 문제 삼는 것이 일견 迂闊해 보이나 사실은 捷徑이라는 것이다.

주자의 입장은 결코 '근본을 먼저 확립하면 말단은 저절로 해결된다' 는 것이 아니다. 주자는 말단을 해결하는 방도 자체에 대해서도 중요한 의미를 부여했다. 하지만 말단은 어디까지나 말단일 뿐이니, 먼저 근본을 해결해야 한다는 것이다. 이러한 맥락에서 주자의 지론은 '근본의 확립' 과 '말단의 해결책' 을 함께 문제 삼는 것이었다. 주자는 다음과 같이 말한다.

> 天下萬事에는 '大根本' 이 있고, 每事에는 또한 각각 '要切處' 가 있다. 이른바 '大根本' 은 진실로 '君主의 心術' 에서 벗어나지 않으며, '要切處' 도 반드시 大本이 이미 세워진 다음에야 미루어 알 수 있는 것이다. 예컨대 '어진 재상에게 맡기고 사사로운 門戶를 막음' 은 '立政의 要' 이고, '어진 관리를 뽑고 賦役을 가볍게 함' 은 '養民의 要' 이며, '將帥를 공정하게 뽑고 측근의 청탁을 배제함' 은 '治軍의 要' 이고, '警戒하는 말을 즐겁게 듣고 아첨을 기뻐하지 않음' 은 '聽言用人의 要' 이다. 이러한 몇 가지 예들을 미루어 나가면 나머지 것도 모두 알 수 있다. 그러나 大本이 세워지지 않고서 여기에 참여할 수 있는 사람은 없으니, 이것이 옛날 平天下를 원했던 사람이 誠意正心을 통해서 그 근본을 세우는 데 급급했던 까닭이다. 만약 한갓 正心만을 말하여 事物의 要를 알기에 부족하고, 혹은 일의 實情은 정밀하게 알고 있으나 根本의 귀착점에 어둡다면, 이는 '腐儒의 迂闊之論' 이거나 '俗士의 功利之談' 이니, 當世의 業務를 함께 논하기에는 모두 부족한 것이다.[8)]

---

8)『朱子大全』卷25 頁6(1055쪽), 〈答張敬夫〉: 天下萬事有大根本 而每事之中 又各有要切

주자는 '君主의 心術을 바르게 하는 것' 즉 '誠意正心을 통해 근본을 세우는 것' 을 天下萬事의 '大根本' 이라 하였고, 立政 · 養民 · 治軍 · 聽言用人 등 '현실의 여러 事目들을 해결하는 요령' 을 '要切處' 라 했다. 그런데 要切處도 반드시 大根本이 이미 세워진 다음에야 미루어 알 수 있다는 것이다. 즉 大根本과 要切處는 本 · 末의 관계로서, 우선이 되는 것은 大根本이라는 것이다.

'本 · 末의 관계' 란 本 · 末로 양자의 先 · 後나 輕 · 重을 논하는 것이요, 결코 本만 긍정하고 末을 배제하는 것이 아니다. 이러한 맥락에서, 위의 인용문에서는 本인 大根本과 末인 要切處를 함께 문제 삼고 있다. 이 가운데 어느 하나만을 긍정한다면 반드시 폐단에 빠진다는 것이다. 위에서 말하는 '腐儒迂闊之論' 이란 '誠意正心을 통해 근본을 세우는 것' (大根本)의 중요성만 알고 '현실의 여러 事目들에 대처하는 요령' (要切處)을 모르는 것을 지칭하고, '俗士功利之談' 이란 현실에 대처하는 요령은 알되, 誠意正心의 근본적 중요성을 모르는 것을 지칭한다.

예나 이제나 모든 사회에는 항상 여러 難題가 도사리고 있다. 이러한 난제를 해결하기 위해서는 난제를 타개할 수 있는 '긴요한 방법론' 도 알아야 하고, 그것을 반드시 타개하겠다는 '진실한 의지' 도 있어야 한다. 그런데 주자에 의하면, 功利主義者들은 대개 '진실한 의지' 가 부족하고, 迂闊之論은 대개 '긴요한 방법론' 에 어둡다는 것이다. '긴요한 방법론' 은 객관적 현실에 대한 통찰로부터 얻어지는바 이를 위해 格物致知와 道問學이 필요한 것이요, '진실한 의지' 는 행위주체의 주관적 의지로부터 나오는바 이를 위해 誠意正心과 尊德性이 필요한 것이다. 그리하여 『대학』에서는 바로 格物

處 所謂大根本者 固無出於人主之心術 而所謂要切處者 則必大本旣立 然後可推而見也 如論任賢相杜私門 則立政之要也 擇良吏輕賦役 則養民之要也 公選將帥 不由近習 則治軍之要也 樂聞警戒 不喜導諛 則聽言用人之要也 推此數端 餘皆可見 然未有大本不立而可以與此者 此古之欲平天下者 所以汲汲於正心誠意 以立其本也 若徒言正心而不足以識事物之要 或精覈事情而將昧夫根本之歸 則是腐儒迂闊之論 俗士功利之談 皆不足與論當世之務矣

致知와 誠意正心을 修己의 두 축으로 삼았던 것이다. 주자 역시 같은 맥락에서 다음과 같이 말한다.

> 대개 '記誦華藻'는 '淵原을 탐구하여 治道를 도출하는 것'이 아니며, '虛無寂滅'은 '本·末을 관통하여 大中을 확립하는 것'이 아닙니다. 그리하여 옛날 聖帝明王의 학문은 반드시 格物致知를 통해서 事物의 변화에 지극하도록 한 것입니다. 자기 앞을 지나는 事物이 義理에 관계된 것이라면 섬세한 것까지 반드시 밝혀, 心目에 명료하게 하고 추호도 숨김을 용납하지 않으면, 저절로 의지가 참되고 마음이 바르게 될 것입니다. 그러면 天下의 일에 대응하는 것은 하나와 둘을 세고 黑과 白을 분변하듯 쉬울 것입니다. 진실로 학문을 하지 않는다면, 그리고 학문을 하되 이것에 주력하지 않는다면, 內·外와 本·末이 뒤집히고 어긋나서, 비록 聰明睿智한 자질과 孝友恭儉의 덕이 있더라도, 지혜는 善을 밝히기에 부족할 것이요, 학식은 理를 궁구하기에 부족할 것이니, 결국엔 天下의 治亂에 보탬이 없을 것입니다.[9]

위에서 말하는 '記誦·華藻'는 訓詁學·詞章學을 지칭하며, '虛無·寂滅'은 老·佛을 지칭한다. 주자는 올바른 經世論에 접근하지 못한 점은 老佛이나 漢代 이래 訓詁詞章의 儒學이 마찬가지라고 규정하고, 올바른 경세론의 모범으로 聖帝明王의 학문을 들었다. 그것은 格物致知와 誠意正心을 두 축으로 삼는 것으로서, 그 결과 쉽고 정확하게 천하의 일에 대응할 수 있게 된다는 것이다. 그러나 格物致知와 誠意正心을 두 축으로 삼지 않는 학문은 內·外와 本·末이 뒤집히고 어긋나서 '결국엔 天下의 治亂에 보탬이

---

9) 『朱子大全』 卷11 頁3-4(440쪽), 〈壬午應詔封事〉: 蓋記誦華藻 非所以探淵原而出治道 虛無寂滅 非所以貫本末而立大中 是以 古者 聖帝明王之學 必將格物致知 以極夫事物之變 使事物之過乎前者 義理所存 纖微畢照 瞭然乎心目之間 不容毫髮之隱 則自然意誠心正 而所以應天下之務者 若數一二辨黑白矣 苟惟不學 與學焉而不主乎此 則內外本末 顚倒繆戾 雖有聰明睿智之資 孝友恭儉之德 而智不足以明善 識不足以窮理 終亦無補乎天下之治亂矣

없을 것' 이라고 단언하였다. 이는 올바른 修己에서 출발하지 않으면 결국 治人이란 불가능하다는 주장이다.

전통사회에서 治人의 주체는 君主와 公·卿·大夫·士 등 통치계급 전반이었지만, 그 궁극적 주체는 君主였다. 즉 公·卿·大夫·士 등은 한편으로는 君主와 함께 국가를 통치하는 주체였고, 한편으로는 君主의 臣下였다. 그런데 주자는 '신하가 군주를 섬기는 것' 조차 治人의 범주에서 이해하여, 다음과 같이 말한다.

오늘의 일은 첫째는 君主께 권하여 心身을 가다듬고 精神을 아껴 항상 天下의 일을 생각하도록 하는 것이다. 그런 다음에야 治道를 講磨하여 점차 更張할 수 있다. 만약 그렇게 하지 않고, 곧 因循苟且의 폐단을 타파하여 奮然히 추진하고자 한다면, 결코 이러한 이치는 없는 것이다. 이미 이러한 이치가 없다면, 또한 조용히 기다리며 때때로 陳善閉邪의 글을 올려 君主께서 한번 覺醒하시기를 기대함이 최선일 것이다. 이밖에 여러 일들은 오직 君心과 政體에 크게 害가 되어 患難을 초래할 것은 부득불 事案에 따라 바르게 구제해야 하지만, 그 밖의 느슨하여 安危存亡과는 무관한 일은 모두 제쳐두고 논하지 않아도 된다. (…) 그런데 앞에서 이른바 '때때로 陳善閉邪의 글을 올려 君主께서 한번 覺醒하시기를 기대한다' 는 것을 이루려면, 또한 자신에게 돌이켜서 군주께 陳言하고자 하는 바로 먼저 자신을 꾸짖어야만 한다. (…) 尙書께서 진실로 天下의 일을 자신의 책임으로 여긴다면, 마땅히 '格君心之非(임금의 잘못된 마음을 바룸)' 로부터 시작해야만 하고, 君心을 바루고자 한다면 마땅히 자신부터 시작해야 한다.[10)]

10) 『朱子大全』 卷29 頁5-7(1226-1228쪽), 〈與趙尙書書〉 : 今日之事 第一且是勸得人主 收拾身心 保惜精神 常以天下事爲念 然後可以講磨治道 漸次更張 如其不然 便欲破去因循苟且之弊 而奮然有爲 決無此理 旣無此理 則莫若且靜以俟之 時進陳善閉邪之說 以冀其一悟 此外庶事 則唯其甚害於君心政體而立致患害者 不得不因事捄正 若其它閒慢非安危存亡所繫者 皆可置而不論 (…) 然欲爲前所謂時進陳善閉邪之說 以冀上心之悟

주자는 '최고 통치자는 君主' 라는 맥락에서는 통치의 萬事를 궁극적으로 '君主의 修己' 에 귀착시켰다. '군주의 한 마음' 이 만사를 좌우하기 때문에, 군주의 마음이 바르게 되는 것을 전제하지 않고는 어떠한 개혁적 조치도 성공할 수 없다는 것이다. 이런 맥락에서는 '군주의 마음이 바르게 됨' 은 그 국가의 통치가 성공하기 위한 大根本인 것이다. 그런데 그 군주가 스스로 마음을 바르게 닦지 않을 경우, 성공적인 통치를 추구하는 신하는 먼저 군주의 마음을 바루기 위해 노력해야 한다는 것이다. 이런 맥락에서 '군주의 그릇된 마음을 바룸' (格君心之非)은 신하에게 있어서 '治人' 에 해당되는 것이다.[11] 그리고 治人은 그에 상응하는 修己를 전제하기 때문에, 신하는 군주에게 먼저 모범을 보여야 한다는 것이다. 요컨대, 위의 인용문은 다음과 같이 정리된다. 첫째, 국가의 치란은 궁극적으로 '군주의 한 마음' 에 달려있으니, 통치에서는 군주의 修己가 가장 중요하다. 둘째, 군주의 修己가 미흡할 때 신하는 군주의 마음을 바루어야 한다. 셋째, 어떤 경우이든 治人은 修己가 바탕이 되어야 한다. 군주가 백성을 다스릴 때든 신하가 군주의 마음을 바룰 때든, 治人의 주체는 항상 먼저 모범을 보여야 한다.

이상에서 살펴보았듯이, 주자는 修己와 治人을 철저히 先後本末의 관점에서 논하였다. 그런데 修己와 治人을 本·末 관계로 규정하고 先·後의 순서를 규정한 것은 근본적으로 모든 인간관계를 '感應' 의 관점에서 이해했기 때문이었다. 다시 말해, 治人에 앞서서 修己를 전제하는 것은 德治(感應)를 중심으로 治人을 이해하기 때문이다.[12] 주자에 의하면 治人이란 결국 사

者 又在反之於身 以其所欲陳於上者 先責於我 (…) 尙書誠以天下之事爲己任 則當自格君心之非始 欲格君心 則當自身始

11) 유교 특히 주자학에서 '臣下' 의 位相은 특별한 것이다. 신하는 군주의 뜻을 奉行하는 존재이기도 하고, 군주와 함께 정사를 論定하는 존재이기도 하고, 經筵에서는 군주의 스승이 되는 존재이기도 하다. 여기에서 '治人' 이라 한 것은 '신하가 군주의 스승이 됨' 에 가까운 맥락이다.

12) 주자학에서 理란 '氣의 운동의 표준' 이라 하였다. 천지만물은 氣의 운동을 통해서 生生不息한다. 그런데 '氣의 운동' 이란 바로 陰陽의 感應(對待)과 循環을 통해 이루어지

람들을 '感化(感服)' 시키는 것이다. 사람들을 感化시키기 위해서는 한편으로는 率先垂範이 필요하고, 한편으로는 與民同樂이 필요하다.[13] 주자는 바로 率先垂範과 與民同樂이라는 맥락에서 통치자의 修己가 중요하다고 보았던 것이다. 주자가 만약 法治主義者였다면 修己를 이렇듯 엄격하게 요구하지는 않았을 것이다. 그리하여 이것은 자연스럽게 '德治와 法治' 의 문제, 즉 통치에 있어서 더 중요한 것은 '人格이냐, 制度이냐' 의 문제로 연결되게 된다.

2. 制度와 人格

修己와 治人을 本·末 관계로 규정하고, 治人에 앞서서 修己가 이루어져야 한다는 것이 주자의 입장이라 하였다. 이제 논점을 약간 바꾸어, '治人의 방법' 에 대해서 살펴보기로 하자. 治人의 방법에 대해서 전통적으로 논란이 된 것은 '德治냐, 法治냐' 하는 것이었다. 德治란 '인격적 감화' 를 통치의 근본으로 삼는 것이며, 法治란 '제도적 통제' 를 통치의 근본으로 삼는 것이다. 즉 통치의 방법에 있어서 '法治냐, 德治냐' 를 따지는 것은 통치에 있어서 본질적으로 중요한 것은 '통치의 制度냐, 통치자의 人格이냐' 를 따지는 것이다. 그런데 修己와 治人에 있어서 '修己가 근본' 이라는 주장은 또한 制度와 人格의 문제에 있어서 '人格이 근본' 이라는 주장과 맞물리는 것이다.[14]

는 것이다(이에 대한 자세한 논의는 拙著, 『儒家社會哲學研究』, 43-55쪽 참조). 따라서 주자학에서의 理는 '元亨利貞이나 仁義禮智의 理' 이며 또한 '感應과 循環의 理' 인 것이다.

13) 유교에서 말하는 感應은 도덕적 차원과 정서적 차원으로 나누어 볼 수 있다. 『논어』에서는 주로 道德的 感應을 언급하고 있는바, 이를 위해서는 '率先垂範' 이 중요하다. 『맹자』에서는 주로 情緒的 感應을 언급하고 있는바, 이를 위해서는 '與民同樂' 이 중요하다. 이에 대한 자세한 논의는 拙著, 『儒家社會哲學研究』, 160-171쪽 참조.

'德治냐, 法治냐' 하는 문제와 관련해서 늘 거론되는 것은 『논어』의 다음과 같은 내용이다.

> 政(法制와 禁令)으로 인도하고 刑罰로 가지런히 하면 백성들은 형벌을 면하되 부끄러움이 없다. 德으로 인도하고 禮(制度와 品節)로써 가지런히 하면 백성들은 부끄러움도 알고 또한 바르게 된다.[15)]

요컨대, 法制와 禁令으로 이끌고 刑罰로 제재를 가하면 백성들은 형벌을 면하는 것만을 능사로 삼게 되나, 德으로 이끌고 制度와 品節로 제재하면 백성들은 바르게 교화된다는 것이다. 위의 인용문에 대해 주자는 다음과 같이 주석한 바 있다.

> 政(法制와 禁令)이란 통치의 도구요, 刑은 통치의 보조수단이다. 德과 禮(制度와 品節)는 통치의 근본인데, 德은 또 禮의 근본이다. 이러한 것들은 서로 終始가 되니, 이들 가운데 어느 하나를 없앨 수는 없다. 비록 그러하나 政·刑은 백성들로 하여금 罪를 멀리하게 할 수 있을 뿐인데, 德·禮의 효과는 백성들로 하여금 자신도 모르는 새 날로 善으로 옮겨가게 하는 것이다. 그러므로 백성을 통치하는 사람은 한갓 그 末만 믿어서는 안 되니, 또 마땅히 그 本을 깊이 탐구해야 한다.[16)]

---

14) 주자가 '制度와 人格' 의 문제에 있어서 人格이 근본이라고 보는 까닭은 '마음이 制度의 成敗를 좌우한다' 고 보기 때문이다. 이 세계의 이념적 표준은 理(性)에 있지만 현실적 주도권은 氣(心)에 있다는 것이 주자의 일관된 입장이었다. 즉 '마음' 은 '理(性)' 를 맡아서 운용할 뿐만 아니라 '몸' 을 통제하기도 하는 것이다. 또한 마음이 萬事를 좌우한다고 볼 때, 인간관계에서 궁극적으로 중요한 것은 '물질적인 그 무엇' 이 아니라 '마음의 交感' 인 것이다. 유교의 德治論은 이러한 맥락에서 성립하는 것이다.

15) 『論語』 爲政 3 : 子曰 道之以政 齊之以刑 民免而無恥 道之以德 齊之以禮 有恥且格

16) 『論語集註』 爲政 3, 朱子註 : 政者 爲治之具 刑者 輔治之法 德禮則所以出治之本 而德又禮之本也 此其相爲終始 雖不可以偏廢 然政刑能使民遠罪而已 德禮之效 則有以使民

주자는 '政·刑'과 '德·禮'의 관계 역시 本·末로 규정하였다. 本·末의 관계란 '더 중요한 것과 덜 중요한 것'의 관계일 뿐, 둘 가운데 어느 하나의 존재의의를 부정하는 관계는 아니다. 그러므로 주자는 '이들 가운데 어느 하나를 없앨 수는 없다'고 단언한 것이다. 주자는 이들의 의의를 모두 인정하면서도, 本·末이라는 관점에서 그 先·後와 輕·重을 논하는 것이다.

'政·刑'에 의존하는 통치를 보통 '法治'라 하고 '德·禮'에 의존하는 통치를 보통 '德治'라 한다. 위의 인용문에 보이듯이, 法治와 德治는 각각 두 맥락에서 논의될 수 있다. 우선 法治에 대해 살펴보자. 法治는 政과 刑을 두 축으로 작동한다. 政은 '法制와 禁令'을 뜻하고, 刑은 '刑罰'을 뜻한다. 법제와 금령으로 백성들을 이끌고, 따라오지 않을 때 형벌로 統一을 기하는 것이다.[17] 반면에 德治는 德과 禮를 두 축으로 작동한다. 德은 '道를 실천함으로써 얻어진 마음의 탁월함'[18]을 뜻하고, 禮는 '制度와 品節'[19]을 말한다. 德으로써 몸소 실천하여 백성들을 이끌면 백성들은 보고 느끼는 바가 있어

日遷善而不自知 故治民者 不可徒恃其末 又當深探其本也

17) 『論語集註』 爲政 3, 朱子註 : 政謂法制禁令也 齊 所以一之也 道之而不從者 有刑而一之也

18) 주자는 '爲政以德'의 '德'을 '得'의 뜻으로 '道를 실천함으로써 마음에 얻어진 것'(行道而有得於心)이라 풀이하였다(『論語集註』 爲政 1, 朱子註 참조). '得'은 '能'의 뜻을 지니고 있다. 주자는 〈增損呂氏鄕約〉의 '德業相勸' 條에서는 德을 대부분 '能'으로 풀이했다. 善을 보면 반드시 행하고(見善必行), 잘못을 깨달으면 반드시 고치며(聞過必改), 자기 몸을 다스릴 수 있으며(能治其身), 자기 집을 다스릴 수 있으며(能治其家), 父兄을 섬길 수 있으며(能事父兄), 子弟를 가르칠 수 있으며(能敎子弟), 童僕을 통제할 수 있으며(能御童僕), 政敎를 엄숙하게 할 수 있으며(能肅政敎), 어른을 섬길 수 있으며(能事長上), 親故와 화목할 수 있으며(能睦親故), 交遊를 가릴 수 있으며(能擇交遊), 廉介를 지킬 수 있으며(能守廉介), 은혜를 널리 베풀 수 있음(能廣施惠) 등이 德이라는 것이다(『朱子大全』 卷74 頁30). 그리하여 여기에서는 德을 '道를 실천함으로써 얻어진 마음의 탁월한 능력'으로 풀이했다.

19) '制度와 品節'이란 예컨대 부모의 喪을 당했을 때, 어떤 사람은 애도의 정을 깊이 표하고 그 기간을 오래 하기도 하며, 어떤 사람은 애도의 정을 얕게 표하고 그 기간을 짧게 하기도 할 것이다. 그리하여 가족의 喪을 당하였을 때, 喪服을 입는 기간을 寸數에 따라 일정하게 규정해 주고(五服), 그에 따라 지켜야 할 규범들을 규정해 주는 것을 말한다.

興起되는데, 그 深淺厚薄이 다른 점에 대해서는 制度와 品節을 통해 統一을 기하는 것이다.[20] 즉 德은 백성들을 감화시키는 역할을 하고, 禮는 감화된 백성들에게 일정한 행동양식을 제공하여 질서를 형성하는 역할을 한다.

이상에서 '政·刑'과 '德·禮'를 살펴보았는바, 여기서 '政'(法制와 禁令)과 '禮'(制度와 品節)는 모두 '制度로써 일정한 행동양식을 제시하는 것'이라는 점에서는 별 차이가 없는 것이다. 그렇다면 법치와 덕치의 특징적인 차이는 어디에 있는 것인가? 그것은 法治에서는 먼저 '제도적 장치들'이 강조되고 이어서 '형벌의 制裁'가 등장하나, 德治에서는 가장 먼저 '통치자의 率先垂範'이 강조된다는 점에 있을 것이다. 다시 말해, '제도적 장치'는 法治나 德治에서 모두 중요한 것이나, 德治에서는 '제도적 장치' 이전에 '통치자의 솔선수범'을 강조한다는 것이다.[21] 이러한 맥락에서, 주자의 입장은 백성을 통제하는 '통치 制度' 이전에 백성에게 솔선수범할 수 있는 '통치자의 人格'을 강조하는 것이었다. 주자의 이러한 입장은 두 맥락에서 이해할 수 있다.

---

20) 『論語集註』 爲政 3, 朱子註 : 禮謂制度品節也 格 至也 言躬行以率之 則民固有所觀感而興起矣 而其淺深厚薄之不一者 又有禮以一之

21) 흔히 유교는 法治主義에 반대했다고 말하는데, 유교와 法治主義의 관계는 분석적으로 이해되어야 한다. 그것은 '法治'라는 개념이 '두 맥락'으로 쓰이기 때문이다. 오늘날 우리가 추구하는 法治란 '法(典章法度)에 근거한 통치'를 뜻하지만, 과거 유교에서 반대한 法治란 '刑法(刑罰)에 의존하는 통치'를 뜻하였다. 유교도 한결같이 전장법도에 근거한 통치를 옹호하여, 통치자의 자의적인 통치를 배격하였다. 유교는 다만 刑罰에 의존하는 통치를 반대하고, 통치자의 德에 입각한 통치를 촉구한 것이다. 사람들은 유교의 德治를 '人治主義'로 규정하고 그것은 '자의적 통치'로 귀결된다고 비판하기도 하는데, 이는 유교적 맥락을 잘못 이해한 것이다. 유교의 德治란 '刑罰에 의존하는 統治'에 반대되는 것이지, '法(典章法度)에 근거한 統治'에 반대되는 것이 아니다. 유교의 德治는 리더십(leadership)의 원천을 '통치자의 도덕적 탁월성'에 둔다는 점에서는 '人治'라 말할 수 있다. 그러나 이 人治(德治)가 전장법도를 무시한 '자의적 통치'를 의미한 것은 결코 아니었다. 유교의 입장을 종합해서 정리하자면, 最善(最先)의 통치수단은 德治(통치자의 率先垂範)이며 刑罰은 補助的 수단이라는 것, 典章法度에 입각해서 통치하되 더 중요한 것은 그 전장법도를 운용하는 사람의 人格이라는 것이다.

첫째는 통치자가 솔선수범함으로써 백성들을 感化시킨다는 맥락이다. 이는 '爲政以德' 에 대한 주자의 주석에서 잘 드러난다. 『논어』에서는 "德으로 정치를 하는 것은 비유컨대 北極星이 제 자리를 지키면 뭇별들이 그를 향해서 도는 것과 같다."[22]고 하였다. 이에 대해 주자는 다음과 같이 주석하고 있다.

> '政' 은 '正(바루다)' 의 뜻이니, '사람들의 바르지 못함을 바룬다' 는 말이다. (…) 德으로써 정치를 하면 '無爲(함이 없음)' 하여도 천하가 스스로 돌아오니, 그 모습이 이와 같다.[23] ○ 范氏(范祖禹)가 말하기를 "德으로 정치를 하면 움직이지 않아도 感化되고, 말하지 않아도 믿으며, 作爲함이 없어도 이루어진다. 지키는 바는 지극히 簡單하되 능히 煩雜한 것을 제어할 수 있고, 處하는 바는 지극히 靜하되 능히 動을 제어할 수 있으며, 힘쓰는 바는 지극히 적되 능히 많은 사람을 복종시킬 수 있다."[24] ○ '無爲' 란 '흙덩이처럼 전혀 作爲가 없다' 는 뜻이 아니요, 다만 '(억지로) 일을 만들어 백성들을 요란하게 함' 이 없다는 뜻이다. 자기에게 德이 닦여지면 사람들이 저절로 感化하여, 作爲를 기다리지 않아도 天下가 스스로 돌아오니, 그 '有爲의 자취' 를 볼 수 없는 것이다.[25]

유교에서는 전통적으로 政治의 과제를 두 측면에서 규정했으니, '敎民과 養民' 이 그것이다. '敎民' 이란 백성을 올바른 길로 이끄는 것이며, '養民' 이란 백성들의 生業을 보장하는 것이다. '爲政以德' 의 德治란 바로 敎民의 측면에서 논의되는 것이다. 주자는 德治를 '無爲의 정치' 로 설명했다. '無

---

22) 『論語』 爲政 1 : 子曰 爲政以德 譬如北辰居其所 而衆星共之

23) 『論語集註』 爲政 1, 朱子註 : 政之爲言 正也 所以正人之不正也 (…) 爲政以德 則無爲而天下歸之 其象如此

24) 『論語集註』 爲政 1, 朱子註 : 范氏曰 爲政以德 則不動而化 不言而信 無爲而成 所守者至簡 而能御煩 所處者至靜 而能制動 所務者至寡而能服衆

25) 『論語集註大全』 爲政 1, 朱子小註 : 朱子曰 不是塊然全無作爲 只是不生事擾民 德修於己 而人自感化 不待作爲 而天下自歸之 不見其有爲之迹耳

爲의 정치' 란 '억지로 일을 만들어 作爲함이 없는 정치' 를 말한다. 다만 통치자가 여러 행동들로 모범을 보이면 백성들은 저절로 감화되어 복종하게 된다는 것이다. 이러한 맥락에서 德治는 지극히 간단한 원리로 지극히 복잡한 문제를 해결할 수 있는 방법이며, 지극히 적은 노력으로 지극히 많은 사람을 복종시킬 수 있는 방법이다. 사실 현실 정치의 난맥상은 대부분 爲政者 자신은 지키지 않는 규범을 타인에게 강요함으로부터 빚어진다고 한다면, 솔선수범의 의의는 결코 부정할 수 없을 것이다.

둘째는 통치 제도 자체를 본래의 취지에 맞게 善用한다는 맥락이다. 모든 제도의 운용자는 사람이다. 아무리 탁월한 제도라 하더라도 그 운용의 주체가 '그릇된 마음' 을 품는다면 제대로 운용될 수 없다. 이 점은 정치 현실에 있어서도 마찬가지일 것이다. 그리하여 주자는 특히 최고 통치자인 '君主의 마음' 이 國政의 成敗를 좌우한다고 보았다. 주자는 『서경』의 人心道心論을 이러한 관점에서 이해하여, 다음과 같이 말한다.

> 臣은 듣자오니, 人主가 天下의 일을 제어함은 一心에 근본하는데, 心이 主로 삼는 바는 또한 天理와 人欲의 차이가 있습니다. 天理와 人欲이 일단 나뉘면 公·私와 邪·正의 길이 결정됩니다. 대개 天理는 이 心의 本然으로서, 따르면 心이 公正하게 됩니다. 人欲은 이 心의 病으로서, 따르면 心이 私邪롭게 됩니다. 公正한 것은 편안하고 날로 아름답게 되지만, 私邪로운 것은 수고롭고 날로 졸렬하게 됩니다. 그 效果는 治亂安危에 이르러 크게 相反되지만, 그 端緒는 다만 一念의 사이에 있을 뿐입니다. 舜·禹가 서로 帝位를 전할 때 '人心惟危 道心惟微 惟精惟一 允執厥中' 이라 한 것이 바로 그것입니다.[26]

26) 『朱子大全』 卷13 頁9(514쪽), 〈辛丑延和奏箚二〉 : 臣聞 人主所以制天下之事者 本乎一心 而心之所主 又有天理人欲之異 二者一分 而公私邪正之塗判矣 蓋天理者 此心之本然 循之則其心公而且正 人欲者 此心之疾疢 循之則其心私而且邪 公而正者 逸而日休 私而邪者 勞而日拙 其效至於治亂安危有大相絶者 而其端特在夫一念之間而已 舜禹相傳 所謂人心惟危道心惟微惟精惟一允執厥中者 正謂此也

위의 인용문에서는 '마음'을 '天理를 따르는 公正한 마음'과 '人欲을 따르는 私邪로운 마음'으로 구분하고, 公正은 '편안하고 날로 아름답게 되는' 결과를 초래하지만 私邪는 '수고롭고 날로 졸렬하게 되는' 결과를 초래한다고 대비하였다. 이것이 『서경』의 人心道心論이 주는 교훈이라는 것이다. 주자는 '公正한 마음'이 '治·安'을 초래하고 '私邪로운 마음'이 '亂·危'를 초래하는 구체적인 과정을 다음과 같이 설명한다.

무릇 天下의 다스림은 진실로 반드시 一人에서 나오지만, 天下의 일은 一人이 홀로 감당할 수 없는 것입니다. 그러므로 人君은 政務에 임하든 깊은 곳에서 쉬든 항상 마음을 바루고 뜻을 참되게 하며, 반드시 天下의 敦厚誠實하고 剛明公正한 賢者를 깊이 찾아 輔相으로 삼는 것입니다. 輔相으로 하여금 士大夫 가운데 聰明達理하고 直諒敢言하며 忠信廉節하여 일을 추진하고 뜻을 지키기에 충분한 사람을 널리 뽑아 그의 그릇과 재능에 따라 여러 職位에 배치하도록 하고, 그들로 하여금 衆職을 두루 닦아 위로는 君德을 보좌하고 아래로는 邦本을 튼튼히 하게 하는 것이요, 左右의 비천한 私褻이나 使令이 그 사이에서 弄奸하지 못하게 하는 것입니다. 功이 있으면 그 직위를 오래 맡기고, 어울리지 않으면 다시 賢者를 구해 바꾸는 것입니다. 대개 그 사람은 물러나게 할 수 있으나 그 職位는 구차하게 채워서는 안 되며, 그 사람은 버릴 수 있으나 그 任務는 가볍게 빼앗을 수 없는 것이니, 이것은 '天理의 當然'으로서 바꿀 수 없는 것입니다. 人君이 이러한 理를 살펴서 감히 그 사이에 추호도 私意를 관철시키지 않는다면, 그 마음이 廓然大公하고 儼然至正하여, 泰然히 그 일없는 바를 행하고 앉아서 百官衆職의 成功을 거두어들일 수 있습니다. 하나라도 혹시 이와 반대로 한다면 人欲과 私意에 病들게 되니, 偏黨이 생겨 어둠속에서 시기함으로써 진실로 날마다 方寸을 어지럽힐 것이요, 간사하고 거짓되고 참소하고 사특한 무리들이 자질구레한 일로 현기증이 나게 할 것임은 장차 이루 말할 수 없을 것입니다. 이것 또한 '理의 必然'입니다.[27]

위의 인용문의 요점은 다음과 같다. 천하는 君主 혼자서 다스릴 수 없다는 것, 따라서 여러 사람을 뽑아 각 분야의 업무를 위임해야 한다는 것, 그런데 賢者를 뽑으면 군주는 泰然히 그 '일없는 바를 행하고'[28] 앉아서 百官衆職의 成功을 거두어들일 수 있으나, 不肖를 뽑으면 國政이 혼란에 빠진다는 것, 그런데 '賢者를 뽑느냐, 不肖를 뽑느냐' 하는 것은 '군주의 마음이 公正하냐, 私邪롭느냐' 에 달려있다는 것이다.

현실의 각종 통치제도는 여러 관리들의 선발과 업무분장 및 업무처리절차에 관한 것이다. 즉 통치제도에서 가장 중요한 것은 인재의 선발이요, 합당한 인재를 얻으면 그 제도는 원활하게 운용되는 것이다. 그런데 '군주의 私心' 은 인재의 선발을 왜곡시키게 되는 것이다. 私心으로 私人을 뽑으면, 그 다음부터는 예정된 타락의 경로를 밟게 된다. 주자는 〈戊申封事〉에서 그 타락의 과정을 다음과 같이 설명한다.

> 이제 한 생각의 사사로움을 이기지 못하여 私心을 두게 되고, 집안 사람 및 가까운 신하들을 바루지 못함으로써 私人을 두게 되었습니다. 私心으로 私人을 부리자면 私費가 없을 수 없습니다. 이에 안으로는 稅入을 잘라먹고 밖으로는 賂物을 받아들여 私財를 두게 되었습니다.[29]

---

27) 『朱子大全』 卷13 頁9-10(515쪽), 〈辛丑延和奏箚二〉 : 夫天下之治 固必出於一人 而天下之事 則有非一人所能獨任者 是以 人君旣正其心誠其意於堂阼之上 突奧之中 而必深求天下敦厚誠實剛明公正之賢 以爲輔相 使之博選士大夫之聰明達理直諒敢言忠信廉節足以有爲有守者 隨其器能 寘之列位 使之交修衆職 以上輔君德 下固邦本 而左右私褻使令之賤 無得以奸其間者 有功則久其任 不稱則更求賢者而易之 蓋其人可退而其位不可以苟充 其人可廢而其任不可以輕奪 此天理之當然而不可易者也 人君察於此理 而不敢以一毫私意 鑿於其間 則其心廓然大公 儼然至正 泰然行其所無事 而坐收百官衆職之成功 一或反是 則爲人欲私意之病 其偏黨反側 黮闇猜嫌 固日擾擾乎方寸之間 而姦僞讒慝叢脞眩瞀 又將有不可勝言者 此亦理之必然也

28) '일없는 바를 행한다' 는 것은 앞에서 언급한 '無爲의 정치' 를 말한다.

29) 『朱子大全』 卷11 頁29(467쪽), 〈戊申封事〉 : 今以不能勝其一念之邪 而至於有私心 以不能正其家人近習之故 而至於有私人 以私心用私人 則不能無私費 於是 內損經費之入

군주가 私心을 품으면, 그 私心을 뒷받침할 私人을 두게 되고, 私人을 부리자면 私費가 필요하고, 私費를 위해서는 公金을 가로채거나 賂物을 받게 된다는 것이다. 이는 동서고금을 막론하고 최고 통치자의 私心에 의해서 정치가 타락하는 공통의 경로일 것이다. 위의 인용문에 이어서 주자는 다음과 같이 말한다.

> 陛下는 皇天의 아들로서 (황천은 폐하께) 천하를 모두 맡기고 私而不公한 처사가 없도록 하셨으니, 陛下께 부여된 것은 결코 사소한 것이 아닙니다. 그럼에도 크게 확충시키지 못하시고 스스로 깎고 찢어서 협소하게 하시어, 천하만사의 폐단이 모두 이로부터 연유하게 하시니, 이것이 어찌 애석한 일이 아니겠습니까?[30]

군주가 私心을 두어서는 안 되는 까닭은 본래 '公正을 추구하라' 는 임무를 위임받았기 때문이라는 것이다. 주자는 時勢의 利害에 입각해 보더라도 군주는 私心을 두어서는 안 된다고 말한다. 합치면 강하고 분열되면 약한 것이 천하의 형세이다. 군주가 일신의 이익을 위하여 小人을 안으로 끌어들이고 君子를 밖으로 물리치며, 법령을 폐지하여 간사한 무리들을 보호한다면, 국가는 안으로 분열될 것이요, 外敵은 밖에서 틈을 엿볼 것이니, 내우외환 속에서 국가가 위태롭게 된다는 것이다.[31] 이상의 내용으로 본다면, 國政을 좀먹기 시작하는 원천은 '최고 통치자의 私心' 이다. 그러므로 주자는

外納羨餘之獻 而至於有私財

30) 『朱子大全』 卷11 頁29(467쪽), 〈戊申封事〉 : 陛下上爲皇天之所子 全付所覆 使其無有私而不公之處 其所以與我者 亦不細矣 乃不能充其大 而自爲割裂 以狹小之 使天下萬事之弊 莫不由此而出 是豈不可惜也哉

31) 『朱子大全』 卷11 頁29-30(467-468쪽), 〈戊申封事〉 : 若以時勢之利害言之 則天下之勢合則彊 分則弱 (…) 內小人而外君子 廢法令而保姦回 使內之所出者 日有以賊乎外 公之所立者 常不足以勝乎私 則是此兩國者 又自相攻 而其內之私者 常勝 外之公者 常負也 外有鄰敵之虞 內有陰邪之寇 日夜夾攻而不置 爲國家者 亦已危矣

항상 '군주의 바른 마음' 이 성공적인 통치의 핵심적 관건이요 출발점이라고 주장한 것이다.

위의 인용문은 직접 당시의 君主에게 私心을 타파하도록 촉구한 것인바, 주자는 당시의 여러 大臣들에게도 '格君心之非(임금의 잘못된 마음을 바룸)' 가 大臣의 첫째 과제라고 상기시켰다. 예컨대 주자는 〈與陳侍郎書〉에서 다음과 같이 말한다.

> 오늘날 天下의 일로 논하자면, 위로는 天心이 노하여 饑饉이 거듭 닥치고, 아래로는 民力이 이미 바닥나 賦稅를 거두는 것이 바야흐로 급하며, 盜賊이 사방에서 일어나 人心이 동요하고 있다. 장차 하나 둘씩 그 폐단을 궁구하여 회복할 수 있는 방법을 찾고자 한다면, 어찌 이루 다 말할 수 있겠는가? 그러나 이 大患의 근본을 말하자면 진실로 있는 곳이 있으니, 대개 (金과의) '講和의 계책' 이 결정됨에 三綱이 무너지고 萬事가 기울었으며, (君主께서) '獨斷하라는 주장' 이 올라감에 위에서 君主의 뜻이 교만해지고, '國是라는 주장' 이 나오면서 아래에서 公論이 막혔다. 이 셋이 그 大患의 근본이다. 그런데 이러한 주장을 펴는 자들은 진실로 '人主의 心術의 가림' 에 편승하지 않는다면 또한 말미암아 들어갈 곳이 없는 것이다. 이것이 내가 지난 번 편지에서 다른 일들을 언급할 겨를도 없이 閣下께 깊이 '格君心之非' 를 바랐던 까닭이다. 대개 이 세 주장이 타파되지 않는다면 天下의 일이 이루어질 理가 없다. 그런데 君心이 바르지 못하다면 또한 어찌 이 세 주장이 타파될 理가 있겠는가? 알지 못하겠지만, 閣下의 지난번의 논의도 또한 일찍이 이러한 점들을 언급했었던가? (…) 閣下께서 진실로 그 근본을 얻어 논의한다면 天下의 일은 一擧에 바로잡혀, 어려움이 거의 없을 것이다.[32]

---

32) 『朱子大全』 卷24 頁14-15(1022쪽), 〈與陳侍郎書〉: 且以今日天下之事論之 上則天心未豫而饑饉荐臻 下則民力已殫而賦斂方急 盜賊四起 人心動搖 將一二以究其弊而求所以爲圖回之術 則豈可以勝言哉 然語其大患之本則固有在矣 蓋講和之計決而三綱頹萬事隳 獨斷之言進而主意驕於上 國是之說行而公論鬱於下 此三者 其大患之本也 然謂是說

거듭되는 기근, 國庫의 고갈, 민심의 동요 등이 당시 국정의 중요 현안이었던바, 그 근원은 '君主의 心術의 가림' 에 있다는 것이다. 그러므로 大臣들은 말단인 여러 현안에 매달리기 전에 근본인 '군주의 마음' 을 바로잡아야 한다는 것이다. "진실로 그 근본을 얻어 논의한다면 天下의 일은 一擧에 바로잡혀, 어려움이 거의 없을 것" 이라는 것이 주자의 지론이었다.

통치의 방법에 있어서는 백성을 감화시켜 자발적으로 복종하도록 하는 것과, 각 분야의 적임자를 선발하여 실무를 위임하는 것이 중요하다. 주자가 제도보다 인격을 우선시한 것은, 백성을 감화시키는 것도 통치자의 인격에 달렸고, 제도를 善用하는 것도 통치자의 인격에 달렸다고 보았기 때문이다. '통치자의 私心' 은 '백성의 感化' 도 막고 '제도의 善用' 도 막는다. 따라서 성공적인 통치는 '군주의 公正한 마음' 에 달린 것이다. 주자의 이러한 생각은 형이상학에 있어서 '心統性情' 과 조응하는 것이다.[33]

3. 恒心과 恒産

통치의 방법에 있어서는 '制度가 우선이냐, 人格이 우선이냐' 가 문제된다면, 통치의 과제에 있어서는 '恒心이 우선이냐, 恒産이 우선이냐' 가 문제된다. 恒産이란 '일정한 生業' 을 말하고, 恒心이란 '변치 않는 착한 마음'

者 苟不乘乎人主心術之蔽 則亦無自而入 此熹所以於前日之書 不暇及他 而深以夫格君心之非者 有望於明公 蓋是三說者不破 則天下之事 無可爲之理 而君心不正 則是三說者 又豈有可破之理哉 不審 閤下前日之論 其亦嘗及是乎 (…) 閤下誠得其本而論之 則天下之事 一擧而歸之於正 殆無難者

33) 무릇 모든 제도에는 본래의 취지가 있을 것이다. 즉 어떠한 이상이 있으면, 그것을 뒷받침하기 위해 현실적 제도를 고안해 내는 것이다. 이런 점에서 理想과 制度는 각각 性과 情에 비견될 수 있다. 그런데 그 理想과 制度를 주재하는 것은 우리의 마음이다. 이러한 맥락에서 '人格과 制度' 에 대한 주자의 所論은 그의 心統性情論과 조응하는 것이다.

을 말한다. 전통적으로 統治의 두 과제를 '養民'과 '教民'이라 했을 때, '教民'이란 백성들의 恒心을 길러주는 것이며, '養民'이란 백성들의 恒産을 보장하는 것이다. 그런데 양자의 先·後 문제에 대한 유교의 전통적 입장은 백성들의 恒産을 보장하는 것이 우선이고, 恒心을 길러주는 것은 그 다음 과제라는 것이다. 『논어』와 『맹자』에는 다음과 같은 내용이 보인다.

孔子께서 衛나라에 가셨을 때, 冉有가 말을 몰았다. 공자께서 말씀하시길, "백성이 많도다." 염유가 묻기를, "이미 백성이 많으면, 그 다음엔 무엇을 해야 합니까?" 공자께서 답하시기를, "富裕하게 만들어야 한다." 염유가 또 묻기를, "이미 부유해졌다면, 그 다음엔 무엇을 해야 합니까?" 공자께서 답하시기를, "(人倫을) 가르쳐야 한다."[34]

恒産이 없으면서도 恒心을 지키는 사람은 오직 선비뿐이다. 백성들은 恒産이 없으면 따라서 恒心도 없게 된다. 진실로 恒心이 없으면 放辟邪侈를 그치지 않을 것이니, 罪에 빠뜨린 다음에 형벌을 가하는 것은 백성을 그물질하는 것이다. 어찌 어진 사람이 지위에 있으면서 백성을 그물질할 수 있겠는가? 따라서 현명한 君主는 백성의 生業을 다스리되, 반드시 위로는 父母를 섬기기에 충분하고 아래로는 妻子를 기르기에 충분하게 하여, 樂歲에는 終身토록 배부르고 凶年에는 死亡을 면할 수 있게 하였다. 그런 다음에 善으로 향하도록 이끌었으니, 그러므로 백성들이 따르기가 쉬웠던 것이다. 지금은 백성의 생업을 다스리되, 반드시 위로는 父母를 섬기기에 부족하고 아래로는 妻子를 기르기에 부족하게 하여, 樂歲에는 終身토록 고달프고 凶年에는 死亡을 면할 수 없게 한다. 이는 오직 굶어죽음에서 벗어나고자 해도 넉넉지 못해서 걱정인데, 어느 겨를에 禮義를 다스릴 수 있겠는가?[35]

34) 『論語』 子路 9 : 子適衛 冉有僕 子曰 庶矣哉 冉有曰 既庶矣 又何加焉 曰 富之 曰 既富矣 又何加焉 曰 教之

흔히 하는 말로 "衣食이 족해야 禮義를 안다."는 것이 위의 두 인용문의 골자일 것이다. 그런데 『管子』에 "倉庫가 가득해야 禮節을 알고, 衣食이 풍족해야 榮辱을 안다."고 했듯이,[36] 이러한 입장은 法家의 경우도 마찬가지였다. 따라서 民을 상대로 하는 통치에 있어서 恒産을 보장해주는 것이 恒心을 길러주는 것보다 우선한다는 점에 있어서는 유가와 법가의 입장이 일치하는 것이다.[37]

'恒産이 없으면 恒心을 잃음'은 '배움이 없는 백성들의 形勢'이다.[38] 백성들의 형세가 그렇다면, 恒産을 보장해주지 않고 恒心을 요구하는 것은 분명 先後가 뒤바뀐 것이다. 그런데 또한 정치의 과제는 恒産의 보장으로 끝나는 것이 아니다. 衣食이 풍족해서 편안히 살되 人倫을 기르치지 않으면 禽獸에 가깝게 되므로,[39] 그 다음엔 '人倫의 교육'이나 '恒心을 길러줌'에 노력해야 한다는 것이다. 주자 역시 "衣食이 부족하면 어느 겨를에 禮義를 다스리겠는가? 그런데 배불리 먹고 따뜻하게 입으면서 가르침이 없으면 禽獸에 가깝기 때문에, 이미 부유하게 한 다음에는 人倫을 가르치는 것이다."[40]라고 설명하고 있다. 이러한 점에 있어서는 諸家들 사이에 논란의 여지가 없었던바, 따라서 주자가 백성들의 恒産과 恒心을 위해 노력했던 점만

---

35) 『孟子』 梁惠王上 7 : 無恒産而有恒心者 惟士爲能 若民則無恒産者 因無恒心 苟無恒心 放辟邪侈 無不爲已 及陷於罪 然後從而刑之 是罔民也 焉有仁人在位 罔民而可爲也 是故明君 制民之産 必使仰足以事父母 俯足以畜妻子 樂歲終身飽 凶年免於死亡 然後驅而之善 故民之從之也輕 今也制民之産 必使仰不足以事父母 俯不足以畜妻子 樂歲終身苦 凶年不免於死亡 此惟救死而恐不贍 奚暇治禮義哉

36) 『管子』 輕重甲 : 倉廩實 則知禮節 衣食足 則知榮辱

37) '恒産이 恒心보다 우선한다'는 것을 오늘날의 話頭로 말하자면 '經濟發展이 民主主義보다 우선한다'는 말일 것이다.

38) 『孟子集註』 梁惠王上 7, 朱子註 : 士嘗學問知義理 故雖無恒産而有常心 民則不能然矣

39) 『孟子』 滕文公上 4 : 飽食煖衣 逸居而無敎 則近於禽獸 聖人有憂之 使契爲司徒 敎以人倫

40) 『朱子語類』 卷43(1103쪽) : 衣食不足 則不暇治禮義 而飽暖無敎 則又近於禽獸 故旣富之而敎之

을 소개하기로 한다.

주자는 恒産을 보장하기 위해서는 '社倉의 보급' 에 심혈을 기울였고, 恒心을 길러주기 위해서는 '鄕約의 보급' 에 심혈을 기울였다. 社倉은 주자가 隋·唐의 제도를 참고하여 새롭게 고안한 것으로서, 〈辛丑延和奏箚四〉에 그 개요가 잘 설명되어 있다.

臣이 살고 있는 建寧府 崇安縣 開耀鄕에는 社倉이 하나 있습니다. 지난 乾道 4年(1168년), 鄕民들이 굶주렸을 때, 本府에서는 常平米 600石을 보내주고, 臣과 本鄕에 사는 朝奉郎 劉如愚에게 함께 賑貸하도록 위임했습니다. 겨울이 되자 元米를 거두어 갔습니다. 다음 해 여름, 本府에서는 다시 예전과 같이 人戶에 貸與하도록 명령하고, 겨울에는 還納하도록 했습니다. 臣等은 本府에 措置를 보고하고, 每石마다 2斗의 息米를 거두었습니다. 그 뒤로 해마다 이런 방식으로 대여하고 거두어들였는데, 혹 작은 흉년을 만나면 그 息米의 半을 덜어주고, 큰 흉년을 만나면 모두 덜어주었습니다. 이제 14년이 되었는데, 그 息米로 3칸의 倉庫를 조성하였고, 元米 600石은 이미 本府에 還納하였습니다. 지금 관리하고 있는 3100石은 모두 累年동안 人戶들이 납부한 息米로서, 이미 本府에 보고하여 照會를 받았습니다. 앞으로도 예전과 같이 대여하고 거두어들일 것인바, 이제 息米는 거두지 않고 다만 每石마다 3升의 耗米를 거둘 것입니다. 臣과 本鄕에 사는 官員·士人 몇 명이 同共으로 管掌하고, 대여하거나 거둘 때에는 곧 本府에 보고하여, 縣官 一員을 보내 出納을 監視하도록 했습니다. 이러한 까닭에 一鄕 四五十里 사이는 비록 흉년을 만나더라도 사람들이 굶지 아니합니다. 그윽이 생각건대, 이 方法은 다른 지역에도 확대하여 시행할 수 있는 것인데, 法令에 條文이 없으니 人情上 강제로 시행하기는 어렵습니다. 망령된 생각입니다만, 聖上께서 특별히 (隋·唐 때에 시행되었던) 義役法의 體例에 따라 諸路의 州軍에 시행하도록 명하시고, 人戶를 曉諭하시기를 청하고자 합니다. 이에 따라 社倉을 세우고자 원하는 곳이 있다면 州縣에서는 常平米를 헤아려 지출하고, 本鄕 출신의 人戶에게 出納을 주관하도록 책임을 맡기십시오. 每石

마다 2斗의 息米를 거두되, 本鄕에 사는 官員·士人과 행실이 있는 자를 뽑아 本縣의 官員과 同共으로 出納하도록 하십시오. 거두어들인 息米가 本米의 10배에 이르면 곧 元米는 官에 還納하고, 장차 息米만으로 운영하되, 每石마다 다만 3升의 耗米만 거두도록 하십시오. 부유한 집안이 人情으로 쌀을 내어 本米를 삼고자 원한다면 또한 便宜에 따르되, 息米가 本米의 10배에 이르면 또한 本米를 되돌려 받게 하십시오. 만약 鄕土와 風俗이 다른 경우에는 便宜에 따라 立約하도록 허락하십시오. 이 모든 것을 官에 보고하고 준수한다면 실로 久遠한 利益이 될 것입니다. 社倉을 세우기를 원치 않는 지역에 대해서는 官司가 억지로 강요할 수 없으니, 그러면 또한 騷擾도 일지 않을 것입니다. 이러한 것들을 지금 언급하는 것은 비록 目前의 급함을 구제하는 바가 없다고 하더라도, 그러나 실로 公私의 저축은 먼 앞날을 예비하는 계책인 것입니다. 지금 흉년을 계기로 시행하면 반드시 이에 따르고자 원하는 사람들이 많을 것입니다. 建寧府의 社倉에서 시행하는 事目 1통을 삼가 기록하여 올리나이다. 엎드려 바라옵건대, 聖上께서는 사세히 살펴보시고 특별히 施行하십시오.[41]

41) 『朱子大全』 卷13 頁20-22(526-527쪽), 〈辛丑延和奏箚四〉 : 臣所居建寧府 崇安縣 開耀鄕 有社倉一所 係昨乾道四年 鄕民艱食 本府給到常平米六百石 委臣與本鄕土居朝奉郎劉如愚同共賑貸 至冬收到元米 次年夏間 本府復令依舊貸與人戶 冬間納還 臣等申府措置 每石量收息米二斗 自後逐年 依此斂散 或遇小歉 卽蠲其息之半 大饑卽盡蠲之 至今十有四年 其支息米 造成倉厫三間收貯 已將元米六百石納還本府 其見管三千一百石 並是累年人戶納到息米 已申本府照會 將來依前斂散 更不收息 每石只收耗米三升 係臣與本鄕土居官及士人數人同共掌管 遇斂散時 卽申府差縣官一員監視出納 以此之故 一鄕四五十里之間 雖遇凶年 人不缺食 竊謂其法 可以推廣 行之他處 而法令無文 人情難彊 妄意欲乞聖慈特依義役體例 行下諸路州軍 曉諭人戶 有願依此置立社倉者 州縣量支常平米斛 責與本鄕出等人戶 主執斂散 每石收息二斗 仍差本鄕土居或寄居官員士人有行義者 與本縣官同共出納 收到息米十倍本米之數 卽送原米還官 却將息米斂散 每石只收耗米三升 其有富家情願出米作本者 亦從其便 息米及數 亦與撥還 如有鄕土風俗不同者 更許隨宜立約 申官遵守 實爲久遠之利 其不願置立去處 官司不得抑勒 則亦不至搔擾 此在今日言之 雖無所濟於目前之急 然實公私儲蓄 豫備久遠之計 及今歉歲施行 人必願從者衆 其建寧府社倉見行事目 謹錄一通進呈 伏望聖慈詳察 特賜施行

위에서 말하는 '元米(原米)' 또는 '本米'란 해당 지역의 官廳이나 篤志家들이 제공한 '원래의 쌀'을 말하고, '息米'란 本米에 대한 이자로 내는 쌀을 말하며, '耗米'란 출납과정의 自然損失分을 보충하기 위한 쌀을 말한다. 위에 자세히 설명되어 있듯이, 사창은 '住民自治的 사회보장기구'라 할 수 있다. 社倉法은 王安石의 青苗法과 흡사한 점이 있었는데, 주자는 다음과 같이 그 차이를 설명하였다.

> 青苗法은 그 立法의 本意는 진실로 나쁘지 않았다. 다만, 金으로 주고 穀으로 주지 않았으며, 縣에다 두고 鄕에다 두지 않았으며, 官吏에게 맡기고 鄕人의 士君子에게 맡기지 않았으며, 백성들로부터 신속하게 聚斂하고자 행했던 것이요 백성들을 불쌍히 여겨 진심으로 돕고자 하는 마음에서 나온 것이 아니다. 따라서 王安石의 青苗法은 一邑에 행할 수 있었을 뿐, 天下에 행할 수는 없었다.[42]

위에서 "백성들로부터 신속하게 聚斂하고자 행했던 것이요, 백성들을 불쌍히 여겨 진심으로 돕고자 하는 마음에서 나온 것이 아니다."라고 하였듯이, 청묘법은 국가의 재정확보 의도를 겸하고 있었다. 그러나 社倉은 국가의 재정정책과는 무관한 것으로서, 오로지 불쌍한 백성들을 진심으로 돕고자 하는 취지에서 고안된 것이었다. 위의 인용문으로 본다면, 사창법은 또한 백성들의 실생활에 보다 밀착된 자치적 제도라는 점에 그 특징이 있다. 사창은 '흉년의 救荒' 뿐만 아니라 물가조절, 빈민구제, 무의탁자 구호 등 다양한 기능을 수행하였다.[43] 당시의 군주 孝宗은 주자의 건의를 수용하여,

---

42) 『朱子大全』 卷79 頁21(4116쪽), 〈婺州金華縣社倉記〉 : 青苗者其立法之本意 固未爲不善也 但其給之也 以金而不以穀 其處之也 以縣而不以鄉 其職之也 以官吏而不以鄉人士君子 其行之也 以聚斂亟疾之意而不以慘怛忠利之心 是以 王氏能以行於一邑 而不能以行於天下

43) 『朱子大全』 卷80 頁(4137-4138쪽), 〈邵武軍光澤縣社倉記〉 : 夏則損價而糶 以平市估 冬則增價而糴 以備來歲 又買民田若干畝 籍僧田民田當沒入者若干畝 歲收米合三百斛 幷入于倉 以助民之擧子者 如帥司法 旣又附倉列屋四楹 以待道塗之疾病者 使皆有以棲託

勅命으로 社倉을 널리 권장하였다.[44]

鄕約은 멀리 周代의 鄕飮酒禮나 鄕射禮 등의 전통을 계승하여 宋代의 呂大鈞이 새롭게 창안한 것이다. 주자는 여대균의 鄕約을 약간 加減하고,[45] 이를 각지에 보급하였다. 향약은 향촌민들이 스스로 실행해야 할 '약속의 條目'과 그것의 실행을 뒷받침하는 매우 간단한 '組織 및 機構'로 구성되어 있다. 다음의 인용문은 〈增損呂氏鄕約〉의 골격을 설명한 것이다.

> 무릇 마을에서 약속하는 것은 네 가지이니, 첫째는 '德業相勸'이고, 둘째는 '過失相規'이며, 셋째는 '禮俗相交'이고, 넷째는 '患難相恤'이다. 마을의 많은 사람들이 '나이가 많고 덕망이 있는 사람' 1명을 추대하여 '都約正'으로 삼고, '학문과 행실이 있는 사람' 2명을 추대하여 '副約正'으로 삼으며, 鄕約에 가입한 사람이 每月 1명씩 돌아가면서 '直月'을 맡는다(都約正과 副約正은 直月을 맡지 않는다). 鄕約에서는 3종류의 帳籍을 비치한다. 무릇 '鄕約에 가입하기를 원하는 사람'을 하나의 帳籍에 기록하고, '볼 만한 德業이 있는 사람'을 또 하나의 帳籍에 기록하며, '규제해야 할 만한 過失이 있는 사람'을 또 하나의 帳籍에 기록하여, 直月이 그것을 管掌한다. 月末이 되면 (直月은) 約正에게 보고하고, 그 다음 차례의 直月에게 업무를 넘긴다.[46]

향약의 '약속 내용'은, 德業相勸·過失相規·禮俗相交·患難相恤을 기본덕목으로 삼고, 기본덕목들 밑에 수많은 구체적 실천조목들을 설정한 것

食飮 而無暴露迫逐之苦

44) 『朱子大全』 卷99의 〈社倉事目〉 참조.

45) 이를 '增損呂氏鄕約'이라 한다. 『朱子大全』 卷74 頁30-38(3903-3912쪽), 〈增損呂氏鄕約〉 참조.

46) 『朱子大全』 卷74 頁30(3903쪽), 〈增損呂氏鄕約〉 : 凡鄕之約四 一曰德業相勸 二曰過失相規 三曰禮俗相交 四曰患難相恤 衆推有齒德者一人爲都約正 有學行者二人副之 約中月輪一人爲直月(都副正不與之) 置三籍 凡願入約者 書于一籍 德業可觀者書于一籍 過失可規者書于一籍 直月掌之 月終則以告于約正 而授于其次

이다. 구체적인 실천조목에 있어서는 지방에 따라 약간씩 차이가 있지만, 위와 같은 '기본덕목' 및 '조직과 기구'는 모든 鄕約에 공통된 것이었다. 또 향약의 고안과 시행은 몇몇 士大夫들이 주도한 것이지만, 궁극적으로는 향촌민들과 함께 立約의 과정을 거침으로써 효력을 발휘하는 것이었다.[47] 이러한 약속의 내용들과 절차가 보여주듯이, 주자는 향약을 통해 人倫이 실현되고 溫情이 감도는 자율적인 향촌을 건설하려 했던 것이다. 실제로 주자의 〈增損呂氏鄕約〉을 계기로 향약은 광범하게 전파되고, 시행되었다.

주자의 社倉과 鄕約을 통하여, 우리는 다음과 같은 사실들을 추가적으로 확인할 있다. 첫째, 주자도 '제도적 해결책'을 중시했다는 점이다. 즉 주자가 制度보다 人格을 우선시했다고 하여 제도를 무시한 것이 아니다. 주자는 기존 제도의 합리적 개선을 꾀하기도 하고, 없었던 제도를 고안해 내기도 하였다. 주자는 다만 모든 제도의 성공적 운용은 그 담당자의 인격이 좌우한다는 점에서, 제도보다 인격이 우선이라고 보았던 것이다. 둘째, 주자는 鄕村民들의 自發性과 自治를 중시했다는 점이다. 사창과 향약은 향촌민들의 자발적 참여와 자율적 관리로 운영되었던 것이다. 인간의 자율성을 고양시키는 것은 곧 인간의 존엄성을 옹호하는 것이다. 또한 모든 일은 관계된 사람들의 자발성과 자율성을 매개로 해서만 성공할 수 있는 것이 사실이니, 이것이 '현실의 形勢'이기도 하다. 이러한 맥락에서 주자의 사창이나 향약은 한편으로는 각자의 자율성을 고양시킨 것이요, 한편으로는 현실의 形勢를 통찰한 결과이기도 하다. 셋째, 주자는 각지의 사창이나 향약은 각각의 鄕土와 風俗에 알맞게 立約할 수 있다고 하였다. 각지의 환경적 특색이나 향촌민들의 意思에 따라 立約의 내용이 조금씩 다를 수 있다는 것이다. 주자는 '順天理 合人心'을 규범적 이상으로 삼았었는바, 환경적 특색이나 향촌민들의 의사를 반영해야 한다는 것은 이와 맥락을 같이 하는 것이다. 마

---

47) '宋代의 鄕約'에 관한 자세한 논의는 Wm. 시어도어 드 배리, 표정훈 역, 『중국의 '자유' 전통』, 이산, 1998, 74-77쪽 참조.

지막으로, 宋代 士大夫들의 '自任意識' 을 들 수 있다.[48] 『논어』에서는 '士는 仁을 자기의 책임으로 삼는다' 고 하였다.[49] 송대 사대부들의 自任意識은 張橫渠의 "天地를 위해 마음을 세우고, 백성을 위해 道를 세우며, 지나간 聖人을 위해 끊어진 학문을 잇고, 萬世를 위해 太平을 연다."[50]는 말에 단적으로 집약되어 있다. 이러한 맥락에서 당시 많은 士大夫들은 篤志家로서 자기 지역의 사창에 本米를 제공하였고, 또 앞장서서 鄕約과 같은 자치규약을 정립해 나갔던 것이다. 요컨대 사창과 향약은 주자의 독자적 작품이 아니라, 당시 사대부들의 이러한 自任意識을 결집한 것이었다.

---

48) '宋代 士大夫들의 自任意識' 에 관한 자세한 논의는 Wm. 시어도어 드 배리, 『중국의 '자유' 전통』, 106-114쪽 참조.

49) 『論語』 泰伯 7 : 曾子曰 士不可以不弘毅 任重而道遠 仁以爲己任 不亦重乎 死而後已 不亦遠乎

50) 『近思錄』 卷2 頁38 : 爲天地立心 爲生民立道 爲去聖繼絶學 爲萬世開太平

제8장

理一分殊論의 실천적 의미

앞의 제3장에서 살펴보았듯이, 형이상학 이론으로서의 理一分殊論은 이 세계의 '普遍性과 特殊性', '근원적 純善과 현상적 有善惡'의 문제를 해명하는 논리였다. 그러나 理一分殊論은 심오한 형이상학 이론이기에 앞서 卑近한 日常에서 정립된 실천적 명제였다. 즉 理一分殊論은 본래는 '親親·仁民·愛物'의 문제를 해명하는 논리로 성립된 것이다. 그런데 理一分殊論이 정립되면서 '名分論'과 '和而不同'의 문제도 理一分殊論으로 설명되었던 것이다. '親親·仁民·愛物'은 '차등적 사랑과 博愛의 문제'를 논하는 것이요, '名分論'은 '사회적 분업과 협동의 문제'를 논하는 것이며, '和而不同'은 '사회적 통일성과 個性의 문제'를 논하는 것으로서, 이것들은 先秦儒學의 주요 실천적 명제였었다. 程伊川이 처음 제시한 理一分殊論은 朱子學에서 이 모든 것을 종합적으로 뒷받침하는 실천적 논리로 발전한 것이다.

1. 親親·仁民·愛物과 사랑의 실천 문제

유교는 궁극적으로는 大同의 博愛를 이상으로 삼고 있으면서도, 그 실천 방법에 있어서는 親·疎에 따라 先·後와 厚·薄을 달리해야 한다는 입장을 견지해 왔다. 孟子의 '親親·仁民·愛物'은 이러한 입장을 단적으로 표현한 것이다.

> 君子는 萬物(禽獸草木)에 대해서는 아끼기는 하지만 仁으로 대하지는 않으며, 百姓에 대해서는 어질게 대하기는 하지만 친하게 대하지는 않는다. 親族을 친하게 여기고 백성을 어질게 대하며, 백성을 어질게 대하고 만물을 아낀다(親親而仁民 仁民而愛物).[1)]

맹자는 자기의 가족이냐, 일반 사람들이냐, 금수초목이냐에 따라 사랑의 방식과 농도를 달리해야 한다고 주장한 것이다. 맹자의 이러한 입장을 흔히 '差別愛(別愛)' 라고 규정한다. 이와 관련하여 살펴보아야 할 것은 墨翟의 '兼愛' 와 楊朱의 '爲我' 이다. 差別愛나 兼愛 및 爲我가 모두 산술적으로는 '平等한 사랑' 을 실현하는 방법일 수가 있다.[2)] 그러나 兼愛는 사람은 누구나 자기 가족을 먼저 사랑한다는 人之常情에 어긋나므로 실현가능성이 적게 마련이며,[3)] 爲我는 타인에 대한 배려나 사랑의 교감을 원천적으로 봉쇄하는 것이다. 孟子는 兼愛를 '無父' 라 비판했는데 이는 '자기의 근본' 을 무시했다는 것이요, 爲我를 '無君' 이라 비판했는데 이는 '社會的 공공의식' 이 없다는 것이다.[4)] 유교에서는 '사랑의 실천' 은 한편으로는 '자기의 특수성' 을 반영하고, 다른 한편으로는 '사회적 공공의식' 에 부합해야 한다고 설

---

1) 『孟子』 盡心上 45 : 君子之於物也 愛之而弗仁 於民也 仁之而弗親 親親而仁民 仁民而愛物

2) 모든 사람의 능력이 같다고 전제하면, 差別愛가 일반화되었을 때의 결과와 兼愛가 일반화되었을 때의 결과 그리고 爲我가 일반화되었을 때의 결과는 같다. 즉 差別愛가 일반화되었을 경우, 나는 나의 가족을 좀 더 사랑하고 남을 좀 덜 사랑할 것임에 반하여, 남은 자기의 가족을 좀 더 사랑하고 나를 좀 덜 사랑할 것이다. 결과적으로 나와 남이 누리는 사랑의 몫은 같다. 兼愛가 일반화되었을 경우, 모든 사람이 평등하게 사랑을 누리므로 각자가 누리는 사랑의 몫은 같다. 爲我가 일반화되었을 경우, 모든 사람의 능력은 같다고 전제되었기 때문에 각자가 누리는 사랑의 몫은 역시 같다.

3) 『性理大全』 卷57 頁19. 朱子語 : 墨子之說 尤出於矯僞 不近人情而難行

4) 『孟子』 滕文公下 9 참조.

명한다. 여기서 자기의 특수성은 分殊의 차원이며, 사회적 공공의식은 理一의 차원이다. 그리하여 유교에서 사랑의 실천은 理一分殊의 논리로 설명되었다. 儒學史에서 이러한 논의의 계기를 마련한 것은 張横渠의 〈西銘〉이다.

우선 〈西銘〉이 성립하게 된 배경을 간략히 살펴보자. 宋代에는 萬物一體 사상이 크게 대두했는데, 程明道는 '天地萬物을 一體로 여기는 것'이 '仁'이라고 하였다.[5] 이러한 분위기 속에서 〈서명〉이 등장한 것이다. 楊龜山은 스승 程伊川에게 〈서명〉이 '묵적의 兼愛主義'에 빠진 것이 아닌가 하는 의문을 제기했다. 이에 대해 정이천은 〈서명〉이 '理一分殊'를 밝힌 것이라고 설명했다. 宋代 性理學에서 핵심개념으로 등장한 '理一分殊'란 말은 본래 여기서 기원한다. 정이천에 의하면, 〈서명〉은 '理一分殊'에 입각해 兼愛와 爲我를 지양시키고 있다는 것이다. 〈서명〉의 전반부에서는 다음과 같이 말한다.

> 乾을 父라 일컫고 坤을 母라 일컫는다. 나는 조그미한 존재로 混然히 그 가운데 처해 있다. 그러므로 天地를 가득 채운 것을 나는 몸으로 삼고, 天地의 將帥를 나는 性으로 삼는다. 民은 나의 同胞요, 物은 나의 무리이다. 大君은 내 父母의 宗子요, 그 大臣은 宗子의 家相이다. 나이가 많은 사람을 존중하는 것은 그 어른을 어른으로 대접하는 所以이요, 외롭고 약한 사람을 사랑하는 것은 그 어린이를 어린이로 대접하는 所以이다. 聖人은 天地와 德이 부합하는 자요, 賢人은 보통 사람보다 뛰어난 자이다. 무릇 천하에 파리하여 몹쓸 병을 앓는 사람과 홀몸의 고아나 홀애비·과부 등은 모두 내 형제 가운데 가난하고 의지할 곳이 없는 사람들이다. 이들을 보살피는 것은 자식으로서 (부모를) 돕는 것이요, 즐거워하고 근심하지 않는 것은 孝에 순수한 것이다.[6]

---

5) 『二程全書』 卷2上 頁3 : 仁者 以天地萬物爲一體 莫非己也 識得爲己 何所不至

6) 『性理大全』 卷4, 〈西銘〉 : 乾稱父 坤稱母 予玆藐焉 乃混然中處 故天地之塞 吾其體 天地之帥 吾其性 民吾同胞 物吾與也 大君者 吾父母宗子 其大臣 宗子之家相也 尊高年 所以長其長 慈孤弱 所以幼其幼 聖其合德 賢其秀也 凡天下 疲癃殘疾 惸獨鰥寡 皆吾兄弟之

'천지를 가득 채운 것'이란 '氣'를 말하고, '천지의 장수'란 '理'를 말한다. 인간의 육체는 氣로 구성되고, 인간의 본성은 理인 것이다. 이러한 점은 나와 남, 인간과 동물 사이에 차이가 없다. 그러므로 "民은 나의 同胞, 物은 나의 무리"라고 말하는 것이다. 여기에서 博愛의 이념이 싹튼다. 위의 인용문 마지막에서는 孝를 문제 삼고 있는바, 〈서명〉의 후반부에서는 禹·穎封人·舜·申生·曾參·伯奇 등의 예를 통해 孝를 더없이 강조하고 있다. 〈서명〉은 孝(家族愛)를 博愛(同胞愛)의 기반으로 삼는 것이다. 그런데 程·朱는 이에 대해서 孝는 '分殊'로, 博愛는 '理一'로 설명하였다. 주자는 〈서명〉에 대해 다음과 같이 해설한다.

> 天地의 사이에 理는 하나일 뿐이다(理一). 그러나 乾道는 男을 이루고 坤道는 女를 이루어, 二氣가 交感함에 萬物을 化生하니, 그 大小의 구분과 親疏의 차등이 十百千萬에 이르러 가지런할 수가 없다. 聖賢이 출현하지 않았다면 누가 그 다른 것을 합쳐서 같은 곳으로 돌아가게 할 수 있었겠는가? 〈서명〉을 지은 것은 그 뜻이 대개 이러한 것이다. 程子가 "理는 하나이되 分이 다름(理一分殊)을 밝힌 것"이라고 평한 것은 〈서명〉의 취지를 한 마디로 잘 가름한 것이다. 대개 乾으로 父를 삼고 坤으로 母를 삼는 것은 모든 생물이 마찬가지이니, 이른바 '理一'이다. 그런데 人·物이 태어남에 血脈이 있는 무리는 모두 각각 자기의 어버이를 친하게 여기고 자기의 자식을 사랑하니, 그 分이 또한 어찌 다르지 않을 수 있겠는가? 一統이면서도 萬殊라면 天下를 一家로 삼고 中國을 一人으로 여겨도 兼愛의 폐단에 빠지지 않는다. 萬殊이면서도 一貫한다면 비록 親疏가 情이 다르고 貴賤이 등급을 달리 하더라도 爲我의 사사로움에 질곡되지 않는다. 이것이 〈서명〉의 커다란 가르침이다. 親親을 미루어나가는 厚德을 보고서 無我의 공정함을 확대시키며, 어버이를 섬기는 정성을 인하여 하늘을 섬기는 道를 밝히는 것이니, 어디에 적용하든 모두 이른바 '分이 세워짐에 理一로 미

顚連而無告者也 于時保之 子之翼也 樂且不憂 純乎孝者也

루어 나가는 것' 이다.[7]

정이천의 '理一分殊' 를 계승하여, 주자는 〈서명〉의 취지를 '一統이면서 萬殊요, 萬殊이면서 一貫인 것' 이라고 설명했다. 이러한 맥락에서는 兼愛는 理一만 알고 分殊를 모르는 것으로, 爲我는 分殊만 알고 理一을 모르는 것으로 규정된다. 주자는 "親親을 미루어나가는 厚德을 보고서 無我의 공정함을 확대시킨다." 고 하였다. 여기서 '親親' 은 家族愛를 뜻하고 '無我의 공정함' 은 博愛를 뜻하거니와, 이 말은 두 맥락을 포함하고 있다. 첫째는 사랑의 농도 문제이다. '親親' 이라고 했듯이 가족애는 '친밀함과 施惠' 등으로 표현된나. 그러나 '無我의 공정함' 이라고 했듯이 박애는 친밀함과 시혜가 아니라 다만 '公正性' 으로 표현된다. 요컨대 가족에 대한 사랑과 일반대중에 대한 사랑은 그 농도나 방식이 다르다는 것이다. 둘째는 가족애와 박애의 선후 문제이다. 가족애와 박애를 동시에 고려해야 한다는 것이 주자의 설명이었지만, 실천에 있어서는 가족애를 바탕으로 박애로 미루어 나간다는 것, 즉 가족애가 박애보다 우선한다는 것이 또한 주자의 설명이었다. 위의 인용문에서는 이것을 '分이 세워짐에 理一로 미루어 나감' 으로 설명했거니와, 이는 親親을 기반으로 삼아 仁民・愛物의 博愛로 미루어 나감을 말한다. 孝를 강조하면서도 孝에 머물지 않고, 보편적 박애를 강조하면서도 특수한 자기의 근본을 망각하지 않아야 한다는 것이 〈서명〉의 취지요 유가의 宗旨라는 것이다. 이러한 논리에 입각할 때, 博愛가 인류의 궁극적 이상이라 하더라도, 家族愛 없는 博愛란 실현될 수 없는 것이다.

---

7) 『性理大全』 卷4 頁10-11 : 天地之間 理一而已 然乾道成男 坤道成女 二氣交感 化生萬物 則其大小之分 親疎之等 至於十百千萬 而不能齊也 不有聖賢者出 孰能合其異而反其同哉 西銘之作 意蓋如此 程子以爲明理一而分殊 可謂一言以蔽之矣 蓋以乾爲父 以坤爲母 有生之類 無物不然 所謂理一也 而人物之生 血脈之屬 各親其親 各子其子 則其分亦安得而不殊哉 一統而萬殊 則天下一家 中國一人 而不流於兼愛之敝 萬殊而一貫 則雖親疎異情 貴賤異等 而不梏於爲我之私 此西銘之大指也 觀其推親親之厚 以大無我之公 因事親之誠 以明事天之道 蓋無適而非所謂分立而推理一也

주자는 특히 〈서명〉의 첫 구절 "乾을 父라 일컫고, 坤을 母라 일컫는다(乾稱父 坤稱母)"는 말을 매우 중시하여, 다음과 같이 설명하고 있다.

사람의 한 몸은 진실로 父母가 낳은 바이다. 그러나 父母가 父母가 된 까닭은 곧 乾坤이다. 만약 '父母' 로 말한다면 一物은 '각각 하나의 父母(各一의 부모)' 를 지니고 있으나, 만약 '乾坤' 으로 말한다면 萬物은 '함께 하나의 父母(同一의 부모)' 를 지니는 것이다. 萬物이 이미 '함께 하나의 父母' 를 지니고 있다면, 내 몸이 몸이 되는 까닭은 어찌 '天地를 가득 채운 것(氣)' 이 아니겠으며, 내 본성이 본성이 되는 까닭은 어찌 '天地의 장수(理)' 가 아니겠는가? 옛 君子는 오직 그 道理가 진실로 이와 같음을 알았기 때문에, 따라서 친족을 친하게 여기고 백성을 어질게 대하며, 백성을 어질게 대하고 만물을 아낀 것이요, 이러한 행위를 미루어나가 능히 天下를 一家로 여기고 中國을 一人으로 여김에 이른 것이니, 이것은 의도적으로 그런 것이 아니다. 이제 만약 반드시 "人·物은 다만 父母의 所生이요, 다시 乾坤과는 아무런 관계도 없다. 따라서 〈서명〉에서는 다만 그 짐짓 宏闊廣大한 말로 仁體를 형용한 것을 취하여 '有我의 私' 를 타파하면 될 뿐이다."라고 한다면, 이른바 仁體란 완전히 虛名으로서 애초에 實體가 없는 것이요, '小己의 私' 가 도리어 實理인 것이니 마땅히 (物·我의) 分別이 있어야 할 것이다. 그렇다면 聖賢은 이에 대해서 도리어 애초에 義理를 깨닫지 못하고 다만 利害만 알아, 함부로 자기의 뜻으로 言語를 造作하여, 그 없는 것을 보태어 꾸미고, 그 있는 것을 깨뜨려 부순 것이다. 만약 과연 이와 같다면 그 立言의 잘못됨을 '膠固' 라는 두 글자로 어찌 다 표현할 수 있겠으며, 또 어찌 사람들이 '一己의 私' 에 질곡됨을 타파할 수 있겠는가?[8]

---

8) 『朱子大全』 卷36 頁4-5(1567쪽), 〈答陸子美〉: 人之一身 固是父母所生 然父母之所以爲父母者 卽是乾坤 若以父母而言 則一物各一父母 若以乾坤而言 則萬物同一父母矣 萬物旣同一父母 則吾體之所以爲體者 豈非天地之塞 吾性之所以爲性者 豈非天地之帥哉 古之君子 惟其見得道理眞實如此 所以親親而仁民 仁民而愛物 推其所爲 以至於能以天下爲一家 中國爲一人 而非意之也 今若必謂人物只是父母所生 更與乾坤都無干涉 其所以

위의 인용문의 요점은 다음과 같이 정리될 수 있다. 첫째, 모든 사물에는 '각각의 하나의 부모(各一의 부모)' 가 있는 동시에 '함께 하나의 부모(同一의 부모)' 가 있다. '나를 낳은 부모' 는 사물마다 서로 다른 '各一의 부모' 이지만, '乾坤' 은 만물에게 공통된 '同一의 부모' 이다. 둘째, 乾坤이 만물에게 공통된 '同一의 부모' 임을 알면 博愛 즉 '天下를 一家로 여기고 中國을 一人으로 여김' 에 이를 수 있다. 셋째, 모든 사물에는 '各一의 부모' 가 있다는 점만 인정하고 乾坤이라는 '同一의 부모' 가 있음을 부정한다면, 결국 '有我(一己)의 私' 를 벗어날 수 없다. 또한 위의 인용문은 두 맥락에서 理一分殊論과 연관된다. 첫째는 '두 부류의 부모' 에 대해 그 위상을 理一分殊로 규정하는 것으로서, '各一의 부모' 는 分殊에 해당되고, '同一의 부모' 는 理一에 해당된다. 둘째는 '두 부류의 사랑' 에 대해 그 성격을 理一分殊로 해명하는 것으로서, '有我의 私' 에서 비롯되는 사랑은 分殊에 해당되고, '天下를 一家로 여기고 中國을 一人으로 여김' 은 理一에 해당된다.

주자는 乾坤이 만물의 '同一의 부모' 임을 부정한다면 결국 博愛가 성립할 수 없다고 하여, '理一의 실재성' 또는 '理一의 중요성' 에 대한 투철한 인식이 필요함을 강조한 것이다. 위의 인용문에서는 이처럼 理一 또는 博愛를 강조하면서도, 그 실천에 있어서는 여전히 "친족을 친하게 여기고 백성을 어질게 대하며, 백성을 어질게 대하고 만물을 아끼는 것이요, 이러한 행위를 미루어나가 능히 天下를 一家로 여기고 中國을 一人으로 여기는 데 이르는 것이다."라는 논법을 취하고 있다. 요컨대 사랑의 실천은 博愛를 궁극적으로 이상으로 삼지만, 그 순서에 있어서는 親親에서부터 시작된다는 것이다. 이러한 논법은 주자만의 고유한 생각이 아니요, 孔·孟이래 유가의 한결같은 持論이었다.

有取於西銘者 但取其姑爲宏闊廣大之言 以形容仁體 而破有我之私而已 則是所謂仁體者 全是虛名 初無實體 而小己之私 却是實理 合有分別 聖賢於此 却初不見義理 只見利害 而妄以己意 造作言語 以增飾其所無 破壞其所有也 若果如此 則其立言之失 膠固二字 豈足以盡之 而又何足以破人之梏於一己之私哉

이제 '親親·仁民·愛物' 각각에 대한 주자의 설명을 좀 더 살펴보기로 하자. '親親'은 흔히 부모는 자식을 사랑하고 자식은 부모에 효도하며(父慈子孝), 형은 아우를 우애하고 아우는 형에게 공손함(兄友弟恭)으로 설명된다. 또 父慈子孝와 兄友弟恭은 줄여서 '孝弟(孝悌)'로 대변된다. 『論語』에서는 "君子는 근본에 힘쓰니, 근본이 확립됨에 道가 생겨난다. 孝弟는 그 仁을 실천하는 근본일 것이다."[9]라고 했는데, 이와 관련하여 주자는 다음과 같이 말한다.

> 어버이(親)는 내가 나온 곳이며, 兄은 같은 곳에서 나왔으되 나보다 앞선 것이다. 그러므로 어버이를 섬김에 효도하고 兄을 따름에 공경함은 바로 사랑이 먼저 드러나는 것으로서 더욱 간절한 것이다. 만약 君子가 이것으로써 일을 삼아 힘써 실행하여, 행실이 이루어지고 德이 확립됨에 이른다면, 親族을 친하게 여김으로부터 백성을 어질게 대하며, 백성을 어질게 대하고 만물을 아끼는 것이다. 그 사랑에는 差等이 있고, 그 베풂에는 漸次가 있으나, 仁을 실천하는 道는 生生하여 막힘이 없는 것이다. 이것이 孝弟를 배우는 것이 仁을 실천하는 근본이 되는 까닭이다.[10]

위의 인용문에서는 孝弟가 仁을 실천하는 근본이라 했는데, 이는 곧 親親이 仁民과 愛物의 근본이라는 뜻이기도 하다. 맹자가 "내 어버이를 존경하고 그 마음을 미루어 남의 어버이를 존경함에 이르고, 내 자식을 사랑하고 그 마음을 미루어 남의 자식을 사랑함에 이른다."[11]고 했듯이, 親親은 모든 사랑의 실천적 근원이다. 위의 인용문에서는 또 親親·仁民·愛物에 대해

---

9) 『論語』 學而 2 : 有子曰 (…) 君子務本 本立而道生 孝弟也者 其爲仁之本與

10) 『朱子大全』 卷67 頁16(3531쪽), 〈論語或問說一〉 : 親者我之所自出 兄者同出而先我 故事親而孝 從兄而弟 乃愛之先見而尤切者 若君子以此爲務而力行之 至於行成而德立 則自親親而仁民 仁民而愛物 其愛有差等 其施有漸次 而爲仁之道 生生而不窮矣 此學孝弟 所以爲仁之本也

11) 『孟子』 梁惠王上 7 : 老吾老 以及人之老 幼吾幼 以及人之幼 天下可運於掌

서 "사랑에는 差等이 있고, 베풂에는 漸次가 있다" 고 하였다. 이는 親親·仁民·愛物 사이에 차등과 순서가 있음을 말한다. 그런데 차등과 순서는 親親·仁民·愛物 사이에만 있는 것이 아니라 親親 자체에도 있는 것이다.[12)]

'仁民' 은 본래 통치자의 입장에서 베풀어야 하는 '백성에 대한 사랑' 을 뜻하나, 이것은 친족 관계가 성립하지 않는 '일반인에 대한 사랑' 이라고도 일반화시켜 볼 수 있다. 유교에서는 '백성에 대한 사랑' 은 '모든 사람을 公正하게 대함' 을 통해 이루어진다고 보았다. 즉 백성이나 일반인들에 대한 사랑에 있어서는 親親에서처럼 '직접적 施惠' 가 불가능하다는 것이다. 예컨대 공자는 從政의 美德 가운데 하나로 '은혜를 베풀되 재물을 허비하지는 말라(惠而不費)' 고 했는데, 이에 대해 주자는 다음과 같이 주석하였다.

> 창고에 있는 재물을 백성들에게 나누어주는 것은 은혜롭기는 하지만 재물을 허비하는 것이다. 또한 어찌 사람마다 다 나누어 줄 수 있겠는가? 오직 四時의 조화와 原隰의 이로움, 五方의 재물 등을 활용하여 재물을 풍성하게 하고 民生을 두텁게 함으로써, 백성들로 하여금 배고프거나 춥지 않게 하는 것이니, 어찌 허비함이 있겠는가?[13)]

백성에게 은혜를 베푼다는 목적으로 창고에 있는 재물을 직접 나누어주는 것은 그 혜택이 널리 미칠 수 없고, 결국 재물을 허비하는 것으로 그친다는 것이다. 따라서 백성에 대한 시혜는, 계절에 따라 농사를 지을 수 있게 하

---

12) 『中庸』에서는 "親親之殺에서 禮가 비롯된다." 고 하였다(『中庸章句』 제20장 : 親親之殺 尊賢之等 禮所生也). '親親之殺' 란 親族을 친하게 여기되, 친함의 정도가 멀어짐에 따라 친하게 여기는 정도도 조금씩 깎아내림을 말한다. 親族 간에도 寸數의 遠近에 따라, 예컨대 喪服의 服飾과 期間이 달라지니, 五服이 그것이다. 至親 사이는 斬衰(참최, 3年服)나 齊衰(자최(재최), 3年服 또는 朞年服)에 해당되고, 그 다음은 大功(9개월복)·小功(5개월복)으로 깎이며, 親盡의 8寸 사이는 緦麻(시마, 3개월복)에 해당된다.

13) 『論語集註大全』 堯曰 2, 朱子小註 : 以府庫之財與人 則惠而費矣 又安得人人而給之 惟因四時之和 因原濕之利 因五方之財 以阜物以厚生 使民不饑不寒 何費之有

고, 原隰(들판과 濕地)을 알맞게 활용할 수 있게 하며, 각지의 산물을 원활하게 유통시키는 등, 제도적 장치를 마련하는 방법으로 이루어져야 한다는 것이다. 주자는 또 〈與周丞相書〉에서 다음과 같이 말하기도 한다.

> 무릇 近年의 習俗은, 모든 일에 大公至正의 道로 밝게 행하려 하지 않고, 항상 구구하게 私恩小惠의 즈음에 얽매이고 있다. 본래는 사람마다 기쁘게 해주려는 것이었으나, 그 末流의 폐단은 항상 도리어 左右에 얽매여, 財物은 倍나 소비하고도 끝내는 天下의 公論을 위로하지 못한다.[14]

백성의 수는 많고 각자의 능력은 유한하다. 따라서 모든 사람들에게 직접 혜택을 베풀려는 노력은, 결국엔 몇몇 사람들에게만 그 혜택이 돌아갈 뿐이니, 사실상 성공할 수 없는 것이다. 따라서 백성에 대한 사랑이나 일반인에 대한 사랑은 '公正한 제도적 장치' 를 마련하여 누구나 그 혜택을 입을 수 있도록 하는 방법으로 접근해야 한다는 것이다.[15] 주자는 종종 仁을 '公正함' 으로 해석했는데, 백성이나 일반인들에 대해서는 '公正하게 대하는 것' 자체가 바로 仁이라는 의미였다.

'愛物' 에 대한 설명에서는, 親親의 경우와 마찬가지로, 愛物 자체에도 또한 差等이 있다고 보았다. 주자는 '愛物' 에 대해 다음과 같이 논한 바 있다.

> (孟子는) "君子는 親族을 친하게 여기고 백성을 어질게 대하며, 백성을 어질게 대하고 만물을 아낀다(親親而仁民 仁民而愛物)" 고 하였다. 그런데 '만물을 아낀다(愛物)' 고 하면 아낌은 모두 균등한 것이다. 이제 天下의 만물을 살펴보

14) 『朱子大全』 卷28 頁1(1178쪽), 〈與周丞相書〉 : 大抵近年習俗 凡事不欲以大公至正之道顯然行之 而每區區委曲於私恩小惠之際 本欲人人而說之 而其末流之弊 常反至於左右拘牽 倍費財處 而卒又無以慰天下之公論

15) 이러한 맥락에서, 맹자도 鄭나라의 재상 子產에 대해 "은혜롭기는 했지만, 정치를 할 줄은 몰랐다." 고 비판한 바 있다(『孟子』 離婁下 2 참조). 이에 대한 자세한 논의는 拙著, 『儒教傳統과 自由民主主義』, 407-411쪽 참조.

면 두 무리가 있다. '知覺이 있는 사물' 이 있으니 禽獸의 무리가 그것이요, '知覺이 없는 사물' 이 있으니 草木의 무리가 그것이다. 예컨대 빽빽한 그물을 연못에 넣지 못하고, 짐승의 새끼를 잡아먹지 못하며, 새의 알을 먹지 못하고, 잉태한 짐승을 잡아먹지 못하며, 어린 짐승을 잡아먹지 못하게 한 것 등은 聖人이 '지각이 있는 사물' 에 대해서 아끼기를 이와 같이 한 것이다. 또한 도끼를 때에 맞추어 山林에 들어가게 하고, 제 때에 벤 나무가 아니면 시장에서 팔 수 없게 한 것 등은 聖人이 '지각이 없는 사물' 에 대해서 아끼기를 이와 같이 한 것이다. 佛敎에서는 "衆生이 모두 佛性을 지니고 있다." 고 말하고, 그러므로 오로지 '죽이지 말라' 는 계율을 지키니, 그것들을 사랑하는 것 같다. 그러나 宮室(佛堂)을 높고 크게 짓느라 材木을 벨 때에는 편안하게 여겨 불쌍히 여기지 않으니, 어디에 사랑이 있는가? 그윽이 생각건대, '理는 하나이지만 分은 다른 것'(理一分殊)이므로, 聖人은 각각 그 分에 따라 미루어 나간 것이다. 親 · 民 · 物은 그 分이 각각 다른 것이니, 그러므로 親親 · 仁民 · 愛物이 또한 다른 것이다. 佛氏는 스스로 '理는 하나' 라고 하면서 '分殊' 는 알지 못하여(佛氏는 꼭 '理一' 을 안 것도 아니니, 다만 이 말을 빌린 것일 뿐이다), 다만 血氣가 있는 것을 가리켜 말하기 때문에 親 · 民 · 物을 섞어서 하나로 여기고, 그밖에 살핌이 미치지 못하는 것들에 대해서는 도리어 해치는 것이다. 이것은 다만 그 다름에 근거해서 말한 것이다. 우리 儒家는 萬物에 대해서, 아마도 '지각이 있는 것' 과 '지각이 없는 것' 을 조금 다르게 대하는 것 같다. 대개 萬物은 비록 사람과 氣가 다르나, '지각이 있는 사물' 은 바로 血氣가 낳은 것으로, '지각이 없는 사물' 과는 다르다. 아마도 聖人은 이에 대해서 모름지기 또한 差等을 두었으니, 예컨대 '齊宣王이 소를 아낀 일' [16]을 草木에 베푼다면 또한 다를 것이다.[17]

16) 齊宣王이 소가 釁鍾(새로 鑄造한 鍾의 틈을 메우기 위해 짐승의 피를 바르는 일)을 위해 죄도 없이 死地로 끌려가는 것을 보고 안타까워 羊으로 바꾸게 한 일(『孟子』 梁惠王上 7 참조).

17) 『朱子大全』 卷56 頁46-47(2874쪽), 〈答鄭子上〉 : 君子 親親而仁民 仁民而愛物 然謂之愛物 則愛之惟均 今觀天下之物 有二等 有有知之物 禽獸之類 是也 有無知之物 草木之

위의 인용문은 '지각이 있는 사물'에 대한 사랑과 '지각이 없는 사물'에 대한 사랑은 差等이 있어야 한다는 입장에서, '지각이 있는 사물'을 '지각이 없는 사물'보다 중시해야 함을 강조한 것이다. 위의 인용문에서는 또한 "衆生이 모두 佛性을 지니고 있으니, 殺生하지 말라."와 같은 방식의 명제는 理一만 고려한 것으로서, 우리의 실생활에서는 지켜질 수 없는 명제라고 보았다. 요컨대 '理一'만으로는 사랑이 제대로 실현될 수 없으므로 '分殊'를 함께 고려해야 한다는 맥락에서 親親·仁民·愛物의 논리를 정당화한 것이다.[18)]

이상의 논의를 요약하자면, '親親·仁民·愛物'은 차등적 사랑을 통해 博愛에 접근하는 유가의 논리를 대변한 것으로, 본래 맹자가 立論한 것이었다. 그런데 張橫渠의 〈西銘〉을 계기로 理一分殊論이 제시되면서, 주자학에서는 '親親·仁民·愛物'에 대해 확고한 이론적 근거를 정립하게 된

類 是也 如數罟不入洿池 不麛不卵 不殺胎 不殀夭 聖人於有知之物 其愛之如此 斧斤以時入山林 木不中伐不鬻於市 聖人於無知之物 亦愛之如此 如佛之說 謂衆生皆有佛性故專持不殺之戒 似若愛矣 然高宮大室 斬刈林木 則恬不加恤 愛安在哉 竊謂理一而分殊 故聖人各自其分推之 曰親 曰民 曰物 其分各異 故親親仁民愛物亦異 佛氏自謂理一而不知分殊(佛氏未必知理一 但借此言) 但指血氣言之 故混親民物爲一 而其他不及察者 反賊害之 此但據其異言之 若吾儒於物 竊恐於有知無知 亦不無小異 蓋物雖與人異氣 而有知之物 乃是血氣所生 與無知之物異 恐聖人於此 須亦有差等 如齊王愛牛之事施於草木 恐又不同

18) 親親·仁民의 논리에 따르자면, 사방을 둘러보아도 친척이 없는(四顧無親) 사람들, 이른바 '鰥·寡·孤·獨'은 1차적으로 소외될 수밖에 없다. 이에 대해 맹자는 "이 네 부류의 사람들은 천하의 곤궁한 백성들로서 의지할 데가 없는 사람들이다. 文王이 仁政을 베풂에 있어서 반드시 이 네 부류의 사람들을 먼저 돌보았다."고 설명하였다(『孟子』 梁惠王下 5 참조). 의지할 데 없는 鰥寡孤獨에 대해서는 국가가 제도적으로 救護해 주어야 한다는 것이다(『禮記』 王制 : 少而無父者謂之孤 老而無子者謂之獨 老而無妻者謂之矜 老而無夫者謂之寡 此四者 天民之窮而無告者也 皆有常餼). 가족이 있는 사람은 親親의 원리에 의해서 사랑을 누리고, 가족이 없는 곤궁한 사람은 국가가 제도적으로 구호함으로써, 모든 사람은 인간다운 삶을 누릴 수 있게 된다. 요컨대 전통 유가는 社會福祉의 문제를 기본적으로 家族愛의 차원에서 해결하려 한 것이요, 국가는 보조적 기능을 담당했던 것이다.

것이었다.

2. 名分論과 사회적 職分의 문제

名分論(正名論)이란 모든 '이름(名)'[19]에는 고유한 '몫(分)'이 따르는바, 양자를 합치시켜야 한다는 논리로, 『논어』의 핵심사상 가운데 하나이다. 물론 『주역』의 陰陽思想에 근거한 것이지만, 유교에서는 바람직한 인간관계를 '感應'으로 설명한다. 感應이 '亨通한 결과'를 도출한다는 것이다.[20] 이러한 맥락에서, 名分論이란 각자 자신의 본분을 다함으로써 조화로운 인간관계를 창출하고, 조화를 통해 서로 감응할 수 있게 하고, 감응을 통해서 각자의 인생이 형통해지도록 하자는 것이다.

『논어』의 名分論은 "군주는 군주답고, 신하는 신하다우며, 부모는 부모답고, 자식은 자식답다."[21]라는 말로 상징된다. '다움'이란 각자의 이름에 부여된 고유한 몫을 충실히 발휘함을 뜻한다. 『논어』에서는 또 "'觚'에 모가 나지 않았다면 '觚'라고 할 수 있겠는가?"[22]라고 하였다. 원래 모난 술잔의 이름인 '觚'에 모가 나지 않았다면 '觚'라고 할 수 없듯이, 어떤 사물이든 그 고유한 몫을 발휘하지 못하면 그 존재 의의를 인정할 수 없다는 것이다.

---

19) 물론 여기에서의 '이름'은 '고유명사'가 아니라 '일반명사'를 뜻한다.

20) 『周易』에서 陰陽의 感應을 상징하는 대표적인 괘는 咸卦이다. 程伊川은 咸卦에 대한 설명에서 "무릇 君臣과 上下로부터 만물에 이르기까지 모두 서로 감응하는 도리가 있으며, 사물이 서로 감응하면 형통하게 되는 이치가 있다. 君臣이 서로 감응하면 君臣의 도리가 통하며, 상하가 서로 감응하면 상하의 뜻이 통한다. 부자 부부 친척 붕우에 이르기까지 모두 情意가 서로 감응하면 和順하게 되어 亨通하다(『周易傳義大全』 咸卦 卦辭, 程傳 : 凡君臣上下 以至萬物 皆有相感之道 物之相感 則有亨通之理 君臣能相感 則君臣之道通 上下能相感 則上下之志通 以至于父子夫婦親戚朋友 皆情意相感 則和順而亨通)."고 하였다.

21) 『論語』 顔淵 11 : 君君 臣臣 父父 子子

22) 『論語』 雍也 23 : 子曰 觚不觚 觚哉觚哉

이에 대해, 주자는 程子와 范祖禹의 설명을 인용하여 다음과 같이 말한다.

> 程子가 말하기를, "觚로서 그 형식과 제도를 잃으면 觚가 아니다. 하나의 그릇을 거론한 것이나, 天下의 事物이 모두 그렇지 않은 것이 없다. 그러므로 君으로서 그 君의 道를 잃으면 君이 아닌 것이며, 臣으로서 그 臣의 職을 잃으면 헛된 자리가 되는 것이다." 范氏가 말하기를, "사람으로서 어질지 못하면 사람이 아니며, 나라로서 다스려지지 않으면 나라가 아니다."[23]

觚에는 고유한 형식과 제도가 있듯이, 君이나 臣, 사람이나 국가 등 모든 존재에는 각각 고유한 道理나 職分이 있다는 것이요, 그 도리나 직분을 충분히 발휘할 때 각각의 '다움'을 보장한다는 것이다. 위의 인용문에서 "君이 아니며, 헛된 자리가 되며, 사람이 아니며, 나라가 아니다."라고 한 것은 '답지 못함'을 말한 것이다. '답지 못함'은 사실적으로는 그 지위를 차지하고 있으나 당위적으로는 그 지위에 '합당한 몫'을 발휘하지 못하는 것이니, 이것이 '革命'이나 '處罰'의 논거가 되었던 것이다. 이러한 名分論은 사실 유교의 모든 경전을 관통하는 논리이기도 하다.

『大學』에서는 그 궁극적 목표를 '至善에 머묾(止於至善)'으로 규정하면서도, 각자의 사회적 지위에 따라 그 至善의 구체적 내용을 다르게 설정하였다. 예컨대 文王은 군주로서는 仁에 머물었고, 신하로서는 敬에 머물었으며, 자식으로서는 孝에 머물었고, 부모로서는 慈에 머물었으며, 國人들과 사귈 때에는 信에 머물었다는 것이다.[24] 이에 대해 주자는 다음과 같이 해설하고 있다.

---

23) 『論語集註』 雍也 23, 朱子註 : 程子曰 觚而失其形制 則非觚也 擧一器 而天下之物 莫不皆然 故君而失其君之道則爲不君 臣而失其臣之職則爲虛位 范氏曰 人而不仁則非人 國而不治則不國矣

24) 『大學章句』 傳3章 : 詩云 穆穆文王 於緝熙敬止 爲人君 止於仁 爲人臣 止於敬 爲人子 止於孝 爲人父 止於慈 與國人交 止於信

> 대개 하늘이 뭇 백성을 낳으심에, 사물이 있으면 법칙이 있다. 그러므로 萬物과 庶事는 모두 각각 '마땅히 머물러야 할 곳(當止之所)'을 지니는 것이다. 다만 '처한 지위'가 다르면 '머물러야 할 善(所止之善)'도 다르다. 그러므로 남의 君主가 되면 마땅히 머물러야 할 곳이 仁에 있고, 남의 臣下가 되면 마땅히 머물러야 할 곳이 敬에 있으며, 남의 자식이 되면 마땅히 머물러야 할 곳이 孝에 있고, 남의 부모가 되면 마땅히 머물러야 할 곳이 慈에 있으며, 나라 사람들과 사귀면 마땅히 머물러야 할 곳이 信에 있으니, 이는 모두 天理와 人倫의 極致로서 人心이 그만둘 수 없는 곳에서 나온 것이다. 文王이 天下에 法이 되고 後世에 전해진 까닭도 또한 여기에다 터럭만큼도 덧보탤 것이 없다. (…) 君이 仁해야 하는 까닭, 臣이 敬해야 하는 까닭, 子가 孝해야 하는 까닭, 父가 慈해야 하는 까닭, 朋友가 信해야 하는 까닭은 모두 人心과 天命의 自然으로서, 사람들이 억지로 할 수 없는 것이다. 다만 일을 인해서 推窮하여 그 極致에 이르며, 또 이것을 類推하여 그 나머지를 다한다면, 天下의 事物이 모두 그 至善의 所在를 알아 그곳에 머물게 될 것이다.[25]

'사물의 법칙'·'머물러야 할 곳'·'머물러야 할 善' 등은 주자학에서 모두 '理'로 通稱되는 것들이다. 모두 함께 '至善에 머묾'에 해당하는 것이되, 각각의 처지에 따라 '머물러야 할 善'의 내용은 다르다는 것이 위의 인용문의 요점이다. 각각의 처지에 따라 머물러야 할 善의 내용이 다르다는 것이 바로 각각의 '이름(名)'에 따라 그 고유한 '몫(分)'이 다르다는 것이다. 君의 仁, 臣의 敬, 父의 慈, 子의 孝 등이 그 예이다. 그런데, 각각의 처지

25) 『朱子大全』 卷15 頁15-16(586-587쪽), 〈經筵講義〉: 蓋天生烝民 有物有則 是以萬物庶事 莫不各有當止之所 但所居之位不同 則所止之善不一 故爲人君則其所當止者在於仁 爲人臣則其所當止者在於敬 爲人子則其所當止者在於孝 爲人父則其所當止者在於慈 與國人交則其所當止者在於信 是皆天理人倫之極致 發於人心之不容已者 而文王之所以爲法於天下 可傳於後世者 亦不能加毫末於是焉 (…) 君之所以仁 臣之所以敬 子之所以孝 父之所以慈 朋友之所以信 皆人心天命之自然 非人之所能爲也 但能因事推窮 以至其極 而又推類以盡其餘 則天下之物 皆有以見其至善之所在而止之矣

에 따라 머물러야 할 善의 내용이 다르다는 것은 '分殊'에 해당되고, 그럼에도 불구하고 모두 함께 止於至善에 속한다는 것은 '理一'에 해당된다.[26] 分殊는 '萬物各具一太極'에 해당되는바 이는 '萬物이 각각 하나의 理를 구비함'을 뜻하고, 理一은 '萬物統體一太極'에 해당되는바 이는 '萬物의 理가 한 근원에서 나옴'을 뜻한다. 주자는 "萬物이 각각 하나의 理를 구비하고, 萬理가 한 근원에서 함께 나온다(萬物各具一理 而萬理同出一原)"는 말이 지닌 실천적 의미를 다음과 같이 해설하였다.

> 萬物은 모두 이 理를 지니고 있고, 理는 모두 한 근원에서 함께 나온다. 다만 처한 지위가 같지 않으면 그 理의 쓰임이 같지 않은 것이다. 예를 들어, 君이 되어서는 모름지기 仁해야 하고, 臣이 되어서는 모름지기 敬해야 하며, 子가 되어서는 모름지기 孝해야 하고, 父가 되어서는 모름지기 慈해야 하는 것이다. 모든 사물이 각각 이 理를 지니고 있으나, 사물마다 그 쓰임이 각각 다른 것이다. 그러나 一理의 流行이 아님이 없다. 聖人이 '理를 궁구하고 本性을 다 발휘하여 命에 이르는 것'은, 무릇 世間에 존재하는 모든 사물에 대해 그 理를 궁구하여, 모든 사물이 각각 그 자리를 얻도록(各得其所) 조치하여, 하나의 사물이라도 그 마땅함을 얻지 못함이 없게 하는 것이다. 이 사물이 없으면 이 理도 없는 것이지만, 이미 이 사물이 있으니 聖人은 그 理를 다하지 않음이 없는 것이다. 이것이 이른바 '오직 천하의 至誠만이 天地의 化育을 도울 수 있으니, 天地의 化育을 도우면 天地에 참여할 수 있다.'는 것이다.[27]

---

26) 또한 위의 인용문에서 "각자의 고유한 몫은 '人心과 天命의 自然'에 의해 설정된다"는 내용은 이 책의 제6장에서 논의한 '天理에 따르고 人心에 부합되게 規範을 정립함'에 해당되는 것이다.

27) 『朱子語類』 卷18(中華書局本 398쪽) : 德元問 萬物各具一理 而萬理同出一原 曰 萬物皆有此理 理皆同出一原 但所居之位不同 則其理之用不一 如爲君須仁 爲臣須敬 爲子須孝 爲父須慈 物物各具此理 而物物各異其用 然莫非一理之流行也 聖人所以窮理盡性而至於命 凡世間所有之物 莫不窮極其理 所以處置得物物各得其所 無一事一物不得其宜 除是無此物 方無此理 旣有此物 聖人無有不盡其理者 所謂惟至誠贊天地之化育 則可與

유학에서 말하는 理란 근원적으로 『周易』의 '一陰一陽의 道' 또는 '生生의 理' 를 의미한다. 만물의 존재는 본질적으로 '一陰一陽을 통한 生生의 持續' 에서 벗어날 수 없는 것이다. 이 理는 萬有를 관통하며, 萬有는 제각각이 理를 자기의 처지에 맞게 표현하는 것이다. 인간의 일로 말하면, 君의 '仁', 臣의 '敬', 父의 '慈', 子의 '孝' 가 모두 자기 위치에서 生生의 理를 알맞게 표현한 것이다. 君·臣·父·子의 개별자들은 각각 자신의 지위에 맞는 理(分殊), 즉 仁·敬·慈·孝를 발휘함으로써 '萬物統體一太極' 의 실현에 參與(또는 寄與)하는 것이다. 聖人이란 모든 존재들의 구체적 자리에 알맞은 理를 밝혀줌으로써, 궁극적으로 萬物이 協和하고 天地가 化育하게 하는 존재이다.

'하나의 理가 다양하게 流行한다' 는 것은 뒤집어 보면 다양하게 流行하는 理(分殊之理)는 하나의 理(理一之理)에 의해 통섭된다는 뜻이다. 이것을 사회현실에 적용시키면, 다양한 직분들은 유기적으로 통일되어야 함을 뜻한다. 다양한 직분의 '유기적 통일' 은 다른 말로 다양한 직분들 사이의 '상호의존' 을 뜻하기도 한다. 이는 결국 사회적 분업이란 협동을 전제로 성립함을 뜻한다. 요컨대 분업은 협동의 산물이요, 협동은 분업을 통해 이루어지는 것이다. 유가는 일찍부터 이러한 맥락에서 사회적 분업을 이해하고, 그 불가피성을 옹호하였다.

맹자 당시에 農家의 일원이었던 許行은 '君이 民과 함께 경작하지 않고 세금을 거두어 먹는 것' 은 '백성을 괴롭게 하는 것' 이라고 비판한 바 있다.[28] 君도 民과 똑같이 노동하고, 똑같이 생활해야 한다는 것이었다. 이는 平等이라는 名目 아래 이른바 '사회적 분업' 을 부정한 것이요, 특히 '통치자와 피치자 사이의 사회적 분업' 에 대해서는 '통치자가 피치자를 착취하는 것' 이라고 인식한 것이었다. 이에 대해 맹자는 "어떤 사람은 '정신노동

天地參者也

28) 『孟子』 滕文公上 4 : 陳相見孟子 道許行之言曰 滕君則誠賢君也 雖然未聞道也 賢者與民竝耕而食 饔飧而治 今也滕有倉廩府庫 則是厲民而以自養也 惡得賢

(勞心)'을 하고 어떤 사람은 '육체노동(勞力)'을 한다. 정신노동을 하는 사람은 남을 다스리고, 육체노동을 하는 사람은 남에게 다스림을 받는다. 남에게 다스림을 받는 사람은 남을 먹여주고, 남을 다스리는 사람은 남에게 얻어먹는다. 이것이 天下의 공통된 義理이다."라고 답변했다.[29] 이에 대해 주자는 다음과 같이 주석하였다.

> 君子는 小人이 없으면 굶주리고, 小人은 君子가 없으면 혼란에 빠진다. 이것으로 서로 바꿈은 바로 農夫와 대장장이가 곡식과 농기구를 서로 바꾸는 것과 같으니, 이것은 '서로 구제함(相濟)'인 것이요, '서로 병들게 함(相病)'이 아닌 것이다. 天下를 다스리는 것이 어찌 반드시 農事를 지으면서 해야만 하는 일이겠는가?[30]

위에서 말하는 '군자와 소인'은 '통치자와 피치자'를 뜻한다. 통치자의 '勞心'은 秩序를 유지하기 위한 것이고, 피치자의 '勞力'은 財貨를 생산하기 위한 것이다. 어느 사회이든 그 존립을 위해서는 秩序와 財貨가 모두 불가결한 것이다. 따라서 통치자의 '勞心'과 피치자의 '勞力'을 교환하는 것, 즉 통치자와 피치자 사이의 사회적 분업은 '백성을 괴롭게 함'이 아니라 '서로를 구제함(相濟)'에 그 本旨가 있다는 것이다.[31]

許行이 '君과 民이 함께 경작함(君民竝耕)'과 아울러 맹자에게 제기한 또

---

29) 『孟子』 滕文公上 4 : 或勞心 或勞力 勞心者 治人 勞力者 治於人 治於人者 食人 治人者 食於人 天下之通義也

30) 『孟子集註』 滕文公上 4, 朱子註 : 君子無小人則飢 小人無君子則亂 以此相易 正猶農夫陶冶 以粟與械器相易 乃所以相濟 而非所以相病也 治天下者 豈必耕且爲哉

31) '통치자와 피치자 사이의 사회적 분업'은 종종 '통치자의 피치자에 대한 착취'로 드러나는 것이 많은 경우의 역사적 사실이었다. 유가 역시 그러한 蓋然性을 충분히 인식하고, '통치자의 순화'에 특별히 유념했던 것이다. 유교의 '德治'와 '與民同樂'의 이념이 그것이다. 德治는 통치자와 피치자 사이의 '도덕적 感應'을 추구하는 것이고, 與民同樂은 통치자와 피치자 사이의 '정서적 感應'을 추구하는 것이다. 이에 대한 자세한 논의는 拙著, 『儒家社會哲學硏究』, 155-171쪽 참조.

하나의 문제는 '시장에서는 같은 종류의 물건은 값이 같아야 함(市不二賈)' 이었다. '君民竝耕' 은 '萬民의 동등한 노동' 이라는 입장에서 '사회적 분업' 을 부정하는 것이고, '市不二賈' 는 '노동의 결과에 대한 동등한 대우' 라는 입장에서 '같은 종류의 물건에 대한 가격의 차이' 를 부정하는 것이었다. 이에 대해 주자는 다음과 같이 비판하고 있다.

> 君과 民이 함께 경작하고 市場에서는 물건의 값이 같다는 것은 모두 神農氏가 행했던 것이다. 당시에는 백성들이 순박하고 일이 간단하여 간혹 許行의 주장이 용납될 수 있었을 것이다. 그러나 세상이 변하고 풍속이 바뀌어, 堯·舜의 시절에 이르러서는 비록 神農氏가 다시 태어났어도 또한 당시의 상황에 따라 정치를 했을 것이요 옛것을 고수함이 용납되지 않았을 것이다. 하물며 許行이 함부로 그것을 戰國의 時代에 행하려 하였음에랴.[32]

주자는 神農氏의 시대처럼 일이 간단하고 백성들이 순박하다면 '君民竝耕' 과 '市不二賈' 를 실현할 수 있을 것이라고 인정했다. 그러나 사회가 복잡해짐에 따라 分業이 불가피하게 되었고, 또한 인심도 더 이상 순박하지 않으므로 가격의 차이도 불가피하게 되었다는 것이다. '같은 종류의 물건에 대해서도 가격의 차이를 인정한다' 는 것은 '같은 이름의 물건이라도 그 이름에 상응하는 몫을 얼마나 발휘하느냐에 따라 값이 다를 수밖에 없다' 는 뜻이다. 요컨대 名分論이 정치적 차원에서는 '賞·罰의 논리' 로 기능할 수 있으며, 경제적 차원에서는 '가격 차등의 논리' 로 기능할 수 있는 것이다. 또한 양자는 모두 '응분의 대우' 를 추구한다는 점에서 '正義의 문제' 와 연결되는 것이다. 이제 주자의 다음과 같은 설명을 살펴보자.

---

32) 『論孟或問精義通攷』 卷5 頁7 : 二者 皆神農之所爲也 當時民淳事簡 容或有許行之說者 及乎世變風移 至於唐虞之際 則雖神農復生 亦當隨時以立政 而不容固守其舊矣 況許行之妄 乃欲以是而行戰國之時乎

君은 君답고 臣은 臣다우며, 父는 父답고 子는 子다우며, 兄은 兄답고 弟는 弟다우며, 夫婦와 朋友가 각각 자기의 자리를 얻으면 저절로 和하다. 만약 君이 君이 된 까닭을 잃고, 臣이 臣이 된 까닭을 잃는다면 어떻게 和할 수 있겠는가? 만약 諸公이 여기에 앉아 있으면서 모두 그렇게 收斂한다면 문득 和한 것이다. 그러나 만약 물러가 스스로 放肆하고 또 간혹 어긋나 싸운다면 문득 和하지 못하는 것이다. 『通書』에서는 "禮는 다스림(理)이며, 樂은 화합(和)이다. 陰陽이 다스려진 다음에 화합한다. 君은 君답고 臣은 臣다우며, 父는 父답고 子는 子다우며, 兄은 兄답고 弟는 弟다우며, 夫는 夫답고 婦는 婦다워서, 萬物이 각각 그 다스림을 얻은 다음에 화합한다. 그러므로 禮가 우선하고 樂이 다음이다."라고 했으니, 설명이 가장 좋다. 『周易』에서는 "利란 義의 調和이다(利者 義之和)"라고 하였다. 利는 다만 義의 調和에 있다. 義는 본래 '베고 끊고 마름질하고 통제하는 것(割截裁制)'인바, 오직 그 베풂이 알맞음을 얻으면 곧 和인 것이니, 이것이 利가 되는 까닭이다.[33]

위의 인용문에 보이듯이, 名分論의 이념적 목표는 '和'에 있다. 名과 分이 합치되면 '和'가 실현되고, 名과 分이 어긋나면 '不和'를 야기한다. 名과 分이 합치되어 '和'가 실현됨은 分殊가 理一과 합치된 것이요, 名과 分이 어긋나 '不和'를 야기함은 分殊가 理一과 어긋난 것이다. 여기서 알 수 있듯이 理一分殊論에서는 모든 分殊를 긍정하는 것이 아니다. 分殊는 때때로 理一과 어긋나는 경우도 있는바, 理一과 합치되는 범위에서만 分殊가 긍정되는 것이다.[34]

---

33) 『朱子語類』 卷22(518쪽) : 君君臣臣 父父子子 兄兄弟弟 夫婦朋友 各得其位 自然和 若君失其所以爲君 臣失其所以爲臣 如何會和 如諸公在此坐 都恁地收斂 這便是和 若退去自放肆 或乖爭 便是不和 通書說 禮理也 樂和也 陰陽理而後和 君君臣臣 父父子子 兄兄弟弟 夫夫婦婦 萬物各得其理然後和 故禮先而樂後 說得最好 易說 利者 義之和 利只在義之和 義本是箇割截裁制之物 惟施得宜則和 此所以爲利

34) 이에 대한 자세한 논의는 拙著, 『儒敎傳統과 自由民主主義』, 166-168쪽 참조. 또한, 이 책의 제3장 5절에서도 고찰한 바 있듯이, 理는 본래 하나이고 純善하나 자신이 의착하

위의 인용문에서는 理一과 分殊의 합치 문제를 禮樂論과 義利論으로 설명했다. 먼저 禮樂論의 관점을 살펴보자. 본래 禮는 차등원리에 입각하고, 樂은 화합원리에 입각한다. 위의 인용문에서는 "禮는 다스림(理)"이라 하였는바, 여기서의 '다스림'이란 다양한 名들에 각각 고유한 分을 부여함을 뜻한다. 이 차등원리가 제대로 실현될 때 和가 실현된다는 것인데, 이는 分殊가 제대로 정립되어야 理一(협동, 사회적 통일성)이 실현된다는 주장이다.[35] 이러한 주장은 『禮記』〈樂記〉의 "禮勝則離 樂勝則流"라는 말에 근거한다. 禮는 차등원리라 했는바, '禮勝則離'란 禮를 지나치게 강조하면 사람들이 서로 疎遠해짐을 뜻한다. 이는 分殊만 강조할 때 야기되는 폐단이다. 樂은 화합원리라 했는바, '樂勝則流'란 樂을 지나치게 강조하면 사람들이 위계와 질서를 무시하게 됨을 뜻한다. 이는 理一만 강조할 때 야기되는 폐단이다. 요컨대 禮와 樂이 균형을 이루어야 하듯이, 理一과 分殊에 있어서도 균형을 유지해야 하는 것이다.

다음, 義利論의 관점을 살펴보자. 위의 인용문에서는 義를 '割截裁制'로 설명하였다. '割截'은 '각자의 몫(分)을 설정하는 것'이요, '裁制'는 '각자의 몫에 충실하도록 유도하는 것'이다. 割截과 裁制가 알맞게 이루어지면 곧 '和'가 실현되고 '利'가 실현된다는 것이다.[36] 이것은 分殊가 올바로 실

고 있는 氣質의 偏全通塞과 淸濁粹駁에 따라 다양한 양상을 연출한다는 것이었다. 즉 존재론적인 차원에서 보아도, 理一은 純善하나 分殊에는 善·惡이 혼재한다는 것이다.

35) 이에 대한 자세한 논의는 拙著, 『儒家社會哲學研究』, 253-259쪽 참조.

36) 유교에서의 '義와 利'의 관계는 분석적으로 이해해야 한다. 『周易』에서 元·亨·利·貞을 말하고 있듯이, 利는 본래 天道의 四德 가운데 하나로 제시되었고, 그것은 人道의 義와 짝하는 것으로 설명되었다. 그런데 유교의 경전 곳곳에서는 또한 義와 利가 대립적으로 제시되기도 한다. 天道의 利와 人道의 義를 짝지을 경우, 양자의 관계는 "利者義之和"로 설명되는 것이다. 그런데 "君子는 義에 밝고, 小人은 利에 밝다"고 할 때처럼 양자를 대립시킬 경우, 양자는 각각 '天理와 人欲'으로 설정되고 있는 것이다(『論語』 里仁 제16장의 "君子 喩於義 小人 喩於利"에 대해 주자는 "義者 天理之所宜 利者 人情之所欲"이라고 주석한 바 있다). 이러한 맥락에서, 유교에서는 '義之和로서의 利'에 대해서는 적극 긍정하는 것이요, '人欲으로서의 利'에 대해서는 적극 비판하는 것이다.

현됨으로써 理一(협동, 사회적 통일성)이 달성된다는 논리이다.

요컨대 名分論은 '각자의 名과 分을 합치시킴'으로써 '和'에 도달하자는 것으로서, 오늘의 관점에서 논하자면 '사회적 분업과 협동의 문제'에 해당되는 것이다. 전통유교의 禮樂論과 義利論도 名分論과 일정한 연관성을 지니는 만큼, 名分論은 유교사상 全般을 관통하는 논리였다. 그런데 理一分殊論이 정립되면서 '名과 分의 합치'는 分殊의 문제로, '和'에 도달함은 理一의 문제로 해명되어, 보다 확고한 이론적 기반을 갖추게 된 것이다.

3. 和而不同과 寬容의 문제

『논어』에서는 "君子는 남들과 조화를 이루되 같지 않고(和而不同), 小人은 남들과 같되 조화를 이루지 못한다(同而不和)."[37]고 하였다. '和而不同'이란 전체적인 조화를 이루되 자신의 개성을 잃지 않음을 말하며, '同而不和'란 자신의 개성을 잃고 남과 조화를 이루지도 못함을 말한다. 또한 『중용』에서는 "군자는 다른 사람과 조화를 이루되 휩쓸리지 않으니(和而不流), 강하고도 굳세도다. 중심을 잡고 서서 다른 것에 기대지 않으니, 강하고도 굳세도다."[38]라고 하였다. 유교의 이상은 전체적인 調和를 이루면서도 자신의 個性과 主體性을 잃지 않는 것이다. 한편 『周易』 睽卦 象辭에서는 '同而異'라 했는데, 이에 대해 程伊川은 다음과 같이 해설하였다.

> 무릇 聖賢의 處世는, 사람의 떳떳한 도리에 있어서는 다른 사람들과 같게 행동하지만, 세속 사람들이 같게 행동하는 것에 있어서는 때때로 홀로 다르게 하기도 한다. 대개 秉彝에 있어서는 같게 행동하는 것이고, 世俗의 잘못에 대해서

---

37) 『論語』 子路 23 : 君子 和而不同 小人 同而不和

38) 『中庸章句』 10 : 君子 和而不流 强哉矯 中立而不倚 强哉矯

는 다르게 행동하는 것이다. 秉彝에 있어서 같게 행동할 수 없다면 떳떳한 도리를 어지럽히는 사람이며, 세속의 잘못에 대해서 홀로 다르게 행동할 수 없다면 세속을 따라 잘못에 익숙해진 사람이다. 大同을 추구하면서도 능히 다르게 행동할 수 있는 것이 요점이다. 『中庸』에서 '和而不流' 라고 한 것이 그것이다.[39]

정이천은 睽卦의 '同而異' 에 근거하여 '和而不流' 의 의의를 분명히 해명한 것이다. '和而不流' 란 人倫의 이상을 함께 하면서도 잘못된 時流에 휩쓸리지 않는 것이다. 요컨대 정이천은 '和而不流' 를 '良心의 自由' 라는 맥락에서 해석한 것이다. 이상과 같은 맥락에서, '和而不同' 이나 '和而不流' 는 '보편적 원리를 共有하면서 個性을 추구함' 을 옹호하는 것이기도 하고 '良心의 自由' 를 옹호하는 것이기도 하다. 그리고 이 두 문제는 모두 '寬容' 의 문제와 연관된다. 주자는 이러한 문제들에 대해서도 역시 理一分殊의 논리로 접근하였다.

주자에 의하면, 개별적 다양성은 전체적 통일성에 근거하고, 전체적 통일성은 개별적 다양성을 통해 구현된다. 다시 말하면, 개별적 사물들의 다양성은 전체적 통일성을 전제로 해서만 그 의미를 부여받을 수 있고, 개별적 사물들은 자신의 고유한 몫을 발휘함으로써 전체적 통일성을 구현하는 것이다. 따라서 이러한 체계에서는 '전체적 통일성(理一)' 뿐만 아니라 '개별적 다양성(分殊)' 도 매우 중요한 것이다. 주자는 전체적 통일성(渾然)에 경도되어 개별적 다양성(粲然)을 망각하는 것에 대해 다음과 같이 경계하였다.

무릇 道體의 온전함은 渾然히 하나를 이루나(渾然一致), 그 가운데 精粗 本末 內外 賓主의 分이 粲然하니, 털끝만큼이라도 어긋나게 해서는 안 된다. 이것

39) 『周易傳義大全』 睽卦 象辭, 程傳 : 夫聖賢之處世 在人理之常 莫不大同 於世俗所同者 則有時而獨異 蓋於秉彝則同矣 於世俗之失則異也 不能大同者 亂常拂理之人也 不能獨異者 隨俗習非之人也 要在同而能異耳 中庸曰和而不流 是也

> 이 聖賢의 말씀이 或離 或合 或異 或同하면서도 道體의 온전함이 되는 까닭이다. 이제 다만 이른바 渾然함이 위대하다는 것을 알아 즐겨 말하면서, 이른바 粲然함과 서로 분리될 수 없음을 알지 못한다. 그리하여 同을 믿고 異를 의심하며, 合을 기뻐하고 離를 싫어하니, 그 論議가 매양 한쪽으로 치우치게 되어, 마침내 눈금 없는 저울이나 마디 없는 자처럼 된다. 어찌 잘못이 아니겠는가?[40]

위의 인용문에서 '渾然'은 '理一'을 뜻하고, '粲然'은 '分殊'를 뜻한다. 요컨대 渾然한 全體 속에 分殊가 粲然하게 갖추어져 있으므로, '전체적 통일성'과 '개별적 다양성'을 동시에 인식해야 한다는 것이다. 주자는 分殊를 망각한 채 理一에 매몰됨을 '눈금 없는 저울'이나 '마디 없는 자'에 비유하였다. 이것은 전체(理一)에 대한 일방적 강조 속에서 分殊가 무시되는 것을 경계한 것이다. 理一과 分殊를 균형 있게 인식하려는 것이 주자의 지론이다. 주자의 이러한 생각은 『논어』의 '和而不同', 『주역』의 '同而異' 등에 대한 설명에서 분명히 드러난다.

우선 『논어』의 '和而不同'을 살펴보자. 공자는 "君子는 남들과 조화를 이루되 같지 않고(和而不同), 小人은 남들과 같되 조화를 이루지 못한다(同而不和)."고 하였다. 이에 대해 주자는 다음과 같이 설명한 바 있다.

> 君子의 和는 서로 공경하며 협력하고, 어기어 다투거나 시기하여 이기고자 하는 뜻이 없기 때문이다. 君子가 남들과 다른 것은 바름을 지키고 理를 따르며, 아첨하면서 무리를 짓고자 하는 기풍이 없기 때문이다. 小人은 이와 반대이다. 和而不同과 同而不和는 겉으로는 서로 비슷하지만, 內實은 相反된다.[41]

---

40) 『性理大全』 卷1 頁52-53, 〈太極圖〉, 朱子註 : 夫道體之全 渾然一致 而精粗本末 內外賓主之分 粲然於其中 有不可以毫釐差者 此聖賢之言 所以或離或合 或異或同 而乃所以爲道體之全也 今徒知所謂渾然者之爲大而樂言之 而不知夫所謂粲然者之未必相離也 是以 信同疑異 喜合惡離 其論 每陷於一偏 卒爲無星之稱 無寸之尺而已 豈不誤哉

41) 『論語集註大全』 子路 23, 朱子小註 : 君子之和 乃以其同寅協恭 而無乖爭忌克之意 其不同者 乃以其守正循理 而無阿諛黨比之風 小人反是 此二者 外相似 而內實相反

君子의 마음은 커서, 다만 하나의 공정하고 합당한 도리를 추구할 뿐이다. 그러므로 항상 和를 이루면서도 구차하게 同을 추구하지 않는다. 小人의 마음은 私意일 뿐이다. 그러므로 비록 서로 더불어 아첨하면서 무리를 이루나, 두 사람이 서로 모임에 문득 자기와 남을 구분하니, 사소한 利害가 있으면 문득 어지럽게 싸워 和하지 못한다.[42)]

위의 첫째 인용문은 '良心의 자유' 라는 관점에서 이해할 수 있다. 君子가 남들과 '調和' 를 이룰 수 있는 이유는, 서로 존중하고 협력하며, 어기거나 시기하지 않기 때문이다. 또한 君子가 남들과 '다른 것' 은, 바름을 지키고 理를 따를 뿐, 아첨하면서 무리를 짓지 않기 때문이다. '아첨' 이란 '잘못인 줄 알면서도 환심을 사기 위해 알랑거리는 것' 인데, 군자는 그렇게 하지 않고 바름을 지키고 理를 따른다는 것이다. 이것은 잘못된 대세의 조류에 雷同하지 않고, 자신의 '양심적 판단' 을 따르는 것이다. 이런 맥락에서, '和而不同' 은 '양심의 자유' 를 옹호하는 것으로 해석되는 것이다.

위의 둘째 인용문은 '個性의 추구' 라는 관점에서 이해할 수 있다. "구차하게 同을 추구하지 않는다."는 것이 바로 '개성의 추구' 에 해당되는 것이다. 그런데 군자의 개성은 '공정하고 합당한 도리' 를 전제로 하는 것이다. '공정하고 합당한 도리' 는 理一로, '개성의 추구' 는 分殊로 규정할 수 있다. 요컨대 군자는 공정하고 합당한 도리를 전제로 삼고 있으므로 남들과 和를 이룰 수 있으며, 그럼에도 불구하고 구차하게 同을 추구하지 않으므로 자신의 개성을 발휘할 수 있다는 것이다.

다음, 『주역』의 '同而異' 를 살펴보자. 『주역』 睽卦에서는 "위는 불이요 아래는 연못인 것이 睽이니, 君子는 이를 본받아, 같되 다르게 한다(同而異)."[43)]고 했는데, '同而異' 에 대해서 주자는 다음과 같이 설명한다.

---

42) 『論語集註大全』 子路 23, 朱子小註 : 君子之心 是大家只理會這一箇公當底道理 故常和而不可以苟同 小人是這箇私意 故雖相與阿比 然兩人相聚也 便分箇彼己了 故有些少利害 便至紛爭而不和也

사람에게 있어서는 이것은 '和而不同' 의 뜻이다. 대개 그 趣旨는 같되, 같음을 실천하는 방식에 있어서는 다른 것이다. 예컨대 伯夷 · 柳下惠 · 伊尹 세 사람은 택한 길은 달랐으되 그 歸結은 동일했다. (…) 사람에게 있어서는 出 · 處와 語 · 默은 비록 다르지만 함께 理에 돌아가는 것이며, 文字를 講論함에 설명은 다르지만 義理에 부합하기를 추구함은 같은 것이며, 朝廷에서 政事를 논하는 所見은 다르지만 君王에 충성함에 있어서는 같은 것이다.[44)]

묻기를, "'君子는 이를 본받아, 같되 다르게 한다(君子以 同而異)' 는 것은 '理一分殊' 로 보는 것이 어떻습니까?" 주자가 답하기를, "理一分殊는 理가 저절로 이와 같음을 말하는 것인데, 여기에서는 또 人事의 異同에 나아가 말한 것이다. 대개 君子는 남들과 같은 점도 있고, 다른 점도 있다. 예컨대 이른바 '두루 사귀되 偏黨하지 않는다(周而不比)' 거나 '무리를 짓되 偏黨하지 않는다(群而不黨)' 는 말이 그것이다. (…) 이에 대해서는 程伊川의 설명이 매우 훌륭하다."[45)]

위의 첫째 인용문은 '同而異' 를 '和而不同' 으로 설명한 것이다. 聖人이나 君子는 기본적으로 理一을 존중하는 사람들로서, 天理를 따르고 義理를 추구하며 國家에 충성하고자 하는 등 궁극적 목적에 있어서는 취지를 같이하는 사람들이다. 다만 이들도 이러한 동일한 목표에 서로 다른 방식으로 접근했다는 것이다. 동일한 목표는 理一이라 할 수 있고, 서로 다른 방식은 分殊라 할 수 있다.

---

43) 『周易』 睽卦 象辭 : 上火下澤 睽 君子以 同而異

44) 『周易傳義大全』 卷14 頁5 : 在人則是和而不同之意 蓋其趨則同 而所以爲同則異 如伯夷柳下惠伊尹三子所趨不同 而其歸則一 (…) 在人則出處語默雖不同 而同歸於理 講論文字爲說不同 而同於求合義理 立朝論事所見不同 而同於忠君

45) 『周易傳義大全』 卷14 頁5 : 問 君子以 同而異 作理一分殊看 如何 曰 理一分殊 是理之自然如此 這處又就人事之異同上說 蓋君子 有同處 有異處 如所謂周而不比 群而不黨是也 (…) 此處 伊川說得甚好

위의 둘째 인용문은 '同而異' 를 理一分殊論으로 설명한 것이다. 군자가 '남들과 같은 점' 은 理一을 존중함으로써 두루 사귀고 함께 어울리는 것이며, '남들과 다른 점' 은 자신의 '양심적 판단' 이나 '개성' 을 지킴으로써 偏黨하지 않는 것이다. 주자는 특히 "이에 대해서는 程伊川의 설명이 매우 훌륭하다." 고 했는데, 이는 정이천이 '同而異' 를 '和而不流' 로 설명한 것을 극찬한 것이다.

『논어』에서는 君子의 특징을 '和而不同' · '周而不比' 로, 小人의 특징을 '同而不和' · '比而不周' 로 제시한 바 있다.[46] 이에 대해 주자는 "君子와 小人은 하는 짓이 다르니, 陰 · 陽과 晝 · 夜처럼 모든 일에 있어서 相反된다. 그런데 그 구분되는 까닭을 탐구해보면, 公 · 私의 즈음에 있어서 毫釐의 차이가 있을 뿐이다." [47]라고 설명했다. 즉 군자는 '公' 을 전제로 삼기 때문에 '和' 하고 '周' 할 수 있으나, 소인은 '私' 에 얽매이므로 '不和' 하고 '不周' 한다는 것이다. 여기에서의 '公과 私' 는 '公益과 私益' 으로 해석될 수 있고, 이는 다시 理一과 分殊로 연결시켜 볼 수 있다. 소인의 '同而不和' 와 '比而不周' 는 私益의 담합을 의미할 뿐, 公益에 대한 배려가 결여된 것이다. 이는 理一을 외면한 채 分殊에만 집착하는 것이다. 반면에 군자의 '和而不同' 과 '周而不比' 는 理一에 대한 존중을 바탕으로 分殊를 추구하는 것이다. 따라서 군자와 소인의 차이는, 군자가 理一과 分殊의 균형을 추구함에 반하여, 소인은 理一을 외면하고 分殊에 집착하는 것이다.

理一을 외면한 分殊는 결국 私邪로 귀착되게 마련이다. 따라서 주자학에서는 '모든 分殊' 를 긍정하는 것이 아니라 '理一을 전제로 성립하는 分殊' 또는 '理一을 공유하는 分殊' 만을 긍정하는 것이다. '和而不同' 은 '分殊' 나 '不同' 에 대한 寬容을 옹호하는 것인데, 理一이 그 관용의 한계선을 제

46) 『論語』 爲政 14 : 子曰 君子 周而不比 小人 比而不周
『論語』 子路 23 : 子曰 君子 和而不同 小人 同而不和

47) 『論語集註』 爲政 14, 朱子註 : 君子小人 所爲不同 如陰陽晝夜 每每相反 然究其所以分 則在公私之際 毫釐之差耳

시하는 셈이다. 이러한 맥락에서 주자학의 理一分殊論이 관용에 대해 시사하는 바를 정리해 보자.

理一分殊論에서, 理一은 '統一性 · 普遍性 · 全體 · 完全性 · 純善'을 뜻하고, 分殊는 '多樣性 · 特殊性 · 部分 · 不完全性 · 善惡의 混在'를 뜻한다. 理一分殊論은 全體와 個體, 또는 一者와 多者를 유기적 관점에서 파악한다. 따라서 理一分殊論은 전체적 통일성과 개별적 다양성을 동시에 문제 삼는다. 즉 理一分殊論에 있어서 개체는 항상 전체를 전제로 한 개체이며, 전체 또한 개체를 전제로 한 전체이다. 따라서 전체적 통일성이 결코 沒個性的인 획일성을 뜻하지 않고(和而不同), 개별적 다양성이 결코 무질서한 혼란을 뜻하지도 않는다(一以貫之). 주자학의 관용론도 당연히 이러한 테두리 안에서 성립하는 것이다. 理一分殊論에서 관용을 정당화하는 것은 分殊이며, 관용을 제한하는 것은 理一이다. 그것은 구체적으로 다음과 같이 정리될 수 있다.

첫째, 分殊는 理一의 다양한 표현양식으로서, 필연적인 현실이다. 理氣論으로 설명하자면, 理는 氣의 다양성(陰陽五行, 또는 偏正通塞과 淸濁粹駁)으로 인해 다양하게 드러난다. 이는 다양성을 '존재론적 필연'으로 인식하는 것인바, 이런 맥락에서 관용도 존재론적 근거를 확보하게 된다.

둘째, 分殊는 理一의 부분적 표현양식으로서, 太和를 위해 필수적으로 요구된다. 사회적 직분으로 말하자면, 구성원들의 온전한 삶을 위해 다양한 직분이 필연적으로 요구된다. 이는 다양성을 太和의 필수적 구성요소로 인식하는 것인바, 이런 맥락에서도 역시 관용의 존재론적 근거가 확보된다.

셋째, 理一은 '純善한 完全者'로서, 인간이 추구해야할 '善의 標準(idea)'이다. 따라서 分殊는 理一의 다양하고 부분적인 표현양식이라는 규정은 分殊를 가치론적으로 긍정하는 것이기도 하다. 이런 맥락에서 관용은 가치론적으로도 정당화된다. 다만, 모든 分殊가 理一을 왜곡시킴 없이 표현하는 것은 아니므로, 관용에도 일정한 제한이 필요한 것이다.

넷째, 현실적으로는 分殊를 떠나서 理一을 추구할 수 없는바, 이는 실천적 차원에서 個人本位(개인의 주체성)를 정당화하는 것이다. 다만 개인의 주체성(自由)은 역시 理一에 어긋나는 것이어서는 곤란할 것이다. 개인의 자유에 대해, 유가는 그것이 大德敦化(만물의 化育에 기여함)에 부합되는 것을 최고의 이상으로 삼으며, 최소한으로는 小德川流(서로 해치지 않음)에는 부합되어야 한다고 본다.

이제 '자유의 제한선' 또는 '관용의 한계'로서 理一이 제시하는 의미를 살펴보자. 理一이란 '理의 본 모습(本然之理)'으로서, 주자는 그것을 '元亨利貞'이나 '仁義禮智'로 설명했다. 元亨利貞은 天道를 말하는 것으로, 元은 봄이 만물을 蘇生시킴을, 亨은 여름이 만물을 茂盛하게 함을, 利는 가을이 만물의 결실을 맺게 함을, 貞은 겨울이 생명의 씨앗을 깊이 간직하도록 함을 말한다. 仁義禮智는 人道를 말하는 것으로, 仁은 사랑을, 義는 옳음을, 禮는 사양을, 智는 是非善惡을 분간함을 말한다. 원형이정이나 인의예지를 적극적으로 실천함은 大德敦化에 해당된다. 반면에 소극적으로 원형이정이나 인의예지를 어기지 않음은 小德川流에 해당된다. 大德敦化는 最大道德(maximum morality)으로서 '권장사항'에 해당되고, 小德川流는 最小道德(minimum morality)으로 '준수사항'에 해당된다. 원형이정이나 인의예지를 어기는 것은 '금지사항'으로서, 이것이 관용에 대한 주자학적 한계선을 제시하는 것이다.[48] 물론 이 금지사항은 모든 사람에게 '平等'하게 적용되는 것이다. 아울러 이 금지사항은 '公益'을 뒷받침해주며, 나아가 오늘날 자유주의에서 문제되는 '멋대로 자유(exousia)'나 '추잡한 삶(obscene life)'을 예방하는 것이기도 하다. 또한 理一은 普遍者 또는 統一者로 상정된 것이기 때문에, 理一의 한계 안에서의 관용은 역시 자유주의에서 문제되는 '相對主義'로의 전락 가능성을 근원적으로 차단하는 것이다.[49]

48) 유교에서 말하는 聖人은 최대도덕을 실천하는 사람일 것이요, 君子는 최대도덕을 지향하면서 최소도덕을 실천하는 사람일 것이며, 小人은 최소도덕마저도 종종 외면하는 사람일 것이다.

49) '理一分殊와 寬容'에 대한 자세한 논의는 拙著, 『儒教傳統과 自由民主主義』 제4장 참조.

제9장
人心道心論의 실천적 의미

人心道心論에 대한 논의는 옛날이나 지금이나 그 수를 헤아릴 수 없을 정도로 많다. 人心道心論은 『書經』에서 시작된 것으로서, 본래 '정치적 실천의 차원'에서 제기된 論題였다. 朱子 역시 〈中庸章句序〉에서 『서경』의 人心道心論을 再論하면서, 그것이 유교정치사상을 대표하는 命題 가운데 하나임을 분명히 하였다. 그런데 朱子 이후의 학사들, 특히 오늘날의 학사들은 인심도심론을 대개 心性論的 主題로 논의하는 데 그치고 있다. 한편, 현대 自由主義 정치철학자 롤즈(John Rawls)의 '正義論'은 주자의 인심도심론이 지니는 실천적 의미를 이해함에 있어서 큰 시사점을 제공한다. 이 章에서는 주자의 인심도심론을 먼저 心性論의 관점에서 살펴보고, 그것이 롤즈의 正義論과 연관하여 實踐的으로 의미하는 바를 탐색할 것이다.

1. 人心 · 道心에 대한 개괄적 논의

주자는 인간의 몸을 主宰하는 것은 마음인데, 마음에는 人心과 道心의 두 측면이 있다고 보았다. 즉 마음의 본질적 기능은 知覺인데, 天理를 지각하면 道心이요, 欲望을 지각하면 人心이라는 것이다.[1] '形氣之私'에 근원하는 人心은 '私的 欲望'을 지각하고 추구하는 것이며, '性命之正'에 근원하는 道心은 '公正한 天理' 를 지각하고 추구하는 것이다. 주자는 인심은 위태하여 불안하고 도심은 미묘하여 드러나기 어렵다고 규정하고, 도심이 인심을 주재해야만 인간다운 인간이 될 수 있다고 주장했다. 이것을 보다 구체적으로 살펴보자.

『書經』에는 舜이 禹에게 왕위를 물려주면서 "人心은 오직 위태롭고 道心은 오직 은미하니, 오직 精密하게 살피고 오직 專一하게 지켜서, 진실로 그 中庸을 잡으라(人心惟危 道心惟微 惟精惟一 允執厥中)" 고 말했다는 기록이 보인다. 주자는 이에 대하여 다음과 같이 설명한다.

> 마음의 虛靈知覺은 하나일 뿐인데 人心과 道心의 다름이 있는 것은, 人心은 '形氣의 사사로움(形氣之私)' 에서 생기고 道心은 '性命의 바름(性命之正)' 에 근원하여,[2] 그 知覺하는 바가 같지 않기 때문이다. 그러므로 人心은 危殆하여 불안하고, 道心은 微妙하여 드러나기 어렵다. 그러나 인간은 누구나 形氣(육체)를 지니고 있기 때문에 비록 上智라 하더라도 人心이 없을 수 없고, 또한 누구나 本性을 지니고 있기 때문에 비록 下愚라 하더라도 道心이 없을 수 없다. 人心과 道心이 方寸에 섞여 있어 다스릴 줄을 모른다면, 人心은 더욱 위태로워지고 道心은 더욱 미묘해져서, '天理의 공정함' 이 마침내 '人欲의 사사로움' 을 이길 수 없을 것이다. '精' 이란 인심과 도심의 간격(차이)을 살펴서 섞지 않는 것이요, '一' 이란 本心의 바름을 지켜서 떠나지 않는 것이다. 조금도 間斷이 없이 이에 종사하여, 반드시 道心으로 항상 一身의 主宰者를 삼아 人心이 항상 그 명령을 따르게 한다면, 위태로운 人心은 편안해지고 미묘한 道心은 드러나게 되어, 動靜云爲가 저절로 過·不及의 잘못이 없게 될 것이다. 무릇 堯·舜·禹

---

1) 『朱子語類』 卷62(1478쪽) : 此心之靈 其覺於理者 道心也 其覺於欲者 人心也

2) "人心은 '形氣의 사사로움(形氣之私)' 에서 생겨나고 道心은 '性命의 바름(性命之正)' 에 근원한다" 고 하면, 人心과 道心이 二元的인 것으로 여겨질 가능성이 있다. 주자는 人心과 道心이 二元的인 것은 아니라는 점, 즉 우리 인간에게는 본래 '하나의 마음' 만 있다는 점을 누누이 강조하였다. 요컨대 인간의 마음은 '하나' 일 뿐인데, 그것이 '形氣의 사사로움' 을 지각하면 人心이요, '性命의 바름' 을 지각하면 道心이라는 것이다.

는 천하의 위대한 聖人이었고, 천하를 서로 전해 줌은 천하의 중대한 일이었다. 천하의 위대한 聖人이 천하의 중대한 일을 수행하여 王位를 서로 주고받음에 정녕 告戒한 말은 이에 불과하였다. 그렇다면 천하의 이치가 어찌 이에 덧보탤 것이 있겠는가?[3]

人心이란 육체(形氣)로 인해 생기는 마음으로서, 배가 고프면 음식을 먹고자 하고, 추우면 옷을 입고자 하며, 정욕이 일면 異性을 그리워하는 것 등이 이에 해당된다. 주자는 人心을 '形氣之私' 또는 '人欲之私'와 연결시켜 설명하였다. '私'란 '개체에 속한다'는 뜻이니, 사람들이 각자 '자신의 욕망을 추구하는 것'이 人心이다. 道心이란 인의예지의 본성(天理)으로 인해 생기는 마음으로서, 惻隱之心・羞惡之心・辭讓之心・是非之心 등이 이에 해당된다. 주자는 道心을 '天理之公' 또는 '性命之正'과 연결시켜 설명했다. 사람들이 '다른 사람들도 함께(公) 할 수 있도록 바름(正)을 추구하는 것'이 道心이다.

위의 인용문은 인심도심론에 대한 기본적 논의의 방향을 제시하는 것이다. 첫째, 人心과 道心은 모두 不可缺하다는 것이다. 人心은 무엇보다도 인간의 육체적 생존을 뒷받침하는 것이기 때문에, 上智라도 人心이 없을 수 없다. 또 道心은 인의예지의 本性으로부터 발하는 것으로서, 下愚 역시 도덕적 지각능력이 있는 것이다. 또한 人心만으로는 危殆롭고, 다른 동물들과 구별되는 인간의 존엄성을 담보할 수 없다. 반면에 道心만으로는 隱微하고,

3) 〈中庸章句序〉: 心之虛靈知覺 一而已矣 而以爲有人心道心之異者 則以其或生於形氣之私 或原於性命之正 而所以爲知覺者不同 是以 或危殆而不安 或微妙而難見耳 然人莫不有是形 故雖上智 不能無人心 亦莫不有是性 故雖下愚 不能無道心 二者雜於方寸之間 而不知所以治之 則危者愈危 微者愈微 而天理之公 卒無以勝夫人欲之私矣 精則察夫二者之間而不雜也 一則守其本心之正而不離也 從事於斯 無少間斷 必使道心 常爲一身之主 而人心每聽命焉 則危者安 微者著 而動靜云爲 自無過不及之差矣 夫堯舜禹 天下之大聖也 以天下相傳 天下之大事也 以天下之大聖 行天下之大事 而其授受之際 丁寧告戒 不過如此 則天下之理 豈有以加於此哉

인간의 육체적 생존을 뒷받침할 수 없다. 따라서 양자는 항상 동시에 요구된다는 것이다. 둘째, 道心이 人心을 主宰[4]해야 한다는 것이다. 즉 인심과 도심은 모두 不可缺한 것인바, 양자의 바람직한 관계는 '道心이 人心에게 합당한 길을 제시하고, 人心이 항상 그에 따르는 것' 이라고 본다. 주자는 '惟精惟一' 을 "人心인지 道心인지 精密하게 살피고(精), 道心의 主宰를 專一하게 관철시킴(一)" 으로 설명하였다. 셋째, 천하를 다스리는 것처럼 중대한 일도 人心과 道心의 올바른 관계를 정립하는 것, 즉 '惟精惟一' 에서 벗어나지 않는다는 것이다. 惟精惟一은 개인이 자신의 삶을 바르게 영위하는 길이기도 하고, 통치자가 국가를 정의롭게 다스리는 길이기도 하다. '惟精惟一' 은 모두가 갖추어야 할 '心法(마음가짐)' 으로서, 是非와 善惡 또는 治亂과 成敗를 결정하는 관건이 된다. '允執厥中' 은 惟精惟一이 목표로 삼는 내용이다.

주자에 의하면, 人心이란 자신의 육체적 욕망을 추구하는 것으로서, 私的인 것이다.[5] 이것은 다시 두 측면으로 나누어 볼 수 있다. 첫째는 배고프면 음식을 먹고자 하고 추우면 옷을 입고자 하는 등의 것으로서, 이는 생존을 위해 필수불가결한 것이다. 둘째는 이미 배부르고 이미 따뜻한데도 더 많은 음식과 더 좋은 옷을 욕구하는 것으로서, 이는 사치와 방탕에 빠지는 것이다. 주자는 첫째에 대해서는 '聖人도 없을 수 없는 것' 으로 긍정하지만, 둘째에 대해서는 '人欲(人慾)으로서 결국 惡으로 귀착되는 것' 이라고 비판한다.[6] 즉 주자는 人心에는 사치와 방탕 등 人欲[7]의 요소가 있기 때문에 '쉽게

---

4) 주자학에서 '主宰' 라는 말은 다양한 맥락에서 사용된다. 첫째, "理가 氣를 主宰한다" 고도 말하는데, '理의 主宰' 는 '理가 氣의 운동의 標準이 됨' 을 뜻한다. 둘째, "氣가 理를 主宰한다" 고도 말하는데, '氣의 主宰' 는 '氣가 理를 맡아서 운용함' 을 뜻한다. 셋째, "道心이 人心을 主宰해야 한다" 고도 말하는데, '道心의 主宰' 는 '道心이 人心에게 합당한 길을 命令함' 을 뜻한다('理와 氣의 相互主宰' 에 관한 자세한 논의는 이 책의 제3장 6절 참조).

5) 『朱子語類』 卷62(1468쪽) : 如飢飽寒煖之類 皆生於吾身血氣形體 而他人無與 所謂私也

6) 『朱子語類』 卷62(1488쪽) : 人心出於形氣 如何去得 然人於性命之理不明 而專爲形氣所

惡으로 흐를 수 있다'[8]고 보면서도, 또한 육체적 생존을 위한 기본적 욕구를 추구하는 측면이 있기 때문에 곧바로 惡으로 규정할 수는 없다고 보았다. 그리하여 人心을 곧바로 '惡'으로 규정하지 않고, 다만 '危'라고 규정한 것이다. 그러면 인심이 쉽게 人欲으로 흐르는 까닭, 즉 인심이 위태로운 까닭은 무엇인가? 이에 대해 주자는 다음과 같이 말한다.

> 사람이 배고프면 먹어야 함은 알고 마땅히 먹어야 할 것과 마땅히 먹지 말아야 할 것은 모르며, 추우면 입고자 할 줄만 알고 마땅히 입어야 할 것과 마땅히 입지 말아야 할 것은 모르는 것과 같은 것들, 이것이 人心이 위태로운 까닭이다.[9]

人心은 그 자체로서는 '正當性에 대한 자각'이 결여되어 있기 때문에 위태로운 것이다. 주자는 그러므로 人心은 道心의 주재를 받아야 한다고 하였다. 人心과 마찬가지로, 道心도 역시 두 맥락을 지니고 있다. 첫째는 육체적 욕망과는 무관하게 순수하게 人倫과 正義만을 추구하는 것을 말한다. 이러한 맥락에서는 '君臣과 父子의 倫理를 아는 것'·'義理를 아는 것'·'惻隱之心과 羞惡之心' 등을 道心이라고 규정한다.[10] 둘째는 육체적 욕망과 관련

使 則流於人欲

『朱子語類』 卷62(1488쪽) : 聖人以爲此人心有知覺嗜欲 然無所主宰 則流而忘反

7) 율곡은 "道心은 순수한 天理로서 有善無惡하지만, 人心에는 天理도 있고 人欲도 있어 有善有惡하다."고 하였다. 즉 인심 가운데 생존을 위한 기본적 욕구를 추구하는 것은 天理이지만, 기본적 욕구를 넘어서는 사치와 방탕 등의 욕망은 人欲이라는 것이다(『栗谷全書』 卷14 頁4 : 道心純是天理 故有善而無惡 人心也有天理也有人欲 故有善有惡 如當食而食 當衣而衣 聖賢所不免 此則天理也 因食色之念 而流而爲惡者 此則人欲也).

8) 『朱子語類』 卷78(2011쪽) : 惟危 是人心旣從形骸上出來 易得流於惡

9) 『朱子語類』 卷78(2011쪽) : 且如人知饑之可食 而不知當食與不當食 知寒之欲衣 而不知當衣與不當衣 此其所以危也

10) 『朱子語類』 卷78(2010쪽) : 知覺從饑食渴飮 便是人心 知覺從君臣父子處 便是道心

『朱子語類』 卷78(2010쪽) : 形骸上起底見識 便是人心 義理上起底見識 便是道心

된 것이라도 道心의 주재를 받으면 역시 道心이 된다는 것이다. 이러한 맥락에서는 '그 마땅히 성내야 할 것을 성내는 것' · '음식의 올바름을 얻은 것' 등도 道心으로 규정한다.[11] 요컨대 人心도 道心의 주재를 받아 公正하게 추구된다면 道心이 된다는 것이다. '道心의 주재를 받아 公正하게 人心을 추구한 것' 이 바로 '允執厥中' 일 것이다. 즉 '允執厥中' 은 개인적 차원에서는 '人心과 道心의 조화' 로 해석될 수 있고, 사회적 차원에서는 '私益과 公益의 조화' 로 해석될 수 있다.

주자 인심도심론의 결론은 '道心으로 人心을 主宰하라' 는 것인데, 이는 곧 '公正性의 원칙에 입각하여 私的 욕망을 추구하라' 는 말이다. 그러면 개인의 입장에서는 왜 사적 욕망을 공정성의 원칙에 종속시켜야 하는가? 그것은 "天理를 따르면 私益을 추구하지 않아도 저절로 不利함이 없으나, 人欲을 따르면 私益을 추구해도 얻어지지 않고 오히려 損害가 따르기 때문"[12]이다. 요컨대 공정성의 원칙에 따라야만 개인의 행복도 제대로 실현될 수 있다는 것이다. 그런데 주자의 이러한 주장은 현대 자유주의 정치철학자 롤즈가 제시하는 正義論과 여러 측면에서 그 맥락을 같이 하고 있음을 발견할 수 있다.

『朱子語類』 卷78(2011쪽) : 且如人知饑渴寒煖 此人心也 惻隱羞惡 道心也

11) 『朱子語類』 卷78(2011쪽) : 喜其所當喜 怒其所當怒 乃是道心

『朱子語類』 卷78(2011쪽) : 有道心 則人心爲所節制 人心皆道心也

『朱子語類』 卷78(2011쪽) : 饑欲食 渴欲飮者 人心也 得飮食之正者 道心也

12) 『孟子集註』 梁惠王上 1, 朱子註 : 徇天理 則不求利而自無不利 徇人欲 則求利未得而害已隨之

주자의 이 말에 대해 輔漢卿은 "循天理者 無所爲而爲 故不求利 然成己成物 各得其宜 故自無不利 徇人欲者 有所爲而爲 故雖求利而未必得 然妨人害物 招尤取禍 故害常隨之"(『孟子集註大全』 梁惠王上 1, 慶源輔氏 小註)라고 부연하였다.

2. 合理性으로서의 人心과 合當性으로서의 道心

롤즈는 인간은 본래 善觀과 正義感이라는 두 가지 도덕적 능력을 지닌다고 전제하고, 이 두 능력을 발휘하는 사람만이 '도덕적 인격' 으로서 '市民' 의 자격이 있다고 본다. 롤즈는 合理性을 善으로 규정하고(goodness as rationality), 合當性(公正性)을 正義로 규정한다(rightness as fairness, justice as fairness).[13] 롤즈에 의하면, 善觀의 능력은 '합리적인 인생계획' 으로 표현되고, 正義感의 능력은 '정당성의 원칙에 입각해서 행위하고자 하는 규제적인 욕구' 로 표현된다.[14] 롤즈에 의하면, 善觀 또는 合理性의 개념은 '개인의 私的 목표' 를 제시하는 것이며, 正義觀 또는 合當性의 개념은 '사회의 공정한 협력조건' 을 제시하는 것이다.

롤즈는 善을 '애착과 추구의 대상' 을 '合理的으로 추구하는 것' 으로 이해한다. 따라서 '善觀의 능력' 이란 '우리들이 가치 있는 인생이라고 느끼는 善의 관념을 형성하고, 수정하고, 추구하는 능력' 이다. 롤즈는 善觀은 '궁극적 목표와 목적 그리고 욕망의 결정적 체계' 로 이루어지는 것이 정상적이라고 본다.[15] 合理性을 추구하는 善觀이 '私的' 인 것이라면, 合當性을

13) 롤즈는 고전적 功利主義에서의 善은 '욕구의 만족' 으로, 보다 좋게 말하면 '합리적 욕구의 만족' 으로 규정된다고 이해한다(『사회정의론』, 47쪽). 자신의 욕구를 합리적으로 만족시킨다는 공리주의의 善觀은 롤즈의 '合理性으로서의 善觀' 과 별로 어긋나지 않는다. 따라서 롤즈와 공리주의의 본질적 차이는 '正義觀' 에 있는 것이다. 공리주의는 效率性을 正義로 규정하지만, 롤즈는 合當性(公正性)을 正義로 규정하는 것이다. 한편, 계몽주의 시기의 自由主義의 持論은 '개인의 利己心이 공공문제의 최선의 조정자라는 것' 즉 맨더빌(Bernard de Mandeville)의 말로 표현하자면 '私惡이 바뀌어 公益이 된다' 는 것이다(브로노프스키 & 매즐리슈, 차하순 역, 『西洋의 知的 傳統』, 홍성사, 1983, 435-437쪽 참조). 롤즈의 '合當性이 合理性에 우선한다' 는 것은 맨더빌의 주장을 역전시켰다는 의미도 있는 것이다. 유교의 입장도 '먼저 公益(人倫)을 존중해야 私益(人權)도 실현된다' 는 것이다.

14) 롤즈, 황경식 역, 『사회정의론』, 서광사, 1985, 570쪽 ; 롤즈, 장동진 역, 『정치적 자유주의』, 동명사, 1998, 23쪽 및 371쪽.

15) 롤즈, 『정치적 자유주의』, 371쪽.

추구하는 正義感은 '公的'인 것이다. 롤즈는 正義感 즉 합당성을 추구하는 것은 利他的인 것도 아니고, 利己的인 것도 아니며, 다만 公正性을 추구하는 것이라고 본다.

롤즈는 합리성과 합당성을 대비함에 있어서, 合理性을 추구하는 善觀은 각자의 目標를 제시하는 것으로 그것은 多樣할수록 좋다고 하였고, 合當性을 추구하는 正義感은 각자의 목표를 추구하는 과정(또는 방법)상의 原則으로서 그것은 마땅히 합의를 통해 統一되어야 한다고 보았다.[16] 善觀이 다양할수록 좋다는 것은, 그것이 각자의 自由의 영역에 속한다는 의미요, 또한 그것은 사회적 합의의 대상이 아니라는 의미이다. 善觀의 다양성은 각자의 인생계획이 서로 다르다는 것으로서, 롤즈는 善觀의 다양성은 개인들 간의 相互補完性을 더욱 풍부하게 해 주기 때문에 그 자체로서 좋은 것이라고 본다. 롤즈는 그러나 正義觀에 있어서는 반드시 모든 구성원들의 합의를 통해 '동일한 원칙'을 도출해야 된다고 강조한다.[17] 그것은 정의의 원칙이 통일되어야만 사회적 화합과 안정을 기약할 수 있기 때문이다.

롤즈는 合理性과 合當性을 전혀 별개의 것으로 보지만, 그러나 양자는 상호보완적인 것이라고 본다. 그는 다음과 같이 말한다.

> 상호보완적 개념으로서, 合當한 것과 合理的인 것은 어느 쪽도 상대편 없이 홀로 존재할 수 없다. 단순히 합당하기만 한 행위자는 공정한 협력에 의하여 추진하고자 하는 자신만의 목적을 가지지 못할 것이다. 또, 단순히 합리적이기만 한 행위자는 정의감을 결여하고 있고, 타인의 주장의 독립적 타당성을 인정하지 못할 것이다.[18]

---

16) 롤즈, 『정치적 자유주의』, 371쪽 ; 『사회정의론』, 457-459쪽.

17) 롤즈, 『사회정의론』, 457-459쪽. 롤즈는 善觀의 다양성을 전제로 '良心의 자유'와 '寬容'을 옹호한다. 그러나 양심의 자유와 관용도 '合當性'이라는 '正義의 원칙'에 의해 제한됨은 물론이다(『사회정의론』, 229-230쪽 참조).

18) 롤즈, 『정치적 자유주의』, 65쪽.

> 合當한 것과 合理的인 것의 보다 기본적인 차이점은 합당한 것은 公的이고 합리적인 것은 그렇지 않다는 것이다. 이것은 다음을 의미한다. 우리가 평등한 존재로서 다른 사람과의 公的인 세계에 들어가고 그들과의 협력의 공정한 조건을 기꺼이 제시하고 받아들이게 된다는 것은 바로 合當한 것에 의하여 이루어진다. (…) 우리가 합당한 한에 있어서, 우리는 공적인 사회적 세계를 위한 틀을 고안해 내게 될 것이다. 즉, 다른 사람도 똑같이 할 것이라는 믿음을 전제로 해서, 모든 사람들이 인정하고 그에 따라 행동할 것이라고 기대하는 것이 합당한 그런 틀을 기꺼이 만들어낼 것이다. 만약 우리가 다른 사람들을 믿을 수 없다면, 그런 원칙에 따라 행동하는 것은 비합리적이거나 자기 희생적이 될 것이다.[19)]

롤즈에 의하면, 合理性은 자신만의 고유한 목적을 추구하는 것이요, 合當性은 타인과의 공정한 협력조건 즉 정의의 원칙을 제시하고 수용하는 것이다. 롤즈는 合理性이 결여되면 자신만의 고유한 인생목표를 실현할 수 없고, 合當性이 결여되면 구성원 상호간의 신뢰나 협력을 보장할 수 없기 때문에, 양자는 상호보완적인 것이라 하였다. 그러므로 모든 사람들에게 있어서 합리성과 합당성은 반드시 결합되어야 하는데, 그 결합은 합당성이 합리성에 우선하는 결합이어야 한다('좋음' 에 대한 '옳음' 의 우선성). 롤즈는 이것을 '인격의 통일성' 이라 하였다.[20)] '인격의 통일성' 은 개인으로 하여금 결국 '限定的 善觀' 을 지니게 만드는데, 그것은 합당성(정의의 원칙)이 허용하는 범위 안에서 자신의 목표(善)를 추구함을 말한다.[21)]

롤즈의 '좋음(善, 合理性)' 과 '옳음(正義, 合當性)' 은 별개로서, 상호보완

---

19) 롤즈, 『정치적 자유주의』, 67쪽.

20) 롤즈, 『사회정의론』, 570쪽, "인격의 통일성은 그의 인생 계획이 갖는 整合性에 나타나게 되는데, 그러한 통일성은 그의 정당성과 정의감에 일관되게 합리적 선택원칙에 따르고자 하는 보다 고차적인 욕구에 기초를 둔 것이다."

21) 롤즈, 『정치적 자유주의』, 23쪽 및 384쪽.

적이며, 옳음이 좋음에 우선한다는 주장은 바로 주자의 人心道心論을 연상하게 한다. 단적으로 말해, 롤즈가 말하는 合理性(善觀의 능력)은 주자의 人心에 해당되며, 롤즈가 말하는 合當性(正義感의 능력)은 주자의 道心에 해당된다.[22] 주자의 다음과 같은 말을 보자.

> 『程氏遺書』에는 "人心은 私欲이요, 道心은 天理이다."[23]라는 말이 보인다. 나는 '私欲'이라는 두 글자가 너무 심한 것이라고 의심했었으나, 가까운 곳에서 생각하여 터득함으로써 비로소 그 뜻을 알게 되었다. 대개 마음은 하나인데, 天理를 갖추고 있으면서 處地에 따라 발현하는 것을 말할 때에는 '道心'이라 하고, 營爲하고 謀慮하는 바가 있음을 말할 때에는 '人心'이라 한다. 무릇 營爲와 謀慮는 모두 不善한 것이 아닌데도, 문득 '私欲'이라 일컬었다. 대개 다만 조금이라도 天理上에서 自然스럽게 發出하는 것을 따르지 않으면 문득 私欲인 것이다.[24]

주자는 人心을 설명할 때에는 대부분 그것이 '개인의 육체적 욕망'을 추구하는 것이라는 점을 지적했었다. 그런데 위에서는 '營爲하고 謀慮하는 바가 있는 것'을 人心이라 했는바, 이는 보다 직접적으로 人心이란 '私益(私的 목표)을 추구하는 것'임을 지적한 것이다. 그리고 程子의 "人心은 私欲"이라는 말에 대해, "私益을 추구함이 天理에서 벗어날 때에는 私欲이라 한다."고 해석한 것이다.[25] 한편, 주자는 자주 '天理의 公正함(天理之公)'이

---

22) 우리의 日常語法에서는 종종 '合理性'과 '合當性'을 구별하지 않고 혼용한다. 그러나 本考에서는 롤즈의 맥락에 따라 兩者를 엄격히 구별할 것이다.

23) 『程氏遺書』 卷24(鄒德久本, 伊川先生語10)에는 "人心私欲 故危殆 道心天理 故精微 滅私欲 則天理明矣"라는 기록이 보인다.

24) 『朱子大全』 卷32 頁9(1376쪽), 〈問張敬夫〉: 遺書有言 人心私欲 道心天理 熹疑私欲二字太重 近思得之 乃識其意 蓋心一也 自其天理備具 隨處發見而言 則謂之道心 自其有所營爲謀慮而言 則謂之人心 夫營爲謀慮 非皆不善也 便謂之私欲者 蓋只一毫髮不從天理上自然發出 便是私欲

라는 말을 쓰듯이, 위의 인용문에서 말하는 '天理' 란 '公正性 또는 合當性' 에 해당되는 것이다. 요컨대, 주자는 人心을 '私益을 추구하는 것' 으로 규정하고, 그것이 天理(合當性)에서 벗어날 때는 특히 私欲이라 한 것이다. 또한 주자의 다음과 같은 말을 살펴보자.

> 배고프면 먹고 목마르면 마시는 것은 人心이요, 이와 같은 것은 먹고 마시나 저와 같은 것은 먹고 마시지 않는 것은 道心이다. (…) 人心은 예컨대 孟子가 "耳目은 생각하는 기능이 없다"라 한 것과 같고, 道心은 예컨대 "心의 기능은 생각하는 것이다"라고 한 것과 같으니, 그러므로 "먼저 그 大體(마음)를 확립함(先立乎其大者)"을 귀하게 여기는 것이다.[26] 人心은 다만 利害와 情欲 등 사사로운 쪽만 알 뿐이며, 道心은 다만 道理의 公正한 쪽만을 알 뿐이다. 道心이 있으면 人心이 節制를 받아, 人心이 모두 道心이 된다.[27]

위의 인용문에서는 人心을 맹자의 '耳目之官' 에 비유하고, 道心을 맹자의 '心之官' 에 비유했다. 눈과 귀는 사물을 보고 듣는 기능은 있으나, (是非와 善惡을) 생각하고 판단하는 기능은 없다는 것이다. 따라서 눈과 귀만 있

---

25) 오늘날 學界에서는 보통 朱子가 初年에는 程子의 "人心은 私欲"이라는 주장을 따랐다가, 뒤에는 "人心과 人欲(私欲)을 동일시 할 수 없다"는 차원에서 이 말을 따르지 않은 것으로 설명한다. 그러나 위의 인용문으로 보면, 주자는 한때는 程子의 "人心은 私欲"이라는 주장을 의심했다가, 뒤에는 다시 승인한 것 같다. 즉 程子의 "人心은 私欲"이라는 주장에 대해, 주자는 처음에는 따랐다가, 중간에는 의심했었고, 최종적으로는 다시 승인했던 것 같다. 이에 대해서는 별도의 기회에 詳論하기로 하겠다.

26) 『孟子』 告子上 15 : 公都子問曰 鈞是人也 或爲大人 或爲小人 何也 孟子曰 從其大體爲大人 從其小體爲小人 曰 鈞是人也 或從其大體 或從其小體 何也 曰 耳目之官不思 而蔽於物 物交物 則引之而已矣 心之官則思 思則得之 不思則不得也 此天之所與我者 先立乎其大者 則其小者不能奪也 此爲大人而已矣

27) 『朱子語類』 卷78(2011쪽) : 饑食渴飮 人心也 如是而飮食 如是而不飮食 道心也 (…) 人心如孟子言耳目之官不思 道心如言心之官則思 故貴先立乎其大者 人心只見那邊利害情欲之私 道心只見這邊道理之公 有道心 則人心爲所節制 人心皆道心也

다면, 보고 듣는 대상 사물에 이끌리게 마련이다. 마음의 기능은 생각하는 것인바, 보고 듣는 대상의 옳고 그름을 판단하여, 대상 사물에 이끌리는 것의 可否를 결정하는 것이 마음의 역할인 것이다. 이러한 맥락에서 맹자는 '먼저 그 大體(마음)를 확립함이 중요하다' 고 보았던 것인데, 주자는 '먼저 그 大體를 확립함' 을 '道心의 主宰를 확립함' 으로 해석하는 것이다.

위의 인용문에서도 역시 人心은 私益(合理性)을 추구하는 것이요 道心은 公正性(合當性)을 추구하는 것으로 구분하였다. 위에서는 또한 "人心은 사사로운 쪽만 알 뿐" 이라 했는데, 이는 "人心은 옳고 그름을 판단하는 능력이 없기 때문에 위태롭다" 는 말이다. 한편, "道心은 다만 道理의 公正한 쪽만 알 뿐" 이라는 말은 "道心만으로는 각자의 私的 목표를 이룰 수 없음" 을 시사하는 것이다. 인심만으로는 위태롭고 도심만으로는 각자의 사적 목표를 이룰 수 없다고 한다면, 원만한 삶을 위해서는 인심과 도심이 반드시 서로를 보완해야 하는 것이다. 위에서는 道心이 人心을 주재해야 하는바, 道心의 주재를 받으면 人心도 道心이 되는 것이라 했는데, 이는 바로 인심과 도심을 바람직하게 매개하는 방식을 제시한 것이다. '人心 · 道心' 에 대한 주자의 이러한 설명은 롤즈의 '合理性 · 合當性' 에 대한 설명과 궤를 같이하는 것이다. 그것을 구체적으로 정리하면 다음과 같다.

첫째, 롤즈는 合理性과 合當性을 전혀 별개의 것으로 규정했는데, 이는 주자가 人心은 '形氣之私' 에 근원하고 道心은 '性命之正' 에 근원한다고 본 것과 상응한다.

둘째, 롤즈는 合理性은 개인의 私的 목표를 추구하는 것이며 合當性은 사회의 公的 원칙을 준수하는 것이라고 보았는데, 이는 주자가 人心은 私的 욕망(人欲之私)을 추구하는 것이요 道心은 公的 원칙(天理之公)을 준수하는 것이라고 본 것과 상응한다.

셋째, 롤즈는 '合理性만으로는 부당하고 어처구니가 없다' [28]고 보았는

---

28) 롤즈, 『정치적 자유주의』, 60쪽.

데, 이는 주자가 '人心은 오직 위태롭다' 고 한 것과 상응한다.

넷째, 롤즈는 合理性과 合當性은 相互補完的이라고 보았는데, 이는 주자가 人心과 道心을 모두 必須不可缺한 것으로 규정한 것과 상응한다.

다섯째, 롤즈는 合當性이 合理性에 우선한다고 규정했는데, 이는 주자가 人心은 道心의 主宰를 받아야 한다고 규정한 것과 상응한다.

여섯째, 롤즈는 合當性(正義原則)에 있어서는 統一(合意)을 이루어야 하고 合理性(善觀)에 있어서는 多樣性이 보장되어야 한다고 주장했는데, 이는 주자의 理一分殊論과 상응한다.

위와 같은 여섯 가지 점을 통해, 주자의 '人心·道心' 과 롤즈의 '合理性·合當性' 은 놀라울 정도로 일치하는 개념임을 확인할 수 있다. 다만 문제는, 롤즈는 合理性을 善으로 규정하는데, 주자는 人心을 善으로 규정하지 않았다는 점이다. 이에 대해서는 좀 더 해명이 필요할 것 같다. 롤즈가 단순히 合理性을 善이라 한 것은 '善에 대한 기초론(thin theory)' 이었다. 롤즈도 '善에 대한 완전론(full theory)' 에서는 '合當性과 결합된 合理性만이 善' 이라 하고, 이것을 '도덕적 善' 이라 불렀다.[29] 롤즈는 '善에 대한 기초론' 은 '도덕적 중립성' 을 취하는 것이라 했다. 이는 사실 주자가 '인심은 위태롭다' 고 한 것과 마찬가지이다. 롤즈가 '善에 대한 완전론' 의 입장에서 '합당성과 결합된 합리성만이 도덕적 善' 이라고 한 것은, 주자가 "인심도 도심의 주재를 받으면 도심이 된다" 고 한 것과 마찬가지이다. 이렇게 볼 때, '合理性과 人心' 에 대한 '善·惡 판단' 문제도 주자와 롤즈 사이에 사실상 異見이 없는 것이다.[30]

---

29) 롤즈, 『사회정의론』, 406-414쪽. 롤즈의 입장은 '善에 대한 기초론' 에서 출발하여 정의의 원칙을 정립하고, 정의의 원칙에 근거하여 '善에 대한 완전론' 에 도달한다는 것이다.

30) 本考에서는 주자의 '人心·道心' 과 롤즈의 '合理性·合當性' 만을 대비하여 살펴보았는데, '正義論의 구체적 내용' 에 있어서도 주자와 롤즈 사이에는 親近性이 매우 많다. 이에 대한 자세한 논의는 拙著, 『儒教傳統과 自由民主主義』, 제5장 참조. 한편, 김영수 교수는 "롤즈와 주자의 근본적 차이점은 롤즈가 합당성의 근거를 형이상학적 진리에

3. '公正한 원칙'에 따른 '私益의 추구'

주자의 인심도심론에 의하면, 人心만으로는 위험하며, 道心만으로는 자신의 私的 목표를 달성할 수 없는 것이다. 따라서 人心과 道心은 반드시 서로 매개(보완)되어야 하는바, 주자는 그 바람직한 매개의 방식을 '道心의 주재 아래 人心을 추구함'으로 제시했던 것이다. 이는 요즈음 말로 하자면 '公正한 원칙에 따른 私益의 추구'라고 말할 수 있다. 이제 이 문제를 논해보기로 하자.

주자는 개인의 是非得失이나 국가의 治亂安危를 궁극적으로 '人心·道心의 문제'로 규명했다. 그렇기 때문에 堯·舜·禹 등 聖王들이 王位를 전할 때 오직 '人心·道心의 문제'만을 거론했다는 것이다. 주자는 다음과 같이 말한다.

> 이른바 "人心惟危 道心惟微 惟精惟一 允執厥中"이란 말은 堯·舜·禹가 서로 전해준 密旨이다. 무릇 사람은 태어나면서부터 '形體의 사사로움'에 질곡되니, 진실로 人心이 없을 수 없다. 그런데 반드시 '天地의 바름'을 얻었으니, 또한 道心이 없을 수 없다. 日用의 사이에 人心과 道心이 並行하여 서로 勝負를 겨루니, 一身의 是非得失과 天下의 治亂安危가 모두 이것과 관계되는 것이다. 따라서 精密하게 택하여 人心으로 하여금 道心과 섞일 수 없게 하고자 하며, 專一하게 지켜서 天理로 하여금 人欲으로 흐르지 않게 하고자 하는 것이니, 그러면 무릇 행하는 바가 모두 그 中庸을 얻을 것이요, 天下國家에 있어서도 對處함

서 찾지 않고 사회적 합의의 문제로 이해했다는 점에 있을 것"이라고 지적했다. 요컨대 주자는 직관주의자이고 롤즈는 구성주의자로서, 서로 근본적 토대나 방법론을 달리 했다는 것이다. 이는 매우 중요한 지적으로, 論者는 이 문제를 『儒教傳統과 自由民主主義』 제5장에서 자세히 논한 바 있다. 이에 대한 論者의 소견을 밝히자면, 構成을 중시한 롤즈도 궁극적으로는 直觀으로부터 자유로울 수 없었으며, 直觀을 중시한 주자 역시 한편으로는 公論이라는 構成節次를 강조했다는 것이다.

에 不當함이 없을 것이다.[31]

위의 인용문에서 주목할 점은 '人心과 道心'을 '항상 竝行하면서 서로 勝負를 겨루는 관계'로 설명하고 있다는 점이다. '人心과 道心'은 오늘날의 일반적인 개념으로는 '欲心과 良心'으로 풀이할 수 있는데, 사람들은 항상 欲心과 良心 사이에서 갈등을 겪게 된다는 것이다. 그 갈등을 어떻게 결말짓느냐에 따라 是非得失과 治亂安危가 결정된다는 것이 주자의 설명이다. 위의 인용문에서는 是와 得, 治와 安을 확보하는 방법으로 '惟精惟一'을 들었다. 즉 위에서는 '惟精'을 '정밀하게 택함(擇之精)'으로 해석했는바, 이는 자신의 마음이 人心에 속하는 것인지 道心에 속하는 것인지를 정밀하게 분간하라는 뜻이다. 인심과 도심은 항상 서로 뒤섞여서 竝行하고 있기 때문에, 정밀하게 분간하는 노력이 필요한 것이다. 또 '惟一'은 '전일하게 지킴(守之一)'으로 해석했는바, 이는 인심에 대한 도심의 優位를 확립하여 시종일관 도심이 인심을 주재하도록 하라는 뜻이다. 요컨대 주자는 흔히 '道心으로 人心을 주재하라'고 주장했는데, 그 구체적 방법론이 '惟精惟一'인 것이다.[32] 주자의 다음과 같은 말을 보자.

人心이란 우리 몸에 知覺이 있고 嗜欲이 있음을 말한다. 예컨대 이른바 "내가 仁을 실천하고자 한다(我欲仁)", "마음이 원하는 바를 따른다(從心所欲)", "本性의 욕망은 사물과 감응하여 움직인다(性之欲也 感於物而動)"라고 하는

31) 『朱子大全』 卷36 頁30(1598쪽), 〈答陳同甫〉: 所謂人心惟危道心惟微惟精惟一允執厥中者 堯舜禹相傳之密旨也 夫人自有生而梏於形體之私 則固不能無人心矣 然而必有得於天地之正 則又不能無道心矣 日用之間 二者並行 迭爲勝負 而一身之是非得失 天下之治亂安危 莫不係焉 是以 欲其擇之精 而不使人心得以雜乎道心 欲其守之一 而不使天理得以流於人欲 則凡其所行 無一事之不得其中 而於天下國家 無所處而不當

32) 요컨대 '人心과 道心'은 事實的으로는 '항상 竝行하면서 서로 勝負를 겨루는 관계'이나, 當爲的으로는 '道心이 人心을 主宰해야 하는 관계(人心이 道心의 命令에 따라야 하는 관계)'라는 것이다.

것들이 어찌 없을 수 있겠는가? 다만 사물에 유혹되어 빠지게 되면 害로운 것이다. 그러므로 聖人께서는 人心이 知覺과 嗜欲이 있으나, 主宰하는 바가 없으면 흘러가 돌아올 줄 모르므로, 성급히 안전하다고 여길 수 없었기에, '위태롭다' 고 말한 것이다. 道心은 '義理의 마음' 이니, 人心의 主宰가 될 수 있고, 人心이 근거하여 準則(標準)으로 삼는 것이다. 또한 飮食으로 말하면, 무릇 배고프고 목마를 때 飮食을 얻어서 배를 채우고자 하는 것은 모두 人心이다. 그러나 반드시 義理가 있으니, '먹을 수 있는 것' 이 있고, '먹을 수 없는 것' 이 있다. 예컨대 子路가 孔悝에게 얻어먹은 것 등은 '먹을 수 없는 것' 이었다. 또한 부모가 자식을 사랑하고 자식이 부모에게 효도함은 常人들도 할 수 있는 것이니, 이것이 '道心의 바른 것' 이다. 진실로 부모가 한결같이 자식을 학대하면 자식도 반드시 사나워져 부모에게 반항할 것이니, 이것이 人心이 위태로운 까닭이다. 오직 舜은 그렇지 않았으니, 비록 그 부모가 자기를 죽이려 했으나 舜의 孝는 일찍이 바뀌지 않았으니, 이것이 道心이다. 그러므로 마땅히 人心으로 하여금 항상 '道心의 區處' 를 따르도록 해야만 된다. 그러나 이 道心은 도리어 人心의 사이에서 섞여서 나오는 것으로서, 은미하여 알기 어렵다. 그러므로 반드시 精密하게 살피고 專一하게 지킨 다음에야 中庸을 잡을 수 있는 것이다. 그러나 또한 '두 개의 마음' 이 있는 것이 아니요, 다만 '義理와 人欲의 辨別' 일 뿐인 것이다.[33)]

---

33) 『朱子語類』 卷62(1488쪽) : 人心是此身有知覺 有嗜欲者 如所謂我欲仁 從心所欲 性之欲也 感於物而動 此豈能無 但爲物誘而至於陷溺 則爲害爾 故聖人以爲此人心 有知覺嗜欲 然無所主宰 則流而忘反 不可據以爲安 故曰危 道心則是義理之心 可以爲人心之主宰 而人心據以爲準者也 且以飮食言之 凡饑渴而欲得飮食 以充其飽且足者 皆人心也 然必有義理存焉 有可以食 有不可以食 如子路食於孔悝之類 此不可食者 又如父之慈其子 子之孝其父 常人亦能之 此道心之正也 苟父一虐其子 則子必狠然以悖其父 此人心之所以危也 惟舜則不然 雖其父欲殺之 而舜之孝則未嘗替 此道心也 故當使人心每聽道心之區處 方可 然此道心卻雜出於人心之間 微而難見 故必須精之一之 而後中可執 然此又非有兩心也 只是義理人欲之辨爾

위의 인용문에서는 인심과 도심을 '欲望의 마음' 과 '義理의 마음' 으로 구분하고, 도심은 인심의 사이에서 '섞여서 나오는 것' 이라 하였다. 이는 모든 사람에게 양심과 욕심이 混在하면서 양자가 갈등하고 있음을 말하는 것이다. '欲望의 마음' 과 '義理의 마음' 이라는 論法은 결국 욕망에는 '추구해도 되는 욕망' 과 '추구해서는 안 되는 욕망' 이 있다는 것이요, 그것을 판가름해주는 것이 '義理' 라는 논법인 것이다. 주자는 道心은 '義理의 마음' 이기 때문에 人心을 주재할 수 있다고 하였다. 위의 인용문에서는 '道心의 주재' 를 여러 가지 방식으로 설명하였다. 첫째는 人心이 道心을 準則(標準)으로 삼아 자신의 욕망을 추구해야 한다는 설명이다. 도심은 인심이 욕망을 추구함에 있어서 준수해야 할 표준이나 원칙이 된다는 것이다. 둘째는 人心이 '道心의 區處' 를 따라야 한다는 설명이다. '區處' 란 말 그대로 '구분하여 처리함' 을 뜻한다. 옳은 일과 그른 일, 착한 일과 악한 일, 이로운 일과 해로운 일 등을 구분하여 처리함을 말하는 것이다. '道心의 區處' 라 했으니, 도심은 인심에게 옳은 일, 착한 일, 이로운 일 등을 추구하도록 인도할 것이다. 셋째, '精密하게 살핌과 專一하게 지킴' 역시 도심의 주재를 설명하는 내용이다. 자신의 마음(욕망)이 人心에 따른 것인지 道心에 따른 것인지 정밀하게 살피고, 한결같이 도심에 따르라는 것이다. 이러한 내용이 모두 도심의 주재를 설명하는 것들이다. 주자는 '인심에 대한 도심의 주재' 를 강조하기 위하여, '인심과 도심' 을 '병졸과 장수' 에 비유하기도 하고,[34] '손님과 주인' 에 비유하기도 했다.[35] 특히 아래의 인용문에서는 '인심과 도심' 을 '배와 키' 의 관계에 비유하고 있다.

> 人心 또한 '완전히 나쁜 것' 이 아니다. 그러므로 '凶咎' 라고 말하지 않고, 다만 '위태롭다' 고 말한 것이다. 대개 形體를 따라 나온 것은 泛泛하여 정해진 방

34) 『朱子語類』 卷78(2012쪽) : 人心如卒徒 道心如將

35) 『朱子語類』 卷120(2885쪽) : 使道心常常在裏面如箇主人 人心只如客樣 常常如此無間斷 便能允執厥中

향이 없으니, 혹은 옳기도 하고 혹은 그르기도 하여 알 수 없기 때문에 '위태롭다' 고 말한 것이다. 그러므로 聖人은 人心으로 主를 삼지 않고 道心으로 主를 삼는다. 대개 人心은 의지할 수 없는 것이다. 人心은 배와 같고, 道心은 키와 같다. 배가 가는대로 맡겨두면 정해진 방향이 없다. 만약 키를 잡고 방향을 정한다면, 배가 가고 머무름이 나에게 달려있는 것이다.[36]

'도심의 주재를 받지 않는 인심' 은 '키가 없는 배' 와 마찬가지로 위험한 것이다. 이러한 맥락에서, '도심이 인심을 주재함' 이란 '키를 잡고 배를 조종하는 것' 과 마찬가지인 셈이다. '키를 잡고 배를 조종함' 은 배를 어느 곳으로도 가지 못하게 막는 것이 아니라, '일정한 방향' 으로 가도록 인도하는 것이다. 마찬가지로 '도심이 인심을 주재함' 이란 인심을 전혀 추구하지 못하도록 막는 것이 아니라, '인심을 일정한 방식' 으로 추구하도록 인도하는 것이다. 여기서 말하는 '일정한 방식' 이란 '合當한 방식' 또는 '公正한 방식' 이다. 다음의 인용문을 살펴보자.

묻기를, "人心과 道心이 무엇입니까?" (朱子가) 답하기를, "예컨대 기뻐함과 성냄은 人心이다. 그런데 까닭 없이 기뻐하고 기뻐함이 지나쳐도 禁止하지 못하며, 까닭 없이 성내고 성냄이 심해도 막을 수 없는 것은 모두 人心이 그렇게 시킨 것이다. 모름지기 그 마땅히 기뻐할 것을 기뻐하고, 마땅히 성내야 할 것을 성내는 것이 바로 道心이다." 묻기를, "배고프면 먹고 목마르면 마시는 것이 人心입니까?" 답하기를, "그렇다. 모름지기 그 마땅히 먹어야 할 것을 먹고, 마땅히 마셔야 할 것을 마시면, 이것이 이른바 道心을 잃지 않는 것이다."[37]

---

36) 『朱子語類』 卷78(2009쪽) : 人心亦不是全不好底 故不言凶咎 只言危 蓋從形體上去 泛泛無定向 或是或非不可知 故言其危 故聖人不以人心爲主 而以道心爲主 蓋人心倚靠不得 人心如船 道心如柁 任船之所在 無所向 若執定柁 則去住在我

37) 『朱子語類』 卷78(2011쪽) : 問 人心道心 曰 如喜怒 人心也 然無故而喜 喜至於過而不能禁 無故而怒 怒至於甚而不能遏 是皆爲人心所使也 須是喜其所當喜 怒其所當怒 乃是道心 問 饑食渴飮 此人心否 曰 然 須是食其所當食 飮其所當飮 乃不失所謂道心

기뻐함과 성냄, 배고프면 먹고자 하고 목마르면 마시고자 하는 것 자체는 人心이다. 위에서 '까닭 없이 기뻐한다' 는 말은 인심은 그 자체로는 合當性이 없음을 시사하고, '기뻐함이 지나쳐도 금지하지 못한다' 는 말은 인심은 스스로의 節制 능력이 없음을 시사한다. 따라서 앞에서 말한 '道心의 區處' 가 필요한 것이다. 위의 인용문에서 주목할 것은 "마땅히 기뻐할 것을 기뻐하고, 마땅히 성내야 할 것을 성내는 것이 바로 道心이다."라는 말이다. 기뻐함과 성냄 자체는 '人心' 에 해당되는 것인데, 마땅히 기뻐할 것을 기뻐하고, 마땅히 성내야 할 것을 성내는 것은 '道心' 이라는 것이다. 여기에서 말하는 道心이란 惻隱之心이나 羞惡之心을 道心이라 하는 것과는 맥락이 다른 것이나. 요컨내 여기에서는 '道心의 주재에 따른 人心' 을 '道心' 이라 하는 것이다.[38] 위에서는 "마땅히 먹어야 할 것을 먹고, 마땅히 마셔야 할 것을 마시면, 이것이 이른바 道心을 잃지 않는 것이다."라고도 했는데, 이것은 '人心이지만 道心과도 부합하는 것' 이라는 말이다. 즉 주자는 '道心의 주재에 따른 人心' 을 '道心' 이라 하기도 하고, '人心이지만 道心을 잃지 않은 것' 이라 하기도 한 것이다. 주자는 다음과 같이 말하기도 한다.

> 대개 道心으로 主를 삼으면 人心 또한 변화하여 道心이 된다. 예컨대 『論語』 鄕黨篇에서 말하는 '(孔子의) 飮食과 衣服' 은 본래는 人心이 발한 것이나, 聖人에게 있어서는 혼연한 道心인 것이다.[39]

『論語』 鄕黨篇에는 공자의 飮食과 衣服에 관한 내용들이 많이 보인다. 飮食과 衣服을 추구하는 마음 자체는 人心에 해당된다. 그런데 공자는 도심에 입각해 음식을 먹고 의복을 입었기 때문에, 공자의 먹고 입음은 혼연한 道心이라 할 수 있다는 것이다. 이것을 주자는 "道心으로 主를 삼으면 人心 또

---

38) 앞의 脚註 10번, 11번과 관련된 내용 참조.

39) 『朱子大全』 卷51 頁34(2515쪽), 〈答黃子耕 別紙〉: 蓋以道心爲主 則人心亦化而爲道心矣 如鄕黨所記飮食衣服 本是人心之發 然在聖人分上 則渾是道心也

한 변화하여 道心이 된다." 고 설명하였다.

요컨대, 주자는 '道心의 주재에 따른 人心' 을 '道心' 이라 하기도 하고, '人心이지만 道心을 잃지 않은 것' 이라 하기도 했으며, '人心 또한 변화하여 道心이 된다' 고도 하였다. 이처럼 표현은 조금씩 다르지만, 위의 내용들은 '합당하고 공정한 방식으로 人心을 추구하라' 는 점에 있어서는 모두 일치하는 것이다.

이제 이상의 내용을 정리해 보기로 하자. 人心은 '육체적 욕망' 또는 '私的 利益' 을 추구하는 마음이며, 道心은 '도덕적 본성' 또는 '公正性(合當性)' 을 추구하는 마음이다. 주자는 모든 사람에게 항상 이 두 마음이 서로 뒤섞여 있다고도 하였고, 이 두 마음이 항상 竝行하면서 서로 勝負를 겨룬다고도 하였다. 이것은 양심과 욕심이 어지럽게 교차하면서 갈등하는 인간의 현실에 대한 진단인 것이다. 人心은 육체적 생존을 위해 필수불가결한 것이면서도, 그 자체로는 정당성에 대한 자각이 결여되어 있기 때문에 위태로운 것이다. 반면에 道心은 공정성을 추구하는 것이기 때문에, 그것만으로는 개인의 사적인 목표를 달성할 수 없는 것이다. 따라서 양자는 마땅히 서로 매개(보완)되어야 하는 것이었다. 주자는 그 바람직한 매개의 방식으로 '인심은 도심의 주재를 받아야 한다' 고 주장했던바, 이는 '도심의 주재 아래 인심을 추구하라' 는 말이었다.

인성론적 개념으로서의 人心과 道心은 사회철학적 개념으로서는 각각 '私的 욕망' 과 '公正한 규범' 으로 해석될 수 있다. 따라서 주자가 그리는 理想社會는 '公正한 규범' 의 주재 하에 개인의 '私的 욕망' 이 실현되는 것이다. 사회의 구성원들이 人心만을 발휘한다면, 그러한 사회는 곧 혼란과 갈등에 빠지게 된다. 혼란과 갈등 속에서는 '개인의 정당한 권리' 마저도 보호될 수 없다. 따라서 개인적 차원에서나 사회적 차원에서나 道心의 주재는 긴요한 것이다. '私的인 人心' 은 '公正한 道心' 의 주재를 받아야 한다는 것이 그 자체 '私的 욕망을 모두 배제하는 것' 이 아님은 물론이다. 다만 私的 욕망은 公正性의 한계 안에서 추구되어야 한다는 것이다. 또한 '道心의 주재에 따른 人心' 은 '道心' 이라 하였듯이, 公正한 규범에 따라서 추구한 私益은 正當한 것이다. 이러한 맥락에서, 주자의 人心道心論이 제시하는 삶의 모습이란 '公正한 원칙에 따라 私益을 추구하는 삶' 이라 하겠다. '公正한 원칙에 따른 私益의 실현' 은 또한 '惟精惟一 允執厥中' 의 모습이기도 할 것이다.

제10장
朱子의 福善禍淫論

'福善禍淫' 이란 『書經』에 처음 보이는 말로서,[1] '善한 사람에게 福을 주고 惡한 사람에게 禍를 내림' 을 뜻한다. '福善禍淫' 은 서양철학의 개념으로 말하자면 '自體善' 이나 '最高善' 에 해당된다. 칸트는 '幸福과 善行이 비례적으로 조화를 이루고, 不幸과 惡行이 비례적으로 조화를 이루는 것' 을 '自體善' 이라 하였고,[2] '德과 幸福이 一致하는 것' 을 '最高善' 이라 하였다. 다시 말하면, 최고선이란 자체선의 한 측면으로서, '어떤 사람의 도덕성에 정비례하여 행복이 분배되는 것' 이다. 칸트는 최고선이야말로 실천이성의 참다운 목적이라고 규정했다.[3]

'덕과 행복이 일치하는 것' 또는 '복선화음' 은 바로 '社會正義' 에 해당되는 문제이기도 하다. 正義에 대한 중요한 설명방식 가운데 하나는 因果應報의 관념인바, 행복과 선행이 비례적으로 조화를 이루고 불행과 악행이 비례적으로 조화를 이룬다는 것은 인과응보의 관념과 같은 맥락이기 때문이다. 서양철학에서 최고선의 관념은 에피쿠로스학파나 스토아학파 등 고대 희랍철학에서부터 발견된다. 이와 같이 最高善의 관념은 동서양을 막론하고 고대로부터 뿌리 깊은 관념이다. 이는 福善禍淫이 모든 인류의 간절한

---

1) 『書經』 商書 湯誥 : 天道 福善禍淫
2) 칸트, 최재희 역, 『實踐理性批判』, 박영사, 1970, 106쪽.
3) 칸트, 『실천이성비판』, 182쪽 참조.

소망이라는 것을 뜻한다.

福善禍淫을 最高善 또는 正義라고 할 때, 문제는 그것이 현세에서 제대로 실현되지 않는다는 점에 있다. 착한 사람이 억울하게 핍박받고, 부정한 사람이 부귀영화를 누리는 것이 현실에서는 非一非再하다. 말하자면 현실에서는 최고선 또는 사회정의가 제대로 실현되지 않고 있는 것이다. 그렇다면 최고선은 끝내 실현되지 않는 것인가? 부당하게 핍박받은 사람은 그런 채로 인생을 마감하고 끝나는 것인가? 그렇다면 개인의 인생이나 인류의 역사는 너무 不條理하지 않은가?

칸트는 이러한 문제를 납득할 수 있게 해명하기 위하여 '하느님의 존재'·'영혼의 불멸'·'의지의 자유'를 이른바 '실천이성의 세 요청'으로 제기하였다.[4] 여기서 사회정의나 윤리의 문제는 종교 또는 신앙의 문제와 밀접한 연관을 맺게 된다. 기독교에서 神의 심판을 말하고 천당지옥을 말하는 것, 불교에서 宿世·現世·來世의 三世를 말하고 善業善果·惡業惡果의 業說을 말하는 것은 본질적으로 복선화음의 문제와 관련된 것이다. 즉 현세만을 관찰하면 복선화음이 실현되지 않는 것 같아도, 숙세나 내세를 포함하여 관찰하면 (神의 주재에 의해) 결국 복선화음이 실현된다는 것이다. 불교나 기독교에서는 이와 같은 논법으로 복선화음의 필연적 실현을 보장함으로써, 한편으로는 勸善懲惡을 기하고 한편으로는 信仰心을 북돋고자 했던 것이다.

유교에서도 본래는 上帝(天)를 말하고, 그의 주재에 의해 복선화음이 필연적으로 실현된다고 믿어왔었다. 그런데 周代 후기 이후로, 상제는 懷疑의 대상이 되었고, 마침내 宋代에는 상제가 理로 해석되기에 이르렀다. 즉 朱子學에서는 이 세계의 인격적 주재자를 인정하지도 않고, 내세를 말하지도 않는 것이다. 그렇다면 복선화음에 대한 주자학의 태도는 무엇인가? 만약 주자학에서 복선화음의 실현을 보장하지 않는다면, 권선징악과 신앙심의

4) 칸트, 『실천이성비판』, 204쪽.

문제는 어떻게 되는 것인가? 이 章에서는 우선 先秦儒教와 朱子學에 있어서 福善禍淫에 관한 인식의 변화를 살펴보고, 다음으로 복선화음을 둘러싼 딜레마와 그에 대한 주자학적 해법을 논의하고자 한다.

1. 先秦儒教의 天命思想과 福善禍淫論

선진유교에 있어서의 최고선 문제는 주로 『書經』과 『詩經』을 통해서 살필 수 있다. 그 일반적 특징은, 대체로 周代 전기까지는 上帝(또는 天)[5]에 대한 믿음을 전제로 福善禍淫의 실현을 확신하다가, 周代 후기(東周)부터는 福善禍淫이 실현되지 않는 현실에 대한 회의로 인해 上帝(또는 天)에 대한 믿음이 퇴색하고 있다는 점이다.

『서경』에서는 "善을 따르면 吉하고 惡을 따르면 凶한데, 그것은 그림자나 메아리와 같다."[6]고 하였다. "善을 따르면 吉하고 惡을 따르면 凶하다."는 것은 福善禍淫을 말하는 것이다. 그런데 복선화음은 '그림자' 나 '메아리' 처럼 실현된다는 것은 福善禍淫의 正確性과 必然性을 비유한 것이다. 모든 형체가 있는 물건은 빛을 받으면 반드시 그림자를 드리우며, 그 그림자의 모양은 본래 물건의 형체를 닮은 것이다. 메아리의 경우도 마찬가지로, 소리가 있으면 반드시 메아리가 있고, 그 메아리는 본래의 소리를 닮은 것이다. 이와 같이, 善에 福이 따르고 惡에 禍가 따르는 것은 必然的이고도 正確하다는 것이다. 『서경』에서는 또 다음과 같이 말한다.

---

5) 杜而未에 의하면, 上帝는 殷代의 至上神이고, 天은 周代의 至上神으로서, 양자는 그 屬性이 대체로 같으나 본래 서로 다른 존재이다. 그런데 經典에서 上帝와 天이 混用되고 있는 것은 文化混合의 결과라는 것이다(杜而未, 『中國古代宗教研究』, 學生書局, 民國72年, 100-101쪽 참조). 本考에서도 兩者를 엄격히 구별하지 않고 혼용할 것이다.

6) 『書經』 虞書 大禹謨 : 禹曰 惠迪 吉 從逆 凶 惟影響

> 옛날 夏의 先王이 그 德에 힘썼을 때에는 天災가 없었으나 (…) 그 자손들이 先王의 道를 따르지 않자 皇天이 災殃을 내리셨다. (…) 오직 上帝는 (禍福을 내림이) 영원하지 않으시다. 善을 지으면 百祥을 내려주시고, 不善을 지으면 百殃을 내려주신다. 착한 일은 작다고 외면하지 말라. 작은 것이 쌓여 萬邦의 경사가 된다. 나쁜 일은 작다고 범하지 말라. 宗社가 무너지는 것은 큰 惡에 있지 않다.[7)]

위의 인용문은 '太甲이 왕위에 오르자, 伊尹이 그를 訓導하는 내용' 이라고 한다. "上帝는 영원하지 않다."는 것은 상제는 의지적 존재로서 인간의 선악 여하에 따라 그 보답을 달리 한다는 말이다. 위의 인용문에 의하면, 인간의 善行에 대하여 上帝는 祥瑞로 응답하며, 인간의 惡行에 대하여 上帝는 災殃으로 응답한다.[8)] 위의 인용문에서는 최고선의 실현을 보장해주는 주체로서 上帝(皇天)를 설정하고, 인간의 善惡은 상제에 의해 禍福으로 보응된다는 관념으로 勸善懲惡의 논리를 전개하고 있다.

『서경』과 『시경』에 보이는 복선화음의 관념은 주로 夏·殷·周 三代의 왕조교체와 관련된 내용들로서, 바로 복선화음의 관점에서 구왕조의 몰락과 신왕조의 개창을 정당화하는 것이다. 우선 夏의 몰락과 殷(商)의 등장을 정당화하는 내용들로서, 다음과 같은 예문들을 볼 수 있다.

> 夏의 桀王이 德을 잃고 威力만 내세워 萬方의 백성을 학대하니, 萬方의 백성은 그 害를 입고 荼毒을 참을 수 없어 天地의 神祇께 無辜함을 고하였다. 天道는 착한 사람에게 복을 내리고 악한 사람에게 재앙을 내리는 것이니(福善禍淫), 夏에 재앙을 내려 그 罪를 밝혔다.[9)]

---

7)『書經』 商書 伊訓 : 古有夏先后 方懋厥德 罔有天災 (…) 于其子孫弗率 皇天降災 (…) 惟上帝 不常 作善 降之百祥 作不善 降之百殃 爾惟德 罔小 萬邦惟慶 爾惟不德 罔大 墜厥宗

8) 이것이 훗날 董仲舒에 의해서 집대성된 天人感應說의 원천일 것이다.

9)『書經』 商書 湯誥 : 夏王 滅德作威 以敷虐于爾萬方百姓 爾萬方百姓 罹其凶害 弗忍荼毒

하늘을 믿기 어려운 것은 天命이 영원하지 않기 때문이다. (君主가) 그 德을 한결같이 하면 (하늘은) 그 자리를 보호해주고, 그 德이 한결같지 못하면 九州를 잃게 한다. 夏의 桀王이 德에 힘쓰지 아니하고 神을 업신여기고 백성을 학대하자, 皇天은 桀王의 자리를 보호해주지 않으셨다.[10)]

위의 둘째 인용문에서 '天命이 영원하지 않다(命靡常)' 고 한 것은 앞에서 '上帝는 영원하지 않다(上帝不常)' 고 한 것과 같은 맥락이다. 위의 인용문들은 모두 『書經』〈商書〉에 보이는 내용들이다. 〈商書〉에서는 이 세계의 인격적 주재자를 上帝・皇天・上下神祇 등으로 표현하고, 그의 주재에 의해 복선화음이 실현된다고 기록한 것이다.

다음 殷(商)의 몰락과 周의 등장을 정당화하는 내용으로서, 다음과 같은 예문을 볼 수 있다.

이제 商의 紂王은 上天을 공경하지 않고 이랫 백성에게 재앙을 내렸다. 酒色에 빠져 감히 暴虐을 자행했으며, 罪人은 가족까지 연루시키고 관리는 (賢才를 고르지 않고) 세습시켰다. 宮室과 누각 연못 등을 사치스럽게 꾸며 백성에게 잔혹한 害를 끼치고, 忠良을 불살라 죽이고 잉태한 부인의 배를 갈랐다. 皇天이 震怒하시어, 우리 文王께 명령하여 공경하여 하늘의 위엄을 밝히도록 하였다.[11)]

밝고 밝은 임금(周나라 文王의 아버지 王季)은 아래에 계시고, 빛나고 빛나는 하늘은 위에 계시네. 하늘은 정말 믿기가 어려우니, 임금 노릇 하기는 쉽지

竝告無辜于上下神祇 天道 福善禍淫 降災于夏 以彰厥罪

10) 『書經』 商書 咸有一德 : 天難諶 命靡常 常厥德 保厥位 厥德靡常 九有以亡 夏王 弗克庸德 慢神虐民 皇天不保

11) 『書經』 周書 泰誓上 : 今 商王受 弗敬上天 降災下民 沈湎冒色 敢行暴虐 罪人以族 官人以世 惟宮室臺榭 陂池侈服 以殘害于爾萬姓 焚炙忠良 刳剔孕婦 皇天震怒 命我文考 肅將天威

가 않네. 天子의 자리에 있던 殷나라 후손들은 사방을 다스릴 수 없게 되었네.[12)]

위의 두 인용문도 앞에서 열거한 두 인용문과 성격이 다르지 않다. 殷(商)에서 周로의 왕조 교체는 복선화음의 과정이었고, 그것은 곧 上帝(天)의 주재에 의한 것이라는 내용이다. 위의 둘째 인용문에서 "하늘은 정말 믿기가 어렵다"고 한 것은 하늘은 인간의 善惡에 따라 禍福을 달리 내려주기 때문에, 무조건 福을 내려주는 것으로 믿을 수는 없다는 말이다. 따라서 善政을 베풀면 왕위를 지켜주고, 暴政을 베풀면 왕위를 빼앗는 것인바, 그러므로 "임금 노릇을 하기는 쉽지가 않다"는 것이다.[13)]

이와 같이 周代 초기까지의 기록들은 인격적 주재자의 존재를 전제로 복선화음을 필연적인 것으로 받아들였으나, 그 후로는 이러한 신념들이 차츰 붕괴되기 시작하였다. 『詩經』에 보이는 다음과 같은 詩들을 보자.

하늘은 고르지 않아 이토록 곤궁한 재난을 내리셨고, 하늘은 은혜롭지 않아 이처럼 큰 변란을 내리셨네. 군자들이 만일 지극히 노력했다면 백성들의 어지러운 마음을 가라앉혔을 것이며, 군자들이 만일 공평하게 다스렸다면 백성들의 노여움을 사지 않았을 것이네.[14)]

넓고 넓은 하늘은 그 은혜를 크게 하지 않아, 이 흉년을 내리시어 사방의 나라를 치시네. 하늘은 포악하여, 생각하고 꾀하지도 않는구나, 저 罪 있는 사람들이 버림받은 것은 그들의 罪 때문이거니와, 우리처럼 罪 없는 사람들도 함께 괴로움을 당하네.[15)]

---

12) 『詩經』 大雅 大明 : 明明在下 赫赫在上 天難忱斯 不易維王 天位殷適 使不挾四方

13) 따라서 여기에서 "하늘은 정말 믿기가 어렵다"고 한 것은 뒤에서 살펴볼 '上帝(天)에 대한 懷疑'와는 맥락이 다른 것이다.

14) 『詩經』 小雅 節南山 : 昊天不傭 降此鞠訩 昊天不惠 降此大戾 君子如屆 俾民心闋 君子如夷 惡怒是違

높은 저 은하수는 밝게 하늘에 둘러있네. 王이 말하기를, "아! 슬프도다. 지금 사람들이 무슨 罪가 있습니까? 하늘이 喪亂을 내리시어 기근이 거듭 이르렀습니다. 제사지내지 않은 神이 없고, 犧牲을 아낀 적도 없으며, 구슬까지 다 바쳤거늘, 어찌 제 말을 들어주시지 않습니까?(…) 가뭄이 이미 극심하여 두려워 도망치고자 합니다. 어찌하여 가뭄으로 저를 병들게 합니까? 일찍이 그 까닭을 모르겠습니다. 올해도 봄에 이미 풍년을 빌었고, 四方과 土神께 제 때에 제사지냈거늘, 하늘의 上帝는 저를 도와주지 않으십니다."[16]

위의 詩들은 모두 周代 중기 이후의 작품으로 추정된다.[17] 위의 인용문에서 '天'은 '고르지 않은 존재'·'은혜롭지 않은 존재'로 묘사되고 있다. 天은 죄 있는 자와 죄 없는 자를 가리지 않고 모두에게 고통을 내리고 있으니, 이제 天은 더 이상 정의롭고 은혜로운 존재가 못되는 것이다. 위의 인용문들에서 묘사하는 것처럼 죄 있는 자와 죄 없는 자가 똑같이 고통을 당하는 상황이 반복됨으로써, 天이 福善禍淫을 주재한다는 믿음, 다시 말해 天의 주재에 의해 반드시 福善禍淫이 실현될 것이라는 믿음이 무너지게 되었다. 이러한 생각은 근본적으로 上帝(天)와 같은 '인격적 주재자'의 존재 자체를 懷疑하게 만들었다. 이제 복선화음은 인간의 노력으로 달성해야 할 과제가 된 것이다.

---

15) 『詩經』 小雅 雨無正 : 浩浩昊天 不駿其德 降喪饑饉 斬伐四國 旻天疾威 弗慮弗圖 舍彼有罪 旣伏其辜 若此無罪 淪胥以鋪

16) 『詩經』 大雅 雲漢 : 倬彼雲漢 昭回于天 王曰於乎 何辜今之人 天降喪亂 饑饉薦臻 靡神不擧 靡愛斯生 圭璧旣卒 寧莫我聽 (…) 旱旣大甚 黽勉畏去 胡寧瘨我以旱 憯不知其故 祈年孔夙 方社不莫 昊天上帝 則不我虞

17) 『詩傳大全』 卷首 頁6의 〈作詩時世圖〉에 의하면, 첫째 인용문 '節南山'은 幽王 때, 둘째 인용문 '雨無正'은 幽王 이후, 셋째 인용문 '雲漢'은 宣王 때의 작품으로 추정된다. 한편 王治心은 "東周 시대에 이르러, 백성들이 안정을 누리지 못하고 전쟁·홍수·가뭄 등의 고통을 겪게 되자, 天道에 대한 懷疑가 싹트기 시작하였다."고 지적하고, 그 예로 '節南山'·'雨無正' 등을 들고 있다(王治心, 『中國宗敎思想史大綱』, 臺灣 中華書局, 民國49년, 46쪽).

이제 孔子의 경우를 간략히 살펴보자. 공자는 인격적 주재자로서의 天의 존재를 부정하지는 않았지만, 또한 天에 의해 최고선의 실현이 보장된다고 생각하지도 않은 것 같다. 우선 다음과 같은 예문은 공자가 天의 존재를 확신한 사례라 하겠다.

50살에 天命을 알았다.[18] ○ 天이 장차 斯文을 없애려 하신다면 내가 斯文에 간여하지 못하려니와, 天이 斯文을 없애려 하지 않으시니, 匡人이 나를 어찌하겠는가?[19] ○ 天이 나에게 德을 주셨으니, 桓魋가 나를 어찌하겠는가?[20]

공자는 이밖에도 "天에 罪를 얻으면 빌 곳이 없다."[21]고도 하였고, "나에게 잘못된 점이 있다면, 天이 나를 미워하실 것이다."[22]라고 말하기도 하였다. 이러한 말들은 공자가 天을 인격적 주재자로서 이해하고 있었다는 점을 보여준다.[23] 그러나 공자는 또한 이 세상에서 최고선이 실현되고 있다고 생각하지도 않았다. 다음의 예문을 보자.

顔淵이 죽자, 공자가 말씀하시길 "슬프다! 天이 나를 버리셨도다. 天이 나를 버리셨도다."[24] ○ 伯牛가 病이 들자, 공자가 문병을 할 때에 창문을 통해 그 손을 잡으시고 말씀하시길 "이 병에 걸리지 말아야 했는데, 命인가보다. 이 사람이 이런 병에 걸리다니! 이 사람이 이런 병에 걸리다니!"[25]

---

18) 『論語』 爲政 4 : 五十而知天命

19) 『論語』 子罕 5 : 天之將喪斯文也 後死者不得與於斯文也 天之未喪斯文也 匡人 其如予何

20) 『論語』 述而 22 : 子曰 天生德於予 桓魋其如予何

21) 『論語』 八佾 13 : 獲罪於天 無所禱也

22) 『論語』 雍也 26 : 子見南子 子路不說 夫子矢之曰 予所否者 天厭之 天厭之

23) 王治心은 孔子의 天은 理요, 孔子는 上帝를 懷疑하고 否定했다고 단정하였다(『中國宗敎思想史大綱』, 51쪽). 그러나 論者는 孔子의 경우는 天(上帝)에 대한 믿음과 懷疑가 공존하는 과도기적 존재요, 孔子 자신이 그런 단정 짓기 곤란한 문제에 대해 선뜻 단정하려 든 사람도 아니었다고 본다.

24) 『論語』 先進 8 : 顔淵死 子曰噫 天喪予 天喪予

顔淵은 "석 달 동안이나 仁을 어기지 않았다(三月不違仁)" 고 하는 공자의 대표적 제자였다. 그런 안연이 불행하게도 短命에 죽었다. "天이 나를 버리셨다" 고 탄식했듯이, 공자는 그 점을 전혀 납득할 수 없었다. 冉伯牛의 경우도 마찬가지이다. 그도 공자의 문하에서 顔淵 · 閔子騫과 함께 德行으로 칭송받던 인물이었다.[26] 공자는 염백우의 질병과 관련해서도 '天命' 을 언급하였다. 어진 사람에게 질병을 내려주는 天命은 더 이상 신앙의 대상일 수는 없을 것이요, 오히려 회의의 대상일 것이다.

최고선이 실현되지 않는 현실에 대한 인간의 대응양식은 둘로 갈라지게 마련이다. 하나는 불의한 현실을 整合的으로 설명하기 위해 宿世와 來世 등을 끌어들이고, 언젠가는 최고선이 실현될 것이라고 주장하는 것이다. 불교와 기독교 등 대부분의 종교는 이러한 길을 택했다. 다른 하나는 불의한 현실을 근거로 神의 존재 자체를 회의하는 것이다. 공자는 사후의 세계나 神 등을 문제 삼지 않고,[27] 불의한 현실을 인간 스스로의 노력으로 개선할 수 있는 길을 모색했다.

공자 이후 유학자들에게 있어서 인격적 주재자로서의 天(上帝)의 관념은 사실 거의 소멸하게 되었다. 古經의 '天이나 上帝' 는 인격적 존재가 아닌 '理' 로 새롭게 해석되게 된 것이다. 이제 최고선은 天의 주재에 의해서 필연적으로 실현되는 것이 아니라, 인간의 노력에 의해서 달성해야 하는 과제가 된 것이다. 이것이 유학자들이 自任한 使命이기도 하다.

---

25) 『論語』 雍也 8 : 伯牛有疾 子問之 自牖執其手曰 亡之 命矣夫 斯人也而有斯疾也 斯人也而有斯疾也

26) 『論語』 先進 2 : 德行 顔淵閔子騫冉伯牛仲弓 言語 宰我子貢 政事 冉有季路 文學 子游子夏

27) 『論語』 先進 11 : 季路問事鬼神 子曰 未能事人 焉能事鬼 敢問死 曰 未知生 焉知死

2. 天命과 福善禍淫에 대한 朱子의 새로운 해석

주자의 〈戊申封事〉에는 다음과 같은 내용이 보인다.

> 臣은『周易』謙卦 象辭의 '사물을 저울질하여 고르게 베푼다(稱物平施)' [28]라는 말에 대해 그윽이 느낀 바가 있습니다. 대개 옛날에 '平'을 실현하려고 했던 사람들은 반드시 그 事物의 大小高下를 저울질하여 그 베풂의 多寡厚薄을 결정했으니, 그런 다음에 바로 그 '平'을 얻었던 것입니다. 만약 그 是非曲直을 不問하고 同一하게 대한다면, 이는 善한 사람은 항상 펴질 수 없고 惡한 사람은 도리어 요행으로 (罰을) 면하게 되는 것입니다. 이것을 '平'이라 한다면, 이것이 바로 '大不平'이 되는 까닭입니다. 그러므로 비록 堯·舜이 다스릴 때에도, 이미 元凱를 등용하고는 반드시 共工·驩兜를 쫓아냈던 것입니다. 이것이 또한『周易』大有卦 象辭에서 말한 '惡을 막고 善을 드날려, 아름다운 天命을 따른다.' [29]는 것입니다. 대개 善은 天理의 本然이며, 惡은 人欲의 邪妄입니다. 그러므로 天道는 이미 착한 사람에게 福을 주고 악한 사람에게 禍를 내리는 것이며(福善禍淫), 또한 賞罰의 권한을 司牧에게 맡겨 그 禍福이 미치지 못하는 바를 補助하도록 한 것입니다. 그러한 즉 人君이 된 사람은 신중하게 그 자루(권력)를 잡고 하늘의 뜻을 奉承하는 데 힘써야 되지 않겠습니까?[30]

위의 인용문은 福善禍淫에 대한 주자의 기본적인 생각을 보여주는 자료

---

28)『周易』謙卦 象辭 : 地中有山 謙 君子以 裒多益寡 稱物平施

29)『周易』大有卦 象辭 : 火在天上 大有 君子以 遏惡揚善 順天休命

30)『朱子大全』卷11 頁36(474쪽), 〈戊申封事〉 : 臣於易象稱物平施之言 竊有感也 蓋古之欲爲平者 必稱其物之大小高下 而爲其施之多寡厚薄 然後乃得其平 若不問其是非曲直而待之如一 則是善者常不得伸 而惡者反幸而免 以此爲平 是乃所以爲大不平也 故雖堯舜之治 旣擧元凱 必放共兜 此又易象所謂遏惡揚善順天休命者也 蓋善者 天理之本然 惡者 人欲之邪妄 是以 天之爲道 旣福善而禍淫 又以賞罰之權 寄之司牧 使之有以補助其禍福之所不及 然則爲人君者 可不謹執其柄而務有以奉承之哉

로서, 그 내용은 다음과 같이 정리된다. 첫째, 주자는 福善禍淫을 社會正義라는 맥락에서 이해하였다. 즉 是非曲直에 따라 처우를 달리 하는 것이 稱物平施인데, 稱物平施는 '정당한 報應'으로서 正義를 뜻하는 것이다. 福善禍淫은 바로 稱物平施의 일환이라는 것이다. 둘째, 福善禍淫은 勸善懲惡을 위한 것으로서, 이것이 '天의 뜻(天命)'이라는 것이다. 셋째, 天은 福善禍淫의 실질적 권한을 君主(司牧)에게 위임했는바, 따라서 君主는 福善禍淫의 권한을 신중히 행사함으로써 天의 뜻을 奉承해야 한다는 것이다.

주자는 福善禍淫을 '社會正義'의 맥락에서 이해했고, 그것이 실질적으로는 '인간의 노력'에 달려있다고 본 것이다.[31] 위의 인용문을 이해함에 있어서 문제가 되는 것은 '天道・天命' 등 '天'이라는 글사이다. 위의 인용문 자체로만 보면 주자 역시 古來의 天命思想을 답습하는 것으로 생각할 수 있다. 그러나 위의 인용문에 보이는 '天命'은 이미 古代의 天命이 아니다. 요컨대 위의 인용문에서는 古代의 天命思想을 원용하여 天命이라는 말을 쓰고는 있지만, 주자는 天命에 대해서 더 이상 그 '인격적인 의미'를 인정하지 않았던 것이다. 즉 주자는 古經에서의 '上帝・天命' 등을 모두 '理'로 바꾸어 해석하였다.[32]

---

31) 주자는 天이 福善禍淫의 실질적 권한을 君主(司牧)에게 위임했다고 하였다. 즉 福善禍淫은 '君主에게 달려있다'는 것인데, 이를 보다 일반적으로 해석하면 '인간의 노력에 달려있다'는 뜻이다. 주자에 의하면, 國政은 君主 한 사람이 연출하는 것이 아니라, 臣僚 등 여러 사람들이 공동으로 연출하는 것이기 때문이다(『朱子大全』卷14 頁26(561쪽), 〈經筵留身面陳四事箚子〉: 上自人主 以下至於百執事 各有職業 不可相侵 蓋君雖以制命爲職 然必謀之大臣 參之給舍 使之熟議 以求公議之所在 然後揚于王庭 明出命令而公行之 是以朝廷尊嚴 命令詳審 雖有不當 天下亦皆曉然知其謬之出於某人 而人主不至獨任其責 臣下欲議之者 亦得以極意盡言 而無所憚 此古今之常理 亦祖宗之家法也).

32) 이 세계에 上帝와 같은 인격적 주재자는 존재하지 않는다는 것이 주자의 持論이었다. 이 세계는 '上帝의 뜻'에 따라 전개되는 것이 아니라 '理'에 따라 전개되는 것이다(이에 대한 자세한 논의는 拙著, 『畿湖性理學論考』, 134-136쪽 참조). 論者는 유교사상사에서 '上帝에서 理로의 전환'은 희랍사상사에서의 '神話(mythos)에서 哲學(logos)으로의 전환'과 비견되는 것이라고 본다. 희랍사상사에서의 '神話에서 哲學으로의 전환'이 '철학에 의한 신화의 비판적 극복'인지, '신화와 철학의 공존 속의 긴장・대립'

예컨대 주자는 『논어』의 "天에 罪를 얻으면 빌 곳이 없다."는 구절에 대해, '天은 곧 理'라고 규정하고, "마땅히 理에 따라야 한다는 말"이라고 주석하였다.[33] 주자는 이 세계에 인격적 주재자가 존재한다는 것을 부정하고,[34] 福善禍淫을 '당연한 이치'라는 차원에서 설명하고 있는 것이다. 주자의 이러한 입장을 단적으로 살펴볼 수 있는 자료는 『書經』 商書 湯誥의 "天道 福善禍淫"에 대한 주자의 해석이다. 주자는 다음과 같이 말한다.

> 묻기를, "天道는 福善禍淫이라 했는데, 이 이치는 정해진 것인가?" 주자가 대답하기를, "어찌 정해진 것이 아니겠는가? 스스로 道理가 마땅히 이와 같은 것이다." 묻기를 "간혹 이렇게 되지 않는 것은 무슨 이유인가?" 주자가 답하기를, "福善禍淫은 常理요, 이와 같지 않은 것은 그 常理를 잃은 것이다. 天은 作爲가 없이도 그렇게 되는 것이니, 天이 어찌 또한 意志가 있겠는가? 다만 理가 스스로 이와 같은 것이다. 예컨대 겨울에 춥고 여름에 더운 것은 常理가 마땅히 이

인지에 대해서는 학자에 따라 견해가 대립된다(이에 대한 자세한 논의는 양승태, 『앎과 잘남 - 희랍지성사와 교육과 정치의 변증법』, 책세상, 2006, 60-64쪽 참조). 그러나 유교사상사에서의 전환은 '철학에 의한 신화의 비판적 극복'이라고 단언할 수 있다.

33) 『論語集註』 八佾 13, 朱子註 : 天卽理也 (…) 逆理則獲罪於天矣 (…) 言但當順理

34) 論者의 주장과는 달리, 陳榮捷은 주자의 '天'은 '인격적 의의'를 지닌 존재라고 규정하였다(陳榮捷, 표정훈 역, 『주자강의』, 156쪽). 陳榮捷이 이렇게 주장한 典據는 『朱子語類』 卷107의 26-27條였다. 그러나 주자는 그곳에서 분명 '命'이란 '道理'라고 해석하고 있다. 예를 들어, 주자는 '死生有命'을 "물속에 들어가면 반드시 溺死하는 것과 같은 것으로, 이것은 심오한 일도 아니고, 깨닫기 어려운 말도 아니다."라고 설명하였다. 陳榮捷은 『朱子語類』 卷1의 22條에서 주자가 "하늘을 어떤 사람은 蒼空으로 말하기도 하고, 어떤 사람은 主宰者로 말하기도 하며, 어떤 사람은 理로 말하기도 한다."는 말도 典據로 제시하고 있으나, 그곳에서 주자는 또한 분명히 "하늘에 인격적 존재가 있어서 罪惡을 비판한다고 말한다면 진실로 不可하다. 그러나 전혀 주재하는 것이 없다고 말한다면 또한 不可하다"고 말하고 있다. 陳榮捷은 또한 주자가 聖賢과 祖上神에게 정성스럽게 제사를 올렸던 것, 祈雨祭를 지냈던 것 등을 근거로 하여 주자가 매우 宗敎的인 사람이었다고 규정하였다(陳榮捷, 『주자강의』, 218-225쪽). 論者도 그것을 부정하지 않는다. 그러나 주자의 祈雨祭文은 '儀禮的(依例的) 修辭'로 보아야 할 것이요, '철학사상'으로 보기는 어렵다고 생각한다.

와 같은 것이요, 겨울에 덥고 여름에 추운 것은 문득 그 常理를 잃은 것이다."[35]

『서경』에서는 본래 '福善禍淫'을 '天의 의지적 報應'으로 설명했었다. 그러나 주자는 "天이 어찌 또한 意志가 있겠는가?"라고 하여 天의 의지적 인격성을 부정하고, '福善禍淫'을 '스스로 道理가 마땅히 이와 같은 것'이라 하여, 天을 '자연' 또는 '자연의 이치'로 해석하였다. 요컨대 주자는 인격적 · 의지적 주재자의 존재를 부정하고, '福善禍淫'을 '당연한 도리' 또는 '정상적인 이치(常理)'로 받아들인 것이다. 그런데 주자는 '당연한 도리' 또는 '常理'인 福善禍淫이 실현되지 않는 경우도 있다는 점을 인정했다. 전지전능한 의지적 주재자가 부정되고 난 다음, 최고선은 그 필연적 실현 근거를 상실하게 된 것이다. 위의 인용문에서는 복선화음이 실현되지 않는 것을 '常理를 잃은 것'이라 했는데, 주자는 사람의 잘못으로 인해 常理(복선화음)가 실현되지 못하는 경우도 있고, 偶然으로 인해 常理가 실현되지 못하는 경우도 있다고 보았다.[36] 주자가 말한 '우연'이란 자연의 부조화나 재난 또는 인간의 예측할 수 없는 운명(顔淵의 短命이나 冉伯牛의 질병)을 지칭하는 것 같다.

주자에게 있어서 上帝(天)와 같은 인격적 주재자가 부정됨으로써 최고선은 이제 인간의 노력에 의해 달성되어야 할 과제가 되었다. 또한 인간의 노력 여하와 관계없는 우연성을 인정하고 난 이상, 최고선은 인간의 노력만으로는 달성될 수 없는 대상이 되었다. 즉 인간은 최고선의 실현을 위해 노력

35) 『書傳大全』 卷4 頁17-18, 朱子小註 : 問 天道福善禍淫 此理定否 朱子曰 如何不定 自是道理當如此 問 或有不如此者 何也 福善禍淫 其常理也 不如此者 便是失其常理 天莫之爲而爲 天亦何常有意 只是理自是如此 且如冬寒夏熱 此是常理當如此 若冬熱夏寒 便是失其常理 (이 내용은 본래 『朱子語類』 卷79(2030쪽)에 보이는 바, '天亦何常有意'가 『朱子語類』에는 '天亦何嘗有意'라 되어 있음. 문맥으로 보아 '常'자는 '嘗'자의 誤字로 보임)

36) 『朱子語類』 卷79(2030쪽) : 又問 失其常者 皆人事有以致之耶 抑偶然耶 曰 也是人事有以致之 也有是偶然如此時

해야 하지만, 그렇다고 최고선이 항상 실현되는 것은 아니라는 말이다.

최고선이 인간의 노력에 의해 달성되어야 하는 과제로 인식된 이상, 인간은 이제 社會正義에 더욱 예민해질 수밖에 없는 것이다. 주자가 사회정의를 인간의 책무로 설정한 예문을 살펴보자. 주자는 앞에서 인용한 『詩經』 小雅 節南山에 대해 다음과 같이 주석하고 있다.

> 하늘이 고르지 않아 이렇게 끝없는 禍亂을 내리고, 하늘이 순조롭지 않아 이렇게 잘못된 변란을 내린다는 말이다. 그러나 그런 것들을 잠재울 수 있는 것도 또한 사람일 뿐이다. 君子가 얽매이는 바 없이 그 지극한 노력을 다한다면 반드시 몸소 하고 반드시 친히 하여 백성들의 어지러운 마음이 가라앉을 것이며, 君子가 치우침이 없이 그 마음을 고르게 한다면 小人들을 몰아내어 백성들의 증오와 원망이 멀어질 것이다. (…) 무릇 정치를 고르지 못하게 하여 禍亂을 초래한 것은 인간이다. 그런데 詩人이 하늘이 그렇게 한 것처럼 여긴 것은 대개 허물을 돌릴 곳이 없어서 하늘에 돌린 것이다. 이로써 君臣 사이에 (잘못을) 숨겨주고 꺼리는 의리를 볼 수 있고, 또한 天人合一의 이치를 볼 수 있다.[37]

위의 인용문에서는 정치를 고르지 못하게 하여 화란을 초래한 것도 인간이요, 그 화란을 잠재울 수 있는 것도 인간이라 하였다. 주자에게 있어서 이 세계의 인격적 주재자가 부정된 이상, 이제 사회정의는 인간의 책임으로 인식되고 있는 것이다.

위의 인용문에서 주목해야 할 것은, 주자가 이 세계의 인격적 주재자를 부정하면서도 여전히 天人合一論(天人感應論)을 전개하고 있다는 점이다.

37) 『詩傳大全』 卷11 頁23, 朱子註 : 言昊天不均而降此窮極之亂 昊天不順而降此乖戾之變 然所以靖之者 亦在夫人而已 君子無所苟而用其至 則必躬必親 而民之亂心息矣 君子無所偏而平其心 則式夷式己 而民之惡怒遠矣 (…) 夫爲政不平 以召禍亂者 人也 而詩人以爲天實爲之者 盖無所歸咎而歸之天也 抑有以見君臣隱諱之義焉 有以見天人合一之理焉

즉 천인합일론 자체는 인격적 주재자를 긍정하든 부정하든 관계없이 유가의 중요 논리로 기능하고 있는 것이다. 다만 인격적 주재자를 긍정하느냐 부정하느냐에 따라 그 설명의 방식이 다르게 된다. 인격적 주재자를 긍정할 경우, 천인합일이란 인간의 善惡에 대해 인격적 주재자(上帝 또는 天)가 禍福으로 보응한다는 것이었다. 앞에서 인용한『書經』商書 伊訓의 내용이 대표적인 예이다. 그러나 인격적 주재자를 부정할 경우, 天은 自然으로 해석되고, 천인합일이란 인간의 선악(正 · 不正)에 따라 자연의 운행도 저절로 순조롭거나 어긋나게 된다는 것이다.[38] 위의 인용문에서는 인간이 정치를 고르지 못하게 하여 자연의 변란이 초래된 것이라 하였다. 주자는 이 세계의 인격적 주재자를 부정하고서, 社會正義는 물론이요 自然의 調和까지 인간의 책임이라고 본 것이다.

그러나 주자가 인간의 노력으로 항상 최고선을 실현할 수 있다고 본 것은 아니었다. 앞에서 살펴보았듯이, 주자는 인간 능력의 한계도 인정하였고, 자연의 우연성도 인정하였다. 인간의 능력 자체도 유한하고 자연도 때때로 치우침과 어긋남이 있는 한, 인간이 최선의 노력을 다해도 때때로 최고선이 실현되지 못하는 경우가 있게 되는 것이다. 그러나 주자는 언젠가는 福善禍淫이 실현된다는 주장을 포기하지 않는다. 鄭叔友는 "吉人은 오직 善을 실천할 것만을 알 뿐이요, 일찍이 그 보상을 바라지 않는다. 善을 실천하면서 그 보상을 바란다면, 이것은 요즘 항간의 佛敎에 빠진 사람들의 마음가짐이다. 맹자가 滕文公에게 말하기를 '後世의 子孫이 반드시 王者가 될 것' 이라고 하였는데, 이 마음은 무슨 마음인가?"[39]라고 하여, 맹자가 '보상' 의 관념을 제시한 것은 '윤리적 동기의 순수성' 을 해친 것으로, 불교와 마찬가지로 잘못된 것이라고 비판한 바 있다. 이에 대하여, 주자는 다음과 같이 맹자의

---

38) 이에 대한 자세한 논의는 拙著,『畿湖性理學研究』131-139쪽 및 145-149쪽 참조.

39)『朱子大全』卷73 頁44,〈鄭公藝圃折衷〉: 折衷曰 吉人 惟知爲善而已 未嘗望其報也 爲善而望其報 是今世委巷溺乎浮圖者之處心也 孟子勸滕文公曰 後世子孫 必有王者矣 是心何心哉

취지를 변호하였다.

> 착한 사람에게 福을 주고 악한 사람에게 禍를 주는 것은 天道이다. 吉人이 善을 실천하는 것은 진실로 '報答을 바란 것' 이 아니나, 天은 반드시 福으로 보답하는 것이다. (…) 戰國 시대에는 人倫이 버려지고 天理가 멸절되어, '善을 실천하는 것의 이로움' 을 알지 못했었다. 이제 孟子의 말이 그르다고 한다면, 장차 무엇으로 그 군주를 勸勉할 수 있었겠는가?[40]

> 孟子는 "成功으로 말하자면 하늘(天)[41]에 달려있습니다. 임금(등문공)께서 저들(齊나라)에게 어찌하시겠습니까? 힘써 善을 실천할 따름입니다." 라고 하였으니, 애초에 '보상을 바라는 마음' 이 없었던 것이다. 맹자가 "진실로 善을 실천하면 後世의 子孫이 반드시 王者가 될 것" 이라고 한 말은 바로 太王이 狄을 피해 간 것을 두고 말한 것이다. 『주역』 坤卦 文言에서는 "善을 쌓은 집안에는 반드시 餘慶이 있다(積善之家 必有餘慶)" 고 하였고, 『서경』에서는 "善을 지으면 百祥을 내려준다" 고 하였으니, 어찌 '보상을 바란 것' 이겠는가?[42]

주자는 전국시대와 같은 亂世에 '善에 대한 보상의 관념' 을 제시하지 않고서는 勸善懲惡의 방법이 없었다는 것으로 맹자의 입장을 옹호하였다. 그런데 그 보상은 애초에 바라지 않은 것임에도 불구하고 저절로 따른다는 것

---

40) 『朱子大全』 卷73 頁44, 〈鄭公藝圃折衷〉: 善者福之 淫者禍之 天之道也 吉人爲善 固不望報 而天必報之以福 (…) 當戰國之際 人倫棄而天理滅 不知爲善之利 今以孟子之言爲非 則將何以勸其君耶

41) 이 문장은 『孟子』 梁惠王下 제14장에 보이는 바, 주자는 "능히 善을 행하면, 예컨대 太王이 비록 영토를 잃었으나 그 後孫들이 마침내 天下를 차지한 것과 같으니, 이것이 바로 '天理' 라는 말이다 (言 能爲善 則如大王雖失其地 而其後世遂有天下 乃天理也)" 라고 주석하여, '天' 을 '天理' 로 해석하고 있다.

42) 『朱子大全』 卷73 頁45, 〈鄭公藝圃折衷〉: 孟子言 若夫成功則天也 君如彼何哉 强爲善而已矣 初無望報之心也 苟爲善 後世子孫 必有王者矣 乃爲太王避狄而言 易大傳曰 積善之家 必有餘慶 書曰 作善降之百祥 亦豈望報乎

이요, 그것이 天理라는 것이다. 다만 그 보상은 즉시에 이루어지는 경우도 있고, 먼 훗날 後孫들에게 이루어지는 경우도 있다는 것이다.[43]

이상의 내용을 종합해 볼 때, 주자의 입장은 다음과 같이 정리될 수 있겠다. 첫째, 복선화음의 주재자로서 '上帝(天)' 는 존재하지 않는다. 古經에서 말한 '上帝' 란 '理' 일 따름이다. 둘째, 복선화음은 일차적으로는 인간의 노력으로 달성해야 할 과제이다. 그러나 사람의 잘못 또는 우연으로 인해 복선화음이 실현되지 않는 경우도 있다. 셋째, 사람의 잘못이나 우연으로 인해 복선화음이 실현되지 않는 것은 일시적인 것이요, 장기적으로 보면 언젠가는 반드시 실현되니, 그것이 天理이다. 넷째, 우리는 보상을 바라는 마음이 없이 善을 실천해야 한다. 그런데 善을 실천하면 언젠가는 보상이 따른다. 즉 주자는, '善의 실천' 이 보답을 위한 것은 아니라는 것으로 '윤리적 동기의 순수성' 을 간직하면서도, 언젠가는 보답이 이루어진다는 것으로 '윤리적 행위의 동기부여' 를 가능케 하고자 한 것이었다.

3. 福善禍淫을 둘러싼 딜레마와 그 주자학적 해법

본래 『서경』이나 『시경』에서는 上帝(天)가 복선화음을 주재한다고 말했었다. 그러나 이러한 관념들은 周代 中期 이전에 해당되는 것들이었다. 그 이후로는 혼란한 현실 속에서 복선화음이 실현되지 않는 사태로 인해 上帝의 존재는 의심받게 되었고, 주자학에 이르러서는 上帝는 '理' 로 해석되었다. 이후 유학사에서 인격적 주재자로서의 上帝의 관념은, 李退溪 등 몇몇 유학자를 예외로 하고, 소멸하게 된 것이다.

---

43) 기독교나 불교에서는 보응을 받는 대상을 행위자 자신으로 설명한다. 즉 그가 보응을 現世에서 받을 수도 있고, 來世에 받을 수도 있다는 것이었다. 그러나 來世를 말하지 않는 유학에서는, 행위자 자신이 당대에 보응을 받거나, 그 후손이 보응을 받는다고 설명하는 것이다. 이에 대한 자세한 논의는 이 책의 제11장 3절 참조.

유학사에서 인격적 주재자로서의 상제 관념의 소멸은 이제 역으로 복선화음의 필연적 실현을 보장할 장치가 사라졌다는 것을 의미한다. 요컨대, 상제의 존재를 전제하면 복선화음의 필연적 실현을 보장할 수 있으나 현실에서의 악의 횡행을 설명하기 어려우며, 현실에서의 악의 횡행을 이유로 상제의 존재를 부정하면 복선화음의 필연적 실현을 보장할 수 없게 된다. 이것이 윤리학의 큰 딜레마이다. 또한 최고선을 보장하지 않으면 도덕적 행위의 동기화가 어렵고, 보장하면 보상을 바라는 것이 되어 도덕적 행위의 순수성을 해칠 우려가 있다. 이것도 역시 윤리학의 큰 딜레마이다. 이제 마지막으로 주자학에서 이러한 딜레마가 어떻게 처리되고 있는지를 살펴보자.

첫째, 最高善의 보장자로서의 上帝(神)의 존재여부이다. 칸트는 『순수이성비판』에서는 神의 존재 문제는 필연적으로 二律背反에 빠지므로 그 존재를 입증할 수 없다고 했으면서도, 『실천이성비판』에서는 神의 존재를 '要請' 하고 있음은 주지하는 바이다. 칸트가 神의 존재를 요청할 수밖에 없었던 것은 최고선의 실현을 보장해줄 장치가 필요했기 때문이다. 그런데 유교에서는 정 반대의 길을 가게 되었다. 본래 최고선의 보장자로서 상제의 존재를 설정했다가, 현실에 악이 횡행하고 억울하게 핍박받는 경우가 많음을 보고 상제의 존재를 부정하게 된 것이다. 神의 존재를 설정하면 차후의 최고선의 실현을 보장할 수 있게 되나, 목전의 억울한 사연에 대해서는 변명하기가 어렵다. 반대로 神의 존재를 부정하면 목전의 억울한 사연을 최고선의 보장이라는 관점에서 변명할 필요는 없으나, 차후에라도 최고선이 실현된다는 것을 보장할 수 있는 장치가 없게 된다.

주자는 上帝를 理로 해석하고 최고선의 필연적 보장 장치를 포기하였다. 다만 복선화음이 '理' 라고 말하고, 복선화음이 실현되지 않는 현실에 대해서는 '언젠가는 이루어질 것' 이라고 기대할 따름이었다. 많은 주자학자들은 전지전능한 神의 주재를 믿기엔 현실이 너무 부조리하다고 보았다.[44] 그

44) 福善禍淫이 실현되지 않는 현실의 不條理에 대한 문제제기로서 대표적인 것은 三峰

러나 최고선 또한 포기할 수 없는 신념이었다. 그리하여 神의 존재는 부정하면서도 最高善의 실현은 보장하는 방법으로, '늦게 이루어짐' 의 논리를 제시하게 된 것이다. 즉 지금 당장에는 복선화음이 이루어지지 않는 것 같아도 장기적으로 보면 언젠가는 이루어질 것이라는 말이다.

둘째, 최고선을 보장하지 않으면 도덕적 행위의 동기화가 어렵고, 보장하면 보상을 바라는 것이 되어 도덕적 행위의 순수성을 해칠 우려가 있다는 점을 논해 보자. 칸트는 定言命法과 假言命法을 구분하고, 가언명법에 입각한 행위는 도덕성이 없으며 오직 정언명법에 입각한 행위만이 도덕성이 있는 것이라고 주장했었다. 그런데 칸트는 결국 神의 존재, 영혼의 불멸(來世의 존재) 등을 요청하게 되었다. 칸트가 神의 존재와 영혼의 불멸을 요청하게 된 근본 계기는 무엇일까? 그것은 정언명법의 체계만으로는 도덕적 행위의 동기화가 어려웠기 때문일 것이다.[45] 사실 아무런 보상의 전망을 제시하

鄭道傳의 〈心問天答〉을 들 수 있다(『三峰集』 卷10 頁11-18, 〈心問天答〉 참조).

45) 칸트가 最高善의 실현조건으로 神의 존재와 영혼의 불멸을 요청한 것은 두 맥락에서 이해할 수 있다. 첫째 맥락은 '최고의 德을 닦고 그에 상응하는 幸福을 누린다' 는 것이다. 우선 '德' 의 측면을 보면, 현실의 인간은 불완전한데, 우리가 완전한 德을 갖추려면 '무한히 전진' 해야 하고, 무한히 전진하려면 '무한히 계속하는 생존' 을 전제해야만 한다. '무한히 계속하는 생존' 이 바로 '영혼의 불멸' 이다. 다음으로 '幸福' 의 측면을 보면, 德에 비례하여 幸福이 엄밀히 조화를 이루게 하는 근거가 필요한 바, 그것이 바로 神이라는 것이다. 둘째 맥락은 최고의 덕을 전제하지 않는 것으로, 본인의 德에 상응하는 행복을 누린다는 것, 다시 말해 본인의 善惡에 상응하는 賞罰을 받는다는 것이다. 여기에서 영혼의 불멸이 요청되는 것은 선악의 심판과 상벌의 보상이 현세에서 완전하게 이루어지지 않기 때문에 그것을 내세까지 연장시키는 것이며, 神의 존재가 요청되는 것은 전지전능한 심판자 · 집행자를 요청하는 것이다. 이 두 맥락은 서로 어긋나는 것은 아니지만 논의의 초점은 약간 다르다. 첫째 맥락은 '德의 완성' 에 초점이 있고, 둘째 맥락은 '賞罰' 에 초점이 있다. 『실천이성비판』에는 첫째 맥락의 논의가 우세하나, 둘째 맥락의 논의도 분명히 있다. 즉 최고선을 '최고 덕과 최고 행복의 결합' 으로만 정의하지 않고 '덕과 그에 정비례하는 행복의 결합' 으로도 정의한 것(176쪽), 그리고 하나님을 '심판자' 라고 정의한 것(202쪽)이 그것이다. 칸트는 "天堂과 地獄은 우리에게 두려움을 일으키면서 동시에 우리를 고양시킨다." 고도 주장하였다(『理性의 한계 안에서의 宗教』, 76쪽). 둘째 맥락은 사실 전통 기독교의 천당지옥설과 궤를 같이

지 않고 무조건적인 명령을 내린다면, 그에 순응할 사람은 많지 않을 것이다. 大衆을 효과적으로 움직일 수 있는 것은 역시 賞(당근)과 罰(채찍)일 것이다. 그러나 상과 벌은 도덕적 행위의 순수성을 해칠 수 있다. 선행 그 자체가 목적이 되지 않고, 상이 목적이 되고 선행은 수단이 되는 것이다. 말하자면 '상을 받기 위해 선행을 하는 것' 으로서, 그것은 이미 가언명법의 체계가 된 것이다.

주자학에서도 보상의 관념을 어느 정도는 제시한다. 그러나 보상의 관념은 '下等人' 을 위한 것이라고 폄하된다. 예를 들어 맹자는 "仁을 실천하면 榮光스럽게 되고, 仁을 어기면 恥辱을 받는다." 고 했는데, 이에 대해 주자는 "이 말은 다만 下等人을 위한 말이다. 上等人이라면 어찌 榮辱때문에 仁을 실천하겠는가?" 라고 주석하고 있다.[46] 말하자면 하등인은 가언명법의 체계에 얽매이고, 상등인은 정언명법의 체계를 따른다는 것이다. 그렇다면 상등인에게는 전혀 보상이 없다는 것인가? 주자학의 입장은 그것도 아니다. 다만 보상을 구하지 않아도 보상이 저절로 실현된다는 것이다. "君子는 禍福에 대해서, 내 마음을 바르게 할 뿐이요, 내 몸을 닦을 뿐이다. 그러면 福은 반드시 구하지 않아도 저절로 이르고, 禍는 반드시 피하지 않아도 저절로 멀어진다."[47] 이는 '보상을 구하지 않아도 저절로 실현된다' 는 논리로서, 이로써 도덕적 행위의 동기부여와 도덕적 행위의 순수성 유지라는 두 목적을 동시에 관철시킬 수 있게 되는 것이다.[48]

하는 것이다. 둘째 맥락을 강조하면, 영혼불멸과 神의 존재는 '報償' 을 위해 필요한 것이요, 그것은 假言命法의 체계에 접근하는 것이다. 둘째 맥락에서 본다면, 칸트의 '定言命法의 체계' 와 '실천이성의 요청' 은 서로 모순되는 것이라 하겠다.

46) 『孟子』 公孫丑上 4 : 仁則榮 不仁則辱
『孟子集註』 公孫丑上 4, 朱子小註 : 此亦只是爲下等人言 若是上等人 他豈以榮辱之故而後行仁哉

47) 『三峰集』 卷9 頁14-15, 「佛氏雜辨」〈佛氏禍福之辨〉: 蓋君子之於禍福 正吾心而已 修吾己而已 福不必求而自至 禍不必避而自遠

48) '구하지 않아도 저절로 실현된다' 에서 '구하지 않아도 저절로' 는 도덕적 행위의 순수성을 유지하는 계기가 되고, '실현된다' 는 도덕적 행위의 동기를 부여하는 계기가 된다.

주자학은 神의 존재를 부정하면서 최고선을 둘러싼 두 딜레마를 '언젠가는 이루어짐' · '저절로 실현됨' 이라는 맥락에서 해결하고자 하였다. 이러한 주자학의 해법은 딜레마의 해결이라는 점에서는 어느 정도 성공한 것으로 평가할 수 있겠다. 그러나 이러한 해법은 또한 유교의 '信仰的 位相' 을 현저하게 약화시키는 것이었다. 첫째, 神의 존재를 부정하면서 복선화음이 언젠가는 실현될 것이라고 주장하는 것은, 그저 막연한 기대에 불과할 뿐, 대중들에게 전혀 확신을 줄 수 없는 것이다. 대중들은 보다 강력하고 구체적인 전망(vision)을 요구하는 것이다. 둘째, 주자도 인정했듯이, 하등인들은 도덕적 행위의 순수성보다도 상벌에 더 많은 관심을 지니고 있는 것이다. 대중들은 사실 하등인이 아닌가? 이런 대중들을 대상으로 '보상을 구하지 않아도 저절로 실현된다' 고 주장하는 것은 거의 호소력이 없는 처사다. 즉 주자학의 해법은 '너무 군자다워, 대중적 호소력이 부족한' 것이다. 이것이 주자학적 해법의 의의와 한계라 하겠다.

그러나 주자가 '인격적 주재자(上帝)' 의 존재를 부정함으로써 유교의 '신앙적 위상' 을 약화시키면서까지 福善禍淫을 '인간의 責務' 로 설정한 것은 결코 무시할 수 없는 의의를 지닌다. 福善禍淫이 '인간의 責務' 라는 주장은 사회정의는 우리들 스스로의 노력으로 달성해야 한다는 주장이요, 福善禍淫이 언젠가는 반드시 실현될 것이라는 주장은 사회정의를 끝까지 포기하지 말아야 한다는 주장이기 때문이다. 즉 인간의 능력은 有限하여 항상 정확히 사회정의를 실현할 수 있는 것은 아니지만, 또한 인간은 때때로 불합리한 偶然이나 運命의 지배를 받기도 하지만, 사회정의를 위한 우리의 노력은 끝까지 지속되어야 한다는 것이다.

제11장

朱子學에 대한 비판과 대응

'理氣相互主宰論'으로 대변할 수 있는 '주자학의 길'은 주관적 意志와 객관적 理法, 이상과 현실, 개체와 전체 등을 균형 있게 매개시키고자 했던 것이다. 그러나 당시부터 주자의 이러한 노선에 대한 비판도 끊이질 않았다. 주자학에 대한 비판은 다방면에서 제기되었다. 그 가운데 가장 강력하게 비판하고 도전했던 사상 조류로는 陸王學·事功學·西學(天主敎) 등을 들 수 있을 것이다. 陸王學은 주자학의 '性卽理'를 비판하고, 그 대안으로 '心卽理'를 내세운 것이다. 事功學은 주자학을 '常談死法(늘 하는 말로, 현실적 타당성이 없는 주장)'이라 비판하고, 臨機應變을 통한 현실적 成功을 강조한 것이다. 西學은 주자학의 無神論과 現世主義를 비판하고, 그 대안으로 有神論과 來世主義를 제창한 것이다. 이 章에서는 이들의 주자학에 대한 문제제기와 그에 대한 주자학의 反論을 간략하게 살펴보기로 하겠다.

1. 陸·王의 心卽理論

朱子學과 陸王學의 대립은 '性卽理냐, 心卽理냐' 하는 문제로 상징된다. 陸象山[1]은 그 유명한 '鵝湖의 모임'에서 "쉽고 간단한 공부(易簡工夫)는 마침내 오래 가고 크게 될 것이나, 支離한 事業은 결국 浮沈할 것"[2]이라고 읊은 바 있다. 여기서 '易簡工夫' 란 자신의 학문을 지칭하고, '支離事業' 이란 주자의 학문을 지칭한다. '心卽理' 에 입각하면 '簡易直截' 한 학문이 가능하나, '性卽理' 에 입각하면 학문이 '支離滅裂' 하게 된다는 것이 陸象山 · 王陽明[3]의 공통된 문제의식이었다. 먼저 육상산의 경우를 살펴보자. 육상산은 다음과 같이 말한다.

> 대개 心은 하나의 心이며, 理도 하나의 理이니, 마땅히 歸一해야 할 것이다. 정밀한 의리는 둘이 없다. 이 心과 이 理는 실로 둘이 있음을 용납하지 않는다. 그러므로 孔子는 "나의 道는 하나로 꿰뚫은 것" 이라 하고, 孟子는 "무릇 道는 하나일 뿐" 이라 한 것이다. (…) 孟子는 "생각하지 않아도 아는 것은 良知이며, 배우지 않아도 아는 것은 良能이다. 이것은 하늘이 나에게 준 것으로, 내게 固有한 것이요, 밖에서부터 내게 녹아 들어온 것이 아니다. 그러므로 萬物이 모두 내게 갖추어져 있다고 하는 것이니, 몸에 돌이켜 참되면 이보다 더 즐거운 것이 없다." 고 하였다. 이것이 나의 本心이다. '편안한 집(安宅), 바른 길(正路)' 이라 한 것도 이것을 말한다.[4]

육상산의 지론은 心도 하나이고, 理도 하나이며, 心과 理도 하나라는 것이다. 인간에게는 良知 · 良能의 本心이 있으며, 本心은 그 내용에 있어서 理와 어긋나지 않는다는 것이 '心卽理' 의 논거였다. 주자도 '本心' 은 그 내용이 理와 부합할 수 있다는 점을 인정하고, 또 나아가 '心과 理를 合一시키

---

1) 陸象山의 이름은 九淵, 字는 子靜, 1139~1192.

2) 『陸象山全集』 卷25(世界書局本 193쪽), 〈鵝湖和教授兄韻〉: 易簡工夫終久大 支離事業竟浮沈

3) 王陽明의 이름은 守仁, 字는 伯安, 1472~1528.

4) 『陸象山全集』 卷1(3쪽) 〈與曾宅之〉: 蓋心 一心也 理 一理也 至當歸一 精義無二 此心此理 實不容有二 故夫子曰 吾道一以貫之 孟子曰 夫道一而已矣 (…) 孟子曰 所不慮而知者 其良知也 所不學而能者 其良能也 此天之所與我者 我固有之 非由外鑠我也 故曰萬物皆備於我矣 反身而誠 樂莫大焉 此吾之本心也 所謂安宅正路者 此也

는 것' 을 학문의 목표로 제시하였다. 그러나 주자는 다음과 같은 두 맥락에서 '心卽理' 를 부정하였다. 첫째, 心은 形而下者요, 理는 形而上者이기 때문에 양자는 본질이 다르다는 점이다. 性이 形而上者라는 주장은 '性은 누구에게나 普遍的이고, 고금을 막론하고 永遠(不變)하다' 는 것을 뜻한다. 반면에 心이 形而下者라는 주장은 '心은 사람마다 다를 수 있고, 또 때때로 변할 수 있다' 는 것을 뜻한다. 사실 마음은 누구에게나 보편적인 측면도 있지만 사람마다 다른 측면도 있으며, 자신의 마음조차도 때때로 변하는 것이다. 요컨대 본성은 形而上者이기 때문에 보편성과 영원성을 지니지만, 마음은 形而下者이기 때문에 특수성과 가변성을 면할 수 없다는 것이다. 둘째, 형이하자인 心은 氣質의 淸濁粹駁으로 인해 때때로 내용적으로도 理와 어긋날 수 있다는 점이다. 주자는 心을 '氣의 精爽' 으로 규정했다. 心은 '氣의 精爽' 이라 한다면, 心은 '본래 善한 것' 이라 할 수 있을 것이다. 그러나 '氣의 精爽' 도 氣인 한 기질의 영향을 받는 것이다. 따라서 기질이 淸粹하면 마음도 본래의 精爽을 유지하나, 기실이 濁駁하면 마음이 昏昧하게 된다는 것이다. 유교의 전통적 논법대로 주자학에서는 마음을 '人心과 道心', '良心과 欲心', '天理와 人欲' 등으로 구분하여 논의한다. 그리고 道心 · 良心 · 天理 등은 내용적으로 理와 부합하지만, 人心 · 欲心 · 人欲 등은 내용적으로 理와 어긋나는 측면이 있다고 본다. 이런 것들을 정밀하게 구분하지 않고 그저 '心卽理' 라고 주창한다면, 결국엔 '猖狂自恣' 에 빠지게 된다는 것이다. 그러나 육상산은 마음을 둘로 나누어 논하는 것, 특히 '天理 · 人欲의 二分法' 을 좋아하지 않았다. 그는 다음과 같이 말한다.

'天理와 人欲' 이라는 말은 또한 至論이 못된다. 만약 "天은 理이고, 人은 欲이다"라고 한다면, 이것은 天과 人이 다른 것이다. (…) 『書經』에서는 "人心은 오직 위태롭고, 道心은 오직 은미하다"고 했는데, 해설하는 사람들은 대부분 "人心은 人欲이요, 道心은 天理이다"라고 간주했다. 이러한 해설은 옳지 못하다. 마음은 하나이니, 사람에게 어찌 두 마음이 있겠는가?[7]

주자 역시 마음은 하나로서, 사람에게 두 마음이 있는 것은 아니라고 하였다. 그러나 '하나의 마음'을 '두 측면'으로 구분해 볼 수 있다는 것이다. 그러나 위의 인용문에 보이듯이, 육상산은 '天과 人을 구분해 논하는 것'도 반대하고 '마음을 둘로 나누어 논하는 것'도 반대했다. 육상산의 持論은 '사람의 마음이 곧 天理'라는 것으로서, '心卽理'는 이를 표현한 명제였다. 육상산은 다음과 같이 말한다.

> 사람은 木石이 아니니, 어찌 心이 없을 수 있겠는가? 心은 五官 가운데 가장 尊大한 것이다. 〈洪範〉에서는 "생각하면 밝아지고, 밝아지면 聖人이 된다."고 했으며, 孟子는 "心의 기능은 생각하는 것이니, 생각하면 얻고, 생각하지 않으면 얻지 못한다."고 했다. (…) 그러므로 "大人은 그 赤子의 마음을 잃지 않는다."고 했으니, 四端이 곧 이 心이며, 하늘이 나에게 준 것도 곧 이 心이다. 사람에게는 모두 이 心이 있으며, 心은 모두 이 理를 지니고 있으니, '心이 곧 理'이다.[6]

육상산은 마음은 五官 가운데 가장 尊大한 것으로, 마음에는 思惟能力과 道德能力이 있다고 주장했다. 한편 "생각하면 밝아지고, 밝아지면 聖人이 된다."는 말은 모든 일에 있어서 마음이 그 '실천적 관건'이 됨을 뜻하는 것이다. 이러한 점들은 주자도 전적으로 동의하는 것이다. 문제는 '마음은 理를 갖추고 있다(心具理)'라는 명제와 '마음이 곧 理이다(心卽理)'라는 명제의 동질성 여부이다. 위에 보이듯이, 육상산은 '心具理'와 '心卽理'를 같은 것으로 간주했다. 그러나 주자는 心具理와 心卽理를 엄격히 구분한다. 주자

---

5) 『陸象山全集』 卷34(252쪽) : 天理人欲之言 亦自不是至論 若天是理 人是欲 則是天人不同矣 (…) 書云 人心惟危 道心惟微 解者多指人心爲人欲 道心爲天理 此說非是 心一也 人安有二心

6) 『陸象山全集』 卷11(95쪽), 〈與李宰2〉 : 人非木石 安得無心 心於五官最尊大 洪範曰 思曰睿 睿作聖 孟子曰 心之官則思 思則得之 不思則不得也 (…) 故曰 大人者 不失其赤子之心 四端者 卽此心也 天之所以與我者 卽此心也 人皆有是心 心皆具是理 心卽理也

역시 '마음은 理를 갖추고 있다' 고 보았으니, 性이 바로 마음이 갖추고 있는 理라는 것이다. 주자에 의하면, 마음은 理(性)를 담고 있는 그릇이다. 그런데 마음이 理를 담고 있다고 하여, 마음을 곧 理라고 말할 수는 없다는 것이다. 이러한 주자의 논법은 '心과 性' 을 엄격히 구분하는 것이다.[7] 그러나 육상산은 心과 性을 구분할 필요가 없다고 본다. 육상산은 다음과 같이 말한다.

> 伯敏이 묻기를, "어떻게 하는 것이 盡心이며, 性・才・心・情이 어떻게 구별됩니까?" 先生이 답하기를, "자네의 이 말은 또한 枝葉일 뿐이다. 비록 그러나 이것은 또한 자네의 허물이 아니니, 온 세상 사람들의 잘못인 것이다. 오늘날의 學者는 책을 읽으면 다만 글자를 풀이할 뿐, 다시는 血脈을 탐구하지 않는다. 또한 '情・性・心・才' 는 모두 一般인데, 우연히 말만 다른 것이다. (…) 만약 반드시 구별해서 말하고자 한다면, 하늘에 있는 것이 性이 되고, 사람에게 있는 것이 心이 된다. 이것은 대개 자네의 질문으로 인해 말한 것으로서, 사실은 이렇게 말할 필요가 없는 것이다. 다만 요점은 마음의 累가 되는 것을 모두 제거하는 것이다."[8]

육상산에 의하면, 글자를 풀이하면서 '情・性・心・才' 를 구분하는 것은 '枝葉' 에 매달리는 것이다. 그러면 무엇이 '血脈' 인가? 物欲과 私意 등 '마음의 累가 되는 것' 또는 '마음을 가리는 것' 을 제거함으로써 '本心을 지키는 것' 이 그것이다. 육상산은 "仁義는 사람의 本心이다. (…) 愚者와 不肖者가 미치지 못하는 것은 物欲에 가려 그 本心을 잃기 때문이요, 賢者와 智者

---

7) 주자가 '心과 性' 을 엄격히 구분하는 까닭은 '心과 理' 를 엄격히 구분하는 까닭과 같은 것이다.

8) 『陸象山全集』 卷35(288쪽), 語錄 : 伯敏云 如何是盡心 性才心情 如何分別 先生云 如吾友此言 又是枝葉 雖然 此非吾友之過 蓋擧世之弊 今之學者 讀書只是解字 更不求血脈 且如情性心才 都只是一般物事 言偶不同耳 (…) 若必欲說時 則在天者爲性 在人者爲心 此蓋隨吾友而言 其實不須如此 只是要盡去爲心之累者

가 지나치는 것은 意見에 가려 그 本心을 잃기 때문이다."[9]라고 말한다. 따라서 학문의 진정한 과제는 '마음을 가리는 것'을 제거하고 '그 本心을 회복함'에 있다는 것이다.

'心·性을 구분하지 않고 心卽理를 주장하느냐, 心·性을 구분하여 性卽理를 주장하느냐' 하는 것은 실로 다방면의 차이를 야기한다. 그 대표적인 것은 工夫論(修養論)의 차이이다. 본래『大學』에서는 '格物致知'와 '誠意正心'을 병행하는 工夫論을 제시했었다. 性卽理를 주장하는 주자학에서도 尊德性과 道問學, 誠意正心과 格物致知, 居敬과 窮理를 병행해야 한다고 보았다.[10] 그러나 心卽理를 주장하는 육상산은 道問學·格物致知·窮理 등을 외면하거나 경시하고, 尊德性이나 誠意正心에 치중하는 工夫論을 전개했다.

주자와 육상산 사이의 또 하나의 중요한 쟁점은 '太極' 또는 '皇極'에 대한 해석 문제였다.[11] 육상산은 '皇極'에 대해 다음과 같이 해석한다.

> '皇'은 '크다(大)'의 뜻이며, '極'은 '중심(中)'을 뜻한다. 洪範九疇에서 '五'는 그 '중심(中)'에 있으므로 '極'이라 한 것이다. (…) 오직 皇上帝께서는 아래 백성들에게 '속마음(衷)'을 내려주셨는데, '衷'이 곧 '極'이다. 무릇 백성들이 태어남에 모두 이 '極'이 있으나, 다만 氣稟에는 淸濁이 있고 智識에는 開塞이 있는 것이다. (…) 무릇 저 庶民들이 그 어버이를 사랑할 줄 알고 그 兄을

9)『陸象山全集』卷1(6쪽),〈與趙監〉: 仁義者 人之本心也 (…) 愚不肖者不及焉 則蔽於物欲而失其本心 賢者智者過之 則蔽於意見而失其本心

10) 주자는 '格物致知'를 '객관적 理法의 탐구'로 해석하고, '誠意正心'을 '주관적 마음(의지)의 純化'로 해석하여, 양자를 병행해야 한다고 보았던 것이다(이에 대한 자세한 논의는 이 책의 제4장 참조). 그러나 王陽明은 '格物致知'를 '致良知를 통해 사물을 바로잡음'으로 해석했다.

11) 육상산은 周濂溪의〈太極圖說〉에 보이는 '無極'에 대해서도 비판했다. '無極'은 道家의 용어요, '無極而太極'은 屋上屋에 해당되는 군더더기 말이라는 것이다. 이에 대해 주자는 '無極'은 太極이 無聲無臭한 形而上者임을 밝히는 데 긴요한 개념이라고 주장했다.

> 공경할 줄 아는 것이 곧 皇上帝께서 내려주신 '衷' 이며, 聖天子께서 내려주신 福인 것이다. 만약 능히 이 마음을 보존하면 곧 '極' 을 보존하는 것이 되어, 마땅히 壽福과 康寧을 얻을 것이다. (…) 만약 그 마음이 바르고 그 일이 착하다면, 비록 文字를 모르더라도 또한 저절로 讀書한 효과가 있는 것이다. 그 마음이 바르지 못하고 그 일이 착하지 못하면 비록 讀書를 많이 한들 무슨 쓸모가 있겠는가?[12]

육상산은 '極' 을 '中心' 으로 해석하는바, 결국 '속마음(衷)' 이나 '本心' 을 뜻한다고 보는 것이다. 이는 주자가 '極' 을 '객관적 標準(理法)' 으로 해석함을 반대하는 것이나. 육상산은 또 讀書의 본질은 '객관적 理法의 탐구' 에 있지 않고 '마음을 바르게 함' 에 있다고 보았는데, 이는 주자가 '객관적 理法의 탐구' 를 강조함을 비판하는 것이다. 즉 육상산의 논리에는 다음과 같은 두 맥락이 혼재하는 것이다. 첫째는 마음을 理로 규정하고, 太極 역시 마음으로 규정하는 것이다. 따라서 마음 밖에서 진리의 표준을 찾을 필요가 없다는 것이다. 둘째는 모든 문제의 실천적 관건은 마음이므로, 따라서 모든 문제의 해법은 '마음을 바르게 함' 또는 '주관의 순화' 에 있다는 것이다. 육상산은 이 두 맥락을 바탕으로 '쉽고 간단한 공부(易簡工夫)' 를 표방했던바, 그것은 '마음을 진리의 표준으로 삼고, 마음을 바르게 하자' 는 것이었다.[13]

다시 말하거니와, '마음을 바르게 함' 이 중요하다는 말은 마음이 '모든 일의 관건' 이라는 것으로서, 이에 대해서는 주자도 전적으로 동의하는 것

12) 『陸象山全集』 卷23(181-182쪽), 〈荊門軍上元設廳講義〉: 皇 大也 極 中也 洪範九疇 五居其中 故謂之極 (…) 惟皇上帝 降衷於下民 衷卽極也 凡民之生 均有是極 但其氣稟有清濁 智識有開塞 (…) 凡爾庶民 知愛其親 知敬其兄者 卽惟皇上帝所降之衷 今聖天子所錫之福也 若能保有是心 卽爲保極 宜得其壽 宜得其福 宜得康寧 (…) 若其心正 其事善 雖不曾識字 亦自有讀書之功 其心不正 其事不善 雖多讀書 有何所用

13) 그러나 위의 두 맥락은 사실 서로 矛盾되는 것이다. 이에 대한 자세한 논의는 이 책의 補論 제1장 「王陽明 心學의 二重性과 그 딜레마」 참조.

이었다. 다만 주자는 '현실의 관건' 이 되는 것과 '현실의 표준' 이 되는 것은 전혀 다른 문제라고 보는 것이다.[14] 주자는 모든 일의 실천적 관건은 '마음' 이지만, 모든 일의 합당한 표준은 '객관적 理法' 이라고 보았다. 주자는 이러한 맥락에서 '太極' 을 '위대한 標準' 으로 해석하여, 다음과 같이 말한다.

> '極' 이란 이 理의 至極함을 이름한 것이요, '中' 은 이 理의 不偏함을 이름한 것이다. 비록 같은 理이지만 그러나 그 名義는 각각 마땅함이 있는 것이다. 中은 天下의 大本으로서, 喜怒哀樂이 아직 발하지 않았을 때에 이 理가 渾然하여 치우침이나 기댐이 없음을 말한다. 太極은 진실로 치우침과 기댐이 없어서 萬化의 本이 되지만, 太極이라는 명칭을 얻은 것은 至極의 極에서 비롯된 것이요 標準의 뜻을 겸하는 것이다. 애초에 中으로서 太極이라는 이름을 지은 것은 아니다.[15]

> '極' 은 至極의 뜻이며 標準의 이름이다. 항상 사물의 中央에 있어서 사방에서 그것을 바라보고 바름(正)을 취하는 것이다.[16]

위의 두 인용문에 보이듯이, 주자는 '極' 을 '至極' 또는 '標準' 의 뜻으로 해석하는바, 이에 따르면 '太極' 은 만물의 '위대한 標準' 이 되는 것이다.[17]

---

14) 즉 주자에 의하면, '心이 곧 理이다(心卽理)' 라는 주장과 '心은 理를 지니고 있다(心具理)' 는 주장이 별개의 문제이듯이, '心이 곧 理' 라는 주장과 '心이 관건' 이라는 주장도 별개의 문제인 것이다.

15) 『朱子大全』 卷36 頁15-16(1579-1580쪽), 〈答陸子靜〉 : 極是名此理之極至 中是狀此理之不偏 雖然同是此理 然其名義 各有攸當 (…) 中者 天下之大本 乃以喜怒哀樂之未發 此理渾然 無所偏倚而言 太極固無偏倚 而爲萬化之本 然其得名 自爲至極之極 而兼有標準之義 初不以中而得名也

16) 『朱子大全』 卷72 頁14(3743쪽), 〈皇極辨〉 : 極者 至極之義 標準之名 常在物之中央 而四外望之 以取正焉者也

17) 따라서 주자는 洪範九疇의 '皇極(皇建其有極)' 을 "임금은 한 몸으로 천하에 至極한 標準을 확립한다."는 뜻으로 해석한다(『朱子大全』 卷72 頁15(3744쪽), 〈皇極辨〉 : 夫人君

주자의 해석은 太極 또는 理를 '주관적 마음'이 아닌 '객관적 理法'으로 확립하려는 데 초점이 있다. 위에 보이듯이, 주자 역시 理(太極)를 '中'으로 설명할 수도 있다고 보았다. 그러나 理를 '中'으로 설명한다고 해도, 그 맥락은 육상산과는 전혀 다른 것이다. 즉 주자는 中을 '中央'이나 '不偏不倚'로 해석하는 데 그치고 있으나, 육상산은 中을 결국 '속마음(衷)'으로 연결시키는 것이다.

요컨대 육상산의 心卽理論은 '주관적 마음'을 '진리의 표준'으로 삼고, 마음을 바르게 다스림으로써 모든 문제를 해결해 나가는 것이 '쉽고 간단한 길'이라는 주장이었다. 이에 대해 주자는 그것은 禪佛教에 가까운 것으로서, 禪佛教와 마찬가지로 '猖狂自恣'의 폐단을 야기할 것이라고 우려하였다. 그러나 明代의 王陽明은 다시 육상산의 노선을 부활시켰다.

왕양명의 문제의식은 朱子學은 "知와 行을 先·後로 나누기 때문에 支離滅裂하다."[18]는 것으로부터 출발한다. 주자학은 知·行을 둘로 나눈 결과, 알지도 못하고 실천하지도 못하게 되었다는 것이다. 왕양명에 의하면, 주자학이 知·行을 둘(先·後)로 나누는 것은 근본적으로 心과 理를 둘로 나누는 것에 기인한다.[19] 주자학은 心과 理를 둘로 나누기 때문에 知와 行이 先·後로 갈라지게 되었고, 知와 行이 先·後로 갈라짐으로써 支離滅裂하게 되었다는 것이었다.[20] 이렇게 본다면, 支離滅裂을 극복할 수 있는 첩경은 '心卽理'라는 명제에 있는 것이다. 이러한 맥락에서 왕양명 역시 '心卽理'를 학문의 제1명제로 삼았다.

그런데 왕양명은 凡人의 마음을 그 자체 '진리의 표준'으로 인정할 수 없

以其一身 而立至極之標準於天下也).

18) 『傳習錄』 中, 〈答顧東橋書〉 8조 : 所以析知行爲先後兩截 日以支離決裂 而聖學益以殘晦者

19) 『傳習錄』 中, 〈答顧東橋〉 4조 : 外心以求理 此知行之所以二也 求理於吾心 此聖門知行合一之教

20) 知行論에 관한 주자의 持論은, 先後에 있어서는 先知後行이지만, 輕重에 있어서는 知輕行重이라는 것이었다.

었다. 凡人의 마음은 私心과 物欲에 지배당하고 있음을 외면할 수 없었기 때문이다. 그리하여 왕양명은 마음을 다시 本心(心之本體)과 私心으로 나누고, '心之本體가 곧 理' 라고 말했다. '心之本體卽理學' 은 본심과 사심을 분간하여, 사심을 제거하고 본심을 보존함으로써, 마음과 理를 合一시켜야 한다는 내용으로 전개되었다. 그러나 心之本體卽理學은 사실 '簡易直截' 하지 못하고, 오히려 '支離滅裂' 에 가까운 것이다.

마음에는 본심도 있고 사심도 있다면, '心卽理' 라는 명제는 그 자체로 성립할 수 없을 것이다. 그럼에도 불구하고 支離滅裂을 극복한다는 명목으로 '心卽理' 를 고수한다면 그 말폐는 猖狂自恣로 드러나는 것이었다. 이러한 폐단을 의식하여 왕양명은 한편으로는 '心之本體가 곧 理' 라고 했는데, 그러면 본심과 사심을 구분하는 '제3의 척도' 가 필요할 것이다. 이 제3의 척도가 '마음을 구분하는 척도' 로서의 기능을 다하려면, 그것은 반드시 마음 '밖' 에 있어야 한다. 또한 그 외재적 척도에 대한 앎을 전제해야만, 본심과 사심을 제대로 구분할 수 있는 것이다. 그런데 이것은 先知後行論에 빠지는 것이요, 다시 말해 支離滅裂해지는 것이다. 이것이 양명학의 근원적 딜레마였다.

왕양명의 死後, 양명학파는 左派와 右派로 분열되었다. 좌파는 心卽理學을 추구하고, 우파는 心之本體卽理學을 추구한 것이었다. 본심과 사심을 구분하지 않고 마음을 그 자체 진리로 간주한 左派는 마침내 猖狂自恣의 말폐를 보여주었다. 반면 '心之本體卽理' 라는 입장에서 본심과 사심을 구분하고 惟精惟一의 工夫를 강조한 右派는 결국 주자학적 방법론으로 회귀하게 되었다. 이러한 현상은 '왕양명 心學의 이중성' 이 초래한 결과였다.

이상의 내용을 요약하자면, 주자학적인 支離滅裂을 극복하기 위해서는 心卽理에서 해법을 찾아야 하는바, 心卽理를 관철시키자면 猖狂自恣를 초래할 수 있고, 猖狂自恣를 막기 위해 본심과 사심을 구분하고 惟精惟一의 工夫를 강조하면 다시 支離滅裂에 빠지게 되는 것이다. 이것이 양명학의 딜레마임을 부정할 수 없다면, 우리는 왕양명의 解法이 성공적인 것이었다고

평가할 수는 없을 것이다.[21)]

마지막으로 하나만 더 지적하기로 하자. 陸象山과 王陽明은 '心卽理'를 옹호하기 위해 '마음이 본래 착하다'는 취지의 孔·孟의 言說들을 많이 인용하고 있다. 그러나 맹자의 다음과 같은 말도 주목해야 할 것이다. 맹자는 "離婁의 밝은 눈과 公輸子의 교묘한 솜씨로도 規矩를 쓰지 않으면 方圓을 이룰 수 없고, 師曠의 밝은 귀로도 六律을 쓰지 않으면 五音을 바로잡을 수 없다"고 한 다음, "한갓 善만으로는 政事를 펴기에 부족하며, 한갓 法만으로는 스스로 행해질 수 없다."[22)]고 하였다. 이에 대해 주자는 다음과 같이 주석한 바 있다.

> 그 마음은 있으나 그 政事가 없는 것을 '한갓 善(徒善)'이라 하고, 그 政事는 있으되 그 마음이 없는 것을 '한갓 法(徒法)'이라 한다. 程子는 일찍이 "爲政에는 모름지기 紀綱과 文章이 있어야 하니, 謹權·審量·讀法·平價가 모두 없을 수 없다."고 하였고, 또 "반드시 關雎와 麟趾의 뜻이 있은 다음에야 周禮의 法度를 실행할 수 있다."고 하였으니, 바로 이것을 말한 것이다.[23)]

'徒善'이란 '制度나 規範 등의 뒷받침 없이 善意志만으로 모든 문제를 해결하려는 것'을 뜻하고, '徒法'이란 善意志의 뒷받침 없이 '객관적 法度만으로 모든 문제를 해결하려는 것'을 뜻할 것이다. 맹자는 '주관적인 善意

---

21) 이에 대한 자세한 논의는 이 책의 補論 제1장 「王陽明 心學의 二重性과 그 딜레마」 참조.

22) 『孟子』 離婁上 1 : 孟子曰 離婁之明 公輸子之巧 不以規矩 不能成方員 師曠之聰 不以六律 不能正五音 (…) 徒善 不足以爲政 徒法 不能以自行

23) 『孟子集註』 離婁上 1, 朱子註 : 有其心 無其政 是謂徒善 有其政 無其心 是謂徒法 程子嘗言 爲政須要有綱紀文章 謹權審量 讀法平價 皆不可闕 而又曰 必有關雎麟趾之意 然後 可以行周官之法度 正謂此也('謹權과 審量'은 度量衡을 신중하게 살펴 정확을 기하는 것이며, '讀法'은 백성들이 알아야 할 國法을 읽혀 周知시키는 것이고, '平價'는 物價를 고르게 하는 것으로, 앞에서 말한 '文章'은 바로 이러한 일들을 가리킨다. '關雎'와 '麟趾'는 모두 『詩經』 周南의 篇名으로, 王者의 바르고 착한 마음을 읊은 것이다.)

志' 와 '객관적인 法度(理法, 規矩準繩, 標準)' 를 겸비해야만 세상을 제대로 다스릴 수 있다고 본 것이다. 그러나 陸王學의 경우, 각자의 善意志만 강조하고 객관적 標準을 외면하는 것이었다. 흔히 陸王學은 '맹자의 趣旨를 계승한 것' 이라고 주장한다. 그러나 맹자가 '徒善을 不信한 것' 으로 볼 때, 육왕학이 맹자의 취지를 제대로 계승한 것이라고 볼 수도 없을 것이다.

2. 陳亮의 事功論

주자 당시, 주자에 대한 또 한 사람의 유력한 비판자는 陳亮[24]이었다. 진량은 '靖康의 變' [25]이 있은 지 16~17년 뒤에 태어났다. 진량은 당시 南宋의 상황을 참을 수 없는 수치로 규정하고, 일찍부터 '復讎雪恥의 英雄' 이 되고자 뜻을 세웠다. 먼저 진량의 사상경향을 살펴보자. 진량의 사상을 일관하는 정신은 '해서 이루자(做得成)' 는 것이었다. 그의 持論은 '常道에 얽매이지 말고 적극적인 臨機應變을 통해서 事業을 成功시키자' 는 것이었다. 그리하여 그의 학문은 보통 '事功學' 이라 일컬어진다. 진량이 38세(1181년) 무렵에 지은 것으로 보이는 〈祭呂東萊文〉에서는 다음과 같이 말한다.

> 孔氏의 家法을 儒者들이 대대로 지켜왔는데, 그 조잡한 것만 얻고 정밀한 것을 외면하면 '度數와 刑名' 으로 흐른다. 聖人의 妙用을 英豪들이 몰래 들어왔는데, 그 末流만 따르고 根源을 잊으면 '權謀와 術數' 로 변한다. 그러므로 孝悌忠信은 항상 '天下의 權變' 을 따라가기에 부족하며, 材術辯智는 항상 '天下의 常經' 을 정하기에 부족하다.[26]

24) 陳亮의 字는 同甫, 號는 龍川, 1143~1194.
25) 宋의 수도 開封이 金에게 함락되고(1126년 9월), 황제(徽宗과 欽宗)가 金에 볼모로 끌려간 것(1127년 4월)을 '靖康의 變' 이라 한다('靖康' 은 欽宗 때의 年號였음). 1127년 5월, 南京에서 高宗이 즉위함으로써, 이른바 '南宋' 시대가 시작되었다.

위의 글에서는 孔子의 家法과 聖人의 妙用, 儒者와 英雄豪傑, 度數刑名과 權謀術數, 孝悌忠信과 材術辯智, 權變과 常經 등이 대비를 이루고 있다. 그런데 孔子와 聖人은 동격이라 할 수 있는바, 따라서 실제로 대비를 이루는 것은 '家法 가운데 粗雜한 것에 집착하는 儒者'와 '妙用 가운데 末流만 따르는 英雄豪傑'인 것이다. 진량은 각각의 폐단을 '度數刑名'과 '權謀術數'로 규정했다. '度數와 刑名으로 흐른다'는 것은 '외면적 형식' 또는 '객관적 規範'에 얽매일 때 야기되는 폐단을 말하고, '權謀와 術數로 변한다'는 것은 '외면적 형식' 또는 '객관적 규범'을 무시할 때 야기되는 폐단을 말한다. 진량의 주장은 '외면적 형식'이나 '객관적 규범'을 무시해서도 안 되지만, 얽매여서도 안 된다는 것이다.[27] 이렇게 본다면, 진량은 위의 '두 계통을 지양시키는 방향'에서 '자신의 노선'을 모색했던 것이다.

그런데 '權道(權變)와 常道(常經)를 때에 알맞게 발휘해야 한다'는 '時中之道'는 또한 유학의 근본 입장이며, 주자 역시 이를 누누이 강조했다. 따라서 위의 인용문에 표방된 논리만으로는 '時中之道'를 추구하는 주자와 본질적 차이가 없어 보인다. 그 차이는 다음의 인용문에서 드러난다. 진량은 35세에 올린 〈上孝宗皇帝第一書〉에서 다음과 같이 말한다.

> 臣은 비로소 오늘날의 '儒士'들은 '正心誠意의 學問'을 얻었다고 자처하나 모두 '風症으로 마비되어 아픔과 가려움을 모르는 사람들'임을 깨달았습니다. 온 세상 사람들이 君父의 怨讐를 편안히 여겨, 바야흐로 머리를 숙이고 손을 모

---

26) 『龍川文集』 卷24(中華書局本 295쪽), 〈祭呂東萊文〉 : 孔氏之家法 儒者世守之 得其粗而遺其精 則流而爲度數刑名 聖人之妙用 英豪竊聞之 徇其流而忘其源 則變而爲權譎縱橫 故孝悌忠信 常不足以趨天下之變 而材術辯智 常不足以定天下之經

27) 진량은 자신이 '規矩繩墨을 무시하지 않았다'고 하면서도(『龍川文集』 卷20(247-248쪽), 〈又書〉 : 亮輩根本工夫 自有欠闕 來諭誠不誣矣 至於畔去繩墨 脫略規矩 無乃通國皆稱其不孝 而因謂之不孝乎), '規矩繩墨에 얽매이는 것'에 대해서도 비판하였다(『龍川文集』 卷20(239쪽), 〈又甲辰答書〉 : 守規矩準繩 而不敢有一毫走作 傳先民之說 而後學有所持循 此子夏所以分出一門 而謂之儒也 成人之道 宜未盡於此).

> 아 공경하면서 性命을 논하나, 무엇을 性命이라 하는지도 모르는 것입니다. 陛下께서 이들을 접견하시고 일을 맡기지 않으셨으니, 臣은 이에 陛下의 어짊에 감복하게 되었습니다. 臣은 또한 오늘날의 '才臣' 들은 '富國强兵의 術策' 을 얻었다고 자처하나 모두 '미치고 미혹되어 함부로 떠드는 사람들' 임을 깨달았습니다. 틈을 내어 '立國의 本末' 을 講究하지 않으면서 바야흐로 눈썹을 치켜세우고 豪氣를 부리며 富强을 논하나, 무엇을 富强이라 하는지도 모르는 것입니다. 陛下께서 이들을 살피시고 과감히 모두 등용하지 않으셨으니, 臣은 이에 陛下의 밝음에 감복하게 되었습니다.[28]

위의 글에서 진량은 당시 孝宗의 신하들을 '儒士' 와 '才臣' 이라는 두 부류로 나누어 비판했다. '儒士' 는 '正心誠意를 표방하나 風症으로 마비되어 怨讐를 섬기면서 性命을 논하는 자들' 이며, '才臣' 은 '富國强兵을 추구하나 立國의 本末도 모르면서 豪氣를 부리는 자들' 이다. 위에서 말하는 '儒士' 는 정확히 '朱子의 학파' 를 지칭한 것이다. 性命을 탐구하고, 그에 입각하여 '뜻을 참되게 하고 마음을 바르게 함' 은 『大學』의 용어로는 '格物致知와 誠意正心' 에 해당되는 것으로, 바로 '朱子의 근본 노선' 이었던 것이다. 주자의 〈戊申封事〉에 잘 나타나 있듯이, 주자도 '君父의 怨讐를 갚는 것' 을 당대의 과제로 설정했다. 그런데 그 일을 제대로 이루기 위해서는 먼저 誠意正心이 필요하다는 것이었다. 주자의 이러한 입장은 治人보다 修己가 우선이라는 『大學』의 '先後本末論' 을 충실히 따른 것이다. 그런데 진량은 이러한 先後本末論을 '復讎雪恥를 此日彼日 미루기 위한 핑계거리' 에 불과하다고 인식하고, 주자학파를 '風症으로 마비된 집단' 으로 규정

---

28) 『龍川文集』 卷1(8쪽), 〈上孝宗皇帝第一書〉 : (臣)始悟今世之儒士 自以爲得正心誠意之學者 皆風痺不知痛痒之人也 擧一世安于君父之讎 而方低頭拱手 以談性命 不知何者謂之性命乎 陛下接之而不任以事 臣於是服陛下之仁 又悟今世之才臣 自以爲得富國强兵之術者 皆狂惑以肆叫呼之人也 不以暇時講究立國之本末 而方揚眉伸氣 以論富强 不知何者謂之富强乎 陛下察之而不敢盡用 臣於是服陛下之明

한 것이다.[29]

金에 대한 復讎雪恥를 추구한 점에 있어서는 주자도 진량과 마찬가지였다. 또한 常道와 權道를 때에 맞게 발휘해야 한다는 '時中之道'에 대해서도, 주자와 진량은 원론적으로는 견해를 같이 하는 것이었다. 그런데 진량이 보기에 주자는 '常道에 집착해서' 융통성이 없었고, 주자가 보기에 진량은 '權道에 집착해서' 綱常을 무시하는 것이었다. 사실 두 사람이 모두 時中之道를 표방하면서도, 주자는 보다 常道를 강조하고, 진량은 보다 權道를 강조한 것이었다. 주자와 진량 사이의 '王霸論爭'은 여기서부터 출발하는 것이다.

진량은 1182년(39세) 자신의 평소 持論을 담은 〈雜論十篇〉을 주자에게 보냈다. 진량은 이 글을 보내면서 "나는 애오라지 스스로 즐겁게 여기나, 나의 持論을 首肯하는 사람이 세상에 아무도 없는 것이 한스럽다."고 말했다.[30] 진량은 자신의 持論을 주자가 승인해 줄 것을 기대한 것이다. 그러나 진량의 기대와는 달리, 주자는 진량의 사상경향을 문제 삼아 다음과 같이 말했다.

> 老兄은 평소 法度의 바깥에 自處하여, 儒生의 禮法之論을 듣기를 즐거워하지 않았다. (…) 원컨대 내 말을 계기로 생각하여, '義利雙行 王霸並用'의 학설을 버리고 '懲忿窒慾 遷善改過'의 일에 종사하여, 순수하게 '醇儒의 道'로 스스로를 규율하기 바란다. 그러면 어찌 '人道의 禍'를 면할 뿐이겠는가? '根本을 배양하고 本源을 맑고 바르게 함(培壅本根 澄原正本)'으로써 '훗날 事業에

29) 즉 주자는 '誠意正心이 復讎雪恥의 출발점'이라고 본 것이요, 이에 대해 진량은 '迂闊한 常談死法'이라고 비판하는 것이다. 진량도 〈上孝宗皇帝第一書〉에서 '立國의 本末'을 언급하고 있다. 그런데 진량이 말하는 '立國의 本末'은 '戰略的인 차원의 本末'을 뜻하는 것이요, 주자가 말하는 '修己(本)와 治人(末)'의 맥락이 아닌 것이다.

30) 『龍川文集』 卷1(232쪽), 〈又書〉: 近有雜論十篇 聊以自娛 恨擧世未有肯可其論者 且錄去五篇 或秘書不以爲誤 當繼此以進 然其論亦異矣 餘五篇 乃是賞罰形勢 世卿恩舊 尤與世論不合 獨恐秘書不以爲異耳

발휘할 바탕' 으로 삼으면, 더욱 光大하고 高明해질 것이다.[31]

'法度의 바깥에 自處한다' 는 말은 '常道를 무시한다' 는 말이다. 주자는 진량의 사상경향을 '權道에 치우쳐 常道를 무시함' 으로 규정한 것이다. 常道를 존중하는 것은 王道이고, 權道에만 집착하는 것은 霸道이다. 주자는 權道를 강조하는 진량의 입장을 '義利雙行 王霸竝用' 으로 규정하고, 이에 반대하여 '醇儒의 길' 을 제시했다. '醇儒' 란 '儒敎의 가르침에 충실한 순수한 선비' 라고 정의할 수 있는바, '根本을 배양하고 本源을 맑고 바르게 함' 으로써 '훗날 事業에 발휘할 바탕' 으로 삼는 것이 바로 '醇儒의 길' 이었다.

진량이 '事功' 을 강조하는 것으로 볼 때 그가 '현실적 利益' 을 중시하고 있음을 알 수 있다. 또 진량이 '權道' 를 강조하는 것으로 볼 때 그가 '霸道' 에 기울고 있다고 짐작할 수 있다. 그리하여 주자는 진량의 입장을 '義利雙行(義理와 利益을 함께 추구함), 王霸竝用(王道와 霸道를 함께 활용함)' 이라고 규정한 것이다. 그러나 진량은 자신의 입장을 '義利雙行 王霸竝用' 으로 규정한 것에 대해 수긍하지 않았다.[32] 진량은 자신의 입장을 곡진히 개진하는 가운데, 당시 儒者들이 漢 · 唐의 歷史를 부당하게 폄하한다고 비판했다. 그리하여 '漢 · 唐의 역사를 어떻게 평가할 것인가' 라는 문제를 둘러싸고 주자와 진량 사이에 본격적인 논쟁이 시작된 것이다. 먼저 진량의 입장을 살펴보자. 진량은 다음과 같이 말한다.

> 孟子와 荀子가 義 · 利와 王 · 霸를 논한 이후로,[33] 漢 · 唐의 諸儒는 그 학설

31) 『朱子大全』 卷36 頁24(1589-1590쪽), 〈與陳同甫〉 : 老兄平時 自處於法度之外 不樂聞儒生禮法之論 (…) 願以愚言思之 絀去義利雙行王霸並用之說 而從事於懲忿窒慾遷善改過之事 粹然以醇儒之道自律 則豈獨免於人道之禍 而其所以培壅本根 澄原正本 爲異時發揮事業之地者 益光大而高明矣

32) 『龍川文集』 卷20(238쪽), 〈又甲辰答書〉 : 來敎乃有義利雙行王霸竝用之說 則前後布列區區 宜其皆未見悉也

33) 맹자는 "힘으로 다스리되 仁을 가장하는 것은 霸道니, 霸者는 반드시 큰 나라를 차지

을 깊이 밝힐 수 없었다. 本朝의 伊洛 諸公이 天理와 人欲을 辨析함으로써 이에 王・霸와 義・利의 학설이 크게 밝혀졌다. 그러나 "三代는 道로 天下를 다스렸고, 漢・唐은 智力으로 天下를 움켜쥐었다."[34]고 말하는 것은, 그 말이 진실로 이미 사람들을 心服시킬 수 없는 것이었다. 그런데 近世의 諸儒들은 마침내 "三代는 오로지 天理로 다스렸고, 漢・唐은 오로지 人欲으로 다스렸다. 다만 그 사이에 天理와 暗合하는 것이 있었기 때문에 또한 능히 長久할 수 있었다." 고 한다. 이 말을 믿는다면, 1천5백 년간 天地 또한 '새는 곳을 얽어서(架漏)' 시절을 보냈으며 人心 또한 '터진 곳을 엮어서(牽補)' 날을 보낸 것이니, 萬物은 어떻게 번성하고 道는 어떻게 常存한 것인가?

그러므로 나는 漢・唐의 君主도 '本領이 크고 확 열려있었음(洪大開廓)' 때문에 능히 그 국가가 天地와 더불어 竝立할 수 있었고, 人物도 이에 힘입어 生息할 수 있었다고 본다. 오직 때에는 轉移가 있기 때문에, 그러므로 그 사이에 '새는 곳' 이 없지 않았다. 曹孟德(曹操)은 本領이 한결같이 '도리에서 벗어난

한다. 德으로 仁을 실천하는 것은 王道니, 王者는 (영토가) 큰 것을 기다리지 않는다(『孟子』 公孫丑上 3 : 以力假仁者霸 霸必有大國 以德行仁者王 王不待大)"라고 했다. 맹자는 또한 '王・霸' 를 거론하면서, '範我馳驅(모범적으로 정직하게 말을 모는 것)' 와 '詭遇(사냥감과 정면으로 대결하지 않고 몰래 다가가는 것)' 를 거론한 바 있다(『孟子』 滕文公下 1 참조). 그리하여 範我馳驅는 王道를, 詭遇는 霸道를 상징하는 것으로 비유되었다. 한편 순자는 "義를 따르면 王이 되고, 信을 존중하면 霸가 되며, 權謀를 따르면 亡한다(『荀子』 王霸 : 義立而王 信立而霸 權謀立而亡)" 고도 하였고, "禮를 높이고 賢者를 존중하면 王者가 되고, 法을 중요하게 여기고 民을 사랑하면 霸者가 되며, 利益을 좋아하여 詐術을 많이 부리면 危險하다(『荀子』 大略 : 隆禮尊賢而王 重法愛民而霸 好利多詐而危)" 고도 하였다. 즉, 맹자는 '王・霸' 의 二分法에 입각하고 있으나, 순자는 '王・霸・亡' 의 三分法에 입각하고 있음을 주목해야 한다. 霸道와 權謀術數를 구분하는 순자의 경우에는 霸道에 대해서 상당히 긍정하나, 霸道와 權謀術數(詭遇)를 구분하지 않는 맹자의 경우에는 霸道에 대해서 추호도 긍정하지 않는 것이다. 주자는 물론 '맹자의 王・霸 二分法' 에 따른다. 그러나 진량의 경우에는 '맹자의 王・霸 二分法' 에 따르는 것인지, 순자의 '王・霸・亡 三分法' 에 따르는 것인지 판단하기 어렵다.

34) 『二程遺書』 卷1(端伯傳師說)에서는 "先王之世 以道治天下 後世 只是以法把持天下"라 하였고, 卷11(師訓, 明道先生語1)에서는 "三代之治 順理者也 兩漢以下 皆把持天下者也"라 하였다.

것'으로, 문득 天地를 움켜쥐었으나 안정하지 못하고, 成敗가 서로 찾아와 다시는 着手할 곳이 없었던 것이다. 이것이 도리어 '오로지 人欲으로 행한 것'으로서, 그 사이에 혹 성공할 수 있었던 까닭은 터럭만큼의 天理가 그 사이에서 행해졌기 때문이다. 諸儒의 주장은 曹孟德 이하의 여러 사람들을 위해서 말한 것이라면 옳겠으나, 이것으로 漢·唐을 裁斷한다면 어찌 원통하지 않겠는가? 漢高祖와 唐太宗이 地下에서 어찌 心服할 수 있겠는가? 天地와 鬼神 또한 기꺼이 '새는 곳을 얽은 것(架漏)'이라는 말을 받아들이지 않을 것이다.

(諸儒들이) '雜霸'라고 하는 것도 그 道는 진실로 王道에 근본한 것이다. 諸儒들은 '義'와 '王道'를 자처하면서, 漢·唐이 해서 이룬 것을 '利'와 '霸道'라고 말한다. 한쪽에서는 이렇게 말했고, 한쪽에서는 저렇게 이루었다. 말하는 것도 비록 매우 좋으나, 이루는 것도 또한 나쁘지 않다. 이러한 것이 도리어 '義利雙行 王霸竝用'인 것이다. 나의 주장은 도리어 上·下를 꿰뚫어 다만 하나의 핵심이 있으니, '해서 이루자(做得成)'는 것이다. 지난번의 〈十論〉도 대개 이러한 뜻을 敷衍한 것이다. 다만 唐太宗과 같은 경우는 또한 그의 英雄之心을 발하여, 잘못해서 본래는 조금 소홀했으나, 그 뒤에는 大義로 裁斷했으니, 어찌 霸道라고 하는 것이 옳겠는가?[35]

---

35) 『龍川文集』 卷20(238-239쪽), 〈又甲辰答書〉: 自孟荀論義利王霸 漢唐諸儒 未能深明其說 本朝伊洛諸公 辯析天理人欲 而王霸義利之說 於是大明 然謂三代以道治天下 漢唐以智力把持天下 其說固已不能使人心服 而近世諸儒 遂謂三代專以天理行 漢唐專以人欲行 其間有與天理暗合者 是以亦能久長 信斯言也 千五百年之間 天地亦是架漏過時 而人心亦是牽補度日 萬物何以阜蕃 而道何以常存乎 故亮以爲漢唐之君 本領非不洪大開廓 故能以其國與天地竝立 而人物賴以生息 惟其時有轉移 故其間不無滲漏 曹孟德本領一有蹻敧 便把捉天地不定 成敗相尋 更無着手處 此卻是專以人欲行 而其間或能有成者 有分毫天理行乎其間也 諸儒之論 爲曹孟德以下諸人設 可也 以斷漢唐 豈不寃哉 高祖太宗 豈能心服於冥冥乎 天地鬼神 亦不肯受此架漏 謂之雜霸者 其道固本於王也 諸儒自處者 曰義曰王 漢唐做得成者 曰利曰霸 一頭自如此說 一頭自如彼做 說得雖甚好 做得亦不惡 如此卻是義利雙行 王霸竝用 如亮之說 卻是直上直下 只有一箇頭顱 做得成耳 向來十論 大抵敷廣此意 只如太宗 亦只是發他英雄之心 誤處本秒忽 而後斷之以大義 豈右其爲霸哉

위의 첫째 문단은 '三代는 天理의 시대요, 漢·唐은 人欲의 시대' 라고 구분하는 것이 부당함을 지적한 것이다. 진량은 "만약 漢·唐이 人欲의 시대였다면, 萬物은 어떻게 번성하고 道는 어떻게 常存한 것인가?" 라고 반문했다. 둘째 문단은 漢·唐 역시 '天理에 근본한 것' 이라는 주장이다. 진량은 '漢高祖와 唐太宗은 本領이 크고 확 열려있었으나, 曹孟德은 本領이 한결같이 도리에서 벗어났다' 고 규정하고, 따라서 曹孟德의 시대를 '人欲의 시대' 로 규정함은 타당하다고 보았다. 諸儒는 한고조·당태종을 '雜霸' 라고 규정했으나, 진량은 '진실로 王道에 근본한 것' 이라고 보았다. 여기서 주목할 점은 진량이 조맹덕을 '本領이 도리에서 벗어났다' 고 비판한다는 점이다. 本領이란 '心法(마음가짐)' 이나 '가치관' 을 뜻할 것인데, '본령이 도리에서 벗어난 것' 은 진량에게도 비판의 대상이었다. 이러한 맥락에서, 진량이 한고조·당태종을 옹호한 논거는 근본적으로 '그들의 本領이 크고 확 열려있었다' 고 보았기 때문이요, 단순히 '事功을 이루었다' 는 점에 있는 것이 아니었다. 다시 말해, 진량은 한고조·당태종을 결국 王道와 연결시킴으로써 옹호하는 것인데, 반면에 주자는 한고조·당태종을 霸道 그 자체로 규정하여 폄하하는 것이다. 셋째 문단에서는, 진량이 자신의 입장은 '義利雙行 王霸竝用' 이 아니라 '해서 이루자(做得成)' 는 것이라고 밝혔다. 진량은 諸儒가 漢·唐을 '利' 와 '霸道' 로 규정함에 대해서도 반대했다. 한고조·당태종에게 약간의 잘못은 있으나, 결국엔 大義로 裁斷했으니, '霸道' 로 규정할 수 없다는 것이다.

진량의 이러한 주장으로 인하여, 논쟁의 쟁점은 '三代와 비교해서, 漢·唐을 어떻게 평가할 것인가' 의 문제, '성공적 통치의 진정한 方法은 무엇인가' 의 문제, '성공적 통치를 뒷받침하는 人間像은 무엇인가' 의 문제로 초점이 모아지게 되었다. 먼저 '漢·唐에 대한 평가 문제' 를 정리해 보기로 하자.

주자는 '三代와 漢·唐은 서로 본질이 다르다' 고 규정했다. 주자에 의하면, 三代는 天理를 추구한 시대이며, 漢·唐은 人欲을 추구한 시대이다. 漢

唐에도 긍정적인 면이 더러 있었지만, 그것은 '우연히 道에 합치된 것일 뿐' 이었다. 한고조 · 당태종이 帝業을 이룰 수 있었던 것은 그들에게 '本領' 이 있었기 때문이 아니라, 그들이 경쟁자들보다 더 '權謀術數(또는 假借仁義)' 에 능했기 때문이다. 요컨대 三代는 金의 시대이고, 漢唐은 鐵의 시대이다.

이에 반해, 진량은 '三代와 漢 · 唐 사이에 본질적 차이는 없고, 다만 정도의 차이만 있다' 고 규정했다. 三代가 漢 · 唐보다 완전한 시대였음은 분명하지만, 三代에도 人欲은 있었다. 지금 三代를 天理에 순수한 시대라고 여기는 것은 공자가 三代의 歷史를 美化(淨化)시킨 점을 간과하는 것이다.[36] 漢 · 唐도 淨化시켜서 보면, 그렇게 나쁜 시대는 아니다. 漢 · 唐이 불완전했던 것은 두 이유 때문이다. 하나는 한고조 · 당태종 등이 本領은 있었으나 工夫가 없었기 때문이며, 다른 하나는 臣下들이 한고조 · 당태종을 올바로 보좌하지 못했기 때문이다. 요컨대 三代는 金의 시대이고, 漢 · 唐은 銀의 시대이다.

진량은 주자에게 "本 · 末이 感應하는 것은 다만 一理일 뿐이다. 만약 그 田地와 根本에 옳은 곳이 전혀 없었다면, (漢 · 唐이) 어찌 그대의 편지에서 말한 '小康' 을 이룰 수 있었겠는가?"[37]라고 반문했다. 漢 · 唐도 田地와 根本에 옳은 곳이 있었기 때문에 때때로 小康을 이룰 수 있었다는 것이다. 이는 주자의 '한고조 · 당태종에게 本領이란 없었고, 우연히 道에 합치했던 경우만 있었다' 는 주장에 대한 반론이며, '成敗로 是非를 논한다' 는 비판에 대한 반론이다. 진량에 의하면, 한고조 · 당태종도 本領이 있었기 때문에 때때로 道와 합치했던 것이며, 帝業을 이룬 것으로 볼 때 분명 根本에 옳음

36) 『龍川文集』 卷20(250쪽), 〈又書(乙巳)〉 : 秘書以爲三代以前 都無利欲 都無要富貴底人 今詩書載得如此淨潔 只此是正大本子 亮以爲才有人心 便有許多不淨潔 革道止於革面 亦有不盡槩聖人之心者 聖賢建立於前 後嗣承庇於後 又經孔子一洗 故得如此淨潔

37) 『龍川文集』 卷20(246쪽), 〈又書〉 : 本末感應 只是一理 使其田地根本 無有是處 安得有來諭之所謂小康者乎

이 있었던 것이다. 진량의 이와 같은 주장에 대해, 주자는 다음과 같이 반론한다.

> 무릇 사람은 다만 사람이고, 道는 다만 道이니, 어찌 三代와 漢·唐의 구별이 있겠는가? 다만 儒者의 학문이 전해지지 않아 堯·舜·禹·湯·文·武 이래 서로 주고받은 心法이 天下에 밝혀지지 못했다. 그러므로 漢·唐의 君主는 비록 간혹 暗合한 때가 없지 않았지만, 그 全體는 도리어 다만 利欲上에 있었던 것이다. 이것이 堯·舜·三代는 스스로 堯·舜·三代요, 漢高祖·唐太宗은 스스로 漢高祖·唐太宗으로서, 끝내 합쳐서 하나로 여길 수 없는 까닭이다. 이제 만약 반드시 간격을 없애어 古·今의 차이를 없애고자 한다면, 堯·舜이 서로 전해준 心法과 湯·武가 本性에 돌이킨 工夫를 깊이 살펴 準則으로 삼고 自身에게서 구하는 것이 좋을 것이다. 漢高祖·唐太宗의 心術의 隱微한 곳에 대해서는 애통한 마음으로 먹줄을 그어, 우연히 합치한 것은 취하되 그 所從來를 살피며, 어긋난 것은 물리치되 그 所從來를 탐구하면, 天地의 常經과 古今의 通義를 내게서 거의 얻을 것이다. 앉아서 지나간 자취를 논하면서 이미 그러했던 잘못을 뒤따라 수식하여, 문득 우연히 같은 것을 가리켜 全體로 여기고 '참으로 옛 聖賢과 다르지 않다' 고 말하지 말라.[38)]

漢·唐에 대한 주자와 진량의 평가는 평행선을 달릴 뿐 합치점을 찾기 어렵다. 또 우리는 누구의 평가가 타당한 것인지 판단하기도 어렵다. 그러나 이를 통해 그들의 역사인식의 단면을 살필 수는 있다. 한고조·당태종의 본

---

38) 『朱子大全』 卷36 頁32(1600-1601쪽), 〈答陳同甫〉: 夫人只是這箇人 道只是這箇道 豈有三代漢唐之別 但以儒者之學不傳 而堯舜禹湯文武以來轉相授受之心 不明於天下 故漢唐之君 雖或不能無暗合之時 而其全體却只在利欲上 此其所以堯舜三代 自堯舜三代 漢祖唐宗 自漢祖唐宗 終不能合而爲一也 今若必欲撤去限隔 無古無今 則莫若深考堯舜相傳之心法 湯武反之之功夫 以爲準則而求諸身 却就漢祖唐宗心術微處 痛加繩削 取其偶合而察其所自來 黜其悖戾而究其所從起 庶幾天地之常經 古今之通義 有以得之於我 不當坐談旣往之迹 追飾已然之非 便指其偶同者以爲全體 而謂其眞不異於古之聖賢也

령을 긍정하는 진량은 三代와 漢 · 唐을 '程度의 차이' 로 설명하는 것이요, 한고조 · 당태종의 본령을 부정하는 주자는 三代와 漢 · 唐을 '本質의 차이' 로 규정하는 것이다.

다음, '成功的 統治를 보장하는 理想的 人格은 무엇인가' 에 관한 논쟁을 정리해 보자. 진량은 일찍부터 '經生學士(儒士)' 와 '才臣智士(才臣)' 를 모두 각각 한쪽으로 치우친 편협한 인격이라고 비판했다. 진량이 말하는 '經生學士' 는 정확히 '주자학적 人間像' 을 겨냥하는 것이었다. 이에, 주자는 논쟁의 초기에 진량에게 "粹然하게 '醇儒의 道' 로서 스스로를 규율하라" 고 충고했다. 그런데 주자가 말하는 '醇儒' 는 진량이 진작부터 비판해온 '經生學士(儒士)' 였던 것이다. 그리하여 진량은 '儒士' 를 비판하고, 그 대신 '成人' 을 이상적 인격으로 제시했다. 진량은 다음과 같이 말한다.

> 氣는 그 아는 것을 확충시키기에 부족하고, 才는 그 능한 것을 발휘하기에 부족하며, 規矩準繩을 지켜서 감히 터럭만큼도 走作하지 못하고, 先民의 學說을 전해서 後學들이 지키게 하는 것, 이것은 子夏가 떨어져 나와 하나의 門戶를 세우고 '儒' 라 하는 것이다. '成人의 道' 는 이것만으로는 마땅히 未盡할 것이다. 그러므로 後世의 이른바 '才는 있으나 德이 없고, 智勇은 있으나 仁義가 없다' 고 하는 말은 모두 '儒者의 입' 에서 나온 말이다. 그렇다면 '才와 德이 雙行하고, 智勇과 仁義가 交出하여 함께 드러나는 것' 이 어찌 諸儒가 인도해야 할 바가 아니겠는가? 그러므로 나는 '學問이란 成人이 되기를 배우는 것이며, 儒者 또한 하나의 門戶 가운데 큰 것' 이라고 생각한다.[39]

---

39) 『龍川文集』 卷20(239쪽), 〈又甲辰答書〉 : 氣不足以充其所知 才不足以發其所能 守規矩準繩 而不敢有一毫走作 傳先民之說 而後學有所持循 此子夏所以分出一門 而謂之儒也 成人之道 宜未盡於此 故後世所謂有才而無德 有智勇而無仁義者 皆出於儒者之口 才德雙行 智勇仁義交出而竝見者 豈非諸儒有以引之乎 故亮以爲學者學爲成人 而儒者亦一門戶中之大者耳

진량은 '儒'를 '才·氣가 부족하고, 기존의 規範에 얽매이는 인격'으로 규정하고, 이는 '成人'이 되기에 미흡하다고 주장했다. 진량이 말하는 '成人'이란 개념적으로는 '才와 德, 智勇과 仁義를 겸비한 인격'으로서, 실제로는 '管仲'을 표준으로 삼는 것이었다.

공자는 管仲이 '무력을 쓰지 않고 諸侯를 규합하여 한번 天下를 바로 잡은 功'을 높이 평가하고, '어질다 할 것이다! 어질다 할 것이다!'라고 칭송한 바 있다. 반면에 맹자는 管仲을 '무력으로 다스리되 仁義를 가장한 覇道의 원흉'으로 지목했다. 管仲에 대한 이러한 양면적 평가를 의식해서인지, 진량은 "金·銀·銅·鐵을 섞어서 녹여 하나의 그릇을 만들자는 것이니, 요는 '알맞게 활용함'을 爲主로 하자는 것"[40]이라고 자신의 입장을 실명했다. 이에 대하여 주자는 다음과 같이 반론한다.

그 이른바 '成人을 배우되 儒者를 기필하지 않는다.'거나 '金·銀·銅·鐵을 섞어서 하나의 그릇을 만들되, 알맞게 활용함을 爲主로 하자.'는 말을 보면, 또한 그 '立心의 근본'이 功利에 있음을 알 수 있다. 무릇 '成人의 道'는 '儒者의 學'으로 추구하면 공자가 말한 成人이 되나, '儒者의 學'으로 추구하지 않으면 나는 그 '繩墨과 規矩를 폐기함'을 두려워하니, 나아가서는 君子가 될 수 없고, 물러나서는 小人이 될 수 없는 것이다. 이것은 바로 '金·銀·銅·鐵을 섞어서 하나의 그릇을 만들면, 金·銀을 버릴 뿐만 아니라 銅·鐵 또한 그 用途를 다할 수 없음'과 같다. 荀卿은 진실로 子游·子夏를 賤儒라고 譏弄했으나, 또한 大儒로 周公을 지목하지 않았던가? 孔子는 진실로 '管仲의 功'을 칭송했으나, 또한 "그릇이 작고, 禮를 모른다."고 말씀하시지 않았던가?[41]

40)『龍川文集』卷20(244쪽),〈與朱元晦秘書〉: 正欲攪金銀銅鐵 鎔作一器 要以適用爲主耳

41)『朱子大全』卷36 頁33(1601쪽),〈答陳同甫〉: 觀其所謂學成人而不必於儒 攪金銀銅鐵爲一器而主於適用 則亦可見其立心之本在於功利 夫成人之道 以儒者之學求之 則夫子所謂成人也 不以儒者之學求之 則吾恐其畔棄繩墨脫略規矩 進不得爲君子 退不得爲小人 正如攪金銀銅鐵爲一器 不唯壞却金銀 而銅鐵亦不得盡其銅鐵之用也 荀卿固譏游夏

주자는 진량의 주장에 대해 두 가지 우려를 제기한 것이다. 첫째는 그것이 '功利主義'에 빠졌다는 점이다. 둘째는 그것이 '繩墨과 規矩' 즉 '사회적 규범'을 무시하는 결과를 초래할 것이라는 점이다. '공리주의'와 '사회적 규범의 무시'는 사실 같은 맥락이다. 공리주의는 성공적 결과를 중시하는바, 성공적 결과(목적)를 위해서는 무슨 수단이든지 활용할 수 있다는 의미를 함축하기 때문이다. 이러한 맥락에서 주자는 '成人'은 반드시 '儒學을 바탕으로 한 成人'이어야 한다고 강조하고, 그 대표적 인간상으로서 '周公'을 제시한 것이다. 진량은 子夏를 지칭하면서 '儒士'를 '편협한 인격'이라고 비판했었다. 이에 대해 주자는 '儒士'에는 '周公과 같은 大儒'도 있음을 상기시킨 것이다. 管仲에 대해서도, 주자는 공자가 한편으로는 管仲을 '그릇이 작고, 禮를 모른다'고 평가했던 점을 상기시켰다. 따라서 진량이 제시하는 '管仲'과 같은 인간상이야말로 '事功(才能)에 치우친 편협한 인격'이요, 자신이 제시하는 '周公'과 같은 인간상이야말로 '道德과 事功을 겸비한 포괄적 인격'이라는 주장이다.

주자는 진량의 "金·銀·銅·鐵을 섞어서 녹여 하나의 그릇을 만들자는 것이니, 요는 '알맞게 활용함'을 爲主로 하자는 것"이라는 주장을 '成功을 위해서 왕도와 패도를 함께 활용하자'는 주장으로 해석했다. 즉 '목적은 수단을 정당화할 수 있다'는 관점에서 때때로 '詭遇'도 용납할 수 있다는 것이 진량의 입장이라고 보았던 것이다. 그리하여 주자는 이러한 주장을 용납할 수 없다고 비판했던 것인데, 이에 대해 진량은 '자신의 失言'이라고 해명했다.[42] 그러면서도 진량은 '管仲에 대한 옹호'는 철회하지 않았으며, 또 자신이 繩墨과 規矩를 부정하는 것도 아니라고 주장했다. 管仲은 일반적으로 큰 功業은 세웠으나 規矩繩墨(규범)을 무시한 사람으로 평가되는바, 따라서 진량의 이와 같은 입장은 그 本旨가 무엇인지 알기 어렵다. 다만 진량

之賤儒矣 不以大儒目周公乎 孔子固稱管仲之功矣 不曰小器而不知禮乎

42) 『龍川文集』 卷20(247쪽), 〈又書〉 : 前書所謂攪金銀銅鐵鎔作一器者 皆措辭之失耳

의 주장을 그의 持論대로 정리하자면, 규범을 무시하지도 않고, 규범에 얽매이지도 않으면서, 臨機應變하여 成功(功利)을 이루자는 것이었다.

다음, '統治를 성공하게 하는 진정한 方法은 무엇인가' 에 대한 논쟁을 정리해 보자. 孔 · 孟의 통치론은 흔히 '德治' 로 대변되거니와, 주자 역시 '統治' 의 주축을 '修己를 통한 感化' 로 설정하였다. 德治論에서는 修己가 治人의 전제로 설정되는바, 따라서 '修己와 治人' 은 '本 · 末' 의 관계로 인식된다. 이러한 입장에서는 성공적 統治를 위해서는 먼저 修己에 충실해야 하는 것이다. 그러나 진량은 '法治(信賞必罰)' 에 의존하는 통치론을 전개하고, 수기와 치인을 별개로 보아, 수기를 치인의 전제로 설정하는 것을 조롱하였다.

진량의 입장은 "오늘날의 君子들은 편안히 앉아서 백성을 感動시키려 하는데, 이것은 참으로 '腐儒의 말' 이다."[43]라는 한 마디에 잘 함축되어 있다. 『대학』에서는 "君子는 집에서 나가지 않고 나라 안에 가르침을 이룬다."[44]고 하였다. 그러나 진량은 이러한 感化論(德治論)을 '腐儒의 말' 이라고 폄하한 것이다. 진량은 다음과 같이 말하기도 한다.

> 지난 30년 전, 내가 처음 知識을 갖췄을 때도 오히려 "선비는 반드시 文章과 行義로 스스로 이름을 얻고, 官吏는 반드시 政事와 書判으로 스스로 드러내야 한다. 각자 자기의 실제에 힘써서 그 지극함에 이르면, 사람들은 각자 능력이 있기도 하고 없기도 하나, 끝내는 또한 감히 힘쓰지 않을 수 없을 것이다."라고 썼던 적이 있다. 그런데 '道德性命의 학설' 이 한 번 일어난 다음부터 '평범하게 성숙하여 능히 해결할 수 있는 것이라곤 없는 사람들' 이 그 사이에 스스로 稱託하여, '단정하고 삼가며 고요하고 깊은 것(端慤靜深)' 을 體로 삼고 '천천히 걷고 느리게 말함(徐行緩語)' 을 用으로 삼아서 '헤아릴 수 없는 것' 에 힘씀으

---

43) 『龍川文集』 卷20(234쪽), 〈又癸卯通書〉 : 今之君子 欲以安坐感動者 是眞腐儒之談也
44) 『大學章句』 傳9章 : 君子 不出家而成敎於國

로써 자기들의 無能을 감추었으니, 一藝一能이 모두 스스로 聖人의 道에 통하기는 부족한 것이었다. 이에 天下의 선비들이 비로소 그 지니고 있던 것을 버리고, 따를 바를 모르게 되었다. 선비는 '文章과 行義' 를 말하기를 부끄럽게 여기고 '盡心知性(마음을 다하여 본성을 깨달음)' 을 말하며, 官吏는 '政事와 書判' 을 말하기를 부끄럽게 여기고 '學道愛人(道를 배워 백성을 사랑함)' 을 말한다. 이렇게 서로 감싸고 서로 속임으로써 '天下의 실제' 를 모두 폐기하니, 또한 마침내 모든 일이 다스려지지 않게 되었다.[45)]

위에서 말하는 '道德性命의 학설' 이란 곧 朱子學을 지칭하는 것이다. 주자학은 '道德性命의 학설' 을 토대로 삼는다. 또한 '盡心知性과 學道愛人' 은 주자학에 있어서 '本 · 末' 의 관계로서, 각각 '修己와 治人' 의 핵심을 이룬다. 그런데 진량은 이에 대해 '서로 감싸고 서로 속이는 것' 이라고 추호의 여지도 없이 罵倒하였다.

진량이 德治를 懷疑하는 까닭은 그의 인간관에서 기인한다. 진량은 "一生을 堯 · 舜이 相傳한 心法에 부지런히 힘써도 '鐵을 다루어 黃金으로 만듦(點鐵成金)' 은 불가능한 것"[46)]이라고 단언한 바 있다. 쇳덩이는 아무리 鍊磨해도 황금이 되지 않듯이, 아무리 心法의 공부를 해보았자 惡한 사람이 善한 사람으로 바뀌지는 않는다는 것이다. 그렇다면 德治란 애초부터 無意味한 것이다. 진량은 사람을 바꿀 수 있는 것은 '道德' 이 아니라 '賞罰' 이라고 보았다. 따라서 統治는 法治(信賞必罰)에 의존할 수밖에 없는 것이다. 진량은 다음과 같이 말한다.

---

45) 『龍川文集』 卷15(160쪽), 〈送吳允成運幹序〉 : 往三十年時 亮初有知識 猶記爲士者 必以文章行義自名 居官者 必以政事書判自顯 各務其實而極其所至 人各有能有不能 卒亦不敢强也 自道德性命之說一興 而尋常爛熟無所能解之人 自託於其間 以端慤靜深爲體 以徐行緩語爲用 務爲不可窮測 以蓋其所無 一藝一能 皆以爲不足自通於聖人之道也 於是 天下之士 始喪其所有 而不知適從矣 爲士者 恥言文章行義 而曰盡心知性 居官者 恥言政事書判 而曰學道愛人 相蒙相欺 以盡廢天下之實 則亦終於百事不理而已

46) 『龍川文集』 卷20(247쪽), 〈又書〉 : 一生辛勤於堯舜相傳之心法 不能點鐵成金

孔子께서 『春秋』를 지은 것은 '賞罰을 公正하게 함으로써 사람들의 본성을 회복시키기 위한 것' 일 뿐이었으나, 後世에 賞罰을 활용함은 '賞罰을 자기의 것으로 삼아서 天下의 사람들을 통제하기 위한 것' 일 뿐이었다. 賞罰이 사람들에게 들어감이 얕은 것이 아니라, 賞罰을 활용하는 사람이 그 효과를 얕게 한 것이다. 그러므로 '喜 · 怒를 사사롭게 함' 은 '나라를 망하게 하는 賞罰' 이요, '欲 · 惡를 공정하게 함' 은 '王者의 賞罰' 이다. '賞罰을 외면하고 君道를 추구함' 은 '迂儒의 論' 이요, '賞罰에 집착하여 天下를 통제함' 은 '覇者의 術' 이다.[47]

기존에는 일반적으로 『春秋』를 '褒 · 貶의 책' 으로 인식했었는데, 진량은 『春秋』를 '賞 · 罰의 책' 으로 규정했다. 또한 진량은 賞罰을 통해 사람들의 本性을 회복시킬 수 있다고 보았다. 이러한 맥락에서 진량은 '賞罰을 외면하고 君道를 추구함' 은 '迂儒의 論' 이라고 단정한 것이다. 그런데 진량은 또한 '賞罰에 집착하여 天下를 통제함' 은 '覇者의 術' 이라고도 하였다. 요컨대 '賞罰에 집착하는 통치술' 이나 '賞罰을 외면하는 통치술' 모두가 바람직하지 못하다는 것이다. 또한 功利主義의 일반적 특징은 '欲 · 惡' 에 초점을 맞추어 인간성을 파악하는 것인데, 위의 인용문에서도 '欲 · 惡' 나 '喜 · 怒' 만 거론하고 있음을 볼 수 있다. 즉 惻隱 · 羞惡 · 辭讓 · 是非와 같은 '도덕적 감정' 은 거론되지 않는 것이다. 진량의 입장을 정리하자면, 통치자는 道德性命이나 盡心知性과 같은 속임수를 버리고, 文章과 行義, 政事와 書判, 信賞必罰, 形勢에 따른 臨機應變 등과 같은 '天下의 실제' 에 충실해야 한다는 것이다.

그러나 주자는 統治의 성공은 修己로부터 연유한다고 보고, '修己와 治

---

47) 『龍川文集』 卷4(42쪽), 〈問答〉 제7조 : (答) 孔子之作春秋 公賞罰 以復人性而已 後世之用賞罰 執爲己有 以驅天下之人而已 非賞罰入人之淺 而用之者其效淺也 故私喜怒者亡國之賞罰也 公欲惡者 王者之賞罰也 外賞罰以求君道者 迂儒之論也 執賞罰以驅天下者 覇者之術也

人' 을 철저히 '本 · 末' 의 관계에 입각하여 논의한다. 여기서 유의할 것은, 주자의 입장은 결코 '근본을 먼저 확립하면 말단은 저절로 해결된다.' 는 것이 아니라는 점이다. 주자는 말단을 해결하는 방도 자체에 대해서도 중요한 의미를 부여했다. 하지만 말단은 어디까지나 말단일 뿐이니, 먼저 근본을 해결해야 한다는 것이다. 이러한 맥락에서 주자의 持論은 '근본의 확립' 과 '말단의 해결책' 을 함께 문제 삼는 것이었다.

주자는 〈戊申封事〉의 結論部에서 네 부류의 '似而非 學說' 을 비판하고 있는데, 그 둘째는 '奮發하여 힘쓰고자 하는 자들' 이었다. '奮發하여 힘쓰고자 하는 자들' 은 요즈음 말로는 '急進主義' 라 할 수 있는데, 이는 곧 진량의 입장을 지목한 것이다.[48] 주자는 이에 대하여 다음과 같이 비판했다.

> '奮發하여 힘쓰고자 하는 자들' 은 한갓 故疆을 회복해야 하며 퇴폐한 국가는 오래 갈 수 없다는 것만 알 뿐이요, 큰 功은 쉽게 세울 수 있어도 至微한 本心은 보존하기 어려우며, 中原의 오랑캐는 쉽게 물리칠 수 있지만 한 몸의 私意는 제거하기 어려움을 모른다. 진실로 능히 그 어려운 것을 먼저 힘쓰면 그 쉬운 것은 장차 말하지 않아도 저절로 힘쓰게 될 것이나, 그 어려운 것을 먼저 힘쓰지 않고 한갓 그 쉬운 것에서 僥倖을 바란다면, 비록 朝夕으로 그것을 말하여 입에서 끊이지 않는다 하더라도, 이 또한 虛言을 떠들어 一時의 뜻을 통쾌하게 할 뿐인 것이다.[49]

주자에 의하면, 밖의 오랑캐를 물리치는 것보다 안의 私心을 제거하기가 더욱 어렵다. 전자는 말단이요 후자는 근본인바, 근본을 먼저 확립하면 말

48) 진량은 '事功을 중시한다' 는 점에서는 功利主義者였고, '故土의 회복을 國政의 선결과제로 설정했다' 는 점에서는 急進主義者였던 것이다.

49) 『朱子大全』 卷11 頁44(483쪽), 〈戊申封事〉 : 其思奮厲者 又徒知恢復之不可忘 頹墮之不可久 然不知不世之大功易立 而至微之本心難保 中原之戎虜易逐 而一己之私意難除也 誠能先其所難 則其易者將不言而自辦 不先其難而徒欲僥倖於其易 則雖朝夕談之 不絶於口 是亦徒爲虛言 以快一時之意而已

단은 쉽게 해결된다. 이러한 맥락에서, 주자는 修己를 근본으로 규정하고 治人을 말단으로 규정한 것이었다. 그리고 '근본인 修己를 뒤로 하고 말단인 治人을 우선 문제 삼는다면, 결코 성공할 수 없다'는 논리로 '급진주의자들'을 비판하는 것이다. 같은 맥락에서 주자는 진량에게 다음과 같이 말한다.

> 이른바 "人心은 오직 위태롭고, 道心은 오직 은미하니, 오직 精密하게 살피고 오직 專一하게 지켜서, 진실로 그 中庸을 잡으라."는 말은 堯·舜·禹가 서로 전해준 密旨이다. (…) 이 서로 전해준 妙를 儒者들은 서로 삼가 지키면서 함께 배웠으니, '天下가 비록 크더라도, 그것을 다스리는 원리는 여기에서 벗어나지 않는다.'고 여겼던 것이다.[50]

> 대개 修身과 事君은 본래 두 일이 아니니, 둘로 볼 수 없는 것이다. 이것은 千聖이 서로 전해주신 正法眼藏으로서, 평소에 師友들로부터 듣고서 그윽이 지켜왔던 것이다. 이제 늙어서 죽게 되었는데도, 이 말을 고칠 수 없겠다.[51]

위의 첫째 인용문에서는 '천하를 다스리는 원리'는 '자기 마음을 다스리는 원리'를 벗어나지 않는다고 하였다. 다시 말해, 治人의 원리는 修己의 원리를 벗어나지 않는다는 것이다. 둘째 인용문은 주자가 진량에게 보낸 마지막 편지로서, 修身과 事君(治國·平天下)이 두 일이 아니라고 확언했다. 주자는 이제 늙어서 죽음에 임박했음에도 불구하고 이러한 생각을 고칠 수 없노라고 술회했다.

---

50)『朱子大全』卷36 頁30(1598-1599쪽),〈答陳同甫〉: 所謂人心惟危道心惟微惟精惟一允執厥中者 堯舜禹相傳之密旨也 (…) 此其相傳之妙 儒者相與謹守而共學焉 以爲天下雖大 而所以治之者 不外乎此

51)『朱子大全』卷36 頁41(1610쪽),〈答陳同甫〉: 蓋修身事君 初非二事 不可作兩般看 此是千聖相傳正法眼藏 平日所聞於師友而竊守之 今老且死 不容改易

이제 두 사람의 입장을 정리해 보자. 진량은 '事功'을 표방했다. '事業의 成功'은 주자학에 있어서도 중요한 목표였다. 다만 두 사람은 그 방법론을 달리했던 것이다. 진량은 成功을 위해서는 權道와 臨機應變이 중요하다고 보았고, 그에 부합하는 인간상으로 管仲을 꼽았다. 이에 대해 주자는 '霸道(詭遇)에 빠지는 것'이라고 우려했다. 주자는 成功의 길은 常道(王道)를 존중하는 데 있다고 보았으며, 管仲 대신 周公을 이상적 인격으로 꼽았다. 진량은 인간을 '欲·惡'의 관점에서 이해하고, 인간을 움직일 수 있는 것은 道德이 아니라 賞罰이라고 보았다. 이것은 修己와 治人을 별개로 규정하는 것이요, 기존의 德治論(修己治人論)을 비판하는 것이었다. 이에 대해 주자는 修己를 治人의 근본으로 설정하고, 성공적 통치를 위해서는 먼저 修己에 힘써야 한다고 주장했다. 이러한 대립은 사실 思想史의 영원한 쟁점이기에, 통일된 결론에 도달하기는 거의 불가능한 것이다. 다만 각자의 논리를 서로 깊이 이해함으로써 상호간에 포용의 여지를 확대시키는 것이 중요할 것이다.[52)]

3. 西學의 有神論과 來世主義

주자는 '僞學'이라는 탄압을 받으면서 일생을 마감했지만, 元代에 이르러 주자학은 국가의 공식 이념으로 公認되었다. 그러나 明代에 이르러서는 확고했던 주자학의 위상이 흔들리기 시작하였다. 明代 思想史에서 주목할 두 사건은, 陽明學의 開花와 함께 '西學(天主教)'이 본격적으로 전래되기 시작했다는 점이다.

이탈리아 출신 天主教 神父 마테오 리치[53)]는 1583년 중국에 입국하여, 선

52) 주자와 진량의 왕패논쟁에 대한 보다 자세한 논의는 拙稿, 「朱子와 陳亮의 王霸論爭에 대한 재검토」 참조.

53) 마테오 리치(Matteo Ricci)의 漢字名은 利瑪竇, 1552~1610.

교활동과 함께 중국의 사상과 문화를 익힌 다음, 1603년에는 마침내『天主實義』를 간행했다.『천주실의』는 물론 천주교 교리에 대한 소개서이다. 그러나 그 가운데에는 천주교와 중국의 전통사상(儒・佛)을 비교해서 논의하는 내용이 많이 포함되어 있다. 儒・佛에 대한 리치의 노선은, 불교에 대해서는 虛誕한 것이라 하여 혹독하게 비판하고, 유교에 대해서는 이중적으로 접근하는 것이었다.『詩經』이나『書經』등 古經에 보이는 原始儒敎는 본래 '上帝(天)' 에 대한 신앙을 담고 있었다. 그러나 주자학은 上帝를 '理' 로 해석함으로써 기존의 人格神論과 결별하고, 이 세계를 '자연적 理法' 의 체계로 해석하는 것이었다. 리치는 '古經의 上帝' 에 대해서는 자신이 신앙하는 '天主' 와 같은 것이라고 긍정하고,[54] '주자학의 理' 에 대해서는 '사물의 屬性에 불과하다' 고 규정함으로써 여지없이 격하하였다. 리치는 주자학을 격하하고 원시유교를 옹호함으로써, 한편으로는 '유교와 천주교 사이의 親和性' 을 부각시키고, 또 한편으로는 '천주교의 正當性' 을 입증하려는 것이었다. 리치의 이러한 노선은 기존의 儒敎人들을 포섭하는데 주효하기도 했지만,[55] 또한 많은 朱子學者들의 비판을 야기하기도 했다. 이제 먼저『천주실

54) 마테오 리치, 송영배 外 譯,『天主實義』, 서울대출판부, 2000, 99-103쪽 참조. 本考에서는 송영배 등이 번역한『천주실의』를 활용하되, 글을 간략하게 하기 위하여 敬語體를 平語體로 바꾸고 약간 縮約하기도 하였다.

55) 1583년 중국에 첫발을 내디딘 '예수회' 선교사들은 '서양의 발달된 과학지식(天文學・曆學・科學技術)' 과 '補儒論' 을 두 축으로 삼아 중국 사회에 파고들었다. '補儒論' 이란 천주교와 유교(원시유교)는 異質的이지 않고 相通하는 점이 많으며, 특히 유교에 부족한 신앙적 측면을 補完해주는 것이라는 논리이다. 補儒論은 기존의 유교인들이 특별한 거부감 없이 천주교를 신앙하도록 하는 데 크게 기여했다. 그러나 1684년 '파리외방전교회' 가 중국에 입국하고부터는 유교와 천주교의 관계는 적대적으로 변했다. 파리외방전교회는 예수회의 '現地適應主義(補儒論)' 를 비판하고 '천주교 신앙의 순수성과 통일성' 을 고집했다. 마침내 파리외방전교회의 노선이 '敎皇廳의 공식입장' 으로 채택됨으로써(1715년 교황 클레멘스 11세의 칙서, 1742년 교황 베네딕또 14세의 칙서), 유교와 천주교 사이의 갈등이 깊어지고 많은 희생을 치르게 된 것이다(이에 대한 자세한 논의는 최기복,「儒敎와 西學의 思想的 葛藤과 相和的 理解에 관한 연구」, 성균관대 박사학위논문, 1989, 10-32쪽 참조).

의』를 중심으로 리치의 '朱子學에 대한 批判'을 살펴보고, 다음 그에 대한 '朱子學의 反論'을 살펴보기로 하자.

『천주실의』 제1편은 〈天主가 만물을 창조하고 그것을 주재하며 安養하심을 논함〉이라는 제목을 달고 있는바, 리치는 '天主'를 이 세계의 創造主요 主宰者라고 설명하고, 그 존재를 증명하는 것으로부터 논의를 시작하고 있다. 리치는 이 '森羅萬象의 世界'를 '自然物'이 아닌 '被造物'로 규정하고, 그 造物主가 바로 天主라고 주장했다. 『천주실의』 제2편은 〈세상 사람들이 天主를 잘못 알고 있는 것에 대한 풀이〉라는 제목을 달고 있는바, 여기에서는 老莊의 '無', 佛敎의 '空', 儒敎의 '太極(理)' 등 각 학파의 '궁극적 개념'을 비판하고 있다. 리치는 노장의 '無'와 불교의 '空'에 대해서는 "空이니 無니 하는 것은 절대로 그 자체 속에 아무것도 갖고 있지 못한 것이다. 그런데 어떻게 만물들에게 形相(性)과 質料(形)를 부여하여 물체를 되게끔 하겠는가?"라고 간단하고도 단호하게 배척했다. 반면 유교의 太極(理)이나 誠에 대해서는 "진실로 (도리에) 가까운 듯하다."다고 평하였다.[56] "진실로 도리에 가까운 듯하다."는 말은 '似而非'라는 말이다. 누구나 似而非에 대해서는 더욱 엄밀하게 論斷한다. 이러한 맥락에서, 리치는 주자학의 여러 論題들을 논파하는 데 심혈을 기울였다.

그 첫째는 주자학의 '理'를 격하시키는 것이었다. 리치는 "太極이 만물의 본원이 될 수 없음"을 명백히 밝히고자, 다음과 같이 설명한다.

> 사물의 범주는 두 가지가 있다. 實體(自立者)가 있고 屬性(依賴者)이 있다. 다른 개체에 의뢰하지 않는 사물로서 자립적인 개체로 존립할 수 있는 것, 예를 들면 하늘과 땅, 귀신, 사람, 새와 짐승, 초목, 쇠와 돌, 四行(地·水·火·風) 등은 實體의 범주에 속하는 것들이다. 스스로는 설 수 없는 사물로서 다른 물체에 의탁하여 존립하는 것, 예를 들면 五常, 五色, 五音, 五味, 七情 등은 屬性의 범

56) 마테오 리치, 『天主實義』, 72-77쪽.

주에 속하는 것이다. 이제 '흰 말'을 살펴보면, '말'은 실체요, '흰색'은 속성이다. 비록 그 흰색이 없을지라도 말은 그대로 존재한다. 만약 그 말이 없으면 필연적으로 흰색은 존립할 수 없기 때문에 속성이 된다. 이 두 가지 범주를 비교해 보면, 실체가 속성보다 앞서 있어서 더 貴하고, 속성은 실체보다 뒤에 있어서 賤한 것이다. (…) 太極이 단지 理라고 해석된다면, 그 태극은 천지만물의 근원이 될 수 없을 것이다. 理 역시 속성의 부류이니 스스로 자립할 수가 없는데, 어떻게 다른 사물을 존재케 할 수 있겠는가? (…) 중국인들이 理를 따져서 말할 때에는 다만 '마음 속에 있다'거나 '사물 속에 있다'는 두 경우만 말한다. (…) 理가 오직 이 두 경우에 의거한다면, 理는 진실로 屬性이니, 어떻게 사물의 근원이 되겠는가?[57]

리치는 理를 '屬性'이라고 규정하고, 또 理에는 '이성능력'과 '지각능력'이 없다는 점을 들어 "理는 事物의 主宰者가 될 수 없다."고 단정했다. 반면에 天主는 "그 징묘한 덕성 안에 만물의 이치를 내포하고 모든 만물의 성질을 가지고 있음으로써 그 능력은 온갖 것을 갖추지 않은 바가 없다."고 한다. 따라서 "만물의 이성능력을 함유하고 만물을 조화·생성시키는 것"은 바로 天主라는 것이다.[58] 요컨대 이 세상의 主宰者는 理가 아니라 天主라는 것이다.

둘째는 주자학의 '靈魂消滅論'을 비판하는 것이다. 『천주실의』 제3편은 〈사람의 靈魂은 불멸하여 동물의 覺魂과 크게 다름을 논함〉이라는 제목을 달고 있는바, 리치는 다음과 같이 '靈魂의 不滅'을 주장한다.

이 세상의 魂에는 세 가지의 품격이 있다. 下品의 이름은 '生魂'이니, 곧 草木의 魂이 그것이다. 이 魂은 초목을 도와 낳고 자라게 하며, 초목이 말라비틀

57) 마테오 리치, 『天主實義』, 85-88쪽.

58) 마테오 리치, 『天主實義』, 96-97쪽.

어지면 魂도 소멸한다. 中品의 이름은 '覺魂' 이니 곧 動物의 魂이다. 이는 동물에 붙어 있어서 성장과 발육을 돕고, 또한 동물들이 눈으로 보고 귀로 듣게 하고, 입으로 맛보고 코로 냄새 맡게 하며, 四肢와 몸체로 사물의 실정을 知覺하게 한다. 그러나 이치를 추론할 수는 없다. 동물이 죽음에 이르게 되면 각혼 역시 소멸한다. 上品의 이름은 '靈魂' 이니, 곧 사람의 魂이다. 이는 생혼과 각혼을 함께 가지고 있다. 사람의 성장과 발육을 돕고, 사람으로 하여금 사물의 실상을 지각하게 하며, 또한 사람들로 하여금 사물들을 추론하게 하여, 이치와 의리를 명백하게 분석할 수 있게 한다. 사람의 몸이 비록 죽는다 하더라도 영혼은 죽지 않는다. 대개 영원히 존재하며 소멸하지 않는다.

무릇 知覺하는 일은 몸에 의지하고 있다. 몸의 형체가 죽어서 흩어지면, 覺魂이 작동할 장소도 없어지게 된다. 그러므로 초목이나 금수의 魂은 몸에 의존함이 본래의 실정이니, 몸이 죽고 나면 이들의 실정이나 魂도 몸과 함께 없어진다. 추론하고 분명하게 따지는 일과 같은 것은 반드시 몸에 의거하지 않으니, 그 靈魂은 독자적으로 존재한다. 몸이 비록 죽고 형체가 비록 흩어진다 하더라도, 그 靈魂은 그대로 다시 작동할 수 있다. 그러므로 사람은 식물이나 동물과는 같지 아니하다.[59]

리치가 위와 같이 영혼불멸론을 주장하는 취지는 '인과응보적 正義' 의 필연적 실현 설명하기 위한 것이었다. 리치는 다음과 같이 말한다.

天主의 因果應報에는 사사로움이 없다. 천주는 착한 사람을 반드시 상주고, 악한 사람을 반드시 벌한다. 만약 今世의 사람 가운데 악을 행하면서 부귀를 누리고 평안히 사는 사람이 있으며, 선을 행하면서도 빈천하게 지내며 고통과 어려움을 당하는 사람이 있다면, 천주께서는 진실로 그가 일단 죽기를 기다렸다가 그 다음에 착한 영혼을 택하여 상을 주고, 그 악한 영혼을 택하여 벌을 준다.

59) 마테오 리치, 『天主實義』, 124-125쪽.

만일 영혼이 육신의 죽음으로 인해서 사라진다면, 천주께서 어떻게 이들에게 상이나 벌을 주실 수 있겠는가?[60]

셋째는 주자학의 '現世中心的 價値觀'을 비판하는 것이다. 『천주실의』 제3편에서는 靈魂不滅論과 함께 '來世中心的 價値觀'을 표방하여, 다음과 같이 말한다.

現世라는 것은 사람의 세상이 아니라 동물들이 본래 거처하는 곳이다. 이런 까닭에 이 곳에서 동물들은 도리어 스스로 흡족해 하며, 넉넉해 한다. 사람들은 이 세상에 잠시 기거하여 사는 것에 지나지 않는다. 이런 까닭에 이 곳에서 사람들은 평안하지 못하고 만족하지도 못한다. (…) 現世는 우리 인간들이 잠시 머무는 곳이요 오래 사는 곳이 아니다. 우리들의 본집은 現世에 있지 않고 來世에 있다. '인간 세상'에 있지 않고 '하늘 세계'에 있다. 우리들은 마땅히 그 곳에서 본업을 이루어야 한다. 現世는 짐승들의 세계이다.[61]

리치는 "이 세상에는 완전한 행복은 없다. (…) 天堂에 이르게 되면 소망은 멈추게 되고 더 이상 바랄 것이 없게 된다. 사람의 본성은 天堂에 이르러서야 그칠 뿐이다."[62]라고도 말한다. 이처럼 現世는 患難의 장소로서 인간의 본집이 아니라면, "天主는 어찌하여 이 患難의 장소에 인간을 태어나게 했는가?"라는 질문에, 리치는 "천주께서 또한 사람들을 이 세상에 두신 것은, 이들의 마음을 시험하여 그 德行에 等級을 정하려는 것이다."[63]라고 설명한다. 死後에 天堂으로 보낼 것인지, 地獄으로 보낼 것인지 시험하기 위하여 現世를 거치게 했다는 것이다.

60) 마테오 리치, 『天主實義』, 145-146쪽.
61) 마테오 리치, 『天主實義』, 119-120쪽.
62) 마테오 리치, 『天主實義』, 316쪽.
63) 마테오 리치, 『天主實義』, 120쪽.

넷째는 주자학의 '繼世的 응보관념' 을 비판하는 것이다. 유교는 본래부터 '나는 先祖의 遺體이며, 나의 삶(生命)은 나의 遺體인 子孫을 통해 지속된다' 는 '繼世觀念' 을 지니고 있다.[64] 유교에서도 善惡에 대한 報應을 말한다. 그런데 행위 당사자가 그 보응을 제대로 받지 못하고 죽는 경우, 그 자손이 보응을 받는다는 것이다.[65] 이것이 이른바 '繼世的 응보관념' 이다. 『천주실의』 제6편은 〈意志는 소멸될 수 없음을 설명하고, 아울러 死後에 반드시 천당과 지옥의 賞罰로써 世人들이 행한 선악에 응보가 있음을 논함〉이라는 제목을 달고 있는바, 리치는 유교의 '계세적 응보관념' 에 대해 다음과 같이 비판한다.

> 현세에서의 보답은 미미하여 사람의 욕구를 채워 주기에도 부족하다. 그것은 또한 하느님이 선을 상주시는 역량을 나타내기에도 부족하다. (…) 무릇 세상의 어진 이나 어질지 않은 이나 모두 자손이 없는 경우가 종종 있는데, 이들의 선행과 악행을 어떻게 보답하겠는가? 나는 스스로 내 자신이며, 자손들은 스스로 자손들이다. 무릇 내가 몸소 행한 선과 악이 모두 자손들에게 돌아간다면, 그것을 공정하다고 할 수 있겠는가? (…) 선악의 보답을 다른 사람의 몸에로 옮긴다는 것은, 우주안의 변함없는 이치를 혼란스럽게 만드는 것이다. (…) 각자가 자기에 합당한 보답을 받는 것만 같지 못하다.[66]

유교의 계세적 응보관념은 응보가 실현되는 공간을 '現世' 로 한정하는 것이요, 응보를 받는 주체를 '본인이나 그 자손' 으로 설정하는 것이었다. 이에 대해 리치는, 현세에서의 응보는 보잘 것 없으며, 자손이 없는 경우에는 응보가 실현되지 못할 수도 있으며, 나와 자손은 별개의 존재라고 논파

64) '繼世觀念' 은 '유교적 永生思想' 이라고도 말할 수 있다. 이러한 맥락에서 유교에서는 자손(아들)을 낳지 못하여 代가 끊이게 하는 것을 '가장 큰 不孝' 로 간주했던 것이다.

65) 『周易』 坤卦 文言에서는 "積善之家 必有餘慶 積不善之家 必有餘殃" 이라 했다.

66) 마테오 리치, 『天主實義』, 311-314쪽.

한 것이다. 따라서 응보가 '충분' 하고도 '공정' 하게 실현되려면, '來世에서 각자의 靈魂에게' 실현되어야 한다는 것이다.

『천주실의』는 사실 '선악에 대한 응보의 문제' 를 천주교식으로 설명하는 데 초점이 모아져 있다. '선악에 대한 완전한 응보' 는 '正義觀念의 가장 원초적인 표현' 으로서, 칸트는 『實踐理性批判』에서 이를 '最高善' 또는 '自體善' 이라는 관점에서 논한 바 있다.[67] 덕과 행복이 일치하는 것을 最高善 또는 正義라고 할 때, 문제는 그것이 현세에서 제대로 실현되지 않는다는 점에 있다. 칸트는 이러한 문제를 정당하게 해명하기 위하여 '하느님의 존재' · '영혼의 불멸(來世의 존재)' · '의지의 자유' 를 이른바 '실천이성의 세 요청' 으로 제기한 바 있다.[68] 리치는 칸트보다 두 세기 앞서서 이러한 문제들을 중국인들에게 설명하고 있는 것이다.

사실 '선악에 대한 응보 문제' 는 동서고금 모든 사상가들에게 중요한 論題였다. '선악에 대한 정의로운 응보' 를 추구함은 모든 사상가들이 마찬가지였다. 다만 각자의 世界觀과 人生觀에 따라 각자가 제시하는 설명의 방식이 달랐던 것이다. 유교(주자학) 역시 유교적 관점에서 '선악에 대한 응보의 문제' 를 해명해 왔던 것인데, 리치는 그것을 誤謬라고 논박하고 기독교적 설명을 정당화하는 것이다. 이제 리치의 이러한 설명에 대해 주자학에서는 어떻게 反論할 수 있는지를 살펴보기로 하자.

첫째, 天主 · 理 · 主宰 등에 대한 주자학의 입장이다. 주자학의 理는 정말로 이성능력도 없고 지각능력도 없는바, 따라서 리치의 '理는 天主와 같은 主宰者가 될 수 없다' 라는 주장은 至當한 것이다. 문제는 보다 근원적으로, 주자학에서는 '天主와 같은 主宰者는 존재하지 않는다' 고 본다는 점이다.

---

67) 칸트(1724~1804)는 행복과 선행이 비례적으로 조화를 이루고, 불행과 악행이 비례적으로 조화를 이루는 것을 '自體善' 이라 정의하였고, 德과 幸福이 一致하는 것을 '最高善' 이라 정의하였다. 다시 말하면, 최고선이란 '어떤 사람의 도덕성에 정비례하여 행복이 분배되는 것' 이다(칸트, 『實踐理性批判』, 106쪽, 182쪽 참조).

68) 칸트, 『실천이성비판』, 204쪽.

원시유교의 上帝信仰이 붕괴된 원인은 현실에서 福善禍淫이 실현되지 않는다는 점에 있었다. '全知全能한 天主가 이 세계를 주재한다면, 어찌하여 현실은 저토록 不條理한가?' 하는 의문이 제기되었고, 그 결과 이 세계를 '上帝의 主宰'로 설명하지 않고 '理의 主宰'로 설명하게 된 것이다.[69] 다시 말해, 주자학에서는 '天主와 같은 인격적 주재자'를 부정하고 그 대신 이 세계의 理法으로서 '理'라는 개념을 제시한 것이다. 주자학에서는 '이 세계의 創造主(造物主)'도 부정한다. 이 세계는 '創造主의 被造物'이 아니라 '저절로 그렇게 生生變化하는 自然物'일 따름이라는 것이다. 이러한 맥락에서, 주자학의 理는 '사물의 屬性'이 아니라 '사물(자연)의 理法'인 것이다.

리치는 理는 '마음 속'에 있거나 '사물 속'에 있으므로, 마음이나 사물은 實體이지만 理는 屬性이라 하였고, 또한 속성은 실체가 없어지면 더 이상 존립할 수 없다고 하였다. 그러나 주자학의 설명은 본래 그런 것이 아니었다. 주자학은 理를 形而上者로서 '自然의 理法'으로 보는 것이다. 그런데 이 理法은 각각의 개별자들에게 本性으로 주어져 있다는 것이다(性卽理). 개별자의 屬性은 과연 그 개별자(실체)가 소멸하면 함께 소멸한다. 그러나 주자학에서 말하는 개별자의 本性은 '자연의 理法을 分有하는 것'이기에, 본래 形而上者로서 生滅하는 것이 아니다.[70] 다시 말해 개별자의 本性은 그 개별자의 生滅과는 무관하게 恒存하는 것이다. 요컨대 理는 '사물의 屬性(attribute)'을 말하는 것이 아니라 '사물의 本性(nature)'을 말하는 것이며,[71]

---

69) 古經의 '上帝의 主宰'라는 말에서 '主宰'는 '심판과 보응'을 뜻하지만, '理의 主宰'라는 말에서 '主宰'는 다만 '氣의 운동의 標準이 됨'을 뜻한다.

70) 리치가 말하는 '屬性'은 대부분 '形而下者'였다. 리치는 '흰 말'에서 '말'은 實體이고 '흰색'은 屬性이라 하였다. 또 사람의 '한 몸'을 實體라고 한다면, 그 사람의 '감정·목소리·용모·얼굴색·윤리습관' 등은 모두 屬性이라 하였다(『天主實義』, 86쪽 참조).

71) '本性'은 '어떤 事物로 하여금 바로 그 事物이 되게 하는 것'으로서, '어떤 事物에 합당한 性質들의 집합체'를 말한다. 屬性은 말 그대로 實體에 종속된다. 그러나 本性은 '실체(사물)에 종속되는 것'이 아니라 거꾸로 '실체를 규정하는 것'이다. 예컨대, 여기에 白人과 黑人이 있다고 하자. 白人과 黑人은 서로 같은 성질도 있고, 다른 성질도 있

보다 근원적으로 '자연의 理法' 을 지칭하는 것이다.[72)]

둘째, 靈魂不滅論에 대한 반론이다. 주자학은 모든 존재들을 '理와 氣의 결합' 으로 설명한다. 理는 形而上者로서, 그 특징은 '生滅이 없이 영원히 존재한다' 는 점이다. 반면에 氣는 形而下者로서, '부단히 生滅하는 것(生生不息)' 이다. 요컨대 주자학에서는 形而下者는 반드시 生滅하는 것이요, 영원히 소멸하지 않는 形而下者는 없다고 본다. 이러한 전제와 함께, 주자학에서는 靈魂을 氣에 속하는 것으로 설명한다. 영혼은 知覺·推論 등의 作用을 하는바, 그렇다면 영혼은 분명 氣에 속하는 것이다. 이처럼 영혼이 氣에 속한다면, 따라서 영혼은 당연히 소멸한다는 결론을 피할 수 없게 된다.[73)] 이런 맥락에서 주자는 "죽음이란 모든 것이 흩어져 아무것도 남지 않는 것" 이라 하였다.[74)]

다. 이때 '서로 같은 성질' 은 '보편적인 人間의 본성' 에 해당되고, '서로 다른 성질' 은 '각자의 특수한 속성' 이 된다. 각자의 특수한 속성은 形而下者에 속한다. 그러나 '보편적인 인간의 본성' 은 形而上者에 속한다. 각자의 특수한 속성은 그 실체(백인과 흑인)가 사라지면 함께 사라지지만, '인간의 본성' 은 백인과 흑인이 사라져도 恒存하는 것이다. 또 백인이나 흑인이 모두 '인간' 일 수 있는 까닭은 '인간의 보편적 본성' 을 分有하고 있기 때문인바, 이런 맥락에서 본성은 실체를 규정하는 것이다. 주자학에서 '性卽理' 라고 할 때의 '性' 은 '각자의 특수한 屬性' 을 지칭하는 것이 아니라 '각자에게 공통된 보편적 本性' 을 지칭하는 것이다(물론 '인간의 본성' 을 논할 수도 있고, 그 하위개념으로 '백인의 본성' 을 논할 수도 있는바, 이는 주자학의 '本然之性과 氣質之性의 관계' 에 해당되는 것이다. 이에 대한 자세한 논의는 이 책의 제3장 3절 참조).

72) 그리스어 '퓌시스(physis)' 는 우리말로 '自然' 또는 '本性' 으로 번역된다. '퓌시스' 란 '어떤 사물로 하여금 바로 그 사물이 되게 하는 것' 으로서, '퓌시스에 따르는 것(퓌시스가 제시하는 방식으로 존재하는 것)' 이 그 사물에게는 '自然的' 이고 '本性的' 인 것이다(아리스토텔레스, 최명관 역, 『니코마코스 윤리학』, 서광사, 2002, 71쪽 참조). 이러한 점에서 '自然' 과 '本性' 은 맥락을 같이 하는 것이다. 영어 'nature' 도 이러한 맥락에서 '自然' 으로도 번역되고 '本性' 으로도 번역되는 것이다.

73) 『朱子語類』 卷3(46쪽) : 性卽是理 不可以聚散言 聚而生 散而死者 氣而已 所謂精神魂魄有知有覺者 氣也 故聚則有 散則無 若理則亘古今常存 不復有聚散消長也

74) 『朱子語類』 卷39(1013쪽) : 問 天地之化 雖生生不窮 然而有聚必有散 有生必有死 能原始而知其聚而生 則必知其後必散而死 能知其生也 得於氣化之日 初無精神寄寓於太虛之中 則知其死也 無氣而俱散 無復更有形象尙留於冥漠之內 曰 死便是都散無了

셋째, '來世中心的 가치관'에 대한 반론이다. 주자학에서는 來世(天堂·地獄)라는 것을 믿지 않는다. 그것은 전혀 징험할 수 없는 虛誕한 주장일 뿐이라는 것이다. 주자학에서는 우리 삶의 영역으로 징험할 수 있는 現世에 충실하면 그뿐이라고 보는 것이다.

넷째, '死後의 보응'에 대한 반론이다. 천주교에서 '영혼의 불멸'을 주장하는 취지는 '死後의 보응'과 '永生'이라는 관념을 뒷받침하기 위한 것이었다. 주자학에서는 永生을 '繼世'로 설명한다. 한 개체의 氣는 그 자체로 '生滅'하나, 전체로 보면 氣는 '生生不息'하는 것이다. 즉 나의 氣는 소멸하나, 그냥 소멸하는 것이 아니고 이미 子孫을 낳아두고 소멸하는 것이다. 그리하여 나의 생명은 자손의 생명을 통해 영원히 지속되는 것이다(繼世).[75] 이러한 관점에서는 '늙고 죽는 것'이란 '자연스러운 사실'일 뿐 '공포의 대상'이 아니다.[76] '死後의 보응'에 대해, 주자학에서는 死後의 세계를 인정하지 않으므로, 보응은 現世의 자신이나 자신의 후손들에게 실현된다고 본다.[77] 주자는 靈魂不滅說과 天堂地獄說 등이 '勸善懲惡의 方便'이 될 수 있다는 것조차 인정하지 않았다.[78]

주지하듯이, 칸트는 '하느님의 존재'·'영혼의 불멸(來世의 존재)'·'의지의 자유' 등에 대한 논의는 반드시 '二律背反'에 봉착한다고 설파했다.[79]

---

75) 『三峰集』 卷9 頁1, 「佛氏雜辨」 〈佛氏輪廻之辨〉: 無極太極之眞 陰陽五行之精 妙合而凝 人物生生焉 其已生者 往而過 未生者 來而續 其間不容一息之停也

76) 『朱子語類』 卷126(3012쪽): 老氏欲保全其身底意思多 釋氏又全不以其身爲事 自謂別有一物不生不滅 歐公嘗言 老氏貪生 釋氏畏死 其說亦好 氣聚則生 氣散則死 順之而已 釋老則皆悖之者也

77) 『朱子語類』 卷126(3031쪽): 又問 陰德之說 如何 曰 也只是不在其身 則在其子孫耳

78) 『朱子語類』 卷126(3033쪽): 德粹問 人生卽是氣 死則氣散 浮屠氏不足信 然世間人爲惡死 若無地獄治之 彼何所懲 曰 吾友且說堯舜三代之世無浮屠氏 乃比屋可封 天下太平 及其後有浮屠 而爲惡者滿天下 若爲惡者必待死然後治之 則生人立君又焉用

79) 따라서 칸트는 이런 문제들에 대해 '證明'하려 하지 않고 다만 '그 존재가 要請된다'고만 했던 것이다. 한편 현대의 神學者 그레사케는 天國과 地獄을 '이 세상과 별도로 실재하는 세계'로 해석했던 종래의 입장을 비판하고, 그것을 '인간 삶의 내재적 논리'

이러한 사정은 지금도 마찬가지일 것이요, 그렇다면 그에 대해서 더 이상 曰可曰否하는 것은 無意味할 것이다. 다만 우리는 그러한 문제들이 제기되는 背景과 說明方式을 이해하고, 그 趣旨를 존중하면 충분할 것이다.

영혼불멸과 천당지옥 등의 문제가 제기되는 배경은 '응보적 正義에 대한 소망' 이었다. 다만 각자의 세계관과 인간관에 따라 응보적 정의를 설명하는 방식이 달랐던 것이다. 불교에서는 세계를 宿世(前生) · 現世 · 來世의 3차원으로 설명하고, 인간을 靈肉二元論으로 설명한다. 靈魂은 불멸하며, 그가 지은 善惡의 業報에 따라 三世에 걸쳐 六道(地獄 · 아귀 · 축생 · 수라 · 인간 · 天上)를 윤회한다는 것이다. 이 윤회의 과정에서 靈魂은 업보에 따라 여러 종류의 肉身과 결합하게 되는 것이다. 기독교에서는 세계를 現世와 來世의 2차원으로 설명하고, 인간을 靈肉二元論으로 설명한다. 리치에 의하면, 現世는 임시적인 거처이고 來世가 진정한 거처이며, 인간은 靈肉을 함께 지니고 태어나지만, 죽을 때는 肉身만 없어지고 靈魂은 불멸한다. 즉 인간은 死後에 영혼이 천당이나 지옥에서 선악의 응보를 받는다는 것이다. 天主는 바로 이 선악의 응보를 主宰하는 존재이다. 유교(주자학)에서는 宿世나 來世를 부정하고 現世만 인간의 삶의 터전으로 인정하며, 인간을 靈肉一元論으로 설명한다. 인간은 부모로부터 태어날 뿐 前生이 있는 것이 아니며, 죽음은 '靈肉이 함께 소멸하는 것' 이다. 따라서 報應이란 現世에서 이루어질 수밖에 없고, 當代에 보응이 이루어지지 않았을 경우에는 그의 子孫들에게 보응이 이루어진다는 것이다. 또 이러한 보응은 '이치가 저절로 그러한 것' 이지, 하느님과 같은 존재가 주재해서 그런 것은 아니라고 보았다.[80]

라고 해석했다. 사람들이 서로 사랑하며 생활한다면 그곳이 바로 天國이요, 이기주의의 노예가 되어 생활한다면 그곳이 바로 地獄이라는 것이다(G. 그레사케, 심상태 역, 『종말신앙』, 성바오로출판사, 1989, 110-112쪽 참조).

80) 유교의 福善禍淫論에 대한 자세한 논의는 이 책의 제10장 참조. 逆說的인 것은, 영혼불멸을 주장하는 天主教에서 祭祀를 禁止했었고, 영혼소멸을 주장하는 朱子學에서는 祭祀를 强調했었다는 사실이다.

이처럼 불교 · 기독교 · 유교에 있어서 '응보적 정의의 실현방식' 에 대한 설명은 서로 달랐지만, 응보적 정의를 옹호함으로써 '勸善懲惡' 을 기약한다는 취지에 있어서는 동일했던 것이다.[81] 그러나 과거에는 상호간의 이해가 미흡했고, 따라서 필요 이상의 갈등과 희생을 치렀던 것이다.

81) 그러나 茶山 丁若鏞(1762~1836)은 '朱子學의 논리' 로는 '윤리적 실천을 담보할 수 없다' 고 보고, '天主教의 논리' 로 기존의 유교윤리를 再構成했다. 이에 대한 자세한 논의는 이 책의 補論 제2장 「丁茶山의 倫理思想에 대한 朱子學的 反論」 참조.

제12장
현대 사회와 朱子學

이제까지 고찰한 바와 같이, 주자학의 기본 입장은 '理는 氣의 운동의 標準, 氣는 理를 맡아서 운용하는 主體' 라는 것이었다. 주자는 '理가 氣의 운동의 標準이 됨' 을 '理의 主宰' 라 하고, '氣가 理를 맡아서 운용하는 주체가 됨' 을 '氣의 主宰' 라 했는바, '理氣相互主宰論' 은 주자학을 관통하는 기본 노선이었다. 주자학의 이러한 노선은 주자가 당시 '여러 부류의 思想들' 과 대결하면서 모색한 길이기도 하였다. 그렇다면 이러한 노선은 오늘날 우리 사회에서도 타당한 나침반일 수 있는가? 이제 마지막으로 이러한 문제를 논의해 보기로 하자.

본고에서는 현대사회의 특징으로서 自由主義 · 個人主義 · 法治主義 등을 주목하고자 한다. 이러한 이념들은 현대적 삶의 방향을 근원적으로 定礎한 것으로서, 오늘날에는 그 긍정적 측면 못지않게 부정적 측면이 문제되고 있는 상황이다. 한편, 理氣相互主宰論에서 '理의 주재' 는 '규범원리' 를 설명하는 것이요, '氣의 주재' 는 '실천원리' 를 설명하는 것이며, 이 둘을 종합한 '理一分殊論' 은 '개체와 전체의 바람직한 관계' 를 설명하는 것이었다. 본고에서는 주자학의 이러한 원리들이 오늘날 自由主義 · 法治主義 · 個人主義 등의 문제점에 대해서 어떤 대안을 제시할 수 있는지 논의하기로 하겠다.

1. 규범적 측면 : 自由主義와 繼天立極論

自由主義[1]는 오늘날의 지배적인 삶의 양식 가운데 하나이다. 자유는 개인의 자아실현을 위해 무엇보다도 소중한 조건으로 인식되었고, 그 결과 우리들은 자신의 삶을 주도할 수 있게 되었다. 그러나 오늘날 우리에게 있어서 자유는 자아실현을 위해 善用되기만 하는 것은 아니다. 자유가 그 본래의 취지와는 달리 '추잡한 삶(obscene life)' 이나 '멋대로 자유(exousia)' 로 타락함에 대해서는 많은 학자들이 비판한 바 있다. 또한 자유라는 개념만으로는 자유주의가 요구하는 도덕규범을 제대로 '構成' 해 낼 수 없다는 점에 대해서도 여러 학자들이 비판한 바 있다.[2] 따라서 본고에서는 이러한 문제들에 대해서는 더 이상 언급하지 않기로 하겠다.

현대 미국의 철학자 찰스 테일러(Charles Taylor)는 근래의 저서 『불안한 현대사회(The Malaise of Modernity)』에서 자유주의에 대해 보다 심원한 문제를 제기한 바 있다. 테일러에 의하면, 自由란 본질적으로 '자기 결정의 자유' 로서, 그것은 '자기진실성' 이라는 관념과 밀접하게 연결되어 있다. '자기 결정의 자유' 라는 관념은 "나에 관한 것이 외부의 영향들에 의하여 형성되기 보다는 내가 스스로 그것을 결정할 때 비로소 나는 자유로운 존재라는 사고" 이다.[3] 한편, '자기진실성' 이란 우리들 각자는 천부적으로 옳고 그름에 대한 도덕관념을 지니고 있는바, 우리들 각자는 거기에만 충실하면 된다는 생각을 말한다.[4] 테일러는 다음과 같이 말한다.

---

1) 自由主義는 우리들 각자를 '자기 삶의 獨立的 主人' 으로 규정하는 것이기에, 본래 個人主義와 '表裏의 관계' 를 이룬다. 이 節에서는 自由主義를 중심으로 논하겠고, 個人主義에 대해서는 제3절에서 논하기로 하겠다.

2) 이에 대한 論者의 견해는 拙著, 『儒教傳統과 自由民主主義』, 475-478쪽 참조.

3) 찰스 테일러, 송영배 역, 『불안한 현대사회 - 자기중심적인 현대문화의 곤경과 이상』, 이학사, 2001, 43쪽.

4) 20세기의 유력한 자유주의 사상가였던 벌린(Isaiah Berlin, 1909~1997)은 "자유의 정수는 언제나 각자 선택하고 싶은 대로, 어떤 거창한 체계에 사로잡히거나 강압이나 협박에

자기 진실성 개념의 발전은, 인간은 무엇이 옳고 그른가에 대한 직감, 즉 도덕관념을 천부적으로 부여받은 존재라고 생각했던 18세기의 사유 속에서 그 출발점을 찾고 있다. (…) 자기 진실성의 개념은 외재적인 도덕의 강조를 이런 마음속의 생각 쪽으로 이동시키는 일에서 비롯된 것이다. 본래의 견해에 따른다면, 내면의 목소리는 우리들에게 무엇이 올바르게 처신하는 것인가를 말해주기 때문에 매우 중요하다는 것이다. (…) 이 논의에서 무엇이 새로운 것인지를 파악하려면, 우리는 이것을 근대 이전의 도덕관념들과 유비적으로 이해하는 것이 필요하다. 근대 이전의 도덕관념들에 의하면, 완전한 인간존재가 되기 위해서는 어떤 근원 — 하느님, 말하자면 혹은 善의 이데아 — 과의 접촉이 필수적이라고 생각되었다. 그러나 지금 우리가 연결을 맺어야만 하는 근원은 바로 우리의 마음속에 있을 뿐이다. 이런 전환적 사고는 현대 문화의 주체 중심적 전환의 일부분이다.[5]

테일러에 의하면, 근대 이전에는 神이나 이데아 등 인간 외부의 '초월적 權威體'를 도덕의 기초로 설정했으나, 근대로 접어들면서 도덕의 기초를 인간의 내면에 설정했다. 초월적 권위체를 존중한 前近代人들과 달리, 近代人들은 '도덕의 기초는 각자의 내면에 있으므로, 우리는 각자 자신의 내면의 목소리에 충실하면 된다.'고 생각하게 되었다는 것이다. 이러한 맥락에서 자기진실성의 관념은 근대 이후의 특유한 관념인 것이다.[6]

에 의해서가 아니라 각자 그렇게 원하기 때문에 선택하는 능력 안에 들어 있다. 그리고 저항할 권리, 인기가 없어도 될 권리, 순전히 자기가 그렇게 확신한다는 이유 때문에 자기 확신을 신봉할 권리에 들어 있다."고 말한 바 있다(벌린, 박동천 역, 『자유론』, 아카넷, 2006, 6쪽). 自由의 精髓는 '선택(결정)'에 있다는 말이요, 그것을 뒷받침하는 것은 '자기 확신'이라는 말이다. 테일러는 지금 이러한 주장이 지닌 한계를 문제 삼는 것이다.

5) 찰스 테일러, 『불안한 현대사회』, 41-42쪽.

6) 찰스 테일러, 『불안한 현대사회』, 40쪽. 그러나 중국에서는 서양보다 훨씬 먼저 이러한 관념들이 싹텄으니, '陸·王의 心卽理學'이 그것이다. 또 '陸·王의 心卽理學'은 禪佛敎로부터 기원한다는 것이 通說이다.

테일러는 또한 "자기진실성은 그 자체로 자유의 개념이다. 자기진실성이란 내가 외재적인 일치성의 요구에 대항하여 스스로 내 인생의 구도를 발견해 내는 일이다."[7]라고도 말한다. '自由'란 외부의 권위체에 복종하지 않고 자기 인생의 행로를 스스로 결정하는 것인바, 그것을 뒷받침하는 것이 바로 '자기진실성'이라는 관념이었다. 이러한 맥락에서 테일러는 "자기진실성은 그 자체로 자유의 개념이다."라고 말하는 것이다. 그런데 테일러는 이 자유나 자기진실성에 대해서 일방적으로 긍정하지 않고, 오히려 그 양면성을 주목하는 것이다. 테일러는 다음과 같이 말한다.

> 모든 형태의 개인주의나 자유와 마찬가지로, 자기진실성은 만약 내가 이런 용어를 쓸 수 있다면 '(각자가) 책임을 지는 시대'를 연 것이다. 이런 문화가 발전한다는 바로 그 사실 때문에 사람들은 보다 더 자기 책임을 지는 것이다. 이런 식의 자유 증가의 본질에는 사람들이 (도덕·정신의 측면에서) 보다 더 낮아질 수도 있고, 마찬가지로 보다 더 높이 올라갈 수도 있는 양면의 가능성이 존재하는 것이다.[8]

자유나 자기진실성 등은 인간을 도덕적으로 墮落시킬 수도 있고, 高揚시킬 수도 있다는 것이다. 그런데 현대 사회의 지배적인 경향은 고양이기보다는 타락이었다는 것이 테일러의 진단이다. 테일러는 '자기진실성'이 타락한 형태를 '나르시시즘(narcissism)'으로 규정하고, '자기 결정의 자유'가 타락한 형태를 '人間獨尊主義'로 규정하여, 각각 다음과 같이 비판한다.

> 사회, 혹은 자연의 요구들에 정면 대립하면서, 역사나 연대적 고리를 차단해 가면서, 오직 자기 실현에만 골몰하고 있는 현대 문화의 양태들 속에서 이상은

---

7) 찰스 테일러, 『불안한 현대사회』, 90쪽.

8) 찰스 테일러, 『불안한 현대사회』, 102쪽.

> 스스로 파괴되고 있는 것이다. 이렇게 자기만을 중심에 놓고 있는 '나르시시즘'의 형태들은 정말로 천박하고 진부한 것이다.[9)]

> '자기 결정의 자유' 라는 개념은 극단적으로 밀고 나가면 그것은 어떠한 한계, 즉 자기 결정적인 선택을 하면서도 내가 존중해야만 하는 객관적으로 주어진 어떤 것을 인정하지 않기 때문에, 가장 극단적인 형식의 '人間獨尊主義' 로 쉽게 전락할 수 있다. 인간독존주의는 인간 주위의 존재들, 전통 · 자연 · 하느님과 같은 의미의 모든 지평 등을 철폐시킴으로써 우리에게 의미의 상실감을 안겨 준다.[10)]

테일러에 의하면, 사회나 자연의 요구들에 정면으로 대립하고 역사나 연대적 고리를 차단하면서 오직 자기실현에만 골몰함으로써 나르시시즘(自我陶醉)에 빠지는 것이요, 전통 · 자연 · 하느님 등 객관적으로 주어진 것들을 부정함으로써 人間獨尊主義에 빠지는 것이다. 이렇게 본다면, 나르시시즘과 人間獨尊主義는 사실 맥락을 같이 하는 것이다. 테일러에 의하면, '전통 · 자연 · 하느님 · 사회 · 역사' 등 객관적으로 존재하는 의미있는 것들을 전제해야만 '자유' 나 '자기진실성' · '자기 결정' 등이 진실로 의미있게 되며, 그렇지 않을 경우에는 '자유' 나 '자기진실성' · '자기 결정' 등의 의미가 모순에 빠진다는 것이다. 그는 다음과 같이 말한다.

> 내 삶의 의미는 내가 스스로 선택할 수 있다는 데에서 오는 것이라고 생각할 수도 있다. 이 경우 자기 진실성은 실질적으로 자기결정의 자유에 근거하게 될 것이다. 하지만 그러한 경우조차도 (오직 자기 선택만에 의하여 결정되는 것이 아니라), 그 자체로 (객관적으로) 고상하고 용기 있는 어떤 것, 따라서 내 자신

9) 찰스 테일러, 『불안한 현대사회』, 59쪽.
10) 찰스 테일러, 『불안한 현대사회』, 90-91쪽.

의 삶을 형성하는 데 도움이 되는 유의미한 어떤 것이 나의 의지와 무관하게 독립적으로 존재하고 있다는 인식에 바탕을 두고 있는 것이다. (…) 내 인생은 내가 선택한다는 점이 중요할 수가 있다. 그러나 어떤 선택 사항이 객관적으로 볼 때 다른 것들 보다 더 중요하지 않다면, 자기 선택이라는 관념은 그 자체만으로는 아주 하찮은 것이 되어 버려서 결국 선택의 의미가 자기 모순에 빠지게 된다. 이상으로서의 자기 선택은, 선택된 사항들이 다른 것들보다 (객관적으로) 더 유의미한 경우에만 의미를 갖게 되는 것이다. (…) 따라서 자기 선택의 이상은 자기 선택을 넘어서는 다른 사항들이 있다는 것을 전제하고 있다.[11]

테일러는 무의미한 선택의 예로, 점심 식탁에서 '닭고기를 먹을 것이냐, 스테이크를 먹을 것이냐' 하는 것을 들었다. 그저 '그렇고 그런 것들' 중에서는 무엇을 선택하든지 간에 선택이 의미있는 행위가 될 수 없다는 것이다. 나의 선택이 의미있는 행위가 되기 위해서는 '객관적으로 볼 때' 더 귀중한 것을 선택해야 한다. 만약 '덜 귀중한 것' 과 '더 귀중한 것' 을 각자가 주관적으로 결정하기로 한다면, 어떤 사항도 의미있는 것일 수가 없다는 것이다. 이러한 맥락에서 테일러는 자유와 선택이 진정 의미있기 위해서는 '객관적인 가치의 척도' 를 전제해야 한다고 보았다.[12] 과거에는 하느님의 말씀이나 이데아 등이 객관적인 가치의 척도로 기능해 왔다. 그러나 근대에 접어들면서 이것들이 외면됨으로써, 자유가 인간의 도덕성을 고양시키지 못하고 나르시시즘이나 인간독존주의로 타락하게 되었다는 것이다.

테일러는 현대 사회를 위와 같이 분석하면서도, '자유' 나 '자기진실성' 에 대해서 결코 그 의미를 부정하지 않는다. 그 까닭은 "자기진실성의 문화

---

11) 찰스 테일러, 『불안한 현대사회』, 57-58쪽.

12) 醫師의 일을 예로 든다면, 쌍꺼풀을 성형하는 것과 심장병을 치료하는 것이 똑같이 중요하다고 할 수 있는가? 자기진실성만을 척도로 한다면 양자는 평등한 것일 수 있다. 다시 말해, 가치의 객관적 척도를 전제하지 않고는 심장병을 치료하는 것이 더 귀중한 일이라고 주장할 수 없다는 것이다.

를 환상이나 나르시시즘으로 단정하고 부정해 버리고 나면 우리 인간들을 높은 수준으로 보다 더 가까이 이끌어 올리는 방도가 전혀 존재할 수 없기 때문" 이다.[13] 자유나 자기진실성만으로는 나르시시즘이나 인간독존주의를 면하기 어렵지만, 이것들을 부정하면 역시 인간의 도덕성을 고양시킬 수 있는 방법이 없게 된다는 것이다. 이렇게 볼 때, 테일러가 추구하는 바람직한 방향이 분명해진다. 테일러는 바로 '자기진실성' 과 '객관적 가치의 척도' 를 결합시키고자 했던 것이다.[14] 양자가 결합될 때 인간의 도덕성이 고양되고, 현대 사회는 위기로부터 탈출할 수 있다는 것이 테일러의 지론이었다.

여기서 우리는 繼天立極(順天理 合人心), 居敬窮理, 格物致知와 誠意正心 등 주자학의 기본노선이 지니는 의미를 다시 확인하게 된다. 테일러의 노선은 '順天理 合人心' 을 바람직한 삶의 방향으로 정립하고 '居敬窮理' 를 통해 '心과 理의 合一' 을 추구했던 주자의 노선과 정확히 일치하는 것이다. 테일러(1931~현재)가 오늘날 목도했던 상황을 주자(1130~1200)는 8백 년 전에 목도했다. 당시 禪佛敎의 '猖狂自恣' 가 그것이었다. 주자는 선불교의 猖狂自恣를 극복할 수 있는 논리를 『大學』의 '格物致知와 誠意正心' 에서 찾아내고 '居敬窮理를 통한 心과 理의 合一' 을 바람직한 인생의 길로 제시했던 것이다. 테일러의 현대 사회에 대한 진단과 처방이 적확한 것이라면, 주자학의 繼天立極論과 居敬窮理論은 오늘날에도 여전히 의미있는 '우리 삶의 나침반' 이 되는 것이다.

'자기진실성' 은 도덕의 필요조건일 뿐, 결코 충분조건은 못된다. '주관적인 자기진실성' 과 '객관적인 가치의 척도' 가 결합될 때 도덕의 필요충분조건이 완비되는 것이다. 테일러가 말하는 '내면의 목소리' 는 '良心의 명령' 을 뜻할 것이다. 주자 역시 良心만으로는 '주관주의의 함정' 을 피할 수 없다고 보아, 良心과 객관적 理法을 결합시켜야 한다는 노선을 제시했던 것

13) 찰스 테일러, 『불안한 현대사회』, 104쪽.

14) 찰스 테일러, 『불안한 현대사회』, 96쪽.

이다. '良心의 自由' 라는 말이 있듯이 각자의 良心은 서로 내용이 다를 수 있으며, 따라서 良心은 규범적 척도가 되기에 미흡한 것이다. 오늘날의 '良心至上主義者' 들은 이 점을 깊이 새겨야 할 것이다.

2. 실천적 측면 : 法治主義와 先後本末論

모든 사회에는 언제나 각종 '문제상황' 이 존재한다. 책임감이 강한 사람들은 문제상황을 예방하거나 해결하고자 많은 노력을 기울이는데, 그것은 대개 두 방향으로 전개된다. 하나는 '制度的 해결책' 으로, 새로운 제도를 도입하거나 기존의 제도를 개혁함으로써 문제상황에 대처하려는 것이다. 다른 하나는 '道德的 해결책' 으로, 구성원들의 '인격의 고양' 을 통해 문제상황을 예방하려는 것이다. 이는 전통적인 용어로 말하자면 '法治와 德治' 의 문제에 해당된다. 法治가 제도적 해결책에 의존하는 것이라면, 德治는 도덕적 해결책을 중시하는 것이다.

덕치와 법치에 있어서, 전통 유교는 법치보다는 덕치를 근본적 해결책으로 옹호했다. 법치는 일시적 효과가 있을 뿐이요, 장구하고도 근본적인 해결책은 구성원들의 인격을 고양시키는 데에 있다는 것이다. 그러나 많은 현대 사상가들은 과거의 德治를 '통치자의 恣意的인 통치' 로 폄하하고, 사회나 국가는 통치자의 변덕과 무관하게 운용될 수 있도록 모든 문제에 대해 제도적인 해결책을 강구해야 한다고 보았다.[15] 이러한 맥락에서, 현대 사회

15) 김영수 교수는 "통치자 개인의 판단과 행위가 빠지기 쉬운 오류를 극복하기 위해서는 객관적인 판단기준이 필요하고, 그것을 보완하기 위해 법률이 형성되었다고 한다면, 德治는 法治 없이 완전해질 수 없을 것이다. 그렇다면 德治와 法治는 대립되는 개념이 아니요, 德治를 위해서도 더욱 法治가 필요하다고 보아야 할 것이다."라고 지적하였다. 論者는 이러한 지적에 크게 공감한다. 德治와 法治를 '本 · 末' 의 관계로 규정하는 것은 양자 사이의 '先 · 後' 와 '輕 · 重' 을 규정하는 것이요, 결코 양자를 배타적 관계로 규정하는 것이 아니다. 이에 대한 자세한 논의는 이 책의 제7장 2절 참조.

는 말 그대로 法治主義로 기울게 되었다. 그러나 '오늘날의 법치주의가 문제상황을 개선하는 데 성공했는가'에 대해서는 점차 강한 懷疑가 싹트고 있다. 예컨대 오늘날의 정치학자 강정인은 다음과 같이 말한다.

> 한국사회는 법치의 과잉과 법치의 결핍이라는 역설적인 현상에 시달리고 있다. 정치인이나 일반 시민들을 규제하는 법은 산더미같이 쌓여 있어도, 그 법이 제대로 효력을 발휘하지 못하고 있기 때문이다. 과거 정권을 장악한 지배집단부터 정권의 유지를 위해 헌법규정을 무시하는 일이 다반사였다. 게다가 공직자들이 막대한 사재를 축적하기 위해서 법규정을 위반하는 부정부패가 만연하였나. 헌법에 국민의 기본적 권리를 보장하기 위한 조문이 명기되어 있어도, 가해자인 공무원이나 피해자인 일반 시민의 인권 의식은 민주화가 상당히 진척된 현재에도 상당히 미약한 실정이다. 아울러 현실을 외면하고 지나치게 단속위주로 제정된 법률들은 그 자체가 부정과 부패의 온상이 되고 있다. 법대로 단속하면 걸리지 않을 사람이 없으면서도, 수많은 사람들이 일상적으로 법을 의식적·무의식적으로 위반하거나 우회하는 탈법과 편법을 일삼고 있다. 그 결과 한국사회에서는 '법을 제대로 지키면 손해'라는 사고가 법문화의 현주소이기도 하다. 따라서 우리는 규제와 단속 위주의 법제정 및 집행과정에서의 정부의 '법만능주의'와 일반시민의 '일상적 무법상태'가 나란히 공존하는 역설적인 현상을 목격하고 있다.[16]

강정인은 법치주의와 관련하여 한국의 현실을 역설적으로 표현했다. 그가 말하는 '법치의 과잉'이란 '실정법 條文의 과잉'을 뜻하고, '법치의 결핍'이란 '실정법 遵守의 결핍'을 뜻한다. 우리 사회에 각종 법규는 넘쳐나고 있는데, 그 가운데 제대로 지켜지는 법규는 별로 없다는 진단이다. 강정

16) 강정인, 「德治와 法治 : 양자 兼全의 필요성을 중심으로」, 『정치사상연구』 제6집, 한국정치사상학회, 2002, 68쪽.

인은 정부의 '법만능주의'와 일반시민의 '일상적 무법상태'를 동시에 힐난했다. 그런데 이런 상황은 우리 한국만 그런 것이 아니라는 것이다. 이른바 선진국이라는 서구의 여러 나라들도 똑같은 상황에 봉착하고 있다는 것이다. 강정인은 다음과 같이 말한다.

> 사정은 법치가 비교적 완비된 서구사회에서도 크게 다르지 않다. 개인의 권리보호를 위주로 하는 법치주의는 개인을 갈수록 이기적인 존재로 만들고 있으며, 정교한 법체계와 엄격한 법집행에도 불구하고 범죄와 일탈행위는 갈수록 증대하고 있다. 특히 소송문화가 왕성한 미국에서는 죄를 짓더라도 비싼 값을 지불하고 유능한 변호사를 고용함으로써 유죄판결을 면하는 사례가 적지 않은바, '有錢無罪, 無錢有罪'의 논리는 한국 현실에만 국한된 것이 아니라 서구 현실에도 적용된다. 상대적으로 법치가 잘 정비된 사회에서도 목격되는 '법률적 책임만 면하면 된다'는 팽배한 사고는 법원의 업무증대와 소송비용의 천문학적 증대에만 기여할 뿐이며 불법행위에 대한 도덕적 반성은 철저히 뒷전으로 밀어내고 있다.[17]

위의 인용문에 의하면, 2천 5백 년 전에 孔子가 "法制와 禁令으로 다스리면, 백싱들은 형벌을 면하는 것만 능사로 삼고 부끄러움이 없게 된다."[18]고 했던 상황이 오늘날 미국에서 재연되는 것이다. 遵法精神이 전제되지 않는 한, 法制의 정교화는 犯罪의 정교화를 부추길 뿐, 문제상황의 해결에는 별로 도움이 되지 않는다는 것이다. 위와 같은 진단을 바탕으로, 강정인은 '德治와 法治를 兼全해야 할 필요성'을 제기하였다. 그는 다음과 같이 말한다.

> 법치주의가 잘 정비된 서구사회에서 만연된 '소송만능주의 및 법망 피해가

17) 강정인, 「德治와 法治 : 양자 兼全의 필요성을 중심으로」, 68쪽.

18) 『論語』 爲政 3 : 道之以政 齊之以刑 民免而無恥 道之以德 齊之以禮 有恥且格

기' 라는 정교한 기술의 발달로 특징지어지는 문제점 역시 근본적으로는 한국 사회가 안고 있는 문제점, 곧 법치의식 또는 준법정신의 결여와 크게 다르지 않다. 현대 법치국가가 직면한 이러한 문제에 대한 해결책은 일견 '법치의 강화냐, 아니면 다른 대안의 모색이냐' 라는 방향에서 기본 가닥을 잡아야 할 것으로 보인다. 여기서 우리는 대안모색의 일환으로 전통시대 유가의 통치이념이던 덕치의 효용을 새삼 떠올리게 된다. 왜냐하면 법체계를 완벽하게 정비한다 할지라도, 법을 집행하고 준수하는 공직자와 시민의 도덕성이 개선되지 않는 한 법체계는 무용지물에 불과한데, 유가가 강조하는 덕치는 바로 이러한 문제의식에서 출발하여 도덕성의 개선을 직접적인 목표로 삼고 있기 때문이다. 따라서 성문법의 외형적 준수를 강조하는 법치와 도덕규범의 내면적 준수를 역설하는 덕치는 이론과 현실 양면에서 상호 대립되는 원칙이면서도 상호 보완적으로 사용되어야 하는 원칙이다.[19)]

강정인은 법치와 덕치는 서로 대립되는 원칙이지만, 또한 서로 보완되어야 하는 원칙이라고 주장했다. 강정인의 주장은 바커(Ernest Barker)의 "준법정신은 법보다 더 중요하다. 법의 핵심은 시민이 법을 지키려는 의지이다."라는 말을 바탕으로 성립하는 것이다.[20)] 요컨대, 법치가 성공하려면 준법정신이 필요한데, 준법정신을 함양하는 것은 덕치의 영역이라는 것이다. 강정인의 이러한 주장은 법치가 제대로 실현되기 위한 不可缺의 조건을 준법정신으로 설정하고, 그에 초점을 맞춘 것이다. 論者는 이러한 주장을 십분 수용하면서도, 다음과 같은 보다 근본적인 문제들을 제기하고자 한다.

첫째, 遵法은 법치의 성공요건 중 하나일 뿐이요, 결코 충분조건은 되지 못한다는 점이다. 논자는 '준법정신' 과 아울러 각종 제도들을 '본래의 목적대로 善用하겠다는 意志' 가 중요하다는 점을 지적하고자 한다. 현실의

19) 강정인, 「德治와 法治 : 양자 兼全의 필요성을 중심으로」, 69쪽.
20) 강정인, 「德治와 法治 : 양자 兼全의 필요성을 중심으로」, 93쪽.

각종 법규는 法網이 相衝되거나, 法網이 未備한 경우도 많은데, 이런 경우에는 준법의 테두리 안에서도 얼마든지 不祥事가 일어날 수 있는 것이다.[21] 또한 '준법투쟁' 이라는 말이 있듯이, '준법' 이라는 것 자체가 악용될 수도 있는 것이다.[22] 이러한 점들을 고려한다면, 遵法精神만으로는 부족한 것이요, 각종 법규를 본래의 목적대로 善用하겠다는 意志가 중요한 것이다.

둘째, 우리의 '문제상황' 들 중에는 제도적 접근으로는 끝내 해결될 수 없는 성질의 것들이 많다는 점이다. 예컨대, 우리 사회의 현안 중의 현안인 '치열한 입시경쟁 및 사교육 과열' 문제를 생각해 보자. '치열한 입시경쟁 및 사교육 과열' 이 초래하는 폐해에 대해서는 더 이상의 언급이 불필요할 것이다. 우리 사회의 치열한 입시경쟁과 과열된 사교육은, 그것이 입시생들의 학력을 근본적으로 향상시키는 것이 아닌 한, 국가적인 관점에서 보자면 '제로 섬 게임(zero-sum game)' 에 불과한 것이다. 따라서 국가에서는 온갖 제도적인 개선책들을 제시했지만, 결과는 항상 '百藥이 無效' 였다.

우리 사회의 입시경쟁 및 사교육 문제는 근본적으로 '學閥 문화' 로부터 기인한다. 학벌이 좋아야만 출세할 수 있다는 것이 우리 사회의 엄연한 현실이라고 할 때, 이른바 명문대학에 진학하기 위한 몸부림은 그 자체가 생존경쟁일 수밖에 없는 것이다. 따라서 '학벌 문화' 자체를 해소하지 않고는 입시경쟁과 사교육 문제는 해결될 수 없는 것이다. 그런데 '학벌 문화' 또는 '학벌 의식' 은 우리 국민 개개인들의 意識 속에 존재하는 것으로서, 결

---

21) 공자가 '백성들은 형벌을 면하는 것만 능사로 삼고 부끄러움이 없게 된다(民免而無恥)' 고 말한 상황은 '違法의 상황' 이 아니라 '遵法의 상황' 인 것이다. 다시 말해, 약삭빠른 사람들은 法을 惡用하면서도 그것이 '법의 테두리 안에 있는 행위' 라고 자신을 정당화할 수 있는 것이다.

22) 지하철 勞組에서 '怠業의 수단' 으로 '준법투쟁' 을 애용하고 있음을 상기해 보자. 지하철의 각종 안전수칙은 지하철의 안전한 운행을 목적으로 하는 것인데, 준법투쟁의 경우 安全運行 보다는 怠業에 목적이 있는 것이었다. 만약 爭議 기간 동안의 준법투쟁이 안전운행을 목표로 하는 것이었다면, 쟁의가 타결되어 준법투쟁을 해제했을 경우에는 '안전을 무시하는 것' 이라는 비판이 가능하다.

코 제도적 접근의 대상이 못되는 것이다. 오늘날의 철학자 이명현은 다음과 같이 말한 바 있다.

> 세상을 변화시키려면 기본적인 사회구조를 변화시켜야 한다. 그러나 그것만으로는 충분치 않다. 개별적 행위자 자신이 변화해야 한다. 그리고 그 행위자 자신의 변화는 행위자의 자신에 대한 관념의 변화를 전제해야 한다.[23)]

위의 인용문에서, '기본적인 사회구조를 변화시켜야 한다' 는 것은 '제도적인 접근' 에 해당되고, '개별적 행위자 자신이 변화해야 한다' 는 것은 '도덕적인 접근' 에 해당된다. 이명현은 '자신의 변화' 는 '자신에 대한 관념의 변화를 전제해야 한다' 고 하였다. 이는 곧 이제까지의 자신의 人生觀이나 價値觀을 변화시켜야 한다는 뜻일 것이다. 이는 전통적인 말로 표현하자면 '修己나 修養' 에 해당되는 것으로서, '人格이나 德性의 함양' 을 뜻하는 것이다. 요컨대 이명현은 세상을 변화시킬 수 있는 방법으로 '제도의 개선' 과 '인격의 함양' 이라는 두 축을 동시에 강조한 것이다.

우리는 여기에서 또한 주자의 先後本末論을 상기하지 않을 수 없겠다. 주자가 法家를 비판한 이유는 그들이 말단인 '法制' 에만 매달리고, 근본인 '인격의 수양' 을 외면하기 때문이었다. 주자는 문제상황의 해결에 있어서 제도적인 접근을 '末' 로 규정했고, 도덕적인 접근을 '本' 으로 규정했다. 앞에서 살펴본 강정인과 이명현의 所論은 제도적 접근과 도덕적 접근을 병행하자는 것일 뿐, 더 이상 양자의 관계를 설명하지는 않은 것이다. 이에 비하여 주자는 양자를 '本・末' 의 관계로 설명함으로써, 그 先・後와 輕・重을 아울러 논한 것이다. 주자가 제도적인 접근을 '末' 로 규정하고 도덕적인 접근을 '本' 으로 규정한 것은 사실 바커의 "준법정신은 법보다 더 중요하다." 는 말과 맥락을 같이 하는 것이다.[24)]

---

23) 이명현, 『신문법 서설』, 철학과현실사, 1997, 73-74쪽.

유교의 德治論은 '제도와 인격' 사이의 先後本末 관계를 제시한 것일 뿐만 아니라, 또한 '率先垂範'을 강조한 것이었다. 다시 말해, '통치자와 피치자' 사이에서는 '통치자의 솔선수범'이 긴요하다는 것이요, 보다 일반적으로 '나와 남' 사이에 있어서는 '나의 솔선수범'이 중요하다는 것이다. 요컨대, '세상을 변화시키는 출발점'은 '우리들 각자가 먼저 자신의 인격을 닦는 것'이라는 말이다. 주자학의 '格物致知와 誠意正心' 또는 '居敬窮理'는 바로 인격을 닦는 방법론이었다. 주자학의 관점에서 보자면, 이러한 것들을 외면하고서 개혁을 논하는 것은 모두 '빈 말'이나 '헛수고'에 불과한 것이다. 오늘날 한국의 '민주화 개혁세력'들은 이 점을 깊이 음미해야 할 것이다.[25]

---

24) 황경식은 '制度와 意識(人格)의 관계'를 '상호요청적이고 상호보완적인 관계'라고 설명한 바 있다. 그는 "의식과 제도의 상호성 원리는 사회개혁에 있어서도 그대로 적용된다. 결국 제도의 개혁 없는 의식개혁은 무력하며, 의식의 개혁 없는 제도개혁은 공허할 수밖에 없는 것이다. 또한 제도의 개혁은 개명된 의식을 매개로 해서만이 가능하고 의식의 개혁 또한 제도적 장치에 의해 보장, 강화된다고 할 수 있다. 이런 의미에서 제도개혁과 의식개혁 또한 상호요청적이고 상승적인 변증법적 관계에 있다고 할 수 있다."고 설명하였다(황경식, 「사회개혁과 시민의식」, 『사회변혁과 철학』, 철학과현실사, 1999, 246쪽). 주자의 先後本末論 역시 제도와 인격의 相補性을 전제하는 것이다. 그런데 황경식은 그 상보성을 '상승적인 변증법적 관계'로 규정함에 반하여, 주자는 '本·末의 관계'로 규정한 것이다. '本·末의 관계'는 '先·後와 輕·重의 位階'를 전제하는 것이나, '변증법적 관계'는 그러한 위계를 전제하지 않는 것이다. '제도와 인격 사이에 선후와 경중이 있는가'에 대해서는 논란이 있을 수 있다. 本考에서는 다만 '양자의 相互不可缺性'을 확인하는 것만으로도 충분한 의미가 있다고 본다.

25) 2006년 현재, 한국에서 '민주화세력의 결집체'를 자처하는 집권여당(열린우리당)은 온갖 개혁정책을 내걸고 분투하고 있음에도 불구하고 국민들로부터 완전히 信望을 잃고 말았다. 그들이 각종 선거에서 계속 참패한 까닭은 自他가 공언하듯이 무엇보다도 '싸가지 없는 黨'이라는 낙인 때문이었다.

3. 社會觀의 측면 : 個人主義와 理一分殊論

주지하듯이, 自由主義는 個人主義와 표리를 이룬다. 개인주의란 개인을 '고립적 實體(原子)' 로 규정하는 것이다. 개인주의의 관점에서는 사회를 '개인들 간의 契約에 의해 성립하는 것' 으로 설명한다. 개인주의를 전제할 때, 궁극적 존재는 사회가 아니라 개인이며, 사회의 질서보다 개인의 권리가 명백히 우선하는 것이다. 서양의 近代는 개인주의를 통해 기존의 개인에 대한 억압을 청산하고, 개인의 權利를 획기적으로 신장시킨 시대이다. 그러나 오늘날 개인주의는 그동안의 공로 못지않은 그림자를 드리우고 있다. 이제 마지막으로 이 문제를 논하기로 하자.

이명현은 "서양의 근대는 개체를 고립의 범주로 보는 시각을 바탕으로 삼고 출발한다." 고 전제하고, 고립적 개인주의가 초래하는 제반 양상을 다음과 같이 분석한 바 있다.

> 개인을 자기충족적인 고립적 존재로 봄으로써 빠지게 되는 認識論的 귀결은 (…) 유아론적 곤경이다. 그리고 그 價值論的 귀결은 지배와 종속이 빚어내는 적대적 관계이며, 그 存在論的 귀결은 타자의 부정에 의한 자기 부정이다.[26]

'唯我論的 곤경' 이란 '자기중심적 곤경(egocentric predicament)' 또는 '유아론적 늪' 이라고도 한다. 이는 데카르트(R. Descartes, 1596~1650) 이래 '나의 의식' 을 모든 문제의 출발점으로 삼은 서양 근대 인식론에 있어서는 '나의 세계로부터 빠져나올 출구가 없다는 것, 나와 타인 및 세계를 연결해 주는 고리를 발견하기 어렵다는 것' 을 말한다. '지배와 종속이 빚어내는 적대적 관계' 란 '인간과 인간의 관계, 인간과 자연의 관계' 가 지배와 정복의 관계로 규정됨을 지칭한다. 인간의 삶을 타인 또는 자연과 '상호의존적인

26) 이명현, 『신문법 서설』, 37쪽.

열린 체계' 로 전제한다면 결코 지배와 정복의 관계가 등장할 수 없는데, 각자의 삶을 '자기충족적인 닫힌 체계' 로 전제하기 때문에 지배와 정복의 관념이 싹튼다는 것이다. 그러나 인간의 삶은 실로 '상호의존적인 열린 체계' 이기 때문에, 타인의 불행은 나의 불행으로 연결되고, 자연의 정복과 파괴는 환경오염과 자원고갈을 초래하여 인간의 문명을 위협한다는 것이다. 이것이 '타자의 부정에 의한 자기 부정' 이다.[27)]

이명현은 개인은 '전체에 종속된 존재' 도 아니요, 그렇다고 '고립적인 존재' 도 아니라고 주장한다. 그는 바람직한 인간관계를 '서로 맞물림의 틀' 로 설명한다. 이 틀 속에서는 개체는 닫힌 체계 속에 고립되어 있지도 않으며, 또한 개체가 전체라는 애매성 속에 녹아버리지도 않는다는 것이다. 또한 개체는 자기의 동일성을 유지하되, 자기와 관계를 맺고 있는 존재와 서로 맞물림으로써 자기일 수 있다는 것이다. 이명현은 '서로 맞물려 있음' 의 제반 양상을 다음과 같이 설명한다.

> 이 맞물려 있음의 존재의 양식은 相互依存性이며, 그 인식론적 양식은 相互主觀性이며, 그 가치론적 양식은 公正性이다. 相互主觀性이란 보는 자들 사이에 맞물려 있음이며, 相互依存性은 하나가 다른 하나와 서로 얽혀 있음으로써 서로가 서로를 있게 하는 방식이며, 公正性은 서로가 서로에게 주고받음에 이그러짐이 없이 맞물려 있음을 말한다. 相互依存性은 '더불어 있음' 의 존재론적 표현이며, 相互主觀性은 '같이 앎' 의 인식론적 표현이며, 公正性은 '함께 잘 삶' 의 가치론적 표현이다.
>
> '더불어 있음' 은 지배와 종속을 통해서 타자를 부정하는 삶으로부터 탈출할

27) 이명현, 『신문법 서설』, 35-36쪽 참조. 한편 테일러는 "개인주의는 自己(self)에 대한 집중을 수반하며, 동시에 종교적, 정치적 또는 역사적인 맥락에서 자기를 넘어서는 보다 더 중요한 문제들이나 의미를 아예 지워버리거나 전혀 의식하지 못하게 한다. 결과적으로 인생의 의미는 축소되거나 또는 높낮이 없이 덤덤해지는 것이다." 라고 지적한 바 있다(찰스 테일러, 『불안한 현대사회』, 26쪽).

수 있는 새로운 존재의 지평을 열어 주며, '같이 앎' 은 유아론으로부터 나오는 불가지론과 회의론의 함정으로부터 벗어나 우리를 진리에로 인도하는 길을 열어 준다. 그리고 '함께 삶' 은 억압과 빼앗고 빼앗김의 아비규환의 수라장으로부터 우리를 자유롭게 해준다. 相互主觀性은 인간과 인간 사이에 인식론적 단층을 연결하는 고리이며, 公正性은 인간과 인간 사이에 나타나는 이해의 단절과 갈등을 풀어주는 화해의 매개이다. 그리고 인간과 인간 사이의 相互依存性은 타자의 부정이나 제거가 인간의 참된 양식이 아니라 共存이 인간존재의 애초의 모습임을 보여준다.[28]

위와 같은 설명을 바탕으로 이명현은 마침내 '新文明' 을 제창하고, 新文明을 인식하고 해석하는 기본 틀로서 '新文法' 을 제시했다. 이명현의 新文法은 'MOW(Monad with Open Window)' 로 표현된다. 사실 自由主義의 '고립적 개인주의' 를 철학적으로 뒷받침한 것은 라이프니쯔(G. W. Leibnitz, 1646~1716)의 '窓 없는 單子' 이론이었다. 이명현은 '창문이 열려있는 單子' 이론을 제시하여 라이프니쯔의 '窓 없는 單子' 이론을 대신하고자 한 것이다. 이명현은 'MOW' 의 기본 특징을 다음과 같이 설명한다.

1. MOW는 소우주(Microcosmos)이다. 이런 의미에서 MOW는 전체의 구조를 잠재적으로 지니고 있다. 그러나 현실적으로는 어떤 존재의 한 부분으로 존재하며, 전체의 구조가 부분적으로 실현되어 있을 뿐이다. 여기서 실현된다고 함은 잠재적으로 지니고 있는 전체구조의 어떤 부분만 활성화되었다는 것을 의미한다. (…)
2. 하나의 MOW는 다른 MOW의 열린 창문을 통해 상호작용한다. 이때 MOW는 활성화의 원리를 통해 자기실현을 극대화하며, 균형의 원리에 의해 MOW들 사이의 형평을 유지한다. 이렇게 MOW들은 서로 맞물려있다.

28) 이명현, 『신문법 서설』, 38-39쪽.

3. MOW$_1$과 MOW$_2$가 맞물려 있다는 것은 서로 음양관계에 있다는 것을 의미하며, 다음과 같은 네 가지 관계를 함축한다.(차별, 상호공존, 상반, 상보)
   1) MOW$_1$은 MOW$_2$와 다르다.(차별)
   2) MOW$_1$ 없이 MOW$_2$는 없으며, MOW$_2$ 없이 MOW$_1$도 없다.(상호공존)
   3) MOW$_1$이 甲 방식으로 작용하면, MOW$_2$는 非甲 방식으로 작용한다.(상반)
   4) MOW$_1$과 MOW$_2$는 서로 보완적이다.(상보성)
4. MOW는 중층적 구조를 지닌 여러 가지 존재를 구성하는 기본단위다.[29]

論者는 이명현이 제시하는 新文法 MOW가 '바람직한 미래 사회의 모형'으로 전혀 손색이 없다고 생각한다. 다만 하나 지적하고 싶은 것은, 이명현의 新文法 MOW는 유교적 관점에서 보자면 결코 새로운 것이 아니라는 점이다. 위의 1항과 4항은 주자학의 理一分殊論과 정확히 일치하는 것이다.[30] 또 이명현 자신이 밝혔듯이, 위의 3항은 『주역』의 陰陽思想을 응용한 것이다. 좀 더 정확히 말하자면 『주역』의 음양사상은 陰陽對待論과 陰陽循環論으로 대변되는데,[31] 위의 2항은 음양순환론에 해당되는 것이며, 3항은 음양대대론에 해당되는 것이다. 또한 앞에서 거론한 '相互依存性(더불어 있음)'은 주자의 陰陽對待論과 상응하고, '相互主觀性(같이 앎)'은 주자의 公論論과 상응하며,[32] '公正性(함께 삶)'은 주자의 人心道心論 및 仁說과 상응한다.[33] 요컨대 '이명현의 새로운 文明에 대한 설계도'는 '주자학적인 文明

29) 이명현, 『신문법 서설』, 54-56쪽.

30) 理一分殊論에 대해서는 이 책의 제3장 5절 및 제8장 참조.

31) 『周易』의 음양사상을 陰陽循環論과 陰陽對待論으로 명쾌하게 분류하여 설명한 사람은 바로 朱子이다. 음양순환론은 '變易'을 뜻하는바, 이는 '物極必反(모든 사물은 極에 달하면 반드시 반대의 것으로 轉化됨)'의 원리를 말한다. 음양대대론은 '交易'을 뜻하는바, 이는 '相反相成(서로 반대되는 것들이 感應을 통해 서로를 이루어줌)'의 원리를 말한다. 이에 대한 자세한 논의는 拙著, 『歷史哲學과 易學思想』, 123-145쪽 참조.

32) 朱子의 公論論에 대해서는 拙著, 『儒敎傳統과 自由民主主義』 제8장 참조.

의 설계도'와 놀라울 정도로 軌를 같이 하는 것이다.

한편, 최근 앞장서서 '공동체 자유주의'를 제창하고 있는 정치학자 박세일은 다음과 같이 말한다.

최근에 1980년대 말부터 歐美에서 공동체주의가 다시 등장하고 있다. 거기에는 몇 가지 이유가 있다. 우선 개인주의적 자유주의가 과잉개인주의(hyper-individualism)를 결과하면서 첫째, 사회무질서, 마약, 범죄, 가족해체, 학교붕괴, 도덕적 해이, 정신적 황폐 등등 사회적 부작용이 증가하고 있다. 결국 공동체연대가 붕괴되기 시작하고 있다. 둘째, 국민 각자가 자기 권리만을 주장하고 있지 시민적 의무나 권리에 따른 책임의식은 외면하고 있다. 그 결과 공동체는 피폐해지고 있다. 셋째, 부분이익이 전체이익 내지 공공이익을 무시하는 경우가 증대하기 시작하였다. 집단화된 개인들이 국가이익의 희생 위에 자신들의 부분이익을 추구하고 있다. 결국 공동체는 목소리 큰 사람들의 약탈의 대상이 되어 가고 있는 셈이다. 이러한 문제의식을 배경으로 자유공동체의 재창조를 목표로 하는 공동체주의가 등장하게 되었던 것이다. 그런데 공동체주의는 이러한 과잉 개인주의적 자유주의에 대한 反動으로서만이 아니라 사실은 종래의 보수-혁신이나, 左右대립의 2분법을 넘어서려는 의도도 가지고 있다. 공동체주의는 '자유냐? 질서이냐?' 혹은 '시장이냐? 국가냐?'의 2분법은 잘못되었다고 생각한다. 자유와 질서간의 관계가 결코 상호 트레이드오프(trade-off)의 관계가 아니라는 것이다. 즉 자유가 많아지면 질서가 문란하여지고 질서가 강조되면 자유가 억압 받아야 하는 그러한 관계가 아니라는 것이다. 우리가 공동체를 육성하고 재창조하는 데 성공한다면 우리는 보다 많은 자유와 보다 많은 질서를 함께 가질 수 있다고 주장한다. (…) 공동체주의는 이렇게 구성원 한 사람 한 사람의 자발적 협동적 노력에 의하여, 가정에서 학교로 더 나아가 시민사회로, 자

33) 朱子의 人心道心論에 대해서는 이 책의 제9장 3절 참조. 朱子의 仁說에 대해서는 『朱子大全』 卷32 頁24-27(1395-1398쪽) 참조.

유공동체를 재창조하여 나가면 우리는 극단적 개인주의의 폐해도 집단주의의 폐해도 함께 극복하고, 保革이나 左右 논쟁의 틀도 모두 벗어날 수 있다고 주장한다. 그리하여 자발적 질서(voluntary order)와 자제된 자유(bounded autonomy)가 충만한, 보다 좋은 사회(good society)를 건설할 수 있다고 주장한다.[34]

박세일은 근래의 '공동체주의(communitarianism)' 는 본래 극단적인 개인주의(개인주의적 자유주의)와 극단적인 집단주의(전체주의적 권위주의) 양자의 문제점에 대한 반성에서부터 시작된 것이라고 전제하고,[35] 위와 같은 맥락에서 '공동체 자유주의' 를 제창하는 것이다. 이것을 주자의 理一分殊論으로 풀이하자면, '극단적 개인주의' 는 分殊에만 집착하는 것이며 '극단적 집단주의' 는 理一에만 집착하는 것이다. 따라서 박세일이 주창하는 '공동체 자유주의' 는 理一과 分殊를 균형 있게 매개시키는 지점에서 성립한다고 할 것이다.

이상에서 이명현의 '新文法 MOW' 와 박세일의 '공동체 자유주의' 를 소개했거니와, 이들은 모두 주자학의 理一分殊論과 맥락을 같이 하는 것이다. 이렇게 본다면, 주자학의 理一分殊論은 오늘날 더욱 절실하게 論究되어야 할 것이다.

---

34) 박세일, 「21세기 국가발전 이념 : 공동체 自由主義 - 20세기적 左右대립을 넘어 先進化로」, 안민포럼 정책자료집, 2006, 17-18쪽.

35) 박세일, 「21세기 국가발전 이념 : 공동체 自由主義 - 20세기적 左右대립을 넘어 先進化로」, 16쪽.

補論

제1장

王陽明 心學의 二重性과 그 딜레마

1. 서론

본고는 두 가지 물음으로부터 시작한다. 첫째는 어찌하여 양명학은 그 학파가 상반된 양상으로 분열되기에 이르렀는가 하는 물음이고, 둘째는 어찌하여 양명학(左派)은 그 말폐가 猖狂自恣로 드러났는가 하는 물음이다.[1] 이러한 물음들을 가지고 陽明 王守仁(1472~1529)의 주요 저작들을 검토해 본 결과, 양명이 표방하는 '心學'은 이중적인 의미를 지니고 있다는 것과, 위의 두 물음에 대한 해답 역시 이 '心學의 이중성'에서 찾아질 수 있다는 것을 발견하게 되었다.

본고에서 말하는 '왕양명 心學의 이중성'이란 '心卽理學'과 '精一之學'을 말한다. 心卽理學이란 마음을 진리의 표준으로 삼는다는 것을 말하고, 精一之學이란 道心과 人心, 또는 本心과 私心, 또는 天理와 人欲을 구분하여, 각각 후자를 극복하고 전자를 옹호한다는 것을 말한다. 양명은 心學이

1) 楊國榮에 의하면, 양명의 본래 理想은 '功利를 숭상하고 天理를 무시하는 당시의 世態'에 맞서 '봉건적 綱常倫理'를 옹호하는 것이었다(楊國榮, 송하경 역, 『陽明學通論』, 박영사, 1994, 6-9쪽 참조). 그렇다면 양명좌파가 보여준 猖狂自恣는 분명 양명의 본래 의도와는 반대되는 결과라 하겠다. 양명학이 '양명이 의도했던 것과 반대되는 결과'를 초래했다면, 이것은 양명학 자체에 중대한 이론적 결함이 있다는 말이 아닌가?

란 말을 통하여, 한편으로는 心卽理를 주창하고 한편으로는 惟精惟一을 주창했던 것이다. 그런데 心卽理學에서의 마음의 위상과 精一之學에서의 마음의 위상은 사실 서로 모순된다. 心卽理學에서는 마음이 '진리의 표준' 으로 설정되고 있으나, 精一之學에서는 마음이 '檢束의 대상' 으로 설정되고 있기 때문이다.

양명은 心卽理라 하여 마음이 '진리의 표준' 이라 하였으나, 한편으로는 凡人의 마음을 그 자체로 진리의 표준으로 인정할 수 없었다. 범인의 마음은 私心과 物欲에 지배당하는 것을 외면할 수 없었기 때문이다. 그리하여 精一之學을 내세워 마음을 다스릴 것(私心을 제거할 것)을 요구했던 것이다. 양명은 한편으로는 '마음이 곧 理' 라고 하면서, 다른 한편으로는 '마음의 本體가 理' 라 한다. 또 한편으로는 '마음이 곧 理' 라 하면서, 다른 한편으로는 '마음과 理를 合一' 시키라고 말한다. 이와 같이 양명의 心學에는 양립될 수 없는 이중적 맥락이 혼재하는 것이다.

본고에서 다루고자 하는 내용은 다음과 같다. 첫째, 양명 心學의 문제의식은 무엇이며, 그에 대한 양명의 解法은 무엇이었던가? 둘째, 양명의 心學은 왜 이중적인 맥락을 지니게 되었으며, 그 내용은 무엇인가? 셋째, 양명 心學의 이중성은 어떠한 결과를 초래했는가? 넷째, 양명의 문제의식에 대한 자신의 해법은 성공적인 것으로 평가할 수 있는가?

2. 왕양명의 문제의식과 그 해법

양명의 문제의식은 당시의 朱子學이 支離滅裂하여,[2] 유학의 본령인 修己

---

2) 唐君毅는 『王陽明全集』 卷21의 〈答徐成之〉에 근거하여, 양명이 支離滅裂하다고 비판한 대상은 朱子가 아니라고 주장하였다(唐君毅, 〈陽明學與朱子學〉, 『中國哲學思想論集』(宋明篇), 牧童出版社, 中華民國 66年, 253쪽 참조). 과연 양명은 이 편지에서 "주자는 尊德性을 외면하지 않았으니, 支離하지 않다" 고 하였다. 이 편지만 놓고 보면, 양명

治人에 보탬이 되지 못한다는 것으로부터 출발한다. 그러면 양명은 왜 주자학을 지리멸렬하다고 보았는가? 양명은 그것을 두 측면에서 논하였다. 첫째는 "理를 분석하는 것이 너무 정밀하여, 학문은 더욱 支離하고 근본이 없게 되었다."[3]는 것이다. 양명에 의하면, 맹자가 '先立乎其大者'라 했듯이, 학문은 大頭腦處를 먼저 문제 삼아야 한다.[4] 그런데 사람들은 大頭腦處를 도외시하고, 지엽적인 節目에 매달린다는 것이다. 양명은 致良知를 학문의 大頭腦라 하였다.[5] 둘째는 "知와 行을 先·後로 나누기 때문에 支離滅裂하다."[6]는 것이다. 주지하듯이, 주자학에서는 義理를 실천하려면 먼저 學問思辨을 통해 義理가 무엇인지를 명확히 알아야 한다는 입장을 취했다. 이에 대해 양명은 先知後行의 방법론을 취하다보면 종신토록 실천하지도 못하고 또한 종신토록 알지도 못한다고 비판한다.[7] 그리하여 양명은 知行合一을 주장하고, 致良知를 그 방법으로 제시했다.

양명은 위와 같은 두 측면에서 주자학의 支離滅裂함을 비판했지만, 특히 후자를 더욱 문제 삼았다. 주자학의 가장 큰 결점은 知·行을 괴리시켜, 알지도 못하고, 실천하지도 못한다는 데 있다는 것이다. 그런데 양명에 의하면, 주자학이 知·行을 둘(先·後)로 나누는 것은 근본적으로 心과 理를 둘

이 支離滅裂하다고 비판한 대상은 주자가 아니라고 하겠다. 그러나 양명의 다른 글들을 보면, 양명이 支離하다고 비판하는 대상의 초점은 바로 주자였음이 분명하다. 즉 양명은 〈象山文集序〉에서 '支離한 世儒들'이 "心과 理를 둘로 나눔으로써 精一之學(心學)이 망했다"고 주장하였는데, 바로 주자가 "心과 理를 둘로 나누어보았다"는 것이다(『傳習錄』 上 33조 ; 『傳習錄』 中, 〈答顧東橋〉 6조 등 참조). 양명은 知와 行을 둘로 나누고 心과 理를 둘로 나눈 주범으로 끊임없이 주자를 지목하는 것이다. 이에 대해서는 본고에서 충분히 논의될 것이다.

3) 『王陽明全集』 卷7(上海古籍出版社本 230쪽), 〈別湛甘泉序〉 : 析理益精 學益支離無本

4) 『傳習錄』 上 3조 : 愛曰 (…) 如事父一事 其間溫凊定省之類 有許多節目 不知亦須講求否 先生曰 如何不講求 只是有個頭腦 (…) 須先有根 然後有枝葉

5) 『傳習錄』 中, 〈答歐陽崇一〉 1조 : 致良知 是學問大頭腦

6) 『傳習錄』 中, 〈答顧東橋書〉 8조 : 所以析知行爲先後兩截 日以支離決裂 而聖學益以殘晦者

7) 『傳習錄』 上 5조 : 今人却就將知行分作兩件去做 (…) 故遂終身不行 亦遂終身不知

로 나누는 것에 기인한다. 양명은 다음과 같이 말한다.

> 心을 벗어나 理를 구하기 때문에 知와 行이 둘로 나뉘어졌다. 吾心에서 理를 구하는 것이 聖門의 知行合一의 가르침이다.[8]

이렇게 본다면, 주자학이 지리멸렬한 이유는 知와 行을 二分시키는 데 있고, 知·行을 이분시키는 이유는 心과 理를 둘로 간주한 데에 있는 것이다. 그리하여 양명은 支離滅裂을 극복하기 위한 핵심명제로 心卽理와 致良知를 주창하게 된 것이다.

그러면 주자는 왜 先知後行을 주장하고, 왜 心과 理를 구분했던가? 그것은 老·佛, 특히 禪宗의 폐단을 극복하기 위한 것이었다. 주자학에서는 선종의 폐단을 '猖狂自恣(미치광이처럼 스스로 방자하게 행동함)' 라고 규정하거니와, 이러한 폐단은 이 세계의 객관적 理法(理)을 살피지 않고 자기의 마음(心)을 진리의 표준으로 삼기 때문에 야기된 것이라고 보았다. 그리하여 주자학에서는 '繼天立極' 을 표방했다. 여기에서의 '天' 이란 '자연의 존재원리(天道, 天理)' 를 뜻하며, '極' 이란 '인간의 표준 또는 인간의 당위법칙' 을 뜻한다. 즉, '繼天立極' 이란 '이 세계의 객관적 理法을 탐구하여 인간의 당위법칙을 정립함' 을 뜻한다. 주자는 다음과 같이 말한다.

> 儒者의 학문은 그 大要가 窮理를 우선으로 삼는 것이다. 대개 하나의 사물이 있으면 하나의 理가 있으니, 모름지기 먼저 이것을 밝힌 다음에야 마음이 발하는 데에 輕重長短이 각각 準則이 있게 된다. 『書經』에서 이른바 '天敍·天秩' '天命·天討' 나 『孟子』에서 이른바 '사물이 모두 그러하지만 마음은 더욱 심하다.'[9]고 한 것은 모두 이것을 말한 것이다. 만약 먼저 그 知를 이루지 아니하

---

8) 『傳習錄』 中, 〈答顧東橋〉 4조 : 外心以求理 此知行之所以二也 求理於吾心 此聖門知行合一之敎

고, 다만 그 마음이 된 所以가 이와 같음을 보고 그 마음이 된 所以가 이와 같음을 알아, 泛然하여 準則으로 삼을 바가 없다면, 그 보존하고 그 발하는 것이 또한 무엇에 말미암아 理에 맞겠는가? 또한 釋氏의 '擎拳竪拂 運水般柴'[10]의 학설이 어찌 이 마음을 보지 않았겠으며, 어찌 이 마음을 알지 못했겠는가? 그러나 끝내 함께 堯·舜의 道에 들어갈 수 없는 것은 바로 天理를 보지 못하고 오로지 이 마음만을 알아 主宰로 삼기 때문이다. 그러므로 釋氏는 '자기의 사사로움(自私)'을 면치 못한다. 선배들이 '聖人은 天에 근본하고, 釋氏는 마음에 근본한다.' 고 한 말은 대개 이것을 말한다.[11]

위의 인용문에서는 '마음에 근본하는' 분교는 필경 창광자자의 폐단에 빠진다고 규정하고, 그 대안으로 '天에 근본할 것'을 제시하였다. '마음에 근본한다'는 것은 마음을 '진리의 표준'으로 삼는다는 것이며, '天에 근본한다'는 것은 天理를 '진리의 표준'으로 삼는다는 말이다. 주자학에서는 天理를 표준으로 삼아야 한다고 주장하는바, 그러기 위해서는 먼저 무엇이 天理인지를 알아야 한다. 그리하여 위의 인용문에서는 窮理를 통한 致知를 우선적인 것으로 규정한 것이다.

---

9) 『孟子』 梁惠王上 7장에서는 "무게를 잰 다음에 輕重을 알 수 있고, 길이를 잰 다음에 長短을 알 수 있다. 사물이 모두 그러하지만, 마음은 더욱 그렇다"고 하였다.

10) '擎拳竪拂(주먹을 들고 털이개를 세움)'이란 禪家에서 言語와 文字를 사용하지 않고 혹은 그 주먹을 들어보이거나 혹은 그 拂子(총채, 먼지떨이)를 세워 보이기도 해서 상대방으로 하여금 道를 깨치게 하는 것을 말함. '運水般柴(물을 긷고 땔나무를 나름)'란 禪家에서 물을 긷고 땔나무를 나르는 것을 바로 神通妙用으로 삼고, 다시 그 道理가 어떠한지는 묻지 않음을 말함. 『退溪集』 卷11 頁22-23, 〈答李仲久問目(朱子大全疑義)〉 참조.

11) 『朱子大全』 卷30 頁23(1288쪽), 〈答張欽夫〉 : 儒者之學 大要以窮理爲先 蓋凡一物有一理 須先明此 然後心之所發 輕重長短 各有準則 書所謂天敍天秩 天命天討 孟子所謂物皆然心爲甚者 皆謂此也 若不於此先致其知 但見其所以爲心者如此 識其所以爲心者如此 泛然而無所準則 則其所存所發 亦何自而中於理乎 且如釋氏擎拳竪拂 運水般柴之說 豈不見此心 豈不識此心 而卒不可與入堯舜之道者 正爲不見天理 而專認此心以爲主宰 故不免於自私耳 前輩有言聖人本天釋氏本心 蓋謂此也

마음에 근본할 것이 아니라 天理에 근본해야 한다는 것은 분명 心과 理를 별개로 구분하는 것이다. 또한 실천보다 궁리를 우선해야 한다는 것도 분명 知와 行을 선후로 구분하는 것이다. 즉 주자학에 있어서는 心과 理가 구분되고 知와 行이 구분되는 것이다. 그러나 주자학의 입장은 心과 理를 괴리시키고 말자는 것이 아니다. 格物致知와 誠意正心을 통해서 궁극적으로는 心과 理를 合一시키자는 것이다.[12] 주자학은 그 가능근거로 '性'을 제시하여, 性卽理를 표방한 것이었다.[13] 또한 주자학에서는 知・行을 先・後로 구분했지만, 行을 도외시하자는 것도 아니었다. 주자는 "先・後를 논하면 知가 우선이지만, 輕・重을 논하면 行이 중요하다."[14]고 하였다.

그러나 양명은 주자의 先知後行論이 결국 종신토록 알지도 못하고 종신

---

12) 주자는 유학은 '心與理爲一'이라고 보지만, 불교는 '心與理爲二'라고 본다고 규정했다(『朱子語類』 卷126[3015-3016쪽]). 주자학의 '心與理爲一'이란 心이 萬物의 理를 구비하고 있다는 것이요, 불교의 '心與理爲二'란 心과 理를 별개의 것으로 본다는 것, 즉 心만 알고 理를 모른다는 것, 또는 理를 불필요한 것으로 본다는 것이다. 불교는 心만 알고 객관적 理를 모르기 때문에 心과 理가 단절된 것이요(釋氏間斷), 그 폐단은 猖狂自恣로 드러난다는 것이다. 그러나 주자학은 心 속에 갖추어진 理(性)를 자각함으로써, 주관적 心과 객관적 理를 합치시키는 것이요(吾儒連續), 그리하여 항상 각각의 경우에 맞게 실천할 수 있다는 것이다. 그런데 주자학에서 말하는 '心與理爲一'이란 陸王學的인 맥락에서의 '心卽理'를 말하는 것이 아니다. 주자학에서는 '心具理'(心은 性을 갖추고 있는 바, 性이 곧 理라는 것)를 주장하고 '心卽理'를 반대한다. 주자는 陸象山의 心卽理를 불교와 같은 것으로 비판하였다. 주자는 "儒釋之異 正爲吾以心與理爲一 而彼以心與理爲二耳 然近世一種學問 雖說心與理一 而不察乎氣稟物欲之私 故其發亦不合理 却與釋氏同病 又不可不察"(『朱子大全』 卷56 頁46[2873쪽], 〈答鄭子上〉)이라 했는바, 여기서의 '近世一種學問'이란 陸象山의 心卽理說을 지칭한다(陳來, 이종란 외 역, 『주희의 철학』, 예문서원, 2002, 259쪽 참조).

13) 주자학에서는 마음을 진리의 표준으로 삼으면 결국 猖狂自恣를 초래한다고 보았다. 그러므로 마음을 표준으로 삼을 것이 아니라, 性을 표준으로 삼아야 한다는 것이다. 그런데 性은 마음속에 갖추어진 것이다. 그리하여 주자학에서는 마음과 性을 엄격하게 구분하여, 心卽理를 배격하고 性卽理를 주장하는 것이다. 그러나 양명학에서는 心卽理라고 말하기도 하고, '心卽性 性卽理'(『傳習錄』 上 33조)라고 말하기도 한다.

14) 『朱子語類』 卷9(148쪽) : 知行常相須 如目無足不行 足無目不見 論先後 知爲先 論輕重 行爲重

토록 행하지도 못하는 폐단을 낳았다고 비판했다. 또한 근원적으로 선지후행론은 心과 理를 구분하는 데서 기인하는 바, 心·理 二分은 知·行 二分을 초래하고, 知·行 二分은 支離滅裂을 초래한다고 본 것이다. 그리하여 心·理를 統一하고, 知·行을 統一하기 위하여, 양명은 心卽理와 心卽良知를 주창한 것이다.

양명에 의하면, 내 마음이 곧 진리의 표준이므로, 순수하게 내 마음을 따라 실천하면 되는 것이다. 또한 知는 선험적으로 내 마음 속에 갖추어진 것(良知)이므로, 다만 실천 속에서 良知를 밝히면 되는 것이다. 그런데 왜 현실에서는 惡이 횡행하고, 知·行이 괴리되는가? 이 문제를 양명은 '私欲'으로 해명했다. 즉 私欲이 心과 理를 隔斷시키고,[15] 知와 行을 괴리시킨다는 것이다.[16] 그리하여 양명은 私欲을 제거하고 天理를 보존시키는 방법으로 精一之學을 제창했다. 이러한 맥락에서, 양명은 心卽理·致良知와 함께 惟精惟一의 精一之學을 표방하게 된 것이다. 그런데 문제는 心卽理學·致良知學에서의 心의 위상과 精一之學에서의 心의 위상이 서로 모순된다는 점이다.

3. 왕양명 心學의 二重性

양명의 心學이 이중적인 의미를 지니고 있다는 것은 우선 양명의 〈象山文集序〉를 보면 확연히 알 수 있다. 양명은 다음과 같이 말한다.

---

15) 『傳習錄』 上 3조 : 心卽理也 此心無私欲之蔽 卽是天理 不須外面添一分 以此純乎天理之心 發之事父便是孝 發之事君便是忠 發之交友治民便是信與仁 只在此心去人欲存天理上用功 便是

16) 『傳習錄』 上 5조 : 愛曰 如今人儘有知得父當孝 兄當弟者 却不能孝 不能弟 便是知與行分明是兩件 先生曰 此已被私欲隔斷

> 聖人의 학문은 心學이다. 堯・舜・禹가 서로 나라를 주고받음에 "人心은 오직 위태롭고, 道心은 오직 은미하니, (人心인지 道心인지) 精密하게 살피고 (道心을) 專一하게 지켜서, 진실로 그 中庸을 잡으라." 고 말했으니, 이것이 心學의 연원이다. (…) 孔孟의 학문은 오직 求仁에 힘쓰는 것이니, 대개 惟精惟一을 전한 것이다. 당시의 폐단은 밖에서 구하는 것에 있었다. 그러므로 子貢은 '(孔子가) 많이 배워서 아는 것인가' 의심하였고, 博施濟衆을 仁으로 여겼다. 夫子께서는 '一貫' 으로 알려주셨고, '能近取譬' 로 가르쳐 주셨으니, 子貢으로 하여금 그 '마음에서 구하도록(求諸其心)' 한 것이었다. (…) 心과 理를 나누어 둘로 삼으면서 精一之學이 망하였다. 世儒의 支離함은 밖에서 刑名器數의 말단을 찾아서 이른바 物理를 밝히려고 하면서, 吾心이 곧 物理라서 애초에 밖에서 빌릴 것이 없음을 알지 못한다. (…) 그 뒤로 象山 陸氏가 있었으니, 비록 그 純粹和平은 周子・程子에 미치지 못하나 簡易直截함은 참으로 孟子의 전통에 이어진다. 그 議論의 開闔이 때때로 다른 것은 바로 그 氣質과 意見의 다름 때문이요, 학문을 '반드시 마음에서 구할 것' 을 요구한 것은 한가지일 따름이다.[17)]

위의 인용문에서는 聖人의 학문을 心學이라고 규정하고, 그것을 '마음에서 구하는 학문(求諸心之學)', '人心과 道心을 정밀하게 살펴서 道心을 전일하게 시키는 학문(精一之學)', '마음이 곧 理라는 학문(心卽理學)' 등으로 설명하고 있다. 양명이 말하는 心學은 바로 '마음에서 구하는 학문' 인바, '精一之學' 과 '心卽理學' 이 모두 '마음에서 구하는 학문' 임에는 틀림이 없다. 문제는 마음에서 무엇을 구하는가 하는 점이다.

---

17) 『王陽明全集』 卷7(245쪽), 〈象山文集序〉 : 聖人之學 心學也 堯舜禹之相授受曰 人心惟危 道心惟微 惟精惟一 允執厥中 此心學之源也 (…) 孔孟之學 惟務求仁 蓋精一之傳也 而當時之弊 固已有外求之者 故子貢致疑於多學而識 而以博施濟衆爲仁 夫子告之以一貫 而教以能近取譬 蓋使之求諸其心也 (…) 析心與理而爲二 而精一之學亡 世儒之支離 外索於刑名器數之末 以求明其所謂物理者 而不知吾心則物理 初無假於外也 (…) 自是而後 有象山陸氏 雖其純粹和平 若不逮於二子 而簡易直截 眞有以接孟子之傳 其議論開闔 時有異者 乃其氣質意見之殊 而要其學之必求諸心 則一而已

心卽理學이란 '내 마음이 곧 진리의 표준' 이므로, 밖에서 진리의 표준을 구하지 말라는 것이다. 반면에 精一之學이란, 사람의 마음에는 人心도 있고 道心도 있다는 전제 하에, 내 마음을 道心(天理)에 순수하게 함으로써 진리를 실천하자는 것이다. 그러므로 精一之學의 맥락에서는 '마음(人心과 道心을 모두 포함하는 마음)' 이 그 자체 진리의 표준인 것이 아니다. 다만 내 마음을 道心(天理)에 순수하게 함으로써 진리를 실천할 수 있는 관건을 확보하자는 것이다. 요컨대, 心卽理學은 마음에서 '진리의 표준' 을 구한다는 말이며, 精一之學은 마음에서 '진리실천의 관건' 을 구한다는 말이다.

양명은 한편으로는 '마음이 곧 理' 라고 말하면서, 한편으로는 '마음의 本體가 理' 라고 말한다. 또한 양명은 한편으로는 마음이 곧 理라고 말하면서, 한편으로는 마음과 理를 合一시켜야 한다고 말한다. 또한 양명은 한편으로는 心卽理學에서 자신의 정체성을 찾고, 한편으로는 精一之學에서 자신의 정체성을 찾는다. '마음이 곧 理' 라는 것은 心卽理學을 말하는 것이며, '마음의 本體가 理' 라는 것과 '마음과 理를 合一시켜야 한다' 는 것은 精一之學을 말하는 것이다. 그런데 이 양자는 서로 그 지평을 달리하는 것이다.

1) 양명학은 心卽理學인가, 心之本體卽理學인가?

양명은 자신의 글 곳곳에서 '마음이 곧 理' 임을 역설하였다. '心卽理' 가 양명학의 제1명제라는 것에 대해서는 누구도 異見이 없을 것이요, 따라서 양명학을 心卽理學으로 규정하는 데에는 일단 어려움이 없을 것이다.

문제는 양명이 '마음이 곧 理' 임을 역설하는 만큼이나 또한 누누이 '마음의 本體가 理' 라고 말하고 있다는 점이다. 다음과 같은 예문이 바로 그것이다.

> 心의 本體가 곧 天理이다.[18] ○ 心의 本體는 곧 性이요, 性이 곧 理이다.[19] ○ 四書 五經에서 말하는 것은 이 心體에 불과하니, 이 心體가 곧 이른바 道心이

다.[20] ○ 道心이란 良知를 말하는 것이다.[21] ○ 良知는 心의 本體이다.[22] ○ 내 마음의 良知가 곧 이른바 天理이다.[23]

양명은 '마음의 本體'를 '性'이라고도 하고, '道心'이라고도 하고, '良知'라고도 하면서, 이것들이 바로 '天理'라고 하였다. 그렇다면 양명학은 心卽理學인가, 心之本體卽理學인가? '心'과 '心之本體'는 같은 것이라고 치부한다면, 위와 같은 물음은 불필요할 것이다. 그렇다면 왜 양명은 '心卽理'를 말하고 또 '心之本體卽理'를 말하는가?

앞에서 이미 고찰했듯이, 양명이 心卽理를 주장한 것은 心과 理를 구분했을 때 야기되는 支離滅裂을 극복하기 위함이었다. 그러나 양명은 心卽理를 말하면서도 凡人의 마음과 聖人의 마음이 다르게 발현되는 현실을 무시할 수 없었다. 양명은 이러한 현실을 本心과 私心을 나누는 방법으로 설명하였다. 즉 사람의 本心(心之本體)은 성인이나 범인이 같지만, 범인은 私心에 얽매이기 때문에 惡을 짓게 된다는 것이다. 양명은 다음과 같이 말한다.

> 마음이 곧 理이다. 私心이 없으면 곧 理에 합당한 것이요, 理에 합당하지 않으면 곧 私心인 것이다. 만약 心과 理를 나누어 말한다면 좋지 않다.[24]

양명은 '마음이 곧 理'라고 하면서도 또한 私心은 理가 아니라고 하였고, 私心은 理가 아니라고 하면서도 또한 마음과 理를 나누어 보면 안 된다고

---

18) 『傳習錄』 上 96조 : 心之本體 卽是天理
19) 『傳習錄』 上 81조 : 心之本體 卽是性 性卽是理
20) 『傳習錄』 上 31조 : 蓋四書五經 不過說這心體 這心體卽所謂道心
21) 『傳習錄』 中, 〈答顧東橋書〉 11조 : 道心者 良知之謂也
22) 『傳習錄』 中, 〈答陸原靜書(제1서)〉 2조 : 良知者 心之本體
23) 『傳習錄』 中 6조 : 吾心之良知 卽所謂天理也
24) 『傳習錄』 上 94조 : 心卽理也 無私心 卽是當理 未當理 便是私心 若析心與理而言之 恐亦未善

하였다. 즉 양명은 사람의 마음에는 '理라고 볼 수 없는 私心' 이 포함되어 있음을 인정하면서도, 또한 心과 理를 구분하는 것을 반대하여 '心卽理' 라고 한 것이다. 心과 理를 구분하면 支離한 폐단을 낳고, 구분하지 않으면 私心마저도 理로 간주될 우려가 있는바, 이는 분명히 딜레마라고 할 수 있겠다. 이러한 딜레마를 극복하기 위해 양명이 제시한 방법은 '私心을 극복하여 本心을 회복하라' 는 것이었다. 양명은 다음과 같이 말한다.

> 마음은, 그 처음엔 聖人과 다름이 없는 것이다. 다만 '자기를 고집하는 私心(有我之私)' 과 '물욕의 가림(物欲之蔽)' 이 개입하여, 큰 것이 작아지고 통한 것이 막힘으로써, 사람마다 마음이 달라지고, 마침내는 父子·兄弟를 원수처럼 보는 일이 생기게 되었다. 聖人은 이것을 근심하여, 天地萬物을 一體로 여기는 仁으로써 세상 사람들을 가르쳐서, 하여금 모두 私心을 이기고 物欲을 제거하여 그 '心體의 같은 모습(心體之同然)' 을 회복하도록 하였다. 그 가르침의 大端은 곧 堯·舜·禹가 서로 왕위를 주고받으면서 "人心은 오직 위태롭고, 道心은 오직 은미하니, 정밀하게 살피고 전일하게 지켜서, 진실로 그 中庸을 잡으라." 고 한 말이었다.[25]

양명은 私心과 物欲을 제거하면 성인과 범인이 본래 같은 心之本體(本心)를 회복할 수 있다고 주장하고, 精一之學을 그 방법론으로 제시하였다. 惟精惟一을 통해 '私心이 제거된 마음' 은 분명 理와 부합한다고 말할 수 있을 것이다. 이것이 양명이 心卽理와 惟精惟一이라는 명제를 통해 추구한 바였을 것이다.

문제는 양명의 그러한 本旨와 달리, 惟精惟一의 工夫를 외면하고, '私心

25) 『傳習錄』 中, 〈答顧東橋書〉 12조 : 天下之人心 其始亦非有異於聖人也 特其間於有我之私 隔於物欲之蔽 大者以小 通者以塞 人各有心 至有視其父子兄弟如仇讐者 聖人有憂之 是以推其天地萬物一體之仁 以敎天下 使之皆有以克其私去其蔽 以復其心體之同然 其敎之大端 則堯舜禹之相授受所謂道心惟微 惟精惟一 允執厥中

이 가득한 마음' 조차도 理라고 주장하는 폐단이 陽明左派(泰州學派)에서 실제로 야기되었으며, 그러한 폐단은 心卽理라는 명제 자체로부터 기인한다는 점이다. 예를 들어, 태주학파의 王棟은 "私心을 살피고 物欲을 막아야 한다고 하는데, 聖人의 문하에는 원래 이러한 가르침이 없었다."[26]고 선언하였고, 羅汝芳은 "욕망을 제어하는 것은 仁을 체득하는 것이 아니다."[27]라고 주장하였다. 좌파의 이러한 주장에 대해 右派의 胡直은 '猖狂自恣' 라고 비판했고,[28] 黃宗羲는 "名教가 통제할 수 없는 지경에 이르렀다."고 비판했다.[29] 劉宗周는 태주학파가 猖狂自恣에 빠지게 된 근원으로 양명의 良知說 자체를 지목했다.[30]

현대 중국학자 楊國榮은, 泰州學派는 '自心(스스로의 마음)' 을 부각시키는 禪宗과 유사한 점이 있기 때문에 항상 狂禪으로 지목된 것이라고 설명하고,[31] 양명이 말한 心은 '스스로의 마음' 이 아니라 '良知' 라고 해석하였다.[32] 현대 중국학자 陳來도 心卽理의 心은 '마음의 본체' 로서, 孟子나 陸象山이 말한 本心(良心)에 해당된다고 주장하였다.[33] 心卽理說이 초래하는 猖狂自恣의 폐단을 막으려면, 楊國榮이나 陳來의 주장대로 心卽理說에서의 心을 心之本體 즉 本心으로 해석해야 할 것이다. 그렇다면 양명학은 단순한 '心卽理學' 이 아니라 '心之本體卽理學' 인 것이다. 그런데 '心之本體卽理學' 이라는 규정은 양명학적으로 볼 때 또 새로운 문제를 야기한다.

첫째, 본심과 사심을 구분하는 尺度는 무엇인가? 그 척도는 인간의 마음

---

26) 『王一庵先生遺集』 卷1 : 察私防欲 聖門從來無此敎法(楊國榮, 『陽明學通論』, 232쪽 재인용)

27) 『羅近溪先生語要』 : 制欲非體仁(楊國榮, 『陽明學通論』, 232쪽 재인용)

28) 楊國榮, 『陽明學通論』, 223쪽 참조.

29) 楊國榮, 『陽明學通論』, 213쪽 참조.

30) 『劉子全書』 卷6, 〈證學雜解〉 : 今天下爭言良知矣 及其弊也 猖狂者參之以情識(楊國榮, 『陽明學通論』, 232쪽 재인용)

31) 楊國榮, 『陽明學通論』, 213-214쪽.

32) 楊國榮, 『陽明學通論』, 64쪽.

33) 陳來, 『송명성리학』, 374쪽.

에 내재하는 것인가, 아니면 마음 밖에 존재하는 것인가? 위에서 이미 인용했듯이, 양명은 "理에 합당하지 않으면 곧 私心"이라 하였는바, 양명학에 있어서 본심과 사심을 구분하는 척도는 '理'이다.

그러면 이 理는 내재적인 것인가, 외재적인 것인가? 양명은 理는 인간의 마음에 내재한다고 주장하고, 그것을 본심이라 하였다. 그러나 이것은 사실 순환논법에 불과하다. 즉, 본심과 사심을 구별하는 척도는 理요, 理가 바로 본심이라면, '본심과 사심을 구별하는 것'은 '理와 私心을 구별하는 것'으로 환원되는데, 그렇다면 '理에 입각해 理와 私心을 구별한다'는 말이 되고 만다. 다시 말해, 지금 해명을 요하는 것은 '理와 私心'을 구분하는 척도인데, 그 척도를 다시 理라고 한다면, 그것은 순환논증의 오류를 범하는 것이다.

따라서 본심과 사심을 구분하는 척도는 理라 하더라도, 그 理는 '외재적인 것'으로 전제되어야만 올바른 척도의 역할을 할 수 있는 것이다. 理를 '내재적인 본심'으로 간주하는 한, 순환논법을 피할 수 없기 때문이다.[34]

---

34) 사실 주자학에서 본심과 사심을 구분하는 척도도 역시 理이다. 그런데 주자학에서는 理를 '이 세계의 객관적 理法'으로 설정하고, 卽物窮理를 통해 그 理를 탐구하여, 그것을 척도로 인간의 마음을 다스릴 것을 주장했던 것이다. 다만, 주자학에서는 '性卽理'를 주장하는 바, 이 말 자체만을 본다면 주자학도 理를 내면적인 것(性)으로 보는 것이라고 주장할 수 있겠다. 따라서 보다 정확히 말하자면, 주자학의 理는 내면과 외면을 관통하는 것이요, 그러므로 주자학은 내면공부와 외면공부를 병행할 것을 주장하는 것이다(尊德性而道問學, 居敬窮理). 한편, 인간 내면의 理(性)는 分殊之理로서, 그것은 우주만물을 일관하는 理一之理의 한 모습이다. 理一之理는 분명 分殊之理보다 논리적으로 우선하는바, 따라서 理가 性으로 내재한다 하더라도, '객관적 理法(理一之理)'에 대한 탐구는 여전히 중요한 것이다.

양명도 "理는 內·外가 없다"고 하면서 內·外를 관통하는 공부를 주장한 바 있다(『傳習錄』 中, 〈答羅整菴少宰書〉: 夫理無內外 性無內外 故學無內外). 그러나 양명은 또 한편으로는 "學問은 다만 마땅히 內에서 구해야 하는 것인데, 程·朱의 格物說은 外에서 구하는 것을 면치 못한다(同上: 人之爲學 但當求之於內 而程朱格物之說 不免求之於外)"고 말한다. 양명이 外面工夫를 모두 배제한 것은 아니지만, 그 중심은 內面工夫에 있음이 분명하다.

그런데 理를 '마음 밖에 있는 것' 으로 간주한다면, 이것은 心과 理를 二分하는 것이요, 이것은 양명학의 근본취지에 어긋나는 것이다. 그렇다고 다시 理를 마음에 내재하는 것이라고 본다면, 그것은 결국 心卽理說이 야기한 猖狂自恣를 재연하게 되는 것이다.

둘째, 본심과 사심을 구분하는 것은 결국 支離滅裂을 피할 수 없다. 양명은 주자학의 분석적 방법론 일체를 지리멸렬하다고 비판했었다. 그렇다면 본심과 사심을 구분하는 것은 支離하지 않은가? 더군다나, 본심과 사심을 제대로 구분하려면 반드시 외재적인 척도를 필요로 하는데, 외재적인 척도를 탐구하여 본심과 사심을 구분한다는 것은 주자학적인 心理二分 · 知行二分과 차이가 없게 되는 것이다.

양명은 주자학의 支離滅裂을 피하기 위하여 心卽理를 주장했는데, 心卽理說은 猖狂自恣를 초래하였다. 그리하여 여러 학자들은 양명이 말하는 心은 心之本體라고 해석하였는데, 心之本體卽理學은 다시 支離滅裂을 초래하는 것이다. 이것이 양명학의 근원적 딜레마인 것이다.

2) 양명학은 心卽理學인가, 心與理合一之學인가?

양명은 한편으로는 '마음이 곧 理' 라고 주장하고, 한편으로는 '마음과 理를 合一시키라' 고 주장한다. '마음과 理를 합일시킨다' 는 것은, 위에서 논한 心之本體卽理學의 맥락에서, 私欲의 가림을 제거하여 내 마음을 天理에 부합하게 한다는 것이다. 양명은 다음과 같이 말한다.

> 마음이 곧 理이다. 이 마음에 私欲의 가림이 없으면 곧 天理인 것이니, 밖에서 한 조각이라도 덧보탤 필요가 없는 것이다. 이 天理에 순수한 마음으로, 부모를 섬기는 데 발하면 孝요, 임금을 섬기는 데 발하면 忠이며, 벗을 사귀고 백성을 다스리는 데 발하면 信과 仁인 것이다. 다만 이 마음에서 人欲을 제거하고 天理를 보존하는 데 힘쓰면 되는 것이다.[35]

위의 인용문에서는 '마음이 곧 理' 라고 주장하고, 동시에 '마음에 私欲의 가림이 없는 것이 理' 라고 하였다. '마음에 私欲의 가림이 없는 것이 理' 라는 말은 근원적으로 '마음에 私欲의 가림이 있을 수 있다' 는 것을 인정하는 것이다. 양명은 "凡人의 마음은 私欲에 가려 있다."[36]고 하였다. 그렇다면 적어도 凡人의 마음은 그 자체로는 天理라고 말할 수 없을 것이다. 그러므로 양명은 '마음에 私欲의 가림이 없는 것이 天理' 라고 말한 것이요, 또한 "人欲을 제거하고 天理를 보존하는 데 힘쓰라." 고 말한 것이다. 그런데 '人欲을 제거하고 天理를 보존하라' 는 말은 '마음과 理를 合一시키라' 는 말로서, 이것은 이미 '마음이 곧 理' 라는 전제를 부정하는 것이다. 왜냐하면, 마음과 理를 '合一' 시킨다는 것은 마음과 理가 분리되어 있다는 것을 전제하는 것이고, '마음이 곧 理' 라는 것은 마음과 理를 다시 '合一시킬 필요가 없다' 는 것을 의미하기 때문이다.

양명은 주자가 "사람이 배워야 할 것은 心과 理일 뿐이다(人之所以爲學者 心與理而已)" 라고 한 말에 대하여, "心이 곧(卽) 性이고 性이 곧(卽) 理이다. '과(與)' 라는 표현을 쓴 것은 心과 理를 둘로 여김을 면치 못한다." 고 비판하고, "학자들은 이것을 잘 살펴야 한다." 고 특별히 당부한 바 있다.[37] 그런데 양명 자신도 "心과 理를 합쳐서 하나가 되게 한다.(合心與理而爲一)" 라는 말을 하고 있다. 다음 예문을 보자.

> 내가 말하는 致知·格物이란 事事物物에서 내 마음의 良知를 이루는 것이다. 내 마음의 良知가 곧 이른바 天理이다. 내 마음의 良知의 天理를 事事物物에 이루면 事事物物이 모두 그 理를 얻을 것이다. 내 마음의 良知를 이루는 것

35) 『傳習錄』 上 3조 : 心卽理也 此心無私欲之蔽 卽是天理 不須外面添一分 以此純乎天理之心 發之事父便是孝 發之事君便是忠 發之交友治民便是信與仁 只在此心去人欲存天理上用功 便是

36) 『傳習錄』 上 76조 : 常人之心 旣有所昏蔽

37) 『傳習錄』 上 33조 : 或問 晦菴先生曰 人之所以爲學者 心與理而已 此語如何 曰 心卽性 性卽理 下一與字 恐未免爲二 此在學者善觀之

이 致知요, 事事物物이 모두 그 理를 얻은 것은 格物이다. 이것은 '心과 理를 합쳐서 하나가 되게 하는 것(合心與理而爲一者)' 이다.[38]

양명은 '내 마음의 良知가 곧 天理' 라 하고, 또 '致知(致良知) · 格物(正物)' 을 통해서 '心과 理가 合一된다' 고 하였다. 양명도 분명히 '心과 理를 合一시킨다' 고 말하고 있지 않은가? '合心與理而爲一' 이란 말은 '心卽理' 라는 말과는 분명 모순되는데, 그렇다면 '合心與理而爲一' 은 일시적인 표현상의 실수라고 할 수 있을까?

論者가 보기에, '合心與理而爲一' 이란 말은 결코 표현상의 실수가 아니다. 양명의 모든 著作은 사실 '心卽理' 못지않게 '合心與理而爲一' 을 추구하고 있는 것이다. 양명이 즐겨 말한 '去人欲 存天理' 이나 '惟精惟一' 이 모두 '合心與理而爲一' 을 추구하는 것이며, "이 마음이 天理에 순수하게 하여 터럭만큼이라도 人欲의 사사로움이 없게 하는 것이 聖人이 되는 길이다."[39]라는 말과 "私欲의 가림을 제거하여 聖人과 凡人이 본래 같았던 心體를 회복한다."[40]는 말도 역시 '合心與理而爲一' 을 추구하는 것이다.

양명이 말하고자 했던 것은 아마 "凡人은 本心은 天理이나, 현재는 私心이 天理를 가리고 있으므로, 私心을 제거하여 本心을 회복해야 한다." 일 것이다. 그리고 '私心을 제거하여 本心을 회복하는 것' 을 '合心與理而爲一' 이라고 표현했을 것이다. 그렇다면 양명은 애초에 '心卽理' 라고 말하지 말고, '本心卽理' 또는 '心之本體卽理' 라고 말했어야 한다. 그런데 이렇게 말한다면, 그것은 본심과 사심을 구분하는 '尺度' 의 문제에 다시 봉착하고, 결국 支離滅裂을 피할 수 없게 된다. 그리하여 양명은 '心之本體卽理' 라는

38) 『傳習錄』 中, 〈答顧東橋書〉 6조 : 若鄙人所謂致知格物者 致吾心之良知於事事物物也 吾心之良知 卽所謂天理也 致吾心良知之天理於事事物物 則事事物物皆得其理矣 致吾心之良知者 致知也 事事物物皆得其理者 格物也 是合心與理而爲一者也

39) 『傳習錄』 中, 〈答陸原靜書(제2서)〉 7조 : 必欲此心純乎天理 而無一毫人欲之私 此作聖之功也

40) 『傳習錄』 中, 〈答顧東橋書〉 12조 : 使之皆有以克其私去其蔽 以復其心體之同然

말을 피하고 곧장 '心卽理' 라고 말했을 것이다. 그러나 '心卽理' 라는 말은 또 다시 '合心與理而爲一' 이란 말과 모순을 일으킨다. 이것 역시 양명학의 딜레마라 할 것이다.

3) 양명학은 心卽理學인가, 精一之學인가?

앞에서 인용한 〈象山文集序〉에 보이듯이, 양명은 心學을 '求諸心之學' 이라 정의하고, 그것을 다시 '心卽理學' 과 '精一之學' 으로 설명하였다. 그런데 心卽理學과 精一之學은 사실 서로 모순되는 전제에 바탕하는 것이다. 心卽理學은 '인간의 마음 그 자체' 를 理라고 주장하는 것이나, 精一之學은 '인간의 마음 그 자체' 를 理로 인정하는 것이 아니다. 精一之學은 '인간의 마음' 을 '本心과 私心' 또는 '道心과 人心' 으로 구분하여, 本心(心之本體)·道心만을 理로 인정하고, 私心·人心을 배제하는 것이기 때문이다. 다시 말해, 精一之學은 '心之本體卽理' 라는 입장에서 '合心與理而爲一' 을 추구하는 것이다.

이와 같이 心卽理學과 精一之學이 서로 저촉되는 것임에도 불구하고, 양명은 心卽理學과 精一之學을 동시에 추구하고 있다. 그것은 아래의 예문에서 분명히 확인할 수 있다. 양명은 자신이 心卽理說을 정립한 宗旨를 다음과 같이 설명한다.

> 諸君들은 나의 立言 宗旨를 이해해야만 한다. 내가 心卽理說을 정립한 이유는 무엇인가? 세상 사람들이 心과 理를 나누어 둘로 여김으로써 허다한 병폐가 생겼기 때문이다. 예를 들어, 五霸가 夷狄을 물리치고 周室을 높인 것은 모두 하나의 私心으로써, 理에 합당한 것이 아니다. 그런데 사람들은 도리어 그것이 理에 합당하다고 말한다. 그것은 다만 마음에 순수하지 못한 점이 있기 때문에 종종 그들의 행위를 기뻐하고 사모하는 것이다. 요컨대, 겉으로는 좋게 보여도 心과는 도리어 전혀 관계가 없는 것이다. 心과 理를 나누어 둘로 여기는 폐단이

霸道의 거짓됨에까지 이르러도 스스로 알지 못하기 때문에, 내가 心卽理를 주장하는 것이다. 요컨대, 心과 理가 하나라는 것을 안다면, 문득 마음에서 工夫할 것이요, 외면적인 襲義에 빠지지 않을 것이니, 이것이 바로 王道의 참된 것이다. 이것이 내가 心卽理說을 정립한 宗旨이다.[41)]

양명은 '心과 理를 둘로 나누어 생기는 병폐'를 바로잡기 위해 心卽理說을 정립했다고 하였다. 그런데 양명이 지목한 병폐란 '私心이 霸道를 부추기는 것' 이었다. 따라서 心卽理說의 宗旨는 '私心을 극복' 하는 데 있었던 것이다.[42)] 그런데 앞에서 지적하였듯이, 私心을 극복하는 것은 精一之學에 해당된다. 여기서 心卽理學은 精一之學으로 옮겨간다. 즉 위의 인용문에서도 心卽理學과 精一之學이 혼재하는 것이다.

양명학에는 분명 心卽理學과 精一之學이 혼재한다. 문제는 어느 곳에 양명의 중점이 있느냐 하는 것이다. '心卽理'가 양명학의 제1명제라고 간주한다면, 그래도 중점은 역시 心卽理學에 있다고 말할 수 있을 것 같다. 그러나 양명학이 '心卽理學이냐, 心之本體卽理學이냐' 와 '心卽理學이냐, 心與理合一之學이냐' 에 대해 양명학적 비중의 우열을 가리기 어려웠던 것과 마찬가지로, '心卽理學이냐, 精一之學이냐' 에 대해서도 비중의 우열을 가리기 어렵다.

心卽理가 양명학의 제1명제임에도 불구하고, 양명학에서 精一之學의 비중을 心卽理學보다 가볍게 볼 수 없는 이유는 두 가지이다. 첫째는, 양명학이 心卽理學인 동시에 心之本體卽理學이고 心與理合一之學이라는 맥락 때

41) 『傳習錄』 下 121조 : 諸君要識得我立言宗旨 我如今說個心卽理是如何 只爲世人分心與理爲二 故便有許多病痛 如五伯攘夷狄尊周室 都是一個私心 便不當理 人却說他做得當理 只心有未純 往往悅慕其所爲 要來外面做得好看 却與心全不相干 分心與理爲二 其流至于伯道之僞而不自知 故我說個心卽理 要使知心理是一個 便來心上做工夫 不去襲義於外 便是王道之眞 此我立言宗旨

42) 앞에서 고찰하였듯이, 心卽理說이 추구한 또 하나의 목표는 知·行을 合一시켜 支離滅裂을 극복하는 것이었다.

문이다. 양명학에 있어서 精一之學은 '心之本體가 곧 理'라는 관점에서 '心과 理를 合一'시키는 방법론이었다. 그런데 양명은 '心卽理' 못지않게 '去人欲 存天理'와 '惟精惟一'을 강조하니, 비중의 우열을 쉽게 판단할 수 없는 것이다. 둘째는 양명의 〈朱子晩年定論〉 때문이다. 양명은 주자의 晩年定論은 자신의 견해와 다르지 않다고 보고, 주자 만년의 편지글들을 모아 〈주자만년정론〉을 편찬하였다. 그런데 〈주자만년정론〉을 살펴보면, 주자가 精一之學을 강조한 내용은 많이 보여도 心卽理學을 옹호한 내용은 전혀 보이지 않는다.[43]

사실, 주자는 惟精惟一은 더 없이 강조했음에도 불구하고, 육상산의 心卽理說에 대해서는 禪學이라 하여 극력 배척하였다. 그런데도 불구하고, 양명은 精一之學을 강조한 주자의 편지글들을 모아 〈주자만년정론〉이라 하고, 주자의 만년정론은 자신의 학설과 차이가 없다고 주장했다. 우리는 이것을 어떻게 설명해야 할 것인가? 양명은 〈주자만년정론〉이 타당성이 없다고 비판한 羅整菴(名은 欽順, 1465~1547)에 대해 다음과 같이 답변한다.

> 〈朱子晩年定論〉을 편찬한 것은 또한 부득이하여 그랬던 것이다. 그 중간에 年歲의 早晩을 詳考하지 못한 점이 있어서, 비록 모두 晩年에 나온 것은 아니라 하더라도, 진실로 대부분이 晩年에 나온 것이다. 그러나 그 큰 뜻은 잘못된 것을 調停하여 이 학문을 밝히는 것에 중점을 둔 것이다. 나는 平生토록 주자의 학설을 神明과 蓍龜처럼 여겼다. 잠시라도 주자의 학설에 배치된다면 마음이 참으로 견딜 수 없었기에, 그리하여 부득이하게 이것을 편찬한 것이다. (…) 주자와 어긋나는 것을 견딜 수 없었던 것은 나의 本心이요, 부득이하게 주자와 어긋나게 되었던 것은, 道가 진실로 이와 같아서, 정직하게 하지 않으면 道가 드러나지 않기 때문이다. 그대는 '결단코 주자와 다르다'고 했는데, 내가 감히 내

43) 이에 대한 자세한 논의는 拙稿, 「王陽明의 朱子晩年定論에 대한 새로운 비판」, 『韓國思想과 文化』 제18집, 한국사상문화학회, 2002 참조.

마음을 속이겠는가?[44]

위의 인용문은 〈주자만년정론〉 序文과 비교해 볼 때, 두 가지 점에서 그 논조가 약화되었다.[45] 첫째는 자신이 편찬한 〈주자만년정론〉이 모두 다 晩年說은 아니요, 早年說도 섞여있음을 인정한 것이다. 둘째는 〈주자만년정론〉 서문에서는 자신의 학설과 주자의 만년정론이 완전히 부합한다고 했었는데, 위의 인용문에서는 다른 점이 있음을 인정한 것이다.

양명은 자신의 학설과 주자의 만년정론이 서로 다른 점이 있음을 인정하면서도, 주자의 만년정론은 자신의 주장과 大體가 부합한다고 주장하였다. 그러면 무엇이 같은 점이고, 무엇이 다른 점인가? 주자는 '心卽理'를 배척했으나 양명은 '心卽理'를 주장했으니, 이것이 '다른 점'일 것이다. 그러나 주자도 精一之學을 추구하고 양명도 精一之學을 추구했으니, 이것이 '같은 점'일 것이다.

여기서 주목할 것은, 주자와 양명이 같은 점은 精一之學 뿐인데, 양명은 그것을 근거로 주자의 학설과 자기의 학설이 大體가 같다고 보았다는 점이다. 나정암이 양명에게 "결단코 주자와 다르다."고 비판한 것에 대해, 양명은 "내가 감히 내 마음을 속이겠는가?"라고 응답한 것이 그것을 말해 준다. 즉 양명은 心卽理說에 있어서는 주자와 다르다는 점을 인정하면서도, 精一之學을 근거로 자기와 주자가 다르지 않다고 주장한 것이다. 그렇다면, 양명학의 제1명제는 心卽理라 하더라도, 양명학은 궁극적으로 精一之學을 추구한 것이라고 볼 수 있지 않은가?

---

44) 『傳習錄』 中, 〈答羅整菴少宰書〉 : 其爲朱子晩年定論 蓋亦不得已而然 中間年歲早晩誠有所未考 雖不必盡出於晩年 固多出於晩年者矣 然大意在委曲調停以明此學爲重 平生於朱子之說 如神明著龜 一旦與之背馳 心誠有所未忍 故不得已而爲此 (…) 蓋不忍牴牾朱子者 其本心也 不得已而與之牴牾者 道固如是 不直則道不見也 執事所謂決與朱子異者 僕敢自欺其心哉

45) 〈朱子晩年定論〉 序文은 1515년(正德 乙亥)의 글이고, 〈答羅整菴少宰書〉는 1520년(正德 庚辰)의 글이다.

精一之學이 心卽理學의 연장선상에 있는 것이라면, 본고의 이러한 논의는 불필요할 것이다. 그런데 앞에서 누차 논의했듯이, 心卽理學과 精一之學은 서로 저촉되는 것이다. 그럼에도 불구하고, 양명은 한편으로는 心卽理學을 주창하고, 한편으로는 精一之學을 추구하니, 어디에 양명학의 正體性이 있다고 볼 것인지가 문제로 남는 것이다.

心卽理學에 양명학의 정체성이 있다고 본다면, 양명의 〈주자만년정론〉은 애초에 무의미한 시도였던 것이다.[46] 그러나 양명은 〈주자만년정론〉에 대해 '무의미한 것' 이상의 의미를 부여했고, 또 사실 양명의 저작에는 精一之學의 맥락이 큰 줄기를 이루고 있다. 반면에 精一之學에 양명학의 정체성이 있나고 본다면, 양명학의 정체성은 주자학과 구별이 되지 않게 된다. 다시 말해, 양명이 주자학의 知行二分·心性二分 등을 支離滅裂하다고 비판한 것은 '별로 중요하지도 않은 사소한 문제'를 두고 다툰 것 밖에는 되지 않는다.

이상에서 양명의 心學이 지닌 이중성을 논의해 보았다. 이 이중성 가운데 어느 것에 양명의 중점이 있는지를 판단하기란 쉽지 않다. 본고에서는 이 문제를 未濟로 남기고자 한다. 이제 이러한 이중성이 양명학의 발전과정에 어떠한 결과를 초래하였나 하는 점을 살펴보자.

4. 양명학파 분열의 내재적 원인

양명의 사후, 양명학은 두 계열 또는 세 계열로 분열되었다. 그러면 양명학은 왜 학파가 분열되어 발전하게 되었는가? 우선 이에 대한 기존의 견해

46) 다께우찌 요시오(武內義雄)는 〈주자만년정론〉에 대해 "다른 학설을 억지로 합치려고 한 결과 양명으로서는 졸렬한 일을 시도한 것"이라고 평가하였다(武內義雄, 이동희 역, 『中國思想史』, 여강출판사, 1987, 238쪽).

를 몇 가지 살펴보자.

현대 중국의 학자 楊國榮은 양명의 '心卽理說' 자체에서 분열의 원인을 찾고 있다. 즉 '心卽理' 에서의 '心' 은 '스스로의 마음' 으로서 '주체의식의 개체형식' 을 뜻하며, '理' 는 '도덕률' 로서 '보편적인 理' 인 바, 따라서 '心卽理' 는 '보편적 理' 와 '개체형식(스스로의 마음)' 이 合一되어 있다는 뜻이라는 것이다. 이러한 心과 理의 융합을 통해 주체의식(心)은 이중적 의미를 지니게 되는 바, 하나는 '理' 를 내용으로 하고 따라서 보편적인 성격을 지니며, 다른 하나는 '스스로의 마음' 이라는 개체형식을 지닌다는 것이다.[47] 楊國榮은 이러한 이중성이 양명학파의 분열을 초래하였다고 진단한다.[48] 즉 '理' 를 강조하는 계열은 '보편적 理智' 에 대한 '앎 · 自覺' 을 강조하는바 이는 右派(工夫派)의 노선이며, '스스로의 마음' 을 강조하는 계열은 '개체적(주체적) 意志' 즉 '뜻 · 自發' 을 강조하는바 이는 左派(現成良知派)의 노선이라는 것이다.

楊國榮의 이러한 설명은 일정한 타당성이 있다고 치자. 그러나 양국영의 설명을 따르자면, 양명학파 분열의 원인은 양명 자신에게 있는 것이 아니라 후학들에게 있는 것이 된다. 왜냐하면, 楊國榮 자신이 서술하였듯이, '心卽理' 는 '心(스스로의 마음, 개체형식)' 과 '理(보편적 理)' 가 '卽' 으로 合一되어 있다는 것이요, 그 合一體가 바로 '良知' 이기 때문이다.[49] 따라서 '스스로의 마음' 과 '보편적 理' 의 分化가 양명학파 분열의 원인이라고 한다면, 그것은 후대의 양명학이 '양자를 통일시킨 양명의 本旨' 와 다르게 발전했다는 것이요, 그것은 전혀 양명학답지 못한 발전과정인 셈이다.

陳來는 양명의 四句敎(無善無惡是心之體 有善有惡是意之動 知善知惡是良知 爲善去惡是格物)에 대한 해석의 차이에서 양명학파 분열의 원인을 찾는다. 즉 四句敎를 '四無' 로 해석하는 王畿(字는 汝中, 號는 龍溪) 계열은

47) 楊國榮, 『陽明學通論』, 46-48쪽 참조.

48) 楊國榮, 『陽明學通論』, 74쪽 및 197쪽 참조.

49) 楊國榮, 『陽明學通論』, 48쪽 참조.

마음의 本體를 중시하는 방향으로 흘러가 工夫를 경시했으며, '四有' 로 해석하는 錢德洪(字는 洪甫, 號는 緖山) 계열은 工夫를 중시했지만 本體를 깨닫는 것을 소홀히 하게 되었다는 것이다.[50] 陳來의 이러한 설명도 역시 상당한 타당성이 있을 것이다. 그러나 陳來의 설명을 따른다면, 양명학파 분열의 원인은 역시 후학들에게 있는 것이요, 오히려 양명에게는 그 책임이 없는 것이다. 四句敎에 관한 『傳習錄』의 기록을 다시 보자. 四句敎에 대해서 王畿는 다음과 같이 해석하였다.

> 이것은 아마도 究竟의 話頭가 아닐 것이다. 만약 心體가 無善無惡이라면, 意도 또한 無善無惡하고, 知도 또한 無善無惡하며, 物도 또한 無善無惡한 것이다. 만약 意에는 善惡이 모두 있다고 한다면, 필경 心體에도 도리어 善惡이 있게 된다.[51]

王畿는 心體가 無善無惡이라면 意·知·物도 모두 無善無惡이라고 보아야 한다는 입장에서, 意·知·物을 有善有惡이라고 말한 양명의 四句敎 자체를 온당치 못한 것으로 보았다. 王畿의 이러한 입장을 '四無' 라 한다. 반면에 錢德洪은 다음과 같이 말한다.

> 心體는 天命之性으로서, 원래 無善無惡한 것이다. 다만 사람에게는 習心이 있어서, 意念上에는 善惡이 섞여 있는 것이다. 格致誠正을 통해 닦는 것은 바로 性體를 회복하는 工夫인 것이다. 만약 원래 善惡이 없다고 한다면, 工夫 또한 말할 필요가 없는 것이다.[52]

---

50) 陳來, 『송명성리학』, 399쪽 참조.

51) 『傳習錄』 下 115조 : 汝中曰 此恐未是究竟話頭 若說心體是無善無惡 意亦是無善無惡的意 知亦是無善無惡的知 物亦是無善無惡的物矣 若說意有善惡 畢竟心體還有善惡在

52) 『傳習錄』 下 115조 : 德洪曰 心體是天命之性 原是無善無惡的 但人有習心 意念上見有善惡在 格致誠正修 此正是復那性體工夫 若原無善惡 工夫亦不消說矣

錢德洪은 心體는 無善無惡이지만 意 · 知 · 物은 有善有惡인 것이요 따라서 工夫가 필요한 것이라 하여, 王畿의 '四無'를 반대했다. 錢德洪의 이러한 입장을 '四有'라 한다. 이 두 견해의 대립에 대해 양명은 다음과 같이 충고한다.

> 두 사람의 견해는 서로 바탕하여 활용하는 것이 좋을 것이요, 각각 일변에 집착해서는 안 된다. 내가 사람들을 접해 보니, 원래 두 종류의 사람이 있다. 根器가 예리한 사람은 곧바로 本源을 따라 깨닫는다. 마음의 本體는 원래 밝아 막힘이 없으니, 원래 그대로가 未發之中인 것이다. 근기가 예리한 사람은 한번에 本體를 깨닫는바, 그것이 곧 工夫요, 나와 남, 안과 밖을 모두 일제히 통달하는 것이다. 그보다 못한 사람은 習心이 있는 것을 면할 수 없어 本體가 가려지게 된다. 그러므로 가르침이 意念上에 있는 것이니, 爲善去惡의 工夫가 익은 다음 찌꺼기가 완전히 사라져야만 本體 또한 밝아지는 것이다. 汝中의 견해는 내가 근기가 예리한 사람을 접하는 방법이요, 德洪의 견해는 내가 그보다 못한 사람을 위해 정립한 방법이다. 두 사람이 서로 취하여 활용한다면, 상근기의 사람이나 하근기의 사람을 모두 이끌어 道에 들어갈 수 있을 것이다. 만약 각각 일변에 집착한다면 눈앞에서 사람을 잃을 것이요, 道體에 있어서도 각각 未盡한 점이 있을 것이다. 잠시 후 또 말하기를, 간절히 당부하노니, 이후로 벗들과 講學할 때에는 내가 말한 宗旨를 잃지 말라.[53]

양명은 王畿의 '四無'와 錢德洪의 '四有'에 대해 "서로 바탕하여 활용하

---

53) 『傳習錄』 下 115조 : 先生曰 (…) 二君之見 正好相資爲用 不可各執一邊 我這裏接人 原有此二種 利根之人 直從本源上悟入 心之本體 原是明瑩無滯的 原是個未發之中 利根之人 一悟本體 卽是工夫 人己內外 一齊俱透了 其次不免有習心在 本體受蔽 故且教在意念上 實落爲善去惡 工夫熟後 渣滓去得盡時 本體亦明盡了 汝中之見 是我這裏接利根人的 德洪之見 是我這裏爲其次立法的 二君相取爲用 則中人上下 皆可引入於道 若各執一邊 眼前便有失人 便於道體 各有未盡 既而曰 已後與朋友講學 切不可失了我的宗旨

는 것이 좋을 것이요, 각각 일변에 집착해서는 안 된다."고 충고하였고, "이후로 벗들과 講學할 때에는 내가 말한 宗旨를 잃지 말라."고 간절히 당부하였다. 따라서 四句教에 대한 해석의 차이가 이후 양명학파의 분열을 초래했다면, 그 분열의 책임은 분명 일면적으로 四無나 四有에 집착한 후학들에게 있는 것이다.

四無와 四有는 분명 양명학파 분열에 있어서 중요한 계기가 되었을 것이다. 그런데 본고에서 말하고자 하는 것은, 四句教에 대한 해석이 四無와 四有로 대립된 원인 자체가 양명 心學의 이중성에 있다는 점이다. 王畿는 '心卽理'의 입장에서 四無를 말했던 것이며, 錢德洪은 '心之本體卽理'의 입장에서 四有를 말했던 것이다. 상근기의 사람(聖人)은 마음이 天理에 순수하여 '마음이 그 자체 天理'라고 말할 수 있을 것이다. 이런 사람들은 별도의 공부가 필요치 않다. 王畿는 이러한 입장을 대변한 것이다. 그러나 하근기의 사람(凡人)은 찌꺼기가 마음의 본체를 가리고 있으므로, 찌꺼기가 섞인 마음을 그 자체 天理라고 볼 수 없는 것이다. 그러나 이런 사람도 마음의 본체만큼은 상근기의 사람과 다름이 없으므로, 찌꺼기를 제거하여 天理에 순수한 마음의 본체를 회복함으로써 聖人이 될 수 있는 것이다. 錢德洪은 이러한 입장을 대변한 것이다.

양명은 '心卽理'를 말하고 또 '心之本體卽理'를 말한 것처럼, 良知에 대해서도 이중적인 입장을 취한다. 즉 한편으로는 良知 그 자체를 절대적으로 신뢰하는가 하면, 한편으로는 凡人의 良知는 물욕으로 인해 昏蔽되어 있다고 말한다. 良知 그 자체를 신뢰한다면 더 이상의 공부가 불필요할 것인바, 이것이 左派의 입장이었다. 그러나 범인의 良知는 물욕에 가려져 있다고 한다면 공부가 필요할 것인바, 이것이 右派의 입장이었다.[54] 이제 이러한 두

54) 양명의 死後, 양명학파는 現成派·歸寂派·工夫派(또는 修證派) 등으로 분열되었다. 現成派는 王畿·王艮·王襞·王棟·羅汝芳·周汝登 등으로 대표되는데, 이들을 泰州學派라고도 한다. 歸寂派는 聶豹와 羅洪先 등으로 대표된다. 工夫派는 歐陽德·錢德洪·陳九川·張元忭·鄒守益 등과 明末의 顧憲成·高攀龍 등 東林學派를 지칭한

학파의 입장을 간략히 대비해 보기로 하자.

1) 左派 : 心卽理學의 길

양명은 "네 一點의 良知가 네 자신의 準則이다."[55]라고 말한 바 있는데, 이것은 良知의 純粹性과 普遍性을 절대적으로 신뢰한다는 의미이다. 양명은 다음과 같이 말한다.

> 대개 사람 마음의 良知는 古今 東西를 통해 같지 않음이 없다. 생각하지 않고도 알아서 항상 쉬움(易)으로써 어려운 것을 알 수 있고, 배우지 않고도 능하여 항상 간단함(簡)으로써 험한 것을 알 수 있다. 하늘보다 앞서도 하늘이 어기지 않으니, 하늘도 또한 어기지 않거늘, 하물며 사람이겠으며, 하물며 귀신이겠는가?[56]

위의 인용문은 良知를 '생각하지 않고도 알고, 배우지 않고도 능한 것'으로 설명하고, 이 良知는 普遍的인 것이요, 誤謬가 없는 것이라고 보았다. 즉 良知를 그 자체로 긍정했을 뿐이요, 다른 어떠한 제약도 가하지 않은 것이다. 이것은 사실 '心卽理'와 같은 맥락에 있는 것이다. 王畿의 現成良知論은 이러한 맥락에 근거한다. 王畿는 다음과 같이 말한다.

> 배우지 않고 생각하지 않아도 되니, 바로 하늘이 그렇게 한 것이요, 자연의

다. 現成派를 양명좌파, 歸寂派를 양명우파, 工夫派를 양명학정통파라고도 하며, 現成派를 양명좌파, 歸寂派와 工夫派를 양명우파라고도 한다(유교사전편찬위원회 편, 『儒教大事典』, '王門三派' 條 참조). 본고에서는 양명우파로는 工夫派에 초점을 맞추기로 한다.

55) 『傳習錄』 下 6조 : 爾那一點良知 是爾自家底準則

56) 『傳習錄』 中, 〈答歐陽崇一〉 4조 : 蓋良知之在人心 亘古今 塞宇宙而無不同 不慮而知 恒易以知險 不學而能 恒簡以知阻 先天而天不違 天且不違 而況於人乎 況於鬼神乎

良知인 것이다. 오직 그 자연의 良知로서 배움과 생각함을 기다리지 않기 때문에, 愛親 敬兄에 있어서 기틀을 접촉하여 발함에 신비하게 감응하는 것이다. 오직 기틀을 접촉하여 발함에 신비하게 감응한 다음에만, 배우지 않고 생각하지 않아도 되는 자연의 良知가 되는 것이다.[57)]

王畿는 良知를 '배우지 않고 생각하지 않아도 저절로 아는 것' 이라 설명하고, 이 良知는 工夫를 기다리지 않고도 聖人과 凡人이 같은 것이라 하였다. 王畿는 다음과 같이 말한다.

만약 반드시 現在의 良知가 堯・舜과 같지 않아, 반드시 工夫와 修整을 기다린 다음에야 얻을 수 있는 것이라고 한다면, '바로잡으려다 오히려 굽게 하는 잘못' 을 면할 수 없다.[58)]

王畿는 聖凡을 막론하고 '현재의 良知가 그 자체 완전하게 이루어진 것' 이라고 보았는데, 이것이 그의 現成良知論이다. 현성양지론의 입장에 설 때, 聖・凡의 구별도 무의미해지고, 工夫의 필요성도 부정되며, 오로지 '자신의 良知' 만을 믿으면 되는 것이다. 王畿는 특히 '범인의 良知를 성인의 良知만 못한 것으로 격하시키고, 범인의 良知에 공부를 덧보태려고 시도하는 것' 은 오히려 '良知를 왜곡시키는 것' 이라고 경계하였다. 王畿는 다음과 같이 말한다.

聖學이 밝혀지지 않음에 따라 세상의 儒者들은 학문이 讀書에 있고 先覺의

57) 『王龍溪全集』 卷6, 〈致知義辨〉 : 不學不慮 乃天所爲 自然之良知也 惟其自然之良 不待學慮 故愛親敬兄 觸機而發 神感神應 惟其觸機而發 神感神應 然後爲不學不慮 自然之良也(楊國榮, 『陽明學通論』, 127쪽 재인용)

58) 『王龍溪全集』 卷2, 〈松源晤語〉 : 若必以現在良知 與堯舜不同 必待工夫修整而後可得 則未免于矯枉之過(楊國榮, 『陽明學通論』, 128쪽 재인용)

행실을 본받는 것에 있다고 여겨, 책과 見聞에 의지하고 格式을 모방하는 것을 면치 못하게 되었다. '자기의 마음'을 믿지 못함에 따라, 自然의 기틀도 마침내 발휘되지 못하니, 그 폐단이 오래되었도다.[59)]

'자기의 良知' 또는 '자기의 마음'을 믿으라는 것은 '자기의 마음' 또는 '자기의 양지'를 그 자체 절대적으로 신뢰하라는 것이다. 이것은 '心之本體가 理'라고 하여 '心'을 자체로는 긍정하지 않는 태도 또는 良知에 있어서도 聖·凡을 구별하는 태도와는 다른 것이다. '心之本體가 곧 理'라고 보는 입장은, 本心과 私心을 구별하여, 私心의 昏蔽를 제거하는 공부를 강조하는데, 王畿은 이러한 입장에 대해 다음과 같이 비판한다.

장차 議論講說과 規矩戒嚴의 즈음에 공부를 하려 한다면, 마음은 수고스럽고 행동은 날로 졸렬해진다. 욕망을 참고 이름을 꾸며서 善을 좋아한다고 자랑하고, 생각을 지니고 기틀을 감추어 허물을 고치려 한다면, 이것이 바로 顏子의 이른바 '(사사로운) 自己'로서 반드시 극복해야 할 것이다. 그런데도 학자들은 여기에 근거해서 학문을 하니, 어찌 그리 汗漫한가?[60)]

하나의 '學'字를 제기하면 도리어 몇 층의 意思가 일어나니, 원래 一物도 없고 원래 스스로 現成되어 있으므로 明覺의 自然한 생각을 따르면 될 뿐임을 알지 못하는 것이다. 아침부터 저녁까지의 動作과 施爲가 어느 것인들 道가 아니겠는가? 다시 어떤 것을 요구한다면, 그것은 蛇足을 붙이는 것이다.[61)]

---

59) 『王龍溪全集』 卷13, 〈書貞俗卷序〉: 自聖學不明 世之儒者 以學在讀書 學在先覺之所謂 未免依籍見聞 倣徇格套 不能自信其心 自然之機 遂郁而不暢 弊也久矣(楊國榮, 『陽明學通論』, 129쪽 재인용)

60) 『東崖集』 卷1: 將議論講說之間 規矩戒嚴之際 工焉 而心勞勤也 而動日拙 忍欲飾名而誇好善 持念藏機而改過 正是顏子所謂己而必克之者 而學者據此爲學 何其汗漫也哉(楊國榮, 『陽明學通論』, 146쪽 재인용)

王畿은 議論講說과 規矩戒嚴 자체를 극복해야 할 대상이라고 지목하였다. 그는 '學' 이라는 말 자체를 거부하고, '현재상태로 드러나 있는 良知' 를 따르라고 하였다. 그런데 현성양지론은 결국 本心과 私心의 구별을 무시하는 것으로, 그것이 '狂禪' 또는 '猖狂自恣' 의 폐단을 초래하였음은 주지하는 바이다. 東林學派의 顧憲成은 四無說을 추종하는 泰州學派에 대해 다음과 같이 비판하였다.

> 無善無惡說이 펴지면 爲善去惡說은 반드시 굽혀진다. 爲善去惡說이 굽혀지면, 五倫을 쓰레기로 여기고, 學問思辨行을 桎梏으로 여겨, 一切를 깔보고 일삼지 않게 된다.[62]

爲善去惡說은 精一之學을 말한다. 四無說과 現成良知說을 주장하는 태주학파는 결국 惟精惟一의 工夫를 부정하는 것으로 귀착된다는 비판이다. 동림학파의 高攀龍도 태주학파에 대해 다음과 같이 비판하였다.

> 理는 心이고, 그것을 窮究하는 것도 역시 心이다. 다만 궁구되지 않은 心은 理라 할 수 없으며, 궁구되지 않은 理는 心이라 할 수 없다.[63]

高攀龍은 '心卽理' 를 자체로는 긍정하지 않고 工夫의 필요성을 역설한 것이다. '心卽理' 를 그 자체로 추종하여 本心과 私心의 구별을 무시한 左派

---

61) 『東崖集』 卷1 : 才提起一個學字 却要起幾層意思 不知原無一物 原自見成 順明覺自然之慮而已 自朝至暮 動作施爲 何者非道 更要如何 便是如蛇添足(楊國榮, 『陽明學通論』, 147쪽 재인용)

62) 『顧瑞文公遺書』 제5책, 〈東林會約〉 : 無善無惡之說伸 則爲善去惡說必屈 爲善去惡說屈 則其以親義序別信爲土苴 以學問思辨行爲桎梏 一切藐視不事者必伸(楊國榮, 『陽明學通論』, 191쪽 재인용)

63) 『明儒學案』 卷58(중화서국본 1416쪽) : 理者 心也 窮之者 亦心也 但未窮之心 不可爲理 未窮之理 不可爲心

는 결국 猖狂自恣를 일삼아 '유교의 반역자' 로 낙인찍히게 된 것이다.

2) 右派 : 精一之學의 길

양명은 良知를 자신의 準則으로 삼으라고 하면서도, 한편으로는 良知가 昏蔽될 수 있음을 인정하였다. 양명은 다음과 같이 말한다.

> 性이 善하지 않음이 없기 때문에, 知도 어질지 않음이 없다. 良知는 곧 未發之中으로서, 廓然大公하고 寂然不動한 本體인바, 사람마다 모두 지닌 것이다. 다만 物欲에 의해 昏蔽되지 않을 수 없기 때문에 반드시 學問을 통해 그 昏蔽를 제거해야만 한다. 그러나 良知의 本體는 애초에 조금도 보태거나 뺄 것이 없는 것이다.[64)]

양명은 良知 本體의 보편성과 순수성을 인정하면서도, 현실적으로는 물욕의 昏蔽가 있음을 인정하여, 학문의 필요성을 긍정한 것이다. 누구나 순수한 良知를 지니고 있지만, 凡人들은 학문을 통해 물욕의 昏蔽를 제거해야만 良知를 완전하게 발휘할 수 있다는 말이다. 이것은 '心이 곧 理' 라고 하면서도, 또한 本心과 私心을 구분하여, 私心을 제거하는 공부를 강조한 것과 같은 맥락이다.

좌파는 '마음 그 자체' 또는 '良知 그 자체' 를 긍정하는 맥락에서 工夫를 부정했다. 그러나 우파는 '마음' 이나 '良知' 를 그 자체로는 긍정하지 않고, '本心과 私心' 또는 '良知의 本體와 物欲의 昏蔽' 를 구별하여, 먼저 사심과 물욕의 혼폐를 극복하는 공부가 필요함을 역설하였다. 陳九川은 王畿가 현성양지론을 주창하여 공부의 필요성을 부정한 것에 대해 다음과 같이 비판

---

64) 『傳習錄』 中, 〈答陸原靜書(제2서)〉 1조 : 性無不善 故知無不良 良知卽是未發之中 卽是廓然大公 寂然不動之本體 人人所同具者也 但不能不昏蔽於物欲 故須學以去其昏蔽 然於良知之本體 初不能有加損於毫末也

한다.

> 한갓 그 치우친 氣質에 안주하고 그 묵은 습관을 편히 여겨, 스스로 그것이 바로 본성을 따르고 마음을 따르는 것이라고 여긴다. 그리하여 良知를 더욱 精微緊切하게 하여 是非를 분간하고 그에 바탕해 자기를 밝고 참되게 하는 것을 도리어 輕重을 논하기에 부족하다고 멸시하고, 그릇된 것을 따르고 허물을 길러서 방탕하여 돌아올 줄을 모르니, 그 폐단이 어찌 옛날의 支離한 학습에 비길 바이겠는가?[65]

"치우친 기질에 안주하고 묵은 습관을 편히 여긴다."는 것은 공부를 통해 사심과 물욕의 혼폐를 다스릴 줄 모른다는 말이다. 공부의 필요성을 부정하는 태주학파의 현성양지론은 결국 猖狂自恣의 폐단을 초래하는바, 그 폐단은 과거 주자학의 支離滅裂의 폐단에 비할 바가 아니라는 것이다. 歐陽德도 태주학파를 겨냥하여 다음과 같이 말한다.

> 근래에 本體를 깨달으면 私欲이 저절로 소멸한다고 말하는 사람들이 있는데, 다만 本體를 깨닫는 공부가 어떻게 이루어지는 것인지를 모르고 있다. 또한 作用(공부)이 있으면 곧 本體가 아니라고 말하는 사람들이 있는데, (…) 다만 茫然하여 들어갈 곳이 없으니, 자기를 그르치고 남을 그르치는 것이 심하다.[66]

歐陽德은 "本體를 깨달으면 私欲이 저절로 소멸한다."는 말을 그 자체 부정하는 것은 아니었다. 다만 본체를 깨닫기 위해서는 먼저 공부가 필요하다

---

65)『明儒學案』卷19(중화서국본 459쪽),〈與王龍溪〉: 乃徒安其偏質 便其故習 而自以爲率性從心 卻使良知之精微緊切 知是知非所藉以明而誠之者 反蔑視不足輕重 而遂非長過 蕩然忘返 其流蔽 豈但如舊時支離之習哉

66)『南野集』卷2,〈答帳浮峰〉: 近時有謂見本體則欲自消 但不知見本體之功如何作用 又有謂有所作用卽非本體 (…) 第恐茫無可入 誤己誤人不淺也(楊國榮,『陽明學通論』, 170쪽 재인용)

는 것이다. 그런데 현성양지론은 현재의 良知 그 자체를 본체로 간주하여 공부의 필요성이나 방법 등을 전혀 모르니, 그것은 결국 자기를 그르치고 남을 그르치는 것이라는 비판이다. 歐陽德이 제시한 工夫의 방법은 다음과 같다.

> 생각(思)이란 경계하고 삼가며(戒愼) 자세하게 살피는(密察) 것을 말하니, 惟精惟一의 노력인 것이다. 그러므로 그 本心을 얻을 수 있는 것이다.[67]

> 讀書를 잘하는 사람은 良知의 聰明함을 개발하여 연마하는 것이다. 날마다 더욱 정밀하게 하여, 一毫라도 私意가 스스로를 가리지 않게 하고, 一毫라도 私欲이 스스로를 얽어매지 않게 하면, 大訓·古典이 내게 절실하지 않은 것이 없고, 博識·泛觀이 易簡이 아닌 것이 없다.[68]

歐陽德은 私意와 私欲을 제거하는 惟精惟一의 공부를 요구하고, 그 방법으로 思索을 통한 戒愼密察과 讀書를 통한 博識泛觀 등을 들었다. 歐陽德은 反觀內省의 내면적 공부뿐만 아니라, 讀書라는 외면적 공부의 필요성도 인정한 것이다. 이러한 우파의 공부론은 결국 기존의 주자학적 공부론과 일정부분 합치되게 되는 것이다.

이제 마지막으로, 조선시대의 대표적 양명학자 霞谷 鄭齊斗의 경우를 살펴보자. 하곡은 다음과 같이 말한다.

> 내가 『陽明集』을 보니, 그 道가 簡要하고 매우 정밀하여, 마음으로 깊이 기뻐

---

67) 『南野集』 卷2, 〈答王瑀齋〉 : 思也者 戒愼密察之謂 精之功也 故能得其本心(楊國榮, 『陽明學通論』, 177쪽 재인용)

68) 『南野集』 卷1, 〈答羅整菴先生困知記〉 : 善讀書者 開發良知之聰明而磨礱之 日精日密 不以一毫私意自蔽 不以一毫私欲自累 則大訓古典 莫非切己 博識泛觀 莫非易簡(楊國榮, 『陽明學通論』, 178쪽 재인용)

하고 좋아하였다. 그런데 辛亥年 六月, 마침 東湖에 가서 묵다가 꿈속에서 홀연히 깨달으니, 양명의 致良知學은 매우 정밀하나 도리어 任情縱欲의 폐단이 생길 수 있는 것이었다('任情縱欲' 네 글자는 참으로 양명학의 병폐를 지적한 것이다).[69]

하곡은 致良知學이 간요하고 정밀하다고 평가하면서도, 任情縱欲(情에 맡기고 욕망을 풀어놓음)의 폐단이 야기될 수 있음을 지적하였다. 하곡에 의하면, 良知의 本體는 善하지만 良知의 쓰임에는 善·惡이 공존한다는 것이다. 하곡이 任情縱欲의 폐단을 극복하기 위해 제시한 방법은, 마음과 良知 그 자체를 '眞理'로 인정하지 않고, '마음의 本然'이요 '良知의 本體'로서 仁義禮智의 性을 '眞理'로 설정하는 것이었다.[70]

이렇게 볼 때, 陽明右派나 하곡이 취한 길은 '心卽理學'이 아니라 '心之本體卽理學'이었으며, '惟精惟一의 工夫'를 통하여 '心과 理를 合一시키려는 것'이었음이 분명하다고 하겠다.

5. 결론

양명이 心卽理를 주창하게 된 계기는 바로 주자학의 支離滅裂을 극복하기 위한 것이었다. 양명이 보기에, 주자학은 心과 理를 둘로 나누기 때문에 知와 行이 先·後로 갈라지게 되었고, 知와 行이 先·後로 갈라짐으로써 支離滅裂하게 된 것이었다. 따라서 지리멸렬을 극복할 수 있는 궁극적 해법은 '心卽理'라는 명제에 있었던 것이다. 이러한 맥락에서 '心卽理'는 양명학

---

69) 『霞谷集』 存言 下 : 余觀陽明集 其道有簡要而甚精者 心深欣會而好之 辛亥六月 適往東湖宿焉 夢中忽思得 王氏致良知之學甚精 抑其弊或有任情縱欲之患(此四字眞得王學之病)

70) 김교빈, 『양명학자 정제두의 철학사상』, 한길사, 1995, 144-147쪽 참조.

의 제1명제가 된 것이다.

그런데 양명은 凡人의 마음을 그 자체로 '진리의 표준'으로 인정할 수 없었다. 범인의 마음은 私心과 物欲에 지배되고 있음을 외면할 수 없었기 때문이다. 그리하여 양명은 마음을 다시 本心(心之本體)과 私心으로 나누고, '心之本體가 곧 理'라고 말하였다. '心之本體卽理學'은 본심과 사심을 분간하여, 사심을 제거하고 본심을 보존함으로써, 마음과 理를 合一시켜야 한다는 내용으로 전개되었다. 그러나 사실 心之本體卽理學은 '簡易直截'하지 못하고, 오히려 '支離滅裂'에 가까운 것이다.

우선 마음에는 본심도 있고 사심도 있다면, '心卽理'라는 명제는 그 자체로 성립할 수 없을 것이다. 그럼에도 불구하고 支離滅裂을 극복한다는 명목으로 '心卽理'를 고수한다면 그 말폐는 猖狂自恣로 드러나는 것이었다. 이러한 폐단을 의식하여 양명은 한편으로는 '心之本體가 곧 理'라고 했는데, 그러면 본심과 사심을 구분하는 '제3의 척도'가 필요할 것이다. 이 제3의 척도가 척도로서의 기능을 다하려면, 그것은 반드시 마음 '밖'에 있어야 한다. 또한 이 외재적인 척도에 대한 앎을 전제해야만, 본심과 사심을 제대로 구분할 수 있는 것이다. 그런데 이것은 先知後行論에 빠지는 것이요, 다시 말해 支離滅裂해지는 것이다. 이것이 양명학의 근원적 딜레마였다.

양명의 사후, 양명학파는 左派와 右派로 분열되었는데, 좌파는 心卽理學을 추구한 것이었고, 우파는 心之本體卽理學을 추구한 것이었다. 본심과 사심의 구분을 전제하지 않고, 마음을 그 자체로 진리로 간주한 左派는 마침내 猖狂自恣의 말폐를 보여주었다. 반면 '心之本體卽理'라는 입장에서 惟精惟一의 工夫를 강조한 右派는 일정부분 주자학적 방법론으로 회귀하게 되었다. 이러한 현상은 양명 心學의 이중성이 초래한 결과였다.

이상의 내용을 요약하자면, 주자학적인 支離滅裂을 극복하기 위해서는 心卽理에서 해법을 찾아야 하는 바, 心卽理를 관철시키자면 猖狂自恣를 초래할 수 있고, 猖狂自恣를 막기 위해 본심과 사심을 구분하고 惟精惟一의 工夫를 강조하면 다시 支離滅裂에 빠지게 되는 것이다. 이것이 양명학의 딜레마임을 부정할 수 없다면, 우리는 양명의 解法이 성공적인 것이었다고 평가할 수는 없을 것이다.

사실 위와 같은 딜레마는 양명학의 고유한 딜레마이기 전에, 哲學史에 매우 흔한 딜레마인 것이다. 인간의 마음(主體意識, 自由意志)을 강조하면 猖狂自恣에 빠지기 쉽고, 객관적 理法(理)을 강조하면 支離滅裂과 주체의 桎梏을 초래할 수 있음은 東西의 哲學史에서 자주 목격되는 광경이다.[71] 따라서 '주관적 마음'과 '객관적 이법' 사이에 중용의 균형을 취하는 것이 중요할 것이다. 이러한 맥락에서, 居敬과 窮理, 誠意正心과 格物致知, 尊德性과 道問學 등 내면과 외면의 균형을 추구하는 주자학에 대해 '支離滅裂' 이상의 의의를 부여할 수 있을 것이다.[72]

71) 현대는 인간의 주체의식과 자유의지가 강조되는 시대이다. 오늘날 양명학이 다시 각광을 받는다면 이러한 시대조류 때문일 것이다. 그러나 오늘날 자유주의는 인간의 주체성을 한층 고양시켰다는 긍정적인 측면과 함께, 역시 猖狂自恣의 폐단을 연출하고 있지 않은가?

72) 이에 대한 자세한 논의는 拙稿, 「朱子學의 主客合一論과 그 해체」, 『정치사상연구』 제4집, 한국정치사상학회, 2001 참조.

제2장

丁茶山의 倫理思想에 대한 朱子學的 反論

1. 서론

宋代 성리학의 집대성자 朱子는 '四書' 에 대한 재해석을 통해 자신의 철학사상을 전개하였다. 마찬가지로 茶山 丁若鏞은 '四書' 를 다시 해석하고, 그를 통해 주자학과는 완전히 다른 철학사상을 전개했다. 그것은 주자학(성리학)에 대한 전면적 부정이라고 해도 과언이 아닐 만큼 광범하고도 철저한 것이었다. 이 과정을 통해 다산은 주자학의 윤리체계를 비판하고, 자신의 새로운 윤리체계를 제시했다. 본고는 바로 그 다산의 倫理思想을 문제 삼고자 하는 것이다. 다산의 윤리사상은 과연 주자학보다 훨씬 탁월한 면모를 보여주는 것인가, 아니면 주자학과는 또 다른 문제점들을 내포하는 것인가? 본고는 다산의 윤리사상을 개괄하면서, 그것을 주자학의 입장과 비교하고, 그에 대해 주자학의 입장에서 반론을 제기하려는 것이다.

다산이 당시 지배적이었던 주자학과 완전히 대립되는 철학사상을 정립하게 된 배경이나 연원에 대해서는 여러 견해들이 대립하고 있다. 혹자는 다산을 원시유학(洙泗學)의 본 모습으로 되돌아가려고 했던 '洙泗學者' 라고 규정하여 천주교와의 관련성을 경시하고,[1] 혹자는 다산을 근본적으로

---

1) 이러한 견해의 대표자는 李乙浩일 것이다. 그는 다산을 '近世 洙泗學派의 창시자' 라고

'天主敎人' (혹은 '儒學者 겸 天主敎人')이라고 보아 천주교와의 관련성을 중시한다.[2] 주지하듯이, '上帝를 표방했던 原始儒學'과 '天主를 신앙하는 西學' 간에는 분명 사고방식의 공통점이 있다.[3] 따라서 다산이 '수사학자'이냐 '천주교인'이냐 하는 점에 대해서는 근본적으로 분간하기 어려운 점이 있다. 그러나 孔孟時代로부터 2천여 년이 지나 다산이 '昭事上帝'를 표방한 데에는, 그가 천주교인이었든 아니든 간에, 『天主實義』의 영향이 컸던 것이다. 사실 다산의 윤리사상은 거의 절대적으로 『天主實義』의 영향을 받고 있다.[4] 따라서 본고의 '茶山學과 朱子學'에 대한 비교의 틀은 '西學과 朱子學' 또는 '原始儒學(昭事上帝學)과 朱子學'의 비교에도 일정 부분 적용될 수 있을 것이다.

본고에서는 먼저 다산 윤리사상의 기본구도를 고찰하고, 다섯 관점에서 다산의 입장과 주장의 입장을 비교 논의할 것이다. 다산 윤리사상의 기본구도로는 먼저 다산의 人間觀을 고찰할 것인바, 이에 대해서는 미리 다음과 같은 점을 밝혀 두기로 한다. 흔히 지적하듯이, 다산은 '주자학적 理氣論'이 아니라 '천주교적 靈肉論'에 입각하여 인간을 이해하였다. 문제는 다산의 인간관이 '心身一元論'의 측면과 '心身二元論'의 측면을 모두 지니고

규정하고, 茶山學을 철두철미 洙泗學이라는 관점에서 이해하였다(李乙浩, 『茶山學의 理解』, 현암사, 1977). 李東歡 역시 다산을 원시유학의 테두리 안에서 이해하고, 천주교 사상의 영향을 거의 무의미한 것으로 규정하였다(李東歡, 「茶山思想에 있어서의 '上帝' 문제」, 『民族文化』 제19집, 민족문화추진회, 1996).

2) 琴章泰, 『다산 정약용 : 실학의 세계』, 성균관대학교 출판부, 1999 ; 崔基福, 「儒敎와 西學의 思想的 葛藤과 相和的 理解에 관한 연구」, 성균관대 대학원 박사학위논문, 1989 ; 崔奭祐, 「丁茶山의 西學思想」, 『丁茶山과 그 時代』, 민음사, 1986.

3) 김형효는 다산이 확실한 儒學者였으며, 동시에 天主敎 信仰人이었으며, 동시에 근대지향의 實學者였다고 규정한다(김형효, 『원효에서 다산까지』, 청계, 2000, 521쪽).

4) 이에 대해서는 宋榮培가 이미 충분하게 논증한 바 있다(송영배, 「정약용 철학과 성리학적 리기관의 해체」, 송영배 외, 『한국유학과 리기철학』, 예문서원, 2000). 한편, 정혜정은 다산의 心性論이 佛敎(특히 『능엄경』)의 영향에 의한 것이라고 주장한다(정혜정, 「다산 다산의 '性嗜好說'과 '知天'의 수행론」, 『종교교육학연구』 제11권, 한국종교교육학회, 2000).

있다는 점이다. 그리하여 김형효는 다산의 철학사상이 '초점불일치의 혼란' 을 그대로 노정하고 있다고 분석하였다. 김형효에 의하면, 心身一元論은 몸과 마음을 '主從의 친근한 관계' 로 보는 것이고, 心身二元論은 몸과 마음을 '對立의 적대적 관계' 로 보는 것이다. 김형효는 茶山學이 심신일원론의 측면에서는 '知性的 實用學(科學)' 으로 전개되었고, 심신이원론의 측면에서는 '意志的 實踐學(道德 · 政治)' 으로 전개되었다고 분석한다.[5] 김형효는 따라서 "그의 일원론적 심신론은 자연주의적 性論과 관련시키고, 그의 이원론적 심신론은 도덕주의적 性論과 연계시켜 이해하는 것" 이 이론적인 맥락에서 온당하다고 보았다.[6] 이러한 맥락에서, 윤리사상을 논하려는 본고에서는 다산의 심신이원론적 인간관에 초점을 두고 논의를 전개할 것이다.

2. 丁茶山 윤리사상의 기본 구도

다산은 人間을 '神과 形이 妙合된 존재'[7]로 이해하고, '마음' 을 그 신형묘합의 樞紐로 규정했다.[8] 다산에 의하면, 마음이야말로 '인간의 本體' 로서,[9] 마음에는 嗜好가 있고, 願欲이 있고, 權衡이 있다.

다산은 '마음의 嗜好' 를 '性' 이라 규정했다.[10] 즉 性이란, 주자학에서 주

5) 김형효, 『원효에서 다산까지』, 522쪽.

6) 김형효, 『원효에서 다산까지』, 529쪽.

7) '神形妙合' 은 심신일원론의 관점에서는 '妙合' 자체로 해석되지만, 심신이원론의 관점에서는 '心과 身의 對立' 이 전제된 것이다(김형효, 『원효에서 다산까지』, 553쪽 참조).

8) 『與猶堂全書』 제2집 卷5 頁32 : 神形妙合 乃成爲人 神則無形 亦尙無名 以其無形 故借名曰神 心爲血府 爲妙合之樞紐 故借名曰心

9) 다산은 漢字의 '心' 을 有形之心과 無形之心으로 나눈다. 有形之心은 心臟을 말한다. 無形之心은 '虛靈不昧한 마음' 으로서, 그것이 '인간의 本體' 라는 것이다(『與猶堂全書』 제2집 卷2 頁3 : 熹曰 心是何物 鏞曰 有形之心 是吾內臟 無形之心 是吾本體 卽所謂虛靈不昧者也).

장하는 것처럼 하나의 實體가 아니라, 다만 嗜好일 뿐이라는 것이다. 다산은 性을 다시 둘로 나눈다. 하나는 '形軀의 기호' 또는 '人心의 기호' 이고, 하나는 '靈知의 기호' 또는 '道心의 기호' 이다.[11] 다산은 이와 같이 기호를 둘로 나누어 보면서도, '善을 즐기고 惡을 부끄러워하는 것' 이 인간의 본성이라고 주장한다.[12]

다산이 말하는 '마음의 願欲' 은 '욕심' 또는 '욕망' 으로서, 그것은 부단히 무언가를 추구하는 마음을 말한다. 요컨대 원욕은 우리 삶의 추동력이다. 다산에 의하면, 인간은 때때로 원욕을 실현하기 위해 목숨을 희생하기도 하는바, 인간의 원욕이란 결코 포기되거나 외면될 수 없는 것이다. 다산은 다음과 같이 말한다.

> 우리 인간의 마음 안에는 본래 願欲이 있다. 만일 이 欲心이 없다면 곧 天下萬事를 모두 지을 수 없는 것이다. 오직 그 이익에 밝은 사람은 욕심이 利祿을 추구하는 것이며, 그 의리에 밝은 사람은 욕심이 道義를 추구하는 것이다. 욕심의 지극한 경지에서는, 두 경우 모두 자기 몸을 희생하더라도 후회가 없으니, 이른바 '貪夫는 재산을 위해 죽고, 烈士는 명예를 위해 죽는다' 는 것이다. 나는 일찍이 어떤 사람을 보았는데, 그는 마음이 담백하여 욕심이 없어서, 善을 지을 수도 없고 惡을 지을 수도 없으며 文詞를 지을 수도 없었으니, 곧 천지 사이에 하나의 버려진 물건이었다. 사람이 욕심이 없을 수 있겠는가?[13]

---

10) 『與猶堂全書』 제2집 卷3 頁2 : 性者 心之所嗜好也

11) 『與猶堂全書』 제1집 卷16 頁16 : 性者 嗜好也 有形軀之嗜 有靈知之嗜 均謂之性 故召誥曰節性 王制曰節民性 孟子曰動心忍性 又以耳目口體之嗜爲性 此形軀之嗜好也 天命之性 性與天道 性善盡性之性 此靈知之嗜好也(『與猶堂全書』 제2집 卷5 頁33에서는 形軀之嗜好를 人心之嗜好, 靈知之嗜好를 道心之嗜好라고도 하였음).

12) 이것은 '靈知의 기호(道心의 기호)' 만을 말하는 것 같다. '形軀의 기호(人心의 기호)' 를 포함해서 말한다면, 결코 이렇게 말할 수 없을 것이다. 다산이 분명히 '영지의 기호' 와 함께 '형구의 기호' 를 언급하면서도, 인간의 본성을 '樂善而恥惡' 이라고 규정하는 것은 이해하기 힘든 부분이다.

다산에 의하면, 도의를 추구하는 것도 욕심이고 이익을 추구하는 것도 욕심이며, 선을 짓는 것도 욕심이고 악을 짓는 것도 욕심이다. 요컨대 인간의 일체의 행위는 욕심에 기반하는 것이다. 따라서 욕심이 없는 사람은 어떤 행위도 지을 수 없고, 따라서 버려진 물건에 불과한 것이다. 다산은 한편으로는 욕심을 삶의 필수불가결한 추동력으로 승인하고, 한편으로는 욕심을 도덕적으로 中性化시킨 것이다.

다산은 '마음의 權衡'을 '마음의 自主權'이라고도 말한다. 다산에 의하면, 금수는 本能(定心)에 의한 삶을 살지만, 인간은 본능에 지배되지 않는 자주적인 삶을 산다. 본능에 의한 삶은 필연적 삶으로서, 그것은 윤리적 평가의 대상이 될 수 없다. 자주적 삶은 自由의 삶으로서, 그것만이 윤리적 평가의 대상이 된다. 따라서 윤리란 인간만의 고유한 영역이라는 것이다.

인간 본성의 善·惡 문제에 대한 기존의 주장들은 性善說, 性無善無惡說(性可善可惡說) 또는 性善惡混說, 性惡說 등이 있었다. 다산은 이러한 다양한 주장들을 마음의 여러 측면 또는 여러 차원에 대한 이해로 모두 받아들이고, 性에 대한 정확한 논의로서는 맹자의 성선설만을 옹호한다. 다산은 다음과 같이 말한다.

> 마음 안에는 세 이치가 있다. 그 性을 말하자면 선을 즐기고 악을 부끄러워하니(樂善而恥惡), 이것이 孟子의 이른바 '性善'이다. 그 權衡을 말하자면 선을 지을 수도 있고 악을 지을 수도 있으니(可善而可惡), 이것이 告子의 '湍水의 비유'와 揚雄의 '性에는 善惡이 섞여있다'는 주장이 생긴 까닭이다. 그 行事를 말하자면 선을 실천하기는 어렵고 악을 실천하기는 쉬우니(難善而易惡), 이것이 荀卿의 性惡說이 생긴 까닭이다.[14]

13) 『與猶堂全書』 제2집 卷2 頁39 : 吾人靈體之內 本有願欲一端 若無此欲心 卽天下萬事都無可做 唯其喩於利者 欲心從利祿上穿去 其喩於義者 欲心從道義上穿去 欲之至極 二者皆能殺身而無悔 所謂貪夫殉財 烈士殉名也 余嘗見一種人 其心泊然無欲 不能爲善 不能爲惡 不能爲文詞 直一天地間棄物 人可以無慾哉

즉 告子나 揚雄은 사실 '마음의 기호(性)'를 논한 것이 아니라 '마음의 權衡'을 논한 것으로, 그들은 權衡을 性으로 오인했다는 것이다. 다산은 실제로 善을 행하기는 어렵고 惡을 행하기는 쉽다는 관점에서 荀子의 性惡說을 이해하면서, 그것도 사실은 性에 대한 논의는 아니라고 보는 것이다. 다산은 樂善恥惡, 可善可惡, 難善易惡 등 여러 측면을 모두 포괄하여 다음과 같이 善·惡을 논한다.

天은 우리에게 생명을 줄 때 이 性을 함께 주고, 우리로 하여금 이 性을 따라서 행동하여 道에 통달하도록 하였다. 만약 이 性이 없다면, 사람이 비록 조그만 善을 지으려 해도 끝내 지을 수 없을 것이다. 天이 이미 이 性을 주었기 때문에, 또한 능히 시시각각으로 일깨우고 깨우쳐주는 것이다. 매번 惡을 지으려는 경우에, 한편으로는 악을 짓고자 하고, 한편으로는 악을 막고자하니, 분명히 막고자 하는 것은 本性이 받은 바 天命인 것이다. '天命之謂性' 이란 이를 말하는 것이 아닌가? 이른바 揚雄의 '性에는 善惡이 섞여있다' 는 주장은 무엇인가? 天이 性을 부여한 것이 이미 이와 같으니, 사람이 善을 실천하는 것은 물이 아래로 흐르고 불이 위로 타오르는 것과 같아, 功으로 삼기에 부족하다. 그러므로 天은 사람에게 自主權을 주어, 善을 원하면 善을 할 수 있고 惡을 원하면 惡을 할 수 있게 했으니, 이리 저리 움직여 고정되어 있지 않고, 自主權이 자기에게 있는 것이다. 이것은 금수에게 '고정된 마음(定心)' 이 있는 것과는 같지 않다. 그러므로 善을 행하면 실로 자기의 功이 되고, 惡을 행하면 실로 자기의 罪가 되니, 이것은 心의 自主權이요, 이른바 性이 아니다. 揚雄은 이것을 性으로 오인했기 때문에 '善惡이 섞여있다' 고 한 것이요, 애초에 이런 일이 없는데 양웅이 속인 것은 아니다. 벌은 부득불 자기의 임금을 지키는데 論者들이 그것을 忠으로 여기지 않는 것은 定心에 의한 것이기 때문이며, 호랑이는 부득불 다른 동

14)『與猶堂全書』 제2집 卷2 頁28 : 靈體之內 厥有三理 言乎其性 則樂善而恥惡 此孟子所謂性善也 言乎其權衡 則可善而可惡 此告子湍水之喩揚雄善惡渾之說 所由作也 言乎其行事 則難善而易惡 此荀卿性惡之說 所由作也

물을 해치는데 법을 집행하는 사람들이 법조문을 끌어다가 처벌하자고 주장하지 않는 것은 定心에 의한 것이기 때문이다. 사람은 이와 달라서, 善을 지을 수도 있고 惡을 지을 수도 있으니, 主張이 자기에게 있어서 활동이 일정하지 않다. 그러므로 善을 지으면 功이 되고 惡을 지으면 罪가 된다. 그러나 또한 선을 지을 수도 있고 악을 지을 수도 있는 이치가 이미 반씩 섞여 있다면, 그 죄는 마땅히 가볍게 처벌해야 할 것 같은데, 그 죄에 대해서 책임을 면할 수 없는 것은 性이 善하기 때문이다. 性이 善을 즐기고 惡을 부끄러워한다는 것이 이미 참으로 확실하니, 이 性을 어기고 惡을 짓는다면, 그 죄를 면할 수 있겠는가?[15]

위의 인용문[16]은 매우 장황하나, 그 요점은 다음과 같다. 첫째, 性은 善하다. 善性이 없으면 조그만 善도 지을 수 없다. 둘째, 인간에게 善性만 있다면, 善의 실천은 물이 아래로 흐르고 불이 위로 타오르는 것처럼 본능적(필연적)인 것이어서, 인간의 功能이 될 수 없다. 셋째, 그리하여 天은 또한 인간에게 自主權을 주었다. 이것은 금수에게 定心이 있는 것과는 다르다. 인간은 자주적 존재로서 善·惡을 마음대로 선택하여 실천할 수 있다. 넷째, 그럼에도 불구하고 자기가 지은 惡에 대해서 책임을 회피할 수 없는 이유

15) 『與猶堂全書』 제2집 卷5 頁34-35 : 天於賦生之初 予之以此性 使之率而行之 以達其道 若無此性 人雖欲作塵刹之善 畢世不能作矣 天旣賦之以此性 故又能時時刻刻 提醒牖啓 每遇作惡 一邊發慾 一邊沮止 明沮止者 則本性所受之天命也 天命之謂性 非是之謂乎 若所謂善惡渾者 天之賦性旣如此 則人之行善 如水之就下 火之就上 不足爲功能 故天之於人 予之以自主之權 使其欲善則爲善 欲惡則爲惡 游移不定 其權在己 不似禽獸之有定心 故爲善則實爲己功 爲惡則實爲己罪 此心之權也 非所謂性也 揚雄誤以爲性 故乃謂之善惡渾 非初無是事而揚雄誣之也 蜂之爲物 不得不衛君 而論者 不以爲忠者 以其爲定心也 虎之爲物 不得不害物 而執法者不引律議誅者 以其爲定心也 人則異於是 可以爲善 可以爲惡 主張由己 活動不定 故善斯爲功 惡斯爲罪 然且可善可惡之理 旣已參半 則其罪似當末減 所以作孼之不可逭者 以性善也 性之樂善恥惡 旣眞確矣 拂此性而爲惡 罪其可逭乎

16) 위의 인용문은 사실 『天主實義』 제6편의 所論(마테오 리치, 송영배 外 역, 『천주실의』, 서울대출판부, 282-285쪽)을 그대로 따르고 있는 것이다. 이에 대한 자세한 논의는 송영배, 「정약용 철학과 성리학적 리기관의 해체」 참조.

는, 본래 善한 性을 배반했기 때문이다. 요컨대, 인간은 本性이 善하기 때문에 善을 실천할 수 있고, 自主權이 있기 때문에 善・惡이 자신의 功・罪가 된다는 것이다.

위의 인용문은 논지가 매우 조리 있고 명확한 듯하지만, 사실 많은 의문의 여지를 담고 있기도 하다. 첫째, 위의 인용문은 性善說을 표방하는바, 여기서의 性이란 '靈知의 기호' 일 것이라는 점, 따라서 위의 인용문은 '形軀의 기호' 는 고려하지 않고 있다는 점이다.[17] 둘째, '마음의 기호(性)' 는 善한데 '마음의 권형(自主權)' 은 可善可惡이라는 주장도 납득하기 곤란하다. 다산은 '善性이 없으면 조그만 善도 지을 수 없다' 고 주장했는데, 그렇다면 마음의 자주권은 善의 경우에는 性에 기초하여 善을 짓고, 惡의 경우에는 性에 기초하지 않고서도 惡을 짓는다는 것인가? 다산이 '형구의 기호' 를 아울러 말하고 있음을 고려하여 추측한다면, 마음의 자주권은 善性에 기초하여 善을 짓고 惡性에 기초하여 惡을 짓는다고 보는 것이 오히려 더 자연스러울 것이다. 셋째, 인간에게 善性만 있다면 善行은 본능적인 것이 되므로,[18] 그것을 막기 위해 可善可惡의 自主權을 주었다는 주장도 수용하기 어렵다. 다산의 주장은 본능적인 것에 대해서는 책임을 물을 수 없기 때문에, 天은 인간에게 可善可惡의 自主權을 주었다는 것이다.[19] 그러나, 可善可惡의 自主權으로 인해 善惡이 혼재하는 세상을 사는 것보다는 차라리 본능적이라 하더라도 純善의 세상을 사는 것이 더 좋다고 볼 수는 없을까? 넷째,

17) 만약 '형구의 기호' 도 고려하였다면, 性을 단순히 '善하다' · '善을 즐기고 惡을 부끄러워한다' 고 규정할 수 없을 것이다. 다산은 분명 '형구의 기호' 로서의 性은 '節制의 대상' 이라고 하였다. '형구의 기호' 도 역시 善하다면 '節制의 대상' 으로 인식할 이유가 없지 않은가?

18) '주자학의 性善論' 은 결코 '善을 本能으로 규정하는 것' 이 아니다. 주자학은 性善論과 人心道心論을 동시에 긍정하는 것이요, '善한 本性과 자유로운 마음(意志)' 을 '두 축' 으로 삼는 것이다. 또한 '心統性情' 이라 하였듯이, 性을 맡아서 운용하는 것은 心이라고 보았다. 이런 맥락에서, 주자학에서도 짐승에게는 도덕적 책임을 묻지 않고, 인간에게는 도덕적 책임을 물었던 것이다.

19) 다산의 이러한 주장은 기독교 辯神論에서의 '不協和音의 논변' 을 연상하게 한다.

天은 인간에게 可善可惡의 自主權을 주고서는 왜 惡에 대해서는 처벌하는가? 애초에 善만 행할 수 있는 능력을 주었으면 더 좋지 않았겠는가?

본성과 마음의 善・惡 문제에 대한 다산의 주장은 의문의 여지가 많지만, 그의 지론은 '인간은 自主的 존재로서, 善을 행할 수도 있고 惡을 행할 수도 있다' 는 것이다. 그런데 倫理學이란 惡의 가능성을 억제하고 善의 가능성을 북돋는 것이다. 여기에 어려운 문제가 도사리고 있다. 어떻게 惡의 가능성을 지니고 있는 인간들로 하여금 善을 행하게 만들 것인가? 다산은 '上帝에 대한 신앙' 으로 이 문제를 해결하고자 하였다. 다산은 上帝에 대한 신앙이야말로 인간의 倫理를 존립시킬 수 있는 유일한 통로라고 보았던 것이다. 다산은 다음과 같이 말한다.

> 古人은 진실한 마음으로 天을 섬기고, 진실한 마음으로 神을 섬겼다. 動靜하는 가운데 한 생각이 싹틈에, 혹은 참되기도 하고 혹은 거짓되기도 하며 혹은 선하기도 하고 혹은 악하기도 하니, 경계하여 말하기를 "(天神께서) 날마다 살펴보아 이곳에 계시다" 고 하였다. 그러므로 그 戒愼恐懼와 愼獨의 절실함이 참으로 간절하고 독실하여 天德에 통달했던 것이다. 요즈음 사람들은 '天' 을 '理' 로 여기고, '鬼神' 을 '功用'・'造化의 자취'・'陰陽의 良能' 등으로 여기니, 마음으로 알았다고 하더라도 아득히 멀기만 하여 한결같이 知覺이 없는 자와 같다. 어두운 방에서 자기의 마음을 속이기를 방자하게 하여 거리낌이 없으니, 終身토록 道를 배워도 함께 堯舜의 경지에 들 수 없는 것은 모두 鬼神에 대해 제대로 알지 못하기 때문이다.[20]

> 天地에는 분명 수많은 鬼神이 존재하는데, 그 가운데 지극히 높고 위대한 것

20) 『與猶堂全書』 제2집 卷4 頁21 : 古人 實心事天 實心事神 一動一靜 一念之萌 或誠或僞 或善或惡 戒之曰日監在茲 故其戒愼恐懼愼獨之切 眞切篤實 以達天德 今人以天爲理 以鬼神爲功用 爲造化之跡 爲二氣之良能 心之知之 杳杳冥冥 一似無知覺者然 暗室欺心 肆無忌憚 終身學道 而不可與入堯舜之域 皆於鬼神之說 有所不明故也

은 上帝이다. 文王이 '마음을 조리고 삼가서(小心翼翼) 밝게 상제를 섬긴 것(昭事上帝)'과 『中庸』의 '戒愼恐懼'가 어찌 '昭事學'이 아니겠는가? 요즘 사람들은 이에 대해, 있음과 없음 사이에서 의심하고, 아득히 먼 곳으로 방치하였다. 그러므로 人主의 敬畏의 노력과 學者들의 愼獨의 뜻이 모두 不誠으로 귀결되었다. 무릇 어두운 방에 홀로 있으면서 비록 하지 않는 짓이 없다 하더라도 마침내 발각되지 않는다고 한다면, 장차 헛되게 두려워하고 겁을 먹겠는가? 그러한 이치는 절대로 없을 것이다.[21]

다산에 의하면, 上帝(天)[22] 또는 鬼神에 대해 명확히 알고 섬기는 것이 윤리를 존립시킬 수 있는 관건이다. 다시 말해, 上帝 또는 鬼神의 權威를 전제하지 않고서는 인간의 윤리는 존립할 수 없다는 것이다. 다산에 의하면, 유학은 본래 밝게 上帝를 섬기는 '昭事學'이었고, '愼獨'과 '誠'도 上帝를 전제로 해서만 성립할 수 있는 것이다. 그런데 후학들이 마침내 上帝를 부정하고, 上帝의 자리를 '理'로 대체함으로써, 유학이 실천력을 상실했다는 것이다. 다산은 다음과 같이 말한다.

허공의 蕩蕩한 太虛 一理로 天地萬物의 主宰와 根本을 삼는다면, 天地間의 일이 제대로 실현되겠는가?[23]

---

21) 『與猶堂全書』 제2집 卷4 頁23 : 天地鬼神 昭布森列 而其至尊至大者 上帝是已 文王小心翼翼 昭事上帝 中庸之戒愼恐懼 豈非昭事之學乎 今人於此 疑之於有無之間 置之於杳茫之地 故人主敬畏之工 學者愼獨之義 皆歸於不誠 夫暗室獨處 雖使無所不爲 畢竟無所發覺 其將徒然畏怯乎 此必無之理也

22) 다산에 의하면, 天의 主宰者가 上帝이다. 그런데 上帝를 '天'이라고도 하는 것은, '國君'을 '國'이라 일컫는 것과 마찬가지로, 감히 곧바로 上帝를 지칭할 수 없기 때문에 '天'이라 한다는 것이다(『與猶堂全書』 제2집 卷6 頁38 : 天之主宰爲上帝 其謂之天者 猶國君之稱國 不敢斥言之意也). 한편, 금장태는 다산의 '上帝(天)' 개념을 '人格的 존재, 唯一의 존재, 主宰者이며 造物主 · 創造主인 존재'라고 정리한 바 있다(금장태, 「茶山의 天概念과 天人關係論」, 『哲學』 제25집, 한국철학회, 1986, 58쪽 참조).

23) 『與猶堂全書』 제2집 卷6 頁38 : 以空蕩蕩之太虛一理 爲天地萬物主宰根本 天地間事 其

> 君子가 어두운 방에서 두려워하면서 감히 惡을 짓지 못하는 것은 上帝가 자기에게 임해 계심을 알기 때문이다. 이제 命·性·道·敎를 모두 하나의 理로 귀착시킨다면, 理는 본래 앎이 없고 또한 위엄과 능력이 없으니, 무엇을 경계하고 삼갈 것이며, 무엇을 두려워할 것인가?[24]

다산에 의하면, 주자학처럼 '理'를 窮極者로 삼고서는 아무런 윤리적 실천의 계기를 확보할 수 없다. 다산은 인간의 윤리는 어떤 '全知全能한 절대자의 權威'에 의존해서만 존립할 수 있다고 본 것이다. 그런데 '理'는 전혀 권위가 없는 존재이기 때문에, 아무도 '理'를 두려워하지 않고 범한다는 것이다.

주자학에서는 인간의 本然之性을 순선한 實體로 규정했다. '인간의 本性은 곧 天理(性卽理)'라는 명제가 그것을 대변한다. 주자학에 의하면, 인간은 본래 善을 지향한다. 인간의 본연지성은 선하다는 말은 인간에 대한 낙관적 신념을 표현하는 말이다. 주자학에서는 인간뿐만 아니라, 기타 만물의 본연지성도 모두 선하다고 본다. 이런 맥락에서, 주자학에서는 '惡의 실체성'을 부정한다. 다만 선한 본성이 제대로 실현될 수 있도록 북돋으면 된다는 것이요, 이것이 '自己修養의 논리'로 전개된 것이다. 그러나 다산은 性을 實體로 인정하지 않고 다만 嗜好로 간주하며, 인간의 본성은 善하다 하더라도 인간은 또한 惡에의 가능성을 지니고 있다고 보는 것이다. 따라서 본성의 善만으로는 실천적 차원에서 善이 보장되지 않는다. 그러므로 다산은 '上帝의 권위'를 도입하여 윤리의 존립근거를 확보하려고 한 것이다. 또한 주자는 인격적 주재자로서의 상제의 존재를 부정하고, 다산은 상제의 존재를 확신한다. 요컨대, 朱子學과 茶山學은 전혀 다른 인간관과 세계관을 바탕으로 전혀 다른 윤리의 체계를 정립한 것이다. 이제 주자학과 다산학

有濟乎

24) 『與猶堂全書』 제2집 卷3 頁5 : 君子處暗室之中 戰戰栗栗 不敢爲惡 知其有上帝臨女也 今以命性道敎 悉歸之於一理 則理本無知 亦無威能 何所戒而愼之 何所恐而懼之乎

사이의 윤리학적 쟁점들을 고찰해 보자.

3. 茶山學과 朱子學의 윤리학적 쟁점들

1) 善은 '上帝의 명령'을 따르는 것인가, '理'를 따르는 것인가?

다산에 의하면, 上帝는 윤리의 내용을 제시해주고, 그것을 따르도록 명령하는 존재이다. 따라서 상제의 명령을 따르는 것이 바로 윤리적 삶인 것이다. 다만 상제의 명령은 '啓示'와 같은 방식으로 전달되는 것이 아니라, '良心의 소리'로 전달되는 것이다. 다산은 다음과 같이 말한다.

> 天은 사람에게 생명을 줄 때 命令을 함께 주었다. 또한 살아가는 동안에도 시시각각 계속하여 명령을 내린다. 天은 자세히 타이르며 명령을 내릴 수 없는데, 사실은 그럴 수 없는 것이 아니다. 天의 喉舌은 사람의 道心에 붙어 있다. 道心이 경고하는 바가 곧 皇天이 명령하는 것인데, 다만 사람들이 듣지 못하는 것일 뿐이다. 오직 살펴 듣는다면, 그것보다 더 자세한 것이 없고, 그것보다 더 엄한 것이 없다. 그것은 詔勅과 같기도 하고 敎誨와 같기도 하니, 어찌 다만 자세히 타이르는 것뿐이겠는가? 착하지 못한 일에 대해서는 道心이 부끄러워하는데, 부끄러워하는 것이 天命에 충실한 것이다. 착하지 못한 행동에 대해서는 道心이 뉘우치는데, 뉘우치는 것이 天命에 충실한 것이다. (…) 圖籙에서 天命을 구하는 것은 異端의 荒誕한 주장이다. 本心에서 天命을 구하는 것이 聖人의 昭事之學이다.[25]

25) 『與猶堂全書』 제2집 卷3 頁3-4 : 天於賦生之初有此命 又於生居之日 時時刻刻 續有此命 天不能諄諄然命之 非不能也 天之喉舌 寄在道心 道心所儆告 皇天之所命戒也 人所不聞而已 獨諦聽 莫詳莫嚴 如詔如誨 奚但諄諄已乎 事之不善 道心愧之 愧怍之發 諄諄乎天命也 行之不善 道心悔之 悔恨之發 諄諄乎天命也 (…) 求天命於圖籙者 異端荒誕

道心과 天命은 두 개로 간주할 수 없다. 天이 우리에게 경고하는 것은, 우레나 바람으로 하지 않고, 친밀하게 우리의 마음에 직접 되풀이하여 알려주는 것이다. 가령 한 순간에 곧장 사람과 사물을 해치고자 하는 意志가 싹터 나온다면, 한편에서는 또한 부드러운 말로 그치게 하기를 "허물은 다 너로부터 말미암은 것이니, 어찌 저 사람을 원망할 것인가? 네가 만약 풀어버린다면 어찌 너의 德이 아니겠는가?" 라고 한다. 정녕 살펴 듣는다면 희미한 바가 없으니, 이 말이 바로 赫赫한 天의 명령임을 알아야만 한다. 이 명령을 따른다면 善이 되고 福祥이 되며, 게을리 하여 어긴다면 惡이 되고 災殃이 된다. 君子가 戒愼恐懼해야 할 것은 진실로 여기에 있다.[26]

다산은 '상제의 명령' 을 따르는 것이 윤리적 삶이라고 보았다. 다만 상제는 우리의 귀와 눈으로 확인할 수 있게 명령을 내리는 것이 아니라, 우리의 道心을 통해서 명령을 내린다는 것이다. 다산은 그리하여 道心을 '상제의 喉舌' 로 규정하고, '도심의 소리' 가 곧 '상제의 명령' 이라고 규정한 것이다.[27]

之說也 求天命於本心者 聖人昭事之學也

26) 『與猶堂全書』 제2집 卷3 頁5 : 道心與天命 不可分作兩段看 天之儆告我者 不以雷 不以風 密密從自己心上 丁寧告戒 假如一刻 驀有傷人害物之志 萌動出來時 覺得一邊有溫言以止之者 曰咎皆由汝 何可怨彼 汝若釋然 豈非汝德 丁寧諦聽 無所熹微 須知此言乃是赫赫之天命 循而順之 則爲善爲祥 慢而違之 則爲惡爲殃 君子之戒愼恐懼 亶在此也

27) 다산 윤리사상의 大綱은 천주교(『천주실의』)에 근거한 것이다. 그런데 道心을 '상제의 喉舌' 로 규정하여, 道心을 통해 상제의 명령을 알 수 있다고 한 것은 천주교와 구별되는 다산의 독특한 입장인 것으로 보인다. 천주교에서는 무엇보다도 '啓示' 를 통해 상제의 뜻을 알 수 있다고 주장하기 때문이다(그러나 『천주실의』에는 啓示에 대해서는 별다른 논의가 보이지 않는다). 한편, '上帝의 啓示' 를 전제하지 않고 다만 '道心의 소리가 곧 上帝의 명령' 이라고 규정하는 것은 종종 중대한 限界를 노출할 수 있다. '相反된 주장을 하는 사람들' 이 서로 자기가 '上帝의 명령을 대변하는 것' 이라고 주장한다면, 그것을 어떻게 판가름할 것인가? 朱子學에서도 道心의 명령을 중시한다. 그런데 주자학에서는 道心을 궁극적으로 '自然의 理法' 을 따르는 것으로 설정했기에, 그리고 그 自然의 理法은 '경험적으로 확인할 수 있는 것' 이었기에, 이러한 문제를 피할 수 있

道心을 따르는 것이 '善' 즉 '윤리적 삶' 이라는 것에 대해서는 다산이나 주자 사이에 이견이 없을 것이다. 문제는 도심의 根源이 무엇이냐 하는 것이다. 주자는 도심은 '性命의 바름에 근원한다(原於性命之正)' 고 하여, 도심의 근원을 性命 즉 理로 규정하였다. 그러나 다산은 도심의 근원을 上帝로 설정하는 것이다. 다산이 이처럼 도심을 상제의 명령으로 설정한 이유는 무엇일까? 도심의 소리는 항상 선한바, 그것에 상제의 권위를 부여하여 반드시 도심의 소리를 따르도록 촉구하기 위함이었을 것이다. 사실 도심은 선하기는 하나 위엄이 없었고, 상제는 명령을 내린다고 했으나 그 내용을 알기 어려웠다. 다산은 양자를 결합시킴으로써 '善하고 인식 가능한 權威體'를 확보하고, 그것을 윤리의 존립근거로 삼고자 했던 것이다. 이것은 주자의 '理' 에 근거한 윤리체계를 '上帝' 에 근거한 윤리체계로 환원시킨 것이다. 이런 맥락에서 다산은 "恐懼戒愼하여 밝게 上帝를 섬기면(昭事上帝) 仁을 실천할 수 있다. 그러나 헛되게 太極을 높이고 理로 天을 삼으면 仁을 실천할 수 없다. 그러므로 '天을 섬기는 것(事天)' 으로 돌아가야 할 것이다"[28] 라고 하였다.

다산이 '昭事上帝學' 으로 되돌아가야 한다고 주장하였듯이, 원시유가의 윤리체계는 본래 상제의 존재를 전제로 한 것이었다. 그러나 사상사적으로 볼 때, 周代 중기 이후로 상제의 존재는 의심받게 되었고,[29] 마침내 주자는 古經에 보이는 上帝 또는 天을 '인격적 주재자' 가 아닌 '理' 로 해석한 것이다. 주자에 의하면, 이 세계에는 '인격적 주재자' 는 없고 다만 '理' 만 있다. 다시 말하면, 이 세계를 주재하는 것은 '인격적 주재자' 가 아니라 '理' 라는 것이다.[30]

는 것이다.

28) 『與猶堂全書』 제1집 卷16 頁17 : 恐懼戒愼 昭事上帝 則可以爲仁 虛尊太極 以理爲天 則不可以爲仁 歸事天而已

29) 이에 대한 자세한 논의는 王治心, 『中國宗教思想史大綱』, 臺灣 中華書局, 民國49년, 46쪽 ; 이상익, 「儒家에 있어서 最高善의 문제」, 『哲學』 제73집, 한국철학회, 2002 참조.

주자는 '繼天立極' 즉 '天理를 계승하여 인간의 윤리적 표준을 정립할 것' 을 주장했다. 天理는, 天道로 말하자면 元亨利貞인바, 그것이 인간에게는 仁義禮智의 본성으로 내재한다는 것이다. 즉 주자는 기존의 '上帝의 명령' 에서 '윤리적 내용' 만을 취하여 그것을 '理' 라 하고, '인격적 주재 또는 명령' 의 측면은 기각시킨 것이다. 주자의 이러한 입장은 『論語』의 '畏天命'[31]에 대한 주석에서 잘 드러난다.

'畏' 란 '嚴憚(삼가고 꺼림)' 의 뜻이다. '天命' 이란 '하늘이 부여한 바른 理' 이다. 그것이 삼가고 꺼려야 할 것이라는 점을 안다면, 저절로 戒謹恐懼를 그만둘 수 없을 것이요, 따라서 '하늘이 우리에게 부여한 중요한 것' 을 잃지 않을 것이다.[32]

'畏天命' 세 글자는 아주 좋다. 스스로 道理를 이해한다면 문득 삼가게 되어 감히 어길 수 없을 것이니, 이것이 바로 '畏天命' 인 것이다. 예를 들어, 禮가 아니면 보지도 듣지도 말하지도 행동하지도 않는 것이나 戒愼恐懼하는 것이 모두 '畏天命' 인 것이다.[33]

주자는 '天命' 을 '바른 理' 라고 해석하고, '畏' 를 '삼가고 꺼림' 으로 해석하였다. 즉 '畏天命' 이란 '바른 理를 어기지 않을까 조심하는 것' 이라는 해석이다. 그렇게 조심하면 '하늘이 우리에게 부여한 중요한 것' 즉 '타고난 本性' 을 실현할 수 있다는 것이다. 주자는 畏天命의 例로, '禮가 아니면

---

30) 『朱子語類』 卷1(중화서국본 5쪽) : 今說天有箇人在那裏批判罪惡 固不可 說道全無主之者 又不可

31) 『論語』 季氏 8 : 君子有三畏 畏天命 畏大人 畏聖人之言

32) 『論語集註』 季氏 8, 朱子註 : 畏者 嚴憚之意也 天命者 天所賦之正理也 知其可畏 則其戒謹恐懼 自有不能已者 而付畀之重 可以不失矣

33) 『論語集註大全』 季氏 8, 朱子小註 : 畏天命三字好 自理會得道理 便謹去做 不敢違 便是畏之也 如非禮勿視聽言動 與夫戒謹恐懼 皆所以畏天命

보지 않는 것' 이나 '戒愼恐懼'[34]를 들었다. 이러한 맥락에서, 주자는 윤리를 '理를 따름' 으로 규정한 것이다.[35]

주자에게 있어서 '理' 는 윤리의 내용을 제시해주는 존재요, 그것을 따르도록 명령하는 존재는 아니다. 다만 인간은 理를 本性으로 담지하고 있어서, 자연적으로 그것을 따르고 실현하려 한다는 것이다. 그런데 氣質이 탁박한 사람은 본성을 제대로 구현하지 못하는 바, 그것이 바로 惡이라는 것이다.

2) 惡은 '의지적 선택' 의 결과인가, '존재론적 장애' 의 결과인가?

본래 주자학에서는 性善說을 전제로, 善 · 惡을 '氣의 淸 · 濁' 으로 설명했었다.[36] 즉 氣質이 淸粹하면 선한 본성을 온전히 실현할 수 있는데 그것이 善이고, 氣質이 濁駁하면 선한 본성을 온전히 실현할 수 없는데 그것이 惡이라는 것이었다. 주자는 '惡' 을 '氣質의 濁駁' 즉 '존재론적 장애' 의 결과로 설명한 것이다. 그러나 다산은 '惡' 을 '의지적 선택' 의 결과로 설명하기도 하고, '陷溺' 으로 설명하기도 한다. 다산은 주자의 濁氣論을 비판하고 대신 陷溺論을 내세우지만, 陷溺論은 '의지적 선택' 의 논리와 양립되기도 곤란하고, 사실 濁氣論과 모순되는 것도 아니다. 우선 다산의 '의지적 선택론' 과 '함닉론' 을 살펴보고, 문제점을 지적해 보자.

다산은, 인간은 善을 원하면 善을 할 수 있고 惡을 원하면 惡을 할 수 있는

---

34) 주자는 『中庸』의 '戒愼恐懼' 를 '敬畏' 로 해석하고, 그것은 '어떤 대상(鬼神)에 대해 두려워함' 이 아니라 '자기 스스로 조심하는 것' 이라고 설명하였다.

35) 그러나 다산은 '天命' 을 글자 그대로 '상제의 명령' 으로, '畏' 를 '두려워함' 으로 해석하였다(『與猶堂全書』 제2집 卷14 頁39 : 朱子以性爲理 故遂以天命爲理也 雖然 賦於心性 使之向善爲惡 固天命也 日監在玆 以之福善禍淫 亦天命也 詩書所言天命 豈可槩之曰本心之正理乎 (…) 且畏者 恐懼也 恐不但嚴憚而已). 다산의 이러한 설명은 윤리를 '상제의 명령을 따름' 으로 규정하는 것이다.

36) 『朱子語類』 卷4(68쪽) : 人之所以有善有不善 只緣氣質之稟 各有淸濁

자주적 존재라고 규정했다.[37] 다산이 善·惡을 자유의지에 따른 선택의 결과로 설명한 것은 두 가지 이유 때문이었다. 첫째는 인간이 본능에 의해 지배되는 존재가 아닌 자유로운 존재라는 것을 강조하기 위함이었고, 둘째는 따라서 인간은 자신의 행위에 대한 책임을 지닌다는 점을 강조하기 위함이었다. 다산의 이러한 설명은 일견 지당해 보이지만, 이에 대해서는 다음과 같은 두 가지 근본적인 문제점을 제기할 수 있다.

첫째, 이러한 설명을 따른다면, 惡이란 善과 마찬가지로 우리의 '意志的 選擇의 대상'으로서, 善과 대등한 존재론적 위상을 지니게 된다는 점이다.[38] 이것은 결국 善惡二元論으로 연결되는데, 선악이원론에 따른다면 인간과 세계는 자체적으로는 淨化될 가능성이 없는 것이다. 그리하여 대부분의 선악이원론자들은 救援者로서 神을 설정하고 있는데, 이러한 논법은 실질적으로 인간의 자주성을 제약하는 것이다.[39]

둘째, 惡을 선택하는 것도 자유의 행사로 간주할 수 있는가 하는 점이다.[40] 과연 惡도 자유로운 선택의 범위에 속하는가? 인간에게는 자유가 주어졌고, 악도 자유로운 선택의 범위에 속하는 것이라면, 악에 대해 왜 처벌하는가? 악을 처벌한다는 것은 악은 자유로운 선택의 범위에서 제외됨을 의

37) 『與猶堂全書』 제2집 卷5 頁34 : 天之於人 予之以自主之權 使其欲善則爲善 欲惡則爲惡

38) 김형효는, 다산의 이러한 논리는 '惡의 적극적인 실재성을 강하게 인정하는 셈'이라고 규정하였다(김형효, 『원효에서 다산까지』, 593쪽 참조).

39) 장승희는 다산의 윤리사상에서 특이한 점은 "초월적 존재인 天을 상정하고서 人間의 道德的 自律性을 인정한다는 사실"이라고 하였다. 장승희에 의하면, 피상적으로는 '天의 개념'과 '도덕적 자율성 개념'은 모순되는 것으로 보이지만, 다산에게 있어서는 整合性을 확보하고 있다는 것이다(장승희, 「茶山 丁若鏞의 倫理思想에 관한 연구」, 『東洋哲學硏究』 제19집, 동양철학연구회, 1999, 115쪽 참조). 그러나 論者는 이러한 주장에 동의하지 않는다. 天의 처벌이 두려워 죄를 지을 수 없다고 한다면, 그것이 무슨 自律性을 지니고 있는 것인가?

40) 사실 기독교에서 自由意志를 강조하는 것은 惡의 기원과 책임을 '하느님'이 아닌 '인간'에게로 돌리기 위한 방책이었다(이석우, 『아우구스티누스』, 민음사, 1995, 245쪽 참조).

미하는 것이 아닌가?[41] 그렇다면 '자유' 란 본질적으로 '다양한 善 가운데서의 자유' 로 제약되는 것이다.[42]

다산은 주자의 濁氣論을 비판하면서, 맹자의 원의에 따라 陷溺을 악의 원인으로 제시하기도 한다. 다산이 선악을 기질과 연관시키는 것을 거부하는 이유는 두 가지이다. 하나는 기질은 慧·鈍과만 관계될 뿐 善·惡과는 무관하다는 것이다.[43] 다산은 지혜로우면서도 사악했던 사람들과 어리석으면서도 착했던 사람들의 예를 들어 자신의 주장을 정당화한다.[44] 다른 하나는 기질론이 宿命論에 빠진다고 보기 때문이다. 다산은 기질은 선천적인 것으로서, 변화될 수 없다고 보았다. 다산은 다음과 같이 말한다.

> 孟子는 性을 논함에 不善을 陷溺에 귀결시켰는데, 宋儒들은 性을 논함에 不善을 氣質에 귀결시켰다. 陷溺은 '자기로부터 말미암는 것' 이니 그것을 구제할 수 있는 방법이 있지만, 氣質은 '선천적인 것' 이니 거기로부터 벗어날 방도가 없다. 그렇다면 사람이 누구인들 自暴自棄하여 스스로 下流의 천한 사람으로 돌아가는 것을 달가워하지 않겠는가?[45]

---

41) 예를 들어 다음과 같은 상황을 가정해 보자. "甲에게는 이 떡을 먹든지 말든지 할 자유가 있다. 그러나 이 떡을 먹으면 甲은 벌을 받을 것이다." 이런 상황 속에 있는 甲은 행위의 자유가 있는 존재라고 할 수 있는가?

42) 아우구스티누스는 自由를 단순한 '선택의 자유' 가 아닌 '바르게 행동하는 자유' 즉 '올바른 선택의 자유' 로 이해했다(이석우, 『아우구스티누스』, 241쪽 참조). 한편, 유덕수에 의하면, 헤겔에게 있어서 '양심의 자유' 란 '선과 악을 선택할 수 있는 자유' 를 의미한다(유덕수, 「자유의지의 계기로서 선과 악의 의미 - 헤겔 법철학 도덕편에서」, 『東西哲學硏究』 제24호, 한국동서철학회, 2002, 135쪽). 그러나 論者가 생각하기에, 이러한 주장은 '良心' 이라는 말도 오용한 것이고 '自由' 라는 말도 오용한 것이다.

43) 『與猶堂全書』 제2집 卷15 頁12 : 氣質能使人慧鈍 不能使人善惡

44) 『與猶堂全書』 제2집 卷6 頁23 ; 『與猶堂全書』 제2집 卷15 頁16 참조.

45) 『與猶堂全書』 제2집 卷6 頁25 : 孟子論性 以不善歸之於陷溺 宋儒論性 以不善歸之於氣質 陷溺由己 其救有術 氣質由天 其脫無路 人孰不自暴自棄 甘自歸於下流之賤乎

다산에 의하면, 陷溺은 개인의 의지에 달린 문제로서 그것은 자신의 노력으로 구제할 수 있는 것이나, 氣質은 선천적으로 타고난 것으로서 그것은 자신의 노력으로 구제할 수 없는 것이다. 따라서 '악의 연원'을 '탁한 기질'로 설명한다면, 탁한 기질을 타고난 사람은 자포자기할 수밖에 없다는 것이다. 다산은 선악을 개인의 의지적 선택의 문제로 규정하고, 따라서 그 책임이 개인에게 있다고 주장하는 것이다. 陷溺이 개인에 달린 문제임은 분명하다. 그러나 그것을 의지적 선택의 대상으로 규정할 수 있는지에 대해서는 논란의 여지가 있다. 陷溺은 본래 맹자의 다음과 같은 말에서 유래한다.

> 풍년에는 子弟들이 힘입는 바가 있어 착하게 되고, 흉년에는 子弟들이 힘입을 바가 없어 포악하게 되니, 하늘이 才質을 내려줌이 그렇게 다른 것이 아니요, 그 마음을 陷溺시켜서 그런 것이다.[46]

맹자에 의하면, 사람들이 풍년에는 착한 경우가 많고 흉년에는 악한 경우가 많은 것은, 그들의 才質이 해에 따라 달라져서 그런 것이 아니라, 陷溺 때문이라는 것이다. 다산은 위의 예문에 근거하여 惡은 陷溺에 의한 것으로서, 氣質(才質)과는 무관한 것이라고 주장하였다. 다산은 다음과 같이 말한다.

> 陷溺이 생기는 이유는, 혹은 形氣의 私慾 때문이고, 혹은 習俗의 薰染 때문이며, 혹은 外物의 유혹 때문이다. 이러한 까닭에 良心이 陷溺되어 大惡에 이르는 것이니, 어찌 氣質에 그 탓을 돌릴 수 있겠는가? 堯・舜・周公・孔子 등은 일찍이 이와 같은 것들의 해침이 없었고, 利害와 祥殃에 밝았기 때문에 능히 그 해침을 극복하여 陷溺되지 않았으니, 그리하여 上智가 된 것이다. 풍년에는 子弟

46) 『孟子』 告子上 7 : 富歲 子弟多賴 凶歲 子弟多暴 非天之降才爾殊也 其所以陷溺其心者然也

들이 힘입을 바가 많은데도 오히려 간혹 힘입지 못하는 자들도 있으니, 堯의 아들 丹朱와 같은 경우가 그렇다. 흉년에는 子弟들이 포악한 경우가 많은데도 오히려 간혹 포악하지 않은 자들도 있으니, 瞽瞍의 아들 舜과 같은 경우가 그렇다.[47]

다산이 말하고자 하는 요점은, 陷溺은 私慾이나 薰染 · 誘惑 등에 의한 것으로서 氣質과 무관하다는 것, 上智의 聖人들은 함닉됨이 없었다는 것, 똑같은 상황에서도 누구는 함닉되고 누구는 함닉되지 않는다는 것, 따라서 함닉 여부는 개인적 문제라는 것이다. 그러나 다산의 이러한 주장에는 사실 몇 가지 더 따져보아야 할 문제점이 있다.

첫째, 함닉은 意志的 결과인가? 함닉이 '個人的 차원' 의 문제임은 분명하다. 그러나 그것을 '意志的 선택의 결과' 로 설명하는 것에는 문제가 있다. 그것은 맹자의 문맥에도 어긋나고,[48] 일상 어법에도 어긋난다. 무릇 함닉이란 '본래의 선한 마음이 유혹이나 충동에 빠지는 것' 을 의미할 것이다. 만일 함닉이 의지적인 것이라면, 그것은 '마음이 스스로를 유혹이나 충동에 빠뜨림으로써 자신의 자주권(自由意志)을 포기하는 것' 이 된다. 이러한 논리를 납득할 수 있겠는가? 함닉이란 오히려 '유혹이나 충동이 의지를 이기는 것' 으로서, 따라서 '의지적으로 함닉된다' 는 것은 語不成說인 것이다.

---

47) 『與猶堂全書』 제2집 卷6 頁25 : 陷溺之術 或以形氣之私慾 或以習俗之薰染 或以外物之引誘 以此之故 良心陷溺 至於大惡 何得以氣質爲諉乎 堯舜周孔 未嘗無數者之害 而明於利害 察於祥殃 故能克去其害 而不爲所陷溺 所以爲上智也 豊年 子弟多賴 而猶或有亡賴者 堯子丹朱之類也 凶年 子弟多暴 而猶或有不暴者 瞽子虞舜之類也

48) 맹자의 문맥은, 인간은 선한 본성을 지니고 있어도, 주어진 상황의 順 · 逆에 따라 선한 본성을 保存할 수도 있고 陷溺시킬 수도 있다는 것이다. 맹자는 "民衆들은 恒產이 없으면 그로 인해 恒心을 잃게 된다" 고도 했다. 맹자의 문맥은, 역경에서는 聖人이나 君子(士)만이 자기의 본성을 보존할 수 있음에 반하여 순경에서는 民衆들도 선한 본성을 보존하기 쉬우므로, 먼저 민중들의 외부적 여건을 순경으로 만들어 주자는 것이다. 즉 맹자 陷溺論의 초점은, 함닉이 의지적 선택의 결과라는 것에 있지 않고, 인간의 의지는 외부의 상황에 크게 영향을 받는다는 것에 있다.

다만 함닉으로부터 본 마음을 구해내는 것은 의지적인 노력의 결과라 할 것이다.[49] 요컨대, 함닉은 욕망이나 충동에 의한 것이요, 함닉으로부터의 구제는 의지적인 노력의 결과인 것이다.[50] 따라서 함닉이 악이라면, 악에는 '비의지적인 악' 도 있음을 인정해야 할 것이다. '비의지적인 악' 이라 하여 책임을 물을 수 없는 것은 아니다.[51]

둘째, 함닉은 존재론적 원인을 갖지 않는 것인가? 맹자의 설명은 일견 陷溺과 才質(즉 氣質)이 무관한 것임을 입증하는 자료인 것 같다. 한 개인의 才質은 豊·凶에 따라 변함이 없음에도 불구하고, 풍년에는 함닉되지 않고 흉년에는 함닉되기 때문이다. 그러나 아직 반론의 여지는 남아있다. 왜 어떤 사람은 흉년에도 함닉되지 않고, 어떤 사람은 풍년에도 함닉되는가? 사람들의 함닉 여부는 개인적 기질의 차이에 의해 좌우된다고 볼 수는 없는가? 즉 기질(재질)이 濁駁(昏弱)한 사람은 쉽게 충동과 유혹에 빠지지만, 淸粹(明强)한 사람은 쉽게 충동과 유혹에 빠지지 않는다고 설명할 수도 있을 것이다.[52]

주자학에서는 善에 대해서만 '自由' 를 인정하고, 善·惡은 '기질의 淸·濁' 으로 설명한다. 우선 '自由' 의 측면을 살펴보자. 주자학도 분명 '自由'

---

49) 김상봉은 칸트의 입장을 "意志와 情念이 싸우기 시작할 때 비로소 도덕과 善·惡의 문제가 발생하며, 이 싸움에서 意志가 情念을 부정하고 극복할 때, 우리의 意志와 行爲는 도덕적 승인을 얻게 되는 것" 이라고 정리한 바 있다(김상봉, 『호모 에티쿠스』, 한길사, 2002, 275쪽).

50) 예컨대, 졸음에 빠지는 것은 非意志的인 것이지만, 졸음을 이겨내는 것은 意志的인 노력이다.

51) 오늘날에도 '비의지적인 惡' 즉 過失에 대해 책임을 묻고 있다. 다만 '의지적인 惡' 의 경우보다는 가볍게 책임을 묻는 것이다.

52) 이렇게 본다면 맹자의 陷溺論과 주자의 濁氣論은 얼마든지 양립할 수 있는 것이다. 또한 다산은 氣質은 '慧·鈍' 과 관계될 뿐 '善·惡' 과는 무관하다고 하였는데, 이에 대해서도 다음과 같은 반론이 가능하다. 지혜로운 사람이 모두 선한 것은 아니지만, 일반적으로 선을 실천하려면 지혜가 필요하다. 그렇다면 지혜는 선행의 '충분조건' 은 아니라 하더라도 '필요조건' 은 되는 것이다. 이렇게 본다면 다산의 주장대로 '慧·鈍' 과 '善·惡' 은 차원을 달리한다고 하더라도, 氣質과 善·惡이 무관한 것은 아니다.

를 인정한다. 그러나 그 자유는 '善·惡을 마음대로 선택하는 자유' 가 아니라, '善을 실천하는 자유' 이다.[53] 『論語』에서는 克己復禮로 仁을 설명하고, '仁을 실천하는 것은 자기로부터 말미암는다(爲仁由己)' 고 했다. 이에 대해 주자는 다음과 같이 주석한다.

> 또한 仁을 실천하는 것은 자기로부터 말미암는 것으로서, 다른 사람이 간여할 수 있는 것이 아니라고 하였으니, 그 '기틀이 나에게 달려있어 어려울 것이 없음' 을 알 수 있다. 날마다 (私欲을) 이겨내서 어렵게 여기지 않는다면, 私欲이 깨끗이 사라지고 天理가 유행하여, 仁을 이루 다 쓸 수 없게 된다.[54]

주자는 '由己' 를 '다른 사람이 간여할 수 없음' · '기틀이 나에게 달려있어 어려울 것이 없음' 으로 해석하였다. 여기서 '기틀이 나에게 달려있음' 이란 그것이 '자신의 自由' 임을 의미하고, '어려울 것이 없음' 이란 '마음만 먹으면 실천할 수 있음' 을 의미한다. 요컨대 仁을 실천하는 것은 '자신의 意志에 달린 것' 인 바, 이것이 '由己' 요 '自由' 인 것이다. 여기서 문제가 되는 것은 '意志' 이다. 주자학에서는 '意' 에는 '私' 나 '거짓' 이 개입할 수 있다고 보아, '意를 참되게 함(誠意)' 이 긴요하다고 보는 것이다.[55] 주자학에서 말하는 '誠' 이란 '진실하여 함부로 함이 없음(眞實無妄)' [56]을 의미한다. 이와 같이, 주자학에서는 自由를 '善을 실천하는 自由' 로 설명하고, 그

---

53) 우리는 '自由' 라 하면 '선택의 자유' 만을 연상하기 쉽다. 그러나 스피노자는 '자기 자신의 필연적인 내적 본질에 따르는 것' 이야말로 '진정한 自由' 라고 규정하였다(김상봉, 『호모 에티쿠스』, 211쪽 참조). 주자학적으로 말한다면, '선한 본성을 발휘하는 것' 이야말로 참된 자유라는 것이다.

54) 『論語集註』 顔淵 1, 朱子註 : 又言爲仁由己 而非他人所能預 又見其機之在我而無難也 日日克之 不以爲難 則私欲淨盡 天理流行 而仁不可勝用矣

55) 주자학에서는 '意' 는 '마음이 발한 것(心之所發)' 으로서 '사사로운 것' 이요, '志' 는 '마음이 가는 곳(心之所之)' 으로서 '공정한 것' 이라고 본다(『朱子語類』 卷5(96쪽) 참조).

56) 『中庸章句』 제20장, 朱子註 : 誠者 眞實無妄之謂

기틀로서 '誠意'를 강조하는 것이다.

다음, 주자학에 있어서 惡과 濁氣의 문제를 살펴보자. 주자에 의하면, 기질이 청수한 사람은 선한 본성을 온전히 구현하고(善), 기질이 탁박한 사람은 선한 본성을 온전히 구현하지 못한다(惡). 따라서 탁박한 기질은 선한 본성의 실현을 방해하는 것이니, 이것은 일종의 '존재론적 障碍'인 셈이다. 즉 주자학은 惡을 '의지적 선택'의 결과로 설명하는 것이 아니라 '존재론적 장애'로 인한 不中節(過不及)로 보는 것이다. 惡을 존재론적 장애로 설명한다 함은 惡에 고유한 존재 근거를 부여하지 않는다는 의미이다. 『주자어류』의 다음과 같은 내용을 보자.

> 묻기를, "氣質에는 昏濁의 다름이 있는데, 그러면 天命之性에도 偏全이 있는 것인가?" 답하기를, "偏全이 있지 않다. 예컨대 해와 달의 빛은 露地에 있으면 모두 보이나, 지붕 밑에 있으면 가리고 막음이 있어서 보이기도 하고 보이지 않기도 한다. 昏濁이란 氣가 昏濁한 것으로서, 지붕 밑에 있는 것처럼 스스로 가리고 막는 것이다. 그러나 사람에게 있어서는 蔽塞을 제거하여 통하게 할 수 있는 이치가 있다.[57]

> 天命之性은 본래 치우침이 없다. 다만 氣質을 받은 것에 치우침이 있는 것이다. 氣에는 昏明厚薄의 다름이 있다. 그러나 仁義禮智는 또한 하나라도 빠뜨릴 수 있는 이치가 없다. 다만 만약 惻隱이 많으면 문득 姑息柔懦로 흐르게 되고, 만약 羞惡가 많으면 문득 그 羞惡하지 말아야 할 것까지도 羞惡함이 있게 된다. (…) 그러나 이 理는 다만 善할 뿐이다. 이미 이 理라면 어떻게 惡할 수 있겠는가? 이른바 惡이란 바로 氣이다.[58]

---

57) 『朱子語類』 卷4(58쪽) : 問 氣質有昏濁不同 則天命之性有偏全否 曰 非有偏全 謂如日月之光 若在露地 則盡見之 若在蔀屋之下 有所蔽塞 有見有不見 昏濁者 是氣昏濁了 故自蔽塞 如在蔀屋之下 然在人則蔽塞有可通之理

58) 『朱子語類』 卷4(64-65쪽) : 天命之性 本未嘗偏 但氣質所稟 却有偏處 氣有昏明厚薄之不

주자는 '理에는 惡이 없다' 고 하였는데, 이는 惡은 독립적인 존재근거가 없다는 말이다. 인간의 본성은 본래 완전하고 선하다. 청수한 氣는 완전하고 선한 본성을 온전히 발현시키는데(中節), 이것이 善이다. 탁박한 氣는 본성을 가리고 막는데, 그로 인한 過不及(不中節)이 惡인 것이다. 위의 인용문에서는 '善·惡' 을 '빛과 어둠' 으로 비유하였다. 빛의 근원은 해와 달이고, 善의 근원은 선한 본성이다. 善은 비유컨대 해와 달이 가려짐 없이 그대로 드러나는 것과 같다. 빛은 그 고유한 근원이 있으나, 어둠은 그 고유한 근원이 없다. 다시 말해 어둠은 현상적으로는 존재하는 것이지만, 별도의 존재근거를 갖고 있는 것이 아니라, 다만 '빛의 결핍' 이 어둠인 것이다. 마찬가지로 惡이란, 지붕이 해와 달을 가려서 어둡게 되듯이, 탁한 기질이 선한 본성을 가려서 제대로 발현되지 못한 것 즉 '善의 결핍' 인 것이다. 즉 다산과는 달리, 주자학에서는 결코 惡에 善과 대등한 '존재의 위상' 을 부여하지 않는 것이다.

다산이 주자학의 기질론을 비판한 한 이유는, 기질은 先天的인 것으로서, 기질의 탁박은 후천적인 노력으로는 벗어날 방법이 없으며, 따라서 宿命論을 조장한다는 것이었다. 그러나 『중용』에서는 이미 '후천적 노력에 의한 氣質變化의 가능성' 을 인정하였으며, 주자도 이러한 관점에서 氣質變化가 가능하다고 보았다. 『중용』에서는 爲學의 요령으로 博學·審問·愼思·明辨·篤行을 제시하고, 다음과 같이 말한다.

> 배우지 않을지언정 배운다면 능하지 못한 것을 남겨두지 않고, 묻지 않을지언정 묻는다면 모르는 것을 남겨두지 않으며, 생각하지 않을지언정 생각한다면 얻지 못함을 남겨두지 않고, 분변하지 않을지언정 분변한다면 밝지 못한 것을 남겨두지 않으며, 행하지 않을지언정 행한다면 독실하지 않음을 남겨두지

同 然仁義禮智 亦無闕一之理 但若惻隱多 便流爲姑息柔懦 若羞惡多 便有羞惡其所不當羞惡者 (…) 然此理却只是善 旣是此理 如何得惡 所謂惡者 却是氣也

않는다. 다른 사람이 한 번에 능하게 된다면 나는 백 번을 노력하고, 다른 사람이 열 번에 능하게 된다면 나는 천 번을 노력한다. 과연 이러한 방법에 능하게 된다면, 비록 어리석더라도 반드시 밝게 되며, 비록 유약하더라도 반드시 강하게 된다.[59)]

위의 내용에 대하여 呂大臨은 다음과 같이 주해한 바 있다.

君子가 학문을 하는 이유는 능히 氣質을 變化시키려는 것뿐이다. (…) 무릇 아름답지 못한 기질을 지니고서 변화시켜 아름답게 하려면 백배의 노력을 기울이지 않고서는 이룰 수 없는 것이다. 이제 鹵莽滅裂한 학문으로, 혹은 노력하기도 하고 혹은 그만두기도 하면서, 그 아름답지 못한 기질을 변화시키려고 하다가, 변화시킬 수 없음에 이르러서는 "타고난 기질이 아름답지 못하니, 학문을 통해 변화시킬 수 있는 것이 아니다"라고 말한다. 이는 자포자기에 과감한 것으로서, 매우 어질지 못한 것이다.[60)]

주자는 『중용장구』의 주석에 呂大臨의 이 말을 채택하고, 다음과 같이 술회하였다.

나는 열대여섯 살 때에 呂與叔의 이 문단을 보고 매우 통쾌했다. 이 문단을 읽음에 일찍이 두려워 경계하고 분발하지 않음이 없었다. 사람이 만약 학문에 대한 의지가 있다면 모름지기 이와 같이 공부해야만 될 것이다.[61)]

---

59) 『中庸章句』 제20장 : 有弗學 學之 弗能 不措也 有弗問 問之 弗知 弗措也 有弗思 思之 弗得 弗措也 有弗辨 辨之 弗明 弗措也 有弗行 行之 弗篤 弗措也 人一能之 己百之 人十能之 己千之 果能此道矣 雖愚必明 雖柔必强

60) 『中庸章句』 제20장, 朱子註 : 呂氏曰 君子所以學者 爲能變化氣質而已 (…) 夫以不美之質 求變而美 非百倍其功 不足以致之 今以鹵莽滅裂之學 或作或輟 以變其不美之質 及不能變 則曰天質不美 非學所能變 是果於自棄 其爲不仁 甚矣

61) 『中庸章句大全』 제20장, 朱子小註 : 朱子曰 某年十五六時 見呂與叔解 得此段 痛快 讀

주자는 昏弱한 기질을 明强한 기질로, 濁駁한 기질을 淸粹한 기질로 변화시킬 수 있다고 보았다. 물론 그것은 쉬운 것이 아니라서, 백배의 노력이 필요하다고 하였다. 그런데 다산은 타고난 기질을 변화시키는 것은 불가능하다고 단정하고, 따라서 기질의 청탁으로 선악을 설명하는 것은 宿命論을 조장하는 것이라 비판하였다.

사람의 氣質에는 분명 昏明强弱 또는 淸濁粹駁의 차이가 있을 것이다. 다산도 이것을 부정하는 것은 아니었다. 다산의 주장은 타고난 기질은 변화시킬 수 없다는 것이었다. 그렇다면, 昏弱한 기질을 明强한 기질로 바꿀 수 없다는 주장이야말로 宿命論을 조장하는 것이 아닌가? 다시 말해, 주자처럼 기질변화가 가능하다고 보는 주장이야말로 오히려 宿命論을 超克하는 것이 아닌가?[62]

3) 善行의 가능근거는 '上帝를 두려워함' 인가, '自身의 眞實性' 인가?

앞에서 고찰한 바와 같이, 다산에 의하면 善이란 '上帝의 명령을 따르는 것' 이다. 그런데 上帝에 대한 戒愼恐懼 없이는 上帝의 명령을 봉행할 수 없다는 것이 다산의 주장이다. 다시 말해 上帝는 인간의 선악을 감시하고 심판하고 그에 따라 상벌을 내리는 절대적 權能을 지닌 존재라는 믿음이 없이는 上帝에 대해 두려워하지 않을 것이요, 上帝에 대해 두려워하지 않으면 上帝의 명령을 따르지도 않을 것이라는 주장이다. 요컨대 다산은 善行의 가능근거를 '上帝를 두려워함' 으로 설정하는 것이다. 다산은 다음과 같이 말한다.

之 未嘗不竦然 警厲奮發 人若有向學之志 須是如此做工夫 方得

62) 한형조나 송영배는 모두 다산의 주장을 그대로 따라, 주자의 기질론이 숙명론에 빠진다고 보았다(한형조, 「朱熹에서 丁若鏞에로의 철학적 사유의 전환」, 141쪽 ; 송영배, 「정약용 철학과 성리학적 리기관의 해체」, 284쪽). 그러나 論者는 다산의 주장이야말로 숙명론에 빠진 것이라고 본다.

天命은 다만 생명을 부여한 처음에만 이 本性을 주는 것이 아니다. 원래 無形한 體와 妙用의 神은 같은 부류끼리 서로 들어가고 서로 감응하는 것이다. 그러므로 天의 경고는 또한 有形한 耳目을 말미암지 않고 매번 無形妙用한 道心을 따라 달래고 깨우치는 것이니, 이것이 이른바 '天이 그 속마음을 깨우친다(天誘其衷)' 는 것이다. 그 깨우침을 좇아 따르면 天命을 봉행하는 것이고, 그 깨우침을 무시하여 어기면 天命을 거슬리는 것이다. 어찌 戒愼하지 않을 것이며, 어찌 恐懼하지 않을 것인가?[63]

다산의 이러한 논리는 주자학에서 '인간의 自己眞實性' 을 善行의 가능근거로 설정한 것과는 확연히 구별된다. 요컨대 다산은 '인간의 자기진실성' 이라는 것 자체를 믿지 않는다. 인간은 결코 스스로 진실해질 수 없다고 보는 것이다. 다산이 자기진실성을 믿지 않는 이유는 무엇인가? 다산은 다음과 같이 말한다.

무릇 어두운 방에서 마음을 속여, 邪思妄念을 짓고, 奸淫하고, 도둑질하다가, 다음 날에는 衣冠을 바르게 하고 단정히 앉아 용모를 다듬으면 깨끗하여 허물이 없는 君子처럼 된다. 官長도 그것을 알지 못하고, 君王도 그것을 살피지 못하니, 종신토록 거짓을 행해도 당대의 아름다운 명예를 잃지 않고, 차라리 죄악을 지어도 후대의 숭앙을 받는 경우가 세상에는 빈번하다.[64]

다산이 인간의 자기진실성을 믿지 않는 것은 두 이유 때문인 것으로 보인

---

63) 『與猶堂全書』 제2집 卷3 頁5 : 天命不但於賦生之初 畀以此性 原來無形之體 妙用之神 以類相入 與之相感也 故天之儆告 亦不由有形之耳目 而每從無形妙用之道心 誘之誨之 此所謂天誘其衷也 順其誘而從之 奉天命者也 慢其誘而違之 逆天命者也 曷不戒愼 曷不恐懼

64) 『與猶堂全書』 제2집 卷3 頁4-5 : 夫暗室欺心 爲邪思妄念 爲奸淫 爲竊盜 厥明日 正其衣冠 端坐修容 粹然無瑕 君子也 官長莫之知 君王莫之察 終身行詐而不失當世之美名 索性造惡而能受後世之宗仰者 天下蓋比比矣

다. 첫째, 직접적으로는, 다산은 인간은 본래 타락가능성이 크다고 보았다. 따라서 다른 사람들이 보지 않는 곳에서는 온갖 악행을 일삼는다는 것이다. 둘째, 간접적으로는, 인간은 다른 사람의 선악을 낱낱이 감시할 수 없다는 것이다. 따라서 남의 耳目을 속일 수 있다는 생각에 은밀히 악행을 일삼는 것이며, 그러고도 성공하는 경우가 실제로 많다는 것이다. 이런 맥락에서 본다면, 인간을 믿고 인간을 통해서 감시한다는 생각은 애초부터 헛된 것이다.[65] 다산은 따라서 상제에 대한 계신공구 없이는 선행이 불가능하다고 본다. 그리하여 다산은 전통적으로 '자기진실성'을 의미했던 '誠'을 '愼獨'으로 해석하고, 다시 '愼獨'을 '상제에 대한 戒愼恐懼'로 해석한다. 다산은 다음과 같이 말한다.

> 天의 靈明함은 사람의 마음에 곧장 통하여, 아무리 隱微한 것이라도 모두 살피고 밝힌다. 이 방을 비추어 임하시며(照臨此室), 날마다 살피시며 이곳에 계시니(日監在玆), 사람들이 진실로 이것을 안다면 비록 대담한 자라도 戒愼恐懼하지 않을 수 없을 것이다.[66]

다산에 의하면, 상제는 全知全能하시다. 따라서 우리는 상제의 權能으로부터 벗어날 수 없는 것이요, 따라서 상제에 대해 두려워하지 않을 수 없는 것이다. 다산은 이러한 논리야말로 선행을 가능케 한다고 보았던 것이다.

그러나 주자학에서는 인간은 본래 선하다는 것을 주목하고, 따라서 인간은 스스로 진실해질 수 있다고 보며, 이 '자기진실성(誠)'이야말로 선행의 진정한 가능근거라고 확신하는 것이다. 이제 주자의 이러한 입장을 확인해

65) 그리하여 다산은 『大學』의 "十目所視 十手所指 其嚴乎"에 대해, '十目 十手'는 사람의 눈과 손이 아닌 天地神明의 눈과 손이라고 해석한다(『與猶堂全書』 제2집 卷1 頁21 : 十目十手 謂天地神明昭布森列也). 이것은 사람은 속일 수 있어도 천지신명은 속일 수 없다는 맥락일 것이다.

66) 『與猶堂全書』 제2집 卷3 頁5 : 天之靈明 直通人心 無隱不察 無微不燭 照臨此室 日監在玆 人苟知此 雖有大膽者 不能不戒愼恐懼矣

보자. 『大學』의 "所謂誠其意者 毋自欺也 如惡惡臭 如好好色 此之謂自謙 故君子 必愼其獨也"라는 구절에 대해 주자는 다음과 같이 주석한다.

> 스스로를 닦고자 하는 사람은, 善을 실천하고 惡을 제거해야 한다는 것을 알면, 마땅히 진실로 그 노력을 써서 스스로를 속이는 것을 금지해야 함을 말한 것이다. 가령 惡을 미워하는 것은 惡臭를 미워하듯 하고, 善을 좋아하는 것은 아름다운 여자를 좋아하듯 하여, 모두 (惡을) 과감하게 제거하고 (善을) 추구하면 반드시 얻어서, 자기 스스로에게 쾌활하고 만족스럽게 할 것이요, 한갓 구차하게 밖을 좇아서 다른 사람에게 보여주려고 해서는 안 될 것이다. 그러나 그 '진실함과 신실하지 못함' 은 대개 남들은 알 수 없고 오직 자기만 알 수 있는 바가 있으니, 그러므로 반드시 홀로 있을 때에 삼가서 그 기미를 살펴야 하는 것이다.[67]

주자는 신행은 '스스로를 속이지 않는 것(毋自欺)' 으로부터 비롯된다고 보았다. 또한 자기진실성에 입각한 선행은 다른 사람의 칭찬이나 보상을 염두에 둔 것이 아니라 '자기 양심의 만족' 을 추구하는 것(爲己之學)이다. 자기진실성이 궁극적으로 문제되는 時點은 자기 홀로 있는 순간이다. 남들과 함께 있는 시점에서는 남의 이목을 의식하여 행동을 삼가지만, 홀로 있을 때에는 방자해지기 쉽기 때문이다. 그러므로 자기진실성의 논리는 특히 '愼獨' 을 강조하는 것이다. 다산이 '愼獨' 을 '상제에 대한 계신공구' 로 해석한 것과는 달리, 주자는 愼獨을 '자기 스스로 幾微를 살펴 人欲을 막는 것(遏人欲)' 으로 해석한다. '戒愼恐懼' 에 대한 해석도 다산과 주자가 확연히 다르다. 주자의 이러한 입장은 『중용』의 주석에서 명확히 드러난다. 『중

67) 『大學章句』 傳6章, 朱子註 : 言欲自脩者 知爲善以去其惡 則當實用其力 而禁止其自欺 使其惡惡 則如惡惡臭 好善則如好好色 皆務決去而求必得之 以自快足於己 不可徒苟且以徇外而爲人也 然其實與不實 蓋有他人所不及知 而己獨知之者 故必謹之於此 以審其幾焉

용』의 "戒愼乎其所不睹 恐懼乎其所不聞"에 대해 주자는 다음과 같이 주석한다.

君子의 마음은 늘 敬(戒愼)과 畏(恐懼)를 보존하여, 비록 보이거나 들리지 않는다 하더라도 또한 감히 소홀히 하지 않으니, 이로써 天理의 本然을 보존하여, 잠시라도 道로부터 떨어지지 않게 하는 것이다.[68]

다산이 '보이지 않고 들리지 않는 것'을 '上帝'로 해석한 것과 달리, 주자는 '보이지 않고 들리지 않는 것'을 '희노애락이 아직 드러나지 않은 상태'라고 규정했다.[69] 주자가 말하는 敬畏(戒愼恐懼)도 '스스로 조심함'의 의미이다. 요컨대 주자는 『중용』의 戒愼恐懼를 '未發時 存養을 통하여 天理를 보존함'으로 해석하는 것이다. 주자는 『중용』의 "莫見乎隱 莫顯乎微 故君子愼其獨也"에 대해서는 다음과 같이 해석한다.

어두운 가운데의 은미한 일은 자취는 비록 드러나지 않았더라도 기미는 이미 움직인 것이다. 남들은 비록 모르더라도 자기는 홀로 알고 있다면, 天下의 일이 이보다 더 밝게 드러난 것은 없는 셈이다. 그러므로 君子는 이미 항상 戒懼하면서도, 이에 더욱 삼가는 것이니, 이로써 人欲이 장차 싹트려는 순간에 막아, 은미한 가운데 人欲이 몰래 자라나서 道로부터 멀리 떨어지는 데 이르지 않도록 하는 것이다.[70]

---

68) 『中庸章句』 제1장, 朱子註 : 君子之心 常存敬畏 雖不見聞 亦不敢忽 所以存天理之本然 而不使離於須臾之頃也

69) 『朱子語類』 卷62(1499쪽) : 所不聞 所不見 不是合眼掩耳 只是喜怒哀樂未發時

70) 『中庸章句』 제1장, 朱子註 : 幽暗之中 細微之事 跡雖未形 而幾則已動 人雖不知而己獨知之 則是天下之事 無有著見明顯而過於此者 是以 君子 旣常戒懼 而於此尤加謹焉 所以遏人欲於將萌 而不使潛滋暗長於隱微之中 以至離道之遠也

주자는 愼獨을 '已發時 省察을 통하여 人欲을 막음' 으로 해석하는 것이다. 미발시의 存養과 이발시의 省察 즉 '存天理 遏人欲' 을 통하여 인간은 스스로 진실해질 수 있다는 것이 주자학의 믿음이다. 자기진실성의 논리는 본질적으로 남의 감시나 보상을 초월하는 것이다. 주자학은 오직 자기진실성에 입각하여 '道로부터 벗어나지 않는 것(道也者 不可須臾離也)' 이야말로 진정한 善行이라고 보는 것이다. 그렇다면 다산의 우려와 달리, 남의 감시나 보상 없이 선행이 가능한 근거는 무엇인가? 주자학에서는 그것을 '인간의 尊嚴性' 으로 해명한다.

4) 善行의 동기는 '上帝의 보상' 인가, '自身의 尊嚴性' 인가?

다산이나 주자가 모두 '戒愼恐懼' 를 선행의 가능근거로 본 것은 마찬가지이다. 다만 戒愼恐懼에 대한 해석이 달랐던 것이다. 다산은 계신공구를 '上帝를 두려워함' 으로 해석하였고, 주자는 계신공구를 '自己眞實性을 확립함' 으로 해석하였다. 이러한 해석의 차이는 '善行의 동기' 를 설명하는 데 있어서도 그대로 적용된다. 선행의 동기를 다산은 '상제의 보상' 으로 설정하고, 주자는 '인간의 자기존엄성' 즉 개인의 自尊心으로 해석한다. 먼저 다산의 입장을 살펴보자. 다산은 『중용』의 "戒愼乎其所不睹 恐懼乎其所不聞" 에 대해 다음과 같이 해석한다.

> '보이지 않는 것' 은 무엇인가? 天의 형체이다. '들리지 않는 것' 은 무엇인가? 天의 음성이다. (…) 백성들은 태어남에 慾望이 없을 수 없는데, 그 욕망을 따라 채우면 放辟邪侈를 그만 둘 수 없게 된다. 그런데도 백성들이 감히 드러내놓고 放辟邪侈를 하지 못하는 것은 戒愼하기 때문이고, 恐懼하기 때문이다. 누구를 戒愼하는가? 위에 있는 법을 집행하는 관리를 경계하는 것이다. 누구를 恐懼하는가? 위에 있는 사형을 가할 수 있는 군주를 두려워하는 것이다. 진실로 그 위에 君長이 없다는 것을 안다면, 누가 放辟邪侈를 범하지 않겠는가? (…) 저녁때

> 에 墓地를 지나가는 사람은 두려워할 것을 기약하지 않아도 저절로 두려워지니, 도깨비가 있음을 알기 때문이다. 밤에 산 속을 가는 사람은 두려워할 것을 기약하지 않아도 저절로 두려워지니, 호랑이가 있음을 알기 때문이다. 君子가 어두운 방에 홀로 있으면서 두려워하여 감히 惡을 짓지 못하는 것은, 上帝가 자신에게 임해 있음을 알기 때문이다.[71]

'보이지 않고 들리지 않는 것' 을, 주자는 '희노애락의 미발' 로 해석한 것과 달리, 다산은 '上帝' 라고 해석한다. 그러므로 戒愼恐懼란 바로 '上帝를 경계하여 삼가고 두려워하는 것' 이라는 것이다. 위의 인용문에서 주목할 것은 "진실로 그 위에 君長이 없다는 것을 안다면, 누가 放辟邪侈를 범하지 않겠는가" 라는 말과 "君子가 어두운 방에 홀로 있으면서 두려워하여 감히 惡을 짓지 못하는 것은, 上帝가 자신에게 임해 있음을 알기 때문이다" 라는 말이다. 인간을 '타락가능성이 큰 존재' 로 인식하는 다산은 '인간의 자기진실성' 을 근원적으로 믿지 않는 것이다. 다산은 '君子' 의 자기진실성마저도 믿지 않았다. 이와 같이 모든 인간의 자기진실성을 믿을 수 없다면, '外在的인 賞罰' 만이 善行의 동기로 남게 되는 것이다. 그러므로 다산은 '君長이나 上帝의 처벌' 이 없다면 사람은 누구나 죄악을 범하게 될 것이라고 주장하는 것이다. 선행의 궁극적 동기를 '상제의 보상' 으로 설정한 것은 결국 윤리를 '假言命令' 의 체계로 전락시킨 것이다.[72] 칸트는 가언명령에 입각한 행위는 適法性만 있을 뿐 道德性은 없는 것이라고 규정하였다. 여기에 다산 윤리사상의 중대한 문제점이 있다.

---

71) 『與猶堂全書』 제2집 卷3 頁4-5 : 所不睹者 何也 天之體也 所不聞者 何也 天之聲也 (…) 民之生也 不能無慾 循其慾而充之 放辟邪侈 無不爲已 然民不敢顯然犯之者 以戒愼也 以恐懼也 孰戒愼也 上有官執法也 孰恐懼也 上有君能誅殛之也 苟知其上無君長 其誰不爲放辟邪侈者乎 (…) 暮行墟墓者 不期恐而自恐 知其有魅魈也 夜行山林者 不期懼而自懼 知其有虎豹也 君子處暗室之中 戰戰栗栗 不敢爲惡 知其有上帝臨女也

72) 다산도 "君子之道 爲善而已 祿位名壽 非君子之所期也" 라고 말한 경우도 있다(『與猶堂全書』 제2집 卷4 頁24). 그러나 이것을 다산의 雅言이라고 볼 수는 없을 것이다.

이와 달리, 주자의 윤리사상은 철저히 '定言命令' 의 체계에 입각하고 있다. 주자는 가언명령의 체계는 下等人을 위한 것이라고 폄하하고, 上等人은 정언명령의 체계에 따라야 한다고 주장하였다. 예를 들어 맹자는 "仁을 실천하면 榮光스럽게 되고, 仁을 어기면 恥辱을 받는다"[73]고 했는데, 이에 대해 주자는 "이 말은 다만 下等人을 위한 말이다. 上等人이라면 어찌 榮辱 때문에 仁을 실천하겠는가?"[74]라고 주석하였다. 또한 일찍이 董仲舒는 "義를 바르게 하고 利를 도모하지 않으며, 道를 밝히고 功을 따지지 않는다(正其義 不謀其利 明其道 不計其功)"고 했는데, 주자는 이 말을 높이 평가하여 〈白鹿洞規〉에 그대로 채택하였다. 즉 善行(道義를 실천하는 것)은 그 자체로 추구되어야 할 것이요, 결코 報償으로서의 功利를 염두에 두어서는 안 된다는 것이다.

報償(賞罰)과 무관하게 선행을 실천할 수 있으려면, 자기 스스로 진실해야 된다. 다산은 인간의 행위는 상벌에 좌우되므로 자기진실성이란 성립할 수 없다고 보았지만, 주자는 '인간의 尊嚴性' 을 자각하면 자기진실성도 확립될 수 있다고 보았다. 요컨대 선행의 동기는 바로 '인간의 自己尊嚴性' 이라는 것이다. 맹자는 "인간이 금수와 다른 점은 거의 드물다. 庶民들은 그 다른 점을 없애버리고, 君子는 그 다른 점을 보존한다"[75]고 했는데, 주자는 이에 대해 다음과 같이 해석한다.

> 인간과 금수는 태어날 때, 함께 天地의 理를 얻어 性을 삼았고, 함께 天地의 氣를 얻어 形體를 삼았다. 인간과 금수가 다른 점은, 오직 인간만이 바른 形氣를 얻어 本性을 완전히 실현할 수 있다는 것이니, 이것이 '조그만 차이점' 이다. 비록 '조그만 차이점' 이라고 하나, 인간과 금수가 구분되는 所以가 실로 여기

---

73) 『孟子』 公孫丑上 4 : 仁則榮 不仁則辱

74) 『孟子集註大全』 公孫丑上 4, 朱子小註 : 此亦只是爲下等人言 若是上等人 他豈以榮辱之故 而後行仁哉

75) 『孟子』 離婁下 19 : 人之所以異於禽獸者 幾希 庶民 去之 君子 存之

에 있다. 衆人은 이것을 모르고 없애버리니, 이름은 비록 인간이나 사실은 금수와 다를 까닭이 없는 것이다. 君子는 이것을 알고 보존하니, 그러므로 '(금수로 전락할까) 두려워하고 삼가며 노력하여' 마침내 본성을 완전히 실현할 수 있게 되는 것이다.[76]

인간과 금수의 '조그만 차이점'이란, 인간은 인의예지의 본성을 완전히 구현할 수 있음에 반하여 금수는 그렇지 못하다는 것이다. 이 '조그만 차이점'이야말로 '인간의 존엄성의 근거'라 할 것이다. 또한 '(금수로 전락할까) 두려워하고 삼가며 노력함'이란 자기의 존엄성을 지키기 위하여 스스로 진실하게 노력한다는 것이다. 위의 인용문은 인간의 존엄성의 근거를 자각하고, 그 존엄성을 지키기 위해 스스로 진실하게 노력함으로써, 善이 실현된다고 보는 것이다.

주자에 의하면, 결국 '윤리의 실천(善行)' 여부가 인간과 금수를 구별해 주는 것이다. 따라서 인간의 존엄성은 인간의 윤리성에 근거하는 것이요, 선행이란 인간이 자신의 존엄성을 스스로 입증하는 계기인 것이다. 요컨대 내가 선을 실천하는 것은 나의 자존심을 지키기 위한 것이다. 그런데 주자는 이러한 설명이 모든 인간에게 다 적용되는 것은 아니라고 보았다. 즉 맹자의 말대로, 君子(上等人)는 그 조그만 차이점을 보존하나, 庶民(衆人, 下等人)은 그것을 망각한다는 것이다. 맹자나 주자에게 있어서 명실상부한 인간이란 '선행을 통해 자기의 존엄성을 입증하는 사람' 뿐이다. 이런 맥락에서 주자는 모든 사람에게 君子가 될 것을 촉구한 것이었다. 주자에게 있어서 君子란 '스스로의 존엄성에 근거하여 스스로 진실하게 善을 실천하는 사람'이었다.

---

76) 『孟子集註』 離婁下 19, 朱子註 : 人物之生 同得天地之理以爲性 同得天地之氣以爲形 其不同者 獨人於其間 得形氣之正 而能有以全其性 爲少異矣 雖曰少異 然人物之所以分 實在於此 衆人不知此而去之 則名雖爲人 而實無以異於禽獸 君子知此而存之 是以戰戰惕厲 而卒能有以全其所受之正也

5) 善行을 촉진하는 것은 信仰인가, 修養인가?

윤리를 '상제의 명령을 따르는 것' 으로 규정하는 다산은 '상제에 대한 信仰' 이 선행을 촉진한다고 본다. 다산은 '상제를 아는 것' 이 修身의 근본이라고 규정하고, '誠 · 愼獨 · 戒愼恐懼' 를 모두 '상제에 대한 신앙' 이라는 관점에서 이해한다. 다산은 다음과 같이 말한다.

> '上帝를 아는 것(知天)' 이 修身의 근본이 된다는 것은, 상제를 안 다음에야 능히 誠할 수 있다는 말이다. 『大學』은 '誠意' 로 修身의 근본을 삼았고, 『中庸』은 '상제를 아는 것' 으로 修身의 근본을 삼았으니, 그 뜻은 하나이다. 『中庸』에서는 "莫見乎隱 莫顯乎微"라 하였으니, '隱微한 것이 드러남' 을 안다면 상제를 아는 것이다. 상제를 알면 愼獨하게 되니, 愼獨이 곧 誠이다.[77]

> 中庸의 德은 愼獨이 아니면 이룰 수 없고, 愼獨의 노력은 鬼神이 아니면 두려워할 바가 없으니, 鬼神의 德이 곧 吾道가 근본하는 바이다.[78]

다산에 의하면, 上帝가 全知全能한 權能을 지닌 존재라는 것을 알아야만 愼獨이 가능하고, 善을 실천할 수 있다. 다산은 "鬼神의 德이 곧 吾道가 근본하는 바"라 하였다. 儒學은 본래 '상제에 대한 신앙의 체계' 라는 것이다. 다산은 '中庸' 즉 '中和' 는 愼獨을 통해서만 이룰 수 있다고 하였다. 즉 미발시에 戒愼恐懼하여 밝게 上帝를 섬긴다면 과격한 행동과 치우친 감정을 막아 마음을 平正하게 할 수 있으니 이것이 '中' 이며, 이발시에는 愼獨의

---

77) 『與猶堂全書』 제2집 卷3 頁19 : 知天爲修身之本者 知天而後能誠也 大學以誠意爲修身之本 中庸以知天爲修身之本 其義一也 經曰 莫見乎隱 莫顯乎微 知隱之見 知微之顯 則知天矣 知天者 愼其獨 愼其獨 卽誠也

78) 『與猶堂全書』 제2집 卷4 頁23 : 中庸之德 非愼獨不能成 愼獨之功 非鬼神無所畏 則鬼神之德 卽吾道之所本也

노력을 바탕으로 희노애락을 합당하게 발휘할 수 있으니 이것이 '和' 라는 것이다.[79] 다산은 그러나 상제를 믿지 않으면 中和를 이룰 수 없다고 보아, 다음과 같이 말한다.

> 衆人은 그렇지 않다. 미발시에는 눈에 보이지 않는다 하여 戒愼하지 않고, 귀에 들리지 않는다 하여 恐懼하지 않으며, 隱微한 것은 드러나지 않는다 하여 天道를 믿지 않고 天命을 두려워하지 않는다. 하나의 일을 만나면 과격한 행동을 지어 一世를 속일 것을 생각하고, 하나의 계책을 꾸밀 때에는 치우친 감정에 맡겨 一身을 이롭게 할 것을 생각하니, 이러한 때에는 희노애락의 발현이 過不及이나 偏倚를 범하게 된다.[80]

요컨대 衆人은 상제가 눈에 보이지 않는다고 하여, 상제를 두려워하지 않고, 온갖 죄악을 일삼는다는 것이다. 따라서 다산은 상제에 대한 信仰心을 강조할 뿐이었고, 주자학에서 강조했던 窮理와 居敬의 修養論에 대해서는 매우 폄하하였다.

윤리를 '理를 실현하는 것' 으로 보았던 주자는, 理가 무엇인지 탐구하고 자신의 의지를 진실하게 하는 '居敬窮理의 修養' 이 선행을 촉진한다고 본다. 따라서 理를 탐구하기 위한 노력으로 卽物窮理가 중요한 것이었고, 의지를 진실하게 가꾸기 위해 存養과 省察이 필요한 것이었다. 요컨대 居敬窮

79) 『與猶堂全書』 제2집 卷3 頁6 : 愼獨之能致中和 何也 未發者 喜怒哀樂之未發 非心知思慮之未發 當此之時 小心翼翼 昭事上帝 常若神明照臨屋漏 戒愼恐懼 惟恐有過 矯激之行 偏倚之情 惟恐有犯 惟恐有萌 持其心至平 處其心至正 以待外物之至 斯豈非天下之至中乎 當此之時 見可喜則喜 見可怒則怒 當哀而哀 當樂而樂 由其有愼獨之潛功 故遇事而發 無不中節 斯豈非天下之至和乎

80) 『與猶堂全書』 제2집 卷3 頁6-7 : 衆人則不然 方其未發之時 謂目之所不睹而無所戒愼 謂耳之所不聞而無所恐懼 謂隱之不可現而不信天道 謂微之不可顯而不畏天命 思遇一事 欲作矯激之行 以欺一世 思畫一計 任遂偏倚之情 以利一身 當此之時 其所以爲喜怒哀樂者 或失之過 或失之不及 或失之偏 或失之有倚

理의 수양을 통해서 氣質을 淸粹하게 만들 때 보다 효과적으로 善을 실천할 수 있다는 것이었다. 그러나 다산은 이 모든 것을 부정하거나 폄하한다.

다산은 우선 理와 道에 대한 형이상학적 해석을 배제한다. 그리고 "萬物이 生成하는 理가 내게 무슨 상관이 있는가?"[81]라고 하여, 理(자연의 理法, 天道)란 人道와 본래 무관하다고 주장한다.

> 道란 사람이 말미암는 바이다. (…) 무릇 陰陽의 造化와 金木水火土의 變動은 우리 인간이 말미암을 수 있는 바가 아니니, 어찌 우리의 道이겠는가? 만약 '一陰一陽之謂道' 라는 말은 易傳에 근거한 것이라고 한다면, 이것은 天道를 말한 것이요 人道가 아니며, 이것은 易道를 말한 것이요 天道가 아니다. 어찌 사람의 率性之道를 一陰一陽에 귀착시킬 수 있겠는가?[82]

다산은 나아가 仁義禮智란 선천적 本性이 아니라 후천적 德目이라 주장하고,[83] '性卽理' 라는 명제도 부정한다. 또한 『대학』의 '明德' 이란 '虛靈不昧한 실체' 가 아니라 孝弟慈라고 주장한다.[84] 다산의 이 모든 시도는 주자학에서 道나 理가 차지했던 위상을 上帝에게 되돌리기 위한 것이었다.

다산은 주자가 格物致知를 卽物窮理로 해석한 것도 반대한다. 格物致知란, 자연의 理法을 탐구하는 것이 아니라, 일의 先後와 本末을 아는 것이라고 해석한다.[85] 다산은 주자학의 涵養 공부에 대해서도 매우 폄하하여, 다음과 같이 말한다.

---

81) 『與猶堂全書』 제2집 卷4 頁50 : 萬物生成之理 於我何如哉

82) 『與猶堂全書』 제2집 卷6 頁39 : 道者 人所由也 (…) 夫陰陽造化 金木水火土之變動 非吾身之所得由 則豈吾道乎 若云一陰一陽之謂道 本之易傳 則是言天道 不是人道 是言易道 不是大道 豈可以吾人率性之道 歸之於一陰一陽乎

83) 『與猶堂全書』 제2집 卷4 頁38 : 仁義禮智之名 成於行事之後 此是人德 不是人性

84) 『與猶堂全書』 제2집 卷1 頁6 : 明者 昭顯之也 明德也 孝弟慈

85) 『與猶堂全書』 제2집 卷1 頁15 : 極知其所先後 則致知也 度物之有本末 則格物也

공자께서 말씀하신 '操存' 이란 事物에 응접할 때에 힘써 용서하여 仁을 실천하고, 말은 반드시 忠信하게 하고, 행동은 반드시 篤敬하게 하며, 私慾을 따르지 않고 한결같이 道心을 따르고자 한 것이요, 눈을 감고 단정히 앉아 보고 듣는 것을 그치고 回光反照하는 것으로 涵養의 공부를 삼고자 한 것이 아니었다. 涵養의 공부가 나쁘다는 것은 아니다. 다만 공자께서 말씀하신 '操存' 의 遺法이 아니라는 것이다. 사람의 休養은 夜氣에 있다. 이미 아침이 되고 낮이 되면 급한 것은 行事에 있는 것이다. 벼슬한 사람은 임금에게 조회하고, 목민관은 백성을 대하며, 자식은 부모를 살피고, 며느리는 시부모를 살피며, 농부는 밭에서 일하고, 상인은 상품을 진열하며, 손님이 오면 시중을 들고, 선생께서 일어나시면 학업을 물어야 하니, 어느 겨를에 靜存의 공부를 할 수 있겠는가?[86]

다산은 주자학의 涵養 공부를 불교의 回光反照와 같은 것이라고 비판하고, 그것은 산 속에서 獨善其身하고자 하는 사람(스님)이나 할 일이라고 꼬집었다.[87] 兼善天下를 하고자 하는 사람은 일상생활에 바빠 涵養 공부를 할 겨를이 없다는 것이다. 요컨대, 다산은 윤리체계를 단지 '상제의 명령(德目)과 그에 대한 복종(昭事上帝)의 체계' 로 인식하는 것이다. 다산에게 있어서 중요한 것은 '道心을 통해 上帝의 명령을 자각하고, 그에 복종함으로써 上帝를 섬기는 것' 일 뿐이다.

결국 다산은 주자학이 추구한 '자연의 理法에 대한 탐구와 그에 대한 순응의 체계' 를 거부하고, 그것을 '上帝에 대한 신앙의 체계' 로 재편하려는 것이다. 이에 대해 주자학적 입장에서 제기할 수 있는 반론을 생각해 보자.

첫째, 上帝란 과연 존재하는가? 사실 다산과 주자의 대립의 핵심은 '上帝

86) 『與猶堂全書』 제2집 卷6 頁27 : 孔子之所謂操存者 欲於應事接物之時 强恕行仁 言必忠信 行必篤敬 勿循私慾 一聽道心 非欲瞑目端坐 收視息聽 回光反照 以爲涵養之功也 涵養之功 非曰不善 但非孔子操存之遺法也 人之休養 在於夜氣 旣朝旣晝 則所急在於行事 仕者朝於君 牧者莅於民 子省其父 婦省其姑 農作其田 商列其貨 賓至而將命 師起而問業 奚暇爲靜存之工哉

87) 『與猶堂全書』 제2집 卷6 頁27 : 欲獨善其身者 今學亦好 欲兼濟天下者 古學乃可

의 존재를 인정하느냐, 인정하지 않느냐' 이다. 다산은 古經에 上帝가 존재한다고 하였으니 존재한다고 보는 것이요,[88] 주자는 이 세상에 福善禍淫이 실현되지 않는 것으로 볼 때 上帝란 존재하지 않는다고 보는 것이다. 주자는 이 세상을 主宰하는 것은 上帝가 아니라 理라고 보았다. 그리하여 주자는 古經의 '上帝(天)' 를 모두 '理' 로 바꾸어 해석하였다. 다산은 그것을 다시 '上帝' 로 바꾸어 놓는 작업을 한 것이다. 상제의 존재 여부 문제는 이 자리에서 판가름할 수 있는 것이 아니다. 이것은 궁극적으로는 개인의 신념 문제일 것이다. 다만 각자 자기의 입장을 고수하고서는 더 이상 아무런 발전적 대화를 할 수 없다는 점만 지적하겠다.

둘째, 자연의 존재원리(객관적 理法, 天道)와 인간의 당위법칙(人道)을 符合시키려는 노력이 왜 무의미한 것인가? 인간은 자연 속에 살고 있으며, 상당 부분 자연법칙의 지배를 받고 있다. 주자학에서 파악하는 자연의 법칙이란 단적으로 感應과 循環의 원리이다. 자연은 감응과 순환의 원리에 따라 生生을 지속한다. 그렇다면 인간도 감응과 순환의 원리에 따라 당위규범을 정립함으로써 生生을 지속하자는 입장이 왜 부정되어야 하는가? 『주역』에서는 '一陰一陽之謂道' 라 하고, 이 道를 계승하는 것이 善이요(繼之者善), 이 道를 담고 있는 것이 性(成之者性)이라 하지 않았던가? 자연의 생생원리에 인간의 당위법칙을 맞추는 것이야말로 삶의 항구적인 模型이 될 수 있지 않은가?

셋째, 다산도 사람의 氣質에는 淸濁粹駁의 차이가 있다는 것 자체를 부정하지는 않았다. 濁氣(존재론적 장애)가 실재함을 인정하는 한, 기질의 변화를 통해 보다 완전한 사람에 이르려는 노력이 왜 부정되어야 하는가? 다시 말하지만, 타고난 기질은 변화시킬 수 없다는 주장이야말로 宿命論에 빠지는 것이 아닌가? 그렇다면 주자학에서 주장하는 居敬窮理와 存養省察의 의

88) 『與猶堂全書』 제2집 卷6 頁38-39 : 詩云 畏天之威 于時保之 詩云 敬天之怒 無敢戲豫 先聖言天 若彼其眞切分明

의를 어떻게 부정할 수 있는가?

上帝가 존재한다고 하여, '自然의 존재원리' 가 없어지는 것도 아니고, '人間의 濁氣' 가 없어지는 것도 아니다. 따라서 다산은 위의 둘째와 셋째 문제에 대하여 다시 답변해 주어야 할 것이다.

4. 결론

다산은 古經 특히 四書에 대한 재해석을 통하여 주자학과 완전히 대립되는 별도의 윤리체계를 정립했다. 論者는 上帝나 天命에 대한 해석만큼은 茶山學이 더 古經의 원의에 가까울 것으로 본다. 그러나 주자가 上帝學을 理學으로 바꾼 의의도 십분 이해해야 할 것이며, 理學도 나름대로 경전적 근거를 지니는 것이다. 또한 다산학이 주자학보다 더 완벽한 윤리의 체계를 정립했다고 평가할 근거도 박약하다. 다산학과 주자학은 각각 장단점을 지닌 대표적인 두 사고방식을 대변하는 것이기 때문이다. 이제 결론적으로 이러한 점들을 논의해보자.

『서경』이나 『시경』에서는 '上帝(天)' 를 이 세계의 主宰者로 설정하고, 그의 주재에 의해 福善禍淫이 실현된다고 주장했었다. 福善禍淫이란 요즈음 말로 '正義' 또는 '最高善' 을 의미한다. 純粹至善하고 全知全能한 上帝의 主宰에 의하여 福善禍淫이 실현된다는 것이 원시유가의 믿음이었다. 그러나 현실에서 복선화음은 실현되지 않았고, 그리하여 周代 중기 이후로 상제에 대한 믿음은 붕괴되기 시작했다. 주자는 '上帝' 를 '理' 로 바꾸어 古經을 다시 해석했는데, 그것이 곧 性理學이다. 그런데 다산은 理를 배제하고, 본래의 의미대로 上帝의 權能을 부활시켰다.

古經에서 上帝는 '純粹至善' 하고 '全知全能' 한 존재로 인식되었다. 다산의 생각은 상제의 전지전능한 權能으로 純粹至善한 명령의 실행을 뒷받침하자는 것이었고, 그러한 뒷받침이 없이는 결코 순수지선한 명령이 실현될 수 없다고 본 것이다. 그러나 이러한 생각은 결국 윤리를 '假言命令의 체계'[89]로 전락시키는 것이다. 주자학의 理는 '純粹至善' 하기만 할 뿐 결코 '全知全能' 한 존재는 아니었다. 주자의 생각은 인간의 자기진실성과 자기존엄성을 바탕으로 순수지선한 도덕원리를 실행하자는 것이었다. 주자의 윤리체계는 도덕성을 담보하는 '定言命令의 체계' 이다. 그러나 문제는 아무런 조건 없이 정언명령에 따르는 '君子' 들이 많지 않다는 것이다. 그러므로 다산은 君子의 자기진실성마저 믿지 않고, 보상의 관념 없이 善을 실천하는 사람이 어디 있느냐고 반문한 것이다. 다산의 이러한 반문은 '僞善的인 君子들' 로 가득 찬 당시의 현실에 대한 절규였을 것이다. 그러나 上帝의 관념을 부활시킨다고 하여 윤리학의 모든 문제가 해결되는 것도 아니다. 즉 보상의 관념을 제시하지 않으면 善을 실천하는 사람이 적고, 上帝의 권능을 전제로 보상의 관념을 제시하면 가언명령의 체계로 전락하는 바, 이것은 윤리학의 영원한 딜레마일 것이다.

이러한 進退兩難的인 문제는 차치하자. 다산의 윤리사상에서 정작 납득하기 곤란한 것은 自主權과 惡에 대한 설명이다. 인간에게 자주권이 있는 것은 분명할 것이다. 그러나 '善한 本性만 있다면, 善行은 본능적인 것이 되어 功으로 삼기에 부족하므로, 上帝는 인간에게 善惡을 마음대로 택할 수 있는 自主權을 주었다' 는 식의 설명은 결코 납득하기 어렵다.[90] '의지적인 惡' 이 '본능적인 善' 보다 훌륭하다는 것을 인정하기 어렵기 때문이다. 또

89) 도덕을 보상과 결부시키는 가언명령의 체계에 대해, 칸트는 "도덕성의 토대를 허물어뜨리고 도덕성의 모든 숭고함을 無化시키는 것" 이라고 비판했고, 앙드레 지드는 "고귀하게 태어난 영혼에게는 모욕적인 말" 이라고 비판했다(김상봉, 『호모 에티쿠스』, 253쪽 참조).

90) 다산의 이러한 입장 역시 『天主實義』 제7편(송영배 외 역, 343-345쪽)의 所論을 그대로 따른 것이다. 마테오 리치는 "天主께서 善도 惡도 다 행할 수 있는 本性을 우리 인간에게 부여하여 善과 惡 모두를 행할 수 있게 한 것은 인간을 두텁게 사랑하기 때문" 이라고 하였다. 마테오 리치는 惡에 대해 '善의 不在' 라고도 설명하고, '의지적 선택의 대상' 이라고도 설명했다.

한 다산은 惡을 의지적인 선택의 대상으로 설명했는데, 이는 결국 惡에 善과 대등한 위상을 부여하는 것이다. 사실 다산은 惡에 善과 대등한 위상을 부여하여, 인간과 세계를 '善惡 二元'의 관점에서 이해한 것으로 보인다. 이것은 결코 인간을 쉽게 신뢰하지 않는 태도이다. '인간에 대한 근원적 不信'은 대부분의 사상가들로 하여금 도덕의 후견자로서 神(上帝)을 요청하게 만든다. 다산의 경우도 그러했던 것이다.

반면에 주자는 惡을 '善의 결핍'으로 규정하여, 惡에 고유한 존재근거를 부여하지 않았다. 이것은 인간과 세계를 '善 一元'의 관점에서 이해한다는 의미이고, 인간을 근원적으로 신뢰한다는 의미이다. 인간은 스스로의 노력으로 선해질 수 있다는 것이다. 그리하여 주자는 인간의 自己眞實性과 自己尊嚴性을 강조할 뿐, 神(上帝)을 요청하지는 않았던 것이다.

실제로 우리 주변에는, 權能 있는 主宰者가 없다면 善을 실천하지 않는 사람이 많다. 예를 들어, 경찰이 없으면 교통법규를 어기는 사람들이 많다. 그렇다고 경찰이 없을 때 모든 사람이 교통법규를 어기는 것은 아니다. 즉 어떤 사람은 처벌이 무서워 법규를 지키는 것이고, 어떤 사람은 자기의 존엄성을 옹호하기 위해 법규를 지키는 것이다. 요컨대 사람들의 성향은 두 부류가 있고, 그것을 유가는 小人과 君子로 개념화했던 것이다. 주자는 군자를 표준으로 인간을 이해하고, 소인들마저 기질변화를 통해 군자가 될 수 있다고 믿은 것이었다. 그러나 다산은 소인을 표준으로 인간을 이해하고, 상제에 대한 신앙이 전제되지 않는 한 군자의 진실성마저 믿을 수 없다고 보았던 것이다. 論者는 다음과 같은 질문으로 이 글을 끝맺고자 한다.

"당신이 善行을 한다면, 그것은 자신의 존엄성 때문인가, 하느님의 보상 때문인가?"

참고문헌

『四書集註大全』 『詩傳大全』
『書傳大全』 『周易傳義大全』
『禮記集說大全』 『二程全書』
『朱子大全』 『朱子語類』
『大學或問』 『中庸或問』
『論孟或問精義通攷』 『性理大全』
『近思錄』 『心經附註』
『宋元學案』 『明儒學案』
『老子』 『莊子』
『管子』 『荀子』

陳 亮, 『龍川文集』, 中華書局, 1985.
陸九淵, 『陸象山全集』, 世界書局, 1985.
王守仁, 『王陽明全集』, 上海古籍出版社, 1997.
鄭道傳, 『三峰集』, 민족문화추진회편 한국문집총간본, 1997.
李 滉, 『退溪全書』, 성균관대 대동문화연구원 영인본, 1985.
李 珥, 『栗谷全書』, 성균관대 대동문화연구원 영인본, 1978.
李恒老, 『朱子大全箚疑輯補』, 한국학자료원 영인본, 1985.
徐敬德, 『花潭集』, 성균관대 대동문화연구원 영인본, 1988.
田 愚, 『艮齋集』, 충남대학교 도서관 영인본(龍洞本), 1999.
丁若鏞, 『與猶堂全書』, 아름출판사 영인본, 1995.
鄭齊斗, 『霞谷集』, 민족문화추진회 영인본, 1973.
鄭宗魯, 『立齋集』, 민족문화추진회편 한국문집총간본, 2001.
韓元震, 『朱子言論同異攷』(『南塘集』 부록), 아성문화사 영인본, 1976.

강정인, 「德治와 法治 : 양자 兼全의 필요성을 중심으로」, 『정치사상연구』 제6집, 한국정치사상학회, 2002.
고익진, 『한국의 불교사상』, 동국대 출판부, 1988.
고익진 外, 『불교학개론』, 동국대 출판부, 1984.

금장태, 「茶山의 天槪念과 天人關係論」, 『哲學』 제25집, 한국철학회, 1986.

______, 『다산 정약용 : 실학의 세계』, 성균관대 출판부, 1999.

김교빈, 『양명학자 정제두의 철학사상』, 한길사, 1995.

金美榮, 「朱熹의 佛敎批判과 工夫論 硏究」, 고려대박사학위논문, 1998.

김상봉, 『호모 에티쿠스』, 한길사, 2002.

김우형, 「朱熹의 知覺論 硏究」, 연세대박사학위논문, 2003.

김형효, 『원효에서 다산까지』, 청계, 2000.

박세일, 「21세기 국가발전 이념 : 공동체 自由主義 - 20세기적 左右대립을 넘어 先進化로」, 안민포럼 정책자료집, 2006.

손영식, 『이성과 현실』, 울산대학교 출판부(UUP), 1999.

송영배, 「정약용 철학과 성리학적 리기관의 해체」, 송영배 외, 『한국유학과 리기철학』, 예문서원, 2000.

양승태, 『앎과 잘남 - 희랍지성사와 교육과 정치의 변증법』, 책세상, 2006.

유교사전편찬위원회 편, 『儒敎大事典』, 박영사, 1990.

유덕수, 「자유의지의 계기로서 선과 악의 의미 - 헤겔 법철학 도덕편에서」, 『東西哲學硏究』 제24호, 한국동서철학회, 2002.

李東歡, 「茶山思想에 있어서의 '上帝' 문제」, 『民族文化』 제19집, 민족문화추진회, 1996

이명현, 『신문법 서설』, 철학과현실사, 1997.

이상익, 「東西思想에 있어서의 人間과 神」, 『國學硏究』 제3집, 국학연구소, 1990.

______, 「儒敎에 있어서의 聖과 俗」, 『宗敎硏究』 제10집, 한국종교학회, 1994.

______, 『歷史哲學과 易學思想』, 성균관대 출판부, 1996.

______, 『畿湖性理學硏究』, 한울, 1998.

______, 『儒家社會哲學硏究』, 심산, 2001.

______, 「주자학의 主客合一論과 그 해체」, 『정치사상연구』 제4집, 한국정치사상학회, 2001.

______, 「儒敎에 있어서 最高善의 문제」, 『哲學』 제73집, 한국철학회, 2002.

______, 「王陽明의 '朱子晩年定論'에 대한 새로운 비판」, 『韓國思想과 文化』 제18집, 한국사상문화학회, 2002.

______, 「丁若鏞의 倫理思想에 대한 朱子學的 反論」, 『東方學志』, 연세대학교 국학연구원, 2003.

______, 『儒敎傳統과 自由民主主義』, 심산, 2004.

______, 『畿湖性理學論考』, 심산, 2005.

이석우, 『아우구스티누스』, 민음사, 1995.

이승환, 『유가사상의 사회철학적 재조명』, 고려대 출판부, 1998.

李乙浩, 『茶山學의 理解』, 현암사, 1977.

장승희, 「茶山 丁若鏞의 倫理思想에 관한 연구」, 『東洋哲學研究』 제19집, 동양철학연구회, 1999.

정혜정, 「다산 정약용의 '性嗜好說' 과 '知天' 의 수행론」, 『종교교육학연구』 제11권, 한국종교교육학회, 2000.

조남호, 「朱熹 : 중국철학의 중심」, 태학사, 2004.

崔基福, 「儒教와 西學의 思想的 葛藤과 相和的 理解에 관한 연구」, 성균관대 박사학위논문, 1989.

崔奭祐, 「丁茶山의 西學思想」, 『丁茶山과 그 時代』, 민음사, 1986.

한형조, 「朱熹에서 정약용에로의 철학적 사유의 전환」, 한국정신문화연구원 한국학대학원 박사학위논문, 1992.

홍승표, 「韓非子의 인간관과 사회질서의 문제」, 『우리사회연구』 제4집, 우리사회연구학회, 1997.

황경식, 「사회개혁과 시민의식」, 『사회변혁과 철학』, 철학과현실사, 1999.

趙彦儒, 이상익 역, 『庸學辨疑』, 심산, 2006.

蕭公權, 최명 · 손문호 역, 『中國政治思想史』, 서울대출판부, 1998.

楊國榮, 송하경 역, 『陽明學通論』, 박영사, 1994.

陳　來, 안재호 역, 『송명성리학』, 예문서원, 1997.

______, 이종란 외 역, 『주희의 철학』, 예문서원, 2002.

陳榮捷, 표정훈 역, 『주자강의』, 푸른역사, 2001.

武內義雄, 이동희 역, 『中國思想史』, 여강출판사, 1987.

唐君毅, 「陽明學與朱子學」, 『中國哲學思想論集』(宋明篇), 牧童出版社, 民國 66年.

杜而未, 『中國古代宗教研究』, 學生書局, 民國72年.

王懋竑, 『朱熹年譜』, 中華書局, 1998.

王治心, 『中國宗教思想史大綱』, 臺灣 中華書局, 民國49年.

劉述先, 『朱子哲學思想的發展與完成』, 臺灣 學生書局, 民國 84年.

馮友蘭, 『中國哲學史』, 中文出版社, 1985.

候外廬 外, 『宋明理學史』, 北京 人民出版社, 1984.

플라톤, 박종현 譯註, 『국가 · 政體』, 서광사, 1997.

______, 김태경 譯註, 『정치가』, 한길사, 2000.

아리스토텔레스, 최명관 譯, 『니코마코스 윤리학』, 서광사, 2002.

마테오 리치, 송영배 外 譯, 『天主實義』, 서울대출판부, 2000.
C. 테일러, 송영배 역, 『불안한 현대사회 — 자기중심적인 현대문화의 곤경과 이상』, 이학사, 2001.
G. 그레사케, 심상태 역, 『종말신앙』, 성바오로출판사, 1989.
I. 벌린, 박동천 역, 『자유론』, 아카넷, 2006.
I. 칸트, 최재희 역, 『實踐理性批判』, 박영사, 1970.
______, 전원배 역, 『純粹理性批判』, 삼성출판사, 1978.
______, 신옥희 역, 『이성의 한계 안에서의 종교』, 이대출판부, 1984.
J. 롤즈, 황경식 역, 『사회정의론』, 서광사, 1985.
______, 장동진 역, 『정치적 자유주의』, 동명사, 1998.
J. 브로노프스키 & B. 매즐리슈, 차하순 역, 『西洋의 知的 傳統』, 홍성사, 1983.
Wm. 시어도어 드 배리, 표정훈 역, 『중국의 '자유' 전통』, 이산, 1998.

찾아보기

ㅈ